Excel
Formeln und Funktionen

Excel
Formeln und Funktionen

**Über 400 Funktionen, jede Menge
Tipps und Tricks aus der Praxis**

IGNATZ SCHELS

Markt+Technik

Bibliografische Information der Deutschen Nationalbibliothek
Die Deutsche Nationalbibliothek verzeichnet diese Publikation in der Deutschen
Nationalbibliografie; detaillierte bibliografische Daten sind im Internet
über *http://dnb.dnb.de* abrufbar.

Die Informationen in diesem Produkt werden ohne Rücksicht auf einen
eventuellen Patentschutz veröffentlicht.
Warennamen werden ohne Gewährleistung der freien Verwendbarkeit benutzt.
Bei der Zusammenstellung von Texten und Abbildungen wurde mit größter
Sorgfalt vorgegangen.
Trotzdem können Fehler nicht vollständig ausgeschlossen werden.
Verlag, Herausgeber und Autoren können für fehlerhafte Angaben
und deren Folgen weder eine juristische Verantwortung noch
irgendeine Haftung übernehmen.
Für Verbesserungsvorschläge und Hinweise auf Fehler sind Verlag und
Herausgeber dankbar.

Fast alle Hardware- und Softwarebezeichnungen und weitere Stichworte und sonstige
Angaben, die in diesem Buch verwendet werden, sind als eingetragene Marken geschützt.
Da es nicht möglich ist, in allen Fällen zeitnah zu ermitteln, ob ein Markenschutz besteht,
wird das ®-Symbol in diesem Buch nicht verwendet.

10 9 8 7 6 5 4 3

13 12

ISBN 978-3-8272-4564-9

© 2010 by Markt+Technik Verlag,
ein Imprint der Pearson Deutschland GmbH,
Martin-Kollar-Straße 10–12, D-81829 München/Germany
Alle Rechte vorbehalten
Umschlaggestaltung: Marco Lindenbeck, webwo GmbH, (mlindenbeck@webwo.de)
Lektorat: Brigitte Bauer-Schiewek, bbauer@pearson.de
Herstellung: Monika Weiher, mweiher@pearson.de
Korrektorat: Petra Kienle, Fürstenfeldbruck
Satz und Layout: Nadine Krumm, mediaService, Siegen (www.media-service.tv)
Druck und Verarbeitung: Drukarnia Dimograf, Bielsko-Biala
Printed in Poland

3 Textfunktionen 129

7 Datums- und Zeitfunktionen 327

11 Logik-Funktionen   493

12 Technische Funktionen   509

13 Die Cube-Funktionen

Vorwort

Liebe Leserin, lieber Leser,

exceln Sie schon oder basteln Sie noch? Nein, diese abgedroschene Möbelwerbungsphrase wollte ich eigentlich nicht bemühen, schließlich haben Sie sich mit dem Kauf dieses Buchs entschlossen, in die Profi-Liga aufzusteigen (schon wieder eine Phrase ...) und endlich richtig mit Excel zu arbeiten. Formeln und Funktionen ist das richtige Buch dazu und wenn Sie es fleißig durcharbeiten oder stetig als Nachschlagewerk benutzen, werden Sie Ihr Kalkulationsprogramm endlich professionell nutzen können.

Vielleicht kennen Sie schon andere Bücher von mir, das dicke Excel-Kompendium etwa, in der Neuauflage für Excel 2010 schön farbig, sehr hilfreich und praxisnah, oder »Excel Bild für Bild«, das Vierfarbbuch für Einsteiger. Oder haben Sie bereits Formeln und Funktionen für die Vorgänger-versionen gelesen und wollen sich schlau machen, was Excel 2010 an Neuerungen oder Änderungen zu bieten hat? Sie werden auf jeden Fall finden, was Sie brauchen.

Informationen über Excel gibt es eigentlich genug. Neben der (nicht immer hilfreichen) Online-Hilfe gibt es zahlreiche Bücher, Artikel in Fachzeitschriften, Internetforen, Blogs und Podcasts und alle versuchen zu erklären, wie mit Excel kalkuliert und präsentiert wird. Aber – immer kommt alles ein wenig zu kurz und das gilt vor allem für die vielen Funktionen, die dem Excel-Anwender so viele Möglichkeiten bieten würden, wenn sie nur einigermaßen verständlich beschrieben wären.

Die Frage, wozu man Excel überhaupt braucht, wird jeder Nutzer anders beantworten. Manche rechnen Einnahmen gegen Ausgaben auf, andere kalkulieren Stückkosten und Umsätze und nicht wenige schreiben ihre Briefe damit. Excel ist ein Standardwerkzeug und als solches für alles offen. Der Hersteller Microsoft hat auch, um dieser Vielfalt Rechnung zu tragen, von Version zu Version immer neue Funktionen hinzugepackt. Mit Excel kann man rechnen, schreiben, malen, Organigramme zeichnen, Musik abspielen und Daten aus dem Internet ziehen.

Aber das ist nicht Excel.

Excel ist ein Rechenprogramm. »Kalkulation« kommt von »kalkulieren« und das kann Excel am besten, viel besser als schreiben und Kästchen malen. Zu diesem Zweck stellt Excel viele Funktionen zur Verfügung, es sind über 400 (!). Diese Funktionen lassen sich von einfachen Berechnungen über Formelschachteln bis zu Matrixtechniken so raffiniert kombinieren, dass es schon fast mit Programmierung zu vergleichen ist. Aus dem elektronischen Zeilen/Spalten-Journal, das die Ergebnisse an den Randspalten und in den Abschlusszeilen automatisch summieren kann, ist ein komplexes Entwicklungswerkzeug geworden, das dynamische Tabellenmodelle mit Verknüpfungen, Verweisen und externen Datenimports erzeugt. Wer diese Techniken beherrscht, macht aus Tabellen Tabellenmodelle, und wer eine Arbeitsmappe anlegt, macht dies ja nicht, um mehr Arbeit zu haben, sondern um ein Hilfsmittel zu haben, das ihm die Arbeit abnimmt.

Doch Formeln schreiben und Funktionen kombinieren will gelernt sein und erfordert viel Praxis-erfahrung. Wer mit Excel erfolgreich sein will, darf nicht auf seinem Wissensstand stehenblei-ben. Die SUMME-Funktion allein reicht nicht. So wie eine Fremdsprache nur dann von Nutzen ist, wenn der Nutzer das Vokabular kennt und es flüssig anwenden kann, so muss ein Excel-Anwender alle Facetten kennen und in vielen Arbeitsstunden einüben, um das Programm zu beherrschen. Außerdem sollte er sich eine Arbeitsweise angewöhnen, die schnelle Resultate hervorbringt und die manuelle Arbeit an der Tabelle auf ein Minimum reduziert.

Das Wichtigste dabei: Lernen Sie die Funktionen. Gute Formeln schreibt nur, wer die Funktions-palette kennt und weiß, wie er die Vokabeln der Fremdsprache gezielt einsetzen kann, um seine Aufgaben zu lösen. Deshalb habe ich dieses Buch geschrieben:

Ein Buch für *Einsteiger* und *Eingestiegene*, die so manchen Zusammenhang noch nicht wirklich verinnerlicht haben und sich mit gutem Halbwissen und schlechtem Gewissen durch den digi-talen Kalkulationsdschungel kämpfen.

Ein Buch für *Vielkalkulierer*, die täglich zwei- bis dreihundert Tabellen erstellen und vor lauter Stress keine Zeit haben, ihr meistbenutztes Werkzeug richtig zu erlernen (nach dem altbewähr-ten Motto: Wie soll ich Zeit haben, meine Axt zu schärfen, ich muss doch Bäume fällen ...).

Ein Buch für *Fortgeschrittene* (ein schreckliches Wort), die Excel schon gut kennen und viel damit machen, aber immer das Gefühl haben, das müsste doch alles noch einfacher oder raffi-nierter gehen.

Und ein Buch für *Praktiker*: Ich habe in meinen Excel-Archiven gestöbert – nach 20 Jahren mit Excel sammelt sich einiges an – und viele interessante Lösungen gefunden, die ich in Workshops oder im Kundenauftrag entwickelt habe. Zu den wichtigsten Funktionen finden Sie immer ein pas-sendes Praxisbeispiel. Diese Lösungen gebe ich gern weiter, sie werden Ihnen helfen, die komple-xen Formeln und Funktionen besser zu verstehen. Auf der CD zum Buch finden Sie alle Funktions-beispiele und Praxislösungen in kompakter Form.

2007, 2010 – es geht weiter

Dieses Formeln-und-Funktionen-Buch beschreibt die Version Office Excel 2010. Das »große« Update fand mit der Version 2007 statt, in dieser hat Microsoft die Oberfläche neu gestaltet, das Dateiformat geändert und die Software mit einer ganzen Menge neuer Funktionen ausgestattet. In Excel 2010 wurden viele Funktionen abgeändert und verbessert, nur wenige neue Funktionen sind hinzugekommen. Da aber viele Anwender von einer der Altversionen 97, 2000 oder 2003 auf Excel 2010 umsteigen werden, beschreibe ich auch die Unterschiede zu diesen Versionen.

Zum Abschluss noch eine Anekdote aus einem Seminar »Excel für Fortgeschrittene«:

Ein Teilnehmer schilderte mir ein Problem, das ihn viel Zeit kostet: Er hat die Aufgabe, täglich Hunderte von Bestellungen mit einem internen Betrag zu verrechnen, dazu schreibt er eine Multiplikationsformel (=B5*E1), kopiert diese Formel nach unten bis zur letzten Bestellnummer und ändert dann Zeile für Zeile den Bezug E1, weil der sich dummerweise beim Kopieren verändert hat (aus E1 wird E2, E3, E4 ...). Auf meine Frage, warum er denn den Bezug nicht in »Dollar« angegeben hätte (Dollarzeichen für Absolutwert setzen), antwortete er, das ginge nicht, seine Firma würde ja in Euro abrechnen ...

In diesem Sinne, viel Spaß und viel Erfolg mit »Formeln und Funktionen«!

Ihr Autor

Ignatz Schels

... ist selbstständiger Berater, DV-Dozent und Programmierer für Office-Anwendungen mit Excel und Access. Zahlreiche Firmen schätzen seine Kompetenz, seine Excel-Spezialseminare für Controller und Personalmanager sind berühmt, er führt sie im Auftrag von Schulungsanbietern und auch Inhouse im Kundenauftrag durch. Mit über 50 Fachbüchern, viele davon Bestseller, ist er einer der erfolgreichsten Computerbuchautoren. Besuchen Sie seine Internetseiten oder schreiben Sie ihm einfach über den Verlag: autoren@mut.de.

www.schels.de

www.excellent-controlling.de

XING-Gruppe: Excel im Controlling

KAPITEL 1

Das Prinzip Tabellen-kalkulation

1.1 Von VisiCalc zu Excel 2010

1.1.1 So fing alles an ...

Zwei Studenten der Harvard Business School gelten als die Erfinder der Tabellenkalkulation. 1978 entwickelten Dan Bricklin und Bob Frankston ein Programm namens VisiCalc für den Apple II, das den Bildschirm in Zeilen und Spalten unterteilte und die Eingabe von Texten, Zahlen und Formeln an den Schnittstellen, den Zellen, ermöglichte. Im Unterschied zu bereits bekannter Rechensoftware, die nach Taschenrechnerart mit Zwischenspeichern arbeitete, produzierte VisiCalc erstmals echte Tabellen, die mit 254 Zeilen und 64 Spalten mehr als genug Platz boten für Business-Kalkulationen aller Art.

Eine Ehrentafel in der Harvard Business School erinnert an die Erfindung des Kalkulationsprogramms mit einem Spruch, der sicher nicht übertrieben ist:

VisiCalc forever changed how people use computers in business.

1.1.2 Das Urprinzip

Was diese neue Software wirklich revolutionär machte, war die Form der Berechnung: Zellen enthielten nicht nur Zahlen und Überschriften, sondern ließen sich auch mit Formeln und Funktionen füllen. Neben einfachen arithmetischen Operationen (Plus, Minus ...) beherrschte das Urprogramm bereits zwei Dutzend Funktionen von der Summe bis zur Quadratwurzel. Die zu berechnenden Zellen wurden der Formel oder Funktion einfach als Bezüge übergeben und um die ersten beiden Zellen der Spalte A zu summieren, konnte man in VisiCalc schreiben:

```
+A1+A2
```

oder

```
@SUM(A1:A2)
```

> **Hinweis**
>
> Für Nostalgiker: Laden Sie VisiCalc, das erste Tabellenkalkulationsprogramm der Welt, in der Originalfassung für das Betriebssystem DOS von Dan Bricklins Webseite:
>
> *http://bricklin.com/history/vcexecutable.htm*

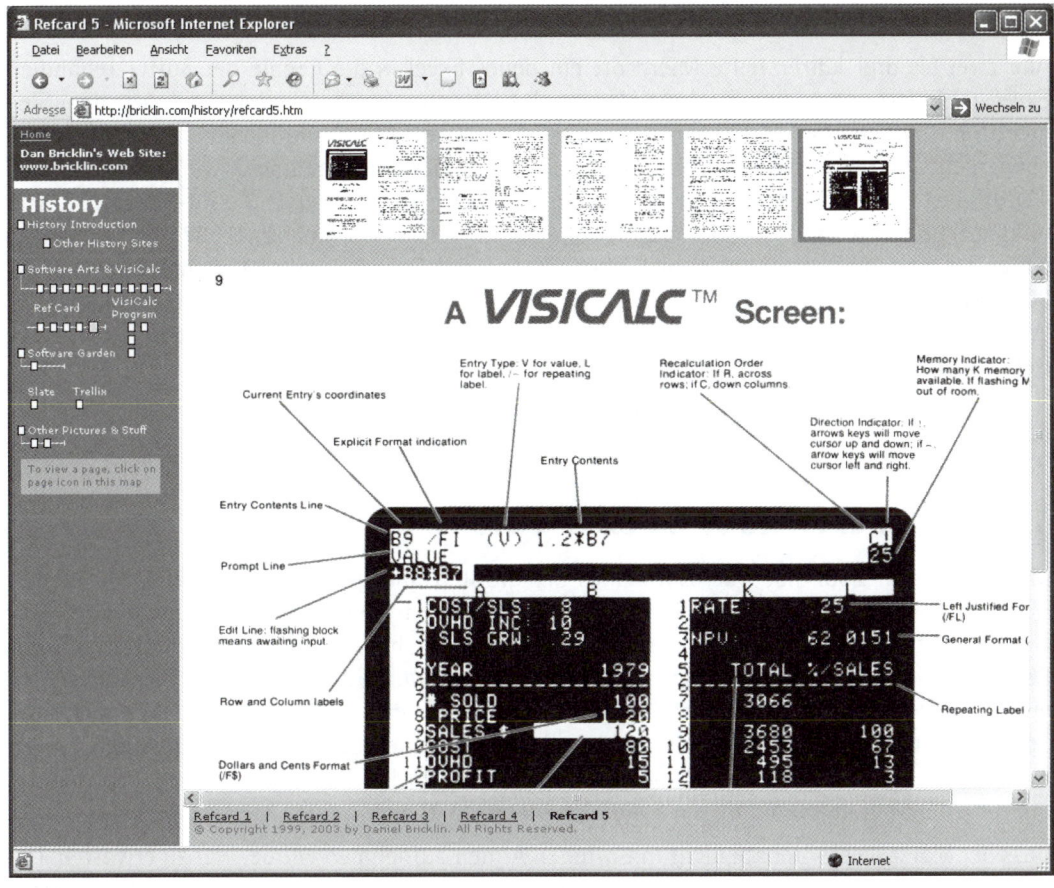

Abbildung 1.1: Die erste Tabellenkalkulation – VisiCalc

1.1.3 Lotus und Microsoft

Lotus 1-2-3 war der VisiCalc-Nachfolger und dieses Produkt brachte die Tabellenkalkulation weltweit auf alle Computer. Es gab noch viele andere Firmen, die Software auf der Basis des VisiCalc-Prinzips herstellten und anboten, aber Lotus setzte sich Anfang der 80er Jahre durch und machte in den besten Jahren mehr Umsatz als alle anderen Softwarehersteller zusammen. Quattro Pro und SuperCalc waren noch nennenswerte Vertreter der Gattung auf dem deutschen Markt.

Als das Betriebssystem DOS nach dem Deal zwischen Microsoft und IBM langsam zum PC-Standard wurde, hielt Bill Gates mit der DOS-Kalkulation *Multiplan* gegen Lotus, die Kombination mit dem Diagrammtool Chart gilt als erstes integriertes Paket überhaupt. Der Durchbruch gelang aber erst mit Excel, der ersten Tabellenkalkulation auf grafischen Betriebssystemen. Excel wurde zuerst für den Apple Macintosh entwickelt, 1985 kam die erste Version Excel 1.0 auf den Markt.

1.1.4   Regelmäßige Updates

Alle zwei bis drei Jahre stellte Microsoft ein neues Excel in die Regale der Softwarehändler. Excel 2.0 lieferte noch eine Runtime-Version des Betriebssystems Windows mit. Mit dem Siegeszug von Windows ab 1993 konnte Excel (Version 3.0) die Marktführung von Lotus 1-2-3 brechen, nicht zuletzt, weil deren Windows-Version nicht besonders gelungen war. Es folgte Excel 4.0, das erste Excel im integrierten Paket Microsoft Office, dann die erste 32-Bit-Version 5.0 und mit Excel 95 stellte das Erscheinungsjahr erstmals die Versionsnummer. Excel 97 und Excel 2000 waren im Plan, die Version 2002 hieß aber XP, weil das Office-Paket so benannt wurde. Excel 2003 war wieder nach dem Erscheinungsjahr benannt (2004 hieß die Macintosh-Version). Neue Wege ging der Hersteller Microsoft mit der Version 2007: Ein Jahr zuvor wurde die kostenlose Betaversion im Internet zum Download bereitgestellt, die Version 2007 war Mitte des Jahres im Handel. Im Juni 2010 schob Microsoft nach einer relativ kurzen Betatest-Phase Excel 2010 nach.

1.2   Von Excel 2007 zu Excel 2010

Mit der Version 2007 hat Microsoft eines der größten und gravierendsten Updates auf den Markt gebracht. Ein mutiges Projekt, denn im Vergleich zu früheren Updates wurde die Oberfläche komplett erneuert und ein neues Dateiformat eingeführt. Das überholte und überflüssige Benutzerführungskonzept mit Menüs und Symbolleisten wurde durch eine Multifunktionsleiste ersetzt. Diese Neuerung war längst überfällig, denn die Vielzahl der Programmfunktionen erforderte zuletzt immer größere Menüs und immer mehr Menüeinträge. Der einfache Klick auf ein Symbol war längst nicht mehr einfach, da Excel bis zu 20 Symbolleisten bereitstellen musste, um für jede Programmfunktion ein Symbol anbieten zu können.

Dass der Markt dieses Update nicht mit offenen Armen aufnehmen würde, war zu erwarten. Die großen *value-sellers* schreckten vor dem enormen Aufwand an Updatekosten und Benutzerschulungen zurück, die weltweite Finanzkrise tat ihr Übriges dazu, dass Excel 2007 nicht flächendeckend eingeführt wurde. Zwei Jahre nach Einführung von Excel 2007 arbeiteten 80% aller Unternehmen noch mit der Version 2003 oder früheren Versionen.

Excel 2010 wird das »alte« Excel endlich ablösen, auch deshalb, weil Microsoft Support und Updates für die Vorversionen auslaufen lässt. Die Zeit ist reif für ein neues Excel.

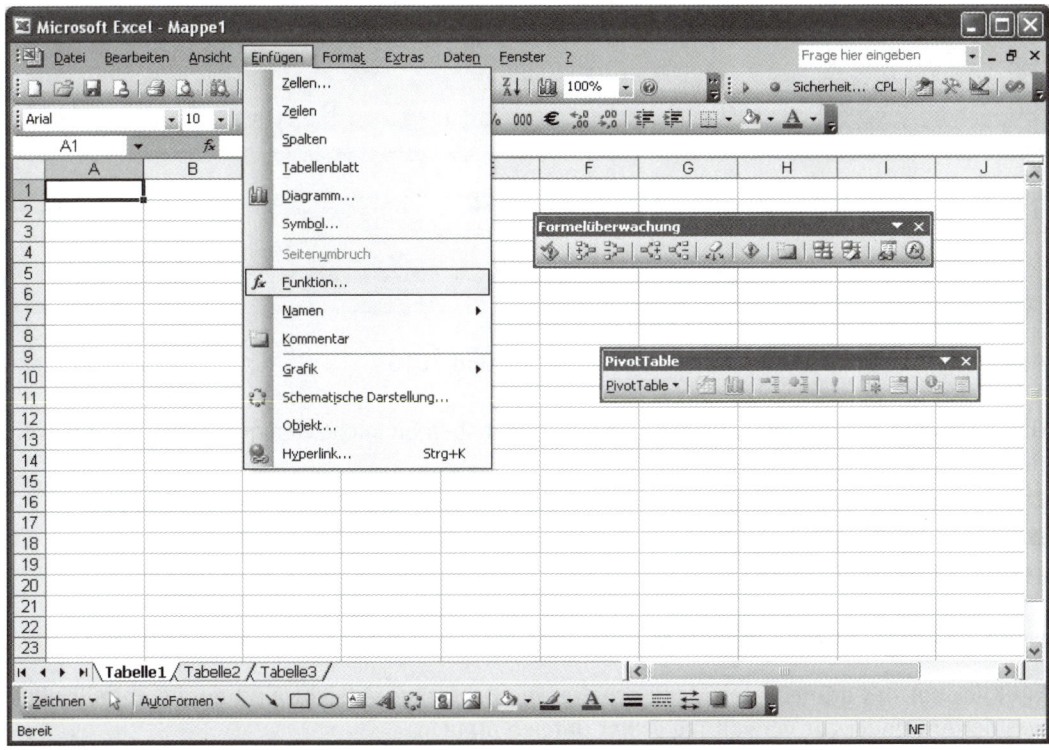

Abbildung 1.2: Bis Version 2003 gab es viele Menüs, Symbolleisten und Symbole.

1.2.1 Von der Multifunktionsleiste zum Menüband

Mit Excel 2007 wurde die Multifunktionsleiste als Ersatz für Menüs und Symbolleisten einge-führt. *Microsoft Fluent* heißt das Zauberwort, gemeint ist ein flexibles Band am oberen Rand mit einer wechselnden Anzahl Register. Diese enthalten Gruppen und diese wiederum die Symbole zur Steuerung der Programmfunktionen. Als Hauptvorteil der Fluent-Leiste nennt der Hersteller die Übersichtlichkeit, die in den früheren Versionen mit zahlreichen Einzelsymbolleisten nicht mehr gegeben war. Die Leiste passt sich an die Fenstergröße an, Symbole und Gruppen werden automatisch kleiner, wenn die Fensterbreite verändert wird.

Excel 2010 hat diese Leiste geringfügig, aber doch entscheidend optimiert. Das Office-Menü links oben wurde durch eine Backstage-Ansicht ersetzt, der bunte Knopf musste weichen, der Excel-Anwender hat wieder sein geliebtes Datei-Menü. Der Rest ist im Vergleich zu Excel 2007 weit-gehend gleich geblieben, da aber die meisten Anwender von Excel 97/2000/2003 umsteigen wer-den, sollten wir uns diese neue Oberfläche genauer ansehen.

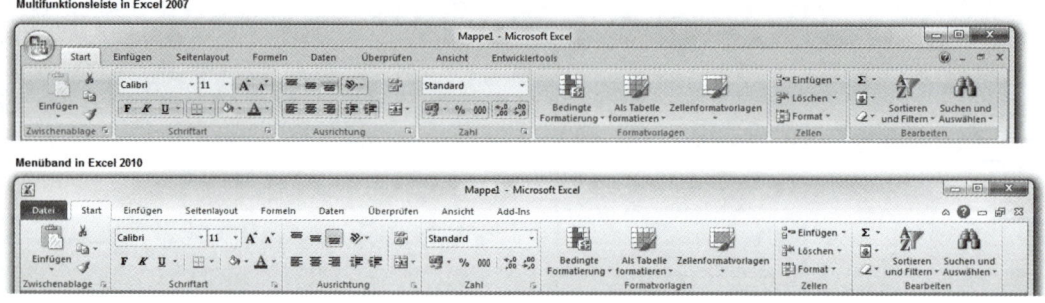

Abbildung 1.3: Die neue Oberfläche in Excel 2007 und 2010

Um das Menüband aus- und wieder einzublenden, haben Sie nicht weniger als drei Möglichkeiten:

- Klicken Sie auf das Symbol rechts vom Fragezeichen in der rechten oberen Ecke oder
- klicken Sie doppelt auf das Menüband oder
- drücken Sie `Strg`+`F1`.

Die Backstage-Ansicht (Datei-Menü)

Ein Klick auf das grüne Datei-Menü schaltet die Backstage-Ansicht ein und die enthält alles, was der Anwender zur Verwaltung seiner Dateien braucht.

SPEICHERN/SPEICHERN UNTER: Arbeitsmappen als Dateien auf Datenträgern ablegen

ÖFFNEN: Gespeicherte Arbeitsmappen aktivieren

SCHLIESSEN: Aktive Arbeitsmappe schließen

INFORMATION: Arbeitsmappenschutz, Kennwörter, Freigabe, Versionsverwaltung, Dateieigenschaften

ZULETZT VERWENDET: Liste mit Dateinamen und Ordnern, die zuletzt benutzt wurden

NEU: Neue Arbeitsmappe anlegen, Vorlagen aus der Installation oder aus dem Internet nutzen

DRUCKEN: Tabellen oder Bereiche drucken, integrierte Seitenansicht

SPEICHERN UND SENDEN: Dateien als Mailanhang versenden, auf SkyDrive im Web speichern, auf SharePoint-Server kopieren oder PDF/XPS-Dateien erstellen

HILFE: Aufruf der Offline- und Online-Hilfe

OPTIONEN: alle Optionen, früher unter EXTRAS/OPTIONEN

BEENDEN: Excel beenden

Abbildung 1.4: Die Backstage-Ansicht (Datei-Menü)

Registerkarten

Das Menüband bietet standardmäßig neben der Backstage (Datei-Menü) Registerkarten, die in Gruppen unterteilt sind. In diesen Gruppen stehen die Symbole und Befehlsschaltflächen:

Start	Einfügen	Seitenlayout	Formeln
Daten	Überprüfen	Ansicht	Entwicklertools (nicht Standard)
Add-Ins (nicht Standard)			

Das Angebot an Registern bleibt aber nicht statisch, es erweitert sich durch sogenannte Tools-Register, die aktiv werden, wenn bestimmte Objekte oder Elemente des Tabellenblatt aktiviert sind. Ist beispielsweise ein Bild oder ein Foto markiert, steht die Tools-Registerkarte *Bildttools* bereit, und wenn der Zellzeiger in einer PivotTable steht, schaltet sich die Registerkarte *Pivot-Tools* ein.

Tools-Registerkarte	wird aktiv, ...
SmartArt	wenn ein SmartArt-Objekt markiert ist
Diagrammtools	wenn ein Diagrammobjekt markiert ist
Zeichentools	wenn ein gezeichnetes Objekt, eine Form oder ein Formelobjekt aktiv ist
Bildtools	wenn ein Bild oder Foto markiert ist
Kopf- und Fußzeilentools	wenn der Cursor in der Layoutansicht in einem Bereich der Kopf- oder Fußzeile steht
Tabellentools	wenn eine Tabelle markiert ist oder der Zellzeiger in einer Tabelle steht
PivotTable-Tools/PivotChart-Tools	wenn der Zellzeiger in einer PivotTable steht oder wenn ein PivotChart markiert ist
Datenschnitttools	wenn ein Datenschnitt für eine PivotTable markiert ist
Sparklinetools	wenn ein Sparkline-Diagramm markiert ist
Formeltools	wenn der Cursor in einem Formelobjekt steht (EINFÜGEN/SYMBOLE/FORMEL)

Tabelle 1.1: Tools–Registerkarten

Gruppen mit Dialogfeldern

Viele Gruppen bieten ein kleines, unscheinbares Symbol am rechten unteren Rand an, das die Dialogfenster aus den früheren Versionen enthält. Für Umsteiger ist dieses Dialogfeld sehr nützlich, es enthält häufig auch Befehle, die nicht so einfach zu finden sind.

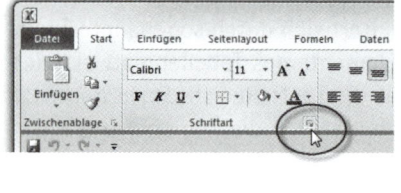
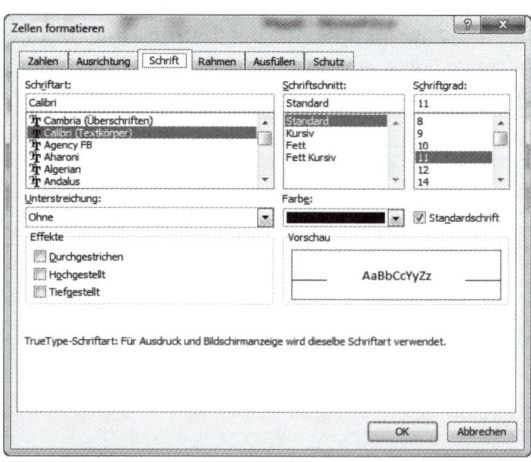

Abbildung 1.5: Das Dialogfeldsymbol der Gruppe Start/Schriftart

1.2.2 Optionen

Auch die Excel-Optionen, früher im Extras-Menü untergebracht, sind in die Backstage-Ansicht gewandert, die Anzahl der Optionen in dieser Sammlung hat sich beträchtlich vergrößert.

Neu hinzugekommen ist das Sicherheitscenter, eine Kategorie in den Optionen, in der alle sicherheitsrelevanten Einstellungen hinterlegt sind. Hier wird bestimmt, wie mit Makros und ActiveX-Elementen verfahren wird und wo vertrauenswürdige Speicherorte liegen. Ein Dokumentinspektor prüft Arbeitsmappen auf persönliche Daten wie beispielsweise den Benutzernamen in den Eigenschaften und entfernt diese auf Wunsch.

1.2.3 Menüband anpassen

Die Multifunktionsleiste ließ sich nicht ohne Programmieraufwand ändern, das Menüband kann wieder vom Benutzer individuell angepasst werden. Die Standardbelegung lässt sich zwar nicht ändern, einzelne Register oder Unterregister können aber umbenannt und mit zusätzlichen Registern oder Gruppen versehen werden.

1. Wählen Sie Datei/Optionen/Menüband anpassen.
2. Markieren Sie das Register, das Sie erweitern wollen, in der rechten Liste. Klicken Sie auf *Neue Registerkarte* oder *Neue Gruppe*.
3. Verschieben Sie das neue Element mit gedrückter Maustaste, wenn es nicht an der richtigen Stelle steht.
4. Holen Sie die gewünschten Symbole aus der linken Liste, stellen Sie dazu die passende Befehlsgruppe ein, markieren Sie das Symbol und klicken Sie auf *Hinzufügen*.
5. Mit *Umbenennen* wird das neue Element mit einem neuen Namen und – bei Gruppen oder Symbolen – mit einem Symbol versehen. Dazu wird eine Liste von Symbolen bereitgestellt.

Besonders wichtig für fortgeschrittene Anwender ist die Möglichkeit, Makros in das Menüband einzubinden. Die Befehlskategorie *Makros* zeigt alle verfügbaren Makros an, das Makro wird einfach in eine Gruppe verschoben, umbenannt und mit einem Symbol versehen. Das abgeänderte Menüband wird automatisch in einer Datei gespeichert:

Mit der Schaltfläche *Importieren/Exportieren* können Sie individuelle Anpassungen auch gezielt abspeichern oder aus Dateien holen. Speichern Sie das Menüband in einer Datei mit der Endung *exportedUI* oder holen Sie eine Anpassung aus einer solchen Datei.

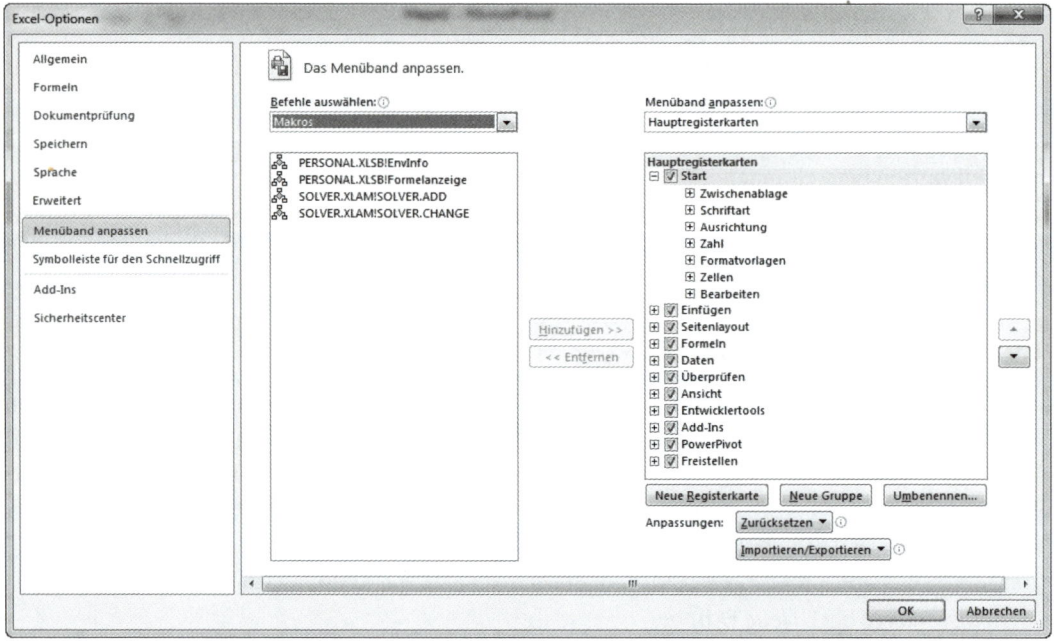

1.2.4   Symbolleiste für den Schnellzugriff

Die SYMBOLLEISTE FÜR DEN SCHNELLZUGRIFF, eine umständliche Übersetzung für die *quick access toolbar* (in der US-Version), ist die letzte individuell anpassbare Symbolleiste. Sie befindet sich neben dem DATEI-Menü. Sie kann wahlweise unter oder über das Menüband gesetzt werden. Die bekannten Symbole für Speichern, Rückgängig, Wiederholen und Sofortdruck werden darin angeboten und wer will, kann sich für jede Programmfunktion ein Symbol einbauen. Und das geht problemlos: Um ein Symbol in die Leiste zu holen, wird es einfach mit der rechten Maustaste angeklickt, im Kontextmenü findet sich der Befehl ZUR SYMBOLLEISTE FÜR DEN SCHNELLZUGRIFF HINZUFÜGEN und schon gehört das Symbol zum Angebot. Der längere Weg führt über OPTIONEN/SYMBOLLEISTE FÜR DEN SCHNELLZUGRIFF, hier steht eine Dialogbox zur Verfügung, die für jede Programmfunktion ein Symbol bereithält.

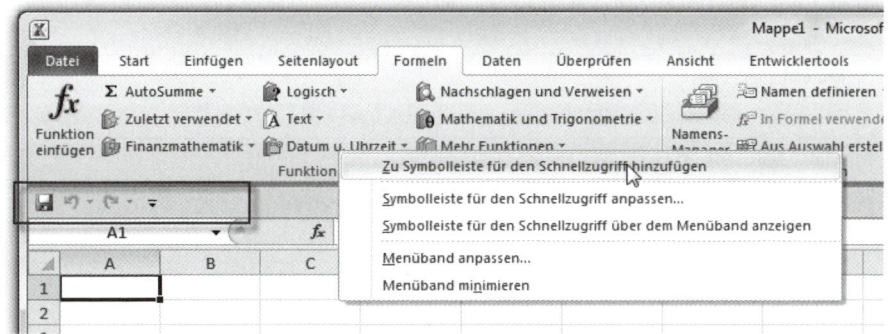

Abbildung 1.7: Symbolleiste für den Schnellzugriff anpassen

1.2.5   HTML, PDF und XPS – neue Dateiformate

Lange hat Microsoft an den Dateiformaten seiner Office-Programme festgehalten, zur Freude der Anwender, die XLS-Daten problemlos zwischen Alt- und Neuversion tauschen konnten, aber zum Leidwesen von Entwicklern, die längst nach XML verlangten, der Sprache des Web und der Online-Applikationen. Das XML-Format ist sicherer, lässt sich besser in browserorientierte Server- und Webapplikationen einbinden und verbraucht deutlich weniger Speicherplatz als das binäre Datenformat. Außerdem ist es lizenzfrei, was für Entwickler zukünftig nicht ohne Bedeutung sein wird.

Excel 2010 verwendet das mit Excel 2007 eingeführte neue Dateiformat, es speichert Arbeitsmappen im XML-Format und unterscheidet dabei zwischen Mappen ohne Makros und Mappen mit VBA-Makros. Die neuen Dateien erkennt man am zusätzlichen x in der Dateiendung, mit *.xlsx* sind makrofreie Mappen gekennzeichnet, die Makromappen bekommen *.xlsm* als Endung. XML-Daten lassen sich nur mit der neuesten Version lesen, ein Abspeichern im alten binären Speicherformat ist natürlich auch möglich und für die Vorgängerversionen gibt es Konverter zum Download. Das Microsoft Office Compatibility-Pack ermöglicht es, mit Office 2000/2003/XP die neuen Dateiformate zu lesen. Hier kann es kostenlos abgerufen werden:

http://www.microsoft.com/downloads/details.aspx?displaylang=de&
FamilyID=941b3470-3ae9-4aee-8f43-c6bb74cd1466

> **Tipp**
>
> Excel 2010-Dateien sind ZIP-Ordner. Wenn Sie eine XLSX- oder XLSM-Datei in *.zip* umbenennen, können Sie den Inhalt der Datei im Windows-Explorer einsehen. Der Ordner enthält Unterordner, HTML-Dateien und Grafikdateien im JPG- und GIF-Format, er kann auch wieder als ZIP-Archiv mit Excel geöffnet werden.

Hier eine Übersicht über alle Dateiformate in Excel 2010:

Endung	Datei
.xlsb	Microsoft Office Excel 2010-Binärarbeitsmappe
.xlsx	Microsoft Office Excel 2010-Arbeitsmappe
.xlsm	Microsoft Office Excel 2010-Arbeitsmappe mit Makros
.xltx	Microsoft Office Excel 2010-Vorlage
.xlsm	Microsoft Office Excel 2010-Vorlage mit Makros
.xlam	Office Excel 2010-Add-in

Tabelle 1.2: Die Dateiformate von Excel 2010

PDF und XPS

Das PDF-Format von Adobe gehört zu den Standard-Speicherformaten von Excel, es wird zusammen mit dem weniger verbreiteten XPS-Format unter DATEI/SPEICHERN UND SENDEN angeboten.

1.2.6   Mehr Platz

Das neue Excel bringt vor allem eines, nämlich mehr Platz. Hauptsächlich Nutzer von SAP, Oracle und anderen Host-Systemen beklagten in Excel bis Version 2003 die mangelnde Kapazität der einzelnen Tabellen (65.536 Zeilen x 256 Spalten). Das neue Excel ermöglicht exakt 1.058.576 Zeilen und 16.384 Spalten (oder in exponentialer Darstellung 2^{20} Zeilen und 2^{14} Spalten). Damit die riesigen Datenmengen auch intern verwaltbar bleiben, wurde der Arbeitsspeicherbereich von 1 GByte auf 2 GByte erhöht.

1.2.7   Aus Listen werden Tabellen

Office 2003 bot für geschlossene Tabellen im Tabellenblatt eine Listenfunktion, die aber etwas unhandlich ausfiel. Im neuen Excel heißt die umgewandelte Liste Tabelle und diese Umwandlung ist sehr wichtig für die Konstruktion von Formeln und Funktionen in Verbindung mit Listen und Datenbanken. In Kapitel 1.8 lesen Sie, wie eine Tabelle entsteht und wie die Elemente einer Tabelle in Formeln verarbeitet werden.

1.2.8 Neue Bedingungsformate

Das Angebot der bedingten Formatierung ist erweitert worden, es umfasst jetzt auch farbige Datenleisten und Farbskalen, die dem Zellenwert entsprechende Farben oder Muster in die Zellen setzen, und Symbole, die eine Ampelformatierung oder ähnliche Visualisierungen ermöglichen.

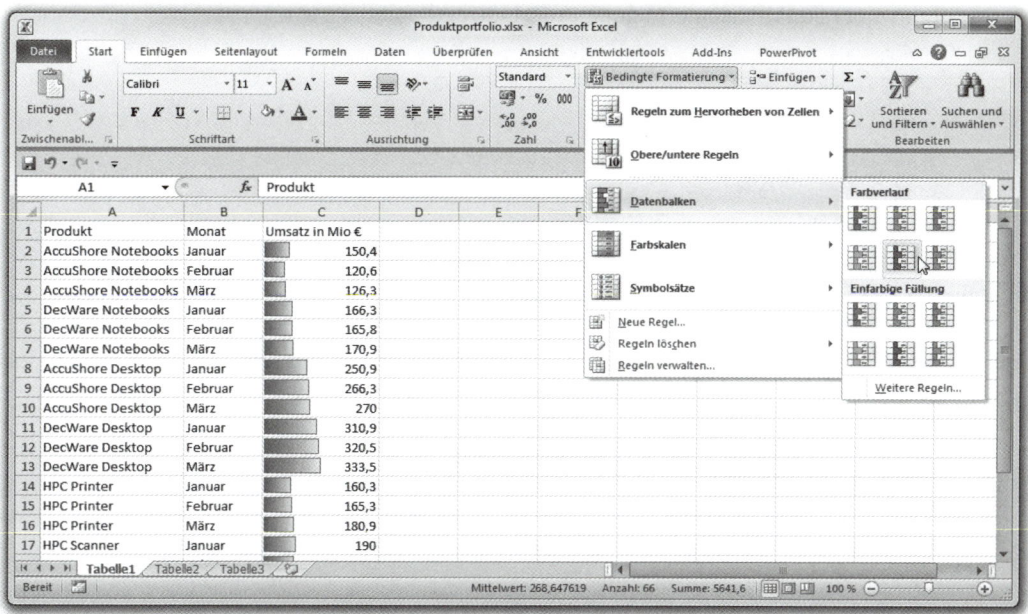

Abbildung 1.8: Die bedingte Formatierung bietet mehr Optik.

1.2.9 Modernste Charttechnik

Ein umfangreiches Facelifting durfte auch die etwas angestaubte Charting-Funktion erfahren. Diagramme sehen in Excel 2010 einfach besser aus und lassen sich schneller und eleganter erstellen und bearbeiten. Eine umfangreiche Liste mit vordefinierten Charts steht zur Auswahl, bis zu 16 Millionen Farben, Designs und Formatvorlagen lassen keine Wünsche offen.

1.2.10 Die neue Funktionsbibliothek

Auf der Registerkarte FORMELN präsentiert Excel 2010 in der Gruppe FUNKTIONSBIBLIOTHEK alle Funktionen, aufgegliedert in einzelne Kategorien, für die jeweils ein Symbol zur Auswahl steht. Das große Symbol links außen öffnet das Dialogfenster mit allen Funktionen, das früher als Funktions-Assistent deklariert war. Das Prinzip ist erhalten geblieben, nach Auswahl der Funktion werden die Argumente in einer Funktionspalette angefordert (siehe Kapitel 1.3).

Abbildung 1.9: Die neue Funktionsbibliothek auf der Registerkarte Formeln

Neu ist die Möglichkeit, Funktionen aus den Kategorien abzurufen. Ein Klick auf das Symbol präsentiert die Funktionsliste und die Funktion kann direkt per Klick abgeholt werden.

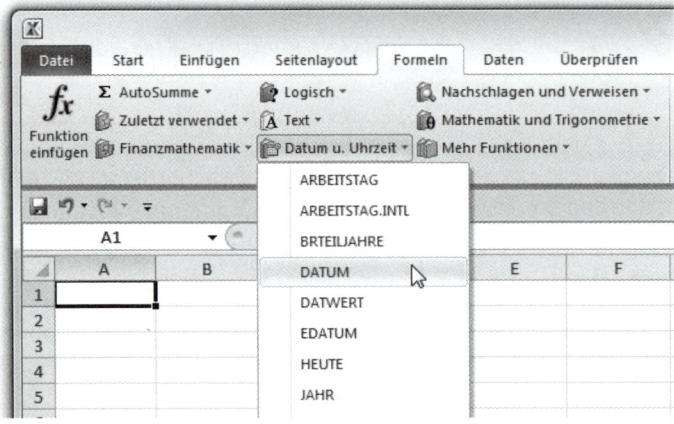

Abbildung 1.10: Funktionen auf Abruf, hier die Datums- und Zeitfunktionen

1.2.11 Neue Funktionen

Wie in jedem Update wurde die Liste der Funktionen nur um einige wenige Einträge erweitert. Die neuen Funktionen sind aber umso nützlicher, sie schließen einige Lücken in der Modellierung von Tabellen. Hier eine Übersicht der Funktionen, die im Vergleich zur Version 2003 neu sind:

Funktion	Kategorie	Kurzbeschreibung
AGGREGAT()	Math. & Trigonom.	Gibt ein Aggregat in einer Liste oder Datenbank zurück
ARBEITSTAG.INTL()	Datum und Zeit	Gibt die fortlaufende Zahl eines Datums zurück, das vor oder nach einer bestimmten Anzahl Arbeitstage liegt (mit Angabe der Wochenenddaten)
CHIQ.VERT.RE ()	Statistik	Gibt die kumulative Beta-Wahrscheinlich-keitsdichtefunktion zurück
CHIQU.INV ()	Statistik	Gibt die kumulative Beta-Wahrscheinlich-keitsdichtefunktion zurück
EXPON.VERT()	Statistik	Gibt Wahrscheinlichkeiten einer exponen-tialverteilten Zufallsvariablen zurück
F.INV()	Statistik	Gibt Quantile der F-Verteilung zurück
F.VERT()	Statistik	Gibt Werte einer F-verteilten Zufalls-variablen zurück
KONFIDENZ.T()	Statistik	Gibt das Konfidenzintervall für den Erwar-tungswert einer Zufallsvariablen zurück, wobei der Studentsche T-Test verwendet wird
KOVARIANZ.S()	Statistik	Gibt die Kovarianz einer Stichprobe zurück, d.h. den Mittelwert der für alle Datenpunkt-paare gebildeten Produkte der Abweichun-gen
MITTELWERTWENN()	Statistik	Ermittelt den Durchschnitt einer Wertereihe, deren Werte eine Bedingung erfüllen
MITTELWERTWENNS()	Statistik	Ermittelt den Durchschnitt einer Wertereihe unter Angabe mehrerer Bedingungen
MODUS.VIELF()	Statistik	Gibt ein vertikales Array der am häufigsten vorkommenden oder wiederholten Werte in einem Array oder Datenbereich zurück.
NETTOARBEITSTAGE.INTL()	Datum und Zeit	Gibt die Anzahl der vollen Arbeitstage zwischen zwei Datumsangaben zurück. Dabei werden Parameter verwendet, um anzugeben, welche und wie viele Tage auf Wochenenden fallen
OBERGRENZE.GENAU	Math. & Trigonom.	Rundet eine Zahl auf die nächste Ganzzahl oder auf das kleinste Vielfache des Argu-ments Schritt auf

Tabelle 1.3: Neue Funktionen gegenüber Version 2003

Funktion	Kategorie	Kurzbeschreibung
QUANTIL.EXKL()	Statistik	Gibt das k-Quantil von Werten in einem Bereich zurück, wobei k im Bereich von 0...1 ausschließlich liegt
QUANTILSRANG.EXKL()	Statistik	Gibt den prozentualen (0..1 ausschließlich) Rang (Alpha) eines Werts in einem Datenset zurück
QUARTILE.EXKL()	Statistik	Gibt die Quartile eines Datensets zurück, basierend auf Perzentilwerten von 0...1 ausschließlich
RANG.MITTELW()	Statistik	Gibt den Rang zurück, den eine Zahl in einer Liste von Zahlen einnimmt
SUMMEWENNS()	Math. & Trigonom.	Summiert Zahlen aus einem Bereich unter Angabe mehrerer Bedingungen
T.INV()	Statistik	Gibt den t-Wert der Student-T-Verteilung als Funktion der Wahrscheinlichkeit und der Freiheitsgrade zurück
T.VERT()	Statistik	Gibt die Prozentpunkte (Wahrscheinlichkeit) entsprechend der Student-T-Verteilung zurück
UNTERGRENZE.GENAU()	Math. & Trigonom.	Rundet eine Zahl auf die nächste Ganzzahl oder auf das kleinste Vielfache des Arguments Schritt ab
WENNFEHLER()	Logik	Gibt einen angegebenen Wert aus, wenn ein Ausdruck einen Fehler zum Ergebnis hätte
ZÄHLENWENNS()	Statistik	Zählt die Anzahl Zellen eines Bereichs, die mehrere Bedingungen erfüllen

Tabelle 1.3: Neue Funktionen gegenüber Version 2003 (Forts.)

Cube-Funktionen

Für die Integration von Daten aus OLAP-Cubes stellt Excel 2010 eine Reihe neuer Funktionen zur Verfügung. Cube-Funktionen holen Dimensionen, Measures und Elemente oder Tupels aus Cubes oder definieren Satzausdrücke, die an den Cube gesendet werden (siehe Kapitel 13).

Integrierte Analyse-Funktionen

Die größte Gruppe der neuen Funktionen ist eigentlich nicht so neu, die meisten davon gab es bereits unter Excel 97. Die Analyse-Funktionen standen bisher nur als zuladbare Alternative zur Verfügung und nur wenn das gleichnamige Add-in installiert und eingeschaltet war, konnten diese Funktionen benutzt werden. Ab Excel 2007 sind diese Funktionen Bestandteil der Funktionsbibliothek. Das Add-in gibt es immer noch, es stellt aber nur den Befehl DATENANALYSE auf die Registerkarte DATEN (siehe Kapitel 14).

Hier eine Übersicht über die Funktionen aus dem Add-in *Analyse-Funktionen*. Die Beschreibungen finden Sie in den einzelnen Kategorien:

Funktion	Kategorie	Kurzbeschreibung
AMORDEGRK()	Finanzmathematik	Liefert den für eine Abrechnungsperiode anzusetzenden Abschreibungsbetrag auf Basis des französischen Buchführungssystems
AMORLINEARK()	Finanzmathematik	Liefert den für eine Abrechnungsperiode anzusetzenden Abschreibungsbetrag auf Basis des französischen Buchführungssystems
ARBEITSTAG()	Datum & Zeit	Liefert die fortlaufende Zahl des Datums, vor oder nach einer bestimmten Anzahl von Arbeitstagen
AUFGELZINS()	Finanzmathematik	Liefert die aufgelaufenen Zinsen (Stückzinsen) eines Wertpapiers mit periodischen Zinszahlungen
AUFGELZINSF()	Finanzmathematik	Liefert die aufgelaufenen Zinsen (Stückzinsen) eines Wertpapiers, die bei Fälligkeit ausgezahlt werden
AUSZAHLUNG()	Finanzmathematik	Liefert den Auszahlungsbetrag eines voll investierten Wertpapiers am Fälligkeitstermin
BESSELI()	Konstruktion	Liefert die modifizierte Besselfunktion In(x)
BESSELJ()	Konstruktion	Liefert die Besselfunktion Jn(x)
BESSELK()	Konstruktion	Liefert die modifizierte Besselfunktion Kn(x)
BESSELY()	Konstruktion	Liefert die Besselfunktion Yn(x)
BININDEZ()	Konstruktion	Wandelt eine binäre Zahl (Dualzahl) in eine dezimale Zahl um
BININHEX()	Konstruktion	Wandelt eine binäre Zahl (Dualzahl) in eine hexadezimale Zahl um
BININOKT()	Konstruktion	Wandelt eine binäre Zahl (Dualzahl) in eine oktale Zahl um
BRTEILJAHRE()	Datum & Zeit	Wandelt die Anzahl der ganzen Tage zwischen Ausgangsdatum und Enddatum in Bruchteile von Jahren um
DELTA()	Konstruktion	Überprüft, ob zwei Werte gleich sind
DEZINBIN()	Konstruktion	Wandelt eine dezimale Zahl in eine binäre Zahl (Dualzahl) um

Tabelle 1.4: Die Analyse-Funktionen, ab Excel 2007 in die Funktionsbibliothek integriert

Funktion	Kategorie	Kurzbeschreibung
DEZINHEX()	Konstruktion	Wandelt eine dezimale Zahl in eine hexadezimale Zahl um
DEZINOKT()	Konstruktion	Wandelt eine dezimale Zahl in eine oktale Zahl um
DISAGIO()	Finanzmathematik	Liefert den in Prozent ausgedrückten Abschlag (Disagio) eines Wertpapiers
DURATION()	Finanzmathematik	Liefert die jährliche Duration eines Wertpapiers mit periodischen Zinszahlungen
EDATUM()	Datum & Zeit	Liefert die fortlaufende Zahl des Datums, das eine bestimmte Anzahl von Monaten vor bzw. nach dem Ausgangsdatum liegt
EFFEKTIV()	Finanzmathematik	Liefert die jährliche Effektivverzinsung
GAUSSFEHLER()	Konstruktion	Liefert die Gaußsche Fehlerfunktion
GAUSSFKOMPL()	Konstruktion	Liefert das Komplement zur Gaußschen Fehlerfunktion
GGANZZAHL()	Konstruktion	Überprüft, ob eine Zahl größer als ein gegebener Schwellenwert ist
GGT()	Math. & Trigonom.	Liefert den größten gemeinsamen Teiler
HEXINBIN()	Konstruktion	Wandelt eine hexadezimale Zahl in eine binäre Zahl (Dualzahl) um
HEXINDEZ()	Konstruktion	Wandelt eine hexadezimale Zahl in eine dezimale Zahl um
HEXINOKT()	Konstruktion	Wandelt eine hexadezimale Zahl in eine oktale Zahl um
IMABS()	Konstruktion	Liefert den Absolutbetrag (Modul) einer komplexen Zahl
IMAGINÄRTEIL()	Konstruktion	Liefert den Imaginärteil einer komplexen Zahl
IMAPOTENZ()	Konstruktion	Potenziert eine komplexe Zahl mit einer ganzen Zahl
IMARGUMENT()	Konstruktion	Liefert den Winkel im Bogenmaß zur Darstellung der komplexen Zahl in trigonometrischer Schreibweise
IMCOS()	Konstruktion	Liefert den Kosinus einer komplexen Zahl
IMDIV()	Konstruktion	Liefert den Quotient zweier komplexer Zahlen
IMEXP()	Konstruktion	Liefert die algebraische Form einer in exponentieller Schreibweise vorliegenden komplexen Zahl

Tabelle 1.4: Die Analyse-Funktionen, ab Excel 2007 in die Funktionsbibliothek integriert (Forts.)

Funktion	Kategorie	Kurzbeschreibung
IMKONJUGIERTE()	Konstruktion	Liefert die konjugiert komplexe Zahl zu einer komplexen Zahl
IMLN()	Konstruktion	Liefert den natürlichen Logarithmus einer komplexen Zahl
IMLOG10()	Konstruktion	Liefert den Logarithmus einer komplexen Zahl zur Basis 10
IMLOG2()	Konstruktion	Liefert den Logarithmus einer komplexen Zahl zur Basis 2
IMPRODUKT()	Konstruktion	Liefert das Produkt von 2 bis 29 komplexen Zahlen
IMREALTEIL()	Konstruktion	Liefert den Realteil einer komplexen Zahl
IMSIN()	Konstruktion	Liefert den Sinus einer komplexen Zahl
IMSUB()	Konstruktion	Liefert die Differenz zweier komplexer Zahlen
IMSUMME()	Konstruktion	Liefert die Summe komplexer Zahlen
IMWURZEL()	Konstruktion	Liefert die Quadratwurzel einer komplexen Zahl
ISTGERADE()	Information	Liefert WAHR, wenn die Zahl gerade ist
KALENDERWOCHE()	Datum & Zeit	Liefert eine Zahl, die angibt, in welche Woche des zugehörigen Jahres das angegebene Datum fällt
KGV()	Math. & Trigonom.	Liefert das kleinste gemeinsame Vielfache
KOMPLEXE()	Konstruktion	Wandelt den Real- und Imaginärteil in eine komplexe Zahl um
KUMKAPITAL()	Finanzmathematik	Berechnet die aufgelaufene Tilgung eines Darlehens, die zwischen zwei Perioden zu zahlen ist
KUMZINSZ()	Finanzmathematik	Berechnet die kumulierten Zinsen, die zwischen zwei Perioden zu zahlen sind
KURS()	Finanzmathematik	Liefert den Kurs pro 100 DM Nennwert eines Wertpapiers, das periodisch Zinsen auszahlt
KURSDISAGIO()	Finanzmathematik	Liefert den Kurs pro 100 DM Nennwert eines unverzinslichen Wertpapiers
KURSFÄLLIG()	Finanzmathematik	Liefert den Kurs pro 100 DM Nennwert eines Wertpapiers, das Zinsen am Fälligkeitsdatum auszahlt
MDURATION()	Finanzmathematik	Liefert die modifizierte Macauley-Duration eines Wertpapiers mit 100 DM Nennwert

Tabelle 1.4: Die Analyse–Funktionen, ab Excel 2007 in die Funktionsbibliothek integriert (Forts.)

Funktion	Kategorie	Kurzbeschreibung
MONATSENDE()	Datum & Zeit	Liefert die fortlaufende Zahl des letzten Tages des Monats, der eine bestimmte Anzahl von Monaten vor bzw. nach dem Ausgangsdatum liegt
NETTOARBEITSTAGE()	Datum & Zeit	Liefert die Anzahl der Arbeitstage in einem Zeitintervall
NOMINAL()	Finanzmathematik	Liefert die jährliche Nominalverzinsung
NOTIERUNGBRU()	Finanzmathematik	Konvertiert eine Notierung in dezimaler Schreibweise in einen gemischten Dezimalbruch
NOTIERUNGDEZ()	Finanzmathematik	Konvertiert eine Notierung, die als Dezimalbruch ausgedrückt wurde, in eine Dezimalzahl
OKTINBIN()	Konstruktion	Wandelt eine oktale Zahl in eine binäre Zahl (Dualzahl) um
OKTINDEZ()	Konstruktion	Wandelt eine oktale Zahl in eine dezimale Zahl um
OKTINHEX()	Konstruktion	Wandelt eine oktale Zahl in eine hexadezimale Zahl um
POLYNOMIAL()	Math. & Trigonom.	Liefert den Polynominalkoeffizienten einer Gruppe von Zahlen
POTENZREIHE()	Math. & Trigonom.	Liefert die Summe von Potenzen (zur Berechnung von Potenzreihen und dichotomen Wahrscheinlichkeiten)
RENDITEDIS()	Finanzmathematik	Liefert die jährliche Rendite eines unverzinslichen Wertpapiers
RENDITEFÄLL()	Finanzmathematik	Liefert die jährliche Rendite eines Wertpapiers, das Zinsen am Fälligkeitsdatum auszahlt
TBILLÄQUIV()	Finanzmathematik	Rechnet die Verzinsung eines Schatzwechsels (Treasury Bill) in die für Anleihen übliche einfache jährliche Verzinsung um
TBILLKURS()	Finanzmathematik	Liefert den Kurs pro 100 DM Nennwert eines Schatzwechsels (Treasury Bill)
TBILLRENDITE()	Finanzmathematik	Liefert die Rendite eines Schatzwechsels (Treasury Bill)
UMWANDELN()	Konstruktion	Wandelt eine Zahl von einem Maßsystem in ein anderes um
UNREGER.KURS()	Finanzmathematik	Liefert den Kurs pro 100 DM Nennwert eines Wertpapiers mit einem unregelmäßigen ersten Zinstermin

Tabelle 1.4: **Die Analyse-Funktionen, ab Excel 2007 in die Funktionsbibliothek integriert (Forts.)**

Funktion	Kategorie	Kurzbeschreibung
UNREGER.REND()	Finanzmathematik	Liefert die Rendite eines Wertpapiers mit einem unregelmäßigen ersten Zinstermin
UNREGLE.KURS()	Finanzmathematik	Liefert den Kurs pro 100 DM Nennwert eines Wertpapiers mit einem unregelmäßigen letzten Zinstermin
UNREGLE.REND()	Finanzmathematik	Liefert die Rendite eines Wertpapiers mit einem unregelmäßigen letzten Zinstermin
VRUNDEN()	Math. & Trigonom.	Liefert eine auf das gewünschte Vielfache gerundete Zahl
WURZELPI()	Math. & Trigonom.	Liefert die Wurzel aus der mit Pi multiplizierten Zahl
XINTZINSFUSS()	Finanzmathematik	Liefert den internen Zinsfuß einer Reihe nicht periodisch anfallender Zahlungen
XKAPITALWERT()	Finanzmathematik	Liefert den Nettobarwert (Kapitalwert) einer Reihe nicht periodisch anfallender Zahlungen
ZINSSATZ()	Finanzmathematik	Liefert den Zinssatz eines voll investierten Wertpapiers
ZINSTERMNZ()	Finanzmathematik	Liefert das Datum des ersten Zinstermins nach dem Abrechnungstermin
ZINSTERMTAGE()	Finanzmathematik	Liefert die Anzahl der Tage der Zinsperiode, die den Abrechnungstermin einschließt
ZINSTERMTAGNZ()	Finanzmathematik	Liefert die Anzahl der Tage vom Abrechnungstermin bis zum nächsten Zinstermin
ZINSTERMTAGVA()	Finanzmathematik	Liefert die Anzahl der Tage vom Anfang des Zinstermins bis zum Abrechnungstermin
ZINSTERMVZ()	Finanzmathematik	Liefert das Datum des letzten Zinstermins vor dem Abrechnungstermin
ZINSTERMZAHL()	Finanzmathematik	Liefert die Anzahl der Zinstermine zwischen Abrechnungs- und Fälligkeitsdatum
ZUFALLSBEREICH()	Math. & Trigonom.	Liefert eine ganze Zufallszahl aus dem festgelegten Bereich
ZW2()	Finanzmathematik	Liefert den aufgezinsten Wert des Anfangskapitals für eine Reihe periodisch unterschiedlicher Zinssätze
ZWEIFAKULTÄT()	Konstruktion	Liefert die Fakultät zu einer Zahl mit Schrittlänge 2

Tabelle 1.4: Die Analyse-Funktionen, ab Excel 2007 in die Funktionsbibliothek integriert (Forts.)

1.3 Optimiert und schnell arbeiten

Auf die Technik kommt es an bei der Tabellenkalkulation, denn die Arbeit mit Zellen, Zeilen und Spalten ist nur auf den ersten Blick einfach und schnell zu erlernen. Formeln schreiben, Funktionen erstellen und mit den richtigen Argumenten bestücken ist Schwerstarbeit und erfordert hohe Konzentration. Gewöhnen Sie sich von Anfang an eine schnelle, kompakte Arbeitsweise beim Erstellen und Testen von Formeln an. Wenn Sie ständig zur Maus greifen und umständlich Zellen, Rollbalken oder Spaltenköpfe anvisieren, kostet Sie das zu viel Zeit. Arbeiten Sie mit der Maus, wenn dies sinnvoll ist, nutzen Sie Tastenkombinationen (Shortcuts), wenn es damit schneller geht. Hier ein paar Tipps für eine kompakte und schnelle Arbeitsweise beim Umgang mit Formeln und Funktionen.

1.3.1 Auf der Oberfläche

Datei-Menü (Backstage)

Das Datei-Menü, auch Backstage-Ansicht genannt, ist das Verwaltungszentrum für Dateien. Benutzen Sie es, wenn Sie eine zuletzt bearbeitete Arbeitsmappe öffnen wollen, schalten Sie auf ZULETZT VERWENDET. Die Liste bietet die Dateien zum Anklicken an. Wenn Sie mehr Einträge brauchen, schalten Sie in die OPTIONEN und erhöhen die Anzahl der zuletzt verwendeten Dokumente unter ERWEITERT/ ANZEIGE.

Symbolleiste für den Schnellzugriff

Fügen Sie in diese Leiste Symbole für Tätigkeiten ein, die Sie immer wieder machen und sonst zeitaufwändig suchen müssen. Befehle aus dem Menüband können Sie einfach mit der rechten Maustaste anklicken und in die Schnellzugriffsleiste schicken, unter SYMBOLLEISTE FÜR DEN SCHNELLZUGRIFF ANPASSEN im Backstage oder im Kontextmenü der rechten Maustaste finden Sie alle Befehle, die Excel zu bieten hat. Wenn es für ein Symbol eine Tastenkombination gibt, sollten Sie dieser den Vorzug geben.

Menüband

In der Vorgängerversion hieß die Leiste am oberen Rand noch Multifunktionsleiste, in Excel 2010 ist es das Menüband. Mit dem ^-Symbol am rechten oberen Rand oder mit `Strg`+`F1` können Sie dieses auf die Anzeige der Reiter minimieren, wenn Sie mehr Platz für die Tabellen brauchen. Klicken Sie auf einen Reiter, öffnet sich die Leiste wieder. Die gleiche Kombination blendet die Leiste wieder ein.

Wenn Sie die Leiste mit Tasten steuern wollen, drücken Sie die `Alt`-Taste. Nach kurzer Zeit erscheinen die Buchstaben auf der Leiste, die Sie für die Gruppen und Symbole brauchen. Merken Sie sich, was Sie häufig brauchen und steuern Sie es ab sofort mit der Tastenkombination (z.B. `Alt`+`m`+`f` für FUNKTION EINFÜGEN).

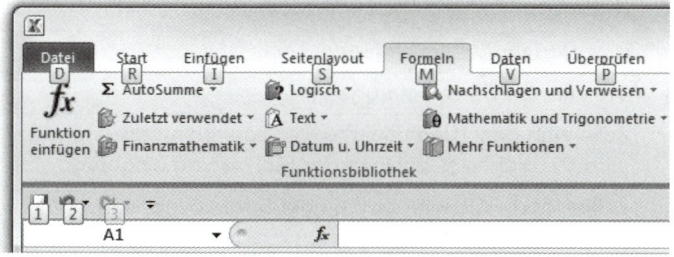

Abbildung 1.11: Das Menüband kann auch mit ⬚Alt⬚-Tastenkombinationen bedient werden.

Kontextmenüs

Kontextmenüs öffnen Sie mit der rechten Maustaste (z.B. in einer Zelle, auf dem Zeilen-/Spaltenkopf oder im Tabellenregister). Nutzen Sie diese, wenn Sie markierte Zellbereiche bearbeiten oder formatieren wollen.

Dialogfenster

Dialogfenster erscheinen nach Auswahl bestimmter Befehle, zum Beispiel START/BEARBEITEN/SUCHEN UND AUSWÄHLEN/GEHEZU (oder einfach ⬚F5⬚). Um einen Dialog zu beenden, sollten Sie immer die ⬚↵⬚-Taste drücken, nicht das OK-Feld mit der Maus ansteuern. Um einen Dialog abzubrechen, drücken Sie einfach ⬚Esc⬚.

1.3.2 Tastenkombinationen

Benutzen Sie bei der Arbeit in der Tabelle und mit Dialogfenstern nur Tastenkombinationen (z.B. ⬚Strg⬚+⬚C⬚ für KOPIEREN, ⬚Strg⬚+⬚X⬚ für AUSSCHNEIDEN, ⬚Strg⬚+⬚V⬚ für EINFÜGEN). Eine vollständige Liste finden Sie in der Hilfefunktion. Starten Sie diese mit ⬚F1⬚ und geben Sie in das Suchfenster den Begriff TASTENKOMBINATIONEN ein. Hier die wichtigsten in einer Übersicht:

Shortcut	Aktion
`Strg` + `.` (Punkt)	Das aktuelle Datum einfügen
`Strg` + `⇧` + `:` (Doppelpunkt)	Die aktuelle Uhrzeit einfügen
`Strg` + `+`	Zelle einfügen. Wenn Zeilen oder Spalten markiert sind, wird die gleiche Anzahl vor der Markierung eingefügt.
`Strg` + `-`	Zellen löschen. Wenn Zeilen oder Spalten markiert sind, werden diese gelöscht.
`Strg` + `Leertaste`	Ganze Spalte markieren
`⇧` + `Leertaste`	Ganze Zeile markieren
`Strg` + `Pos1`	Sprung zur Zelle A1
`Strg` + `*`	Den aktuellen Bereich markieren (bis zur ersten Leerzeile und Leerspalte)
`Strg` + `Cursortaste`	Steuert den Zellzeiger an das Ende des Bereichs (z.B. mit Cursortaste nach unten bis zur letzten beschrifteten Zelle). Ist keine Zelle mehr beschriftet, wird die letzte Zelle des Blatts in der eingeschlagenen Richtung markiert.
`Strg` + `Bild ↓`	Aktiviert das nächste Tabellenblatt in der Mappe
`Strg` + `Bild ↑`	Aktiviert das vorherige Tabellenblatt in der Mappe
`Alt` + `Bild ↓`	Steuert den nächsten Bildschirm nach rechts an (z.B. Sprung von Spalte A nach Spalte J).
`Alt` + `Bild ↑`	Steuert den vorherigen Bildschirm an
`Strg` + `F6`	Aktiviert das nächste im Fenstermenü angezeigte Fenster (die nächste Mappe)
`F2`	Öffnet die Zelle, auf der sich der Zellzeiger befindet
`F4`	Wiederholt den letzten Befehl
`F5`	Öffnet das GEHE ZU-Fenster. Sie können eine beliebige Zelladresse eingeben, die mit `↵` angesteuert wird.
`↵`	Schließt die Bearbeitung einer Zelle ab
`Esc`	Verwirft (storniert) die Bearbeitung einer Zelle
`Strg` + `C`, `Strg` + `V`	Kopieren und Einfügen, viel schneller als die Befehle aus START/ZWISCHENABLAGE. Einmalige Kopien werden mit `↵` abgeschlossen.
`Strg` + `1`	Öffnet den Dialog ZELLEN FORMATIEREN mit den Zahlenformaten auf der ersten Registerkarte.

Tabelle 1.5: **Die wichtigsten Tastenkombinationen**

CD-ROM

Auf der CD zum Buch finden Sie unter *Tastenkombinationen.xlsx* eine Übersicht über alle wichtigen Shortcuts.

1.3.3   In der Tabelle

Zellzeiger bewegen mit der Eingabetaste

Wenn Sie eine Formel erstellen oder ändern, werden Sie diese Aktion mit der `↵`-Taste abschließen und dabei springt der Zellzeiger im Normalfall nach unten in die nächste Zeile. In welche Richtung der Zellzeiger springt, wenn Sie die `↵`-Taste drücken, ist nicht zufällig und lässt sich individuell anpassen:

1. Wählen Sie DATEI/OPTIONEN, schalten Sie auf die Kategorie ERWEITERT um.
2. Kreuzen Sie die Option MARKIERUNG NACH DRÜCKEN DER EINGABETASTE VERSCHIEBEN an und bestimmen Sie die Richtung der Verschiebung über das Auswahlfeld.

Tipp

Die Voreinstellung mit dem Sprung nach unten dürfte in der Praxis die beste sein. Wenn Sie doch einmal den Zellzeiger in eine andere Richtung fortbewegen wollen, markieren Sie den Zellbereich vorher (zum Beispiel eine einzelne Zeile). Der Zellzeiger wird sich dann in der Markierung weiterbewegen, solange Sie Daten erfassen.

Zellen markieren

Markieren Sie nur mit der Maus, wenn der Bereich überschaubar ist. Größere Bereiche sollten Sie mit gedrückter `⇧`-Taste und den Bildtasten oder Cursortasten markieren, das ist leichter zu kontrollieren. Wenn der Bereich geschlossen ist, drücken Sie `Strg`+`⇧`+`*`, mit `⇥` und `⇧`+`⇥` bewegen Sie den Zellzeiger in der Markierung.

Zellen beschreiben, überschreiben, editieren

Wenn Sie eine Zelle beschriften wollen, setzen Sie den Zellzeiger auf die Zelle und schreiben einfach drauflos. Der Inhalt der Zelle wird überschrieben. Um einen Zellinhalt zu ändern, drücken Sie `F2`. Die Zelle wird geöffnet, mit `Pos1` wandern Sie an den Anfang, mit `Ende` an das Ende der offenen Formel. Mit `Strg`+`⇧`+Pfeiltasten markieren Sie wortweise. Wenn Sie einen Teil der Formel markieren wollen, ziehen Sie nicht die Maus darüber, sondern setzen den Cursor an, halten die `⇧`-Taste gedrückt und ziehen die Markierung mit der Cursortaste nach links oder rechts.

Drücken Sie zum Abschluss die `↵`-Taste. Um die Bearbeitung abzubrechen, drücken Sie `Esc`. Die beiden Symbole am linken Rand der Bearbeitungsleiste sind nur mit der Maus zu bedienen und damit deutlich umständlicher als die Tastaturkommandos.

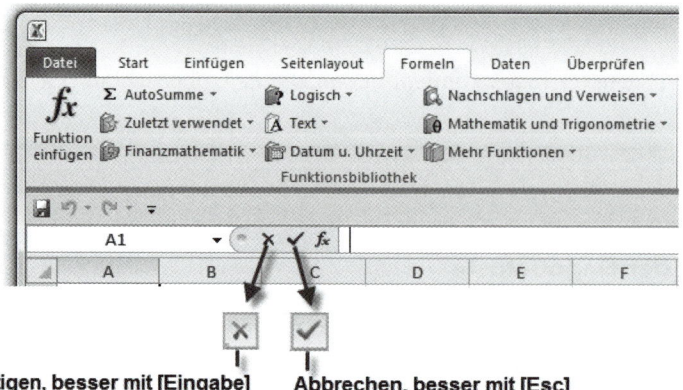

Bestätigen, besser mit [Eingabe]   **Abbrechen, besser mit [Esc]**

Abbildung 1.12: Symbole in der Bearbeitungsleiste

Zellen verschieben und kopieren

Um eine Zelle auszuschneiden, drücken Sie `Strg`+`X`, um sie zu kopieren, `Strg`+`C`. Steuern Sie die Zielzelle an und drücken Sie die `↵`-Taste, um den Vorgang abzuschließen. Sie können auch die Zelle oder den Zellbereich mit der Maus verschieben oder kopieren. Zeigen Sie auf einen Rand und ziehen Sie die Maus mit gedrückter linker Maustaste an eine neue Position. Halten Sie die `Strg`-Taste gedrückt, wenn Sie die Zelle(n) kopieren wollen.

Eine sehr nützliche Technik für das Verschieben größerer Zellbereiche:

1. Markieren Sie den Bereich, den Sie verschieben wollen.
2. Halten Sie die `⇧`-Taste gedrückt und zeigen Sie auf eine Randlinie des Bereichs.
3. Ziehen Sie den Bereich mit gedrückter Maustaste, setzen Sie ihn an der Einfügeposition ab. Ein grauer Balken signalisiert diese Position.
4. Lassen Sie zuerst die Maustaste und dann die `⇧`-Taste los, wird der Bereich verschoben.

Das Füllkästchen nutzen

Mit dem Füllkästchen rechts unten am Zellzeiger erzeugen Sie, wie der Name ausdrückt, Füllungen, zum Beispiel Monatsreihen von Januar bis Dezember oder Datumsreihen. Welche Füllreihen Excel anbietet, finden Sie unter DATEI/OPTIONEN in der Kategorie HÄUFIG VERWENDET unter BENUTZERDEFINIERTE LISTEN BEARBEITEN. Hier können Sie auch eigene Füllreihen definieren oder aus Tabellen importieren.

Das Füllkästchen eignet sich auch zum Kopieren von Formeln. Wenn die Formel in der aktiven Zelle nach unten für alle übrigen Zeilen einer Liste gilt, ziehen Sie das Füllkästchen nach unten. Schneller geht's mit Doppelklick auf das Füllkästchen, die Formel wird automatisch bis zur ersten Leerzeile nach unten kopiert (geht nur nach unten).

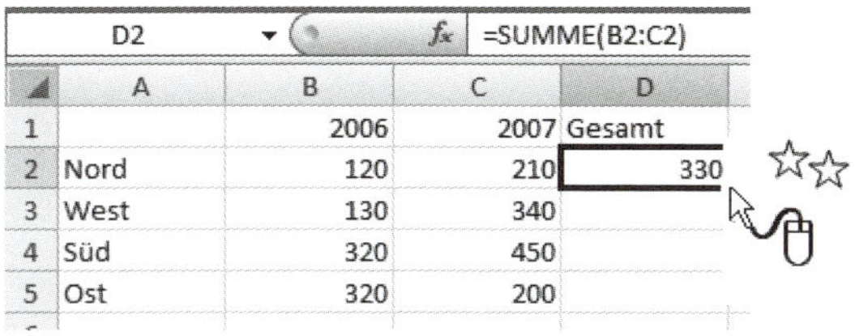

Abbildung 1.13: Ein Doppelklick auf das Füllkästchen füllt nach unten auf.

1.4 Eingabe- und Editierhilfen

Excel bietet auch dem unerfahrenen Anwender viele Hilfestellungen, die das Eingeben, Austesten und Korrigieren der Formeln erleichtern. Achten Sie bei der Eingabe und Bearbeitung einer Funktion auf die Hilfestellungen, die Excel anbietet.

1.4.1 Bezüge konstruieren

Geben Sie Bezüge niemals in Textform ein, sondern konstruieren Sie diese immer mit Tastatur und Maus. Damit reduzieren Sie die Fehlerhäufigkeit in Formeln:

Die Formel:

=A1+A10

wird so konstruiert:

1. Schreiben Sie ein Gleichheitszeichen.
2. Klicken Sie mit der Maus auf die Zelle A1.
3. Schreiben Sie ein Pluszeichen.
4. Klicken Sie abschließend auf A10 und drücken Sie die ⏎-Taste.

1.4.2 Formel in mehrere Zellen schreiben

Wenn eine Formel für mehrere Zellen vorgesehen ist, können Sie einen Bearbeitungsschritt sparen: Anstatt die Formel zu schreiben und anschließend zu kopieren, schreiben Sie sie gleich in alle markierten Zellen:

1. Ziehen Sie die Markierung über alle Zellen, für die Sie die Formel vorgesehen haben.
2. Wenn die Zellen nicht zusammenhängend zu markieren sind, markieren Sie den ersten Bereich, halten die ⌊Strg⌋-Taste gedrückt und markieren weitere Bereiche.
3. Schreiben Sie die Formel in die aktive Zelle. Wenn bei Mehrfachmarkierungen die aktive Zelle an der falschen Stelle steht, können Sie den Zellzeiger mit der ⎯↹-Taste innerhalb der Markierung verschieben (⌊⇧⌋+⎯↹ schaltet rückwärts).
4. Drücken Sie zum Abschluss der Formel ⌊Strg⌋+⏎. Damit schreiben Sie die Formel in alle markierten Zellen.

⊿	A	B	C	D	E
1	Monat	Betrag	zuzugl. MwSt.	Endbetrag	
2	Januar	500	95	=B2+C2	
3	Februar	800	152		
4	März	600	114		595
5	April	300	57		952
6	Mai	400	76		714
7	Juni	800	152		357
8					476
					952

Abbildung 1.14: Die Formel wird mit ⌞Strg⌟ gleich in alle Zellen übertragen.

1.4.3 Klammerübereinstimmung

Bei der Konstruktion einer Formel weist Excel auf die richtige Anzahl Klammernpaare hin. Für jede offene Klammer muss auch eine schließende zu finden sein. Wenn der Cursor über eine Klammer fährt, werden diese und die dazugehörige zweite Klammer kurz fett markiert. Bei einfachen Formeln schließt Excel die letzte Klammer automatisch, wenn sie vergessen wurde. Verlassen Sie sich aber nicht darauf, Wenn eine Klammer fehlt, erscheint sofort nach Abschluss der Formel die Fehlermeldung *Klammersetzung stimmt nicht.*

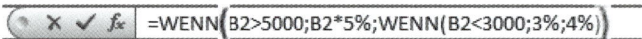

Abbildung 1.15: Klammernpaare werden markiert.

Tipp

In einfachen, ungeschachtelten Formeln können Sie die letzte Klammer auch weglassen, Excel fügt diese automatisch hinzu. Beispiel:

```
=SUMME(A1:A20
=MAX(B2:D7
```

1.4.4 Großschreibung bei korrekter Eingabe

Jede Formel wird sofort nach der Eingabe von einem Interpreter überprüft. Wenn die Formel als richtig erkannt wird, setzt Excel alle kleingeschriebenen Buchstaben in Großbuchstaben um (nur Bezüge, Formelteile und Funktionen, was in Anführungszeichen steht nicht). Geben Sie deshalb Formeln und Funktionen grundsätzlich in Kleinbuchstaben ein. Besonders bei Funktionen ist diese Arbeitsweise sehr zu empfehlen, weil Excel auch falsch geschriebene Funktionen akzeptiert.

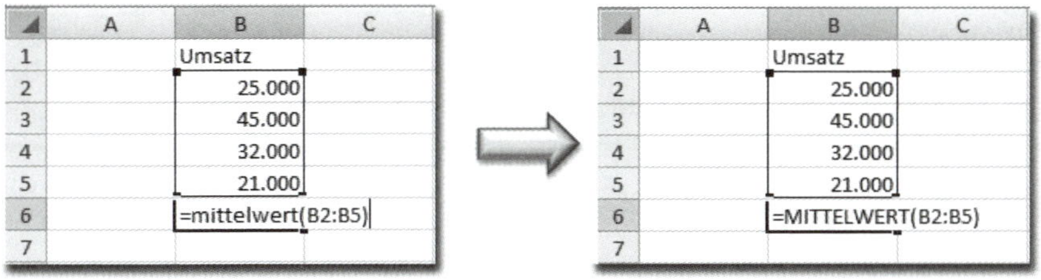

Abbildung 1.16: Formeln grundsätzlich kleinschreiben, Excel wandelt in Großbuchstaben um.

1.4.5   AutoVervollständigen (Formelhilfe)

Wenn eine Formel direkt, d.h. ohne Anklicken eines Symbols in der Multifunktionsleiste, in eine Zelle eingetragen wird, hilft die AUTOVERVOLLSTÄNDIGEN-Formelliste bei der Auswahl der passenden Funktion. Sie aktiviert sich automatisch an der Cursorposition, wenn der erste und weitere Buchstaben nach dem =-Zeichen eingetragen werden, und liefert sofort die Funktionsliste mit den Funktionen, die mit den eingetippten Buchstaben beginnen. Sie können einen Eintrag markieren, klicken Sie ihn an oder drücken Sie [Cursor ↓]. In beiden Fällen müssen Sie anschließend die [↹]-Taste drücken, damit die markierte Funktion in die Zelle übernommen wird. [↵] würde die Aktion sofort abschließen, was nur bei Funktionen Sinn macht, die keine Argumente in der Klammer erfordern. Neben dem markierten Eintrag liefert eine QuickInfo eine Kurzbeschreibung zur Funktion.

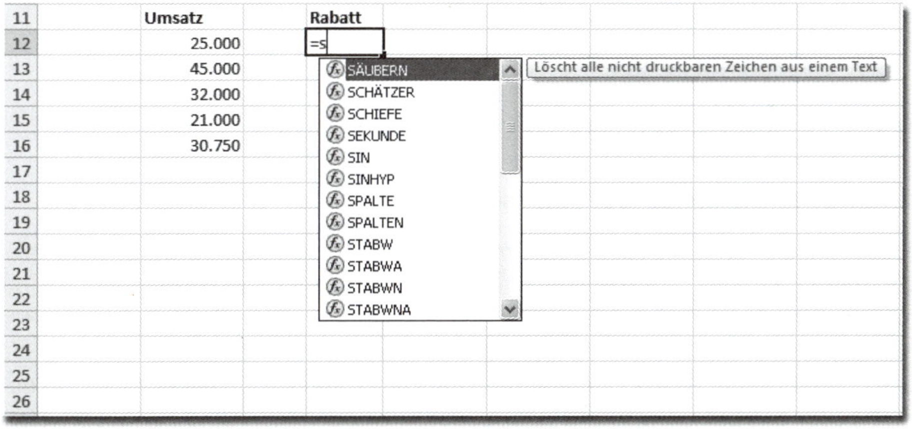

Abbildung 1.17: AutoVervollständigen bietet die passenden Funktionen an.

Diese Eingabehilfe lässt sich über die OPTIONEN im DATEI-Menü aktivieren bzw. deaktivieren. Suchen Sie in der Kategorie FORMELN den Abschnitt ARBEITEN MIT FORMELN, hier wird AUTOVERVOLL-STÄNDIGEN-FORMEL als Option angeboten.

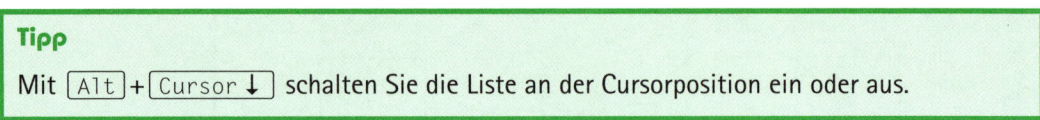

Tipp

Mit Alt + Cursor ↓ schalten Sie die Liste an der Cursorposition ein oder aus.

1.4.6 Kompatible Funktionen in der Formelhilfe

In Excel 2010 wurden viele Funktionen umbenannt und neu gestaltet. Um die Kompatibilität zur Vorgängerversion zu sichern, sind die »alten« Funktionen weiterhin verfügbar, sie sollten aber nicht mehr verwendet werden, da sich häufig nicht nur der Name, sondern auch die Funktion selbst in Bezug auf Funktionalität und Anzahl der Argumente geändert hat. Die kompatiblen Funktionen listet der Funktions-Assistent in der Kategorie *Kompatibilität*, die Formelhilfe (AutoVervollständigen) kennzeichnet diese Funktionen ebenfalls:

1. Schreiben Sie ein =-Zeichen und die ersten Buchstaben der Funktion. Die Formelhilfe listet alle Funktionen auf, die so beginnen.

2. Achten Sie auf das Symbol links an der Funktion – kompatible (ältere) Funktionen sind mit einem Ausrufezeichen-Symbol gekennzeichnet.

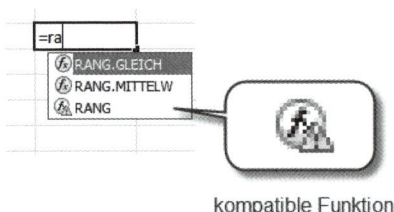

kompatible Funktion

Abbildung 1.18: **Kompatible Funktionen sind gekennzeichnet.**

1.4.7 Abhängige Bereiche werden markiert

Mit einem Doppelklick auf die Zelle, die eine Formel enthält, oder nach dem Drücken der Funktionstaste F2 zieht Excel sofort Farbrahmen um die Bereiche, die mit dieser Formel bearbeitet werden. Enthält die Zelle z.B. die Formel =SUMME(A1:A10), wird der Bereich A1:A10 nach dem Doppelklick auf die Zelle sofort markiert. So können Sie zielsicher feststellen, ob Sie auch die richtigen Bereiche und Bezüge (auch externe!) innerhalb der Formel verwenden. Wenn Sie mit direkter Zellbearbeitung arbeiten, wird mit dem Doppelklick die Zelle selbst zur Bearbeitung geöffnet.

Der Doppelklick auf eine Zelle öffnet die Formel in der Bearbeitungsleiste, wenn die Option DIREKTE ZELLBEARBEITUNG ZULASSEN (DATEI/OPTIONEN, Kategorie ERWEITERT) eingeschaltet ist. Ist diese Option deaktiviert, markiert der Doppelklick die von der Formel abhängigen Zellen.

◢	A	B	C	D	E	F	G
1						Rabattstaffel	
2						10.000	2,0%
3						15.000	2,5%
4						20.000	3,0%
5						25.000	3,5%
6						30.000	4,0%
7						35.000	4,5%
8						40.000	5,0%
9						45.000	5,5%
10							
11		Umsatz		Rabatt			
12		25.000		=SVERWEIS(B12;$F$2:$G$9;2)			
13		45.000		5,5%			
14		32.000		4,0%			
15		21.000		3,0%			
16		30.750		4,0%			

Abbildung 1.19: Ein Doppelklick auf die Zelle aktiviert die Formel in der Bearbeitungsleiste.

1.4.8 Alle Formelzellen auswählen

Mit zunehmender Komplexität der Tabellen wird es immer schwieriger, die Übersicht über die Formeln zu behalten. Diese Menüoption markiert alle Zellen, die Formeln enthalten:

1. Wählen Sie START/BEARBEITEN/SUCHEN UND AUSWÄHLEN/GEHE ZU oder drücken Sie die Funktionstaste F5.
2. Klicken Sie auf INHALTE.
3. Wählen Sie die Option FORMELN und bestätigen Sie mit OK.

Abbildung 1.20: Alle Formelzellen markieren

Damit sind alle Formelzellen markiert, Sie können innerhalb der Markierung der Reihe nach jede Formel ansteuern. Wenn Sie die ⇥-Taste drücken, bleibt die Markierung dabei erhalten. Mit ⇧+⇥ steuern Sie die Formelzellen rückwärts an.

1.4.9 Formeln berechnen

Eine Formel wird sofort nach der Eingabe in die Zelle berechnet. Excel rechnet nicht nur die eine Zelle, sondern die gesamte Tabelle neu durch, wenn eine einzelne Zelle verändert wird. In größeren Tabellen, die viele Verknüpfungen auf andere Tabellen oder Mappen enthalten, empfiehlt es sich, die Berechnungen temporär auszuschalten:

1. Schalten Sie auf die Registerkarte FORMELN.
2. Klicken Sie in der Gruppe BERECHNUNG auf BERECHNUNGSOPTIONEN und wählen Sie MANUELL.
3. Mit dem Symbol NEU BERECHNEN berechnen Sie die gesamte Arbeitsmappe neu.
4. Mit dem Symbol BLATT BERECHNEN berechnen Sie das aktuelle Tabellenblatt.
5. Schalten Sie auf AUTOMATISCH, um die Berechnung wieder automatisch durchzuführen.

AUTOMATISCH, AUSSER BEI DATENTABELLEN brauchen Sie, wenn Sie in Tabellen mit Mehrfachoperationen arbeiten, diese aber nicht mit jeder Neuberechnung aktualisieren wollen.

Die Statuszeile hilft Ihnen bei der Überprüfung, ob das Blatt berechnet wurde. Sie zeigt links unten das Wort *Berechnen*, wenn das Blatt neu zu berechnen ist. Die Meldung verschwindet, sobald die gesamte Arbeitsmappe berechnet ist.

Die manuelle Berechnung bleibt so lange aktiv, bis sie wieder auf AUTOMATISCH gestellt wird. Sie können das Blatt auch mit der Funktionstaste F9 neu berechnen.

1.4.10 Formeln teilberechnen

Neben der manuellen Berechnung aller Formeln gibt es auch die Möglichkeit, eine einzelne Formel oder den Teil einer Formel zu berechnen, was besonders zur Fehlersuche in einem Ausdruck sehr von Nutzen sein kann. Diese Teilberechnung findet in der Bearbeitungsleiste oder in der Zelle selbst statt:

1. Klicken Sie doppelt in die Zelle, in der die Formel steht, oder drücken Sie F2, um die Formel in der Bearbeitungsleiste zu öffnen.
2. Markieren Sie den Teil der Formel, den Sie berechnen wollen, oder markieren Sie die gesamte Formel. Ziehen Sie dazu den Mauszeiger mit gedrückter Maustaste über die Formel oder den Formelteil, oder halten Sie die ⇧-Taste gedrückt und markieren Sie mit der Cursortaste.
3. Drücken Sie die Funktionstaste F9, um den markierten Formelbereich zu berechnen.
4. Mit der Esc-Taste brechen Sie die Bearbeitung ab. Wenn Sie ↵ drücken, wird das berechnete Ergebnis anstelle des Formelteils in die Zelle eingetragen.

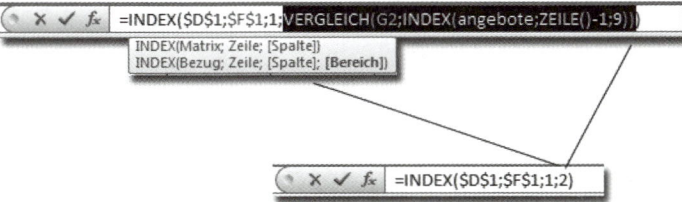

Abbildung 1.21: Ein Teil der Formel wird mit [F9] berechnet.

1.4.11 Formeln durch ihre Werte ersetzen

Böse Überraschungen können Sie erleben, wenn Sie eine Formel von einer Tabelle in die andere kopieren und dabei nicht auf die Bezüge achten. Findet die kopierte oder verschobene Formel nicht die Werte vor, die sie zum Berechnen braucht, erhalten Sie sofort Formelfehler. Das lässt sich oft vermeiden, indem zuvor der berechnete Wert anstelle der Formel eingetragen wird. Die Formel geht dabei natürlich verloren. Hier ein Beispiel:

Berechnen Sie eine Reihe von Zufallszahlen. Verwenden Sie dazu diese Funktion, die Sie zunächst in die erste Zelle einer leeren Tabelle schreiben:

=ZUFALLSZAHL()

Damit erzeugen Sie eine Zufallszahl zwischen 0 und 1. Mit jeder Neuberechnung – [F9] drücken – erhalten Sie eine neue Zahl. Erweitern Sie die Formel, multiplizieren Sie die Zahl mit 1.000 und fügen Sie eine 1 hinzu. Damit erhalten Sie Zahlen zwischen 1 und 1.000 und mit einer Rundungs-funktion schneiden Sie noch die erhaltenen Nachkommastellen ab:

=RUNDEN(ZUFALLSZAHL()*1000+1;0)

Jetzt können Sie diese Formelschachtel mit dem Füllkästchen nach unten kopieren, ziehen Sie die Formel bis zur Zelle A10. Wollen Sie die zuletzt berechneten Zahlen behalten, wandeln Sie die Formeln in ihre Werte um:

1. Markieren Sie den Bereich A1:A10.
2. Drücken Sie [Strg]+[C], um den markierten Bereich zu kopieren.
3. Wählen Sie START/ZWISCHENABLAGE/INHALTE EINFÜGEN.
4. Markieren Sie die Option WERTE und bestätigen Sie mit OK.

Die zuletzt berechneten Werte werden eingefügt, die Formeln sind verschwunden. Sie können die letzte Aktion natürlich rückgängig machen, wenn die Tabelle gespeichert wird, sind die For-meln aber verloren.

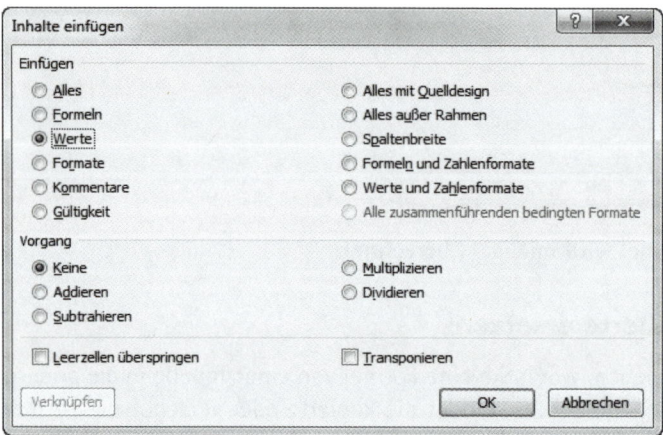

Abbildung 1.22: Formeln in Werte umwandeln

1.4.12 Die Formelansicht

Im Normalfall sehen Sie in der Tabelle immer die Ergebnisse von Berechnungen über Formeln und Funktionen, die Formel, die hinter einer Zelle liegt, zeigt sich nur in der Bearbeitungsleiste, wenn der Zellzeiger auf der Zelle steht. Wenn Sie in die Formelansicht umschalten, sehen Sie in der gesamten Tabelle die Formel anstelle der Ergebnisse:

1. Wählen Sie DATEI/OPTIONEN. Kreuzen Sie in der Kategorie ERWEITERT die Option ANSTELLE DER BERECHNETEN WERTE FORMELN IN ZELLEN ANZEIGEN an und bestätigen Sie mit OK.

2. Schalten Sie um auf die Registerkarte FORMELN und wählen Sie unter *Formelüberwachung Formeln anzeigen.*

Leider funktioniert die beliebte Tastenkombination ⌨Strg⌨+⌨#⌨ nicht mehr, sie wurde umdefiniert. Drücken Sie diese beiden Tasten, erhält die markierte Zelle oder der Zellbereich das Standard-Datumsformat TTT. MM JJ. Nur wenn in der Tabelle ein Objekt, eine Zeichnung, ein Diagramm oder eine Form markiert ist, schaltet ⌨Strg⌨+⌨#⌨ auf die Formelansicht um.

> **Hinweis**
>
> In der Formelansicht sind alle Spalten doppelt so breit wie gewöhnlich.

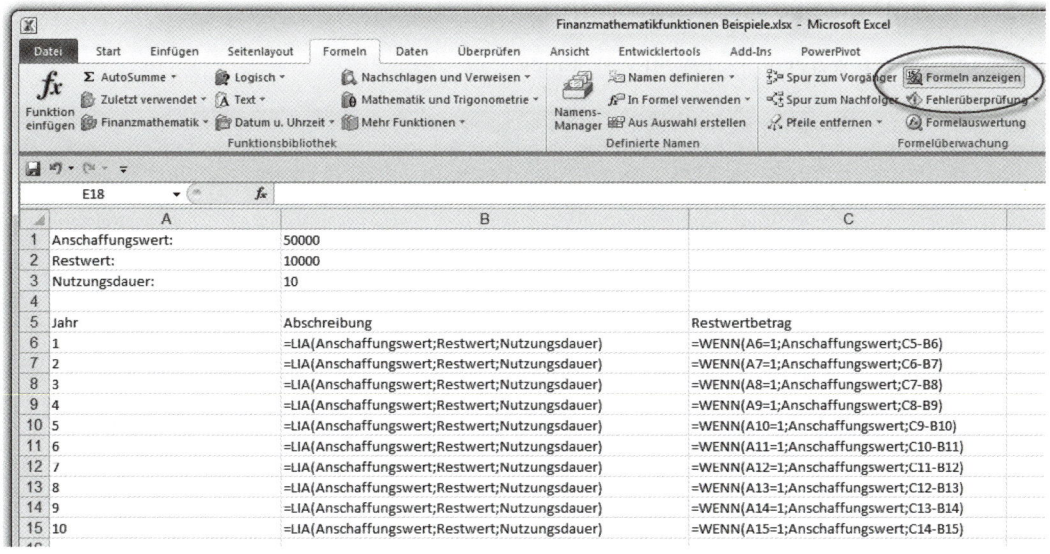

Abbildung 1.23: Die Formelansicht zeigt die Formeln in der Tabelle.

1.5 Formeln konstruieren

Die Formel ist der Kern der Excel-Tabelle. Sie berechnet die Ergebnisse aus mathematischen Operationen, verknüpft Daten aus unterschiedlichen Tabellen und Mappen und trifft logische Entscheidungen. Die einfachste Formel ist schnell erstellt. Schreiben Sie in eine beliebige Zelle:

=1+1

Das Gleichheitszeichen leitet eine Formel ein, Sie können auch mit einem Plus- oder Minuszeichen und einer Zahl beginnen, das Gleichheitszeichen wird in diesem Fall automatisch eingefügt. Das Ergebnis steht anschließend in der Zelle, die Formel bleibt im Hintergrund, praktisch in der zweiten Ebene. Sie könnten jede einzelne Zelle Ihrer Tabelle also für Berechnungen aller Art nutzen, ohne eine einzige andere Zelle mit einzubeziehen. Testen Sie diese Formel, in der alle arithmetischen Operatoren vorkommen (siehe folgender Abschnitt):

=3*10+2*20-10/2+2^4

Ergebnis: 81

1.5.1   Arithmetische Operatoren

Diese Operatoren werden in Formeln verwendet:

+	Addition
–	Subtraktion; Minuszeichen, wenn es mit einer Zahl verwendet wird
/	Division
*	Multiplikation
%	Umrechnung in Prozent (Division durch 100)
^	Potenzierung (hoch x)
[Leertaste]	Schnittmenge zwischen zwei Bereichen

Tabelle 1.6: Arithmetische Operatoren

1.5.2   »Punkt vor Strich«-Regelung

In allen Berechnungen gilt das mathematische Grundprinzip:

- Punkt gilt vor Strich.
- Klammern werden zuerst aufgelöst.

Multiplikationen und Divisionen werden in einem Ausdruck zuerst ausgeführt, dann folgen Additionen und Subtraktionen. Um Rechenoperationen zu bevorzugen, umgeben Sie diese mit runden Klammern. Beispiel:

=3*2+1 (Ergebnis: 7)

oder

=3*(2+1) (Ergebnis: 9).

1.5.3   Berechnungsreihenfolge

In der Regel wird eine Formel beginnend beim Gleichheitszeichen von links nach rechts berechnet. Das Gleichheitszeichen startet die Berechnung, ohne dieses Zeichen findet keine Berechnung statt. Enthält eine Formel Operatoren mit gleicher Priorität, zum Beispiel einen Multiplikator (*) und ein Divisionszeichen (/), werden diese ebenfalls von links nach rechts ausgewertet.

1.5.4 Logische Operatoren

Diese Operatoren werden hauptsächlich in Funktionen verwendet, sie liefern als Ergebnis den Wahrheitswert WAHR oder FALSCH.

=	Vergleichsoperator (Ist gleich) in Bedingungen
>	Vergleichsoperator Größer als
<	Vergleichsoperator Kleiner als
>=	Vergleichsoperator Größer oder gleich
<=	Vergleichsoperator Kleiner oder gleich
<>	Vergleichsoperator Ungleich

Tabelle 1.7: Logische Operatoren

Testen Sie logische Operatoren an einfachen Formeln:

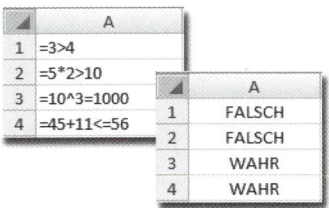

Abbildung 1.24: Logische Operatoren in einfachen Rechenausdrücken

1.5.5 Textverkettungsoperator

Mit dem Textverkettungsoperator werden Texte, Zellbezüge und Bereichsnamen zu einer einzigen Textkette verknüpft.

&	Textoperator; verbindet zwei Textwerte, Bezüge oder Bereichsnamen zu einem Text

1.5.6 Bezüge in Formeln

Was ist ein Bezug? Wenn Sie schon in den ersten Hilfetexten zu Excel über diesen Begriff gestolpert sind, ist das kein Wunder, denn auf den ersten Blick lässt sich nicht erkennen, was sich in Excel worauf bezieht. Ein Bezug ist zunächst einmal eine Zelladresse, denn auf diese »bezieht« sich die Formel, um deren Inhalt zu verwenden:

=A1

Diese Formel bezieht sich nicht auf den Inhalt der Zelle A1, sondern auf die Zelle A1. Diese Bezugsarten gibt es:

Bezugsart	Erklärung
Zelle	Eine einzelne Zelladresse von A1 bis IV65536

Zellbereich	Mehrere Zellen, die mit Doppelpunkt als Trennzeichen geschrieben werden. Beispiel:
	
	`A1:A20 (Zellen A1 bis A20)`
	
	Zellbereiche können nur in Funktionen oder Matrizen verwendet werden:
	
	`=SUMME(A1:A20)`

Bereichsname	Ein für die Tabelle oder Arbeitsmappe definierter Bereichsname (unter FORMELN/DEFINIERTE NAMEN/NAMENS-MANAGER), der selbst wieder einem Bezug zugeordnet ist. Beispiel: Der Zellbereich A1:A20 hat den Bereichsnamen Umsatz. Diese Funktion summiert die Inhalte der Zellen A1:A20: `=SUMME(Umsatz)`

Tabelle 1.8: Bezüge in Formeln

Wenn Sie eine Formel, die einen Bezug enthält, in eine andere Zelle kopieren, ändert sich der Bezug in Abhängigkeit von seiner neuen Position. Ein Beispiel:

```
A1: 120
A2: 200
B1: =A1*2
```

Kopieren Sie die Formel auf die Zelle B2, indem Sie das Füllkästchen am Zellzeiger nach unten ziehen. Die neue Formel lautet:

```
B2: =A2*2
```

Die Formel passt also automatisch alle Bezüge an und das funktioniert in alle Richtungen. Kopieren Sie eine Formel nach rechts oder links, bleiben die Zeilennummern erhalten und die Spaltennummern passen sich an. Diese Fähigkeit, beim Kopieren einer Formel den Bezug entsprechend der »Kopierstrecke« zu ändern, ist ein Grundkonzept der Tabellenkalkulation. Nur damit ist es möglich, komplexe Berechnungen schnell an neue Daten in der Tabelle anzupassen. Das Prinzip lässt sich besser verstehen, wenn die zweite Schreibweise der Bezüge bekannt ist.

1.5.7 Der Z1S1-Bezug

Microsofts Konkurrenzprodukt zur ersten Tabellenkalkulation VisiCalc hieß *Multiplan* und diese Software verwendete noch ein anderes Schema für die Adressierung von Zellen in Tabellen. Die Spalten waren nicht von A–Z beschriftet, die Tabelle enthielt stattdessen neben Zeilennummern auch Spaltennummern. In diesem System wurde eine Zelle demnach nicht mit Spaltenbuchstabe und Zeilennummer angesprochen, sondern mit R für »row« (engl. Zeile) und C für »column« (engl. Spalte), und deshalb spricht man bei Multiplan vom R1C1-System. Im deutschsprachigen Raum heißt das System Z1S1-Bezug (Z = Zeile, S = Spalte).

Sie können dieses »alte« Bezugssystem in Excel einstellen und erhalten dann anstelle der Spaltenbuchstaben Spaltennummern. Alle Bezüge in Formeln werden automatisch auf Z1S1 umgestellt:

1. Wählen Sie DATEI/OPTIONEN.
2. Schalten Sie um auf die Kategorie FORMELN.
3. Kreuzen Sie im Abschnitt ARBEITEN MIT FORMELN die Option Z1S1-BEZUGSART an.

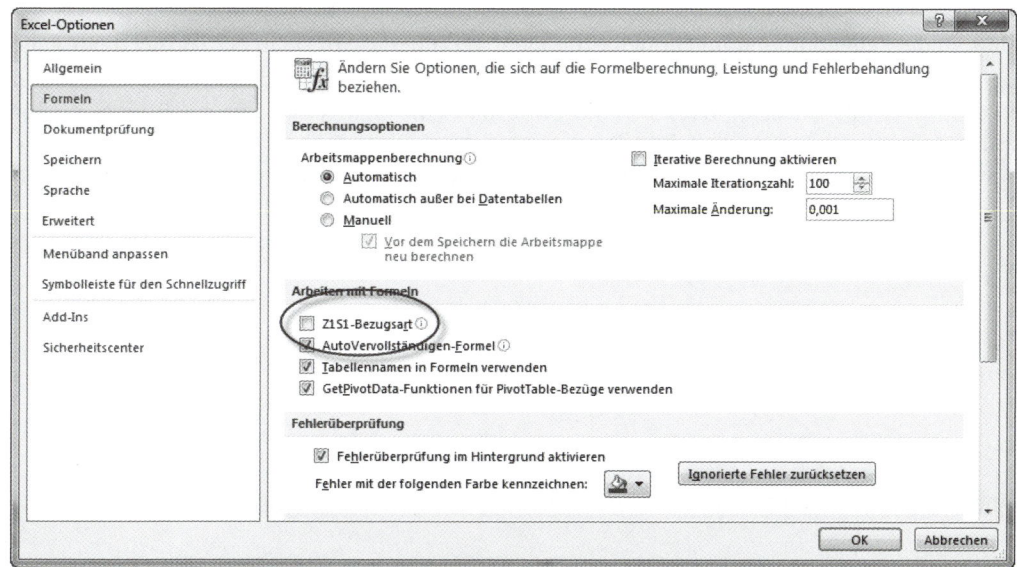

Abbildung 1.25: Die Bezugsart Z1S1 nummeriert auch die Spalten durch.

A1-Bezug	R1C1-Reference System	Z1S1-Bezug
A1	R1C1	Z1S1
C5	R5C3	Z5S3
A1:A20	R1C1:R20C1	Z1S1:Z20S1
C35:AX120	R35C3:R120C50	Z35S3:Z120S50

Tabelle 1.9: Z1S1- und R1C1-Bezug

Ob Microsoft hier Lizenzprobleme umgehen musste oder einfach eine andere Sichtweise auf digitale Tabellen einführen wollte, ist nicht bekannt, aber das Multiplan-System hatte auch seine Stärken: Es machte dem Anwender auf einfachste Weise transparent, warum Formeln beim Kopieren ihre Bezüge verändern. Wird im Z1S1-Bezugssystem nämlich eine Formel kopiert, passen sich alle Bezüge entsprechend der »Kopierstrecke« an und das sieht in Z1S1 so aus:

```
Z1S1: 120
Z2S1: 200
```

Um die Formel =A1*2 in Z1S1-Schreibweise zu schreiben, geben Sie in Z1S2 ein =-Zeichen ein, klicken mit der Maus auf die Zelle Z1S1 (A1) und schreiben den Rest der Formel:

```
Z1S2: =ZS(-1)*2
```

Kopieren Sie die Formel mit dem Füllkästchen nach unten:

```
Z2S2: =ZS(-1)*2
```

Da sich die Zeilennummer im Formelbezug nicht verändert, wird sie in der Formel nicht angegeben. Die Spalte erhält in Klammern die Spaltenverschiebung (–1 = 1 Spalte nach links). Ein Blick in die Formelansicht zeigt, dass sich dieser Bezug nicht mehr verändert, auch nicht verändern muss, denn er gilt ja für alle Zeilen der zweiten Spalte. Diese Technik wird als relative Adressierung bezeichnet, ein Bezug dieser Art ist ein relativer Bezug. Schalten Sie über DATEI/OPTIONEN zurück in die A1-Ansicht, stellen Sie fest, dass sich der Bezug auf Zelle A1 in A2 verwandelt hat.

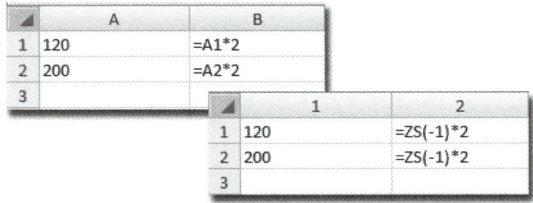

Abbildung 1.26: Die Formel =A1*2 in Z1S1- und in A1-Schreibweise

Sie werden bei diesen Versuchen mit dem Z1S1-Bezugssystem schon festgestellt haben, dass die Formelschreibung und die Adressierung komplizierter ist als im A1-System. Microsoft hat sich bei der Entwicklung von Excel deshalb wieder für das alte VisiCalc-System entschieden, Multiplan-Enthusiasten konnten von der ersten Version an auf Z1S1 umschalten und Excel hat das alternative Bezugssystem bis heute beibehalten.

1.5.8 Relative und absolute Bezüge

Das Prinzip der anpassungsfähigen Formel mit relativen Bezügen hatte noch einen Haken: Es gibt Fälle, in denen nicht die Strecke zu einer bestimmten Zelle gefragt ist, sondern die Zelle selbst. Der Fachausdruck heißt Konstante und eine solche wird zum Beispiel in diesem Praxisfall benötigt:

Sie haben die Aufgabe, eine Reihe von Euro-Beträgen in Dollar umzurechnen. Um dabei den tagesaktuellen Dollarkurs zu berücksichtigen, schreiben Sie diesen in eine Zelle Ihrer Tabelle und beziehen sich mit der Umrechnungsformel auf diese Zelle (siehe Abbildung 1.24).

	A	B	C	D	E
1	Betrag in €	Betrag in $		Dollarkurs:	1,3527
2	200				
3	500				
4	400				
5	300				

Abbildung 1.27: Umrechnungstabelle Euro in Dollar

Die Formel in Zelle B2 lautet:

B2: =A2*E1

Kopieren Sie diese Formel nach unten, wird der Bezug E1 falsch, er passt sich ja um je eine Zeile an:

B3: =A3*E2
B4: =A4*E3
B5: =A5*E4

In diesem Fall muss der Bezug E1 als Konstante gesetzt sein, genauer gesagt die Zeilennummer des Bezugs, weil nur diese sich beim Kopieren verändern würde. Schreiben Sie dazu ein Dollar-zeichen vor die Zeilennummer:

B2: =A2*E$1

Kopieren Sie jetzt die Formel noch einmal nach unten, wird sich der Bezug nicht ändern:

B3: =A2*E$1
B4: =A2*E$1
B5: =A2*E$1

B5		f_x	=A5*$E$1		
	A	B	C	D	E
1	Betrag in €	Betrag in $		Dollarkurs:	1,3527
2	200	270,54			
3	500	676,35			
4	400	541,08			
5	300	405,81			
6					

Abbildung 1.28: Rechnen mit absoluten Bezügen

Das ist die absolute Adressierung, mit einer absoluten Adresse wird der Zellbezug zur Konstante. Hier eine Übersicht über die Bezüge in A1-Schreibweise mit allen Varianten der Adressierung:

A1	Relative Zelladresse. Die Formel bezieht den Wert aus der Zelle A1.
$A$1	Absolute Zeile und Spalte. Zeilennummer und Spaltenbezeichnung werden beim Kopieren der Formel nicht verändert.
$A1	Absolute Spalte, relative Zeile. Die Zeilennummer ändert sich, wenn die Formel zeilenweise kopiert wird.
A$1	Absolute Zeile. Die Spaltenbezeichnung passt sich der Position der Formel an.

Tabelle 1.10: A1-Adressierung

In der Z1S1-Schreibweise (umschalten unter DATEI/OPTIONEN) erkennen Sie einen relativen Bezug an den Klammern neben Z oder S, sie bezeichnen den Weg zur Zelle:

Z1S1	Absolute Zelladresse (A1)
Z(1)S	Relative Verschiebung um eine Zeile, absolute Spalte
ZS(1)	Relative Verschiebung um eine Spalte, absolute Zeile
Z(1)S(1)	Relative Zelladresse, Zeile und Spalte verschoben

Tabelle 1.11: Z1S1-Adressierung

Tipp

So ändern Sie die Bezugsart schnell in der Formelschreibung: Klicken Sie den Bezug an oder markieren Sie den Bezug in einer bereits geschriebenen Formel. Drücken Sie die Funktionstaste F4, um von relativ auf absolut umzuschalten. Drücken Sie F4 weiter, um alle Versionen relativer und absoluter Adressierung durchzuschalten.

1.5.9 Trennzeichen und Sonderzeichen in Formeln

Jede Formel kann und darf nur bestimmte Zeichen enthalten, alle überflüssigen oder falschen Zeichen führen zu Fehlern. Hier eine Übersicht:

Trennzeichen	Beispiel	Erklärung
: (Doppelpunkt)	A1:C1	Zellbereich von A1 bis C1. Die Zellen, die im angegebenen Bereich liegen, werden für die Berechnung verwendet.
Leertaste (Leerzeichen)	A1[Leerzeichen]C1	Schnittmenge aus den Zellen A1 und C1. Ausgegeben wird der Inhalt der Zellen, die sowohl im ersten als auch im zweiten Bezug vorkommen.
; (Semikolon)	=SUMME(A1;C2;D3)	Trennzeichen für mehrere Bezüge. Die Zellen werden wie ein zusammenhängender Bezug behandelt. Das Beispiel liefert die Summe aus A1, C2 und D3.
! (Ausrufezeichen)	Tabelle1!A1	Externer Bezug auf eine Tabelle. Für Tabelle steht der Registername einer Tabelle; der Bezug bezeichnet den Inhalt der Zelle in dieser Tabelle.
[ ] (Eckige Klammer)	[Mappe1.XLSX]Tabelle1!$A$1	Externer Bezug auf eine andere Mappe. Der Bezug liefert den Inhalt der Zelle A1 des Blatts Tabelle1 aus der Mappe Mappe1.xlsx.

Tabelle 1.12: Trennzeichen und Sonderzeichen in Formeln

1.5.10 Praxisbeispiel: Abschreibung berechnen

Testen Sie Ihr Wissen über absolute und relative Bezüge an einem Praxisbeispiel aus der Betriebswirtschaft. Sie haben die Aufgabe, über einen mehrjährigen Zeitraum die Abschreibung eines Wirtschaftsguts und die Kapitalkosten zu berechnen. Erstellen Sie die Grundtabelle mit der Basisinvestition, der Nutzungsdauer und dem Zinssatz:

◢	A	B	C	D
1	Anschaffungskosten:	50.000,00 €		
2	Nutzungsdauer:	5 Jahre		
3	Zinssatz:	6,5%		
4				
5	Periode	Restbuchungswert	AfA	Kapitalkosten
6	1			
7	2			
8	3			
9	4			
10	5			
11				

Abbildung 1.29: Berechnung der linearen Abschreibung

Die Zahlenformate:

```
B1: #.##0,00" EUR"
B2: 0" Jahre"
B3: 0,0%
```

1. Tragen Sie die Formeln ein:

Der Restbuchwert entspricht in der ersten Periode dem Anschaffungswert.	B6: =B1
Der Abschreibungsbetrag wird als Division von Kosten durch Dauer ermittelt, er bleibt konstant, die Bezüge müssen absolut gesetzt werden.	C6: =$B$1/$B$2
Die Kapitalkosten berechnen Sie aus der Division des Zinssatzes durch den Restbuchwert. Der Zinssatz bleibt konstant, der zweite Faktor bleibt relativ, damit er beim Kopieren der Formel angepasst wird.	D6: =$B$3*B6
Die Restbuchwerte der übrigen Perioden berechnen Sie, indem Sie den Abschreibungsbetrag vom Wert der Vorperiode abziehen. Beide Bezüge bleiben relativ, die Formel gilt für die restlichen Perioden.	B7: =B6/C6

Tabelle 1.13: Formeln für die Abschreibungstabelle

2. Kopieren Sie die Formeln per Doppelklick auf das Füllkästchen am Zellzeiger nach unten bis zur letzten Periodenzeile. Mit Strg + # schalten Sie auf die Formelansicht um, in dieser können Sie die Bezüge noch einmal überprüfen.

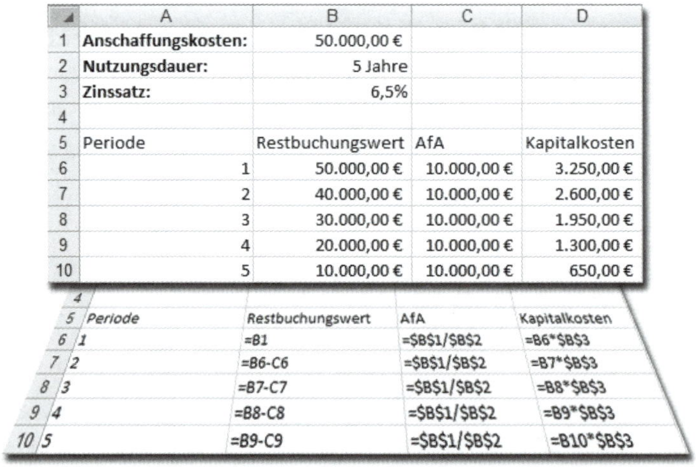

	A	B	C	D
1	Anschaffungskosten:	50.000,00 €		
2	Nutzungsdauer:	5 Jahre		
3	Zinssatz:	6,5%		
4				
5	Periode	Restbuchungswert	AfA	Kapitalkosten
6	1	50.000,00 €	10.000,00 €	3.250,00 €
7	2	40.000,00 €	10.000,00 €	2.600,00 €
8	3	30.000,00 €	10.000,00 €	1.950,00 €
9	4	20.000,00 €	10.000,00 €	1.300,00 €
10	5	10.000,00 €	10.000,00 €	650,00 €

4				
5	Periode	Restbuchungswert	AfA	Kapitalkosten
6	1	=B1	=$B$1/$B$2	=B6*$B$3
7	2	=B6-C6	=$B$1/$B$2	=B7*$B$3
8	3	=B7-C7	=$B$1/$B$2	=B8*$B$3
9	4	=B8-C8	=$B$1/$B$2	=B9*$B$3
10	5	=B9-C9	=$B$1/$B$2	=B10*$B$3

Abbildung 1.30: Formeln für die lineare Abschreibung mit relativen und absoluten Bezügen

1.6 Fehler in der Formel

Sie sind unvermeidbar und begleiten jeden, ob Einsteiger oder routinierte Anwender, beim tägli-chen Umgang mit dem Kalkulationsblatt. Fehlermeldungen warnen vor unerlaubten Zugriffen auf Datenträger und Dateien, blockieren falsche Formeleingaben und halten Prozesse an, die Excel als unerlaubt oder unmöglich bewertet.

So virtuell und vielseitig Excel ist, so zahlreich sind die Fehlermeldungen, die das Programm für den unachtsamen oder ungeübten Benutzer bereithält. Zu jedem Fehltritt auf dem Programm-pfad gibt es eine Warnung, auf jede falsche Zellenformel oder Berechnung folgt prompt und unerbittlich die Quittung in Form eines kryptischen Hinweises (#ZAHL!, #WERT) anstelle des erwarteten Ergebnisses. Damit die Suche nach dem Fehler nicht allzu zeitraubend wird, haben die Programmierer für alle Eventualitäten Fehlermeldungen entwickelt. Diese reichen von der einfachen Dialogbox in der Bildschirmmitte bis zum bei der Formelerstellung so gefürchteten Fehlercode, der anstelle des Ergebnisses die Zelle schmückt.

1.6.1 Drei Fehlergruppen

Unterscheiden Sie zwischen drei Gruppen von Fehlermeldungen:

Fehlergruppe	Beschreibung
Datei- und Windows-Fehler	Die Fehlermeldung weist auf ein Problem hin, das in Zusammen-hang mit der Hardware, dem Betriebssystem (Windows) oder der bearbeiteten Datei entstanden ist. Beispiele sind Datei-Spei-cherfehler, Druckerfehler oder fehlerhafte Verknüpfungen zu anderen Arbeitsmappen.
Bedienungsfehler	Excel warnt Sie vor einer falschen oder gefährlichen Eingabe oder weist auch einfach auf eine bessere Alternative zur geplanten Aktion hin.
Formelfehler	Dieser Fehler wird direkt in der Zelle angezeigt. Er resultiert aus einer falschen Formel, Berechnung oder fehlerhaften Argumenten (Teilen) der Formel. Die Zelle zeigt anstelle des erwarteten Berechnungsergebnisses einen Fehlerwert an (z.B. #WERT!).

Tabelle 1.14: Gruppen von Fehlermeldungen

Eine Fehlermeldung erscheint, wenn die Formel nach der Eingabe zum ersten Mal berechnet wird. Die Meldung weist darauf hin, dass die Formel einen syntaktischen Fehler enthält (Schreibfehler, fehlende Klammer etc.). Wird die Meldung bestätigt, öffnet Excel die Bearbeitungsleiste bzw. die Zelle mit der Funktion und bietet diese zur Nachbesserung an. In seltenen Fällen repariert Excel die Formel auch selbst, zum Beispiel, wenn bei nicht geschachtelten Funktionen eine letzte abschlie-ßende Klammer fehlt.

Ein Fehlerwert ist das Ergebnis einer Funktionsberechnung, das in der Zelle präsentiert wird. Der Fehlerwert weist auf falsche oder fehlende Faktoren für die Formel hin, die Formel oder die Funktionskonstruktion ist erkennbar richtig.

1.6.2 Die Kette aus Nummernzeichen (####)

Kleiner Fehler mit großer Wirkung: Die Spalte ist einfach zu schmal für den anzuzeigenden Zellinhalt. Das kommt nur bei numerischen Eingaben wie Zahlen und Datumswerten vor, Texte werden einfach abgeschnitten, wenn sie nicht in die Zelle passen. Ein Beispiel:

Tragen Sie die Formel =HEUTE() in eine normale Zelle (Standard: 10,71 Zeichen breit) ein und formatieren Sie diese über ZELLEN/FORMAT/ZELLEN FORMATIEREN mit diesem benutzerdefinierten Zahlenformat:

```
TTTT, TT. MMMM JJJJ
```

Excel wird die Spalte automatisch so breit machen, dass dieses prächtige, ausführliche Datum Platz hat. Verkleinern Sie aber anschließend die Spalte, erhalten Sie eine #-Kette. So umgehen Sie dieses Problem:

Machen Sie aus dem Datumswert einen Text. Schachteln Sie die Funktion =HEUTE() in eine weitere Funktion, =TEXT(), ein. Das zweite Argument formatiert das Datum dabei:

```
=TEXT(HEUTE();"TTTT, TT. MMMM JJJ")
```

Jetzt schreibt sich das Datum automatisch auf die nächsten Zellen weiter, vorausgesetzt, diese sind leer. Sie können das Datum sogar noch mit einem Vorsatz (Präfix) verknüpfen, damit Sie nicht zwei Spalten für eine Überschrift brauchen. Geben Sie den Text *Projektbericht vom* ein und verknüpfen Sie ihn mit dem Textkettenoperator &:

```
="Projektbericht vom "&TEXT(HEUTE();"TTTT, TT. MMMM JJJ")
```

Abbildung 1.31: So vermeiden Sie #-Ketten in zu kleinen Spalten.

Die Nummernkette erscheint außerdem, wenn Sie versuchen, eine Negativzeit zu berechnen. Excel bietet keine Möglichkeit, zwei Zeiten zu subtrahieren, wenn das Ergebnis negativ ausfallen würde. In der Zelle erscheint eine Kette mit #-Zeichen, die sich auch nach Verbreiterung der Spalte nicht auflöst. Ein Beispiel:

```
A1: 23:00
A2: 6:00
A3: =A2-A1              Ergebnis: ######
```

Die für die Berechnung von Minuszeiten häufig vorgeschlagene Methode mit dem 1904-Datumsformat sollten Sie nicht verwenden, sie führt nicht zum gewünschten Ergebnis (unter DATEI/OPTIONEN wird unter ERWEITERT/BEIM BERECHNEN DIESER ARBEITSMAPPE die Option 1904-DATUMSWERTE angekreuzt). Damit verschwindet zwar die Kette mit den Nummernzeichen, das berechnete Ergebnis ist aber nicht richtig. Excel kann diese Minuszeit nicht berechnen, denn Zeitangaben sind Bruchteile eines Tages im Excel-Kalender. Die Eingabe 6:00 entspricht der Zahl 0,25 (= 6/24) und 23:00 wird in der Zelle mit dem Wert 0,958 abgebildet (= 23/24). Eine einfache Subtraktion der Zahlen ist also technisch zwar möglich (als Dezimalwerte), in der Zeitberechnung aber unsinnig.

Greifen Sie zur WENN()-Funktion und prüfen Sie, ob der erste Zeitwert kleiner ist als der zweite. Nur so lässt sich eine korrekte Minuszeit berechnen:

```
A1: 23:00
A2: 6:00
A3: =WENN(A1>A2;1-A1+A2;A1-A2)
```

Das Ergebnis können Sie mit dem Zahlenformat hh:mm versehen. Technisch gesehen ist das zwar falsch, weil eine Zeitangabe immer einen Bruchteil des Tages ausdrückt, aber das Ergebnis ist identisch mit der Anzahl Stunden, die zwischen den beiden Zeitwerten liegt.

1.6.3 Kompatibilitätsfehler mit Analyse-Funktionen

Wenn Sie Arbeitsmappen mit Kollegen austauschen, die noch mit einer der Vorgängerversionen (Excel 97/2000/XP oder 2003) arbeiten, dann müssen diese (Mappen) im Kompatibilitätsmodus gespeichert werden und in diesem gibt es Probleme mit den Analyse-Funktionen. Sind diese in der Vorgängerversion nicht eingerichtet, erhält der Anwender Formelfehler bei Funktionen wie NETTO-ARBEITSTAGE() oder ZUFALLSBEREICH(). Die Formeln werden beim Öffnen der Arbeitsmappen auch nicht richtig berechnet, selbst wenn die Analyse-Funktionen aktiviert sind.

In Excel bis zur Version 2003 aktivieren Sie die Analyse-Funktionen mit EXTRAS/ADD-INS. Kreuzen Sie das Add-In Analyse-Funktionen an.

1.6.4 Fehlermarkierung in der Formel

Fehler allgemeiner Art werden sofort markiert, nachdem Sie eine Fehlermeldung mit OK bestätigt haben, so z.B. störende Texteinträge (Leerzeichen) oder falsche Sonderzeichen (\). Die Markierung steht anschließend meist, außer in sehr komplexen Formeln, auf dem fehlerhaften Teil der Formel.

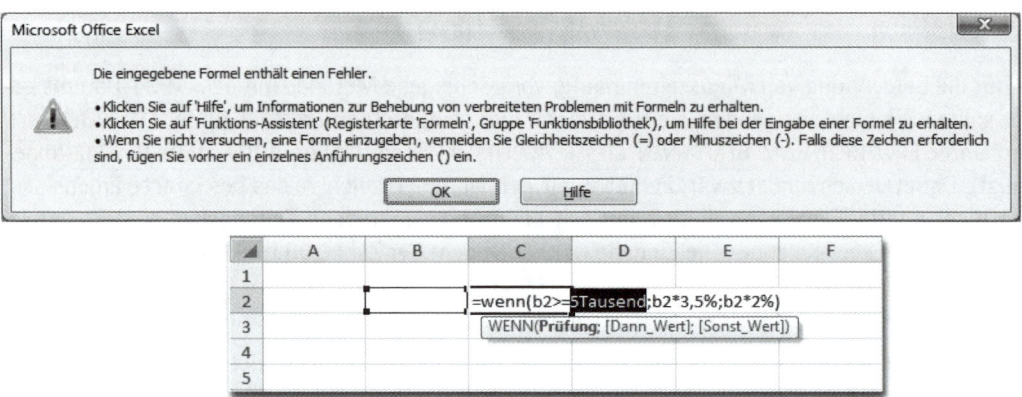

Abbildung 1.32: Der Fehler wird markiert: ungültiges Argument für die WENN-Bedingung.

1.6.5 Fehlermeldungen

Allgemeine Fehlermeldungen

Hier hat Excel den Fehler nicht lokalisieren können, die Fehlermeldung fällt allgemein aus. Sie können die Hilfe aktivieren, was mit etwas Glück direkt zur Funktionsbeschreibung führt, oder die Meldung mit OK bestätigen und den Fehler suchen.

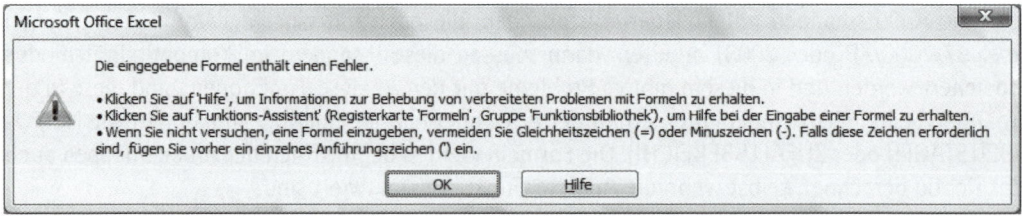

Fehlermeldungen bei reparierbaren Fehlern

Diesen Fehler hat Excel zwar erkannt, kann ihn aber nicht selbstständig reparieren. Der Fehlertext zeigt die Fehlerursache an.

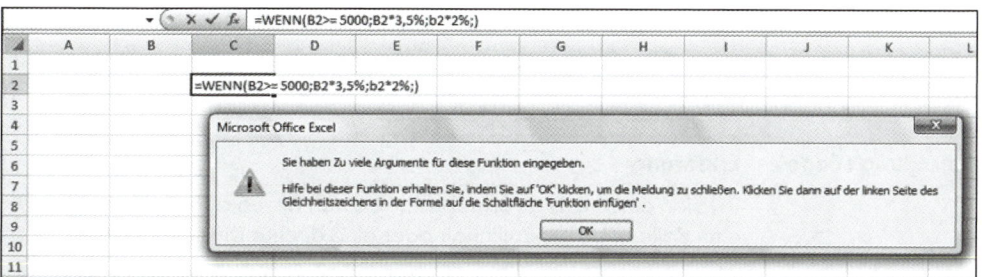

Diesen Fehler kann Excel lokalisieren und reparieren. Überprüfen Sie, ob die vorgeschlagene Formel korrekt ist, und klicken Sie auf JA, um sie zu übernehmen.

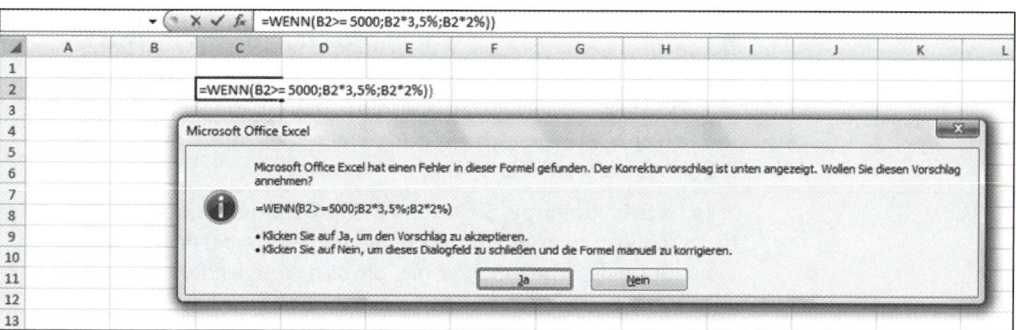

Fehlermeldung bei Zirkelbezügen

Die häufigste Fehlerursache für diesen Fehler ist die Verwendung eines Zellbezugs, in dem die Formel selbst steht. Wenn Sie z.B. versuchen, =SUMME(A1:A10) in die Zelle A10 zu schreiben, erhalten Sie einen Zirkelbezug. Lösen Sie diesen nicht auf, bleibt eine Meldung in der Statusleiste zurück und Sie können mit der Tabelle weiterarbeiten.

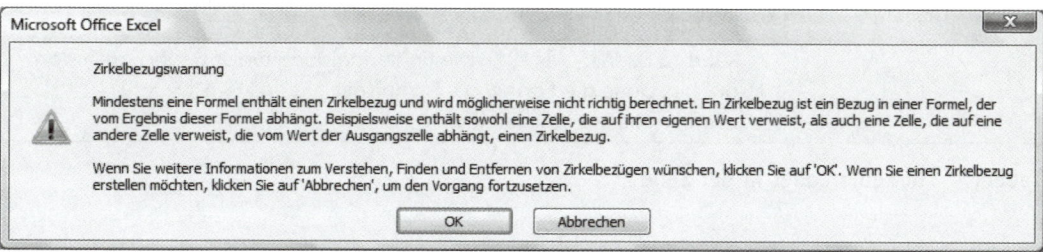

1.6.6   Fehlermeldungen in der Zelle

Fehlermeldungen in der Zelle sind unübersehbar. Sie entstehen mit falschen Formeln, fehlenden oder falsch geschriebenen Funktionen und in Fällen, in denen die Argumente den Funktionen nicht die richtigen Werte liefern. Excel erlaubt das Abschließen der Formel, weil diese korrekt eingegeben wurde und auch mit gültigen Zellbezügen und Argumenten arbeitet. Aber das Ergebnis lässt sich nicht berechnen und das wird in Form einer Zellen-Fehlermeldung ausgedrückt. Hier eine Übersicht:

Fehlermeldung (Code)	Erklärung
#DIV/0	Division durch 0. Die Formel enthält einen Bezug auf eine leere Zelle, eine Zelle mit 0 als Zellinhalt oder eine direkte Division durch 0.
#NV	Wert nicht verfügbar. Der Fehler tritt oft auf, wenn ein Argument einer Funktion (z.B. VERWEIS) auf eine Zelle verweist, die keinen gültigen Inhalt hat (meist wird eine leere Zelle einbezogen). Der Fehler erscheint auch, wenn ein Funktionsmakro nicht den gewünschten Wert liefert.
#NAME?	Name nicht verfügbar. Sie haben in der Formel oder Funktion einen Namen verwendet, der weder als Bereichsname noch als Funktion verfügbar ist, oder einen Textteil nicht in Anführungszeichen gesetzt. Die Fehlermeldung erscheint auch, wenn der Doppelpunkt in einem Bereichsbezug (A1:C20) fehlt.
#NULL!	Falsche Schnittmenge. Sie haben in der Bereichsangabe einen ungültigen Operator verwendet oder diesen weggelassen. Die Meldung weist auf eine Schnittmenge hin, die sich nicht schneidet.
#ZAHL!	Falsche Zahl. Weist auf ein Argument hin, das eine für die Funktion nicht gültige Zahl verwendet (z.B. WURZEL(-1)), oder darauf, dass der für Excel gültige Zahlenbereich überschritten wurde. Einige Funktionen melden damit auch falsche Iterationsergebnisse (IKV, ZINS).
#BEZUG!	Ungültige Zelle. Die in der Formel angegebene Zelladresse bezieht sich auf Zellen, die gelöscht oder verschoben wurden, oder die Formel enthält Bezüge auf nicht verfügbare externe Anwendungen.
#WERT!	Ungültiger Wert. Die Formel enthält einen für die Berechnung ungültigen Wert, evtl. Text, wo eine Zahl erforderlich ist. Häufig wurde auch ein Bereich angegeben, wo eine Zahl erforderlich ist oder umgekehrt (z.B. =ABS(A1:A2)). Die Fehlermeldung weist häufig auch darauf hin, dass die Formel als Array (mit [Strg]+[⇧]+[↵]) abgeschlossen werden muss.

Tabelle 1.15: Fehlercodes in der Zelle

Der Wertfehler #WERT!

Wenn das Ergebnis Ihrer Berechnung so aussieht, dann haben Sie mit großer Wahrscheinlichkeit einen Text oder eine Zelle mit Textinhalt in Ihrer Formel benutzt. Die Formel selbst mag korrekt sein, sie wird aber kein brauchbares Ergebnis liefern, solange ein Faktor unberechenbar bleibt. Ein Beispiel:

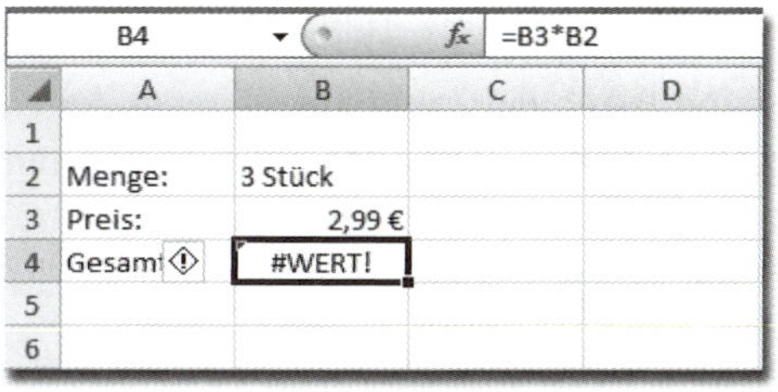

Abbildung 1.33: Formelfehler bei Verwendung von Text

Abhilfe schaffen Sie natürlich, indem Sie den Text in der Zelle, die den Fehler verursacht, durch eine Zahl ersetzen. In der Praxis ist das aber nicht immer so einfach. Mengenbezeichnungen, Gebinde, Artikelnummern und Ähnliches sollten unmittelbar an der Zahl bleiben; eine eigene Spalte für die Beschriftungen macht die Tabelle unflexibel.

Wenden Sie einfach den Trick mit dem Zahlenformat an. Dazu formatieren Sie die Zelle so, dass die Zahl als solche für die Formelberechnung erhalten bleibt, in der Zelle aber mit einem Textzusatz links und/oder rechts angezeigt wird.

1. Schreiben Sie die blanke Zahl in die Zelle.
2. Markieren Sie die Zelle wieder und wählen Sie FORMAT/ZELLEN.
3. Geben Sie in der Kategorie BENUTZERDEFINIERT ein Zahlenformat ein, in dem die Null als Platzhalter für die Zahl fungiert. Den Text schreiben Sie in Anführungszeichen links und/oder rechts neben die Zahl:

```
Eingabe: 2,5
Zahlenformat: 0,0" kg"
Ergebnis: 2,5 kg
```

Die Ursache für einen #Wert!-Fehler kann auch eine falsche Matrixformel sein. Wenn Sie beispielsweise ein Produkt mithilfe einer Matrix berechnen und die Formel normal durch Drücken der ⏎-Taste abschließen, erhalten Sie automatisch einen #WERT!-Fehler. Öffnen Sie die Matrixformel noch einmal mit der Funktionstaste F2 und drücken Sie Strg+⇧+⏎. Nur so ist gewährleistet, dass die Matrix korrekt berechnet werden kann, und so müssen Sie die Formel jedes Mal abschließen, wenn Sie sie editieren.

Weitere Ursachen für die Formel-Fehlermeldung #WERT!:

- Eine benutzerdefinierte Funktion rechnet falsch. Überprüfen Sie den Programmcode der Funktion im Visual Basic Editor.
- Eine Matrixkonstante enthält eine Formel, Funktion oder einen Zellbezug. In Matrizen dürfen nur Werte oder Wahrheitswerte verwendet werden.

Die Division durch Null: #DIV/0!

Mit dieser Fehlermeldung antwortet Excel auf eine Division durch die Zahl 0. In früheren Zeiten war dieser Fehler berüchtigt und selbst die ersten Excel-Versionen reagierten noch häufig mit einem Komplettabsturz. Heute wird das System zwar stabil bleiben, aber der Fehler hält sich hartnäckig, solange ein an der Formel beteiligter Faktor die Null ist. Ein Beispiel:

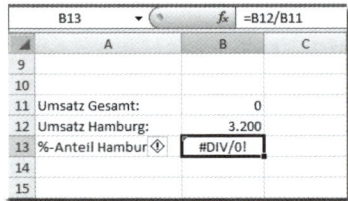

Abbildung 1.34: Divisionsfehler: Der Divisor ist eine Null.

Diese Fehlerart ist im Unterschied zum #WERT!-Fehler meist vom Benutzer nicht irrtümlich herbeigeführt; eine Division durch null lässt sich in Tabellen oft nicht vermeiden. Damit Sie wenigstens die unschöne Fehlermeldung aus der Tabelle und deren Ausdruck verbannen, setzen Sie die Funktion WENN oder WENNFEHLER ein. Prüfen Sie im ersten Argument, ob die Division aufgeht, und lassen Sie das Formelergebnis nur im positiven Fall berechnen:

B13: =WENN(B11=0;"";B12/B11)

oder

B13: =WENNFEHLER(B12/B11;"")

Jetzt wird die Zelle leer bleiben, wenn der Divisor eine Null ist. Alternativ dazu können Sie auch den Fehler mit einer Informationsfunktion abfangen. ISTFEHLER() gibt den Wahrheitswert WAHR aus, wenn der Ausdruck einen Fehler verursacht, und der lässt sich wieder in die WENN-Funktionen einbauen:

B13: =WENN(ISTFEHLER(B12/B11);"";B12/B11)

Hinweis

Für die Formel spielt es keine Rolle, ob die Zelle mit dem Divisor leer ist oder ob die Zelle die Zahl Null enthält. In beiden Fällen wird der #DIV/0!-Fehler erscheinen.

Um Nullfehler in Formeln zu vermeiden, empfiehlt es sich, alle Nullen in der Tabelle anzeigen zu lassen. Wählen Sie dazu DATEI/OPTIONEN und kreuzen Sie unter ERWEITERT/OPTIONEN FÜR DIESES ARBEITSBLATT ANZEIGEN die Option IN ZELLEN MIT NULLWERT EINE NULL ANZEIGEN an.

Falsche Namen: #NAME!

Mit diesem Fehlerwert quittiert Excel Formeln und Funktionen, in denen falsche oder fehlende Bereichsnamen verwendet werden. Formeln enthalten in erster Linie Zahlen, mathematische Operatoren und Zellbezüge. Wird ein Text in der Formel verwendet, kann dieser nur zwei Formen annehmen:

- als »String« in Anführungszeichen:

    ="Kosten: " & A5

- als Bereichsname:

    =A1/Eurofaktor

Bereichsnamen erzeugen Sie mit FORMELN/DEFINIERTE NAMEN/NAMEN DEFINIEREN. Der Name kann dann anstelle des absoluten Bezugs in Formeln verwendet werden (siehe Kapitel 1.7). Der #NAME-Fehler tritt häufig auf, weil ein Bereichsname versehentlich gelöscht wurde (was auch passiert, wenn die Spalte gelöscht wird, in der sich der betreffende Bezug befindet).

Die Fehlermeldung sehen Sie aber auch, wenn Sie eine Funktion falsch schreiben:

=SUME() statt =SUMME()

Viele Funktionen enthalten Argumente, die ausschließlich in Textform besetzt werden dürfen.

#NAME!-Fehler	Richtig
=GLÄTTEN(Hugo Habicht)	=GLÄTTEN("Hugo Habicht")
=WERT(Zwanzig)	=WERT("20")
=LINKS(Text;2)	=LINKS("Text";2)

Tabelle 1.16: Formelfehler mit Fehlermeldung #NAME!

Nicht verfügbar: #NV

Das ist das magere Ergebnis einer Formel, die zwar in der Schreibweise korrekt ist und alle erforderlichen Argumente enthält, aber nichts berechnen kann, weil die berechneten Werte nicht vorhanden sind. Der Fehler tritt häufig in Matrixfunktionen wie VERWEIS und SVERWEIS auf, meldet aber auch fehlende Verknüpfungsergebnisse.

	D	E	F	G	H	I
			=SVERWEIS(F1;Provisionen;2)			
		Umsatz:	5.000,00 €		10.000,00 €	1%
		Provision:	#NV		20.000,00 €	2%
		Provision in EUR:	#NV		30.000,00 €	5%
					40.000,00 €	10%
					80.000,00 €	20%
					100.000,00 €	25%

Abbildung 1.35: Fehler im SVERWEIS: Der Wert ist zu klein.

Die Funktion SVERWEIS ermittelt den passenden Provisionssatz unter Verwendung der Provisionstabelle. Ist der Wert nicht in der Referenztabelle zu finden, wird der nächstkleinere Satz genommen. Der Fehler tritt auf, wenn der gesuchte Wert kleiner ist als der erste Referenzwert oder wenn die Provisionstabelle in der ersten Spalte nicht aufsteigend sortierte Zahlen enthält.

Nach dem Löschen: #BEZUG!

Die Fehlermeldung #BEZUG! weist auf die Verwendung eines Zellbereichs oder einer Verknüpfung hin, die nicht mehr existiert. Sie tritt hauptsächlich nach dem Löschen von Zellen, Zellbereichen oder Tabellen auf. Selbst wenn die Formel auf einen existierenden Bereich verweisen würde, schaltet sich die Fehlermeldung ein, um den Anwender darauf hinzuweisen, dass der ursprünglich verwendete Zellbezug nicht mehr vorhanden ist.

Bezugsfehler tauchen außerdem auf, wenn in Funktionen falsche Bezüge verwendet werden. Hier verweisen Sie in einer INDEX-Funktion beispielsweise auf eine Zelle, die nicht im angegebenen Bereich vorkommt:

```
Bereich KOSTEN: A1:B20
=INDEX(Kosten;21;1)
```

Keine Überschneidung: #NULL!

Mit dieser seltenen Fehlermeldung weist Excel meist auf einen Tippfehler hin. Der #NULL!-Fehler erscheint nur, wenn eine Schnittmenge aus zwei Bereichen gebildet wird, die sich nicht überschneiden:

```
=SUMME(A2:A10 B2:B10)
```

Das Leerzeichen ist der Schnittmengenoperator und dieser kann in der Funktion kein Ergebnis liefern. Um die beiden Bereiche zu summieren, muss das Komma als Separator zwischen den beiden Zellbezügen verwendet werden.

Numerische Argumente erforderlich: #ZAHL!

Mit der Fehlermeldung #ZAHL! weist Excel darauf hin, dass in einer Funktion ein unzulässiges numerisches Argument verwendet wurde. Erfordert die Funktion eine Zahl in einem bestimmten Wertebereich, liefert sie diese Fehlermeldung, falls die Zahl diesen Bereich unter- oder überschreitet. Die Funktion ARCCOS akzeptiert beispielsweise nur Zahlen zwischen −1 und 1, ein falsches Argument führt zum Fehlercode #ZAHL!:

```
A1: 10
A2: =ARCCOS(A1)
Ergebnis: #ZAHL!
```

Weitere Beispiele:

#ZAHL!-Fehler	Richtig
=WURZEL(-16)	=WURZEL(16)
=FAKULTÄT(-5)	=FAKULTÄT(5)
=VRUNDEN(-3,5;2)	=VRUNDEN(3,5;2)

Tabelle 1.17: Formelfehler mit Fehlermeldung #ZAHL!

Hinweis

Die Fehlermeldung weist auch darauf hin, dass ein Wert verwendet wird, den Excel nicht mehr berechnen kann. Der maximale Wertebereich erstreckt sich von −1E307 bis 1E307.

1.6.7 Informationsfunktionen zur Fehlerprüfung

Verwenden Sie zur Vermeidung von Fehlercodes in der Tabelle Informationsfunktionen in Verbindung mit der logischen WENN-Abfrage. Die Funktion FEHLER.TYP() prüft den Fehler ab und liefert eine dem Fehler adäquate Zahl:

```
WENN(FEHLER.TYP(A1)=7; "Kein Wert verfügbar!";A1)
```

Fehlermeldung	von FEHLER.TYP gelieferte Zahl
#NULL!	1
#DIV/0!	2
#WERT!	3
#BEZUG!	4
#NAME?	5
#ZAHL!	6
#NV	7
Sonstiges	#NV

Tabelle 1.18: Informationsfunktionen

1.6.8 Praxisbeispiel: Materialschein

> **CD-ROM**
>
> Die Beispiele finden Sie auf der CD zum Buch unter *Grundlagen Beispiele.xlsx.*

Ein Praxisbeispiel zeigt die Anwendung von Informationsfunktionen zur Fehlerprüfung: Sie haben die Aufgabe, für die Mitarbeiter im Lager einen digitalen Materialschein zu erstellen. Die Tabelle soll so präpariert sein, dass der Benutzer eine Gebrauchsanweisung angezeigt bekommt. Befolgt er diese genau, wird jede Anweisung, die er ausgeführt hat, ausgeblendet. Macht er aber einen Fehler, erhält er eine entsprechende Fehlermeldung.

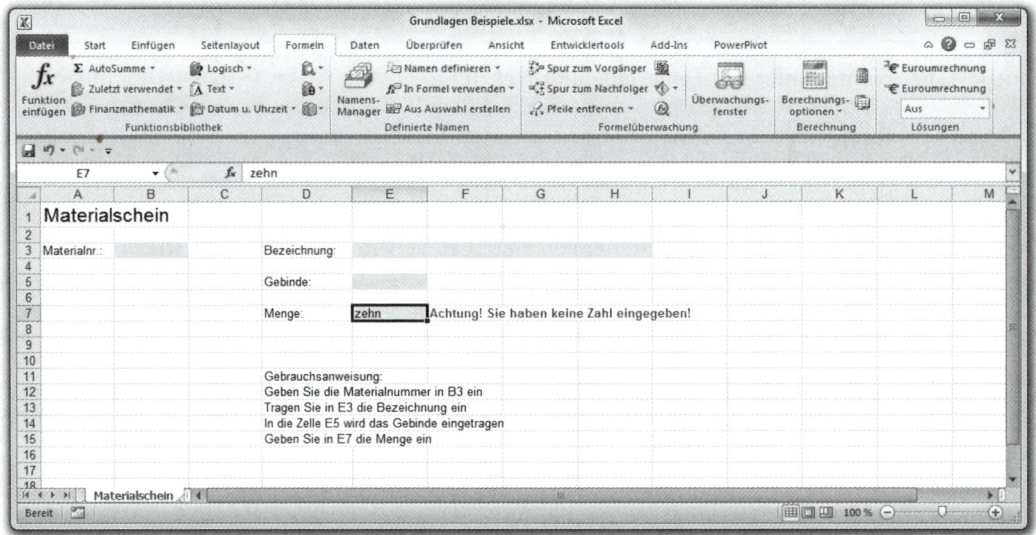

Abbildung 1.36: Ein Materialschein mit Fehlerprüfungen

Hier die Formeln für die Gebrauchsanweisung:

```
D12: =WENN(ISTLEER(B3);"Geben Sie die Materialnummer in B3 ein";"")
D13: =WENN(ISTLEER(E3);"Tragen Sie in E3 die Bezeichnung ein";"")
D14: =WENN(ISTLEER(E5);"In die Zelle E5 wird das Gebinde eingetragen";"")
D15: =WENN(ODER(ISTLEER(E7);NICHT(ISTZAHL(E7)));"Geben Sie in E7 die Menge ein";"")
```

Mit dieser Fehlerprüfung wird in der Zelle F7 (die zuvor mit größerer Schrift, Fettdruck und roter Farbe versehen wurde) eine Warnmeldung angezeigt, falls im Mengenfeld keine Zahl eingetragen wurde:

```
F7: =WENN(UND(NICHT(ISTLEER(E7));NICHT(ISTZAHL(E7)));"Achtung! Sie haben keine Zahl
eingegeben!";"")
```

	A	B	C	D	E	F	G	H	I	J	K
fx	=WENN(UND(NICHT(ISTLEER(E7));NICHT(ISTZAHL(E7)));"Achtung! Sie haben keine Zahl eingegeben!";"")										
1	Materialschein										
2											
3	Materialnr.:			Bezeichnung:							
4											
5				Gebinde:							
6											
7				Menge:	zehn	Achtung! Sie haben keine Zahl eingegeben!					
8											
9											
10											
11				Gebrauchsanweisung:							
12				Geben Sie die Materialnummer in B3 ein							
13				Tragen Sie in E3 die Bezeichnung ein							
14				In die Zelle E5 wird das Gebinde eingetragen							
15				Geben Sie in E7 die Menge ein							
16											
17											
18											
19											
20											

Abbildung 1.37: Eine deutliche Warnung bei falschen Eingaben

1.6.9 Formelüberwachung

Besonders bei sehr komplexen Formeln ist es nicht einfach, einen Fehler bzw. den fehlerhaften Bezug sofort zu erkennen. Excel stellt eine Programmhilfe zur Verfügung, mit der die Spurensuche im Fehlerfall erleichtert wird. Die Formelüberwachung hieß in früheren Versionen Detektiv, die Fehleraufspürfunktion ist dieselbe. Schalten Sie um auf die Registerkarte FORMELN, hier finden Sie die Gruppe FORMELÜBERWACHUNG mit allen Werkzeugen, die Sie zur Überwachung von Formeln und zur Fehlersuche in der Tabelle brauchen.

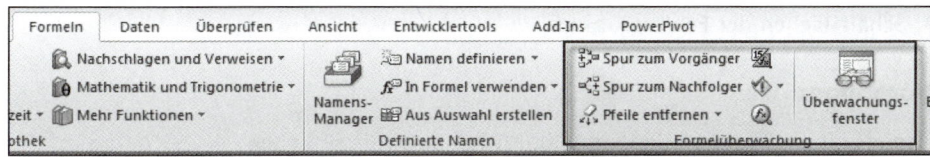

Abbildung 1.38: Die Formelüberwachung auf der Registerkarte Formeln

Zeigen Sie mit dem Mauszeiger auf die Symbole und lesen Sie in der QuickInfo, welche Funktion diese haben. Hier eine Übersicht:

Schaltfläche	Bedeutung
SPUR ZUM VORGÄNGER Spur zum Vorgänger	Zeichnet einen Pfeil zu allen Zellen, auf die sich die Formel in der aktiven Zelle bezieht, und umrandet diese.
SPUR ZUM NACHFOLGER Spur zum Nachfolger	Zieht Pfeile zwischen der aktiven Zelle und allen Zellen, die sich auf die Zelle beziehen.
PFEILE ENTFERNEN Pfeile entfernen Pfeile entfernen Spur zum Vorgänger entfernen Spur zum Nachfolger entfernen	Die erste Option entfernt alle Pfeile der Formelüberwachung, mit den beiden anderen können gezielt nur die Vorgänger- oder Nachfolgerpfeile entfernt werden.
FORMEL ANZEIGEN Formeln anzeigen	Schaltet die Tabelle um auf die Formelansicht. Ein weiterer Klick schaltet wieder zurück.
FEHLERÜBERPRÜFUNG Fehlerüberprüfung Fehlerüberprüfung... Spur zum Fehler Zirkelverweise	Analysiert die gesamte Tabelle und meldet erkennbare oder vermeintliche Fehler. Mit SPUR ZUM FEHLER wird ein Pfeil zur Zelle gezogen, die den Fehler verursacht. Dazu muss der Zellzeiger auf einer Zelle stehen, die einen Fehlerwert enthält. Zirkelverweise ist aktiv, wenn in der Tabelle Zirkelbezüge zu finden sind. Klicken Sie die Option an, zeigt sie die Liste der Zirkelbezüge an.
FORMELAUSWERTUNG Formelauswertung	Startet ein Dialogfenster, in dem die Formel in der aktiven Zelle Schritt für Schritt ausgewertet werden kann (siehe folgende Abschnitte).
ÜBERWACHUNGSFENSTER Überwachungs-fenster	Blendet ein Überwachungsfenster zur Überwachung von Formeln ein (siehe folgende Abschnitte).

Tabelle 1.19: Schaltflächen der Fehlerprüfung

Spur zum Vorgänger

Ein Praxisbeispiel soll die Funktion der Formelüberwachung verdeutlichen:

Das Kostenblatt einer Fertigungskostenstelle weist die Gesamtkosten eines produzierten Teils für das erste Quartal aus. Die Summe der Kosten steht in Zelle B5. Ermitteln Sie mit der Formelüberwachung, auf welche Zellen sich die Formel bezieht:

	A	B	C	D	E
1	Kostenübersicht Karosseriefertigung				
2					
3	Teilenummer:	A-20-300-121			
4	Kostenstelle:	Braunschweig			
5	Gesamtkosten:	8350			
6					
7		Januar	Februar	März	1. Quartal
8	Material	700	750	780	2230
9	Stahl	300	350	360	1010
10	Lack	400	400	420	1220
11	Sonstiges	800	810	810	2420
12	Herstellung	1200	1200	1300	3700

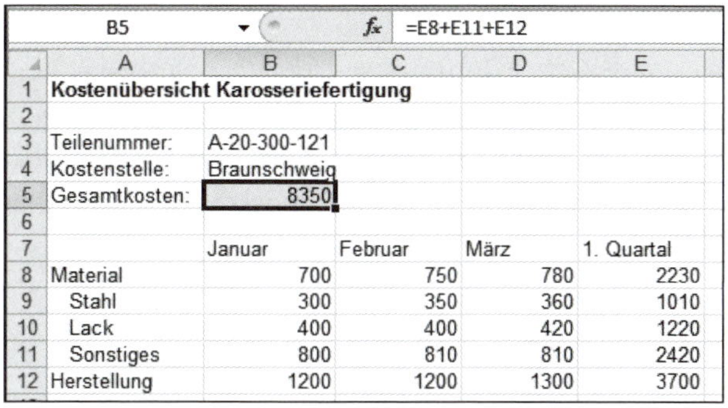

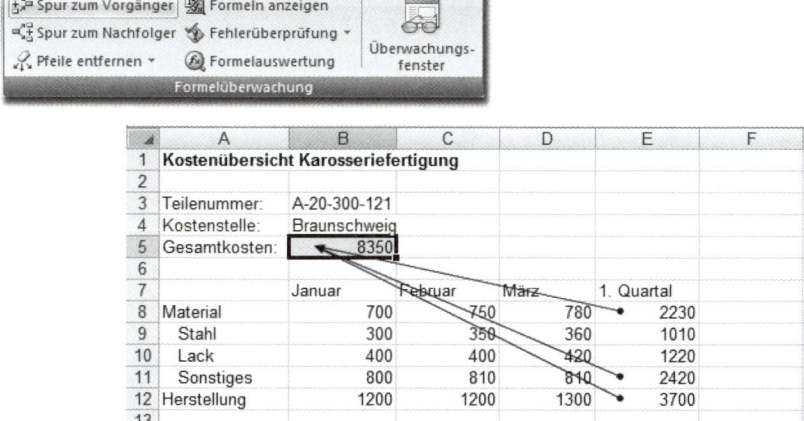

Abbildung 1.39: Kostenblatt mit Quartalssumme

Klicken Sie auf das Symbol SPUR ZUM VORGÄNGER. Excel zieht Pfeile zu den Quartalssummen ein.

	A	B	C	D	E	F
1	Kostenübersicht Karosseriefertigung					
2						
3	Teilenummer:	A-20-300-121				
4	Kostenstelle:	Braunschweig				
5	Gesamtkosten:	8350				
6						
7		Januar	Februar	März	1. Quartal	
8	Material	700	750	780	2230	
9	Stahl	300	350	360	1010	
10	Lack	400	400	420	1220	
11	Sonstiges	800	810	810	2420	
12	Herstellung	1200	1200	1300	3700	
13						
14						

Abbildung 1.40: Spur zum Vorgänger

Klicken Sie ein zweites Mal auf das Symbol, wird die Spur weitergezogen zu den einzelnen Zeilensummen, und ein dritter Klick markiert die Spur zu den Materialkosten.

Gesamtkosten:	8350			
	Januar	Februar	März	1. Quartal
Material	700	750	780	2230
Stahl	300	350	360	
Lack	400	400	420	
Sonstiges	800	810	810	2420
Herstellung	1200	1200	1300	3700

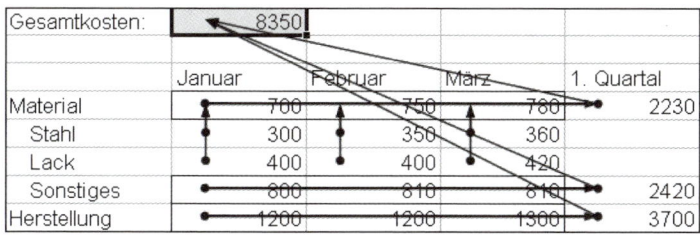

Abbildung 1.41: Drei Spuren bis zu den Materialkosten sind markiert.

Spur zum Nachfolger

Mit einem Klick auf das Symbol Pfeile entfernen löschen Sie alle blauen Pfeile wieder. Wenn Sie wissen wollen, ob sich die Kosten für die Herstellung im März auf die Quartalskosten niedergeschlagen haben, markieren Sie die Zelle D12 und klicken zweimal auf das Symbol Spur zum Nachfolger. Excel wird die Spur zunächst auf die Summe der Herstellungskosten setzen und dann bis zu den Gesamtkosten weiterziehen.

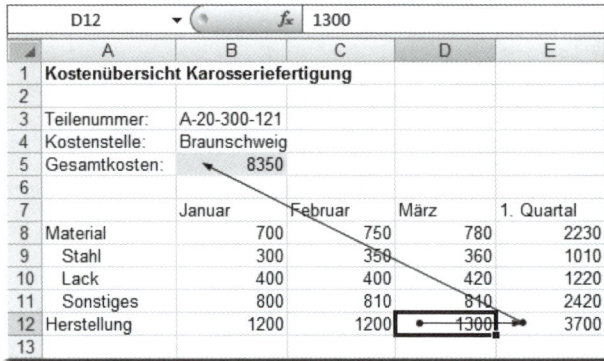

Abbildung 1.42: Die Spur zum Nachfolger führt mit zwei Klicks zur Gesamtsumme.

Spur zum Fehler und Fehlerprüfung

Die Fehlerspur in Kombination mit der Fehlerprüfung ist ein besonders nützliches Werkzeug für Formelkonstruktionen. Manche Fehler halten sich in der Praxis nämlich ziemlich hartnäckig und kosten viel Zeit und Nerven. Sehen wir uns die Funktion an einem weiteren Beispiel an:

Sie sind Versuchsleiter einer großen Autofirma und kalkulieren eben noch Ihre Kosten durch, bevor Sie sich auf eine große Versuchsfahrt machen. Die Ausstattungskosten und 3 Mietwagen sind eingetragen, die Formel in Zelle C13 berechnet die Mietkosten der Fahrzeuge über die Versuchsdauer:

=C12*C11*B5

Die Gesamtkosten summieren die einzelnen Kosten und die Mietkosten:

=C13+C10+C9+C8

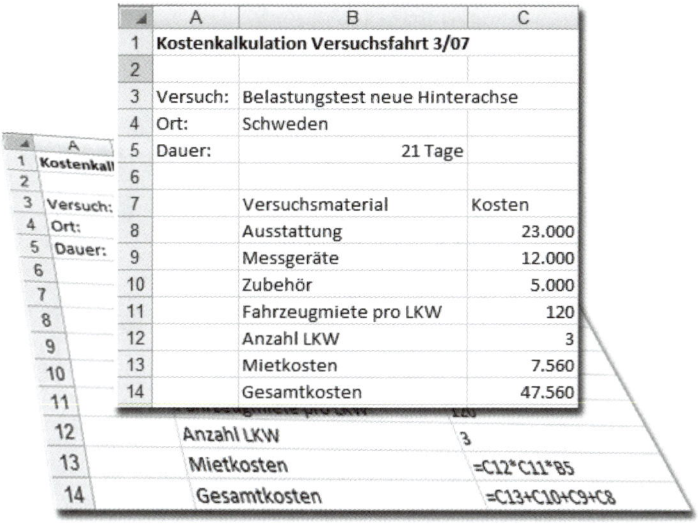

Abbildung 1.43: Die Versuchskalkulation berechnet die Gesamtkosten des Versuchs.

Erhöhen Sie jetzt die Versuchsdauer, geben Sie in Zelle B6 ein:

B6: 23 Tage

Das führt leider zu einem #WERT!-Fehler sowohl in Zeile 13 als auch in Zeile 14. Mit der Fehlerprüfung kommen Sie dem Fehler auf die Schliche:

1. Setzen Sie den Zellzeiger in die Zelle C13.
2. Klicken Sie auf das Symbol FEHLERÜBERPRÜFUNG/SPUR ZUM FEHLER.

Excel zieht Pfeile von der aktiven Zelle zu allen Zellen, die mit der Formel zu tun haben. Finden Sie damit den Fehler immer noch nicht, starten Sie die Fehlerprüfung:

1. Klicken Sie auf das Symbol FEHLERPRÜFUNG.
2. Die Fehlerprüfung startet, achten Sie auf den Text im ersten Dialog, er weist darauf hin, dass die Formel einen falschen Dateityp verwendet.
3. Klicken Sie auf BERECHNUNGS-SCHRITTE ANZEIGEN. Jetzt erkennen Sie, dass die verwendete Zelle B5 einen Text enthält. Klicken Sie auf AUSWERTEN, erhalten Sie den #WERT!-Fehler.

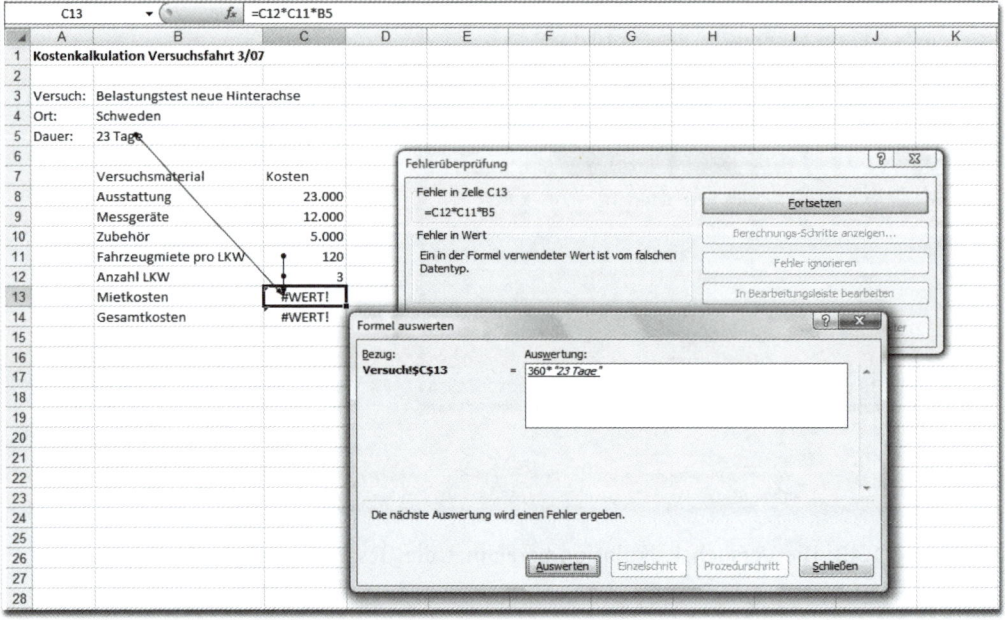

Abbildung 1.44: Die Fehlerprüfung findet den Fehler.

Die Zelle darf natürlich keinen Text enthalten, damit die Mietkosten richtig berechnet werden. Schreiben Sie die Zahl 23 in die Zelle und weisen Sie ihr dieses Zahlenformat zu:

0" Tage"

Mit dem Symbol FORMELAUSWERTUNG lässt sich jede Formel analysieren und Schritt für Schritt berechnen, auch wenn diese keinen Fehler enthält.

Das Formelüberwachungsfenster

Wie wirkt sich eine Änderung oder ein neuer Eintrag in eine Zelle auf die übrigen Zellen aus? Was passiert mit Zelle X, wenn Zelle Y den Wert Z bekommt? Diese Fragen beantworten Sie ab sofort mit der Formelüberwachung. Legen Sie die Zellen, deren Inhalte Sie ständig im Auge behalten wollen, in ein Überwachungsfenster. Ändern sich Zellinhalte oder Formelergebnisse, sehen Sie die Auswirkungen sofort in diesem Fenster:

1. Klicken Sie unter FORMELN/FORMELÜBERWACHUNG auf das Symbol ÜBERWACHUNGSFENSTER.
2. Klicken Sie auf ÜBERWACHUNG HINZUFÜGEN.
3. Tragen Sie die Zelle oder den Zellbereich in das zweite Fenster ein. Klicken Sie dazu auf den Bereich im Hintergrund oder ziehen Sie den Mauszeiger über die Zellen. Um nicht zusammenhängende Bereiche zu markieren, halten Sie nach dem ersten Bereich die Strg-Taste gedrückt.

4. Im Kontextmenü der markierten Zelle finden Sie ebenfalls den Befehl ÜBERWACHUNG HINZUFÜGEN, auch damit holen Sie einen Bezug in das ÜBERWACHUNGSFENSTER.

5. Mit dem Symbol ÜBERWACHUNG LÖSCHEN entfernen Sie den im Fenster markierten Bezug wieder.

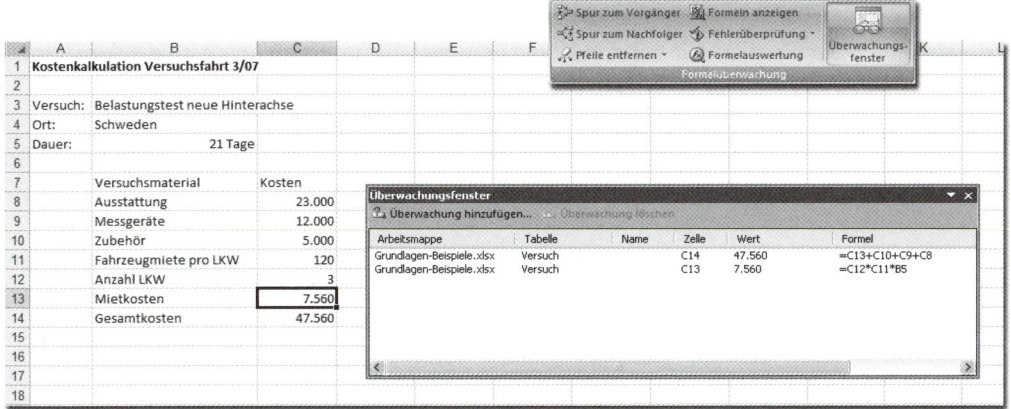

Abbildung 1.45: Die Formelüberwachung hilft, den Überblick zu bewahren.

1.7 Mit Bereichsnamen arbeiten

Bei großen Tabellen oder auch bei der Arbeit mit Funktionen ist es sinnvoll, mit Bereichsnamen anstelle von Zellbezügen zu arbeiten. Dabei weisen Sie einer Zelle oder einem Zellbereich einen Namen zu, der für die gesamte Arbeitsmappe gültig ist. Dadurch werden einerseits Rechenoperationen leichter nachvollziehbar, andererseits ersparen Sie sich in der Formelkonstruktion die Suche nach der richtigen Zelladresse.

Für die Vergabe von Namen gelten folgende Regeln:

- ◼ Ein Name darf maximal 255 Zeichen lang sein.
- ◼ Er kann aus Buchstaben, Zahlen, dem Unterstrich, dem umgekehrten Schrägstrich (Backslash), Punkten und Fragezeichen bestehen.
- ◼ Nicht erlaubt sind Leerzeichen, Semikolon und Doppelpunkt.
- ◼ Der Name darf nicht mit einem Fragezeichen oder einer Zahl beginnen.

1.7.1 Namen für eine Zelle festlegen

Um einer Zelle einen Namen zuzuweisen, klicken Sie auf die Zelle, die Sie benennen wollen, oder markieren den Zellbereich.

1. Wählen Sie FORMELN/DEFINIERTE NAMEN/NAMEN DEFINIEREN oder drücken Sie ⌨Strg + ⌨F3.
2. Geben Sie den Namen in das Namensfeld ein.
3. Wählen Sie den Bereich, für den der Name gelten soll. Vorgeschlagen wird die Arbeitsmappe, Sie können auch ein einzelnes Tabellenblatt auswählen.
4. Der Bezug wird im unteren Feld angezeigt, wenn Sie ihn noch einmal ändern wollen, markieren Sie den Inhalt des Felds und ziehen die Markierung erneut auf. Sie können den Bezug auch eintippen, achten Sie aber darauf, dass alle Zellbezüge absolut (mit $-Zeichen) adressiert werden sollten.
5. Klicken Sie auf OK, um den neuen Namen zu übernehmen. Mit Klick auf OK beenden Sie gleichzeitig den Dialog.

Abbildung 1.46: Der neue Bereichsname wird angelegt.

Alternativ zu den beschriebenen Arbeitsschritten können Sie einen Namen auch schneller direkt in der Tabelle fixieren:

1. Markieren Sie die Zelle oder den Zellbereich.
2. Klicken Sie in das Namensfeld links oben, in dem die Zelladresse angezeigt wird.
3. Geben Sie dort den neuen Namen ein, überschreiben Sie damit die Zelladresse.
4. Bestätigen Sie die Eingabe mit ⌨↵.

Aber Achtung: Diese Methode funktioniert nur einmal. Ist ein Bereichsname bereits angelegt, wird mit Eingabe des Namens in das Namensfeld der zugewiesene Bereich markiert (entspricht dem Befehl START/BEARBEITEN/SUCHEN UND AUSWÄHLEN/GEHE ZU).

Gesamtkosten	▼	*f*×	=C13+C10+C9+C8			
	A	B	C	D	E	F
1	Kostenkalkulation Versuchsfahrt 3/07					
2						
3	Versuch:	Belastungstest neue Hinterachse				
4	Ort:	Schweden				
5	Dauer:		21 Tage			
6						
7		Versuchsmaterial	Kosten			
8		Ausstattung	23.000			
9		Messgeräte	12.000			
10		Zubehör	5.000			
11		Fahrzeugmiete pro LKW	120			
12		Anzahl LKW	3			
13		Mietkosten	7.560			
14		Gesamtkosten	47.560			

Abbildung 1.47: Der Name wird direkt in das Namensfeld eingetragen.

1.7.2 Namen verwalten im Namens-Manager

Mit dem Namens-Manager können Sie alle zugewiesenen Bereichsnamen einsehen, verwalten und auch wieder löschen. Aktivieren Sie ihn auf der Registerkarte FORMELN per Klick auf das große Symbol in der Gruppe DEFINIERTE NAMEN oder drücken Sie einfach die Funktionstaste F3.

Die Liste zeigt alle Bereichsnamen in der Arbeitsmappe. Klicken Sie auf einen Spaltentitel, um die jeweilige Spalte zu sortieren. Sie können die Spalten auch umsortieren, ziehen Sie dazu einen Spaltentitel einfach an seine neue Position.

Mit NEU legen Sie einen neuen Bereichsnamen an und BEARBEITEN bietet die Möglichkeit, den Namen und den Bezug zu ändern. Klicken Sie auf LÖSCHEN, wenn Sie einen Namen aus der Liste entfernen möchten. Der FILTER rechts außen bietet die Möglichkeit, nach lokalen oder globalen Bereichsnamen zu filtern und Namen zu finden, deren Bezüge falsch sind.

Tipp

Verwenden Sie diesen Filter regelmäßig, denn das passiert häufig: Tabellenblätter werden aus der Mappe gelöscht, die Bereichsnamen bleiben in der Mappe und melden anstelle eines Bezugs einen Bezugsfehler.

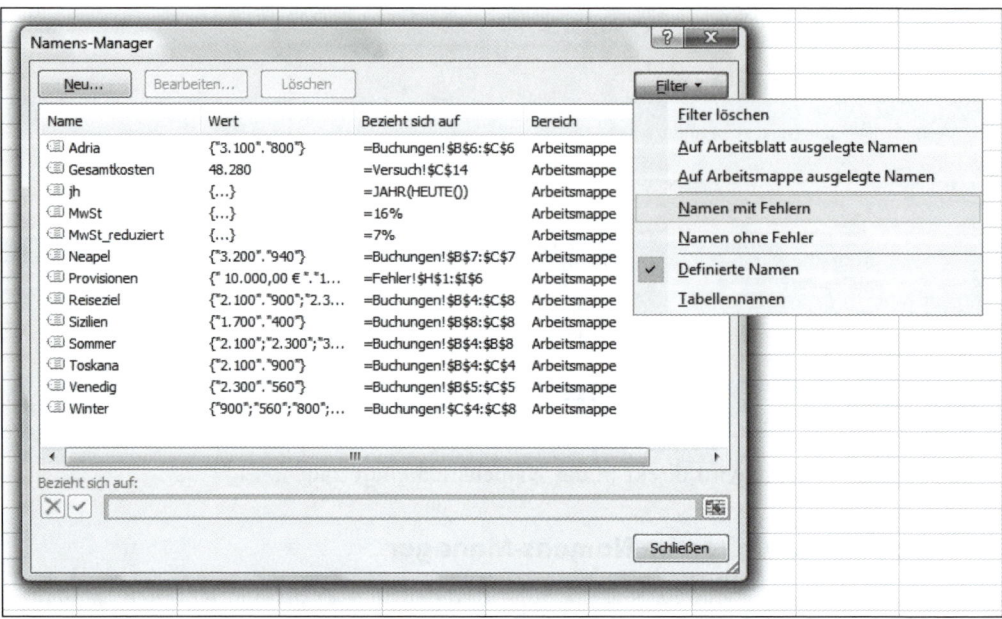

Abbildung 1.48: Der Namens-Manager zeigt alle Bereichsnamen an und filtert diese bei Bedarf.

Tabellennamen sind keine Bereichsnamen, sondern Bezeichnungen für Tabellen. In der Liste sind sie durch ein blaues Tabellensymbol gekennzeichnet, der Filter bietet die Möglichkeit, nur die Tabellennamen anzuzeigen. Eine Tabelle ist ein speziell ausgewiesener Bereich, der einen eigenen Namen besitzt, er wird mit EINFÜGEN/TABELLE angelegt. Wie Sie mit Tabellen arbeiten, lesen Sie in Kapitel 1.8.

1.7.3 Bereichsnamen aus Zellen übernehmen

Häufig enthält die Tabelle bereits die gewünschten Bereichsnamen in Form von Beschriftungen – meist über oder links von den Zahlen, die es auszuwerten gilt. Sparen Sie sich die Zeit und Mühe, Bereiche einzeln zu benennen, und verwenden Sie gleich die Beschriftungen als Bereichsnamen:

1. Markieren Sie den Zellbereich inklusive der Beschriftungen.
2. Wählen Sie FORMELN/DEFINIERTE NAMEN/AUSWAHL ERSTELLEN. Die Optionen sind bereits entsprechend der vorgefundenen Markierung angekreuzt, so z.B. NAMEN AUS – OBERSTER ZEILE, wenn die erste markierte Zeile Text enthält, und NAME AUS – LINKER SPALTE bei Beschriftungen in der ersten Spalte.
3. Bestätigen Sie mit OK und kontrollieren Sie unter FORMELN/DEFINIERTE NAMEN/NAMEN DEFINIEREN die neuen Bereichsnamen, die jetzt auch im Anzeigefeld angeboten werden.

Praxis: Reisebuchungen

Ein Praxisbeispiel zeigt Ihnen, wie Sie Bereichsnamen effektiv und zeitsparend zuteilen. Die Buchungstabelle des Reisebüros verzeichnet für Italien im Jahr 2010 Buchungen für die Sommer- und Wintersaison. Um diese Werte in Formeln einzusetzen, weisen Sie ihnen Bereichsnamen zu, verwenden Sie dazu die Zeilen- und Spaltenbeschriftungen.

> **CD-ROM**
>
> Laden Sie von der CD zum Buch die Übungsdatei *Buchungen.xlsx*

	A	B	C
1	Buchungen Italien		
2			
3	Reiseziel	Sommer	Winter
4	Toskana	2100	900
5	Venedig	2300	560
6	Adria	3.100	800
7	Neapel	3200	940
8	Sizilien	1700	400

Abbildung 1.49: Buchungstabelle mit Spalten- und Zeilenbeschriftungen

1. Markieren Sie den Bereich A3:C8.
2. Wählen Sie FORMELN/DEFINIERTE NAMEN/AUS AUSWAHL ERSTELLEN. Bestätigen Sie die beiden vorgeschlagenen Optionen, mit denen sowohl der Spaltentitel der ersten Zeile als auch die Texte in der ersten Spalte als Bereichsnamen festgeschrieben werden.
3. Die Bereichsnamen werden erstellt, Sie können sie im Namensfeld oder unter FORMELN/DEFINIERTE NAMEN/NAMEN DEFINIEREN kontrollieren.

Abbildung 1.50: Bereichsnamen aus den Beschriftungen übernehmen

Achten Sie auf die Leerstellen in Texten, die zu Bereichsnamen umfunktioniert werden; sie werden in der Regel durch einen Unterstrich ersetzt. Da Zahlen grundsätzlich nicht als erstes Zeichen eines Namens erlaubt sind, sollten Sie Jahreszahlen wenn möglich vermeiden oder mit Text kombinieren. Öffnen Sie das Namensfeld und klicken Sie auf einen Bereichsnamen, wird der benannte Bereich in der Tabelle markiert.

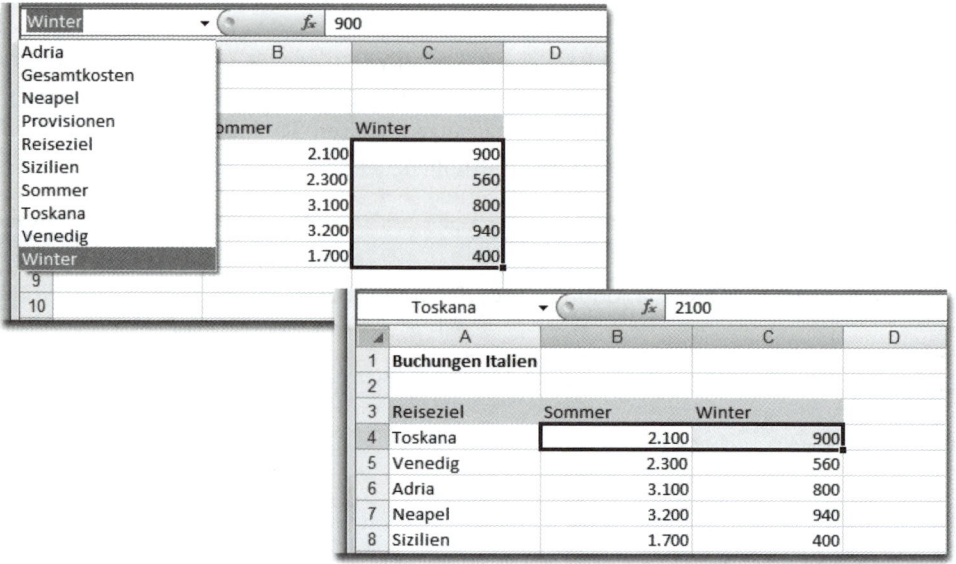

Abbildung 1.51: Die benannten Bereiche werden markiert.

1.7.4 Rechnen mit Bereichsnamen

Nach der Übernahme der Beschriftungen in die Bereichsnamensliste des Anzeigefelds (oder der Liste unter FORMELN/DEFINIERTE NAMEN/NAMEN DEFINIEREN) stehen diese als Operanden für Berechnungen zur Verfügung. Rechnen Sie mit diesen wie mit jedem Zellbezug auch und binden Sie die Bereichsnamen in Formeln und Funktionen ein.

Buchungssummen

Für die Summe der Buchungen verwenden Sie die SUMME-Funktion und übernehmen den Namen des zu summierenden Bereichs aus dem Anzeigefeld.

1. Der Zellzeiger steht auf der Zelle B9. Geben Sie diese Teilformel ein:

   =SUMME(

2. Markieren Sie den Bereich B4:B8. Excel wird den damit verbundenen Bereichsnamen anstelle des Zellbezugs in die Formel eintragen:

   =SUMME(Sommer

3. Mit ⏎ schreiben Sie die Formel inklusive der schließenden Klammer in die Zelle.

Nur beim Kopieren erweist sich die Verwendung des Bereichsnamens als nachteilig, im Gegensatz zu dem relativen Zellbezug B4:B8 wird er nicht angepasst, wenn die Formel nach rechts kopiert wird. Die Gesamtsumme der Buchungen erhalten Sie über diese Formel:

```
=SUMME(Sommer)+SUMME(Winter)
```

> **Tipp**
>
> Besonders hilfreich bei der Nutzung von Bereichsnamen ist die Funktionstaste F3 . Sie liefert zu jeder Gelegenheit und an jeder Cursorposition die Liste aller Bereichsnamen. Ein Doppelklick auf einen Listeneintrag genügt und der Name wird in die Zelle oder an der Cursorposition der Formel eingetragen.

Statistik

Testen Sie gleich ein paar Funktionen aus dem Funktionsumfang von Excel, um erste statistische Auswertungen Ihrer Buchungstabelle zu fahren:

Die meisten Buchungen	`=MAX(Sommer;Winter)`
Die wenigsten Buchungen	`=MIN(Sommer;Winter)`
Der Mittelwert über alle Buchungen	`=MITTELWERT(Sommer;Winter)`

Tabelle 1.20: Funktionsauswahl

Schnittmengen

Die Schnittmengenberechnung von Excel macht es möglich, dass Sie durch Angabe der Zeilen- und Spaltenbereichsnamen die Zelle berechnen, die sich im Schnittpunkt der beiden befindet. Der Operator ist die Leertaste:

```
=Adria Winter
=Sommer Sizilien
```

1.7.5   Lokale und globale Bereichsnamen

Bereichsnamen sind, wenn Sie nichts anderes angeben, zunächst einmal global, das heißt, sie gelten in allen Tabellen der aktiven Arbeitsmappe. Verwenden Sie beispielsweise einen Bereichsnamen aus dem vorigen Beispiel in einem neuen Tabellenblatt, können Sie diesen wie gewohnt mit F3 aus der Liste holen und in Formeln verwenden. Und das könnte eine simple Verknüpfung auf die Spaltensumme sein:

| B3 | ▼ | fx | =SUMME(Sommer) |

Grundlagen Beispiele.xlsx:2

▲	A	B	C	D
1	**Buchungen Italien**			
2				
3	Reiseziel	Sommer	Winter	
4	Toskana	2100	900	
5	Venedig	2300	560	
6	Adria	3.100	800	
7	Neapel	3200	940	
8	Sizilien	1700	400	
9				
10				
11				

Grundlagen Beispiele.xlsx:1

▲	A	B	C
1	Auswertung Reisebuchungen		
2			
3	Sommerreisen Italien:	12.400	
4			
5			
6			
7			
8			
9			
10			
11			
12			
13			

Abbildung 1.52: Der Bereichsname ist global, er gilt in allen Tabellen.

Nun kommt es aber in der Praxis vor, dass mehrere Tabellen die gleichen Bereichsnamen verwenden, sei es, weil die Tabellen kopiert wurden oder wenn die Tabellenblätter in einer Gruppe zusammengefasst werden. Dazu werden die Register der Tabellen mit gedrückter Strg - oder ⇧ - Taste markiert und die Bereichsnamenzuweisung gilt dann für alle Tabellen.

Es gibt zwei Wege, um Bereichsnamen lokal und damit nur für bestimmte Tabellen gültig anzulegen:

- Wählen Sie FORMELN/DEFINIERTE NAMEN/NAMEN DEFINIEREN. Geben Sie den Namen ein und wählen Sie unter BEREICH das Tabellenblatt, für das der Name gelten soll.

- Alternativ dazu können Sie auch den Namen der Tabelle vor den Bereichsnamen stellen, verwenden Sie ein Ausrufezeichen (!) als Trennzeichen:

  =Buchungen!Toskana

Im Namens-Manager sehen Sie, welche Bereichsnamen lokal sind und welche sich global auf die gesamte Mappe beziehen. Die Spalte *Bereich* zeigt den Bereich an, für den der jeweilige Name gilt. Klicken Sie auf die Schaltfläche FILTER und stellen Sie den Filter ein:

- AUF ARBEITSBLATT AUSGELEGTE NAMEN zeigt nur die lokalen Bereichsnamen des aktiven Tabellenblatts.

- AUF ARBEITSMAPPE AUSGELEGTE NAMEN zeigt nur die globalen Bereichsnamen.

Beispiel: Tabellenblatt mit Bereichsnamen kopieren

Sie brauchen das Buchungsblatt für das nächste Jahr. Um nicht alle Formeln neu zu schreiben und alle Bereichsnamen neu zuweisen zu müssen, kopieren Sie einfach das erste Blatt und benennen es um. Mit der Kopie erhalten Sie (nach einer Warnmeldung) lokale Bereichsnamen für das zweite Blatt, die ersten Namen bleiben global:

1. Markieren Sie das Registerblatt *Buchungen*.
2. Ziehen Sie das Register mit gedrückter ⌷Strg⌷-Taste nach rechts, um es zu kopieren.
3. Eine Warnmeldung weist darauf hin, dass bereits Namen in der Zieltabelle vorhanden sind. Bestätigen Sie mit JA.
4. Klicken Sie doppelt auf das Register und nennen Sie das neue Blatt *Italien 2010*.
5. Kontrollieren Sie die Bereichsnamen im NAMENS-MANAGER.

Die kopierte Tabelle verwendet dieselben Bereichsnamen wie die Quelltabelle, am Tabellennamen rechts in der Liste erkennen Sie aber, dass es sich um lokale Bereichsnamen handelt. Klicken Sie auf den Spaltenkopf der Spalte *Bereich*, um diese zu sortieren.

Jetzt werden Sie feststellen, dass die Namen aus der ersten Buchungstabelle global für die Arbeitsmappe zur Auswahl stehen, während die Namen im kopierten Tabellenblatt nur für dieses gelten. Damit Sie auch die ersten Buchungen eindeutig einem Jahr zuweisen können, kopieren Sie das Tabellenblatt einfach noch einmal, nennen die Kopie *Italien 2011* und löschen das Blatt *Buchungen*. Die globalen Bereichsnamen müssen Sie anschließend noch aus der Liste im Namens-Manager entfernen.

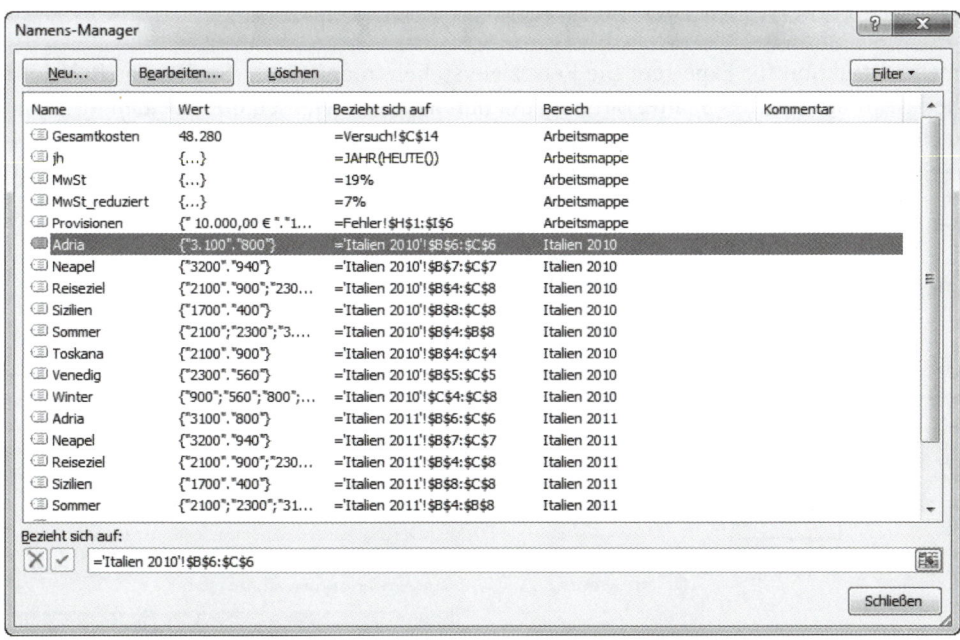

Abbildung 1.53: Jetzt gibt es nur noch lokale Bereichsnamen in der Mappe.

Damit lässt sich eine klare Trennung zwischen den Bereichsnamen einzelner Tabellen ziehen. In Formeln können Sie globale und lokale Bereichsnamen verwenden.

> **Tipp**
>
> Achten Sie aber auf die Schreibweise der Tabellennamen: Wenn diese Leerzeichen oder andere Sonderzeichen enthalten, müssen sie immer zwischen zwei Apostrophen stehen.

Hier einige Beispiele:

Alle Sommerbuchungen für Italien:

```
=SUMME('Italien 2010'!Sommer)+SUMME('Italien 2011'!Sommer)
```

Die Buchungen für Venedig und Adria:

```
=SUMME('Italien 2010'!Venedig)+SUMME('Italien 2011'!Venedig)+
SUMME('Italien 2010'!Adria)+SUMME('Italien 2011'!Adria)
```

Mit einem 3D-Bezug fassen Sie beide Tabellenblätter zusammen und erstellen die Summe über alle Buchungen:

```
=SUMME('Italien 2010:Italien 2011'!$B$9:$C$9)
```

Eine Formelkonstruktion für Experten: Die Reiseziele stehen in der ersten Spalte, das Reisejahr ist die Überschrift der zweiten Spalte. Mit der Funktion INDIREKT werden diese beiden Informationen zu einer Textkette verknüpft und diese wird in eine SUMME() eingeschachtelt. Das Ergebnis ist die Summe aller Buchungen des eingetragenen Reisejahres:

```
A9: Toskana
B8: 2011
B9: =SUMME(INDIREKT("'Italien "&$B$8&"'!"&A9))
```

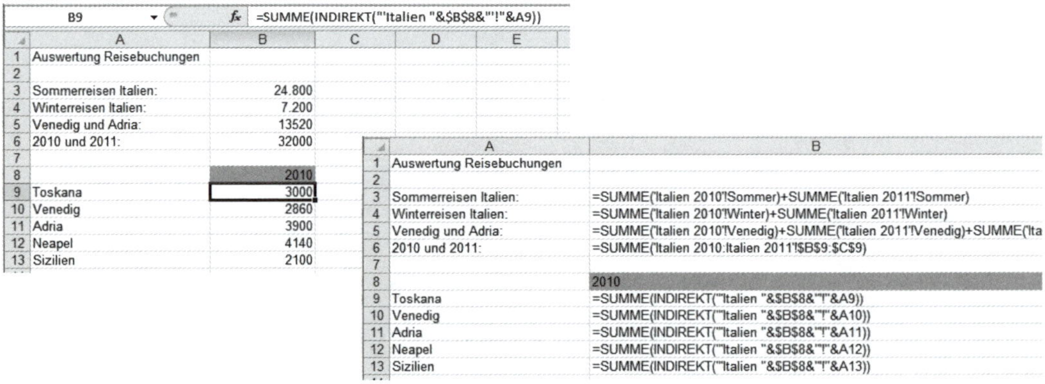

Abbildung 1.54: Formelkonstruktion mit SUMME() und INDIREKT()

1.7.6 Konstanten als Bereichsnamen

Wenn Sie in Ihren Tabellenmodellen häufig Konstanten, d.h. feste Werte, verwenden, sollten Sie diese nicht in Zellen schreiben, sondern mithilfe von globalen Bereichsnamen für alle Tabellen zur Verfügung stellen. Ein typisches Beispiel sind die Mehrwertsteuersätze, die oft in Rechnungsblättern benötigt werden. Erstellen Sie diese am besten in einer Vorlage:

1. Legen Sie eine neue Mappe *Rechnungen.xlsx* an.

2. Wählen Sie FORMELN/DEFINIERTE NAMEN/NAMEN DEFINIEREN.

3. Tragen Sie diesen Bereichsnamen ein:

   MwSt

4. Geben Sie in der Bezugszelle die Konstante ein:

   =19%

5. Legen Sie einen weiteren Bereichsnamen für den reduzierten MwSt-Satz an:

   Name: MwSt_reduziert
   Bezieht sich auf: =7%

6. Schreiben Sie eine Rechnung und verwenden Sie die beiden Steuersätze direkt in der Formel für die Mehrwertsteuerberechnung:

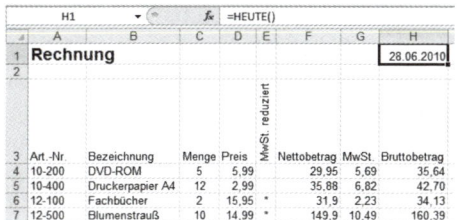

Abbildung 1.55: Die Formel in Spalte G verwendet die beiden Bereichsnamen als Konstanten.

1.8 Arbeiten mit Tabellen

Microsoft hat mit Excel 2003 ein neues Werkzeug eingeführt, das ab Excel 2007 verfeinert und ausgebaut wurde. In der Vorgängerversion hieß dieses Werkzeug noch *Liste*, es wurde aus dem DATEN-Menü abgerufen und erstellte eine Liste aus einer geschlossenen Datenliste. Was die Übersetzer von Excel 2007 geritten hat, diese Funktion jetzt in *Tabelle* umzubenennen, bleibt deren Geheimnis. Die Amerikaner tun sich leicht, die Unterscheidung zwischen *sheet* (Tabellenblatt) und *table* (Tabelle) lässt sich problemlos vollziehen, aber im deutschsprachigen Excel heißen die Blätter der Arbeitsmappe bereits Tabellen, und was dann eine Tabelle sein soll, wird vielen Anwendern rätselhaft bleiben. Generationen von Einsteigern werden sich jedenfalls wundern, warum der Befehl TABELLE auf der Registerkarte EINFÜGEN kein Tabellenblatt produziert.

> **Hinweis**
>
> Die *Mehrfachoperation* wurde zu allem Überfluss auch noch in DATENTABELLE umbenannt, um die Verwirrung perfekt zu machen ...

1.8.1 Das Problem mit der Excel-Datenbank

Dass sehr viele Anwender Excel als Datenbankprogramm ge- oder besser missbrauchen, ist eine logische Folgerung aus mehreren Entwicklungen: Microsoft bot für Windows viele Jahre lang keine Datenbank an, Access kam erst viele Jahre später auf den Markt. Excel hat keine Datenbank und ist keine Datenbank, wird aber in der Praxis häufig für die Erstellung, Verwaltung und Auswertung von Listen verwendet. Das Kalkulationswerkzeug wurde dafür sehr früh schon mit datenbankspezifischen Werkzeugen wie Filter, Sortierung, Teilergebnissen und Pivot-Tabellenberichten ausgestattet. Host-Systeme wie SAP, Oracle, SQL-Server und Navision bieten XLS-Exportschnittstellen an und verleiten den Anwender dazu, auch große und sehr große Datenbestände in Excel zu bearbeiten.

Mit den neuen Dimensionen in Excel 2007/2010 (über 1 Million Zeilen und über 16.000 Spalten) wird das Dilemma noch größer werden, denn das Volumen der Tabelle ist das geringste Problem. Die meisten Anwender arbeiten einfach mit dem falschen Programm, wenn es um Datenbanken geht.

> **Hinweis**
>
> Siehe dazu auch *Kapitel 4 »Datenbankfunktionen«*.

1.8.2 Was sind Tabellen?

Die Tabelle löst das Problem mit der Excel-Datenbank nicht, bietet aber wenigstens einen Ansatz für die Verwaltung größerer Datenbestände. Tabellen sind speziell aufbereitete, dynamische Listen, die ihre Dimension ändern, wenn neue Datensätze oder Spalten hinzukommen oder wenn Zeilen und Spalten gelöscht werden. Eine Tabelle wird auf eine Liste aufgesetzt, und dazu muss sie ganz bestimmte Eigenschaften haben:

- Die Tabelle muss nicht in der ersten Zeile beginnen, sollte aber geschlossen sein (keine Leerzeilen oder Leerspalten).
- Die Tabelle sollte eine Kopfzeile haben. Wenn bei der Umwandlung keine erkennbaren Spaltentitel zu finden sind, packt der Tabellenassistent seine eigenen Überschriften auf die Tabelle.
- Die Datentypen sollten pro Spalte eindeutig sein, d.h. in Zahlenspalten nur Zahlen, in Datumsspalten nur Datumswerte und in Textspalten nur Text.
- Die Tabelle darf keine Zwischensummen oder Auswertungsformeln in der letzten Zeile haben, das erledigt die Ergebniszeile der Tabelle automatisch.

Die Abbildung zeigt drei Beispiele für Listen, die sich in Tabellen umwandeln lassen.

	A	B	C	D	E	F	G	H
1	Kostenkreis	Gruppe	Art	Auftragsnr	Beschreibung	Betrag		
2	60	12	000A	20-30-122	Fotokosten für Printwerbung	2500		
3	60	12	000A	20-30-123	Fotokosten Internet-Auftritt	4200		
4	60	34	000S	20-30-124	Layout und Korrektur	65003		
5								
6								
7								
8			Materialnr	Bezeichnung				
9			1001	Druckerpapier				
10			1002	Toner schwarz				
11			1003	Farbpatronen				
12			1004	Papierschacht		Datum	Termin	Status
13			1005	Druckerkabel		37906	Redaktionssitzung	eingeladen
14						37909	Besprechung Layout	offen
15						37928	Foto-Shooting	offen
16								

Abbildung 1.56: Drei Listen mit Kopfzeile und eindeutigen Datentypen

1.8.3 Eine Tabelle erstellen

Am Beispiel einer Artikelliste können Sie die Umwandlung einer Liste in eine Tabelle testen.

CD-ROM

Aktivieren Sie die Arbeitsmappe *Artikel.xlsx* von der CD zum Buch.

---

1. Setzen Sie den Zellzeiger in die erste Zelle und wählen Sie auf der Registerkarte EINFÜGEN TABELLE.

2. Der Bereich $A$1:$F$15 wird vorgeschlagen, bestätigen Sie die Frage *Wo sind die Daten für die Tabelle* mit Klick auf OK.

3. Die Tabelle wird erstellt und formatiert, eine neue Registergruppe TABELLENTOOLS mit der Registerkarte ENTWURF wird eingeblendet. Sie ist sichtbar, solange der Zellzeiger in einer beliebigen Zelle der Tabelle steht oder die Tabelle markiert ist.

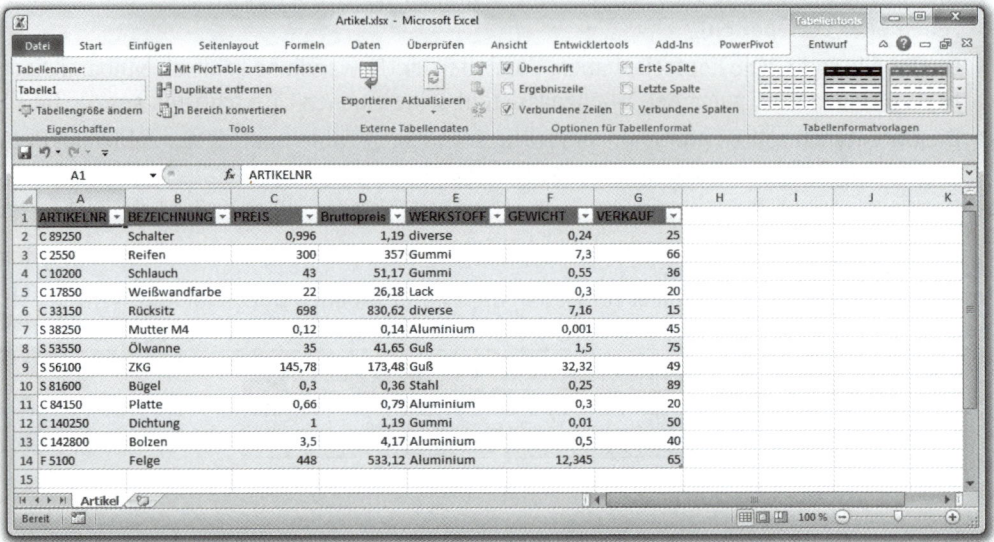

Abbildung 1.57: Aus der Liste wurde eine Tabelle.

Tabelle formatieren

In der Gruppe TABELLENFORMATVORLAGEN finden Sie eine Reihe vordefinierter Formate, die Sie der Tabelle einfach per Klick zuweisen können. Die Live-Vorschau bietet die Formatierung schon an, wenn Sie mit dem Mauszeiger auf das Symbol zeigen.

Tabelleneigenschaften

In der ersten Gruppe EIGENSCHAFTEN sehen Sie den Namen der Liste. Das ist kein Bereichsname, er wird aber in der Liste im Namens-Manager (Register FORMELN) aufgeführt. Sie können diesen Namen ändern, markieren Sie einfach den Eintrag und schreiben Sie einen Listennamen Ihrer Wahl in das Feld. Achten Sie auf diese Namensregeln:

■ Der Name darf nicht mit einem Buchstaben oder Unterstrich beginnen.

■ Er darf keine Leerzeichen oder andere Sonderzeichen (außer Unterstrich und Backslash) enthalten.

■ Er darf nicht identisch sein mit einem anderen Listen- oder Bereichsnamen in der Tabelle oder Mappe.

Klicken Sie auf TABELLENGRÖSSE ÄNDERN, wenn Sie den Bereich für die Tabelle neu definieren wollen. In der Gruppe TOOLS können Sie aus der Tabelle einen PivotTable-Bericht machen oder doppelte Datensätze entfernen. Mit IN BEREICH KONVERTIEREN wird die Tabelle wieder gelöscht, der Bereich wird in eine ganz normale Liste zurückkonvertiert. Die Formatierung entfernen Sie dann am schnellsten, indem Sie der Liste das Zellenformat STANDARD (Registerkarte START) zuweisen.

Die Ergebniszeile

In der Gruppe OPTIONEN ... finden Sie die Elemente der Tabelle, die Sie von der Formatvorlage formatiert haben wollen. Aktivieren Sie beispielsweise die Option ÜBERSCHRIFT, wird das in der Vorlage definierte Überschriftenformat sichtbar. Wesentlich wichtiger ist die ERGEBNISZEILE, sie ist standardmäßig deaktiviert und kann per Klick eingeschaltet werden.

Die Zeile wird unten an die Liste angefügt und bietet Auswertungsfunktionen in einer Auswahlliste. Schalten Sie beispielsweise die SUMME-Funktion für die Spalte *VERKAUF* ein oder die MITTELWERT-Funktion für die *PREIS*-Spalte.

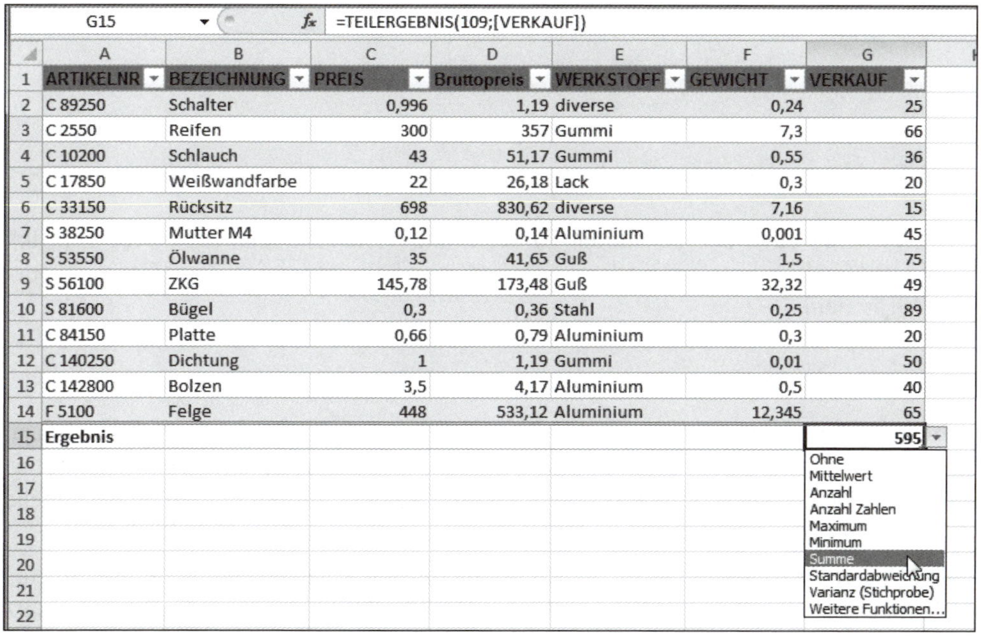

G15 =TEILERGEBNIS(109;[VERKAUF])

	A	B	C	D	E	F	G
1	ARTIKELNR	BEZEICHNUNG	PREIS	Bruttopreis	WERKSTOFF	GEWICHT	VERKAUF
2	C 89250	Schalter	0,996	1,19	diverse	0,24	25
3	C 2550	Reifen	300	357	Gummi	7,3	66
4	C 10200	Schlauch	43	51,17	Gummi	0,55	36
5	C 17850	Weißwandfarbe	22	26,18	Lack	0,3	20
6	C 33150	Rücksitz	698	830,62	diverse	7,16	15
7	S 38250	Mutter M4	0,12	0,14	Aluminium	0,001	45
8	S 53550	Ölwanne	35	41,65	Guß	1,5	75
9	S 56100	ZKG	145,78	173,48	Guß	32,32	49
10	S 81600	Bügel	0,3	0,36	Stahl	0,25	89
11	C 84150	Platte	0,66	0,79	Aluminium	0,3	20
12	C 140250	Dichtung	1	1,19	Gummi	0,01	50
13	C 142800	Bolzen	3,5	4,17	Aluminium	0,5	40
14	F 5100	Felge	448	533,12	Aluminium	12,345	65
15	Ergebnis						595

Abbildung 1.58: **Die Ergebniszeile bietet Funktionen an.**

1.8.4 Dynamische Ergebniszeilenfunktionen

Die Funktionen in der Ergebniszeile würden wenig Komfort im Unterschied zu »normalen« Funktionen bieten, wenn sich die Tabelle nicht dynamisch auf neue Daten oder gelöschte Datensätze anpassen würde. Die Ergebniszeilenfunktion steht immer am unteren Rand der Liste und berechnet ihre Ergebnisse entsprechend:

1. Setzen Sie den Zellzeiger in die letzte Zelle des letzten Datensatzes und drücken Sie die ⇥-Taste, um eine neue Zeile einzufügen.

2. Markieren Sie eine Zelle eines Datensatzes mit der rechten Maustaste und wählen Sie aus dem Kontextmenü ZEILE/SPALTE EINFÜGEN und TABELLENSPALTE NACH LINKS oder TABELLENZEILE NACH OBEN, wenn Sie die Tabelle erweitern wollen.

Mit ZEILE/SPALTE LÖSCHEN im Kontextmenü löschen Sie Teile der Tabelle.

Zum Erweitern der Tabelle können Sie auch das kleine Dreieckssymbol rechts unten mit gedrückter Maustaste ziehen. Erweitern Sie die Tabelle oder reduzieren Sie die Tabelle damit.

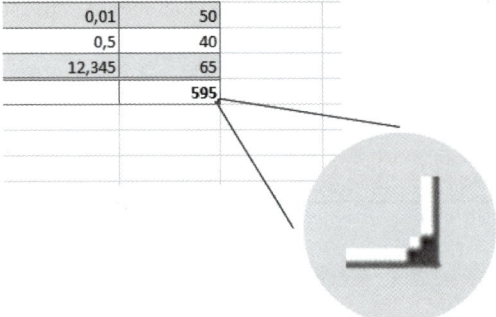

Abbildung 1.59: Mit dem Dreieckssymbol erweitern oder reduzieren Sie die Tabelle.

Natürlich können Sie auch alle bekannten Symbole und Tastenkombinationen benutzen, um Zellen, Zeilen und Spalten einzufügen oder zu löschen, zum Beispiel Strg+⊞ (Einfügen) oder Strg+⊟ (Löschen).

1.8.5 Strukturierte Verweise

Komfortabel wird die Tabelle, wenn Sie mit Spaltenformeln arbeiten müssen. Excel-Listen haben seit der Version 2003 zwar auch die Eigenschaft, angrenzende Zellen automatisch zu formatieren und mit Formeln zu füllen, das funktioniert aber nur ab dem fünften Eintrag. In der Tabelle wird die Formel immer automatisch aufgefüllt, vorausgesetzt, sie steht im Tabellenbereich.

Ein Beispiel: Unsere Artikelpreisliste soll eine zusätzliche Spalte bekommen, in der die Bruttopreise der Artikel berechnet werden (Preis zuzüglich MwSt). Dazu schreiben Sie den Steuersatz zunächst als Konstante in einem Bereichsnamen fest und erstellen dann eine Formel in einer neuen Spalte, die den Bruttopreis berechnet:

1. Wählen Sie FORMELN/DEFINIERTE NAMEN/NAMEN DEFINIEREN.

2. Geben Sie den Bereichsnamen *MwSt* ein und schreiben Sie als Bezug die Formel:

   =19%

3. Markieren Sie die Spalte E und fügen Sie mit Strg+⊞ eine neue Spalte ein. Geben Sie in D1 den Spaltentitel *Bruttopreis* ein.

4. Schreiben Sie in D2 ein =-Zeichen und klicken Sie auf die Zelle B2. Ergänzen Sie die Formel mit der Multiplikation *(1+MwSt):

`=Artikel[[#Diese Zeile];[PREIS]]*(1+MwSt)`

5. Die Formel wird durch den tabellenspezifischen Bezug automatisch für alle Zeilen der Tabelle erstellt und automatisch auch für alle neuen Zeilen eingetragen.

	D2	▾	f_x	=Artikel[[#Diese Zeile];[PREIS]]*(1+MwSt)			
	A	B	C	D	E	F	G
1	ARTIKELNR ▾	BEZEICHNUNG ▾	PREIS ▾	Bruttopreis ▾	WERKSTOFF ▾	GEWICHT ▾	VERKAUF ▾
2	C 89250	Schalter	0,996	1,19	diverse	0,24	25
3	C 2550	Reifen	300	357,00	Gummi	7,3	66
4	C 10200	Schlauch	43	51,17	Gummi	0,55	36
5	C 17850	Weißwandfarbe	22	26,18	Lack	0,3	20
6	C 33150	Rücksitz	698	830,62	diverse	7,16	15
7	S 38250	Mutter M4	0,12	0,14	Aluminium	0,001	45
8	S 53550	Oelwanne	35	41,65	Guß	1,5	75
9	S 56100	ZKG	145,78	173,48	Guß	32,32	49
10	S 81600	Bügel	0,3	0,36	Stahl	0,25	89
11	C 84150	Platte	0,66	0,79	Aluminium	0,3	20
12	C 140250	Dichtung	1	1,19	Gummi	0,01	50
13	C 142800	Bolzen	3,5	4,17	Aluminium	0,5	40
14	F 5100	Felge	448	533,12	Aluminium	12,345	65
15	Ergebnis		130,64				595
16							

Abbildung 1.60: **Die dynamische Zellenformel in der Tabelle berechnet automatisch neue Zeilen.**

Wenn Sie in den nächsten Kapiteln dieses Buchs die Systematik der Funktionen und die vielen tollen Funktionen von Excel kennenlernen werden, wird immer wieder auch ein praktisches Beispiel demonstrieren, wo die Funktion zum Einsatz kommt. Wertet eine Funktion Listen oder Tabellen aus, wird sie in der Regel auf eine Teilmatrix verweisen. Eine Teilmatrix war bis dato in Excel ein statischer Bezug, zum Beispiel $A$1:$A$20. Mit der Tabelle hat sich diese Bezugstechnik erledigt. Sie müssen nämlich dafür sorgen, dass sich die Funktion auf einen Teil der Tabelle bezieht und nicht auf einen Bereich des Tabellenblatts, denn die Tabelle passt sich automatisch an, wenn Zeilen und Spalten hinzukommen oder gelöscht werden, was der Bezug nicht kann. Die Tabelle gibt ihre Teilmatrizen preis, wenn Sie versuchen, einen Bezug herzustellen:

1. Schreiben Sie in eine Zelle außerhalb der Tabelle ein =-Zeichen.
2. Klicken Sie auf eine Spaltenüberschrift in der Tabelle.
3. Ziehen Sie in der nächsten Zeile die Markierung über die gesamte Kopfzeile.
4. Markieren Sie eine einzelne Spalte oder eine einzelne Zeile.
5. Markieren Sie ein Spaltenergebnis in der Ergebniszeile.

Mit etwas Übung werden Sie schnell die Teilmatrizen und Elemente der Tabelle entdecken, die Sie in Ihren Funktionen als Argumente verwenden müssen. Hier eine Übersicht über einige Auswertungen der Tabelle, die im Beispiel die Bezeichnung *Artikel* trägt:

Auswertung	Formel	Ergebnis
Die Kopfzeile der Tabelle	=Artikel[#Kopfzeilen]	PREIS
Die Kopfzeile der zweiten Spalte	=Artikel[[#Kopfzeilen];[BEZEICHNUNG]]	BEZEICHNUNG
Anzahl Spalten der Tabelle	=SPALTEN(Artikel[#Kopfzeilen])	7
Größe der Tabelle	=ZEILEN(Artikel)	13
Durchschnittspreis aller Artikel	=MITTELWERT(Artikel[PREIS])	130,64
Alle Artikel, die mehr als 1 kg wiegen	=ZÄHLENWENN(Artikel[GEWICHT];">=1")	5
Summe verkaufter Aluminium-Teile	=SUMMEWENN(Artikel[WERKSTOFF]; "Aluminium";Artikel[VERKAUF])	170

Tabelle 1.21: Strukturierte Verweise in Tabellen

Tipp

In Kapitel 4 (Datenbankfunktionen) finden Sie weitere Beispiele für die Anwendung strukturierter Verweise in Funktionen.

KAPITEL 2

Kalkulieren mit Funktionen

Das Prinzip der elektronischen Kalkulation beruht auf der Einbindung von Funktionen. Schon der einfachste Taschenrechner bietet mindestens eine Funktion (Wurzel) und die moderne Tabellenkalkulationssoftware stellt mehrere hundert solcher Algorithmen zur Verfügung.

VisiCalc, der Urvater aller Tabellenkalkulationsprogramme, beherrschte schon in der ersten Version ca. 20 Funktionen von der Summe bis zum Arkustangens. Die Referenzkarte mit der Liste der Funktionen können Sie auf der Website von Dan Bricklin, dem VisiCalc-Erfinder, einsehen:

http://bricklin.com/history/refcard2.htm

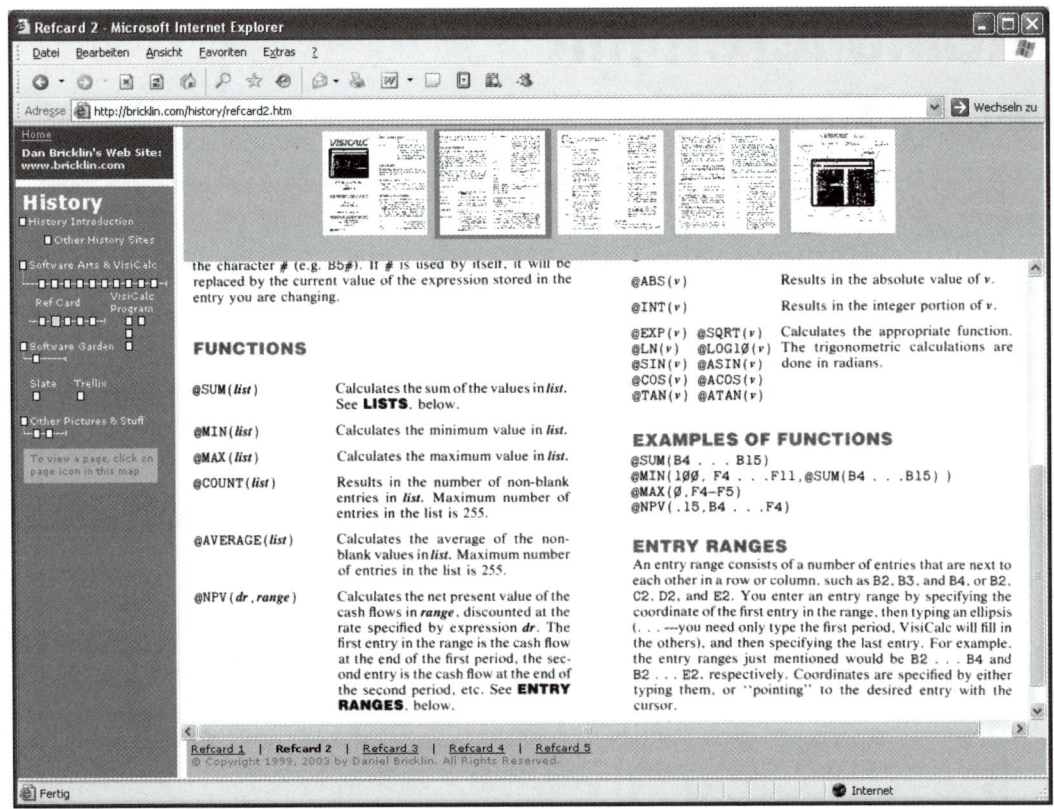

Abbildung 2.1: Die Referenzkarte von VisiCalc

2.1 Funktionen kennen – Excel beherrschen

Stellen Sie sich die Frage, mit welcher Methodik ein voluminöses Programm wie Excel erlernt wird, so gibt es dafür eine einfache Antwort: Nicht die Kenntnisse über Tabellenlayout, Zellengestaltung und Formatierungen sind es, die Sie vom Excel-Anwender zum Excel-Könner befördern, es ist ausschließlich die Beherrschung der Funktionen. Vergleichen Sie es mit dem Lernen einer Fremdsprache: Um Spanisch oder Italienisch zu lernen, büffeln Sie zuerst einmal Vokabeln, denn ohne diese werden Sie keinen vollständigen Satz formulieren können. Erst dann können Sie sich an die Grammatik der fremden Sprache wagen und Ihre Konversation perfektionieren.

Was für die Fremdsprache die Vokabeln sind, stellt in Excel die Liste der Funktionen dar: Wer die wichtigsten Funktionen kennt, kann sich in Excel »ausdrücken«, kann Tabellenmodelle entwickeln und Aufgaben lösen. Umgekehrt wird eine Tabelle ohne Funktionen immer ein mehr oder weniger schön gestaltetes Raster mit Zahlen und Texten sein, mehr nicht.

2.2   Rechnen in der Statusleiste

Vor der ersten richtigen Funktion sollten Sie die Rechenfunktionen in der Statusleiste kennenlernen. Sie müssen nicht für jede noch so kleine Rechenoperation eine Zelle bemühen und eine Formel mit Funktion schreiben, häufig reicht auch ein schneller »Taschenrechner«, der sich in der Statusleiste versteckt:

1. Markieren Sie alle Zellen mit Zahlenwerten, deren Summe Sie sehen wollen.
2. In der Statuszeile wird die Summe sofort angezeigt.
3. Wenn Sie mit der rechten Maustaste in die Statusleiste klicken, erhalten Sie ein Kontextmenü, in dem weitere Funktionen angeboten werden. Schalten Sie diese Funktionen per Klick ein, wird auch deren Ergebnis in der Statusleiste angezeigt.
4. Ein weiterer Klick auf eine Funktion schaltet diese wieder aus.

Abbildung 2.2: Im Kontextmenü der Statusleiste werden Funktionen angeboten.

Nutzen Sie diese Statusleistenfunktionen besonders, um die Ergebnisse von Funktionen zu überprüfen und nachzurechnen. Diese Kontrolle ist nötig, nicht, weil Excel sich verrechnen würde (was sehr selten vorkommt), sondern um falsche oder fehlende Zellbezüge in den Argumenten der Funktionen aufzuspüren.

2.3 Funktionen erstellen und bearbeiten

Um eine Funktion zu erstellen, können Sie einfach die Zelle markieren und die Funktion eintragen. Das ist der einfachste, am Anfang aber nicht der sinnvollste Weg. Funktionen sind komplex und erfordern häufig viele Argumente. Nutzen Sie den Funktions-Assistenten, er bietet wichtige Hilfestellungen zur Konstruktion von Funktionen an. Wenn Sie die Funktion aber bereits kennen, sollten Sie den einfacheren Weg wählen:

2.3.1 Funktionen schreiben

1. Setzen Sie den Zellzeiger in die Zelle, in der das Funktionsergebnis stehen soll.

2. Schreiben Sie ein =-Zeichen und die ersten Buchstaben der Funktion, wenn Sie diese bereits kennen. Nutzen Sie die Formelhilfe, um die Funktion einzutragen.

3. Fügen Sie Texte und Zahlen direkt als Argumente ein oder klicken Sie auf die Zellbezüge, die Sie als Argumente verwenden wollen.

4. Schließen Sie die letzte Klammer und bestätigen Sie mit der ⏎-Taste.

5. Um die Funktion zu bearbeiten, öffnen Sie die Zelle per Doppelklick oder drücken die Funktionstaste F2.

Reiner Text steht in Funktionen in den meisten Fällen in Anführungszeichen. Alles andere ist entweder eine Zahl (auch ein Datum ist eine Zahl), ein Bereichsname oder eine weitere Funktion. Wenn Sie Bereichsnamen in Funktionen verwenden, holen Sie diese immer mit F3 aus der Liste. Drücken Sie F3 an der Position der Formel, an der Sie den Namen einfügen wollen. Wenn Sie die Funktion für mehrere Zellen vorsehen, markieren Sie den Bereich zuvor. Schreiben Sie die Funktion und drücken Sie zum Abschluss der Formel Strg + ⏎.

2.3.2 Praxisbeispiel: Umsatzübersicht

Üben Sie die Technik der Funktionserstellung an einer Umsatztabelle. Als kaufmännischer Leiter haben Sie die Aufgabe, die Umsätze des ersten Halbjahres zu analysieren, die Umsatzsummen zu ermitteln und die besten bzw. schlechtesten Ergebnisse zu berechnen.

CD-ROM

Auf der Buch-CD finden Sie eine Vorlage zum Üben und die Lösung unter *Umsatz.xlsx*.

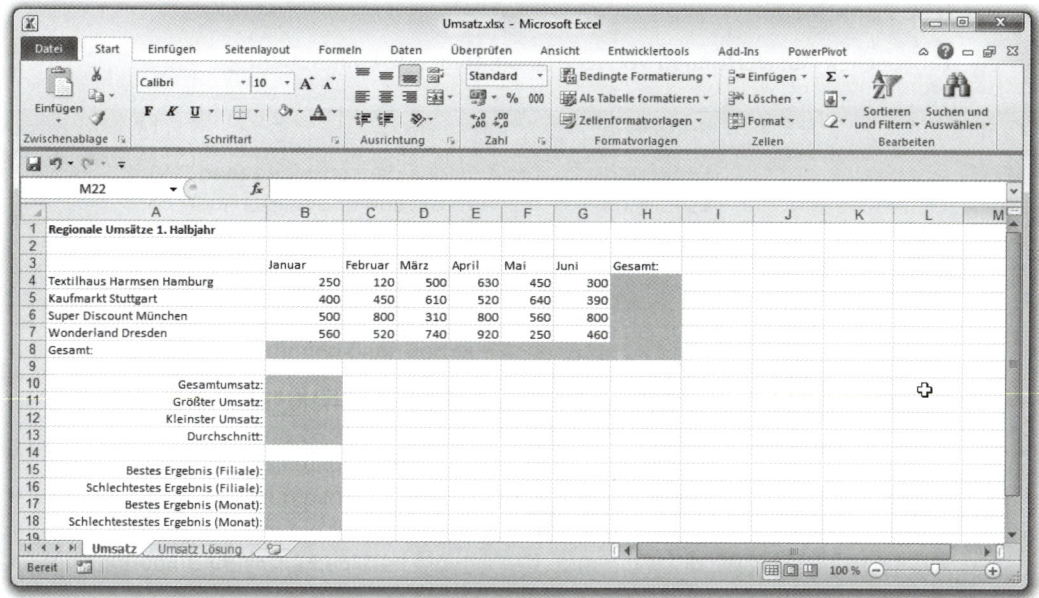

Abbildung 2.3: Eine Umsatzübersicht. Die unterlegten Zellen gilt es zu berechnen.

Summen mit =SUMME()

Die Filialsummen berechnen Sie in Spalte H:

1. Markieren Sie H4:H7.
2. Schreiben Sie:

   ```
   =SUMME(
   ```

3. Ziehen Sie die Markierung über B4:G4.
4. Drücken Sie ⎡Strg⎤+⎡↵⎤.

Die Monatsumsätze erhalten Sie ebenfalls über eine SUMME-Funktion.

5. Markieren Sie B8:G8 und schreiben Sie diese Formel mit der SUMME-Funktion:

   ```
   =SUMME(B4:B7)
   ```

6. Schließen Sie mit ⎡Strg⎤+⎡↵⎤ ab.

Die Gesamtumsatzsumme schreiben Sie in die Zelle B10:

```
=SUMME(H4:H7)
```

Statistische Funktionen

Für die statistischen Auswertungen verwenden Sie folgende Funktionen:

Funktion	Erklärung
=MAX()	Ermittelt die größte Zahl aus dem angegebenen Bezug. Es können auch mehrere Bezüge angegeben werden.
=MIN(bezug)	Ermittelt die kleinste Zahl aus einem oder mehreren Bezügen.
=MITTELWERT(bezug)	Ermittelt den Durchschnitt aus einem oder mehreren Bezügen.
=KGRÖSSTE(bezug;rang)	Gibt den größten Wert in einem Bezug aus. Das zweite Argument bezeichnet die Rangfolge.
=KKLEINSTE(bezug; rang)	Gibt den kleinsten Wert in einem Bezug aus. Das zweite Argument bezeichnet die Rangfolge.

Tabelle 2.1: Formeln für statistische Auswertungen

```
B11: =MAX(B4:G7)
B12: =MIN(B4:G7)
B13: =MITTELWERT(B4:G7)
B15: =KGRÖSSTE(H4:H7;1)
B16: =KKLEINSTE(H4:H7;1)
B17: =KGRÖSSTE(B8:G8;1)
B18: =KKLEINSTE(B8:G8;1)
```

	A	B	C	D	E	F	G	H
1	Regionale Umsätze 1. Halbjahr							
2								
3		Januar	Februar	März	April	Mai	Juni	Gesamt:
4	Textilhaus Harmsen Hamburg	250	120	500	630	450	300	=SUMME(B4:G4)
5	Kaufmarkt Stuttgart	400	450	610	520	640	390	=SUMME(B5:G5)
6	Super Discount München	500	800	310	800	560	800	=SUMME(B6:G6)
7	Wonderland Dresden	560	520	740	920	250	460	=SUMME(B7:G7)
8	Gesamt:	=SUMME(B4:B7)	=SUMME(C4:C7)	=SUMME(D4:D7)	=SUMME(E4:E7)	=SUMME(F4:F7)	=SUMME(G4:G7)	
9								
10	Gesamtumsatz:	=SUMME(H4:H7)						
11	Größter Umsatz:	=MAX(B4:G7)						
12	Kleinster Umsatz:	=MIN(B4:G7)						
13	Durchschnitt:	=MITTELWERT(B4:G7)						
14								
15	Bestes Ergebnis (Filiale):	=KGRÖSSTE(H4:H7;1)						
16	Schlechtestes Ergebnis (Filiale):	=KKLEINSTE(H4:H7;1)						
17	Bestes Ergebnis (Monat):	=KGRÖSSTE(B8:G8;1)						
18	Schlechtestestes Ergebnis (Monat):	=KKLEINSTE(B8:G8;1)						
19								

Abbildung 2.4: Alle Umsatzformeln auf einen Blick, hier in der Formelansicht

Bleibt noch die Frage offen, wie die Filiale heißt, in der das meiste/wenigste Geld verdient wurde, und auf welchen Monat das Umsatzplus/Umsatzminus fiel. Für Funktionsexperten kein Problem, sofern die passende Funktion zur Hand ist. Nutzen Sie die Funktionen INDEX und VERGLEICH in einer Funktionsschachtel (siehe Abschnitt 2.6):

```
C15: =INDEX($A$4:$A$7;VERGLEICH(B15;$H$4:$H$7;0);1)
C16: =INDEX($A$4:$A$7;VERGLEICH(B16;$H$4:$H$7;0);1)
C17: =INDEX($B$3:$G$8;1;VERGLEICH(B17;$B$8:$G$8;0))
C18: =INDEX($B$3:$G$8;1;VERGLEICH(B18;$B$8:$G$8;0))
```

	C15	▾ (	f_x	=INDEX($A$4:$H$7;VERGLEICH(B15;$H$4:$H$7;0);1)		
	A	B	C	D	E	F	G
13	Durchschnitt:	520					
14							
15	Bestes Ergebnis (Filiale):	3770	Super Discount München				
16	Schlechtestes Ergebnis (Filiale):	2250	Textilhaus Harmsen Hamburg				
17	Bestes Ergebnis (Monat):	2870	April				
18	Schlechtestestes Ergebnis (Monat):	1710	Januar				
19							

Abbildung 2.5: Auch die Filiale und der Monat mit dem jeweiligen Ergebnis lassen sich ermitteln.

2.4 SUMME() und AutoSumme

Die wohl bekannteste und meist eingesetzte Funktion aus dem Funktionsumfang dürfte SUMME() sein. In jedem Einsteigerseminar wird sie gelehrt, jedes noch so simple Tabellenmodell benutzt sie und nicht wenige Anwender sind der Meinung, das wäre die einzige Rechenoperation, die neben den Grundrechenarten durchführbar ist. Die Syntax der Funktion lautet:

```
=SUMME(bezug)
```

Oder, wenn mehrere nicht zusammenhängende Zellen zu summieren sind:

```
=SUMME(bezug1;bezug2)
```

Bis maximal 255 verschiedene Bezüge können Sie in dieser Form der SUMME-Funktion als Argumente mitgeben. Die Funktion akzeptiert natürlich in erster Linie Zahlen, Zellbezüge mit Zahlen oder Bereichsnamen von Zellen, in denen sich Zahlen befinden, es gibt aber auch Ausnahmen:

```
=SUMME("10";"20")
Ergebnis: 30
```

Hier werden der Funktion Zahlen in Textform übergeben, Excel wandelt diese automatisch richtig um. Auch Zellbezüge, in denen sich mit dem Textformat formatierte Zahlen befinden, werden korrekt summiert (das Textformat weisen Sie über START/ZAHL zu).

```
=SUMME(WAHR)
Ergebnis: 1
```

Der Wahrheitswert WAHR stellt für die Summe den Wert 1 dar, mit FALSCH erhalten Sie als Argumentergebnis die 0. WAHR und FALSCH werden in der Praxis meist als Ergebnis einer WENN-Abfrage oder einer Matrixoperation ausgegeben, die Summe würde hier eine Zählfunktion übernehmen.

2.4.1 Die AutoSumme

Um die Summe als häufigste Funktion schneller und sicherer zum Einsatz zu bringen, bietet Excel ein Symbol an, das eine gewisse Intelligenz zeigt. Das AUTOSUMME-Symbol ist im Menüband zweimal vertreten, es steht im Register START rechts außen in der Gruppe BEARBEITEN und in der FUNKTIONSBIBLIOTHEK der Registerkarte FORMELN. Testen Sie es gleich an einer Tabelle mit Rechnungsbeträgen, summieren Sie diese auf:

1. Schreiben Sie die Firmennamen in die Spalte A und die Rechnungsbeträge daneben in Spalte B.
2. Setzen Sie den Zellzeiger unter den letzten Betrag.
3. Klicken Sie auf das Symbol AUTOSUMME.

Abbildung 2.6: Die AutoSumme in der Gruppe Bearbeiten der Registerkarte Start

Wenn nur eine einzelne Zelle markiert ist, wird das AUTOSUMME-Symbol den Bezug für die SUMME()-Funktion vorschlagen, ein weiterer Klick auf das Symbol oder die ⏎-Taste schließt die Aktion ab und das Ergebnis wird angezeigt.

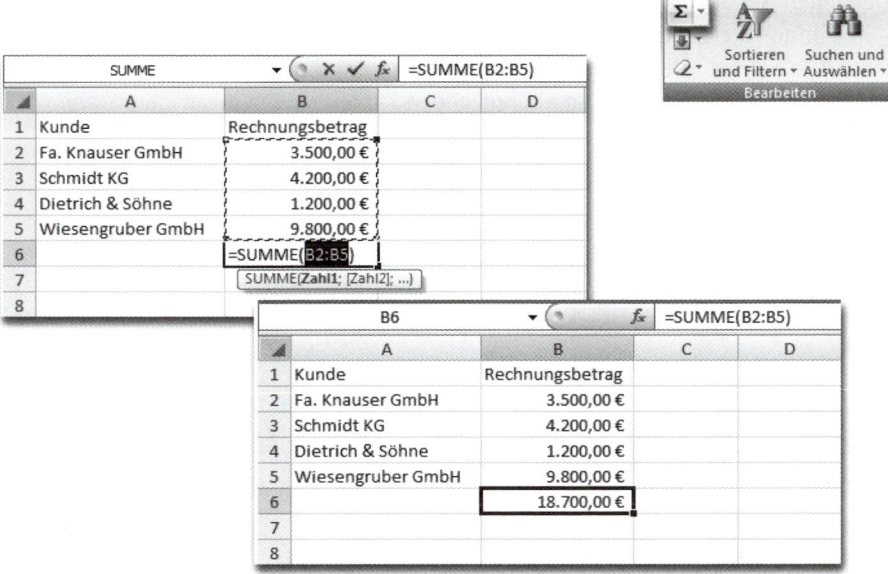

Abbildung 2.7: Zwei Klicks und die Summenfunktion ist geschrieben.

Die AUTOSUMME erkennt den Bereich automatisch, wenn er unmittelbar an die aktive Zelle angrenzt und Zahlenwerte enthält. Bei nicht aufsummierbaren Zellinhalten wird nur die Funktion SUMME() in die Zelle eingetragen und der Cursor blinkt zwischen den beiden Argumentklammern:

=SUMME()

Für das Argument der Summe wird der Bereich vorgeschlagen, der an der aktiven Zelle angrenzt, und das kann auch ein Spaltenbereich sein. Hat die AUTOSUMME die Wahl zwischen Spalten- und Zeilenwerten, wird sie sich immer für Zeilen entscheiden.

B	C	D	E	F	G	H	I
Januar	Februar	März	April	Mai	Juni	Gesamt	
250	120	500	630	450	300	2250	
400	450	610	520	640	390	3010	
500	800	310	800	560	800	3770	
560	520	740	920	250	460	3450	
1710	1890	2160	2870	1900	1950	=SUMME(H4:H7)	

SUMME(**Zahl1**; [Zahl2]; ...)

Abbildung 2.8: Bei zwei Summenbereichen werden die Zeilenwerte summiert.

113

Noch schneller erstellen Sie SUMME()-Funktionen, wenn mehrere Zellen summiert werden müssen. Markieren Sie einfach die Zellen, für die eine SUMME()-Funktion vorgesehen ist, und klicken Sie auf das Symbol AUTOSUMME. Die Summe wird automatisch unter oder neben dem Bereich eingetragen, sofern das Symbol eindeutig einen angrenzenden Zahlenbereich ausmachen kann.

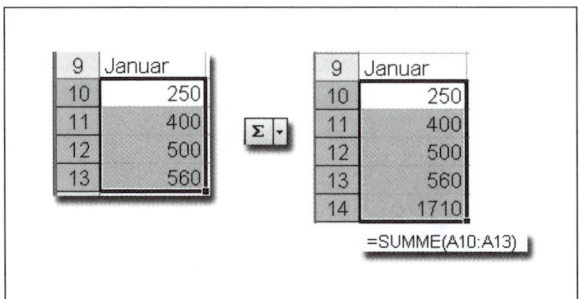

Abbildung 2.9: Sind die Zellen vormarkiert, trägt AutoSumme die Funktion komplett ein.

2.4.2 Zwischensummen berechnen

Die Berechnung von Zwischensummen ist eine Spezialität der AUTOSUMME. Sie markieren einfach alle Zellen, für die Zwischensummen vorgesehen sind, und aktivieren die AUTOSUMME. Die Summen werden automatisch richtig eingezogen. Hier eine Zahlenreihe mit Zwischensummen:

	A	B
1		Kosten
2	Januar	450
3	Februar	120
4	März	500
5	1. Quartal	
6	April	500
7	Mai	600
8	Juni	650
9	2. Quartal	
10	Juli	450
11	August	460
12	September	480
13	3. Quartal	
14	Oktober	780
15	November	790
16	Dezember	800
17	4. Quartal	

Abbildung 2.10: Kostenaufstellung mit Zwischensummen

1. Markieren Sie B5, halten Sie die ⌈Strg⌉-Taste gedrückt und klicken Sie auf B9, B13 und B17.
2. Klicken Sie auf das Symbol AUTOSUMME.

Die Zwischensummen werden automatisch erstellt, kontrollieren Sie die einzelnen Summen in den Zellen.

	A	B	C	D	E
	SUMME				=SUMME(B14:B16)
1		Kosten			
2	Januar	450			
3	Februar	120			
4	März	500			
5	1. Quartal	1070			
6	April	500			
7	Mai	600			
8	Juni	650			
9	2. Quartal	1750			
10	Juli	450			
11	August	460			
12	September	480			
13	3. Quartal	1390			
14	Oktober	780			
15	November	790			
16	Dezember	800			
17	4. Quartal	=SUMME(B14:B16)			

Abbildung 2.11: Korrekte Zwischensummen mit der AutoSumme

Enthält eine zu summierende Zahlenreihe Zwischensummen, ist Vorsicht geboten: Die Gesamtsumme der Reihe würde exakt den doppelten Wert aller Zellen ausgeben, wenn alle Zwischensummen mitsummiert werden. Sie könnten natürlich die Summe durch 2 teilen und hätten dann wieder ein korrektes Ergebnis, das AUTOSUMME-Symbol ist aber auf solche Summen vorbereitet.

1. Setzen Sie den Zellzeiger in die Zelle B18.
2. Klicken Sie auf das Symbol AUTOSUMME.
3. Bestätigen Sie die vorgeschlagenen Argumente mit der ⌈↵⌉-Taste.

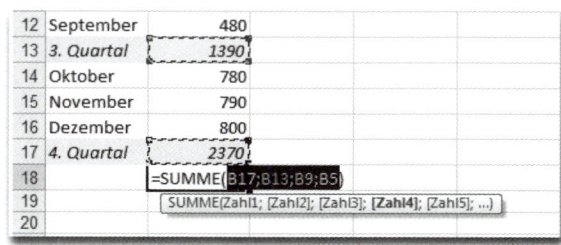

Abbildung 2.12: Auch die Zwischensummen werden korrekt ermittelt.

2.4.3 Weitere Funktionen im Symbol AutoSumme

Ein Klick auf das Symbol AutoSumme löst immer eine Funktion SUMME() aus. Wird dagegen das Pfeilsymbol rechts am Symbol angeklickt, erscheint eine Auswahl weiterer Funktionen und wenn diese auch nicht das Gewünschte enthält, kann mit dem letzten Eintrag die gesamte Funktionsliste aktiviert werden.

Abbildung 2.13: Weitere Funktionen im Symbol AutoSumme

2.5 Die Funktionsbibliothek

Für seine wichtigsten Werkzeuge stellt Excel natürlich eine ganze Gruppe von Symbolen im Menüband zur Verfügung. Auf der Registerkarte FORMELN bietet die FUNKTIONSBIBLIOTHEK ein großes Symbol für die Auswahl aus der Gesamtliste und viele kleine Symbole für die einzelnen Funktionskategorien.

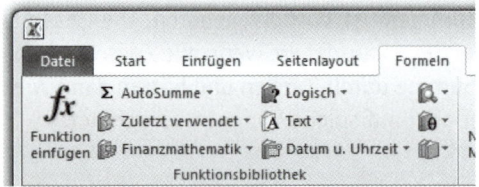

Abbildung 2.14: Die Funktionsbibliothek auf der Registerkarte Formeln

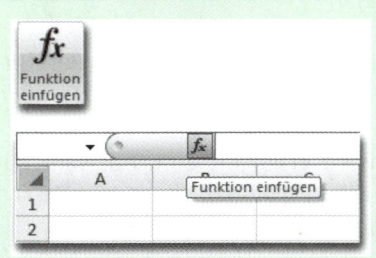

Ein Klick auf dieses Symbol aktiviert ein Dialog-fenster mit der Liste aller Funktionen, in Kate-gorien unterteilt. Das Symbol ist auch am linken Rand der Bearbeitungsleiste zu finden.

Das AUTOSUMME-Symbol fügt die Funktion SUMME() in die aktive Zelle ein, wenn es direkt angeklickt wird. Es liefert weitere Funktionen wie MITTELWERT(), ANZAHL(), MAX() und MIN() nach dem Klick auf den Pfeil rechts außen. Mit Klick auf WEITERE FUNKTIONEN startet das Dia-logfeld mit der Funktionsliste.

Unter diesem Symbol stehen die Funktionen zur Auswahl, die zuletzt verwendet wurden. Excel registriert die Funktionen in der Registry, der Windows-Datenbank, in der alle Benutzerein-stellungen gespeichert sind.

Diese Symbole beinhalten die Funktionslisten der einzelnen Kategorien (siehe folgende Abschnitte). Die Symboltexte unterscheiden sich teilweise von den Kategorien der Funktionsliste: Unter NACHSCHLAGEN UND VERWEISEN sind die Matrixfunktionen zu finden.

Kalkulieren mit Funktionen

2.5.1   Funktion einfügen

Um eine Funktion aus der allgemeinen Funktionsliste zu wählen, wird das Symbol FUNKTION EIN-FÜGEN angeklickt. Dieses Symbol steht links außen in der FUNKTIONSBIBLIOTHEK und am linken Rand der Bearbeitungsleiste. Wenn die aktive Zelle bereits eine Funktion enthält, wird diese im Funktions-Assistenten zur Weiterbearbeitung angeboten, ansonsten erscheint eine Auswahl mit allen Funktionen, die in Kategorien unterteilt sind. Beim ersten Aufruf wird die Kategorie ZULETZT VERWENDET aktiv sein, die eine Auswahl besonders häufiger Tabellenfunktionen anbietet.

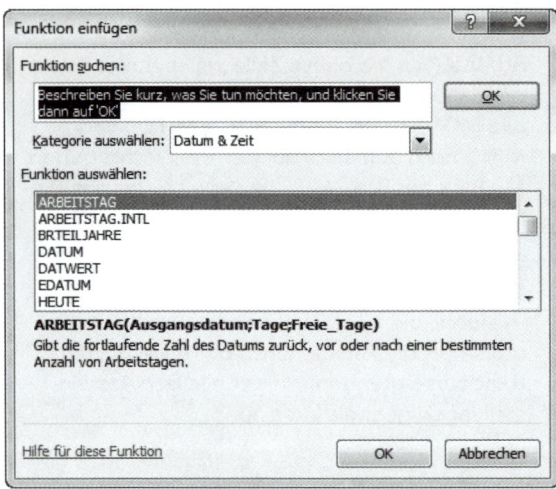

Abbildung 2.15: Der Funktions-Assistent wird aktiv.

Wählen Sie eine Kategorie aus und sehen Sie sich die alphabetisch sortierte Liste aller Funktionen aus dieser Kategorie an. Wenn Sie den Eintrag *Alle* bestätigen, zeigt die Funktionsliste alle Excel-Funktionen an:

Kategorie	Beschreibung
FINANZMATHEMATIK	Hier finden Sie Funktionen aus dem Finanzbereich, zum Beispiel Zins-berechnung, lineare Abschreibung oder Annuitätenberechnung.
DATUM & ZEIT	Diese Kategorie hält alle Funktionen zur Berechnung von Datums- und Zeitwerten bereit, u.a. das Tagesdatum, den Wochentag, das Jahr eines Datums oder die Zeitwerte.
MATH. & TRIGONOM.	Neben der SUMME()-Funktion finden Sie in dieser Kategorie die Run-dungsfunktion, Logarithmus, Wurzel, Pi, Produkt und alle trigonometri-schen Funktionen von ARCCOS (ArkusKosinus) bis SINHYP (SinusHyperbolisch).

Tabelle 2.2: Die Funktionskategorien im Funktions-Assistenten

Kategorie	Beschreibung
STATISTIK	Funktionen für statische Berechnungen finden Sie in dieser Kategorie, angefangen von der einfachen Zählfunktion ANZAHL() über Korrelation, Trend bis zur Wahrscheinlichkeitsberechnung.
MATRIX	Das dürfte die interessanteste Kategorie sein, hier finden Sie Matrix-berechnungen von Index über Verweise bis zur Matrixtransponierung.
DATENBANK	Große Datenmengen werden in Listen oder Datenbanken gehalten, diese Kategorie bietet nützliche Funktionen zur Berechnung von Daten-banken (Summen, Mittelwerte, Varianzen, ...).
TEXT	Texte verketten, auswerten oder zerteilen können Sie mit Funktionen aus dieser Kategorie. Nutzen Sie dieses Angebot für die Behandlung von Text in der Tabelle.
LOGIK	Neben der klassischen WENN()-Funktion werden hier logische Funktionen wie UND, ODER und NICHT angeboten, die meist mit WENN in Verbindung stehen.
INFORMATION	Sorgen Sie in Ihren Tabellen dafür, dass Formeln richtig berechnet wer-den, wenn bestimmte Informationen vorliegen. Die Funktionen dieser Kategorie unterstützen Sie dabei.
TECHNISCH	Technische Funktionen und zahlreiche Umwandlungsfunktionen für Maß-einheiten oder Zahlensysteme finden Sie in dieser Funktionsgruppe.
CUBE	Hier sind Funktionen zu finden, die in Verbindung mit OLAP-Datenbanken (Cubes) benötigt werden.
BENUTZERDEFINIERT	In dieser Kategorie finden Sie alle Funktionen, die in aktiven Add-ins gespeichert sind, und alle mit VBA selbst geschriebenen Funktionen.
KOMPATIBILITÄT	Diese Kategorie enthält Funktionen, die in Excel 2010 und im Add-In »Analyse-Funktionen« bis Excel 2003 verfügbar waren und in Excel 2010 durch neue Funktionen ersetzt wurden.

Tabelle 2.2: Die Funktionskategorien im Funktions–Assistenten (Forts.)

2.5.2   Funktion suchen

Wer seine Funktionen kennt, wird kein Problem haben, die für seine Aufgabe passende zu finden. Mit der Suchfunktion macht Ihnen der Funktions–Assistent das Aufspüren der richtigen Funktion einfach:

1. Geben Sie in das Feld FUNKTION SUCHEN einen Suchbegriff ein, schreiben Sie zum Beispiel:

   `Zinsberechnung`

2. Klicken Sie auf die Schaltfläche OK.

3. Excel sucht in allen Kategorien nach Funktionen zu diesem Suchbegriff und präsentiert die Fundstellen in der Liste.

Kalkulieren mit Funktionen

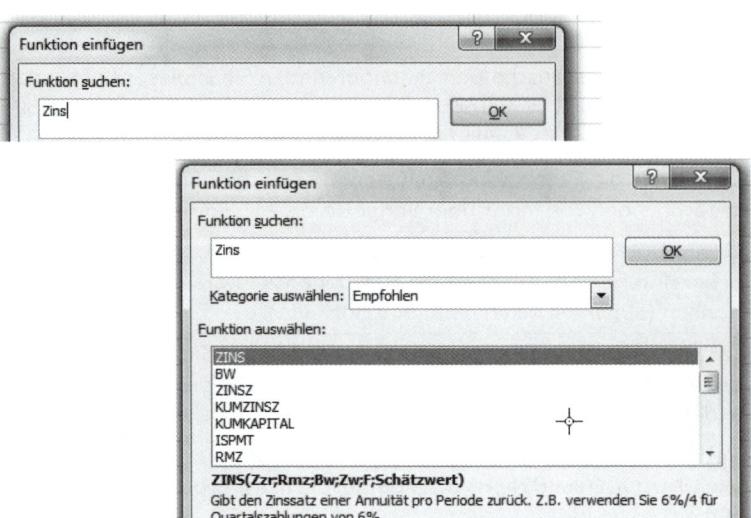

Abbildung 2.16: Der Assistent sucht die passenden Funktionen.

Achten Sie auf die Kurzbeschreibung der Funktion, die mit Anklicken eines Eintrags unter der Liste angezeigt wird. Wenn diese Erklärung nicht ausreicht, klicken Sie auf HILFE FÜR DIESE FUNKTION. Damit blenden Sie ein Hilfefenster ein, das eine ausführliche Beschreibung zur markierten Funktion und meist auch ein nützliches Beispiel für die Syntax enthält.

Tipp

Ein nützlicher Tipp zur Funktionsauswahl: Wenn Sie den Anfangsbuchstaben einer Funktion wissen, klicken Sie in die Liste und geben über die Tastatur diesen Buchstaben ein. Der Assistent steuert die Funktionen an, die damit beginnen (zum Beispiel ZELLE() für Z oder FAKULTÄT() für F).

2.5.3 Die Funktionsargumente

Haben Sie die passende Funktion entdeckt, klicken Sie diese in der Liste an und bestätigen Sie mit OK. Die Funktionspalette wird eingeblendet, tragen Sie die Argumente in die Zeilen ein oder klicken Sie im Hintergrund auf die Zelle(n), in denen sich die Bezüge befinden. Wenn weitere Argumente erforderlich sind, wird der Assistent nach Eintrag in die letzte Zeile automatisch ein neues Eingabefeld öffnen.

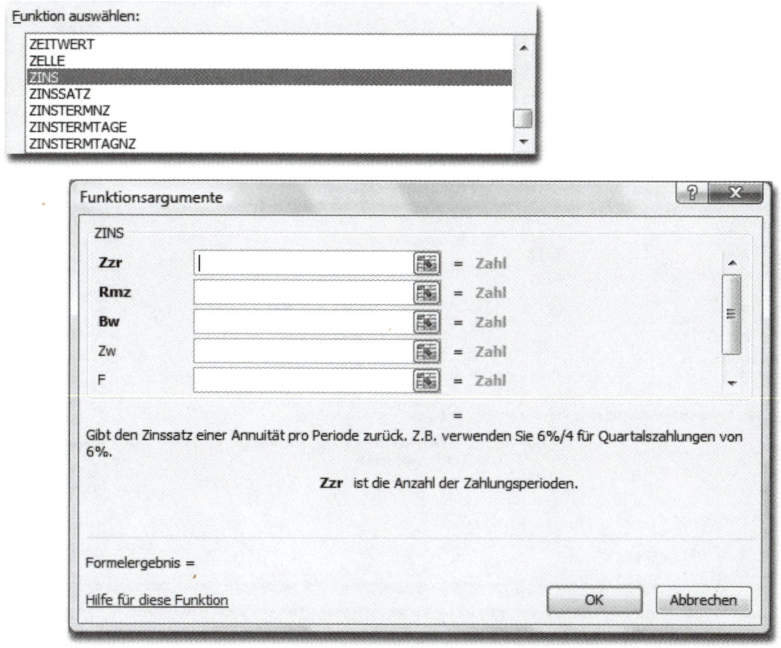

Abbildung 2.17: Hier sammeln Sie die Argumente für die Funktion.

Wenn Sie das Symbol am rechten Rand eines Eingabefelds anklicken, reduzieren Sie die gesamte Dialogbox auf dieses Feld und Sie können im Hintergrund auf eine Zelle klicken oder einen Bereich markieren. Klicken Sie das Symbol erneut an, um die Dialogbox wieder zu öffnen, oder drücken Sie einfach die Taste ⏎.

Achten Sie auf die Einträge rechts neben den Eingabezeilen und in der Mitte der Dialogbox. Der Assistent berechnet mit jedem neuen Eintrag die Funktion sofort und gibt die Ergebnisse aus. Wenn Sie einen Eintrag mit geschweiften Klammern sehen, handelt es sich um eine Matrix, einen Bereich, der aus mehreren Zellen besteht.

Es gibt auch Funktionen, die keine Argumente erfordern, wie beispielsweise =HEUTE() zur Berechnung des Tagesdatums oder =ZUFALLSZAHL(). In diesem Fall zeigt der Funktions-Assistent keine Eingabezeilen für Argumente an.

Klicken Sie auf OK, wenn alle Argumente gesammelt sind. Der Assistent schreibt nun die Funktion in die Zelle. Um die Funktion nachzubearbeiten, neue Argumente hinzuzufügen oder Argumente zu ändern, starten Sie wieder den Funktions-Assistenten mit dem Zellzeiger in der Funktionszelle. Der Assistent blendet damit sofort die Argumente ein, Sie können diese bearbeiten und die Funktion mit OK wieder zurückschreiben.

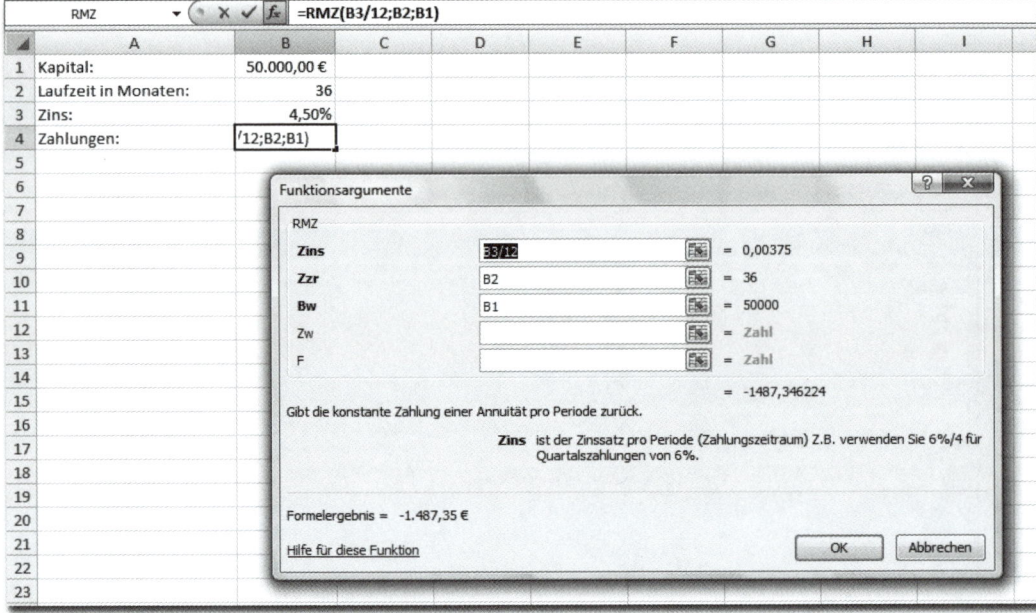

Abbildung 2.18: Der Funktions-Assistent berechnet sofort die einzelnen Argumente und das Funktionsergebnis.

2.6 Funktionen schachteln

Eine wichtige Technik ist das Schachteln von Funktionen. Dazu wird der Wert eines Arguments aus einer weiteren Funktion gebildet, die dazu ohne ein neues Gleichheitszeichen an die Position des Arguments gesetzt wird:

=FUNKTION(*FUNKTION2()*)

> **Hinweis**
>
> Der Funktions-Assistent lässt sich für solche Schachtelungen nur bedingt einsetzen, er bietet keine Unterstützung beim Eintrag einer weiteren Funktion in eine Argumentzeile. Erstellen Sie deshalb nur die Hauptfunktion mit dem Assistenten.

Ein Beispiel: Berechnen Sie die Zahlen für den samstäglichen Lottoschein über die Funktion ZUFALLSZAHL(). Diese Funktion ermittelt eine Zahl zwischen 0 und 1, multiplizieren Sie sie entsprechend und sorgen Sie über eine weitere Funktion, GANZZAHL(), dafür, dass sie ganzzahlig ausgegeben wird:

B1: =ZUFALLSZAHL()*49+1
B2: =GANZZAHL(B1)

Oder in geschachtelter Form:

=GANZZAHL(ZUFALLSZAHL()*49+1)

2.6.1   Praxisbeispiel: Liefertermin berechnen

Sie haben die Aufgabe, eine Übersicht über geplante Lieferungen von Waren zu erstellen. Ihre Lieferanten haben Ihnen verlässliche Termine genannt, Sie müssen die Datumswerte berechnen, an denen die Waren im Lager ankommen.

> **CD-ROM**
>
> Das Übungsbeispiel finden Sie auf der CD zum Buch unter *Liefertermin.xlsx*

Die Datumswerte für die Anlieferung sind aber nur realistisch, wenn sie auf Wochentage (Montag bis Freitag) und nicht auf arbeitsfreie Tage fallen. Suchen Sie im Funktions-Assistenten die passenden Funktionen für folgende Aufgabenstellungen:

- Wochentag eines Datums
- Aktuelles Datum (Tagesdatum)

Hier die Tabelle mit der Warenliste:

	A	B	C	D	E	F
D2			fx	=HEUTE()		
1	Artikel	Anzahl	Lieferant	Bestellt am	Lieferzeit	Lieferung am
2	Winterreifen Dunlop XP	150	Gummi Mayer	Mo, 28. 06 10	24 Tage	
3	Gürtelreifen Pirelli FX	200	Reifen Schwartz		30 Tage	
4	Stahlfelgen ARGUS	120	ARGUS GmbH		15 Tage	
5	Felgenreiniger	50	Selgros		7 Tage	
6						
7						
8						

Abbildung 2.19: Warenliste für Lieferzeitberechnung

1. Geben Sie das Tagesdatum in die Spalte D ein, verwenden Sie dafür die Funktion, die keine weiteren Argumente benötigt:

   =HEUTE()

2. Kopieren Sie die Formel für alle Zeilen nach unten. Die Lieferzeiten in Spalte E geben Sie als reine Zahlenwerte ein (24, 30 ...), die passende Anzeige übernimmt das Zahlenformat unter START/ZAHL: Klicken Sie auf das Dialogfeldsymbol der Gruppe und tragen Sie dieses benutzerdefinierte Format ein:

   0" Tage"

3. Das Datum der Lieferung ergibt die Addition von Bestelldatum und Lieferzeit:

   `F2: =D2+E2`

4. Formatieren Sie die gesamte Spalte so, dass der Wochentag des damit erzielten Datums ange-zeigt wird. Weisen Sie dieses benutzerdefinierte Zahlenformat zu:

   `TTTT, TT. MMMM. JJJJ`

Wochentag ermitteln

Die Funktion WOCHENTAG() ermittelt den Wochentag eines Datums und gibt diesen als Zahl aus. Sehen Sie sich die Syntax der Funktion in der Hilfe des Funktions-Assistenten an. Wenn das letzte Argument nicht besetzt ist, liefert WOCHENTAG() eine 7 für Samstage und eine 1 für Sonntage.

Berechnen Sie die Anlieferungstermine über eine WENN-Funktion so, dass bei kalkulierten Sams-tagen oder Sonntagen automatisch der als Nächstes folgende Wochentag eingetragen wird:

1. Markieren Sie die Zelle F2.
2. Löschen Sie die Formel und starten Sie den Funktions-Assistenten.
3. Suchen Sie die Funktion WENN und tragen Sie die Argumente ein, die den Wochentag abprüfen und bei Samstagen (Wochentag 7) den Liefertermin um zwei Tage erhöhen.

   Diese Funktion wird alle Liefertermine, die auf Samstage fallen, auf den nächsten Montag verschieben:

   `F2: =WENN(WOCHENTAG(D2+E2)=7;D2+E2+2;D2+E2)`

4. Um auch die Sonntage in der Kalkulation zu berücksichtigen, müssen Sie die Funktion ein zweites Mal schachteln. Der Sonst-Zweig der ersten WENN-Funktion erhält dazu eine wei-tere WENN-Funktion.
5. Korrigieren Sie die Funktion entsprechend. Sie können den Funktions-Assistenten wieder starten und das dritte Argument verändern oder die Formel direkt in der Zelle bearbeiten:

   `F2: =WENN(WOCHENTAG(D2+E2)=7;D2+E2+2;WENN(WOCHENTAG(D2+E2)=1;D2+E2+1;D2+E2))`

6. Damit ist die Berechnung abgeschlossen, kopieren Sie die Formel noch per Doppelklick auf das Füllkästchen in die restlichen Zellen der Spalte.

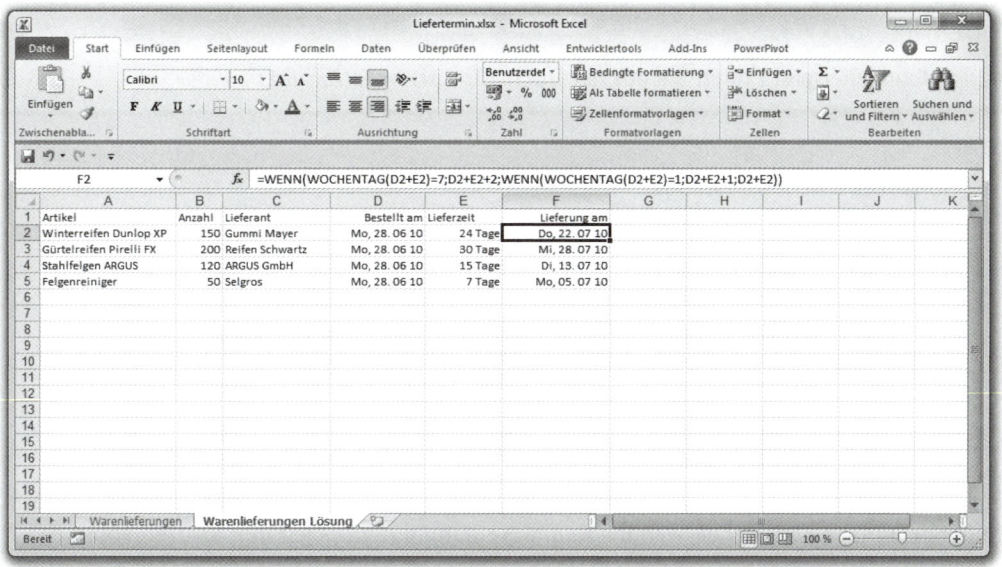

Abbildung 2.20: Das Lieferdatum wird mit einer geschachtelten Funktion berechnet.

2.7 Matrixformeln erstellen

Matrixformeln verkürzen die Arbeit bei der Konstruktion von Tabellenmodellen erheblich, sind aber in der Handhabung schwieriger als die einfachen Formeln. Matrizenberechnungen werden hauptsächlich für große, nicht veränderbare Bereiche eingesetzt, vor allem aber, um diese Bereiche zu konsolidieren und auf einzelne Ergebniswerte zu verdichten. Es gibt spezielle Matrixfunktionen, die nur in der Matrixschreibweise verwendet werden.

1. Setzen Sie den Zellzeiger in eine einzelne Zelle oder markieren Sie den Bereich, in dem die Matrix berechnet werden soll.
2. Schreiben Sie die Matrixformel.
3. Drücken Sie `Strg`+`⇧`+`↵`, um die Formel abzuschließen und die Matrix zu berechnen.

Die Formel wird mit geschweiften Klammern als Matrixformel gekennzeichnet. Mit jeder Neuberechnung der Tabelle wird die Matrix Element für Element durchkalkuliert. Die `↵`-Taste allein zum Abschluss der Formel würde, wenn die Rechnung eindimensional nicht zulässig ist, den Fehlerwert #WERT! ausgeben oder nur das erste Element der Matrix berechnen und damit eine falsche Berechnung liefern.

Ein Beispiel aus der Praxis: Die nachstehende Tabelle (Abbildung 2.21) enthält eine Umsatzübersicht. Die Produktpreise stehen in Zeile 5 und die Absatzmengen in Zeile 6.

125

CD-ROM

Das Übungsbeispiel finden Sie auf der Buch-CD unter *Matrixfunktion.xlsx*

⟋	A	B	C	D	E	F
1	*Umsatzübersicht Reifenlager*					
2						
3	Artikel	Pirelli XS 2000	Michelin M+S	Dunlop Freeze	GoodYear W3000	Bridgestone GS 9X
4	Sortiment	Sommer	Winter	Winter	Sommer	Winter
5	Preis	59,99	69,99	79,99	62,99	58,99
6	Absatz	300	450	250	180	520
7	Umsatz					

Abbildung 2.21: Produktumsätze im Reifenlager

Für die Berechnung der Umsätze aus dem Produkt von Preis und Menge könnten Sie jetzt die folgende einfache Formel verwenden und diese dann auf alle weiteren Spalten kopieren:

B7: =B5*B6

Mit einer Matrixformel fassen Sie diese Berechnung gleich für alle Elemente der Liste zusammen:

1. Markieren Sie den Bereich B7:F7.
2. Schreiben Sie diese Formel, konstruieren Sie die Bezüge mit dem Mauszeiger:

   =B5:F5*B6:F6

3. Drücken Sie ⌈Strg⌉+⌈⇧⌉+⌈↵⌉, um die Formel abzuschließen.

Die beiden Bereiche werden multipliziert, Sie haben die Berechnung auf eine einzige Formel reduziert. An den geschweiften Klammern in der Bearbeitungsleiste erkennen Sie, dass es sich um eine Arrayformel (Matrixformel) handelt.

B7	▾	*fx*	{=B5:F5*B6:F6}			
⟋	A	B	C	D	E	F
1	*Umsatzübersicht Reifenlager*					
2						
3	Artikel	Pirelli XS 2000	Michelin M+S	Dunlop Freeze	GoodYear W3000	Bridgestone GS 9X
4	Sortiment	Sommer	Winter	Winter	Sommer	Winter
5	Preis	59,99	69,99	79,99	62,99	58,99
6	Absatz	300	450	250	180	520
7	Umsatz	17997	31495,5	19997,5	11338,2	30674,8

Abbildung 2.22: Die Matrix als Produkt zweier Bereiche ist berechnet.

2.7.1 Matrixformeln bearbeiten

Sie können diese Matrix jetzt nur als Ganzes bearbeiten, der Versuch, eine einzelne Zelle daraus zu löschen, führt zur Fehlermeldung:

Teile eines Arrays können nicht geändert werden.

Markieren Sie für Änderungen immer den gesamten Bereich, löschen Sie den Inhalt und geben Sie die Formel neu ein. Auch der Versuch, die Matrix zu erweitern, bringt keine brauchbaren Resultate, die Kopie der Matrix würde wieder eine neue Matrix produzieren.

Jede Bearbeitung der Formel schließen Sie wieder mit `Strg` + `⇧` + `↵` ab, die Matrixklammern rund um die Formel dürfen nie fehlen.

2.7.2 Praxisbeispiel: Sortimentauswertung

Bis zu diesem Punkt ist die Matrixformel in unserem Beispiel noch nicht besonders nützlich, denn das Ergebnis ließe sich auch mit einer einfachen Multiplikation erzielen. Interessant wird es erst, wenn komplexere Auswertungen wie diese anstehen:

Erstellen Sie einen Auswertungsbereich, in dem Sie die Umsatzmengen der jeweiligen Sortimente (Sommer, Winter) berechnen:

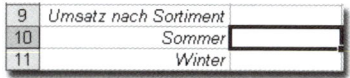

Abbildung 2.23: Auswertungsbereich für Umsätze nach Sortiment

Für diese Berechnung brauchen Sie eine Kombination aus den Funktionen SUMME() und WENN(). Es gibt zwar eine Funktion SUMMEWENN(), die diese Aufgabe lösen könnte, die Matrixvariante ist aber wesentlich besser, weil sie mehr Varianten integrieren kann. Schreiben Sie diese Formel in die Zelle B10:

```
=SUMME(WENN($B$4:$F$4=A10;$B$7:$F$7))
```

Die WENN()-Funktion stellt eine Bedingung auf (WENN der Bereich mit den Sortimentsangaben mit dem Text in Zelle A10 übereinstimmt) und die davor geschaltete SUMME summiert alle Zellen aus dem Umsatzbereich B7:F7, die in Frage kommen. Drücken Sie zum Abschluss der Formel wieder `Strg` + `⇧` + `↵`. Mit der absoluten Adressierung der beiden Matrizen haben Sie dafür gesorgt, dass die Formel für weitere Auswertungszeilen kopierbar ist. Ziehen Sie das Füllkästchen am Zellzeiger von B10 nach unten, um auch die Auswertung für die zweite Kategorie zu erhalten:

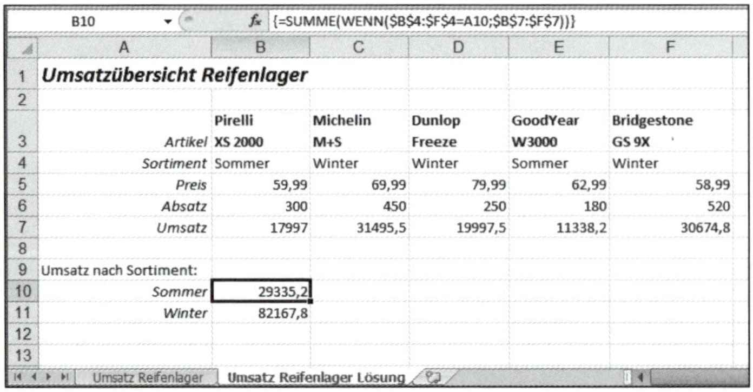

B10 {=SUMME(WENN($B$4:$F$4=A10;$B$7:$F$7))}

	A	B	C	D	E	F
1	*Umsatzübersicht Reifenlager*					
2						
3	*Artikel*	Pirelli XS 2000	Michelin M+S	Dunlop Freeze	GoodYear W3000	Bridgestone GS 9X
4	*Sortiment*	Sommer	Winter	Winter	Sommer	Winter
5	*Preis*	59,99	69,99	79,99	62,99	58,99
6	*Absatz*	300	450	250	180	520
7	*Umsatz*	17997	31495,5	19997,5	11338,2	30674,8
8						
9	Umsatz nach Sortiment:					
10	*Sommer*	29335,2				
11	*Winter*	82167,8				
12						
13						

Umsatz Reifenlager | Umsatz Reifenlager Lösung

Abbildung 2.24: Matrixfunktion mit SUMME() und WENN()

2.7.3 Praxisbeispiel: Ein-/Ausgabenrechnung – Summe aller positiven bzw. negativen Werte

CD-ROM

Das Übungsbeispiel finden Sie auf der CD zum Buch unter *EinnahmenAusgaben.xlsx.*

Ihre monatliche Einnahmen-/Ausgabenliste enthält in ungeordneter Reihenfolge Pluszahlen (Einnahmen) und Minuszahlen (Ausgaben). Summieren Sie mit einer Matrixformel die positiven bzw. negativen Werte der Zahlenreihe.

Für die Zahlenreihe in B3:B10 lauten die Formeln:

```
A11: Gesamt
B11: =SUMME(B3:B10)
A12: Ausgaben
B12: {=SUMME(B3:B10-ABS(B3:B10))/2}
A13: Einnahmen
B13: 7=SUMME(B3:B10+ABS(B3:B10))/2}
```

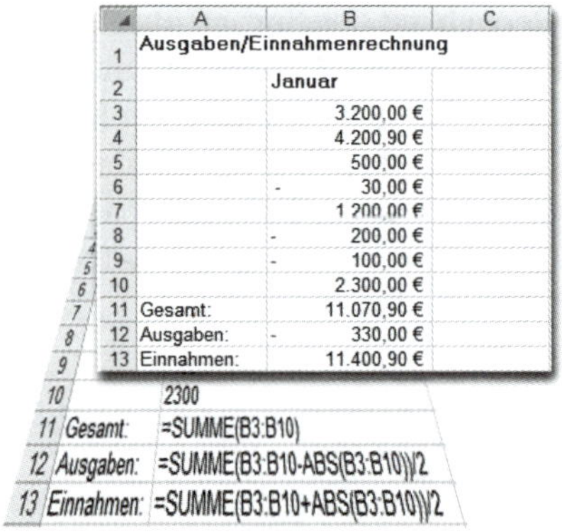

	A	B	C
1	Ausgaben/Einnahmenrechnung		
2		Januar	
3		3.200,00 €	
4		4.200,90 €	
5		500,00 €	
6		- 30,00 €	
7		1.200,00 €	
8		- 200,00 €	
9		- 100,00 €	
10		2.300,00 €	
11	Gesamt:	11.070,90 €	
12	Ausgaben:	- 330,00 €	
13	Einnahmen:	11.400,90 €	

Abbildung 2.25: Mit einer Matrixformel positive und negative Zahlen ermitteln

KAPITEL 3

Textfunktionen

Wozu braucht eine Tabellenkalkulation Funktionen, die mit Texten rechnen? Die Frage ist berechtigt, aber wer schon mal Textdaten importiert, mit Artikelnummern gearbeitet oder Verknüpfungen auf Internet-/Intranetseiten gesetzt hat, wird die Vorteile der Textfunktionen zu schätzen wissen.

Hier alle Textfunktionen im Überblick:

Funktion	Erklärung
BAHTTEXT()	Wandelt eine Zahl in Thai-Text mit dem Suffix »Baht« um.
CODE()	Gibt die Codezahl des Textes aus.
DM()	Wandelt eine Zahl in Text im Währungsformat um.
FEST()	Formatiert eine Zahl als Text mit festen Nachkommastellen.
GLÄTTEN()	Entfernt die Leerzeichen aus einer Zelle.
GROSS()	Wandelt Text in Großschrift/Kleinschrift um.
GROSS2()	Wandelt Text in Großschrift/Kleinschrift um.
KLEIN()	Wandelt Text in Kleinschrift um.
IDENTISCH()	Prüft zwei Zeichenfolgen ab, ob diese identisch sind.
LÄNGE()	Gibt die Länge eines Textes (Anzahl der Buchstaben) aus.
LINKS()	Gibt den linken Teil einer Zelle aus.
RECHTS()	Gibt den rechten Teil der Zelle aus.
SÄUBERN()	Entfernt alle nicht druckbaren Zeichen aus dem Text.
SUCHEN()	Sucht eine Textstelle im angegebenen Text.
FINDEN()	Findet eine Textstelle im angegebenen Text.
T()	Wandelt die Argumente einer Formel in Text um.
TEIL()	Gibt einen Teil der Zelle aus.
TEXT()	Wandelt eine Zahl in Text um (mit Zahlenformat).
VERKETTEN()	Verknüpft mehrere Texte zu einem Text.
WECHSELN()	Wechselt einen Text in der Zelle durch einen anderen Text.
ERSETZEN()	Ersetzt einen Text in der Zelle durch einen anderen Text.
WERT()	Wandelt einen Text in eine Zahl um.
WIEDERHOLEN()	Wiederholt einen Text so oft, wie im zweiten Argument angegeben.
ZEICHEN()	Gibt das Zeichen der angegebenen Codezahl zurück.

Tabelle 3.1: Liste der Funktionen in der Kategorie Text

CD-ROM

Alle Übungsbeispiele finden Sie auf der CD zum Buch unter *Textfunktionen Beispiele.xlsx*

3.1 Zahl, Text und Textformat

Unterscheiden Sie im Umgang mit Text zwischen »echten« Texten und formatierten Texten. Eine Zahl steht immer rechtsbündig in einer Zelle, Texte stehen linksbündig (sofern nicht anders formatiert). Enthält eine Zelle andere Zeichen als die Ziffern 0 bis 9, wird der Inhalt automatisch als Text interpretiert.

Das Zahlenformat der Zelle ändert nichts an der Tatsache, dass die Zelle Zahl oder Text enthält, es liefert nur eine andere Darstellung. Um die Zahl als Text oder mit zusätzlichem Text auszuweisen, formatieren Sie die Zelle mit einem benutzerdefinierten Zahlenformat, das den Text links oder rechts vom Platzhalter für die Zahl anbietet.

Ein Praxisbeispiel: Ihre Artikelliste weist die Mengen der Artikel in unterschiedlichen Gebinden aus. Erstellen Sie Zahlenformate für Stück, kg, Liter und Meter:

1. Wählen Sie START/ZAHL.
2. Klicken Sie in der Liste der Zahlenformate auf MEHR und tragen Sie unter BENUTZERDEFINIERT diese neuen Zahlenformate ein:

```
0" Liter"
0" Stück"
0" kg"
0" Meter"
```

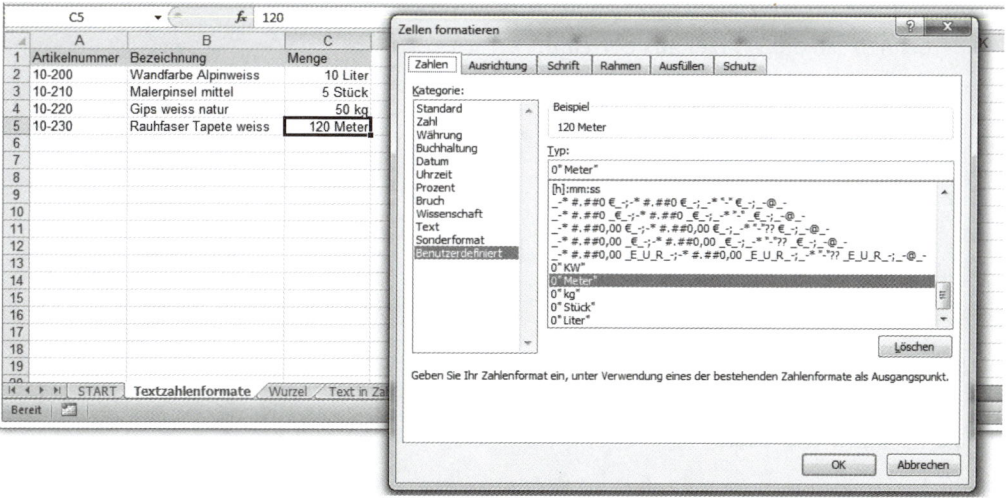

Abbildung 3.1: Zahlen als Text formatiert mit dem richtigen Zahlenformat

3.1.1 Das Textformat

Das Textformat verwenden Sie, um eine Zahl zu schützen. Excel hat die meist nützliche, aber manchmal lästige Eigenschaft, eine eingegebene oder importierte Zahl zu interpretieren und diese je nach Beschaffenheit in ein Datum, einen Bruch oder eine Exponentialzahl umzuwandeln:

- Wenn eine Zahl einen Schrägstrich (/) oder einen Bindestrich (-) enthält, wird sie möglicherweise in ein Datumsformat konvertiert, sofern ein gültiges Datum auszumachen ist (2/3 ist der 2. März, 10/5 ist der 10. Mai).
- Wenn eine Zahl einen Doppelpunkt (:) enthält oder auf die Zahl ein Leerzeichen mit dem Buchstaben A oder P folgt, wird sie möglicherweise in ein Uhrzeitformat konvertiert (A und P sind die Kennzeichen für das US-Zeitformat).
- Wenn eine Zahl den Buchstaben E (in Groß- oder Kleinschreibung, zum Beispiel 10e5) enthält, wird sie in Exponentialschreibweise konvertiert.
- Wenn eine Zahl führende Nullen enthält, werden die führenden Nullen weggelassen.

Formatieren Sie die Zellen, die für Zahlen oder Texte dieser Art vorgesehen sind, mit dem Textformat. Enthält die Zelle anschließend eine Zahl, wird diese linksbündig gestellt, bleibt aber trotzdem für Berechnungen aller Art offen:

1. Geben Sie eine Zahl in Zelle A1 ein:

   A1: 32

2. Wählen Sie für die Zelle A1 das Zahlenformat TEXT.
3. Berechnen Sie die Wurzel aus der Zahl:

   B1: =WURZEL(A1)

Die Wurzel wird berechnet, auch wenn die Zahl als Text formatiert ist.

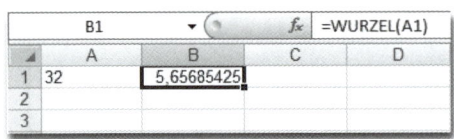

Abbildung 3.2: Auch Zahlen im Textformat werden berechnet.

3.1.2 Zahl als Text

Wenn Sie ein kleines grünes Dreieck in der linken oberen Ecke der Zelle mit der Textzahl sehen, weist eine *Optionenschaltfläche* darauf hin, dass die Zelle eine Zahl enthält, die Excel nicht als solche interpretieren kann. Das kommt hauptsächlich bei importierten Daten vor oder bei Verknüpfungen auf externe Daten oder Internet-/Intranetseiten.

Sie können diese Zellwerte zwischen Zahl und Text ganz einfach in echte Zahlen umwandeln. So gehen Sie vor:

1. Markieren Sie den Zellbereich, der die Textzahlen enthält. Wenn die Zahlen auf mehrere Bereiche verteilt sind, wählen Sie START/BEARBEITEN/SUCHEN UND AUSWÄHLEN/GEHE ZU oder die schnelle Tastenkombination F5.

2. Klicken Sie auf INHALTE/KONSTANTEN.

3. Klicken Sie auf den Pfeil der Optionenschaltfläche und wählen Sie IN EINE ZAHL UMWANDELN.

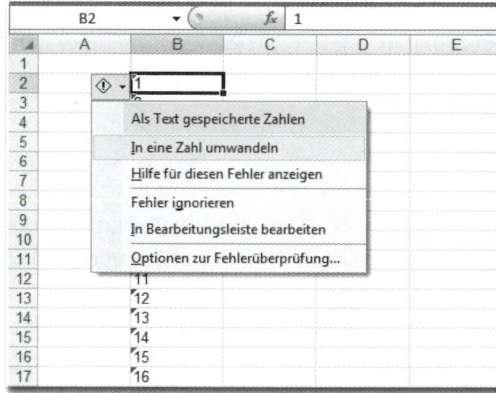

Abbildung 3.3: Die Textzahlen werden in echte Zahlen umgewandelt.

Sie können Zahlen auch in Text umwandeln, indem Sie diese einfach mit einer 1 multiplizieren:

1. Schreiben Sie in eine freie Zelle die Zahl 1.

2. Markieren Sie die Zelle und kopieren Sie den Inhalt mit Strg+C in die Zwischenablage.

3. Markieren Sie alle Textzahlen mit START/BEARBEITEN/SUCHEN UND AUSWÄHLEN/GEHE ZU/INHALTE/ KONSTANTEN.

4. Wählen Sie START/ZWISCHENABLAGE/INHALTE EINFÜGEN/MULTIPLIZIEREN.

Die markierten Zellen werden mit der Zahl 1 aus der Zwischenablage multipliziert und damit in echte Zahlen verwandelt.

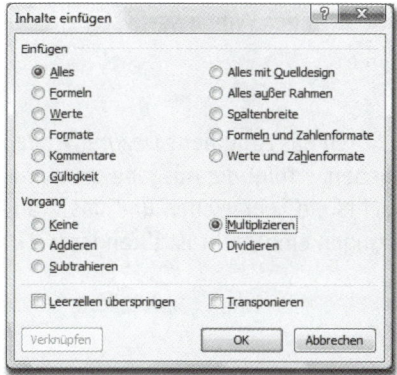

Abbildung 3.4: Zahlenumwandlung: Texte einfach mit 1 multiplizieren

3.1.3 Rechnen mit Text

Textfunktionen rechnen nicht im mathematischen, arithmetischen Sinn mit Texten in der Tabelle, sondern analysieren diesen meist buchstabenweise als Zeichenfolge. In der Praxis lassen sich damit komplexe Aufgaben meistern:

Rechnen mit Buchstaben

Zahlen, die in Textform oder als Teil eines Textes vorliegen, können für Berechnungen verwendet werden, wenn sie aus der Textkette »herausgerechnet« werden. Funktionen wandeln Textzahlen in Zahlen um und umgekehrt auch Zahlen in Buchstaben.

Textlayout

Texte, die aus anderen Quellen stammen, werden fachgerecht für das Tabellenlayout aufbereitet, überflüssiger Text wird entfernt, Texte werden neu zusammengestellt oder miteinander verknüpft. Groß-/Kleinschrift lässt sich wechseln.

Textanalyse

Texte in Zellen werden auf ihren ANSI-Wert (Zahlencode) überprüft, Texte werden verglichen und ausgetauscht, Formeln suchen nach Textteilen und wechseln diese automatisch aus.

3.2 Die Funktion BAHTTEXT()

Mit dieser Funktion wandeln Sie Zahlen in Thai-Text um. Dabei wird die Zahl in Text umgewandelt, dem das Wort »Baht« vorangestellt wird. Die Anzeige erfolgt im Baht.

3.3 Die Funktion DM()

Auch wenn es bei uns seit 2002 keine Deutsche Mark mehr gibt, steht die Funktion zur Umwandlung in das Währungsformat noch zur Verfügung. DM() wandelt nicht die Zahl um, sondern weist nur das Währungsformat zu, und hier verwendet die Funktion das in der Windows-Systemsteuerung eingestellte Format.

=DM(Zahl)

Zahl ist die umzuwandelnde Zahl. Die Rundung erfolgt auf die durch das Argument *Dezimalstellen* angegebene Stellenanzahl. Werden keine Dezimalstellen angegeben, erfolgt die Ausgabe standardmäßig mit zwei Stellen hinter dem Komma. Dem Text wird rechts ein Leerzeichen und das Währungssymbol angehängt, das in der Systemsteuerung für Währungen eingestellt ist (Standard: €).

```
=DM(56,3457)     =        56,34 ?
=DM(-2;2)        =        -2,00 ?
=DM(0;5)         =        0,00000 ?
```

3.4   Die Funktion ERSETZEN()

Diese Funktion ist der Funktion WECHSELN() ähnlich, bietet aber noch zusätzlichen Komfort. Das zweite Argument bietet die Möglichkeit, die Position zu bestimmen, an der die Ersetzung beginnen soll, und im dritten Argument geben Sie die Anzahl Zeichen an:

=ERSETZEN(Alter_Text;Erstes_Zeichen;Anzahl_Zeichen;Neuer_Text)

Das Argument *Alter_Text* bezeichnet die Zelle oder den Text in Anführungszeichen, in dem etwas ersetzt wird.

Mit *Erstes_Zeichen* geben Sie die Position des Zeichens in *Alter_Text* an, an der die Ersetzung beginnen soll.

Das Argument *Anzahl_Zeichen* bestimmt, wie viele Zeichen aus *Alter_Text* durch *Neuer_Text* ersetzt werden sollen.

```
A1: Hans Meier
A2: =ERSETZEN(A1;1;4;"Rudi")    Ergebnis: Rudi Meier
```

3.5   Die Funktion FEST()

Mit dieser Funktion wandeln Sie eine Zahl in einen Text um und geben diesem dabei eine feste Anzahl Nachkommastellen mit.

=FEST(Zahl;Dezimalstellen;Keine_Punkte)

Das Argument *Zahl* bezeichnet eine Zelle mit einer Zahl, einen Bereichsnamen, der auf eine Zahl verweist, oder eine Zahl. Mit *Dezimalstellen* bestimmen Sie die Anzahl der Dezimalstellen, die im Text rechts vom Dezimalkomma zu sehen sein sollen. Geben Sie eine negative Zahl ein, wird die Zahl links vom Komma auf diese Anzahl Stellen gerundet. Das Argument *Keine_Punkte* bestimmt, ob im Text anschließend Tausenderpunkte gezeigt werden. Setzen Sie es auf WAHR, formatiert die Funktion den Text ohne Tausenderpunkte. Tragen Sie FALSCH ein oder lassen Sie das Argument unbesetzt, dann wird der Text Tausenderpunkte zeigen.

> **Hinweis**
>
> Die in Text umgewandelte Zahl wird kaufmännisch gerundet (ab 5 an der letzten Stelle aufwärts, sonst abwärts).

```
A1: 1234,56789
A2: =FEST(A1;2)            Ergebnis: 1234,57
```

Die Funktion FEST() eignet sich besonders gut für Textverknüpfungen. Wenn Texte und Zahlenwerte gemeinsam auszugeben sind, fügen Sie diese mit & zusammen und geben den String als Formel aus. Hier im Beispiel wird in der Tabelle eine gut sichtbare Meldung platziert, in der die Differenz der Kosten zum Budget ausgewiesen wird:

Textfunktionen

135

```
B8: =SUMME(A2:A6)
B9: 15.000
B10: ="Die Differenz zum veranschlagten Budget beträgt"&ZEICHEN(10)&FEST(B9-B8;2)&" Euro"
```

> **Tipp**
>
> Mit der Funktion ZEICHEN(10) erzeugen Sie einen Zeilenumbruch im Text. Vergessen Sie nicht, die Zelle entsprechend zu formatieren (START/ZELLEN/FORMAT/AUSRICHTUNG).

	B10	▼	*fx*	="Die Differenz zum veranschlagten Budget beträgt"&ZEICHEN(10)&FEST(B9-B8;2)&" Euro"					
	A	B	C	D	E	F	G	H	
1	Betrag	Betrag in Text							
2	1234,5678	1.234,57							
3	34567,8901	34.567,89							
4	120,45	120,45							
5	99876,34012	99.876,34							
6	8024,511	8.024,51							
7									
8	Summe:	143.823,76							
9	Budget:	150.000,00							
10		Die Differenz zum veranschlagten Budget beträgt 6.176,24 Euro							
11									
12									

Abbildung 3.5: Die Meldung zeigt eine Textkette, die Zahl wird mit FEST() eingebunden.

3.6 Die Funktionen FINDEN() und SUCHEN()

Diese beiden Funktionen werden meist in Kombination mit anderen Textfunktionen verwendet. Sie liefern die Information darüber, wo ein bestimmtes Zeichen oder eine Teiltextkette zu finden ist, und diese Information schachteln Sie in der Praxis in eine weitere Funktion, mit der Sie die Teiltextkette ausgeben.

=FINDEN(Suchtext;Text;Erstes_Zeichen)
=SUCHEN(Suchtext;Text;Erstes_Zeichen)

Das Argument *Text* steht für den Text, in dem Sie etwas suchen, und *Suchtext* ist der zu suchende Text. Beide Argumente können Sie aus Zellen oder Bereichsnamen beziehen oder direkt eingeben, dazu verwenden Sie aber Anführungszeichen. Mit dem Argument *Erstes_Zeichen*, das nicht unbedingt angegeben werden muss, bestimmen Sie, bei welchem Zeichen des Textes die Suche beginnen soll. Lassen Sie das Argument weg, beginnt die Suche beim ersten Zeichen.

Das Ergebnis der Funktion ist eine Zahl, nämlich die Position des Suchtextes.

```
A1: ABCDEFG
A2: =FINDEN("A";A1)              Ergebnis: 1
A3: =FINDEN("B";A1)              Ergebnis: 2
A4: =FINDEN("CD";A1)             Ergebnis: 3
```

Die Funktion SUCHEN() ist identisch mit der Funktion FINDEN() mit einer Ausnahme: FINDEN() berücksichtigt die Groß- und Kleinschreibung des Suchbegriffs.

3.7 Die Funktion GLÄTTEN()

Diese Funktion gehört zu den wichtigsten Textfunktionen für Anwender, die viel mit Textimport und Textdaten aus Großrechnersystemen zu tun haben. Nicht alle Systeme können Texte in eine für Excel lesbare Form exportieren und die Ergebnisse bereiten den Anwendern häufig viel Arbeit. Das gilt besonders für sogenannte Druckdateien, Daten, die für die Ausgabe auf einem Drucker aufbereitet und als Dateien ausgegeben werden. Werden diese in Excel eingelesen, sind sie meist mit zahlreichen Leerzeichen, Sonderzeichen und anderem »Datenmüll« behaftet. Die Funktion GLÄTTEN() schafft Abhilfe:

=GLÄTTEN(Text)

Das Argument *Text* steht für eine Zelle, einen Bereichsnamen oder einen Text in Anführungszeichen. Das Ergebnis der Funktion ist der Text ohne führende und folgende Leerzeichen und alle Leerzeichen innerhalb des Textes sind auf jeweils eines reduziert.

```
A1: Leertaste  Leertaste  Wareneingang  Leertaste  Leertaste 1. Halbjahr
    Leertaste
A2: =GLÄTTEN(A1)                         Ergebnis: Wareneingang 1. Halbjahr
```

3.7.1 Praxisbeispiel: Mitarbeiterliste säubern

Die aus dem Personalabrechnungssystem importierte Personalliste ist nicht besonders glücklich formatiert, in jeder Zelle sind überflüssige Leerzeichen zu finden.

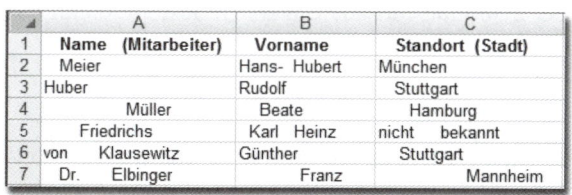

	A	B	C
1	Name (Mitarbeiter)	Vorname	Standort (Stadt)
2	Meier	Hans- Hubert	München
3	Huber	Rudolf	Stuttgart
4	Müller	Beate	Hamburg
5	Friedrichs	Karl Heinz	nicht bekannt
6	von Klausewitz	Günther	Stuttgart
7	Dr. Elbinger	Franz	Mannheim

Abbildung 3.6: Personalliste mit Leerzeichen

Erstellen Sie eine Matrix, in der Sie die Liste neu abbilden und dabei mit der Funktion GLÄTTEN() die überflüssigen Leerzeichen entfernen:

1. Markieren Sie einen gleich großen Bereich für die Zielliste, zum Beispiel A10:C16.
2. Schreiben Sie diese Funktion in die aktive Zelle:

   ```
   =GLÄTTEN(A1:C7)
   ```

3. Drücken Sie zum Abschluss Strg + ⇧ + ↵ , um die Formel als Matrixformel auszuweisen.

137

Die Matrix können Sie nur geschlossen bearbeiten und nach jeder Änderung müssen Sie wieder mit ⎡Strg⎤+⎡⇧⎤+⎡↵⎤ abschließen.

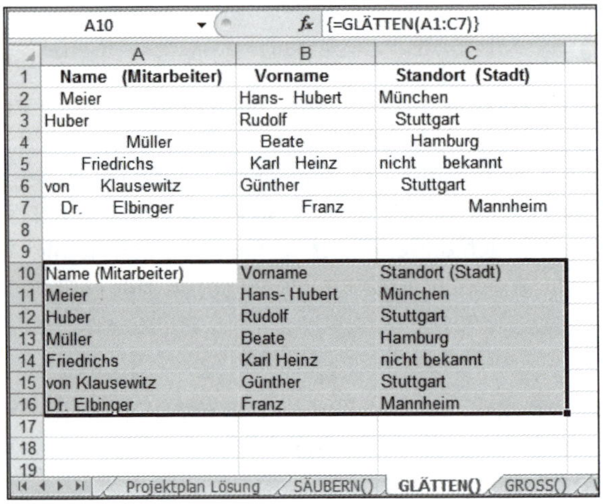

Abbildung 3.7: Eine Zielmatrix mit der Funktion GLÄTTEN()

> **Hinweis**
>
> Alternativ zu GLÄTTEN() können Sie auch die Funktion WECHSELN() verwenden, um alle Leerzeichen zu entfernen, auch die einzelnen innerhalb des Textes.

Die größten Probleme bereiten Zellen, die nur Leerzeichen enthalten, und hier verweigert auch die Funktion GLÄTTEN() ihre Dienste. Wenn der Zellinhalt nur aus Leerzeilen besteht, bleibt das Funktionsergebnis leer.

=GLÄTTEN(A1)

ergibt keinen Inhalt, wenn in A1 z.B. 10 Leerzeichen stehen. Um zu prüfen, ob und wie viele Zeichen sich in einer Zelle befinden, verwenden Sie die Funktion LÄNGE(). Wenn Sie diese in einer Hilfsspalte anwenden, finden Sie heraus, ob die Zelle leer ist (Länge 0) oder eine Reihe von Leerzeichen enthält.

3.8   Die Funktionen GROSS(), GROSS2() und KLEIN()

Wandeln Sie mit diesen Funktionen alle Kleinbuchstaben eines Textes in Großbuchstaben um oder umgekehrt alle Großbuchstaben in Kleinbuchstaben.

=GROSS(Text)
=GROSS2(Text)
=KLEIN(Text)

Das Argument *Text* wird mit einem Zellbezug, einem Bereichsnamen oder einem Text in Anführungszeichen besetzt, das Ergebnis der Funktion ist der umgewandelte Text.

```
A1: berchtesgaden
A2: =GROSS(A1)              Ergebnis: BERCHTESGADEN
A3: HAMBURG
A4: =KLEIN(A3)             Ergebnis: hamburg
```

Verwenden Sie die Funktion GROSS2(), um in einem kleingeschriebenen Text alle Wörter großzuschreiben.

```
A1: mit mwst
A2: =GROSS2(A1)           Ergebnis: Mit Mwst
```

In der Praxis werden häufig Firmennamen aus Textdateien importiert, wobei die korrekte Schreibweise verloren geht. Testen Sie die Konvertierfunktionen für Texte an dieser Liste:

```
AMERITECH
BELGACOM
Bell Atlantic
Bell Canada
Bell South
BEZEQ
British petrol
DBP Telekom
FRANCE TELECOM
gte limited
HONG KONG Telecom
```

	D3	▼	f_x =GROSS2(A3)	
	A	B	C	D
1	Firma	alle gross	alle klein	erster Buchstabe gross
2		=GROSS()	=KLEIN()	=GROSS2()
3	AMERITECH	AMERITECH	ameritech	Ameritech
4	BELGACOM	BELGACOM	belgacom	Belgacom
5	Bell Atlantic	BELL ATLANTIC	bell atlantic	Bell Atlantic
6	Bell Canada	BELL CANADA	bell canada	Bell Canada
7	Bell South	BELL SOUTH	bell south	Bell South
8	BEZEQ	BEZEQ	bezeq	Bezeq
9	British petrol	BRITISH PETROL	british petrol	British Petrol
10	DBP Telekom	DBP TELEKOM	dbp telekom	Dbp Telekom
11	FRANCE TELECOM	FRANCE TELECOM	france telecom	France Telecom
12	gte limited	GTE LIMITED	gte limited	Gte Limited
13	HONG KONG Telecom	HONG KONG TELECOM	hong kong telecom	Hong Kong Telecom
14				
15				
16				

TEXT() / FEST() / Projektplan / Projektplan Lösung / SÄUBERN() / GLÄTTEN() / **GROSS()**

Abbildung 3.8: Textkonvertierung Groß– und Kleinschrift

3.9   Die Funktion IDENTISCH()

Der Name der Funktion drückt aus, für welche Aufgaben sie sich eignet: Mit IDENTISCH() prüfen Sie ab, ob zwei Zelleinträge genau gleich sind. Das ist besonders in größeren Listen von Vorteil, da die Formel schnell die Voraussetzung für Filter- und Sortieraufgaben schaffen kann. Hier ein Beispiel:

1. Schreiben Sie die Funktion zur Erzeugung einer Zufallszahl zwischen 100 und 150 in die Zelle A1. Verwenden Sie die Funktion ZUFALLSBEREICH():

   ```
   A1: =ZUFALLSBEREICH(100;150)
   ```

2. Kopieren Sie die Formel bis zur Zelle A20 nach unten und eine Spalte weiter in den Zell-bereich B1:B20.

3. Schreiben Sie die Funktion, die abprüft, ob die beiden Zahlen in einer Zeile identisch sind:

   ```
   C1: =IDENTISCH(A1;B1)
   ```

4. Kopieren Sie die Formel bis zur Zeile 20 nach unten. Mit jeder Neuberechnung der Tabelle mit [F9] erhalten Sie jetzt die Wahrheitswerte WAHR (beide Zahlen identisch) oder FALSCH (Zahlen nicht identisch). Ergänzen Sie die Formel noch mit einer WENN-Funktion, die nur bei identischen Werten einen * ausgibt:

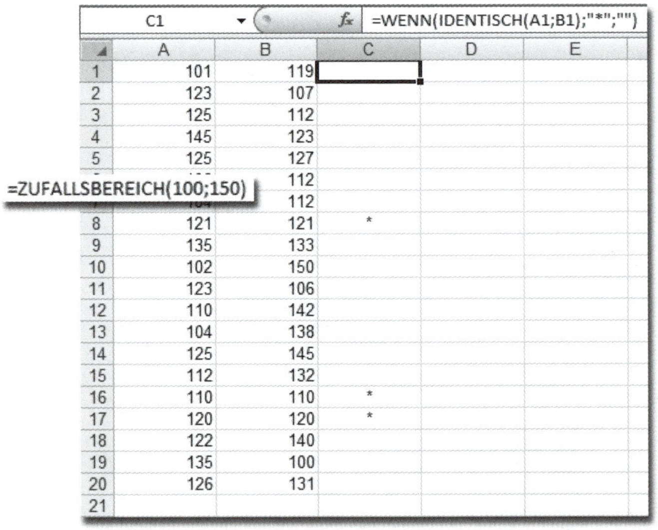

Abbildung 3.9: Sind die beiden Zufallszahlen identisch?

3.10   Die Funktionen LINKS() und RECHTS()

Mit diesen Funktionen berechnen Sie den linken bzw. rechten Teil eines Textes.

=LINKS(Text;Anzahl_Zeichen)
=RECHTS(Text;Anzahl_Zeichen)

Text ist der Text oder die Zelle mit dem Text. Im Argument *Anzahl_Zeichen* geben Sie eine Zahl ein. Diese gibt an, wie viele Zeichen von links bzw. rechts im Ergebnis stehen sollen:

```
A1:  ABCDEFG
A2:  =LINKS(A1;1)          Ergebnis: A
A3:  =LINKS(A1;2)          Ergebnis  AB
A4:  =RECHTS(A1;3)         Ergebnis: EFG
```

Hier eine Artikelnummerntabelle, die links den dreistelligen Anbietercode enthält und rechts mit fünf Ziffern den Preis des Artikels. Die Textfunktionen LINKS() und RECHTS() schneiden diese Textstellen heraus:

```
A1: Artikelnummer        B1: Anbieter        C1: Preis
A2: ABC-0010-2299        =LINKS(A2;3)        =RECHTS(A2;5)
Ergebnis:                ABC                 02299
```

3.10.1 Praxisbeispiel: EAN-Nummern analysieren

Die internationale EAN-Organisation stellt ein Nummernsystem für EDV-Systeme und Strichcodes zur Verfügung. Das EAN-System (european article number) kennzeichnet Waren eindeutig und macht sie kompatibel für Lese- und Verwaltungssysteme aller Art.

Sie erhalten von Ihrem Zulieferer eine Artikelliste, in der die Warengruppen und die EAN-Nummern zusammengefasst sind. Erstellen Sie je eine Spalte für die Warengruppe und die EAN-Nummer:

- Warengruppe: erste Ziffer der Artikelnummer
- EAN-Nummer: Ziffern

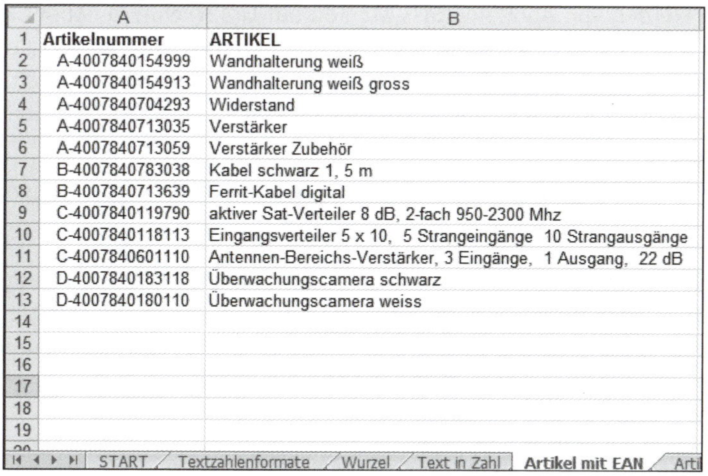

	A	B
1	**Artikelnummer**	**ARTIKEL**
2	A-4007840154999	Wandhalterung weiß
3	A-4007840154913	Wandhalterung weiß gross
4	A-4007840704293	Widerstand
5	A-4007840713035	Verstärker
6	A-4007840713059	Verstärker Zubehör
7	B-4007840783038	Kabel schwarz 1, 5 m
8	B-4007840713639	Ferrit-Kabel digital
9	C-4007840119790	aktiver Sat-Verteiler 8 dB, 2-fach 950-2300 Mhz
10	C-4007840118113	Eingangsverteiler 5 x 10, 5 Strangeingänge 10 Strangausgänge
11	C-4007840601110	Antennen-Bereichs-Verstärker, 3 Eingänge, 1 Ausgang, 22 dB
12	D-4007840183118	Überwachungscamera schwarz
13	D-4007840180110	Überwachungscamera weiss
14		
15		
16		
17		
18		
19		

START / Textzahlenformate / Wurzel / Text in Zahl / **Artikel mit EAN** / Arti

Abbildung 3.10: Die Artikelliste mit Artikelnummer

1. Markieren Sie die Spalte B und fügen Sie mit $\boxed{\text{Strg}}$+$\boxed{+}$ zwei neue Spalten ein.

2. Berechnen Sie in der neuen Spalte B die Warengruppe aus dem ersten Buchstaben der Artikelnummer:

   B2: =LINKS(A2;1)

3. Berechnen Sie in Spalte C die EAN-Nummer aus den letzten Buchstaben der Artikelnummer:

   C2: =RECHTS(A2;13)

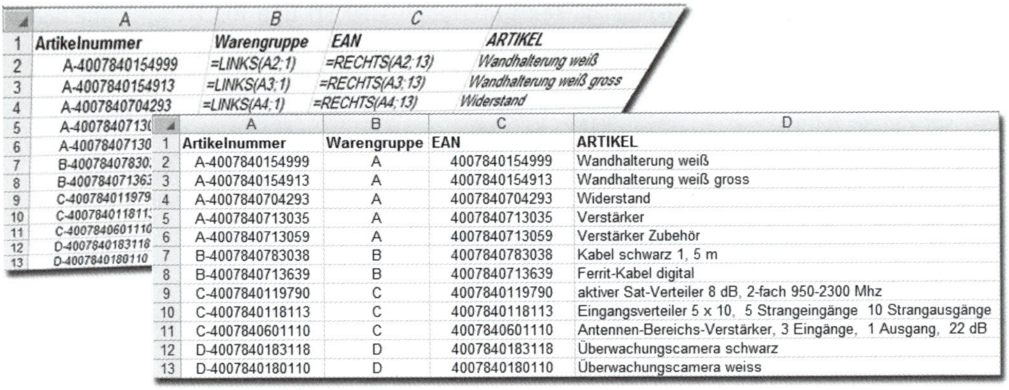

Abbildung 3.11: Die beiden Nummern sind mithilfe von Textfunktionen ermittelt.

3.11   Die Funktion SÄUBERN()

Besonders Großrechnerdaten haben die unangenehme Eigenschaft, allerlei Datenmüll mit sich herumzuschleppen. Berichte werden von Abrechnungssystemen auf Großrechnern bei der Herstellung von Textdateien oft mit Kopfinformationen, Druckersteuerbefehlen und Sonderzeichen versehen. Diese Zeichen machen nicht nur optisch auf dem Bildschirm, sondern oft auch auf dem Drucker Probleme. Je nach Druckermodell kann ein harmloses Zeichen in einer Zelle Seitenvorschübe, Tabulatorsprünge und Schriftwechsel verursachen.

Verwenden Sie die Funktion SÄUBERN(), um Tabellen von überflüssigen Zeichen zu befreien:

=SÄUBERN(Text)

Das Argument *Text* kann einen Zellbezug, einen Bereichsnamen oder einen Text in Anführungszeichen enthalten. Das Ergebnis der Funktion ist der Text ohne Sonderzeichen. Testen Sie die Funktion mit einem Text, der über die Funktion ZEICHEN() mit einem nicht druckbaren Sonderzeichen versehen ist:

A1: ="Umsatz " & ZEICHEN(7) & "1. Halbjahr 2005"
A2: =SÄUBERN(A1)   Ergebis: Umsatz 1. Halbjahr 2005

Abbildung 3.12: Die Funktion SÄUBERN() entfernt nicht druckbare Zeichen aus dem Text.

3.12   Die Funktion TEIL()

Die Funktionen LINKS() und RECHTS() analysieren, wie im Beispiel gezeigt, einen Text von links oder rechts. In Fällen, in denen die gesuchte Textmenge mitten in einem Text beginnt, greifen Sie auf die Funktion TEIL() zurück:

=TEIL(Text;Erstes_Zeichen;Anzahl_Zeichen)

Text ist der Text, der analysiert wird. Mit dem Argument *Erstes_Zeichen* geben Sie die Position an, an der die neue Textkette beginnt, und *Anzahl_Zeichen* gibt an, wie lang diese Textkette sein soll (Anzahl Buchstaben).

```
A1: ABCDEFG
B1: =TEIL(A1;2;3)              Ergebnis: BCD
```

3.12.1   Praxisbeispiel: Teilenummern analysieren

Größere Betriebe haben in der Praxis ein Nummernsystem für alle Gegenstände, die zum Inventar der Firma gezählt oder die in der Firma gefertigt werden. Diese Nummern beinhalten neben einer Zählnummer auch Änderungsnummern und Prüfziffern. Hier ein Beispiel: Das Nummernsystem unterscheidet zwischen Kennziffer, Konstruktionsgruppe, Identifikationsnummer und Änderungskennzeichen:

143

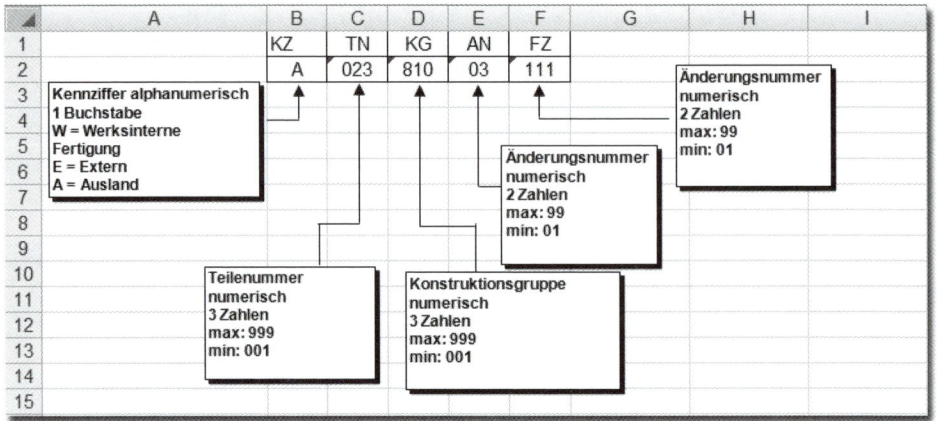

Abbildung 3.13: Ein Nummernsystem mit fünf Teilenummern

Ihre Aufgabe besteht darin, eine Artikelnummernliste zu analysieren, die einzelnen Teile herauszulesen und in Spalten zu übertragen. Anschließend können Sie die Nummern nach Kriterien wie Konstruktionsgruppe oder Änderungsnummer sortieren und filtern. Diese Artikelliste liegt vor:

	A	B	C	D
1	**Warenbestandsliste**			
2				
3	Teilenummer	Bezeichnung	VK-Preis	Lagermenge
4	W 011 799 11 11	Kühlergrill	199,00	12
5	A 023 810 03 11	Ölfilter	12,99	23
6	A 023 810 04 11	Zylinderkopfdichtung	89,99	120
7	A 300 900 10 11	Keilriemen	8,90	120
8	A 123 002 20 12	Wasserpumpe	211,00	3
9	W 012 789 12 12	Scheibenwischermotor	189,00	55
10	W 011 800 11 12	Vergaser	120,00	56

Abbildung 3.14: Analysieren Sie diese Teilenummern nach den einzelnen Gruppen.

Kennziffer und Änderungskennzeichen können Sie mit den Funktionen LINKS() und RECHTS() herausrechnen, für die restlichen Gruppen brauchen Sie die Funktion TEIL(). Achten Sie auf die Leerzeichen zwischen den Gruppen, diese müssen natürlich berücksichtigt werden:

1. Fügen Sie ab Spalte B fünf neue Spalten ein.

2. Schreiben Sie die Überschriften und die Formeln zur Berechnung der einzelnen Gruppen:

```
B2: =LINKS(A2;1) oder =TEIL(A2;1;1)
C2: =TEIL(A2;3;3)
D2: =TEIL(A2;7;3)
E2: =TEIL(A2;11;2)
F2: =TEIL(A2;14;3)
```

3. Kopieren Sie die Formeln mit dem Füllkästchen nach unten auf die übrigen Zeilen der Artikelliste.

	A	B	C	D	E	F	G	H	I
1	**Warenbestandsliste**				Nummer aufgeschlüsselt				
2									
3	Teilenummer	Bezeichnung	VK-Preis	Lagermenge	KZ	TN	KG	AN	FZ
4	W 011 799 11 11	Kühlergrill	199,00	12	W	011	799	11	11
5	A 023 810 03 11	Ölfilter	12,99	23	A	023	810	03	11
6	A 023 810 04 11	Zylinderkopfdichtung	89,99	120	A	023	810	04	11
7	A 300 900 10 11	Keilriemen	8,90	120	A	300	900	10	11
8	A 123 002 20 12	Wasserpumpe	211,00	3	A	123	002	20	12
9	W 012 789 12 12	Scheibenwischermotor	189,00	55	W	012	789	12	12
10	W 011 800 11 12	Vergaser	120,00	56	W	011	800	11	12

KZ	TN	KG	AN	FZ
=LINKS(A4;1)	=TEIL(A4;3;3)	=TEIL(A4;7;3)	=TEIL(A4;11;2)	=TEIL(A4;14;3)
=LINKS(A5;1)	=TEIL(A5;3;3)	=TEIL(A5;7;3)	=TEIL(A5;11;2)	=TEIL(A5;14;3)
=LINKS(A6;1)	=TEIL(A6;3;3)	=TEIL(A6;7;3)	=TEIL(A6;11;2)	=TEIL(A6;14;3)
=LINKS(A7;1)	=TEIL(A7;3;3)	=TEIL(A7;7;3)	=TEIL(A7;11;2)	=TEIL(A7;14;3)
=LINKS(A8;1)	=TEIL(A8;3;3)	=TEIL(A8;7;3)	=TEIL(A8;11;2)	=TEIL(A8;14;3)
=LINKS(A9;1)	=TEIL(A9;3;3)	=TEIL(A9;7;3)	=TEIL(A9;11;2)	=TEIL(A9;14;3)
=LINKS(A10;1)	=TEIL(A10;3;3)	=TEIL(A10;7;3)	=TEIL(A10;11;2)	=TEIL(A10;14;3)

Abbildung 3.15: Die Artikelnummer ist in Einzelteile zerlegt.

3.13 Die Funktion TEXT()

Ähnlich wie die Funktion FEST() wandelt auch diese Funktion Zahlen in Texte um, bietet aber mehr Komfort bei der Formatierung. Im Unterschied zu FEST() kann diese Funktion das Zahlenformat der Zahl direkt übernehmen.

=TEXT(Zahl;Textformat)

Das Argument *Zahl* bezeichnet eine Zelle mit einem Wert, einen Bereichsnamen oder eine Zahl. Im Argument *Textformat* geben Sie in Anführungszeichen das Format ein, das die in Text umgewandelte Zahl anschließend im Ergebnis anzeigen soll.

```
A1: 1234,567
A2: =TEXT(A1;"0,00")          Ergebnis: 1234,57
```

3.13.1 Praxisbeispiel: Wochentage der Geburtstage ausgeben

In der Mitarbeiterliste der Personalabteilung stehen das Geburtsdatum des Mitarbeiters und das berechnete Alter. Der Wochentag, an dem er geboren ist oder an dem er dieses Jahr Geburtstag hat, lässt sich über das Zahlenformat einfach ermitteln.

	A	B	C
1	**Mitarbeiter**	**Geburtsdatum**	**Alter**
2	Hans Gruber	12.08.1978	28
3	Michael Mitterhuber	31.12.1960	46
4	Bern Braun	02.01.1981	26
5	Gustav Gans	15.07.1968	38

Abbildung 3.16: Die Mitarbeiterliste enthält das Geburtsdatum und das Alter.

Textfunktionen

145

Erstellen Sie ein Auswertungssystem, in dem der Geburtstag des Mitarbeiters in diesem Jahr ausführlich mit Wochentag in einer Meldung ausgegeben wird:

1. Markieren Sie die Mitarbeiterliste und weisen Sie ihr mit FORMELN/DEFINIERTE NAMEN/NAMEN DEFINIEREN den Bereichsnamen MLISTE zu.

2. Setzen Sie den Zellzeiger in die Zelle A9 und wählen Sie DATEN/DATENÜBERPRÜFUNG.

3. Schalten Sie unter ZULASSEN um auf LISTE und tragen Sie als Quelle diese Formel ein, die alle Mitarbeiternamen beinhaltet:

```
=BEREICH.VERSCHIEBEN(MListe;1;;ZEILEN(MListe)-1;1)
```

4. Schreiben Sie das Datum des Geburtstags in diesem Jahr in die Tabelle:

```
B8: Geburtstag in diesem Jahr:
B9: =SVERWEIS(A9;MListe;2;FALSCH)
```

5. Erstellen Sie die Formel, die den Geburtstag noch einmal ausgibt, dieses Mal aber in einen Text eingebettet und mit der TEXT()-Funktion zur Wochentagsanzeige konvertiert:

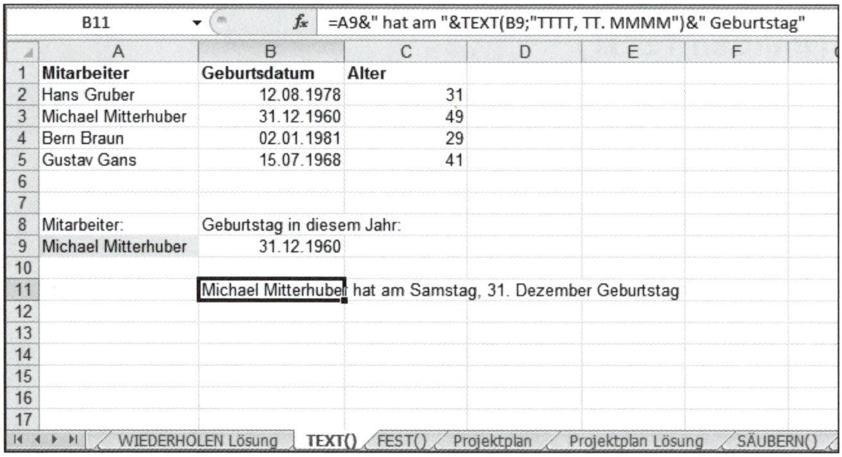

```
B11: =A9&" hat am "&TEXT(B9;"TTTT, TT. MMMM")&" Geburtstag"
```

B11	▼	f_x	=A9&" hat am "&TEXT(B9;"TTTT, TT. MMMM")&" Geburtstag"			
	A	B	C	D	E	F
1	Mitarbeiter	Geburtsdatum	Alter			
2	Hans Gruber	12.08.1978	31			
3	Michael Mitterhuber	31.12.1960	49			
4	Bern Braun	02.01.1981	29			
5	Gustav Gans	15.07.1968	41			
6						
7						
8	Mitarbeiter:	Geburtstag in diesem Jahr:				
9	Michael Mitterhuber	31.12.1960				
10						
11		Michael Mitterhuber hat am Samstag, 31. Dezember Geburtstag				
12						
13						
14						
15						
16						
17						

WIEDERHOLEN Lösung / **TEXT()** / FEST() / Projektplan / Projektplan Lösung / SÄUBERN()

Abbildung 3.17: Das Auskunftssystem meldet auch den Wochentag des Geburtstags.

3.14 Die Funktion LÄNGE()

Mit dieser Funktion ermitteln Sie die Länge eines Textes bzw. eines Zelleintrags. LÄNGE() kann auch die Länge eines Zahlenwerts ausgeben, in erster Linie wird die Funktion aber für Berechnungen von und in Textketten verwendet.

=LÄNGE(Text)

Das erste und einzige Argument *Text* erhält die Zelle, in der sich der zu messende Text befindet, oder einen Text in Anführungszeichen.

```
A1: ABCDEFG
A2: =LÄNGE(A1)                          Ergebnis: 7
A3: =LÄNGE("Hallo Deutschland!")        Ergebnis: 18
```

3.14.1 Praxisbeispiel: Vornamen und Nachnamen trennen

Ihr HR-System (human resources = Personalverwaltung) liefert eine Personalliste mit den Namen der Mitarbeiter in einer Zelle, Vorname und Nachname sind nicht getrennt. Erleichtern Sie Ihrem Personalsachbearbeiter die Arbeit und trennen Sie die Namen, damit er die Liste bei Bedarf auch nach Nachnamen sortieren kann:

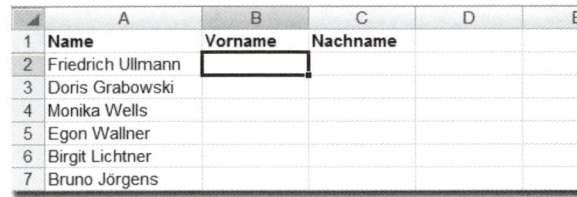

Abbildung 3.18: Vorname und Nachname müssen getrennt werden.

1. Schreiben Sie in B2 die Funktion, die das Leerzeichen zwischen Vor- und Nachnamen findet:

   `B2: =FINDEN(" ";B2)`

2. Schachteln Sie die Funktion in eine LINKS()-Funktion ein, die das Ergebnis als Längenangabe für die Teilkette benutzt:

   `B2: =LINKS(A2;FINDEN(" ";A2)-1)`

3. Schreiben Sie in Zelle C2 die Funktion, die den Nachnamen ab der Position des Leerzeichens ausgibt:

   `=TEIL(A2;FINDEN(" ";A2)+1;LÄNGE(A2)-FINDEN(" ";A2))`

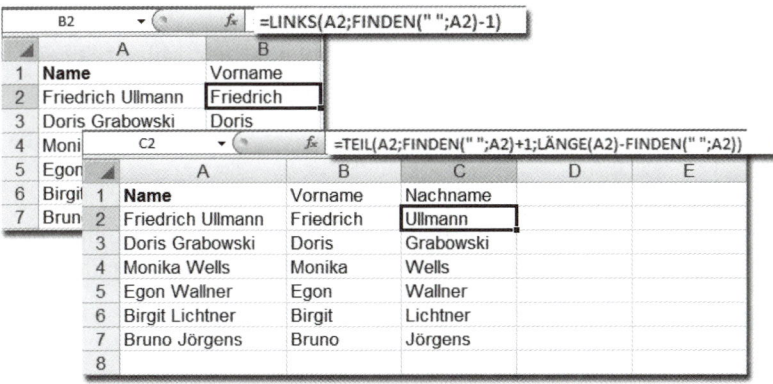

Abbildung 3.19: Vor- und Nachname sind getrennt.

3.14.2 Praxisbeispiel: Minuszeichen rechts von der Zahl

In SAP-Berichten taucht häufig dieser Layoutfehler auf, auch andere Abrechnungssysteme liefern ihn: Das Minuszeichen steht nicht wie üblich links an der Zahl, sondern rechts davon. Lässt sich der Export nicht im Quellsystem reparieren, greifen Sie zur Excel-Formel und ändern Sie Ihre Tabellen.

Bei importierten Tabellen oder Textdaten wird der Fehler optisch sofort erkennbar, die falschen Minuszahlen werden linksbündig angeordnet, weil Excel sie als Text interpretiert.

	A	B	C	D	E
1	Bestell-Nr.	Subjekt	Rechnungsbetrag		
2	2-345-200	Alu-Gehäuse	2.300		
3	2-345-201	abzgl. 5% Rabatt	115-		
4	2-345-202	Dichtung XD	230		
5	2-345-203	Verglasung	1.200		
6	2-345-204	Gutschrift	450-		
7					
8					
9					
10					
11					
12					
13					
14					
15					
16					

Teilenummern Lösung / FINDEN() / FINDEN() Lösung / Minuszeichen rechts

Abbildung 3.20: Das Minuszeichen steht fälschlicherweise rechts an der Zahl.

1. Setzen Sie den Zellzeiger rechts neben die erste Zahl in der Spalte C.
2. Schreiben Sie diese Formel:

   `=WENN(RECHTS(C2;1)="-";LINKS(C2;LÄNGE(C2)-1)*-1;C2)`

3. Kopieren Sie die Formel per Doppelklick auf das Füllkästchen bis zur letzten Zeile nach unten.

Die Formel prüft über eine WENN-Funktion, ob rechts vom Zellinhalt ein Minuszeichen steht, und schneidet in diesem Fall den Inhalt um eine Ziffer ab. Um die Zahl als negativ auszuweisen, wird der Formelteil mit –1 multipliziert:

`LINKS(C2;LÄNGE(C2)-1)*-1`

Hat die Zelle kein Minuszeichen am rechten Rand, gibt die WENN-Funktion den Zellinhalt ohne Änderung aus. Damit erhalten Sie eine korrekte Liste mit positiven und negativen Zahlen.

> **Tipp**
>
> Ersetzen Sie die falschen Zahlen gleich durch die berechneten Werte: Markieren Sie die Formeln und ziehen Sie den Rand der Markierung mit gedrückter rechter Maustaste auf die Spalte C. Wählen Sie aus dem Kontextmenü HIERHIN NUR ALS WERTE KOPIEREN.

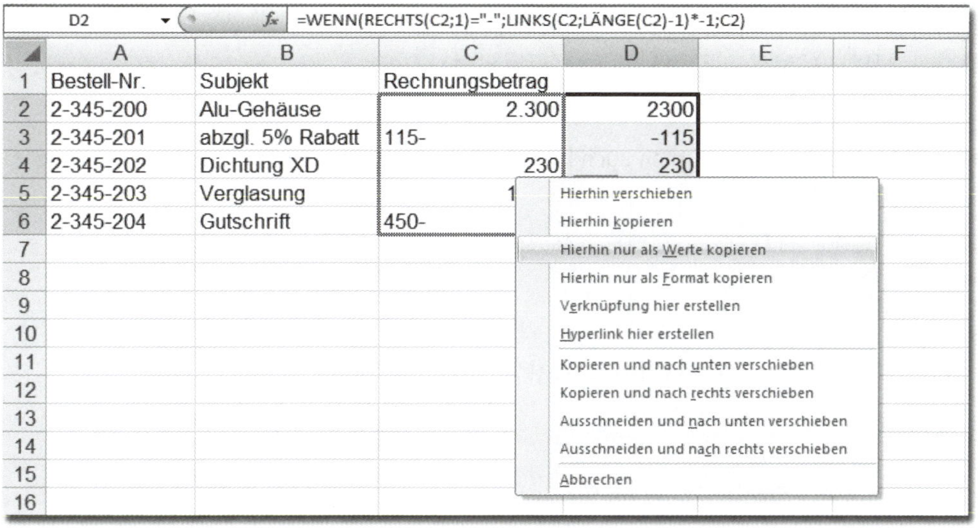

Abbildung 3.21: Die Formeln werden gleich als Werte auf die alten Zahlen kopiert.

3.14.3 Praxisbeispiel: Quersumme berechnen

Die Funktion TEIL() lässt sich auch zuverlässig zur Ermittlung der Quersumme einer Zahl verwenden. Wenn die Größe der Zahl bekannt ist, können Sie die einzelnen Ziffern addieren:

```
A1: 1234
A2: =TEIL(A1;1;1)+TEIL(A1;2;1)+TEIL(A1;3;1)+TEIL(A1;4;1)
Ergebnis: 10
```

Schwieriger wird es, wenn die Größe der Zahl nicht bekannt ist. Hier wäre eine benutzerdefinierte Funktion hilfreich. Wer sich noch nicht an die VBA-Programmierung wagen will, kann die Aufgabe aber auch per Formel lösen:

Die Funktion LÄNGE() prüft zunächst die Länge der Zahl ab:

```
A1: 12345
A2: =LÄNGE(A1)
```

Mit der Funktion WAHL() geben Sie für jede Länge je ein Argument an. Das zweite Argument bildet das Ergebnis, wenn die Länge 1 ist, das dritte, wenn Länge = 2 ist usw.

149

=WAHL(LÄNGE(A1);arg1;arg2;arg3; ... argn)

Der Rest ist Schreibarbeit, für jedes Argument berechnen Sie die Quersumme über die TEIL-Funktionen (hier für maximal fünfstellige Zahlen):

```
=WAHL(LÄNGE(A1);
 A1;
TEIL(A1;1;1)+TEIL(A1;2;1);
TEIL(A1;1;1)+TEIL(A1;2;1)+TEIL(A1;3;1);
TEIL(A1;1;1)+TEIL(A1;2;1)+TEIL(A1;3;1)+TEIL(A1;4;1);
TEIL(A1;1;1)+TEIL(A1;2;1)+TEIL(A1;3;1)+TEIL(A1;4;1)+TEIL(A1;5;1))
```

Die VBA-Funktion sollten Sie natürlich auch kennenlernen, sie berechnet die Quersumme für beliebig große Zahlenwerte:

```
Function QuerSumme(strText As String) As Integer
 Application.Volatile
 Dim i As Integer
 For i = 1 To Len(strText)
  QuerSumme = QuerSumme + CInt(Mid(strText, i, 1))
 Next i
End Function
```

Listing 3.1: Benutzerdefinierte Funktion für Quersummen von beliebig großen Zahlen

3.15 Die Funktion VERKETTEN()

Das ist eigentlich eine überflüssige Funktion, sie wird selten benutzt, weil es für die Verkettung von Texten eine einfachere Methode gibt:

=VERKETTEN(Text1;Text2; ... Textn)

In den Funktionsklammern können Sie mit einem Semikolon als Trennzeichen beliebig viele zu verkettende Texte angeben. Das können direkte Zeichen in Anführungszeichen sein, Zellbezüge oder Bereichsnamen. Das Ergebnis der Funktion ist eine Textkette aus den einzelnen Argumenten:

```
A1: "Heute ist "
A2: "Montag"
A3: =VERKETTEN(A1;A2)          Egebnis: "Heute ist Montag"
```

In der Praxis wird anstelle der Funktion das &-Zeichen verwendet, es erfüllt denselben Zweck und macht die Formeln etwas übersichtlicher:

```
=A1&A2
```

Wenn Sie ein Leerzeichen in den Text einbinden wollen, schreiben Sie dieses in Anführungszeichen:

=A1&" "&A2

Besonders nützlich ist die Textverkettung, wenn Sie Zellinhalte mit Zeilenumbruch versehen wollen. Hier ein Beispiel:

Ihre Tabelle enthält mehrere Sätze, die Sie zu einem Text zusammenführen wollen. Mit jedem Satz sollte aber eine neue Zeile beginnen.

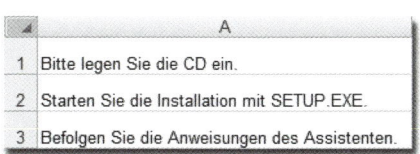

Abbildung 3.22: Diese drei Sätze sollen zu einem Text verkettet werden.

1. Schreiben Sie die erste Kette:

   =A1&"

2. Drücken Sie `Alt`+`↵`, um einen Zeilenumbruch in die Formel einzubauen.
3. Schreiben Sie die zweite Kette, drücken Sie nach dem "-Zeichen wieder `Alt`+`↵` und hängen Sie den dritten Satz an.

   =A1&"
   "&A2&"
   "&A3

Alternativ zu dieser Technik können Sie auch das ANSI-Zeichen für den Zeichenumbruch in die Formel einbauen. Es lautet ZEICHEN(10):

=A1&ZEICHEN(10)&A2&ZEICHEN(10)&A3

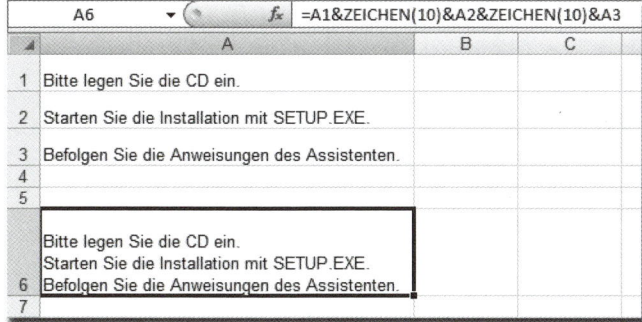

Abbildung 3.23: So werden Zeilenumbrüche im Text verkettet.

3.15.1 Praxisbeispiel: Organigramm beschriften

Sie haben die Aufgabe, das Organigramm Ihres Projektteams zu erstellen, wenn möglich natürlich in Excel. Die Zeichnung sollte aber so flexibel sein, dass eine Änderung in der Tabelle automatisch in die Zeichnung eingetragen wird. Erstellen Sie zunächst die Liste der Projektmitarbeiter mit Nummer, Name und Position.

	A	B	C	D
1	Nr	Vorname	Name	Position
2	1	Dr. Friedrich	Bergmeister	Projektleiter
3	1.1	Werner	Schumann	Planung & Bau
4	1.2	Monika	Dietrich	Finanzen
5	1.3	Paul	Schröder	Organisation

Abbildung 3.24: Das Projektteam ist aufgestellt.

> **Tipp**
>
> Die Gliederungsnummern schreiben Sie am besten mit einem vorangestellten Apostroph oder in eine Spalte mit Textformatierung, sonst produziert Excel wieder ungewollte Datumswerte.

Zeichnen Sie anschließend ein Organigramm. Auf der Registerkarte EINFÜGEN finden Sie in der Gruppe FORMEN schöne Werkzeuge für Zeichenobjekte und Verbindungslinien.

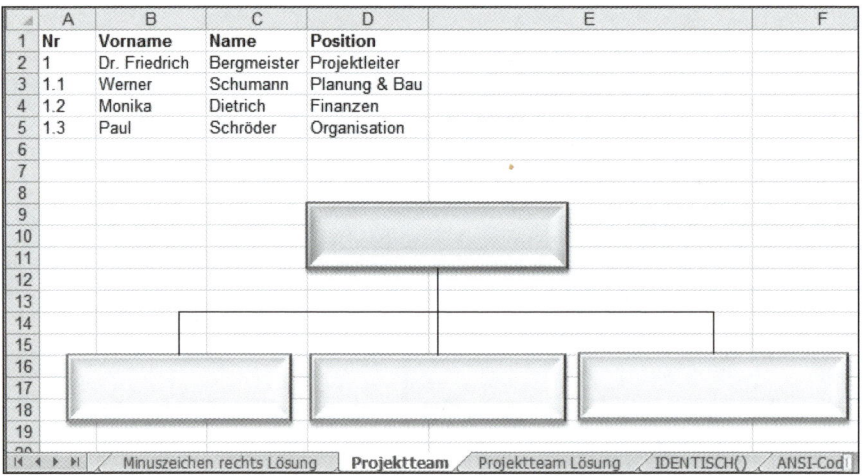

Abbildung 3.25: Organigramm zeichnen und mit Verbindungslinien versehen

Um die Kästchen variabel zu beschriften, müssen Sie die Informationen aus der Liste zunächst zusammenfassen und dann mit den grafischen Objekten verknüpfen. Bei dieser Gelegenheit arbeiten Sie Zeilenumbrüche ein:

1. Schreiben Sie in die erste Namenszeile der Spalte E eine Formel, die zuerst die Nummer und die Position, anschließend den Vornamen und den Namen des Mitarbeiters in eine Textkette verpackt. Damit Vorname und Name in einer neuen Zeile stehen, klemmen Sie die Funktion ZEICHEN(10) dazwischen.

> **Hinweis**
>
> E2: =A2&" "&D2&ZEICHEN(10)&B2&" "&C2
>
> Die Codezahl 10 steht für das Zeichen »Zeilenumbruch«. Dieses Zeichen ist nicht sichtbar, wird aber gedruckt und funktioniert auch in grafischen Objekten.

2. Kopieren Sie die Formel auf die übrigen Mitarbeiterzeilen.
3. Markieren Sie das erste Kästchen und klicken Sie in die Bearbeitungsleiste.
4. Schreiben Sie die Verknüpfung zur Formel in die Leiste, klicken Sie auf den Bezug, um die Adresse absolut zu machen:

   =$E$2

5. Verfahren Sie so auch mit den anderen gezeichneten Kästchen, verknüpfen Sie diese mit den Formeln, die alle Informationen zu einer Textkette zusammenfassen.

Damit ist das variable Organigramm fertig, Sie können die Spalte E ausblenden und in die Spalten A bis D beliebig neue Werte eintragen, die durch die Verknüpfung automatisch wieder korrekt in die Organigramm-Objekte eingesetzt werden.

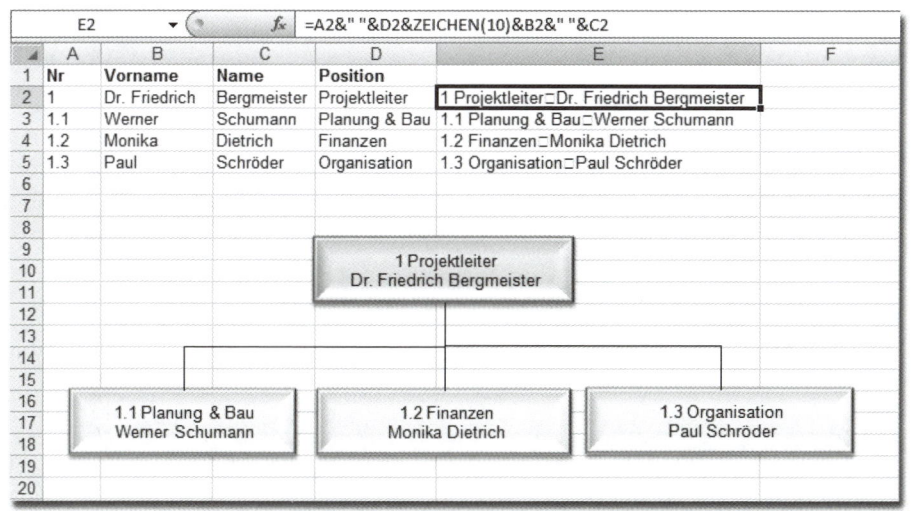

Abbildung 3.26: Das variable Organigramm mit Zeilenumbrüchen

153

3.16 Die Funktion WECHSELN()

Mit dieser Funktion ersetzen Sie einen Text durch einen neuen Text. Das ist vor allem bei importierten Texten wichtig und nützlich, wenn diese nicht in gewünschter Form vorliegen. Auch für die Konvertierung fremdsprachiger Texte ist WECHSELN() unerlässlich.

=WECHSELN(Text;Alter_Text;Neuer_Text;Ntes_Auftreten)

Das Argument *Text* steht für eine Zelle oder einen Text in Anführungszeichen. Mit *Alter_Text* wird die Textstelle bezeichnet, die zu wechseln ist, und *Neuer_Text* enthält den Text, der an dessen Stelle tritt. Mit *Ntes_Auftreten* können Sie angeben, welcher von mehreren gefundenen Texten ersetzt werden soll. Wenn Sie das Argument nicht besetzen, wird jede Textstelle ersetzt, geben Sie beispielsweise eine 2 an, wird nur der zweite auftretende Text (von links gerechnet) ersetzt.

```
A1: ABCDEFG
A2: =WECHSELN(A1;"ABC";"123")  Ergebnis: 123DEFG
```

3.16.1 Praxisbeispiel: Fremdwährungen – Punkte durch Kommas ersetzen

Textdateien mit Beträgen in Fremdwährungen sind beim Import häufig problematisch: Wer nicht aufpasst, erhält einige der mit Punkt als Dezimaltrennzeichen notierten Beträge als Datumswerte.

Die Preisliste für *Irish Malt Whisky* vom Whisky Store ist angekommen, leider aber im Textformat, und die Beträge sind mit Punkt statt Komma als Dezimalstelle ausgewiesen. Hier eine Dateiansicht im Windows-Texteditor:

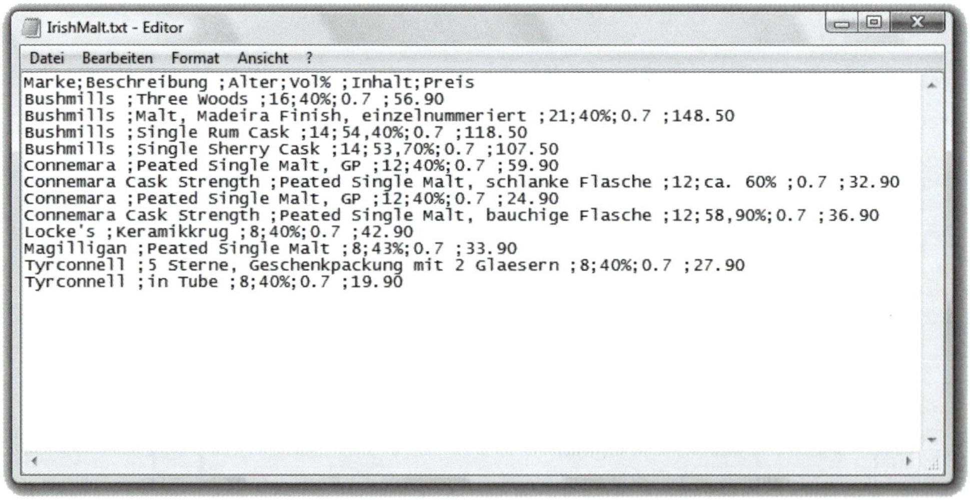

Abbildung 3.27: Die Preisliste im Textformat

1. Öffnen Sie die Textdatei mit DATEI/ÖFFNEN, schalten Sie im Feld DATEITYP auf TEXT um.

2. Der Text-Assistent wird aktiv, schalten Sie auf GETRENNT um und geben Sie das Semikolon als Trennzeichen an.

3. Bestätigen Sie alle weiteren Abfragen, werden die Preise mit Punkt als Trennzeichen eingelesen. Mit der ERSETZEN-Funktion wandeln Sie die Punkte in Kommas um und die Preise sind korrekt:

```
G2: =WECHSELN(F2;".";",")
```

4. Die Zahlen können jetzt zwar als solche benutzt werden, Excel behandelt sie aber noch als Text, was an der linksbündigen Formatierung zu erkennen ist. Mit der Funktion WERT() wandeln Sie die Texte in Zahlen um:

```
=WERT(WECHSELN(F2;".";","))
```

	A	B	C	D	E	F	G
							=WERT(WECHSELN(F2;".";","))
1	Marke	Beschreibung	Alter	Vol%	Inhalt	Preis	Preis dez.
2	Bushmills	Three Woods	16	40%	0.7	56.90	56,9
3	Bushmills	Malt, Madeira Finish, einzelnummeriert	21	40%	0.7	148.50	148,5
4	Bushmills	Single Rum Cask	14	54,40%	0.7	118.50	118,5
5	Bushmills	Single Sherry Cask	14	53,70%	0.7	107.50	107,5
6	Connemara	Peated Single Malt, GP	12	40%	0.7	59.90	59,9
7	Connemara Cask Strength	Peated Single Malt, schlanke Flasche	12	ca. 60%	0.7	32.90	32,9
8	Connemara	Peated Single Malt, GP	12	40%	0.7	24.90	24,9
9	Connemara Cask Strength	Peated Single Malt, bauchige Flasche	12	58,90%	0.7	36.90	36,9
10	Locke's	Keramikkrug	8	40%	0.7	42.90	42,9
11	Magilligan	Peated Single Malt	8	43%	0.7	33.90	33,9
12	Tyrconnell	5 Sterne, Geschenkpackung mit 2 Glaesern	8	40%	0.7	27.90	27,9
13	Tyrconnell	in Tube	8	40%	0.7	19.90	19,9

Abbildung 3.28: Mit der Funktion WECHSELN() Punkte in Kommas umtauschen

Tipp

Der Text-Assistent bietet auch die Möglichkeit, die Dezimalzeichen von Zahlenspalten umzudefinieren. Klicken Sie in der letzten Abfrage auf die Schaltfläche WERTE und tragen Sie den Punkt als Dezimalzeichen ein. Das funktioniert aber nicht immer …

3.16.2 Praxisbeispiel: Umlaute und Sonderzeichen austauschen

Mit der Funktion WECHSELN() lassen sich Texte schnell »umprogrammieren«. Sie können Sonderzeichen entfernen, Umlaute gegen Doppelvokale tauschen oder fremdsprachige Zeichen aus dem Windows-Zeichensatz eintragen. Um mehr als eine Textstelle auszutauschen, schachteln Sie die WECHSELN()-Funktion mehrfach. Hier ein Beispiel:

Schreiben Sie eine Funktion, die alle »ä« durch »ae«, alle »ö« durch »oe« und »ü« durch »ue« ersetzt:

A1: Bürgerbräu Wörth
B1: =WECHSELN(WECHSELN(WECHSELN(A1;"ö";"oe");"ä";"ae");"ü";"ue")

Wenn Sie eine größere Liste mit Ersatzbegriffen versehen wollen, schreiben Sie diese Liste in einen freien Bereich der Tabelle und verwenden Sie die Zelladressen aus der Liste in der Funktion:

| B3 | ▼ | fx | =WECHSELN(WECHSELN(WECHSELN(WECHSELN(WECHSELN(WECHSELN(WECHSELN(WECHSELN(A3;D3;E3);D4;E4);D5;E5);D6;E6);D7;E7);D8;E8);D9;E9);D10;E10) |

	A	B	C	D	E	F	G	H
1								
2								
3	Bürgerbräu Wörth	Buergerbraeu Woerth		ä	ae			
4	Schloß Wölfingen-Rüdenstein	Schloss Woelfingen-Ruedenstein		Ä	Ae			
5	Österreich	Oesterreich		ö	oe			
6	SmØrebrØd	Smoerebroed		Ö	Oe			
7				ü	ue			
8				Ü	Ue			
9				ß	ss			
10				Ø	oe			
11								
12								
13								
14								
15								
16								
17								

IDENTISCH() / ANSI-Codes / CODE() / Sortieren / VERKETTEN() / IrishMalt / Quersumme / WECHSELN()

Abbildung 3.29: Funktion mehrfach schachteln für mehrere Wechsel

3.16.3 Praxisbeispiel: Zeilenumbrüche entfernen

Enthält eine Zelle Zeilenumbrüche, kann das zwei Ursachen haben: Entweder hat die Zelle eine entsprechende Formatierung oder der Text enthält ein Zeichen, das den nachfolgenden Text in die nächste Zeile zwingt:

■ Unter START/AUSRICHTUNG wird ein ZEILENUMBRUCH gesetzt, damit der Text in der Zelle mehrzeilig geschrieben wird.

■ Einen Zeilenumbruch im Text erzeugen Sie mit ⎡Alt⎤+⎡↵⎤ oder mit der Funktion =ZEICHEN(10).

Hinweis

Wenn Sie in einem Text einen Zeilenumbruch schreiben, wird diesem nach Abschluss mit der ⎡↵⎤-Taste automatisch das Zellformat ZEILENUMBRUCH zugewiesen.

Mit dieser Funktion entfernen Sie alle Zeilenumbrüche aus der Zelle A1 und ersetzen sie durch je ein Leerzeichen:

```
=WECHSELN(A1;ZEICHEN(10);" ")
```

3.17 Die Funktion WIEDERHOLEN()

Mit dieser Funktion erzeugen Sie eine Textkette, die aus einer angegebenen Anzahl von Zeichen besteht. Die Funktionsklammern enthalten zwei Argumente:

=WIEDERHOLEN(Text;Multiplikator)

Das Argument *Text* steht für einen Zellbezug, einen Bereichsnamen oder einen Text in Anführungszeichen. Mit dem zweiten Argument *Multiplikator* geben Sie an, wie oft dieser Text in der Ergebniszelle wiederholt wird.

```
A1: @
A2: =WIEDERHOLEN(A1;5)          Ergebnis: @@@@@
```

3.17.1 Praxisbeispiel: Artikelnummer mit Nullen auffüllen

Die vorliegende Liste enthält Artikel mit unterschiedlich großen Nummern. Ihre Aufgabe ist es, diese Nummern einheitlich mit zehn Stellen anzulegen. Kleinere Nummern füllen Sie dazu linksbündig mit Nullen auf.

	A	B	C	D
1	Inventarliste			
2				
3	Nr.	Produkt	Kategorie	
4	23	Fujitsu Amilo	Notebook	
5	240	HP XK Server	Personalcomputer	
6	1200	DELL XL 500	Personalcomputer	
7	32	DELL XP 3030	Personalcomputer	
8	4500	Epson TX 80	Scanner	
9	560090	Epson TX 80	Scanner	
10	200	Gateway 1400	Personalcomputer	
11	7900	HP DeskJet 560 C	Tintenstrahldrucker	
12	3500	HP DeskJet 560 C	Tintenstrahldrucker	
13	111	L 1000 CL	Laserdrucker	
14	4500	L 1000 CL	Laserdrucker	
15	450990	L 1000 CL	Laserdrucker	
16	32009	Lexmark FX 300	Color-Laserdrucker	
17				

WECHSELN() | **WIEDERHOLEN()** | WIEDERHOLEN Lösung

Abbildung 3.30: Die Nummern müssen auf eine Größe gebracht werden.

Mit einer Formatierung über das Zahlenformat ließe sich die Aufgabe relativ leicht lösen:

1. Markieren Sie die Spalte A und wählen Sie unter START/ZAHL in der Liste der Zahlenformate MEHR.

2. Weisen Sie der Spalte das Zahlenformat zu, das alle Nummern auf zehn Stellen bringt und dazu mit Nullen auffüllt:

0000000000

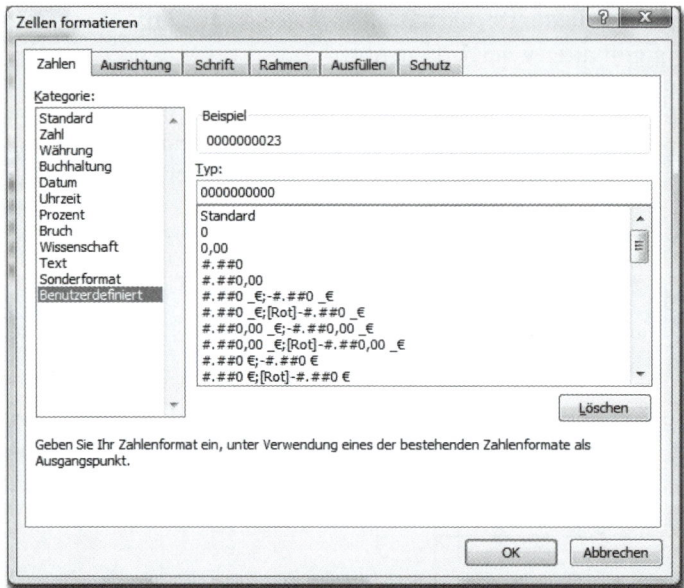

Abbildung 3.31: Das Zahlenformat füllt optisch auf zehn Stellen auf.

Diese Lösung hat einen Haken: Wenn Sie die Tabelle in eine Access-Datenbank exportieren oder in eine Textdatei schreiben, verliert sie unter Umständen die Formatierung und die Zahlen werden im Original ohne führende Nullen übernommen. Mit der WIEDERHOLEN()-Funktion erstellen Sie eine Nummer, die als Text in die Zelle übernommen wird und die Nullen sicher behält, auch beim Export in andere Formate:

1. Markieren Sie die Spalte B und fügen Sie mit ⌜Strg⌟+⌜+⌟ eine neue Spalte ein.

2. Schreiben Sie in die erste Artikelzeile eine Formel, die die Länge der Zahl ermittelt:

B4: =LÄNGE(A4)

3. Erstellen Sie die Funktion, die für den Abstand zwischen der Länge der Zahl und den vorgesehenen zehn Ziffern eine Reihe von Nullen produziert:

=WIEDERHOLEN("0";10-LÄNGE(A4))

4. Jetzt können Sie die Zahl selbst noch an die Formel anfügen, verwenden Sie dazu das &-Zeichen:

=WIEDERHOLEN("0";10-LÄNGE(A4))&A4

	B4	▼	f_x	=WIEDERHOLEN("0";10-LÄNGE(A4))&A4	
	A	B	C	D	E
1	Inventarliste				
2					
3	Nr.	Nr. neu	Produkt	Kategorie	
4	23	0000000023	Fujitsu Amilo	Notebook	
5	240	0000000240	HP XK Server	Personalcomputer	
6	1200	0000001200	DELL XL 500	Personalcomputer	
7	32	0000000032	DELL XP 3030	Personalcomputer	
8	4500	0000004500	Epson TX 80	Scanner	
9	560090	0000560090	Epson TX 80	Scanner	
10	200	0000000200	Gateway 1400	Personalcomputer	
11	7900	0000007900	HP DeskJet 560 C	Tintenstrahldrucker	
12	3500	0000003500	HP DeskJet 560 C	Tintenstrahldrucker	
13	111	0000000111	L 1000 CL	Laserdrucker	
14	4500	0000004500	L 1000 CL	Laserdrucker	
15	450990	0000450990	L 1000 CL	Laserdrucker	
16	32009	0000032009	Lexmark FX 300	Color-Laserdrucker	

Abbildung 3.32: Alle Nummern sind auf zehn Stellen aufgefüllt.

3.17.2 Praxisbeispiel: Balkenreihe per Funktion erzeugen

Zur Visualisierung von Größenverhältnissen, zeitlichen Strecken oder Differenzen verwenden Sie ein Balken- oder Säulendiagramm, erstellt mit dem Diagramm-Assistenten und als Diagramm-objekt oder Diagrammblatt in die Arbeitsmappe integriert. Eine kleine, weniger aufwändige Alternative bietet die WIEDERHOLEN()-Funktion: Erstellen Sie einfach eine Balkenreihe aus Sonderzeichen:

Der Projektplan zeigt Beginn und Ende der einzelnen Projektphasen an, berechnen Sie die Dauer in Wochen:

	A	B	C
1	Projektplan		
2		Beginn	Ende
3	Phase 1: Konzept	01.01.2010	30.03.2010
4	Phase 2: Design und Gestaltung	01.04.2010	21.04.2010
5	Phase 3: Produktion	22.04.2010	31.08.2010
6	Phase 4: Testlauf	01.09.2010	01.10.2010
7	Phase 5: Installation	02.10.2010	01.11.2010
8	Phase 6: Dokumentation	01.06.2010	01.11.2010
9			
10			
11			
12			
13			
14			
15			
16			

Projektplan / Projektplan Lösung / SÄUBERN()

Abbildung 3.33: Projektplan mit Phasen

D3: =(C3-B3)/7

Textfunktionen

1. Kopieren Sie die Formel auf die restlichen Zeilen und weisen Sie der Spalte D mit der Zahlenformatliste oder über [Strg] + [1] dieses Zahlenformat zu:

   `0" KW"`

2. Erstellen Sie in der nächsten Spalte eine Formel, die den berechneten Wochenwert als Zeichenkette ausgibt:

   `=WIEDERHOLEN("n";D3)`

3. Markieren Sie die Spalte D und weisen Sie ihr die Schrift *WingDings* zu.

WingDings ist ein Zeichensatz, der die Buchstaben in Zeichen verwandelt, so auch das verwendete »n«, das jetzt als Kästchen für die Balkenreihe fungiert. Sie können die Schriftgröße der Spalte noch erhöhen, um den Effekt zu verstärken.

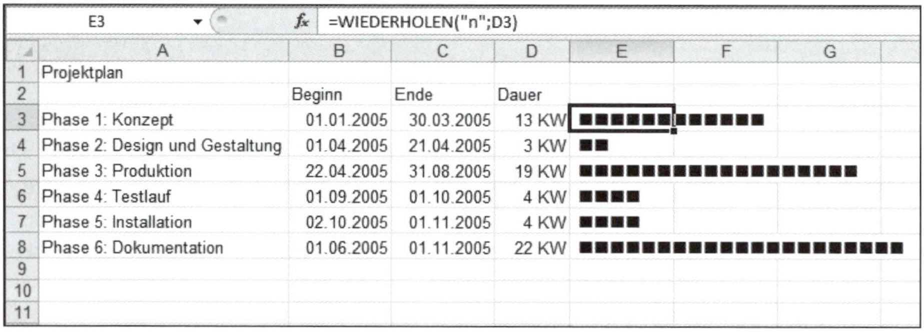

E3 | =WIEDERHOLEN("n";D3)

	A	B	C	D	E	F	G
1	Projektplan						
2		Beginn	Ende	Dauer			
3	Phase 1: Konzept	01.01.2005	30.03.2005	13 KW	■■■■■■■■■■■■		
4	Phase 2: Design und Gestaltung	01.04.2005	21.04.2005	3 KW	■■		
5	Phase 3: Produktion	22.04.2005	31.08.2005	19 KW	■■■■■■■■■■■■■■■■■■		
6	Phase 4: Testlauf	01.09.2005	01.10.2005	4 KW	■■■■		
7	Phase 5: Installation	02.10.2005	01.11.2005	4 KW	■■■■		
8	Phase 6: Dokumentation	01.06.2005	01.11.2005	22 KW	■■■■■■■■■■■■■■■■■■■■■		
9							
10							
11							

Abbildung 3.34: Mit WIEDERHOLEN und dem Zeichensatz WingDings entsteht eine Balkenreihe.

3.18 Die Funktionen ZEICHEN() und CODE()

Jedes Zeichen, das auf der Tastatur erzeugbar ist, hat einen bestimmten Zeichencode. Das Betriebssystem Windows ist ursprünglich auf Basis des ASCII-Codes entwickelt und später auf ANSI-Code umgestellt worden. Mit Windows XP kam Unicode, die derzeit aktuelle Zeichencodierung, die auch für das Internet gilt. In Excel arbeiten Sie mit dem ANSI-Zeichensatz.

ASCII-Code (American Standard Code for Information Interchange)	Älterer Zeichensatz, codierte maximal 2^7 Zeichen = 128 Zeichen.
ANSI-Code (American National Standard Institute)	Der Zeichensatz für 8-Bit-Codierung (2^8 = 256 Zeichen), mit dem die Office-Programme (Excel) arbeiten.
Unicode	Der Nachfolger des ANSI-Zeichensatzes, der alle fremdsprachigen Zeichen codiert. Unicode schließt die Schriftzeichen für die meisten Weltsprachen mit ein. Mit 2^32 Bit können exakt 4.294.967.296 Zeichen codiert werden.

Tabelle 3.2: Codierungssysteme für Zeichen

3.18.1 Zeichencodes feststellen

Excel bietet eine Übersicht über alle Zeichen und deren Codes, wahlweise in ASCII- oder Unicode-Codierung, an. Die Symbole bietet Excel ab der Version XP an:

1. Wählen Sie EINFÜGEN/ZEICHEN/SYMBOL.
2. Schalten Sie unter SCHRIFTART auf die Schrift um, mit der Sie in der Tabelle arbeiten.
3. Klicken Sie auf ein Zeichen und überprüfen Sie in der Statusleiste der Dialogbox den Code.
4. Schalten Sie um auf die dezimale ASCII-Anzeige, um den Zeichencode dezimal zu sehen.

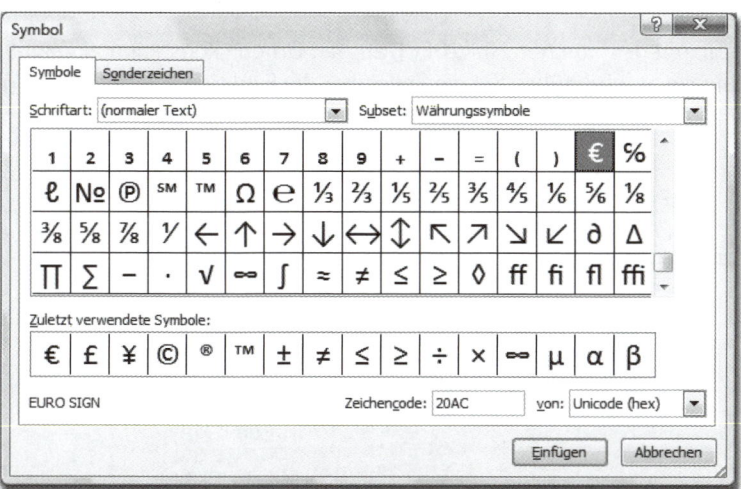

Abbildung 3.35: Die Symbolauswahl zeigt auch die Zeichencodes an.

Excel führt hier das ASCII-Format an, das hier gleichzusetzen ist mit ANSI (ANSI ist bis Code 127 identisch mit ASCII).

Die Standardanzeige der Codes ist Unicode (hex), die Zahlen werden in hexadezimaler Schreibweise angezeigt. Mit der Analyse-Funktion HEX2DEC() können Sie eine Hex-Zahl in eine Dezimalzahl umrechnen.

3.18.2 Codezahl eines Zeichens: CODE()

Die Funktion CODE() gibt die Codezahl eines Zeichens zurück und entspricht damit der Anzeige in der Statusleiste der Symbolbox:

=CODE(Text)

Das Argument *Text* steht für einen Zellbezug, einen Bereichsnamen oder einen Text in Anführungszeichen. Die Funktion gibt die Codezahl des ersten Buchstabens aus, auch wenn der Text mehr als eine Ziffer groß ist.

```
A1: Ø
A2: =CODE(A1)                    Ergebnis: 216
```

Geben Sie die Codezahlen der Ziffern von 0 bis 9 in einer Tabelle aus. Die Zeichenreihe erzeugen Sie mit der Zeilennummer über die Funktion ZEILE().

```
A1: Zeichen
A2: =ZEILE()-2
B1: Code
B2: =CODE(A2)
```

Den Hex-Code berechnen Sie mit der Funktion HEX2DEC() aus der Gruppe KONSTRUKTION. Damit dieser wie üblich vierstellig angezeigt wird, füllen Sie die Zelle über die Funktion WIEDERHOLEN() mit 0 auf.

```
C1: Hex-Code
C2: =WIEDERHOLEN("0";4-LÄNGE(Dec2Hex(B2)))&Dec2Hex(B2)
```

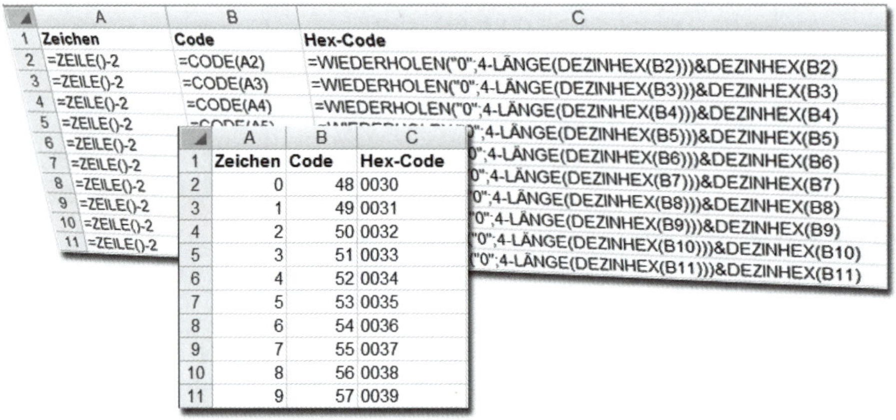

	A	B	C
1	Zeichen	Code	Hex-Code
2	0	48	0030
3	1	49	0031
4	2	50	0032
5	3	51	0033
6	4	52	0034
7	5	53	0035
8	6	54	0036
9	7	55	0037
10	8	56	0038
11	9	57	0039

Abbildung 3.36: Die Funktion CODE() berechnet die Codezahl eines Zeichens.

3.18.3 Praxisbeispiel: Numerische und alphanumerische Einträge sortieren

Excel sortiert Zellinhalte alphanumerisch und orientiert sich dabei an der Codierung der Zeichen. Mit der Funktion CODE() können Sie diese Codierung ermitteln:

Zeichenbereich	Codierung
0–9	48–57
A–Z	65–90
a–z	97–122

Tabelle 3.3: Codierungsgruppen im ANSI-Code

Die übrigen Zeichen sind Sonderzeichen aller Art, im ANSI-Code bis zur Codezahl 255 codiert. Wenn Sie eine Tabelle sortieren, gilt die Codezahl als Kriterium und da numerische Codes (Zahlen) kleiner sind als alphanumerische (Buchstaben), werden zuerst Zahlen, dann Buchstaben eingeordnet.

In der Praxis werden Sie auf Sonderfälle stoßen, die sich nicht nach diesem Schema sortieren lassen. Hier ein Beispiel: Die Inhaltsliste eines Manuskripts ist mit einer speziellen Nummerierung versehen. Wenn Sie die Liste nach der ersten Spalte sortieren, werden alle numerischen Einträge nach oben geschoben, dann folgen die Zahlen/Buchstaben-Kombinationen:

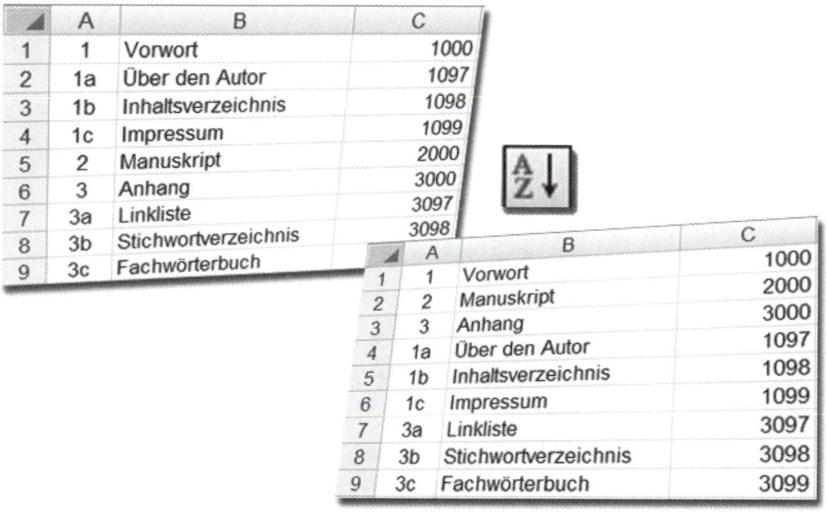

Abbildung 3.37: Numerische und alphanumerische Einträge werden falsch sortiert.

Schreiben Sie in der nächsten freien Spalte diese Formel:

```
C1: =WENN(CODE(RECHTS(A1;1)) > 64;LINKS(A1;LÄNGE(A1)-1)*1000+CODE
(RECHTS(KLEIN(A1);1))+WENN(CODE(RECHTS(A1;1)) < 97;0,5;0);A1*1000)
```

Die Formel prüft das Codezeichen der letzten Ziffer und erstellt eine Sortierzahl mit der Codenummer. Sortieren Sie die Liste nach dieser Spalte, werden die Einträge wieder richtig eingeordnet.

C1		fx	=WENN(CODE(RECHTS(A1;1)) > 64;LINKS(A1;LÄNGE(A1)-1)*1000+CODE(RECHTS(KLEIN(A1);1))+ WENN(CODE(RECHTS(A1;1)) < 97;0,5;0);A1*1000)

	A	B	C	D	E	F	G	H
1	1	Vorwort	1000					
2	2	Manuskript	2000					
3	3	Anhang	3000					
4	1a	Über den Autor	1097					
5	1b	Inhaltsverzeichnis	1098					
6	1c	Impressum	1099					
7	3a	Linkliste	3097					
8	3b	Stichwortverzeichnis	3098					
9	3c	Fachwörterbuch	3099					
10								
11								
12								
13								

Abbildung 3.38: Mit der Codeprüfung wird die Liste korrekt sortiert.

3.18.4 Das Zeichen einer Codezahl: ZEICHEN()

Der umgekehrte Weg: Sie haben eine (dezimale) Codezahl, ermitteln Sie das dazugehörige Zeichen. Die Funktion ZEICHEN() zeigt Ihnen, welches Zeichen zu einer Codezahl gehört:

=ZEICHEN(Zahl)

Das Argument *Zahl* steht für einen Zellbezug, einen Bereichsnamen, der auf eine Zahl verweist, oder eine Zahl selbst. Das Ergebnis ist das Zeichen in Textform.

Erstellen Sie eine ANSI-Codetabelle mit allen druckbaren Zeichen im Codebereich 32–255. Schreiben Sie die Zahlen in die Tabelle oder berechnen Sie sie mit der Funktion ZEILE() aus der Zeilennummer. Tragen Sie die Funktion ZEICHEN() jeweils neben der Codezahl ein.

E5		fx	=ZEICHEN(D5)

ANSI-Codes

Wert	Code	Wert	Code	Wert	Code	Wert	Code	Wert	Code	Wert	Code	Wert	Code	Wert	Code
32		63	?	94	^	125	}	156	œ	187	»	218	Ú	249	ù
33	!	64	@	95	_	126	~	157		188	¼	219	Û	250	ú
34	"	65	A	96	`	127	▯	158	ž	189	½	220	Ü	251	û
35	#	66	B	97	a	128	€	159	Ÿ	190	¾	221	Ý	252	ü
36	$	67	C	98	b	129		160		191	¿	222	Þ	253	ý
37	%	68	D	99	c	130	‚	161	¡	192	À	223	ß	254	þ
38	&	69	E	100	d	131	ƒ	162	¢	193	Á	224	à	255	ÿ
39	'	70	F	101	e	132	„	163	£	194	Â	225	á		
40	(	71	G	102	f	133	…	164	¤	195	Ã	226	â		
41	)	72	H	103	g	134	†	165	¥	196	Ä	227	ã		
42	*	73	I	104	h	135	‡	166	¦	197	Å	228	ä		
43	+	74	J	105	i	136	ˆ	167	§	198	Æ	229	å		
44	,	75	K	106	j	137	‰	168	¨	199	Ç	230	æ		
45	-	76	L	107	k	138	Š	169	©	200	È	231	ç		
46	.	77	M	108	l	139	‹	170	ª	201	É	232	è		
47	/	78	N	109	m	140	Œ	171	«	202	Ê	233	é		
48	0	79	O	110	n	141		172	¬	203	Ë	234	ê		
49	1	80	P	111	o	142	Ž	173		204	Ì	235	ë		

Abbildung 3.39: Eine ANSI-Codetabelle mit der Funktion ZEICHEN()

KAPITEL 4

Datenbankfunktionen

Excel ist keine Datenbank und wird auch nie eine werden. Programme zur Verwaltung von Datenbanken zeichnen sich dadurch aus, dass sie relationale Beziehungen zwischen Tabellen ziehen können. Microsoft Access, SQL-Server oder Oracle sind relationale Datenbanksysteme (DBMS). OLAP-Datenbanken wie MIS ALEA, Cognos, Hyperion oder die Analysis Services des SQL Server erweitern diese Fähigkeit um viele Dimensionen, die sogenannten *Cubes* verbinden Tabellen zu n-dimensionalen Würfeln. Datenbankprogramme sind für die Speicherung und Bearbeitung großer und größter Datenmengen vorgesehen, mit dem SQL Server kann beispielsweise eine theoretische Menge von 1 Extrabyte (1 Million Terabyte) verwaltet werden.

Excel spielt als zweidimensionales Rechenblatt nicht mit in dieser Liga, auch wenn ab Version 2007 die Dimension der »spreadsheets« stark erweitert wurde:

- Pro Tabelle bieten 1.048.576 Zeilen und 16.384 Spalten genug Grundfläche für große Berichte.
- Für die Kalkulation stehen damit 17.179.869.184 Zellen zur Verfügung.
- Mit den Standard-Layouteinstellungen (56 Zeilen, 7 Spalten pro Seite) können von einer Tabelle theoretisch 43.816.501 Seiten gedruckt werden.

Die Abbildungs- und Speichergröße für die Daten ist also nicht mehr das entscheidende Differenzierungsmerkmal zwischen DBMS und Kalkulation. Datenbanksysteme spielen ihr Potenzial aus, wenn es um die Beziehungen zwischen Tabellen geht. Einzelne Datenmengen werden über Nummern miteinander verbunden. Die im DBMS gespeicherten Beziehungen werden über Abfragen ausgewertet und die Abfrageergebnisse bilden die Basis für die Berichte. Hier ein Beispiel einer relationalen Beziehung in einer Projektdatenbank, erstellt mit Microsoft Access:

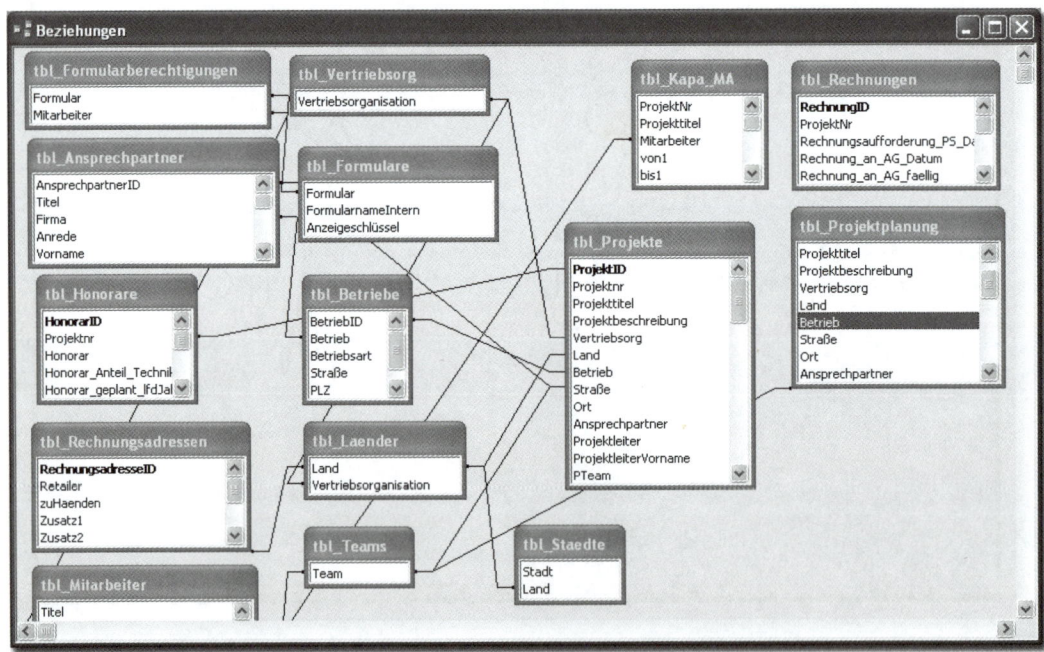

Abbildung 4.1: Die Beziehungen in einer Access-Datenbank

Mit Excel lässt sich so ein Beziehungsgeflecht nicht annähernd erstellen, auch wenn Funktionen wie SVERWEIS() eine Art relationale Verknüpfung zwischen zwei Tabellen herstellen können. Excel spielt seine Stärken mit schnellen Filter-, Sortier- und Analysetechniken wie Pivot-Tabellen, Teilergebnissen oder datenbankspezifischen Funktionen aus. Für Aufgaben im Datenbankbereich gibt es Access, SQL-Server, Oracle, mySQL oder andere Datenbankprogramme und Excel bietet mit der ODBC-Schnittstelle fantastische Möglichkeiten, diese Daten zu importieren und auszuwerten.

4.1 Datenbanken, Listen, Tabellen

Wieso stellt der Funktions-Assistent eine Reihe von Datenbankfunktionen bereit, wenn Excel gar keine Datenbank ist oder hat? Die Frage lässt sich mit historischem Bezug klären: Der Begriff *Datenbank* ist in den früheren Excel-Versionen für die Liste verwendet worden. Eine Liste ist ein geschlossener Datenbereich, der mit einer Kopfzeile versehen ist und in jeder Spalte möglichst einheitliche Datentypen aufweist. Um eine Liste zu sortieren oder zu filtern, musste diese in früheren Versionen mit dem Bereichsnamen *Datenbank* versehen werden. Jetzt reicht der Zellzeiger in der Liste beim Aufruf einer Filter- oder Sortieroperation.

Personalnr	Name	Vorname	Abteilung	Geburtsdatum	Eintrittsdatum
100-20	Berg	Alette	Programmierung	19.04.1964	25.06.2000
100-21	Bichler	Andrea	Programmierung	13.04.1969	14.03.2002
100-22	Burg	Andreas	Programmierung	20.03.1963	03.10.2003
100-23	Dammel	Angela	Ausbildung	21.07.1955	23.02.2002
100-24	Gerstner	Armin	Programmierung	19.10.1967	02.11.2002
100-25	Gärtner	Brigitte	Support	12.03.1978	29.10.2003
100-26	Glück	Carsten	Support	25.12.1979	11.11.2003
100-27	Graupe	Christian	Vertrieb	29.08.1966	19.12.2002
100-28	Greininger	Daniela	KS-Support	27.10.1967	17.07.2000
100-29	Höchel	Dirk	M2-Support	01.01.1978	
100-30	Hebbel	Hans	Technik	09.09.1968	05.10.2003
100-31	Härtel	Joachim	Verwaltung	21.07.1955	12.09.2001
100-32	Hübner	Joerg	Vertrieb	22.10.1963	11.10.2000
100-33	Hofmann	Josef	Verwaltung	18.07.1974	03.07.2000
100-34	Hüssel	Karsten	GL	13.01.1943	17.09.2001
100-35	Hüssel	Markus	GL	30.09.1967	19.10.2000
100-36	Härtel	Melita	Verwaltung	05.07.1949	17.07.2003
100-37	Jagelsberger	Monika	Marketing	10.08.1966	08.10.2001
100-38	Kramm	Monika	Support	03.11.1970	06.10.2003
100-39	Kreitmeier	Nico	Support	01.05.1969	17.10.2003
100-40	Krüger	Nicole	Support	10.12.1968	03.04.2004
100-41	Langer	Olcay	Support	10.12.1968	24.08.2002

Abbildung 4.2: Eine Liste, früher als Datenbank bezeichnet

Listen unterliegen in Excel-Tabellen eindeutigen Regeln:

- Die erste Zeile der Liste ist die Kopfzeile, sie enthält die Feldnamen für die Liste.
- Jede Spalte enthält im Datentyp identische Daten (Zahlen, Texte, Datum).
- Leerzeilen und Leerspalten kommen in Listen nicht vor, die erste Leerzeile und Leerspalte ist die physikalische Grenze einer Liste.

4.1.1   Von der Liste zur Tabelle

Mit der Version 2002 (Excel XP) hat Excel den Begriff *Liste* als technischen Begriff für einen Teil des Tabellenblatts eingeführt. Wird ein Tabellenbereich in Excel XP/2003 zur Liste erklärt, nimmt Excel neue Einträge unter dem Bereich automatisch in die Liste auf. Außerdem erhält die Liste eine automatische Ergebniszeile, in der die Standardauswertungsfunktionen für Spalten bereitgestellt werden (Summe, Anzahl, Maximum/Minimum ...). Um einen Bereich zur Liste zu erklären, wird dieser markiert und mit dem Menübefehl *Daten/Liste* in eine Liste umgewandelt.

Excel 2010 behält dieses Listenprinzip bei, nennt die *Liste* aber *Tabelle*. Diese Bezeichnung stiftet natürlich Verwirrung, denn unter Tabelle versteht der Anwender zunächst das Tabellenblatt. Das Prinzip ist gleich geblieben, mit EINFÜGEN/TABELLE wird ein Bereich zur Tabelle erklärt, neu ist die Möglichkeit, die Tabelle mit Tabellenformatvorlagen zu formatieren.

Hinweis

In Kapitel 1.8 finden Sie eine ausführliche Beschreibung der Tabellentechnik. Sie lernen, wie ein Bereich zur Tabelle erklärt wird, wie die Ergebniszeile eingeschaltet wird und wie Sie mit Tabellenelementen in Formeln und Funktionen arbeiten. Die *strukturierten Verweise* bieten die Möglichkeit, Spaltenformeln im Bezug auf die Tabelle zu verwenden.

Listen aus Excel XP/2003 werden automatisch erkannt, wenn die Arbeitsmappe in Excel 2010 geöffnet wird, die Tabelle hat nur kein Tabellenformat. Wie Sie einen einfachen Bereich zur Tabelle erklären, sehen Sie an diesem Beispiel noch einmal:

Die Liste enthält Artikeldaten eines Golfversandhauses mit Kategorie, EK, VK und Hersteller. Alle Voraussetzungen für eine Liste sind erfüllt, sie enthält eine Kopfzeile, die Daten in den Preisspalten sind durchgehend numerisch.

CD-ROM

Auf der CD zum Buch finden Sie die Übungsdatei: *Golfstore.xlsx*

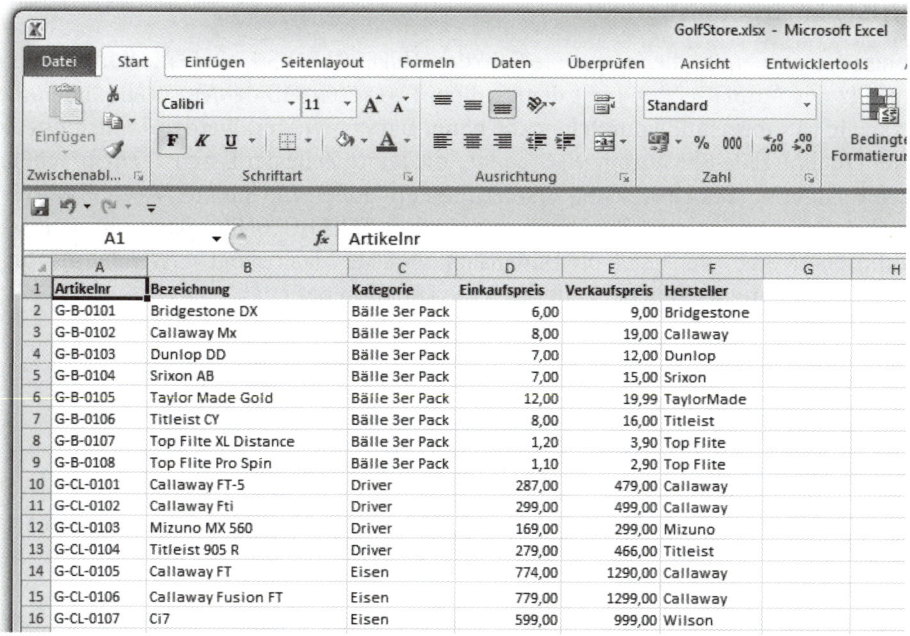

	A	B	C	D	E	F	G	H
1	Artikelnr	Bezeichnung	Kategorie	Einkaufspreis	Verkaufspreis	Hersteller		
2	G-B-0101	Bridgestone DX	Bälle 3er Pack	6,00	9,00	Bridgestone		
3	G-B-0102	Callaway Mx	Bälle 3er Pack	8,00	19,00	Callaway		
4	G-B-0103	Dunlop DD	Bälle 3er Pack	7,00	12,00	Dunlop		
5	G-B-0104	Srixon AB	Bälle 3er Pack	7,00	15,00	Srixon		
6	G-B-0105	Taylor Made Gold	Bälle 3er Pack	12,00	19,99	TaylorMade		
7	G-B-0106	Titleist CY	Bälle 3er Pack	8,00	16,00	Titleist		
8	G-B-0107	Top Filte XL Distance	Bälle 3er Pack	1,20	3,90	Top Flite		
9	G-B-0108	Top Flite Pro Spin	Bälle 3er Pack	1,10	2,90	Top Flite		
10	G-CL-0101	Callaway FT-5	Driver	287,00	479,00	Callaway		
11	G-CL-0102	Callaway Fti	Driver	299,00	499,00	Callaway		
12	G-CL-0103	Mizuno MX 560	Driver	169,00	299,00	Mizuno		
13	G-CL-0104	Titleist 905 R	Driver	279,00	466,00	Titleist		
14	G-CL-0105	Callaway FT	Eisen	774,00	1290,00	Callaway		
15	G-CL-0106	Callaway Fusion FT	Eisen	779,00	1299,00	Callaway		
16	G-CL-0107	Ci7	Eisen	599,00	999,00	Wilson		

Abbildung 4.3: **Eine Liste mit Artikeldaten**

1. Setzen Sie den Zellzeiger in eine beliebige Zelle der Liste oder markieren Sie die Liste mit Strg+⇧+*.
2. Wählen Sie EINFÜGEN/TABELLEN/TABELLE.
3. Der Bereich rund um den Zellzeiger wird für die Liste vorgeschlagen, die Option TABELLE HAT ÜBERSCHRIFTEN ist angekreuzt. Bestätigen Sie mit Klick auf OK.
4. Die Tabelle wird erstellt, die Multifunktionsleiste zeigt, solange der Zellzeiger in der Tabelle steht, eine neue Registergruppe TABELLENTOOLS mit der Registerkarte ENTWURF.
5. Markieren Sie die Spalte G (Hersteller) und fügen Sie über das Kontextmenü der rechten Maustaste eine neue Spalte ein (ZELLEN EINFÜGEN). Geben Sie dieser die Spaltenüberschrift *Deckungsbeitrag*.
6. Erstellen Sie in Zelle F2 einen strukturierten Verweis zur Berechnung des Deckungsbeitrags. Schreiben Sie dazu ein =-Zeichen, klicken Sie auf die Zellen links von der Formel in der Formelzeile:

```
F2: =[@Verkaufspreis]-[@Einkaufspreis]
```

7. Schalten Sie unter OPTIONEN FÜR TABELLENFORMAT die Ergebniszeile ein. Wählen Sie in den Ergebnisfeldern der Spalte B *Anzahl* und für Spalte D:F die Funktion *Summe*.

TEILERGEBNIS() im Ergebnisbereich

Für die Ergebniszeile verwendet die Tabelle die Funktion TEILERGEBNIS(), eine Filterfunktion, die auch beim Einsatz des AutoFilters und mit dem Symbol TEILERGEBNIS (DATEN/GLIEDERUNG) benutzt wird. Da die Tabelle variabel ist und durch Eingabe neuer Daten erweitert werden kann, muss die Funktion in der Ergebniszeile (die automatisch immer die letzte Zeile der Liste ist) entsprechend flexibel sein. Die Funktion TEILERGEBNIS() ersetzt die Funktionen für Summe, Anzahl, Mittelwert etc. Die Codezahl repräsentiert die jeweilige Funktion, TEILERGEBNIS() passt automatisch den Auswertungsbereich an, wenn sich die Dimension der Liste ändert, und verwendet als Auswertungsbereich die Spalte der Tabelle, in der sich die Funktion befindet.

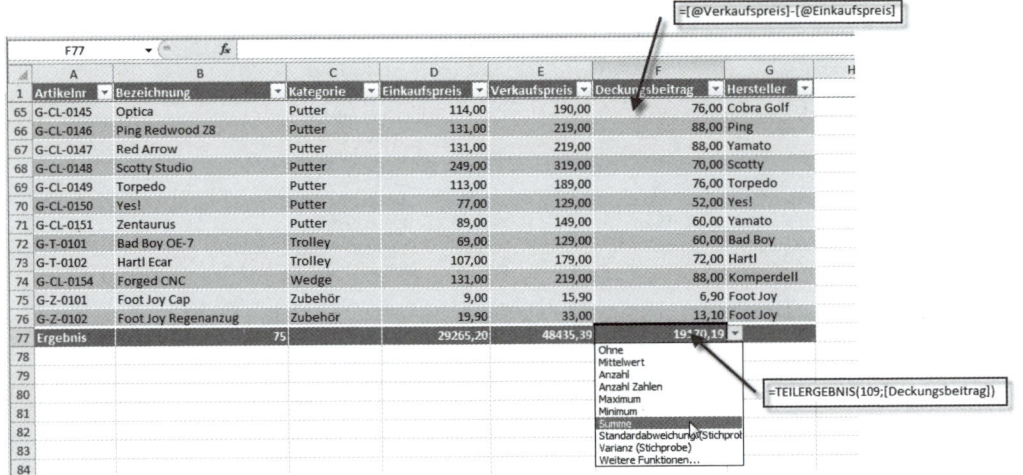

Abbildung 4.4: Tabelle mit strukturierten Verweisen und Teilergebnis-Formeln.

Der Tabellenname

Tabellen erhalten mit der Umwandlung der Liste automatisch einen Namen. Dieser Name kann in der Multifunktionsleiste eingesehen und angepasst werden:

1. Setzen Sie den Zellzeiger in die Tabelle und schalten Sie auf die ENTWURF-Registerkarte der TABELLENTOOLS um.

2. In der Gruppe EIGENSCHAFTEN wird der Tabellenname angezeigt. Tragen Sie einen Namen Ihrer Wahl ein (siehe folgenden Abschnitt: *Regeln für Bereichsnamen und Tabellennamen*).

Der Tabellenname wird auch im Namens-Manager zusammen mit Bereichsnamen angezeigt. Aktivieren Sie diesen unter FORMELN/DEFINIERTE NAMEN oder einfach mit ⌈Strg⌉+⌈F3⌉. Hier können Sie ihn auch ändern, nur die gleichzeitige Zuweisung des Tabellenbereichs ist nicht möglich. Mit der Schaltfläche FILTER können Sie Tabellennamen herausfiltern, die Liste zeigt dann nur Tabellennamen und keine Bereichsnamen an.

Strukturierte Verweise in Datenbankfunktionen verwenden

Die meisten Funktionen und speziell die Datenbankfunktionen fordern als erstes Argument den Bezug zur Liste. Um beispielsweise die Anzahl der Artikel in der oben verwendeten Preisliste zu zählen, würden Sie diese Datenbankfunktion verwenden:

```
=DBANZAHl2(Datenbank;Datenbankfeld;Suchkriterien)
```

Für das erste Argument *Datenbank* geben Sie den Bezug zur Liste an. Das zweite Argument ist eine beliebige Spaltennummer und im dritten Argument kann ein Suchkriterienbereich bestimmt werden, der mindestens aus zwei Zeilen bestehen sollte:

```
=DBANZAHL2($A$1:$F$76;1;K1:K2)
```

Tragen Sie im Suchkriterienbereich auch noch eine Spaltenbeschriftung und ein Kriterium ein, zählt die Funktion die entsprechende Anzahl gefilterter Datensätze. Um alle Datensätze zu berücksichtigen, löschen Sie einfach den Eintrag in der zweiten Zeile oder geben ein * ein:

```
K1: Hersteller
K2: Callaway
```

	H2	▼ (	f_x	=DBANZAHL2($A$1:$F$76;1;K1:K2)						
	A	B	C	D	E	F	G	H	I	J	K
1	Artikelnr	Bezeichnung	Kategorie	Einkaufspreis	Verkaufspreis	Hersteller		Anzahl Artikel:			Hersteller
2	G-B-0101	Bridgestone DX	Bälle 3er Pack	6,00	9,00	Bridgestone		8			Callaway
3	G-B-0102	Callaway Mx	Bälle 3er Pack	8,00	19,00	Callaway					
4	G-B-0103	Dunlop DD	Bälle 3er Pack	7,00	12,00	Dunlop					
5	G-B-0104	Srixon AB	Bälle 3er Pack	7,00	15,00	Srixon					
6	G-B-0105	Taylor Made Gold	Bälle 3er Pack	12,00	19,99	TaylorMade					
7	G-B-0106	Titleist CY	Bälle 3er Pack	8,00	16,00	Titleist					

Abbildung 4.5: Datenbankfunktion für die Liste

Arbeiten Sie aber mit einer Tabelle, muss das Argument *Datenbank* den Namen der Tabelle erhalten. Dazu markieren Sie beim Erstellen der Funktion die Tabelle. Achten Sie aber darauf, dass die Ergebniszeile nicht mitmarkiert wird. Der damit erzeugte strukturierte Verweis enthält alle Daten der Tabelle (hier *Tabelle1*) über die Spalten von *Artikelnr* bis *Hersteller*:

```
=DBANZAHL2(Tabelle1[[#Kopfzeilen];[#Daten];[Artikelnr]:[Hersteller]];1;K1:K2)
```

Hier weitere Beispiele für die Verwendung strukturierter Verweise in Datenbankfunktionen:

Summe Deckungsbeiträge:

```
=DBSUMME(Tabelle1[[#Kopfzeilen];[#Daten]];Tabelle1[[#Kopfzeilen];
[Deckungsbeitrag]];K1:K2)
```

Teuerster Artikel:

```
=DBMAX(Tabelle1[[#Kopfzeilen];[#Daten]];Tabelle1[[#Kopfzeilen];
[Verkaufspreis]];K4:K5)
```

171

Billigster Artikel:

```
=DBMIN(Tabelle1[[#Kopfzeilen];[#Daten]];Tabelle1[[#Kopfzeilen];
[Verkaufspreis]];K7:K8)
```

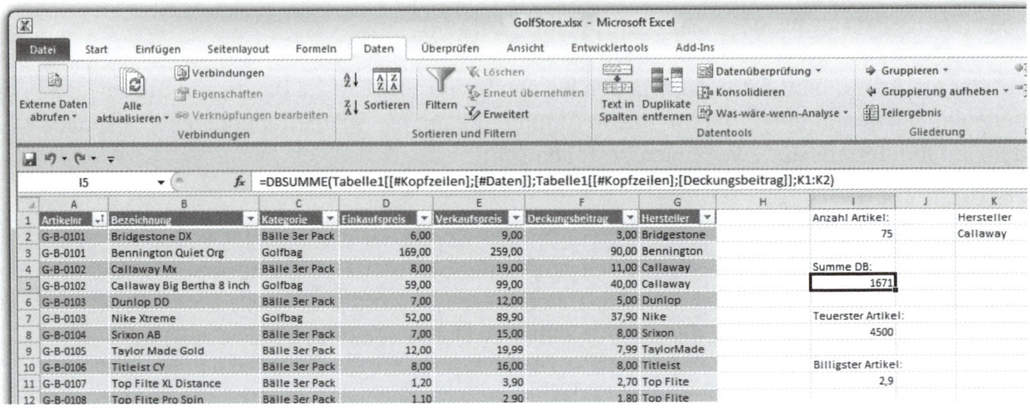

Abbildung 4.6: Strukturierte Verweise in Datenbankfunktionen

Tabelle in Liste umwandeln

Eine Liste kann auch ohne Probleme wieder entfernt werden. Wählen Sie IN BEREICH KONVERTIEREN in der Gruppe TABELLENTOOLS/ENTWURF/TOOLS und bestätigen Sie die Sicherungsmeldung. Die Liste behält das Tabellenformat als Zellformatvorlage bei, unter START/FORMATVORLAGEN können Sie es herausnehmen oder ein anderes Format wählen. Die strukturierten Verweise werden aufgelöst, an deren Stelle treten einfache Zellbezugsformeln. Die Teilergebnisformeln in der Ergebniszeile bleiben ebenfalls stehen, enthalten aber nach der Umwandlung die Teilmatrizen der Liste als $-Bezüge (z.B. $E$2:e72).

Tabelle oder Liste?

Müssen Sie als fortgeschrittener Excel-Anwender jede Liste erst zur Tabelle erklären, bevor Sie Auswertungen mit Formeln und Funktionen machen? Die Frage lässt sich nicht einfach beantworten. Tabellen haben besonders durch die Möglichkeit, strukturierte Verweise zu verwenden, klare Vorteile gegenüber den früheren Techniken mit $-Bezügen (Teilmatrizen). Erweitert sich der Tabellenbereich, stimmen alle Ergebnisse wieder, neue Spalten und Zeilen werden automatisch berücksichtigt.

■ Tabellen kommen automatisch zum Einsatz, wenn Daten aus externen Quellen verknüpft werden, zum Beispiel über ODBC (Daten/Externe Daten). Wer häufiger Daten aus Access, SQL-Server oder anderen Quellen bezieht, sollte sich mit dem Tabellenprinzip anfreunden.

■ Tabellen sind aber sehr unbeliebt, wenn Daten über die Zwischenablage verschoben oder zusammenkopiert werden. Keine Chance hat das Tabellenprinzip, wenn die Daten gar nicht in Listenform vorliegen.

> **Tipp**
>
> Sehen Sie sich die Techniken mit Bereichsnamen an, speziell die dynamischen Namen, die in der Praxis eine sinnvolle Alternative zur Tabelle bieten.

4.1.2 Bereichsnamen in Datenbankfunktionen

Die Tabellenfunktion, d.h. das Umwandeln einer Liste in eine Tabelle, hat mit den Datenbankfunktionen zunächst nichts zu tun. Jede Datenbankfunktion braucht einen auszuwertenden Bereich, die Angabe, welche Spalte betroffen ist und einen Zellbereich, dessen Inhalt als Suchkriterium fungiert. Diese Bereiche können ganz normale Zellbezüge sein:

```
=DBSUMME(A1:C15;"PREIS";H1:H2)
```

Der Nachteil dieser Adressierungstechnik ist aber sofort transparent: Ändert sich die Dimension des Bereichs, muss die Formel repariert werden. Das gilt nicht für Zeilen oder Spalten, die dazwischen eingefügt werden, sondern nur für die Tatsache, dass Zeilen oder Spalten angefügt werden. Mit der Verwendung von Bereichsnamen lässt sich diese Problematik umgehen. Ändert sich der Bereich, müssen Sie nur den Bereichsnamen überprüfen, die Formeln rechnen nach wie vor korrekt. Der Bereichsname kann wie der Tabellenname beliebig gewählt werden, er muss aber bestimmte Regeln einhalten:

Regeln für Bereichsnamen und Tabellennamen

- Der Name muss mit einem Buchstaben oder einem Unterstrich beginnen.
- Der Name darf keine Leerzeichen oder Sonderzeichen enthalten.
- Die Tabelle oder der Bereich darf nicht so benannt sein wie eine andere Tabelle, ein anderer Bereich oder ein Objekt.
- Der Name darf nicht zu verwechseln sein mit einem Zellbezug (z.B. X20).
- Der Name darf maximal 255 Zeichen enthalten. Groß- und Kleinschrift ist erlaubt, es wird aber nicht danach unterschieden.

Ein schneller Bereichsname über das Namensfeld

1. Markieren Sie die gesamte Liste mit der Tastenkombination `Strg`+`⇧`+`*`. Das entspricht dem Befehl START/BEARBEITEN/SUCHEN UND AUSWÄHLEN/GEHE ZU/INHALTE/AKTUELLER BEREICH.

Schreiben Sie den Bereichsnamen *Datenbank* in das Namensfeld links oben, in dem die Zelladresse der aktuellen Zelle angezeigt wird. Drücken Sie zum Abschluss die `↵`-Taste.

173

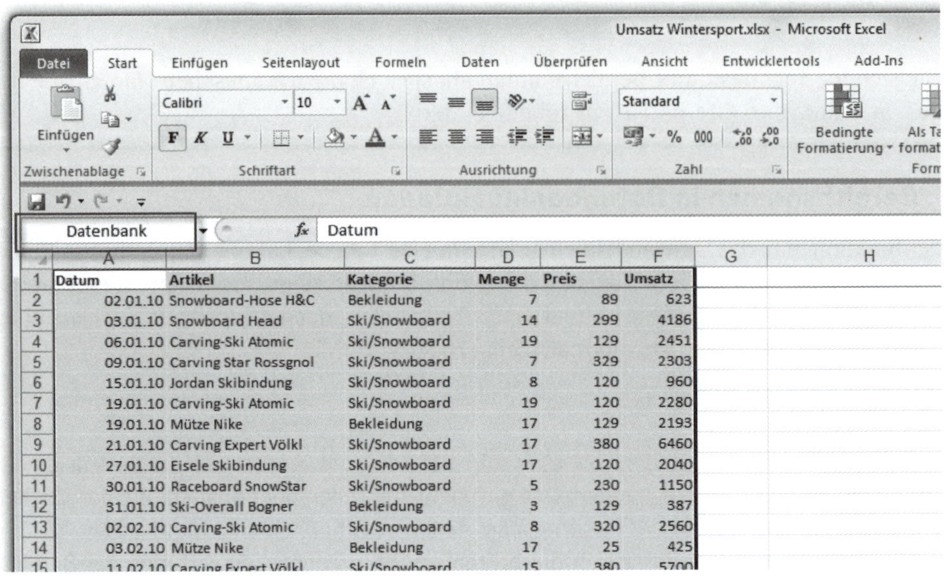

Abbildung 4.7: Die Liste wird mit dem Bereichsnamen zur Datenbank erklärt.

Der längere Weg, um einen Bereich zu benennen, führt über den *Namens-Manager*, und den müssen Sie auch gehen, um einen Bereichsnamen zu ändern, den Bereich neu zu definieren oder den Bezug für einen Namen zu ändern. Der Eintrag des Bereichsnamens in das Namensfeld links oben schreibt nur beim ersten Mal den Namen in die Namensliste. Ist der Name schon vorhanden, wird der benannte Bereich markiert.

1. Wählen Sie FORMELN/DEFINIERTE NAMEN/NAMEN DEFINIEREN oder öffnen Sie den Namens-Manager und klicken Sie auf NEU.

2. Tragen Sie den Bereichsnamen *Datenbank* ein.

3. Bestimmen Sie unter BEREICH, ob der Bereichsname für die gesamte Arbeitsmappe oder nur für ein einzelnes Tabellenblatt gelten soll (siehe nächster Abschnitt: Globale und lokale Bereichsnamen).

4. Bestimmen Sie unter BEZIEHT SICH AUF den Bereich, der diesen Namen trägt. Markieren Sie ihn dazu im Hintergrund im Tabellenblatt.

Drücken Sie ⌗Strg⌗+⌗F3⌗ für den Aufruf des Namens-Managers oder ⌗Strg⌗+⌗Alt⌗+⌗F3⌗ für die Namenszuweisung. Wenn Sie die Namen aus den Beschriftungen der Zeilen und/oder Spalten verwenden wollen, wählen Sie FORMELN/DEFINIERTE NAMEN/AUS AUSWAHL ERSTELLEN.

Der Namens-Manager

Der Namens-Manager verwaltet alle Bereichsnamen und Tabellennamen in der aktiven Arbeitsmappe. Verwenden Sie die Schaltfläche FILTER, um nach Bereichsnamen in einzelnen Tabellenblättern zu filtern. Mit BEARBEITEN können Bereichsnamen und Bezüge neu definiert werden, LÖSCHEN entfernt die markierten Bereichsnamen.

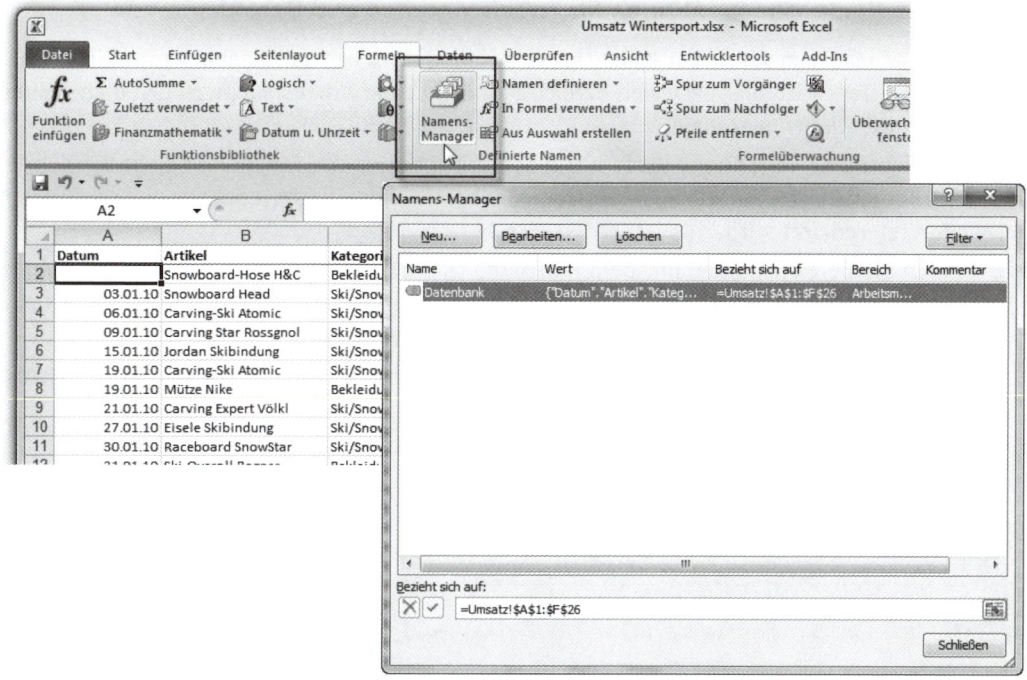

Abbildung 4.8: Bereichsnamen verwalten mit dem Namens-Manager

Globale und lokale Bereichsnamen

Ein Bereichsname gilt wahlweise für die gesamte Arbeitsmappe (globaler Bereichsname) oder nur für das jeweilige Tabellenblatt (lokaler Bereichsname). Schreiben Sie den Bereichsnamen in das Namensfeld, wird automatisch ein globaler Bereichsname angelegt. Um einen lokalen Namen zu erzeugen, aktivieren Sie den Namens-Manager und schalten nach Klick auf NEU auf das Tabellenblatt um, in dem Sie den lokalen Namen anlegen wollen.

Wird ein Tabellenblatt mit globalen Bereichsnamen kopiert, wandelt Excel diese im neuen Blatt automatisch in lokale Bereichsnamen um. Achten Sie darauf, dass die Bereichsnamen damit doppelt existieren, einmal als globale Namen und ein weiteres Mal als lokale, nur für das Tabellenblatt gültige Namen. Mit dem Filter im Namens-Manager lässt sich der Unterschied leicht feststellen.

Bezieht sich eine Funktion auf einen globalen Bereichsnamen, genügt es, wenn Sie diesen als Bezug angeben. Hier zum Beispiel mit der Funktion DBSUMME():

```
=DBSUMME(Datenbank;"PREIS";H1:H2)
```

Bezieht sich eine Funktion auf einen lokalen Namen, muss dieser zusammen mit einer Verknüpfung zum Tabellenblattnamen angegeben werden:

```
=DBSUMME(Artikel!Datenbank;"PREIS";H1:H2)
```

Empfohlene Namenskonventionen für Tabellennamen und Bereichsnamen

Der Namens-Manager macht leider keine Unterscheidung zwischen Tabellennamen und Bereichsnamen. Um die Übersicht über die vielen Bereichsnamen in einer Arbeitsmappe zu behalten, sollten Sie Namenskonventionen einführen:

- Der Bereichsname *Datenbank* sollte nur global für die gesamte Mappe angelegt werden. Er bezeichnet eine Liste, auf die aus unterschiedlichen Tabellenblättern oder auch aus anderen Mappen referenziert wird.

- Beginnen Sie Bereichsnamen mit dem Präfix *rng* (*Range*). Schreiben Sie den Bereichsnamen in das Namensfeld oder fixieren Sie ihn mit dem Namens-Manager. Wird der Bereichsname nur im Tabellenblatt benötigt, sollte er lokal angelegt werden.

- Berechnete Bereichsnamen beginnen mit dem Präfix *clc* (*calculated*). Diese Namen werden nicht im Namensfeld angezeigt.

- Tabellennamen beginnen mit dem Präfix *tbl*. Ändern Sie die Bezeichnung nach Anlegen der Tabelle unter TABELLENTOOLS/ENTWURF/EIGENSCHAFTEN.

Der Unterstrich nach dem Bereichs- oder Tabellennamenpräfix ist optional.

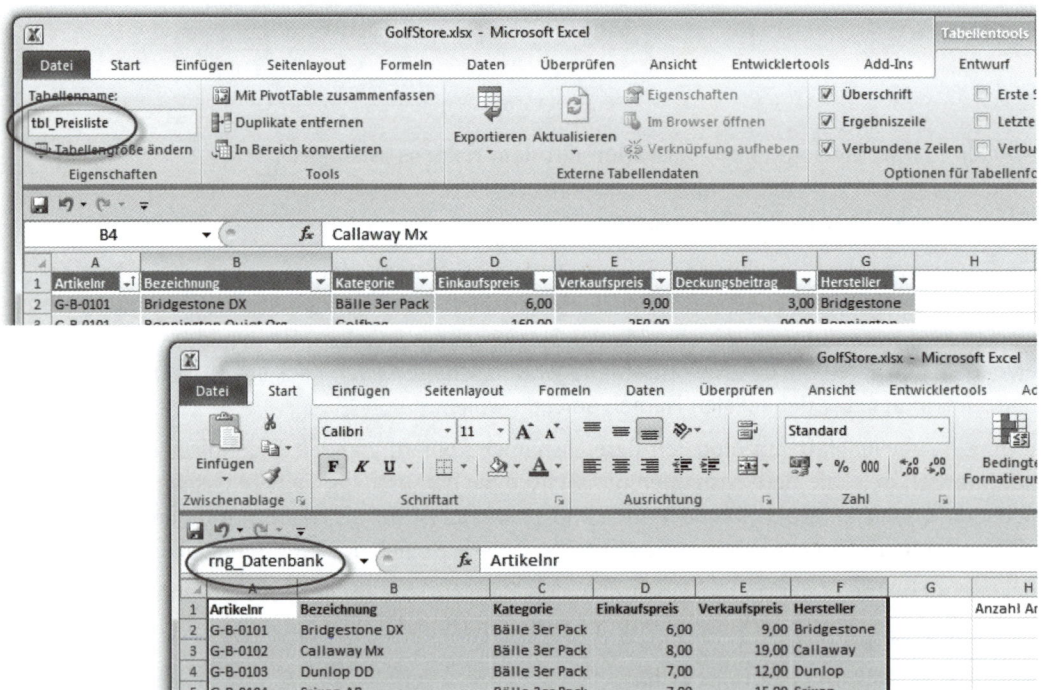

Abbildung 4.9: Mit dem Präfix unterscheiden Sie zwischen Tabellen- und Bereichsnamen.

Tabellennamen über Bereichsnamen verwenden

In Kapitel 1.1 lesen Sie, wie Tabellennamen und strukturierte Verweise in Formeln und Funktionen verwendet werden. Der Namens-Manager verwaltet sowohl Bereichsnamen als auch Tabellennamen, die automatisch angelegt werden, wenn eine Liste mit EINFÜGEN/TABELLE zur *Tabelle* erklärt wird. Diese Tabellennamen lassen sich sowohl über die Tabellentools als auch im Namens-Manager ändern.

Arbeiten Sie jetzt bevorzugt mit Bereichsnamen, lassen sich die Tabellennamen nicht verwenden, sie sind hauptsächlich für strukturierte Verweise nützlich. Mit einem einfachen Trick können Sie den Tabellennamen aber in einen Bereichsnamen überführen, der dann in Funktionen anstelle von Bezügen verwendet werden kann.

1. Wählen Sie FORMELN/DEFINIERTE NAMEN/NAMEN DEFINIEREN oder drücken Sie ⌈Strg⌉+⌈F3⌉.
2. Geben Sie den Bereichsnamen *rng_Artikel* ein.
3. Bestimmen Sie unter BEREICH, ob Sie den Namen für das Tabellenblatt oder für die Arbeitsmappe anlegen wollen.
4. Tragen Sie unter BEZIEHT SICH AUF die Verknüpfung zum Tabellennamen ein:

   ```
   =tbl_Artikel
   ```

Ändert sich die Dimension der Tabelle, passt sich auch der Bereichsname an. Da Tabellennamen aber grundsätzlich keine Kopfzeilen einschließen, eignet sich diese Technik nicht für die Angabe der Datenbank in Datenbankfunktionen. Mit diesem Trick beziehen Sie den Bereichsnamen *Datenbank* auf den Tabellenbereich und schließen die Kopfzeile mit ein:

```
Name: rng_Datenbank
Bezieht sich auf: =BEREICH.VERSCHIEBEN(tbl_Artikel;-1;0;ZEILEN(tbl_Artikel)+1)
```

Die dynamische Datenbank

Wenn Sie nicht mit Tabellen arbeiten wollen oder können und trotzdem ständig mit wechselnden Bereichen zu tun haben, empfiehlt sich das Arbeiten mit dynamischen Datenbanken. Mit einer Matrixfunktion lösen Sie diese Aufgabe, sie setzt aber voraus, dass die Liste, aus der die Datenbank entsteht, einige Bedingungen erfüllt:

- Die Liste muss links oben in der Zelle A1 beginnen und geschlossen sein, d.h. weder Leerzeilen noch Leerspalten enthalten.
- In der ersten Zeile und in der ersten Spalte der Tabelle dürfen außer der Kopfzeile und den Datenzeilen keine weiteren Daten oder Formeln (Summen etc.) stehen.

Das ist die Funktion, mit der Sie eine dynamische Datenbank erstellen, die sich automatisch an die Anzahl Zeilen und Spalten im Listenbereich anpasst:

```
=BEREICH.VERSCHIEBEN (Bezug;Zeilen:Spalten;Höhe:Breite)
```

Datenbank-funktionen

Diese Funktion ermittelt eigentlich einen Zellbezug, der um Zeilen und Spalten von der Formel-zelle mit dieser Funktion versetzt ist. Für unseren dynamischen Bereichsnamen verwenden wir aber nur die beiden letzten Argumente *Höhe* und *Breite* und die ermitteln wir aus der Anzahl der Einträge in der Kopfzeile und der Anzahl der Datensätze:

1. Öffnen Sie eine Tabelle mit einer Liste, die in Zelle A1 beginnt.
2. Wählen Sie FORMELN/DEFINIERTE NAMEN/NAMEN DEFINIEREN.
3. Tragen Sie unter NAMEN den Bereichsnamen *clc_Datenbank* ein.
4. Wählen Sie den Bereich *Arbeitsmappe* und geben Sie in das Feld BEZIEHT SICH AUF diese Formel ein. Wenn Sie dabei mit den Cursortasten arbeiten wollen, drücken Sie vorher die Taste [F2]:

   `=BEREICH.VERSCHIEBEN($A$1;;;ANZAHL2($A:$A);ANZAHL2($1:$1))`

5. Schließen Sie die Namenszuweisung mit einem Klick auf OK ab.
6. Drücken Sie [F5] und geben Sie *clc_Datenbank* ein. Wenn die Formel richtig war, wird der Bereich ab A1 markiert, die Datenbank wird korrekt berechnet.

> **CD-ROM**
>
> Das Übungsbeispiel *Umsatz Wintersport.xlsx* finden Sie auf der CD zum Buch.

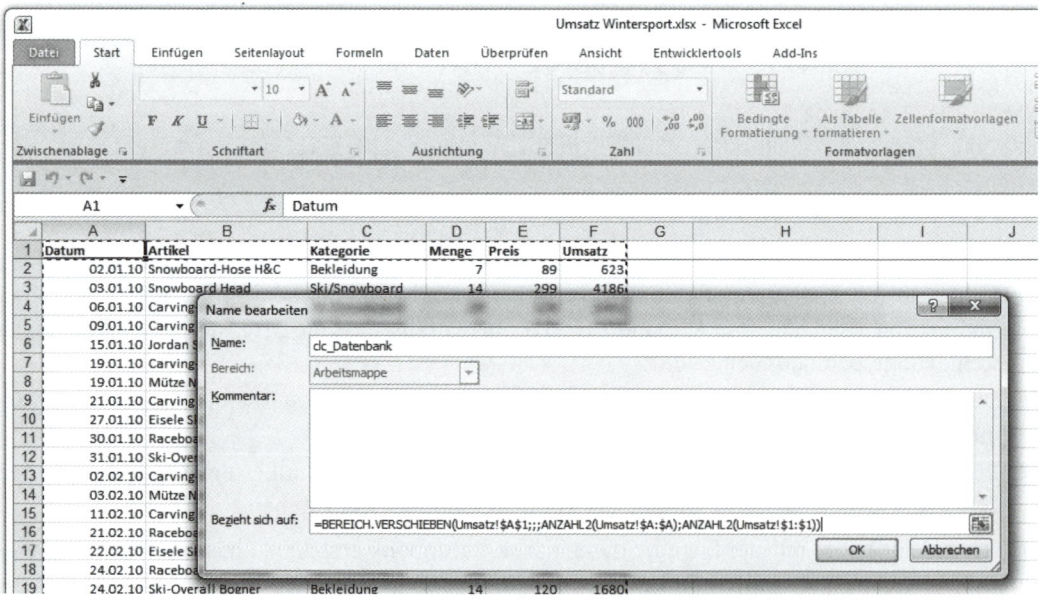

Abbildung 4.10: Die dynamische Datenbank wird berechnet.

> **Hinweis**
>
> Die dynamische Datenbank wird erst zu dem Zeitpunkt berechnet, an dem der Bereichsname aufgerufen wird, sie steht deshalb nicht in der Liste der Bereichsnamen im Namensfeld links oben und auch nicht im Angebot der Namen unter der Funktionstaste $\boxed{\text{F5}}$.

Dynamische Bereiche

In der Praxis beschränkt sich die Tabellenkalkulation nicht auf einzelne Tabellen oder Listen. Umsätze, Absatzzahlen, Maschinenstunden oder Fertigungsaufträge kommen im Monatszyklus, Vorjahresergebnisse müssen mit aktuellen Zahlen verglichen werden. Die logische Folge ist eine immer komplexer werdende Anzahl an Tabellenblättern, die mit Verweisformeln wie SVERWEIS verknüpft und ausgewertet werden. Die Technik der dynamischen Bereiche bietet eine Alternative: Bereichsnamen aus unterschiedlichen Tabellenblättern werden bei Bedarf über dynamische Bereichsnamen berechnet, mit Hilfe von Formularelementen wird der gewünschte Bereich ausgewählt.

> **CD-ROM**
>
> Auf der CD zum Buch finden Sie Übungsdateien und Lösungen unter *DynamischeBereiche.xlsx*.

Die Arbeitsmappe enthält fünf Monatslisten für Aufträge zu einzelnen Produktsegmenten. Jede Liste wurde mit einem entsprechenden Bereichsnamen versehen, die Liste im Blatt Januar heißt *rng_Januar*, die Februarliste *rng_Februar* usw.

Auf dem Tabellenblatt *Basisdaten* sind zwei Listen hinterlegt. Die Liste mit den Produktsegmenten trägt den Bereichsnamen *rng_Produktsegmente*, die Monatsliste von Januar bis Dezember *rng_Monate*.

Für die Auswertung im Tabellenblatt *Auftragsauswertung* wurden zwei Formularelemente eingezeichnet. Die Kombinationsfelder stehen unter ENTWICKLERTOOLS/STEUERELEMENTE/EINFÜGEN bereit. Falls die Registerkarte ENTWICKLERTOOLS nicht sichtbar ist, wird sie unter DATEI/OPTIONEN/MENÜBAND ANPASSEN aktiviert. Mit *Steuerelement formatieren* aus dem Kontextmenü des gezeichneten Elements werden unter *Steuerung* der Bereichsname und eine Zellverknüpfung eingetragen:

Steuerelement »DropDown 1« für Monate:

```
Eingabebereich: rng_Monate
Zellverknüpfung: $G$4
Dropdownzeilen: 12
```

Steuerelement »DropDown 2« für Produktsegmente:

```
Eingabebereich: rng_Produktsegmente
Zellverknüpfung: $G$9
Dropdownzeilen: 5
```

Datenbank-
funktionen

179

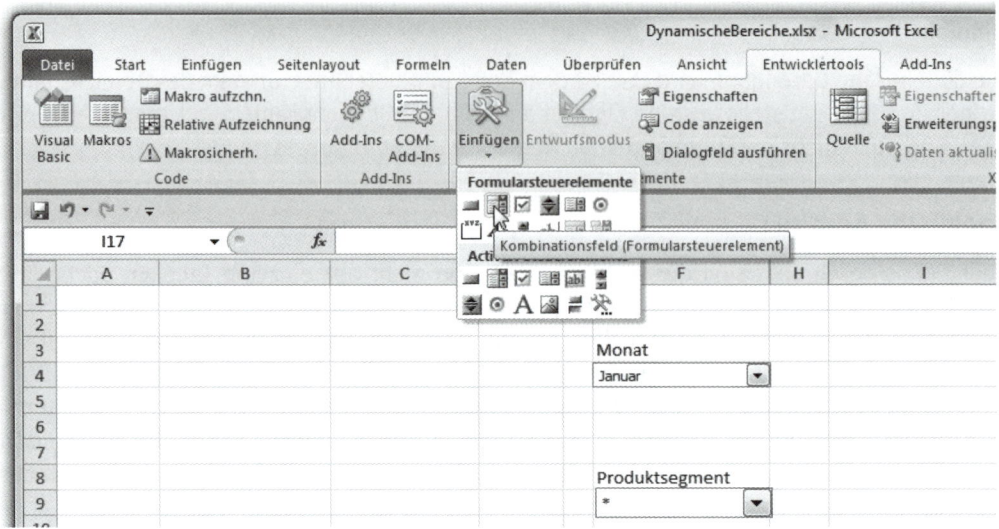

Abbildung 4.11: Steuerelemente für die Auswertung in den Entwicklertools

Mit der Auswahl eines Monats sollten die Daten aus dem jeweiligen Bereich in den ersten drei Spalten angezeigt werden. Dafür wird zunächst ein Bereichsname produziert, der mit Hilfe der Funktion WAHL und der Ausgabeverknüpfung des Steuerelements (Zelle G4) den passenden Bereichsnamen zuordnet:

```
Bereichsname: clc_AufträgeMonat
Bezieht sich auf:
=WAHL(Auftragsauswer-
tung!$G$4;rng_Januar;rng_Februar;rng_März;rng_April;rng_Mai;rng_Juni)
```

Die einzelnen Zellen des Bereichs holt sich eine INDEX-Funktion ab, die mit WENNFEHLER abgesichert ist, da die Bereiche unterschiedliche Größen haben. Diese Funktion wird ab Zelle A1 in die Auswertungstabelle geschrieben, zwei Spalten nach rechts und genügend viele Zellen nach unten kopiert:

```
=WENNFEHLER(INDEX(clc_AufträgeMonat;ZEILE();SPALTE());"")
```

Fehlen nur noch die Auswertungsfunktionen für den Bereich und hier bietet sich die Datenbankfunktion DBSUMME an. Diese Formel berechnet die Gesamtsumme der Aufträge im Bereich clc_AufträgeMonat, dazu wird ein leerer Suchkriterienbereich angegeben:

```
F6: =DBSUMME(clc_AufträgeMonat;3;I1:I2)
```

Wird im zweiten Kombinationsfeld ein Produktsegment ausgewählt, berechnet diese Formel, die hinter dem Element liegt, die Bezeichnung der Auswahl. Die Funktion INDEX bedient sich dazu der Ausgabeverknüpfung:

```
F9: =INDEX(rng_Produktsegmente;$G$9;1)
```

Jetzt fehlen nur noch die Formeln zur Berechnung der Auftragssumme für das gewählte Segment und für den Prozentanteil am Gesamtvolumen. Die Funktion DBSUMME verwendet dazu die Zellen F8 und F9 als einschränkendes Suchkriterium:

```
F10: =WENN(F9<>"*";"Summe:";"")
F11: =WENN(F9<>"*";DBSUMME(clc_AufträgeMonat;3;$F$8:$F$9);"")
F12: =WENN(F9<>"*";"%-Anteil:";"")
F13: =WENN(F9<>"*";F11/F6;"")
```

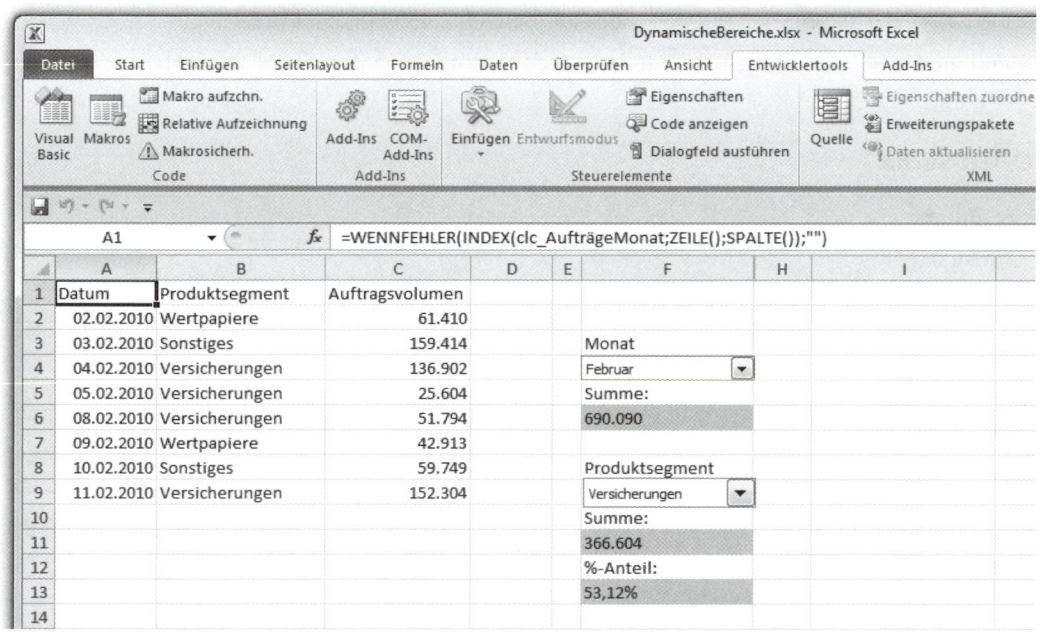

Abbildung 4.12: Dynamische Bereiche, über Formularelemente gesteuert

4.2 Die Datenbankfunktionen

Mithilfe spezieller Funktionen für die Datenbank lassen sich in der Tabelle Informationen aus und über den Datenbestand aus der Datenbank ermitteln. Excel stellt insgesamt zwölf Funktionen zur Verfügung, die direkt in der Tabelle ohne zusätzliche Makrosteuerung Verwendung finden können. Die Funktionen arbeiten wie alle Excel-Funktionen interaktiv, d.h., die ermittelten Ergebnisse werden bei eingeschalteter automatischer Berechnung stets aktuell angezeigt. Alle Datenbankfunktionen sind nach folgendem Muster aufgebaut und benötigen drei Argumente:

=DBFunktion(Datenbank;Datenbankfeld;Suchkriterien)

- **Datenbank:** Ein Tabellenbereich, der wahlweise aus einem Zellbezug (z.B. A1:F20), aus einem Bereichsnamen (idealerweise *Datenbank*) oder aus einem Tabellenbereich stammen kann (z.B. *tblArtikel[[#Kopfzeilen];[#Daten]]*).
- **Datenbankfeld:** Das in der Funktion verwendete Feld der Datenbank. Berechnet bzw. ermittelt werden alle Zeilen in der Spalte mit dem Feldnamen. Wenn das Feld nicht angegeben wird, bezieht sich das Ergebnis in den meisten Funktionen auf die gesamte Datenbank. Das Feld muss immer in Anführungszeichen (»Feldname«) eingegeben werden, erlaubt ist aber auch die Feldnummer (1, 2 ... n).
- **Suchkriterien:** Der Suchkriterienbereich, ein Zellbezug über mindestens eine Spalte und zwei Zeilen, oder ein Bezug, der den Bereichsnamen *Suchkriterien* trägt. Die Funktion schränkt die Auswahl der Datensätze auf die in diesem Bereich angegebenen Kriterien ein.

Wenn mehrere Bedingungen erforderlich sind, erweitern Sie den Suchkriterienbereich entsprechend:

ODER-Suche

Feldname
Bedingung 1
Bedingung 2

UND-Suche

Feldname	Feldname
Bedingung 1	Bedingung 2

In der DB-Funktion dürfen Namen, Felder und Bezüge verwendet werden. Achten Sie darauf, dass Bereichsnamen (Datenbank, Suchkriterien) grundsätzlich ohne Feldnamen, aber immer mit Anführungszeichen (»Name«, »Umsatz« etc.) anzugeben sind.

Hier eine Übersicht über die Datenbankfunktionen:

Funktion	Zweck
DBANZAHL()	Gibt die Anzahl der Datensätze aus, die Bedingungen aus dem Suchkriterienbereich erfüllen.
DBANZAHL2()	Ermittelt die nicht leeren Felder, die Bedingungen aus dem Suchkriterienbereich erfüllen. Ohne Feldangabe wird die Anzahl der Felder der Datenbank ausgegeben.
DBAUSZUG()	Wählt die Datensätze aus, die mit den Suchkriterien übereinstimmen.
DBMAX()	Ermittelt die größte Zahl in einem angegebenen Feld.
DBMIN()	Ermittelt die kleinste Zahl in einem angegebenen Feld.

Tabelle 4.1: Übersicht über die Datenbankfunktionen

Funktion	Zweck
DBMITTELWERT()	Bildet den Mittelwert aller Zahlen in einem Feld.
DBPRODUKT()	Multipliziert alle Werte in einem angegebenen Feld.
DBSTDABW()	Ermittelt die Standardabweichung (durch Schätzung) mit Werten aus einem angegebenen Feld.
DBSTDABWN()	Ermittelt die Standardabweichung (normal) mit Werten aus einem angegebenen Feld.
DBSUMME()	Summiert alle Werte in einem angegebenen Feld.
DBVARIANZ()	Ermittelt durch Schätzung einer Stichprobe die Varianz einer Grundgesamtheit mit Werten aus einem angegebenen Feld.
DBVARIANZEN()	Ermittelt die Varianz einer Grundgesamtheit mit Werten aus einem angegebenen Feld.

Tabelle 4.1: Übersicht über die Datenbankfunktionen (Forts.)

Die Funktionsgruppe der Datenbankfunktionen wird als einzige nicht über ein Symbol in der Gruppe FUNKTIONSBIBLIOTHEK der Registerkarte FORMELN angeboten. Aktivieren Sie Datenbankfunktionen über FUNKTION EINFÜGEN, schalten Sie auf die Kategorie um und wählen Sie die gewünschte Funktion.

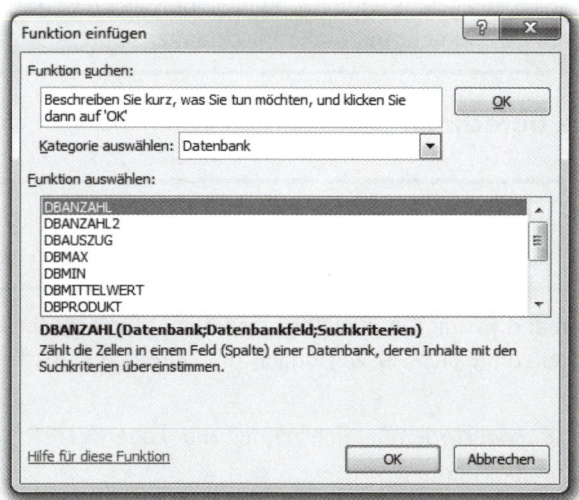

Abbildung 4.13: Datenbankfunktionen

4.2.1   Die Funktion DBANZAHL()

Mit dieser Funktion ermitteln Sie die Anzahl der Zellen in einer Spalte der Datenbank, die bestimmte Bedingungen erfüllen.

=DBANZAHL(Datenbank;Datenbankfeld;Suchkriterien)

Das Argument *Datenbank* bezeichnet einen Zellbezug oder einen Bereichsnamen, der der aus-zuwertenden Liste zugewiesen ist. Der Bereich muss eine Kopfzeile enthalten, die möglichst aus Texteinträgen besteht.

Das zweite Argument, *Datenbankfeld,* bezeichnet das Feld, das die Funktion berechnen soll. Dazu kann wahlweise der Inhalt der Zelle aus der Kopfzeile in Anführungszeichen, der Zellbezug dieser Zeile oder die Position der Spalte angegeben werden. Die Funktion DBANZAHL() rechnet nur korrekt, wenn alle Zellen dieser Spalte numerische Werte enthalten.

Im letzten Argument *Suchkriterien* wird ein Zellbereich angegeben, der eine Bedingung oder meh-rere Bedingungen enthält. Dieser Bereich besteht aus mindestens zwei Zellen in einer Spalte, in der ersten Zelle steht der Name des Felds, das die Bedingung bestimmt, in der zweiten Zelle steht die Bedingung. Wollen Sie alle Zeilen aus der Spalte zählen, geben Sie in diesem Argument einen lee-ren Bereich an.

> **Hinweis**
>
> Das Argument *Suchkriterien* muss besetzt sein, auch wenn keine Bedingung vorgesehen ist. Die Formel gibt einen #WERT-Fehler aus, wenn das Argument fehlt oder falsch dimensioniert ist.

4.2.2   Praxisbeispiel: Lagerwerte berechnen

> **CD-ROM**
>
> Auf der Buch-CD unter *Datenbankfunktionen Beispiele.xlsx.*

Ihre Datenbank listet alle Artikel, die im Baumarkt käuflich zu erwerben sind. Damit Sie den Über-blick über Ihre Lagerbestände behalten, erstellen Sie sich Auswertungen mit Datenbankfunktio-nen.

1. Legen Sie für die Artikelliste der Tabelle *Lagerwerte* den Bereichsnamen *rng_Lagerwerte* fest.
2. Erstellen Sie einen Suchkriterienbereich in der Spalte K:

   K3: Artikelnr

3. Erstellen Sie eine Formel, mit der Sie die Anzahl der Artikel in der Datenbank zählen:

   L3: =DBANZAHL(rng_Lagerwerte;1;K3:K4)

4. Zur Kontrolle können Sie die Artikel über eine andere Funktion zählen:

   =ZEILEN(rng_Lagerwerte)-1

5. Ermitteln Sie die Anzahl aller Artikel mit einer Lagermenge über 30 (Stück). Sie können jedes numerische Feld zählen (hier die Artikelnummern).

   K6: Lagermenge
   K7: >30
   L6: =DBANZAHL(rng_Lagerwerte;"Artikelnr";K6:K7)

6. Ermitteln Sie die Anzahl der Artikel, die eine Rabattstufe von 10 % oder 20 % haben:

   K9: Rabattstufe
   K10: 10%
   K11: 20%
   L10: =DBANZAHL(rng_Lagerwerte;"Artikelnr";K9:K11)

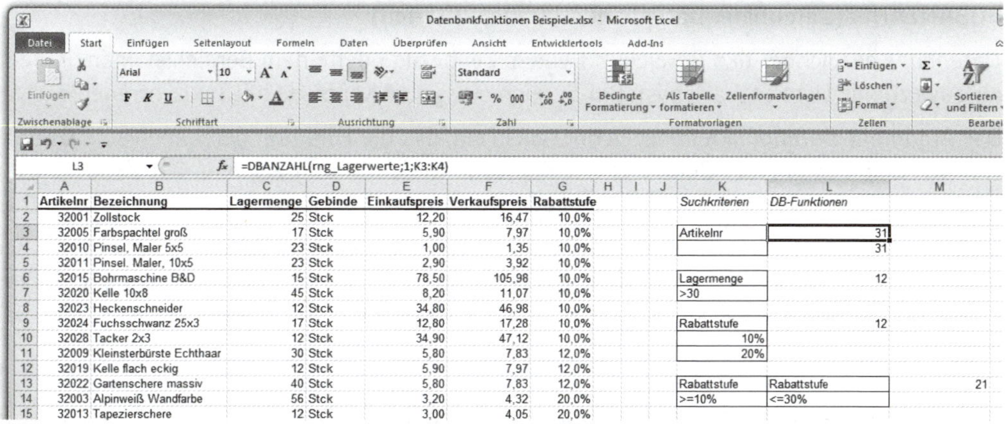

Abbildung 4.14: Die Datenbankfunktion DBANZAHL() zählt Werte in Spalten.

Bei Zählfunktionen wie DBANZAHL() spielt es keine Rolle, welches Feld Sie zählen, es muss nur numerisch sein. Sie könnten auch das Rabatt- oder das Stückfeld zählen, entscheidend für das Ergebnis ist, welchen Feldnamen die erste Zelle des Suchkriterienbereichs enthält.

Das letzte Beispiel zeigt, dass der Suchkriterienbereich auch mehrere Zeilen enthalten kann. In diesem Fall handelt es sich um eine ODER-Bedingung in der Suche (10 % oder 20 %). Wollen Sie eine UND-Bedingung formulieren, schreiben Sie zwei Bedingungen nebeneinander:

Ermitteln Sie, für wie viele Artikel Rabattstufen zwischen 10 % und 30 % eingeräumt werden. Schreiben Sie die Suchkriterien in zwei Spalten und verwenden Sie logische Operatoren (> = größer, < = kleiner).

	M13	▼		f_x	=DBANZAHL(rng_Lagerwerte;1;K13:L14)	
	F	G	H	I	J	K	L	M
10	47,12	10,0%				10%		
11	7,83	12,0%				20%		
12	7,97	12,0%						
13	7,83	12,0%				Rabattstufe	Rabattstufe	21
14	4,32	20,0%				>=10%	<=30%	
15	4,05	20,0%						
16	61,70	20,0%						

Abbildung 4.15: UND-Bedingung im Suchkriterium für die Datenbankfunktion

4.2.3 Die Funktion DBANZAHL2()

Diese Funktion zählt ebenfalls die Anzahl der Zeilen in einer Datenbank, die in einem bestimmten Feld eine oder mehrere Bedingungen erfüllen. Im Unterschied zu DBANZAHL() können Sie aber auch alphanumerische Einträge zählen.

=DBANZAHL2(Datenbank;Datenbankfeld;Suchkriterien)

Datenbank bezeichnet den Bereich mit einem Zellbezug oder einem Bereichsnamen, in dem die auszuwertende Liste enthalten ist. Der Bereich muss eine Kopfzeile mit Texteinträgen enthalten.

Das Argument *Datenbankfeld* bezeichnet das Feld, das die Funktion berechnen soll. Dazu kann wahlweise der Inhalt der Zelle aus der Kopfzeile in Anführungszeichen, der Zellbezug dieser Zeile oder die Position der Spalte angegeben werden.

Im letzten Argument, *Suchkriterien,* wird ein Zellbereich angegeben, der eine oder mehrere Bedingungen enthält. Dieser Bereich besteht aus mindestens zwei Zellen in einer Spalte, in der ersten Zelle steht der Name des Felds, das die Bedingung bestimmt, in der zweiten Zelle steht die Bedingung.

4.2.4 Praxisbeispiel: Lagermengen zählen

Der Jeans-Store führt Markenartikel mehrerer Hersteller und Sie haben die Aufgabe, ein Auswertungssystem zu erstellen, das schnell Auskunft über die Verfügbarkeit von Artikeln einzelner Hersteller gibt. Weisen Sie der Liste im Tabellenblatt *JeansStore* den (lokalen) Bereichsnamen *rng_JeansStore* zu.

Mit der Datenbankfunktion DBANZAHL2() zählen Sie Datenbankzeilen in Spalten, die keine numerischen Werte enthalten:

1. Legen Sie einen Suchkriterienbereich an, in dem der Hersteller aus einer Liste ausgewählt werden kann:

   E1: Hersteller

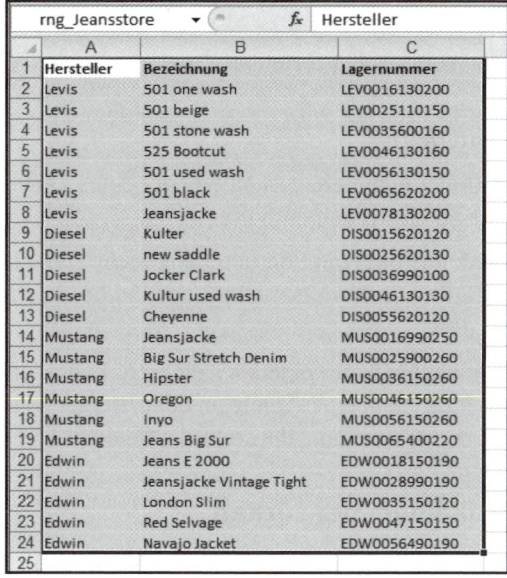

Abbildung 4.16: Der benannte Bereich im Tabellenblatt JeansStore

2. Wählen Sie für die Zelle E2 DATEN/DATENTOOLS/DATENÜBERPRÜFUNG und erstellen Sie eine Datenüberprüfungsliste mit allen Herstellern. In der Zelle wird die Liste anschließend nach dem Klick
auf den Pfeil rechts am Zellrand zur Verfügung stehen.

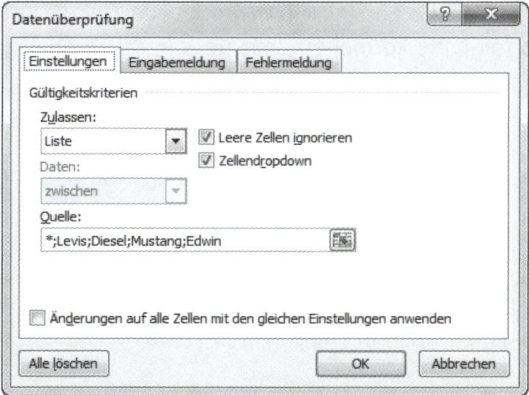

Abbildung 4.17: Datenüberprüfungsliste für das Suchkriterium

3. Schreiben Sie die Formel, die alle Datenbankzeilen zählt, die der im Suchkriterium eingestellten
Bedingung entsprechen:

```
F1: Jeans auf Lager:
F2: =DBANZAHL2(rng_JeansStore;1;E1:E2)
```

4.2.5   Die Funktion DBAUSZUG()

Mit dieser Funktion ermitteln Sie einen einzelnen Wert aus der Datenbank, der eine in der Funktion angegebene Bedingung erfüllt.

=DBAUSZUG(Datenbank;Datenbankfeld;Suchkriterien)

Das Argument *Datenbank* bezeichnet den Bereich mit einem Bereichsnamen oder einen Zellbezug auf eine Liste. Der Bereich muss eine Kopfzeile mit Texteinträgen enthalten.

Das Argument *Datenbankfeld* bezeichnet das Feld, das die Funktion berechnen soll. Dazu kann wahlweise der Inhalt der Zelle aus der Kopfzeile in Anführungszeichen, der Zellbezug dieser Zeile oder die Position der Spalte angegeben werden.

Im Argument *Suchkriterien* wird ein Zellbereich angegeben, der eine oder mehrere Bedingungen enthält. Dieser Bereich besteht aus mindestens zwei Zellen in einer Spalte, in der ersten Zelle steht der Name des Felds, das die Bedingung bestimmt, in der zweiten Zelle steht die Bedingung.

4.2.6   Praxisbeispiel: Artikel über Artikelnummer suchen

Die Artikelliste, die Sie im Beispiel zuvor schon mit einem Bereichsnamen versehen und mit DB-Funktionen ausgewertet hatten, bekommt eine weitere Auswertung: Suchen Sie nach Artikeln, von denen nur die Artikelnummer bekannt ist.

1. Tragen Sie im Auswertungsbereich ein:

   E4: Lagernummer

2. Da die Artikelnummern in der Regel eindeutig sind, können Sie alle Nummern in einer Gültigkeitsliste bereitstellen. Wählen Sie für die Zelle E5 DATEN/DATENTOOLS/DATENÜBERPRÜFUNG. Schalten Sie auf LISTE um und geben Sie folgende Formel ein, mit der die dritte Spalte der Datenbank als Liste bereitgestellt wird:

   =BEREICH.VERSCHIEBEN(rng_JeansStore;1;2;ZEILEN(rng_JeansStore)-1;1)

3. Schreiben Sie die Formel, mit der die Artikelbezeichnung der in der Liste ausgewählten Lagernummer angezeigt wird:

   F4: Bezeichnung
   F5: =DBAUSZUG(Datenbank;"Bezeichnung";E4:E5)

4. Verketten Sie zwei Informationen aus DB-Funktionen in einer Zelle:

   =DBAUSZUG(rng_Jeansstore;"Bezeichnung";E4:E5)&" ("&DBAUSZUG(rng_Jeansstore;
   "Hersteller";E4:E5)&")"

F5	▼		fx	=DBAUSZUG(rng_Jeansstore;"Bezeichnung";E4:E5)&" ("&DBAUSZUG(rng_Jeansstore;"Hersteller";E4:E5)&")"				

	A	B	C	D	E	F	G	H	I
1	Hersteller	Bezeichnung	Lagernummer		Hersteller	Jeans auf Lager:			
2	Levis	501 one wash	LEV0016130200		*	23			
3	Levis	501 beige	LEV0025110150						
4	Levis	501 stone wash	LEV0035600160		Lagernummer	Bezeichnung:			
5	Levis	525 Bootcut	LEV0046130160		LEV0016130200	501 one wash (Levis)			
6	Levis	501 used wash	LEV0056130150						
7	Levis	501 black	LEV0065620200						
8	Levis	Jeansjacke	LEV0078130200						
9	Diesel	Kulter	DIS0015620120						
10	Diesel	new saddle	DIS0025620130						
11	Diesel	Jocker Clark	DIS0036990100						
12	Diesel	Kultur used wash	DIS0046130130						
13	Diesel	Cheyenne	DIS0055620120						
14	Mustang	Jeansjacke	MUS0016990250						
15	Mustang	Big Sur Stretch Denim	MUS0025900260						
16	Mustang	Hipster	MUS0036150260						
17	Mustang	Oregon	MUS0046150260						
18	Mustang	Inyo	MUS0056150260						
19	Mustang	Jeans Big Sur	MUS0065400220						
20	Edwin	Jeans E 2000	EDW0018150190						
21	Edwin	Jeansjacke Vintage Tight	EDW0028990190						

Lagerwerte / Lagerwerte Lösung / JeansStore / JeansStore Lösung /

Abbildung 4.18: Mit DBAUSZUG() werden Informationen zu einzelnen Datensätzen abgeholt.

4.3 Die Funktionen DBMAX() und DBMIN()

Diese beiden Datenbankfunktionen suchen den größten bzw. kleinsten Wert in der Spalte der Datenbank, die als Suchfeld angegeben ist. Wie in allen Datenbankfunktionen können Sie über das Argument *Suchkriterien* eine Bedingung angeben, um die Suche einzuschränken.

=DBMAX(Datenbank;Datenbankfeld;Suchkriterien)

Mit *Datenbank* wird der Bereich mit einem Bereichsnamen oder ein Zellbezug auf eine Liste angegeben. Die Kopfzeile sollte Texteinträge enthalten.

Im Argument *Datenbankfeld* ist die Bezeichnung der Spalte eingetragen, die die Funktion durchsuchen soll. Dazu kann wahlweise der Inhalt der Zelle aus der Kopfzeile in Anführungszeichen, der Zellbezug dieser Zeile oder die Position der Spalte angegeben werden.

Im Argument *Suchkriterien* wird ein Zellbereich angegeben, der eine oder mehrere Bedingungen enthält. Dieser Bereich besteht aus mindestens zwei Zellen in einer Spalte, in der ersten Zelle steht der Name des Felds, das die Bedingung bestimmt, in der zweiten Zelle steht die Bedingung.

4.3.1 Praxisbeispiel: eBay-Gebote verwalten

Sind Sie eBayer? Wenn Sie gern in diesem Online-Marktplatz bieten, kaufen und verkaufen, werden Sie auch Preise und Gebote vergleichen. Excel macht diese Arbeit einfach: Kopieren Sie einfach die Daten in eine Liste und werten Sie diese mit Datenbankfunktionen aus.

Datenbank-funktionen

> **Tipp**
>
> eBay-Listen können Sie oft mit einem Klick als Webabfrage in eine Excel-Tabelle holen. Setzen Sie den Mauszeiger in die Liste, klicken Sie mit der rechten Maustaste und wählen Sie *Nach Microsoft Excel exportieren*.

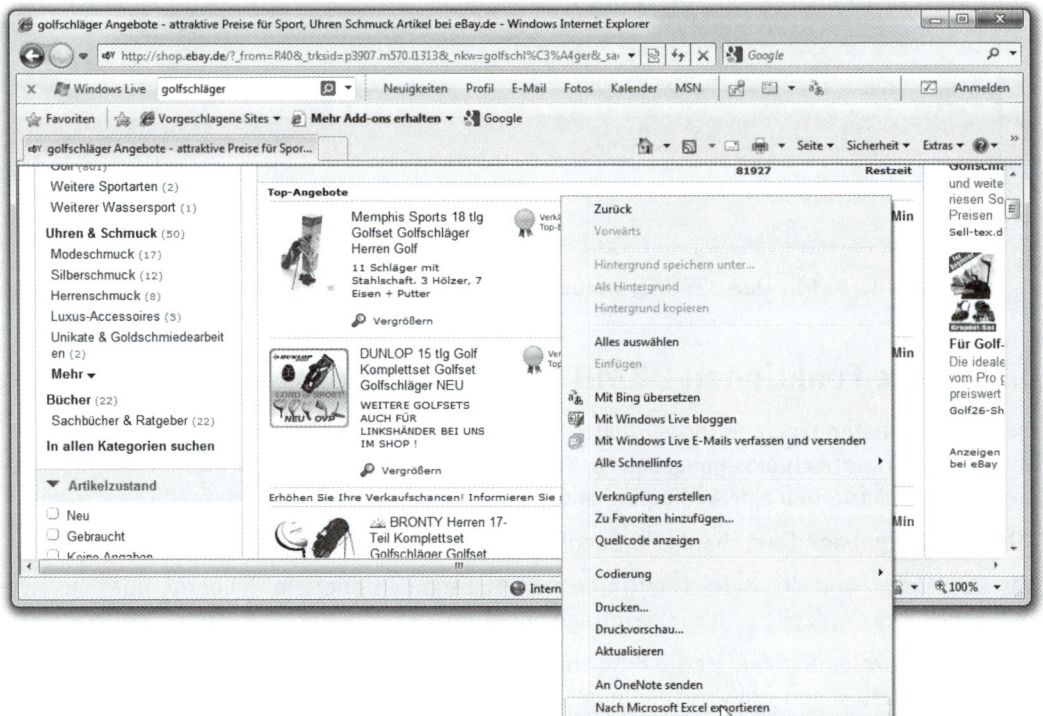

Abbildung 4.19: eBay-Listen nach Excel exportieren

Wenn Sie alle Leerzeilen und überflüssigen Zeichen aus der Liste entfernt und sichergestellt haben, dass jede Spalte mit einer Beschriftung versehen ist, weisen Sie der Liste einen Bereichsnamen zu:

1. Markieren Sie die Liste mit `Strg`+`⇧`+`*`.
2. Schreiben Sie den Namen *rng_eBay* in das Namensfeld links oben oder erstellen Sie ihn lokal über den Namens-Manager.

rng_eBay | Artikel

	A	B	C	D
1	**Artikel**	**Kategorie**	**Preis**	**Gebote**
2	Taylor Made Graphit RAC	Holz	129,99	12
3	MDX Titanholz	Holz	230,80	15
4	Callaway Fairway-Holz	Holz	366,90	4
5	King Cobra Eisen 3-9	Eisen	400,00	21
6	Titleist Driver	Holz	120,80	7
7	Titleist Putter DX	Putter	1217,00	12
8	Two Ball Putter Core	Putter	112,56	6
9	Mizuno RX/C	Eisen	211,60	20

Abbildung 4.20: Die eBay-Liste als Datenbank

Mit den Datenbankfunktionen DBMAX() und DBMIN() suchen Sie die höchsten und niedrigsten Preise:

1. Schreiben Sie das Suchkriterium in eine freie Spalte der Tabelle:

```
F1: Kategorie
F2: Holz
```

2. Schreiben Sie die Funktionen zur Ermittlung des höchsten und des niedrigsten Preises:

```
F4: Höchster Preis:
F5:=DBMAX(rng_eBay;"Preis";F1:F2)
F6: Niedrigster Preis:
F7: =DBMIN(rng_eBay;"Preis";F1:F2)
```

F5 | =DBMAX(rng_eBay;"Preis";F1:F2)

	A	B	C	D	E	F
1	**Artikel**	**Kategorie**	**Preis**	**Gebote**		**Kategorie**
2	Taylor Made Graphit RAC	Holz	129,99	12		Holz
3	MDX Titanholz	Holz	230,80	15		
4	Callaway Fairway-Holz	Holz	366,90	4		Höchster Preis:
5	King Cobra Eisen 3-9	Eisen	400,00	21		366,90 €
6	Titleist Driver	Holz	120,80	7		Niedrigster Preis:
7	Titleist Putter DX	Putter	1217,00	12		120,80 €
8	Two Ball Putter Core	Putter	112,56	6		
9	Mizuno RX/C	Eisen	211,60	20		
10						

Abbildung 4.21: Der höchste und der niedrigste Preis aus der Preisspalte

4.4 Die Funktion DBSUMME()

Mit dieser Funktion können Sie die Werte einer Spalte der Datenbank in Abhängigkeit von einer Bedingung summieren. Diese Bedingung erfassen Sie im Suchkriterienbereich. Wenn dieser leer ist, wird die gesamte Spalte summiert.

=DBSUMME(Datenbank;Datenbankfeld;Suchkriterien)

Datenbank bezeichnet einen Bereich, der mit einem Bereichsnamen ausgezeichnet ist, oder einen Zellbezug, in dem eine Liste enthalten ist. Der Bereich muss eine Kopfzeile mit Texteinträgen enthalten. Im Argument *Datenbankfeld* geben Sie die Spalte an, die von der Funktion summiert wird. Dazu kann wahlweise der Inhalt der Zelle aus der Kopfzeile in Anführungszeichen, der Zellbezug zu dieser Zeile oder die Position der Spalte in der Datenbank angegeben werden.

Im letzten Argument, *Suchkriterien,* wird ein Zellbereich angegeben, der eine oder mehrere Bedingungen enthält. Dieser Bereich besteht aus mindestens zwei Zellen in einer Spalte, in der ersten Zelle steht der Name des Felds, das die Bedingung bestimmt, in der zweiten Zelle steht die Bedingung. Eine UND-Bedingung erzeugen Sie, indem Sie mehrere Feldnamen nebeneinanderschreiben, für eine ODER-Bedingung schreiben Sie die verschiedenen Bedingungen unter einen Feldnamen und erweitern den Bereich entsprechend.

4.4.1 Praxisbeispiel: Umsatzbericht

CD-ROM

Auf der CD zum Buch: *Datenbankfunktionen Beispiele.xlsx, Umsatz* und *Umsatzauswertung.*

Die Umsatzliste aus dem Warenwirtschaftssystem Ihres Sportshops liegt für das erste Halbjahr vor. Damit Sie den Einkauf für das nächste Jahr disponieren können, werten Sie die Liste nach diesen Gesichtspunkten aus:

- Umsätze und verkaufte Einheiten pro Kategorie
- Umsatz in den einzelnen Monaten

	A	B	C	D	E	F	G
	Datum	Artikel	Kategorie	Menge	Preis	Umsatz	Monat
2	02.01.10	Snowboard-Hose H&C	Bekleidung	7	89		
3	03.01.10	Snowboard Head	Ski/Snowboard	14	299		
4	06.01.10	Carving-Ski Atomic	Ski/Snowboard	19	129		
5	09.01.10	Carving Star Rossgnol	Ski/Snowboard	7	329		
6	15.01.10	Jordan Skibindung	Ski/Snowboard	8	120		
7	19.01.10	Carving-Ski Atomic	Ski/Snowboard	19	120		
8	19.01.10	Mütze Nike	Bekleidung	17	129		
9	21.01.10	Carving Expert Völkl	Ski/Snowboard	17	380		
10	27.01.10	Eisele Skibindung	Ski/Snowboard	17	120		
11	30.01.10	Raceboard SnowStar	Ski/Snowboard	5	230		
12	31.01.10	Ski-Overall Bogner	Bekleidung	3	129		
13	02.02.10	Carving-Ski Atomic	Ski/Snowboard	8	320		
14	03.02.10	Mütze Nike	Bekleidung	17	25		
15	11.02.10	Carving Expert Völkl	Ski/Snowboard	15	380		
16	21.02.10	Raceboard SnowStar	Ski/Snowboard	15	299		
17	22.02.10	Eisele Skibindung	Ski/Snowboard	13	329		
18	24.02.10	Raceboard SnowStar	Ski/Snowboard	20	380		
19	24.02.10	Ski-Overall Bogner	Bekleidung	14	120		
20	06.03.10	Snowboard-Hose H&C	Bekleidung	7	230		
21	09.03.10	Mütze Nike	Bekleidung	7	89		
22	11.03.10	Carving Expert Völkl	Ski/Snowboard	9	320		
23	13.03.10	Eisele Skibindung	Ski/Snowboard	12	25		
24	16.03.10	Raceboard SnowStar	Ski/Snowboard	18	380		
25	20.03.10	Handschuhe Wilson	Bekleidung	18	89		
26	20.03.10	Skibrille Rossignol	Zubehör	3	320		

Abbildung 4.22: Die Umsatzliste des Sportshops liegt vor.

1. Berechnen Sie zunächst den Umsatz aus dem Produkt von Menge und Preis, kopieren Sie die Formel auf die übrigen Zeilen der Datenbank.

   `F2: =D2*E2`

2. Berechnen Sie anschließend den Umsatzmonat aus dem Datum und kopieren Sie auch diese Formel:

   ```
   G1: Monat
   G2: =MONAT(A2)
   ```

3. Wenn Sie den Monat lieber in Textform sehen wollen, benutzen Sie die Funktion WAHL(). Sie gibt das Argument aus, das in der Argumentfolge der im ersten Argument berechneten Zahl entspricht (hier nur für drei Monate):

   `G2: =WAHL(MONAT(A2);"Januar";"Februar";"März" …)`

4. Markieren Sie den gesamten Bereich der Liste und weisen Sie ihr den Bereichsnamen *rng_Umsatz* zu. Schreiben Sie diesen in das Namensfeld links oben oder wählen Sie FORMELN/ DEFINIERTE NAMEN/NAMEN DEFINIEREN.

5. Die Auswertung können Sie auch auf einem neuen Tabellenblatt vornehmen, da der Bereichsname für die gesamte Mappe gültig ist. Wählen Sie START/ZELLEN/BLATT EINFÜGEN.

6. Schreiben Sie die Überschrift und legen Sie die Felder für den Suchkriterienbereich fest:

   ```
   A1: Umsatzauswertung 1. Halbjahr
   A3: Monat
   A4: Januar
   B3: Kategorie
   B4: Bekleidung
   ```

7. Erstellen Sie die Formeln zur Berechnung des Umsatzes. Für den Gesamtumsatz verwenden Sie ein leeres Suchkriterium, geben Sie zwei Zellen an, die nicht beschriftet sind. Für den Kategorieumsatz geben Sie den Suchkriterienbereich an.

   ```
   A6: Umsatz gesamt
   A7: =DBSUMME(rng_Umsatz; "Umsatz";H1:H2)
   B6: Umsatz Bekleidung
   B7: =DBSUMME(rng_Umsatz;"Umsatz";A3:B4)
   ```

8. Fehlt noch der prozentuale Anteil dieser Kategorie am Gesamtumsatz, den Sie mit dieser Formel berechnen:

   ```
   C6: %-Anteil von Gesamt:
   C7: =RUNDEN(B7/A7%;2)
   ```

An diesen Übungen können Sie schon erkennen, dass die Auswertung über DB-Funktionen relativ aufwändig ist. Für größere Analysen über mehrere Bereiche bietet Excel natürlich bessere Werkzeuge, zum Beispiel den Pivot-Tabellenbericht, den Sie unter EINFÜGEN/TABELLE/PIVOTTABLE finden.

Datenbank-
funktionen

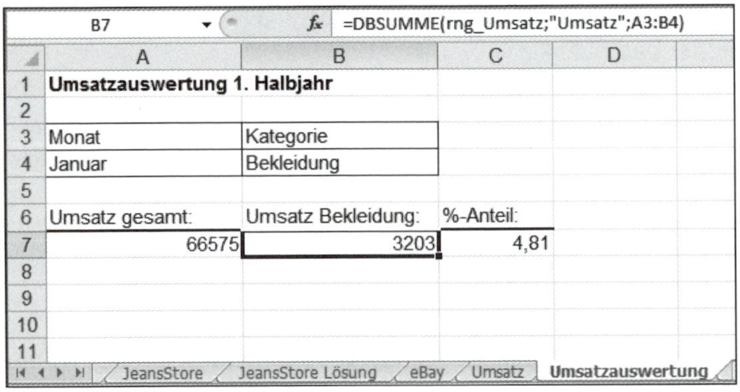

Abbildung 4.23: Die Umsatzauswertung mit DBSUMME()

4.5 Die Funktion DBMITTELWERT()

Mit dieser Funktion ermitteln Sie den arithmetischen Durchschnitt einer Werteliste der Datenbank, die sich in einer Spalte befindet. Die Funktion kann nur Werte berechnen, bei Texteinträgen in die Datenbank erhalten Sie den #WERT-Fehler.

=DBMITTELWERT(Datenbank;Datenbankfeld;Suchkriterien)

Mit *Datenbank* wird ein Bereich mit Bereichsname oder ein Zellbezug auf eine Liste mit Kopfzeile angegeben.

Das Argument *Datenbankfeld* ist für die Bezeichnung der Spalte vorgesehen, deren Durchschnitt die Funktion berechnen soll. Dazu kann wahlweise der Inhalt der Zelle aus der Kopfzeile in Anführungszeichen, der Zellbezug dieser Zeile oder die Position der Spalte angegeben werden.

Im Argument *Suchkriterien* wird ein Zellbereich angegeben, der eine oder mehrere Bedingungen enthält. Dieser Bereich besteht aus mindestens zwei Zellen in einer Spalte, in der ersten Zelle steht der Name des Felds, das die Bedingung bestimmt, in der zweiten Zelle steht die Bedingung. Eine UND-Bedingung erzeugen Sie, indem Sie mehrere Feldnamen nebeneinander schreiben, für eine ODER-Bedingung schreiben Sie die verschiedenen Bedingungen unter einen Feldnamen und erweitern den Bereich entsprechend.

4.5.1 Praxisbeispiel: Durchschnittsumsatz berechnen

Nutzen wir wieder unsere Umsatzübersicht im Sportartikelgeschäft, um die Funktion DBMITTELWERT() und zusätzlich eine nützliche Technik, mit der die Auswertung unterschiedlicher Kriterienbereiche einfacher geht, kennenzulernen:

1. Kopieren Sie die Kopfzeile der Datenbank ab dem Feld *Artikel* bis *Monat* in einen freien Bereich, evtl. auch in ein neues Tabellenblatt.
2. Markieren Sie die Kopfzeile und eine weitere Zeile darunter und weisen Sie der Markierung den Bereichsnamen *Suchkriterien* zu.

3. Schreiben Sie dann die beiden Funktionen, die den Gesamtumsatz und den Durchschnittsumsatz berechnen, benutzen Sie für das letzte Argument den Bereichsnamen *Suchkriterien* anstelle eines Zellbezugs:

```
=DBSUMME(Datenbank;rng_Umsatz;"Umsatz";Suchkriterien)
=DBMITTELWERT(Datenbank;rng_Umsatz;"Umsatz";Suchkriterien)
```

Solange der Bereich *Suchkriterien* leer ist, beziehen sich beide Formeln auf die gesamte Datenbank. Wenn Sie eine Auswahl treffen wollen, schreiben Sie das Kriterium unter das entsprechende Feld der kopierten Kopfzeile. Die Formeln berechnen automatisch das neue Ergebnis mit der angegebenen Bedingung.

	C33	▼	f_x	=DBMITTELWERT(rng_Umsatz;"Umsatz";Suchkriterien)				
	A	B		C	D	E	F	G
1	Datum	Artikel		Kategorie	Menge	Preis	Umsatz	Monat
20	06.03.10	Snowboard-Hose H&C		Bekleidung	7	230	1610	März
21	09.03.10	Mütze Nike		Bekleidung	7	89	623	März
22	11.03.10	Carving Expert Völkl		Ski/Snowboard	9	320	2880	März
23	13.03.10	Eisele Skibindung		Ski/Snowboard	12	25	300	März
24	16.03.10	Raceboard SnowStar		Ski/Snowboard	18	380	6840	März
25	20.03.10	Handschuhe Wilson		Bekleidung	18	89	1602	März
26	20.03.10	Skibrille Rossignol		Zubehör	3	320	960	März
27							Suchkriterien	
28								
29		Artikel		Kategorie	Menge	Preis	Umsatz	Monat
30				Bekleidung				
31								
32		Umsatz gesamt:		9143				
33		Durchschnitt:		1142,875				
34								

Abbildung 4.24: Datenbankfunktionen und ein nützlicher Suchkriterienbereich

4.5.2 Praxisbeispiel: Statistik mit DB-Funktionen

Datenbankfunktionen kommen dann zum Einsatz, wenn die Auswertung der Datenbank nicht manuell, sondern automatisch, mit Neuberechnung bei jeder Änderung, erfolgen soll. Bearbeiten Sie eine Tabelle mit statistischen Daten und verwenden Sie die Datenbankfunktionen DBANZAHL(), DBSUMME(), DBMITTELWERT() und DBSTDABW() zur statistischen Auswertung der Daten.

> **CD-ROM**
>
> Auf der CD zum Buch: *Datenbankfunktionen Beispiele.xlsx, Kundencenter*

Die Tabelle enthält die Auswertung einer Fragebogenumfrage, in der die Leser eines Kundenjournals gebeten wurden, den Service und die Preise eines Großhandelscenters mit Zahlen von 1 bis 10 zu bewerten:

- Service: 1 = sehr schlecht   10 = sehr zufrieden
- Preise: 1 = zu hoch   10 = angemessen

Datenbankfunktionen

Außerdem sollten die Kunden die Zahl der Einkäufe während eines Jahres angeben. 30 Fragebogen wurden ausgefüllt und ausgewertet, das Ergebnis steht in dieser Tabelle:

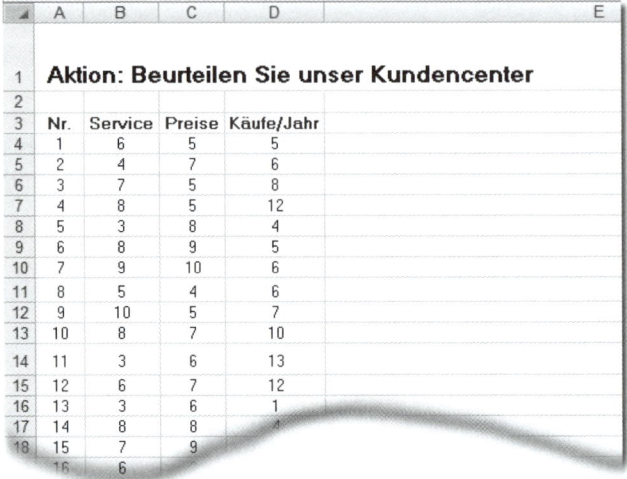

	A	B	C	D	E
1	**Aktion: Beurteilen Sie unser Kundencenter**				
2					
3	Nr.	Service	Preise	Käufe/Jahr	
4	1	6	5	5	
5	2	4	7	6	
6	3	7	5	8	
7	4	8	5	12	
8	5	3	8	4	
9	6	8	9	5	
10	7	9	10	6	
11	8	5	4	6	
12	9	10	5	7	
13	10	8	7	10	
14	11	3	6	13	
15	12	6	7	12	
16	13	3	6	1	
17	14	8	8	4	
18	15	7	9		
	16	6			

Abbildung 4.25: 30 Ergebnisse aus der Kundenbefragung

1. Markieren Sie den Bereich A3:D33 und weisen Sie ihm den Bereichsnamen *Ergebnisse* zu.
2. Den Auswertungsbereich legen Sie ab der Spalte F an. Für die DB-Funktionen schreiben Sie jeweils *Service* und *Preise* in Spalte G und H. Zusammen mit den Auswertungsformeln oder logischen Operatoren bilden die Zellen den Suchkriterienbereich der Funktionen.

Beste und schlechteste Bewertung

Die höchste und kleinste Punktzahl ermitteln Sie mit MAX() und MIN(), für die Anzahl der Nennungen verwenden Sie DBANZAHL().

F	G	H
	Service	Preise
Beste Bewertung:	10	10
Anzahl Nennungen:	4	3
	Service	Preise
Schlechteste Bewertung:	1	2
Anzahl Nennungen:	2	1

F	G	H
	Service	Preise
Beste Bewertung:	=MAX(B4:B33)	=MAX(C4:C33)
Anzahl Nennungen:	=DBANZAHL(Ergebnisse;"Service";G3:G4)	=DBANZAHL(Ergebnisse;"Preise";H3:H4)
	Service	Preise
Schlechteste Bewertung:	=MIN(B4:B33)	=MIN(C4:C33)
Anzahl Nennungen:	=DBANZAHL(Ergebnisse;"Service";G6:G7)	=DBANZAHL(Ergebnisse;"Preise";H6:H7)

Abbildung 4.26: Beste und schlechteste Bewertungen

Die Preissignifikanz

Die Preissignifikanz wird aus der Summe der Sätze gebildet, in denen die Preise mit Note 7 oder höher und der Service mit weniger als 7 bewertet wurden. Sie gibt Antwort auf die Frage, ob die Preise einen signifikanten Einfluss auf die Einkäufe haben.

F	G	H
Preissignifikanz		
Bedingung:	Service	Preise
	<=7	>7
Summe Einkäufe:	35	17,24%

F	G	H
Preissignifikanz		
Bedingung:	Service	Preise
	<=7	>7
Summe Einkäufe:	=DBSUMME(Ergebnisse;"Preise";G11:H12)	=G13/DBSUMME(Ergebnisse;"Käufe/Jahr";Ergebnisse)

Abbildung 4.27: Preissignifikanz berechnen

Servicesignifikanz

Das gleiche Auswertungsprinzip gilt für die Servicesignifikanz; hierfür wird die Summe der Sätze ermittelt, die mindestens Note 7 für den Service und weniger als Note 7 für die Preise gegeben haben. Die Servicesignifikanz gibt Antwort auf die Frage, ob der Service einen signifikanten Einfluss auf die Einkäufe hat. Das Ergebnis gibt die Anzahl der Einkäufe wieder, bei denen der Kunde den Service höher schätzt als die Preisgestaltung.

F	G	H
Servicesignifikanz		
Bedingung:	Service	Preise
	>=7	<7
Summe Einkäufe:	34	16,75%

F	G	H
Servicesignifikanz		
Bedingung:	Service	Preise
	>=7	<7
Summe Einkäufe:	=DBSUMME(Ergebnisse;"Service";G16:H17)	=G18/DBSUMME(Ergebnisse;"Käufe/Jahr";Ergebnisse)

Abbildung 4.28: Servicesignifikanz berechnen

197

Einkaufsauswertung

Die nächste Formel gibt Aufschluss darüber, wie viele Einkäufe von Kunden gemacht werden, die mit Service und Preisen zufrieden (mit Note 7 oder höher bewertet) oder unzufrieden waren (Noten <7). Ermitteln Sie auch die durchschnittliche Zahl der Einkäufe, die zufriedene bzw. unzufriedene Kunden tätigen.

	F	G	H
Einkaufsauswertung			
Bedingung:	Service	Preise	
	>=7	>7	
Summe Einkäufe:		38	18,72%
Durchschnittl. Einkäufe zufriedener Kunden:		5,43	
Bedingung:	Service	Preise	
	<7	<7	
Summe Einkäufe:		50	24,63%
Durchschnittl. Einkäufe unzufriedener Kunden:		5,56	

F			
Einkaufsauswertung			
Bedingung:	Service		Preise
	>=7		>7
Summe Einkäufe:	=DBSUMME(Ergebnisse;"Käufe/Jahr";G21:H22)		=G23/DBSUMME(Ergebnisse;"Käufe/Jahr";Ergebnisse)
Durchschnittl. Einkäufe zufriedener Kunden:	=DBMITTELWERT(Ergebnisse;"Käufe/Jahr";G21:H22)		
Bedingung:	Service		Preise
	<7		<7
Summe Einkäufe:	=DBSUMME(Ergebnisse;"Käufe/Jahr";G26:H27)		=G28/DBSUMME(Ergebnisse;"Käufe/Jahr";Ergebnisse)
Durchschnittl. Einkäufe unzufriedener Kunden:	=DBMITTELWERT(Ergebnisse;"Käufe/Jahr";G26:H27)		

Abbildung 4.29: Einkaufsauswertung – zufriedene und unzufriedene Kunden

Standardabweichung

Bei der Standardabweichung werden die Abweichungen der einzelnen Merkmalswerte vom arithmetischen Mittelwert berechnet, wobei die Streuung der Ergebnisse um diesen Mittelwert aufgezeigt wird. Der prozentuale Wert der Standardabweichung in Bezug auf den Mittelwert wird Variationskoeffizient genannt. Er gibt ein von der Größe unabhängiges relatives Streumaß wieder. Das Management kann an Standardabweichung und am Variationskoeffizienten ablesen, ob verkaufstechnische Maßnahmen getroffen werden müssen. Ermitteln Sie die Standardabweichungen für die beiden Käufergruppen:

```
I20: Standardabweichung zufriedene Kunden
I21: =DBSTDABW(Ergebnisse;"Käufe/Jahr";G21:H22)
I25: Standardabweichung unzufriedene Kunden
I26: =DBSTDABW(Ergebnisse;INDEX(Ergebnisse;1;4);G26:H27)
```

KAPITEL 5

Statistische
Funktionen

Sie begegnet uns täglich und informiert uns über alles, was wir wissen wollen und müssen: Die Statistik ist zum zwingend notwendigen Instrument der Informationsbranche geworden, jede Aussage wird mit Daten und Fakten aus der Vergangenheit untermauert und auf zukünftige Entwicklungen hochgerechnet, um dem Empfänger der Information so viel Sicherheit wie möglich zu geben, dass diese auch wichtig ist.

Je größer die Menge an Informationen ist, desto wichtiger wird die Aufbereitung mit statistischen Methoden, denn nur diese schaffen es noch, Zusammenhänge zu erkennen, wo Datenmengen unüberschaubar werden. Wir unterscheiden zwischen zwei Verfahren:

- Die *beschreibende* oder *deskriptive* Statistik schreibt vorhandene Daten auf und beschreibt diese (Beispiel: Bevölkerungsentwicklung, Anzahl Arbeitslose).
- Die *schließende* oder *induktive* Statistik zieht Rückschlüsse auf andere, zukünftige oder vergangene Zustände.

Excel bietet für beide Bereiche der Statistik fertige Rechenfunktionen an. Sie finden diese in der FUNKTIONSBIBLIOTHEK auf der Registerkarte FORMELN unter MEHR FUNKTIONEN/STATISTISCH oder unter FUNKTION EINFÜGEN in der Kategorie STATISTIK.

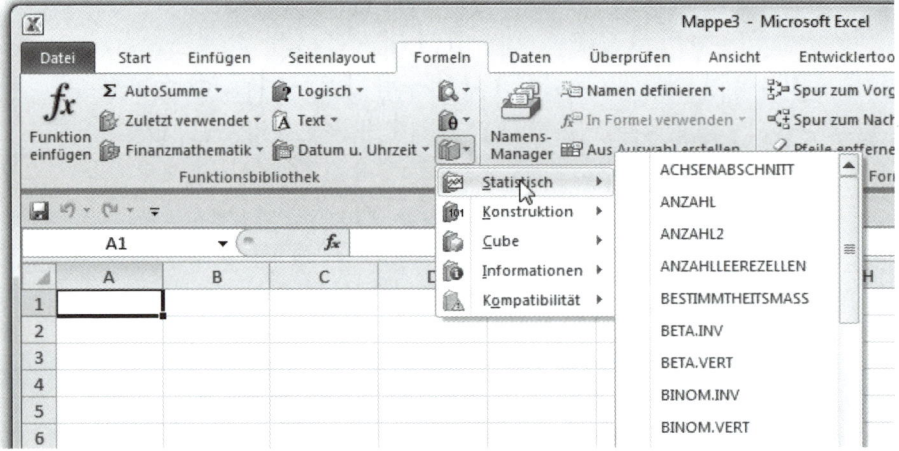

Abbildung 5.1: Eine Fülle von Statistik-Funktionen in der Funktionsbibliothek

Hier eine Übersicht über alle Statistik-Funktionen aus dem Standardumfang.

Funktion	Erklärung
ACHSENABSCHNITT()	Gibt die Anfangsordinate einer Regressionsgeraden zurück.
ANZAHL()	Zählt die Anzahl von Zahlen in der Liste der Argumente.
ANZAHL2()	Zählt die Anzahl von Werten in der Liste der Argumente.
ANZAHLLEEREZELLEN()	Zählt die leeren Zellen in einem Zellbereich.
BESTIMMTHEITSMASS()	Gibt das Quadrat des pearsonschen Korrelationskoeffizienten zurück.
BETA.INV()	Gibt Quantile der Betaverteilungsfunktion zurück.
BETA.VERT()	Gibt Wahrscheinlichkeiten einer binomialverteilten Zufallsvariable zurück.
BINOM.INV()	Gibt die kumulierten Wahrscheinlichkeiten einer binomialverteilten Zufallsvariable zurück.
BINOM.VERT()	Gibt Wahrscheinlichkeiten einer binomialverteilten Zufallsvariable zurück.
CHIQU.INV()	Gibt die Perzentile der linksseitigen Chi-Quadrat-Verteilung zurück.
CHIQU.INV.RE()	Gibt die Perzentile der rechtsseitigen Chi-Quadrat-Verteilung zurück.
CHIQU.TEST()	Gibt die Teststatistik eines Chi-Quadrat-Unabhängigkeitstests zurück.
CHIQU.VERT()	Gibt Werte der linksseitigen Verteilungsfunktion (1-Alpha) einer Chi-Quadrat-verteilten Zufallsgröße zurück.
CHIQU.VERT.RE()	Gibt Werte der rechtsseitigen Verteilungsfunktion (1-Alpha) einer Chi-Quadrat-verteilten Zufallsgröße zurück.
EXPON.VERT()	Gibt die exponentielle Verteilung zurück.
FINV()	Liefert die Perzentile der linksseitigen F-Verteilung.
FINV.RE()	Liefert die Perzentile der rechtsseitigen F-Verteilung.
F.TEST()	Gibt die Teststatistik eines F-Tests zurück.
F.VERT()	Liefert Werte der Verteilungsfunktion (1-Alpha) einer linksseitigen F-verteilten Zufallsvariable.
F.VERT.RE()	Liefert Werte der Verteilungsfunktion (1-Alpha) einer rechtsseitigen F-verteilten Zufallsvariable.
FISHER()	Liefert die Fisher-Transformation.
FISHERINV()	Liefert die Umkehrung der Fisher-Transformation.
G.TEST()	Liefert die einseitige Prüfstatistik für einen Gaußtest (Normalverteilung).

Tabelle 5.1: **Liste der Statistik-Funktionen**

Statistische
Funktionen

Funktion	Erklärung
GAMMA.INV()	Liefert Quantile der Gammaverteilung.
GAMMA.VERT()	Gibt die Gammaverteilung zurück.
GAMMALN()	Liefert den natürlichen Logarithmus der Gammafunktion, ?(x).
GAMMALN.GENAU()	Liefert den natürlichen Logarithmus der Gammafunktion, ?(x). Wird in der Excel-Online-Hilfe falsch als GAMMALN.PRÄZIS() beschrieben.
GEOMITTEL()	Gibt den geometrischen Mittelwert zurück.
GESTUTZTMITTEL()	Gibt den Mittelwert eines Datensatzes ohne seine Werte an den Rändern zurück.
HARMITTEL()	Gibt das harmonische Mittel zurück.
HÄUFIGKEIT()	Gibt eine Häufigkeitsverteilung als vertikale Matrix zurück.
HYPGEOM.VERT()	Gibt die hypergeometrische Verteilung zurück.
KGRÖSSTE()	Liefert den k-größten Wert eines Datensatzes.
KKLEINSTE()	Liefert den k-kleinsten Wert eines Datensatzes.
KONFIDENZ.NORM()	Ermöglicht die Berechnung des 1-Alpha-Konfidenzintervalls für den Erwartungswert einer Zufallsvariable.
KONFIDENZ.T()	Ermöglicht die Berechnung des 1-Alpha-Konfidenzintervalls für den Erwartungswert einer t-verteilten Zufallsvariable.
KORREL()	Liefert den Korrelationskoeffizienten von zwei Datensätzen.
KOVARIANZ.P()	Gibt die Kovarianz, den Mittelwert des Produkts von Abweichungspaaren, zurück.
KOVARIANZ.S()	Gibt die Kovarianz einer Stichprobe, den Mittelwert des Produkts von Abweichungspaaren, zurück.
KRITBINOM()	Gibt den kleinsten Wert zurück, für den die kumulierten Wahrscheinlichkeiten der Binomialverteilung größer oder gleich einer Grenzwahrscheinlichkeit sind.
KURT()	Liefert die Kurtosis (Exzess) eines Datensatzes.
LOGNORM.INV()	Gibt die Perzentile der Lognormalverteilung zurück.
LOGNORM.VVERT()	Gibt die Werte der Verteilungsfunktion einer lognormalverteilten Zufallsvariablen zurück.
MAX()	Gibt den maximalen Wert einer Liste von Argumenten zurück.
MAXA()	Gibt den maximalen Wert einer Liste von Argumenten mit Zahlen, Text und Wahrheitswerten zurück.
MEDIAN()	Gibt den Median der gegebenen Zahlen zurück.
MIN()	Gibt den minimalen Wert einer Liste von Argumenten zurück.

Tabelle 5.1: Liste der Statistik-Funktionen (Forts.)

Funktion	Erklärung
MINA()	Gibt den minimalen Wert einer Liste von Argumenten zurück, einschließlich Zahlen, Text und logischer Werte.
MITTELABW()	Gibt die durchschnittliche absolute Abweichung von Datenpunkten von ihrem Mittelwert zurück.
MITTELWERT()	Gibt den Mittelwert der Argumente zurück.
MITTELWERTA()	Gibt den Mittelwert der zugehörigen Argumente, die Zahlen, Text und Wahrheitswerte enthalten, zurück.
MITTELWERTWENN()	Gibt den Durchschnittswert (arithmetisches Mittel) für alle Zellen in einem Bereich zurück, die einem angegebenen Kriterium entsprechen.
MITTELWERTWENNS()	Gibt den Durchschnittswert (arithmetisches Mittel) aller Zellen zurück, die mehreren Kriterien entsprechen.
MODALWERT()	Gibt den häufigsten Wert einer Datengruppe zurück.
MODUS.EINF()	Gibt den am häufigsten vorkommenden Wert in einer Datengruppe oder einem Array zurück.
MODUS.VIELF()	Gibt ein vertikales Array der am häufigsten vorkommenden Werte in einer Datengruppe oder einem Array zurück
NEGBINOM.VERT()	Gibt die Wahrscheinlichkeit einer negativen Binomialverteilung zurück.
NORM.INV()	Gibt die Perzentile der Normalverteilung zurück.
NORM.S.INV()	Gibt die Perzentile der Standardnormalverteilung zurück.
NORM.S.VERT()	Gibt Werte der Verteilungsfunktion standardmäßiger, normalverteilter Zufallsvariablen zurück.
NORM.VERT()	Gibt Wahrscheinlichkeiten einer normalverteilten Zufallsvariable zurück.
PEARSON()	Gibt den pearsonschen Korrelationskoeffizienten zurück.
POISSON.VERT()	Gibt Wahrscheinlichkeiten einer poissonverteilten Zufallsvariable zurück.
QUANTIL.EXKL()	Gibt das Alpha-Quantil einer Gruppe von Daten mit k im Bereich von 0 bis 1 ausschließlich zurück.
QUANTIL.INKL()	Gibt das Alpha-Quantil einer Gruppe von Daten mit k im Bereich von 0 bis 1 einschließlich zurück.
QUANTILSRANG.EXKL()	Gibt den prozentualen Rang (Alpha) eines Werts in einem Datenbereich als Prozentsatz des Bereichs (0 bis 1 ausschließlich) zurück.
QUANTILSRANG.INKL()	Gibt den prozentualen Rang (Alpha) eines Werts in einem Datenbereich als Prozentsatz des Bereichs (0 bis 1 einschließlich) zurück.

Tabelle 5.1: Liste der Statistik-Funktionen (Forts.)

Funktion	Erklärung
QUARTILE.EXKL()	Gibt die Quartile eines Datensatzes zurück, basierend auf Perzentil-werten von 0 bis 1 ausschließlich.
QUARTILE.INKL()	Gibt die Quartile eines Datensatzes zurück, basierend auf Perzentil-werten von 0 bis 1 einschließlich.
RANG.GLEICH()	Liefert den Rang, den eine Zahl innerhalb einer Liste von Zahlen einnimmt, bei mehreren Werten den obersten Rang.
RANG.MITTELW()	Liefert den Rang, den eine Zahl innerhalb einer Liste von Zahlen einnimmt, bei mehreren Werten den durchschnittlichen Rang.
RGP()	Berechnet die Statistik für eine Linie unter Verwendung der Methode der kleinsten Quadrate.
RKP()	Berechnet in Regressionsanalysen eine Exponentialkurve.
SCHÄTZER()	Gibt den Schätzwert für den linearen Trend zurück.
SCHIEFE()	Gibt die Schiefe einer Verteilung zurück.
STABW.S()	Schätzt die Standardabweichung auf der Grundlage einer Stichprobe.
STABW.N()	Berechnet die Standardabweichung einer Grundgesamtheit.
STABWA()	Schätzt die Standardabweichung auf der Grundlage einer Stichprobe einschließlich logischer Werte und Text.
STABWNA()	Berechnet die Standardabweichung auf Grundlage einer Grund-gesamtheit, einschließlich Text und logischer Werte.
STANDARDISIERUNG()	Gibt einen standardisierten Wert zurück.
STEIGUNG()	Gibt die Steigung einer Regressionsgeraden zurück.
STFEHLERYX()	Liefert den Standardfehler der geschätzten y-Werte für alle x-Werte der Regression.
SUMQUADABW()	Gibt die Summe von quadrierten Abweichungen zurück.
T.INV()	Gibt die linksseitige Quantile der t-Verteilung (Student) zurück.
T.INV.2S()	Gibt die zweiseitige Quantile der t-Verteilung (Student) zurück.
T.TEST()	Liefert die Teststatistik eines t-Tests (Student).
T.VERT()	Gibt die t-Verteilung (Student) der linken Endfläche zurück.
T.VERT.2S()	Gibt die t-Verteilung (Student) für zwei Endflächen zurück.
T.VERT.RE()	Gibt die t-Verteilung (Student) der rechten Endfläche zurück.
TREND()	Gibt Werte zurück, die sich aus einem linearen Trend ergeben.
VAR.P()	Berechnet die Varianz, ausgehend von der Grundgesamtheit ohne logische Werte und Texte.

Tabelle 5.1: **Liste der Statistik-Funktionen (Forts.)**

Funktion	Erklärung
VAR.S()	Berechnet die Varianz, ausgehend von einer Stichprobe ohne logische Werte und Texte.
VARIANZA()	Schätzt die Varianz ausgehend von einer Stichprobe einschließlich Text und Wahrheitswerten.
VARIANZENA()	Berechnet die Varianz ausgehend von der Grundgesamtheit einschließlich Text und Wahrheitswerte.
VARIATION()	Gibt Werte zurück, die sich aus einem exponentiellen Trend ergeben.
VARIATIONEN()	Gibt die Anzahl von Variationen für eine gegebene Anzahl von Objekten zurück.
WAHRSCHBEREICH()	Liefert die Wahrscheinlichkeit für ein von zwei Werten eingeschlossenes Intervall.
WEIBULL.VERT()	Gibt Wahrscheinlichkeiten einer weibullverteilten Zufallsvariable zurück.
ZÄHLENWENN()	Zählt die nicht leeren Zellen eines Bereichs, deren Inhalte mit den Suchkriterien übereinstimmen.
ZÄHLENWENNS()	Zählt die Anzahl der Zellen eines Bereichs, deren Inhalte durch die angegebenen Bedingungen bestimmt werden.

Tabelle 5.1: Liste der Statistik-Funktionen (Forts.)

5.1 Kompatible Funktionen aus früheren Funktionen

Einige Funktionen aus den früheren Versionen wurden geändert oder erneuert, sie stehen zwar nach wie vor zur Verfügung, sollten aber nicht mehr verwendet werden, weil die neuen Funktionen andere Berechnungsalgorithmen und unterschiedliche Argumente verwenden. Der Funktions-Assistent bietet diese Funktionen in der Kategorie *Kompatibilität* an.

Funktion alt	Funktion neu
BETAINV()	BETA.INV()
BETAVERT()	BETA.VERT()
BINOMVERT()	BINOM.VERT()
CHINV()	CHIQU.INV(), CHIQU.INV.RE()
CHITEST()	CHIQU.TEST()
CHIVERT()	CHIQU.VERT()
EXPONVERT()	EXPON.VERT()
FINV()	F:INV(), F.INV.RE()
FTEST()	F.TEST()
FVERT()	F.VERT(), F.VERT.RE()

Statistische Funktionen

205

Funktion alt	Funktion neu
GAMMAINV()	GAMMA.INV()
GAMMAVERT()	GAMMA.VERT()
GTEST()	G.TEST()
HYPGEOMVERT()	HYPGEOM.VERT()
KONFIDENT()	KONFIDENZ.NORM(), KONFIDENZ.T()
KOVAR()	KOVARIANZ.P(), KOVARIANZ.S()
KRITBINOM()	BINOM.INV()
LOGINV()	LOGNORM.INV()
LOGNORMVERT()	LOGNORM.VERT()
MODALWERT()	MODUS.VIELF(), MODUS.EINF()
NEGBINOMVERT()	NEGBINOM.VERT()
NORMINV()	NORM.INV()
NORMWERT()	NORM.VERT()
POISSON()	POISSON.VERT()
QUANTIL()	QUANTIL.EXKL(), QUANTIL.INKL()
QUANTILSRANG()	QUANTILSRANG.EXKL(), QUANTILSRANG.INKL()
QUARTILE()	QUARTILE.EXKL(), QUARTILE.INKL()
RANG()	RANG.GLEICH(), RANG.MITTELW()
STABW()	STABW.S()
STABWN()	STABW.N()
STANDNORMINV()	NORM.S.INV()
STANDNORMVERT()	NORM.S.VERT()
TINV()	T.INV.2S(), T.INV()
TTEST()	T.TEST()
TVERT()	T.VERT.2S(), T.VERT.RE()
VARIANZ()	VAR.S()
VARIANZEN()	VAR.P()
WEIBULL()	WEIBULL.VERT()

5.2 Analyse-Funktionen

Zum Lieferumfang von Excel gehört bereits seit der Version 97 ein Add-in mit vielen Assistenten für Statistikberechnungen. Dieses Zusatzpaket wird zwar mit der Standardinstallation eingerichtet, ist aber nicht aktiv. Schalten Sie es ein:

1. Wählen Sie im DATEI-Menü OPTIONEN.
2. Schalten Sie unter ADD-INS/VERWALTEN/EXCEL-ADDINS auf GEHE ZU.
3. Markieren Sie die ANALYSE-FUNKTIONEN und bestätigen Sie mit Klick auf OK.
4. Wechseln Sie auf die Registerkarte DATEN und starten Sie die DATENANALYSE.

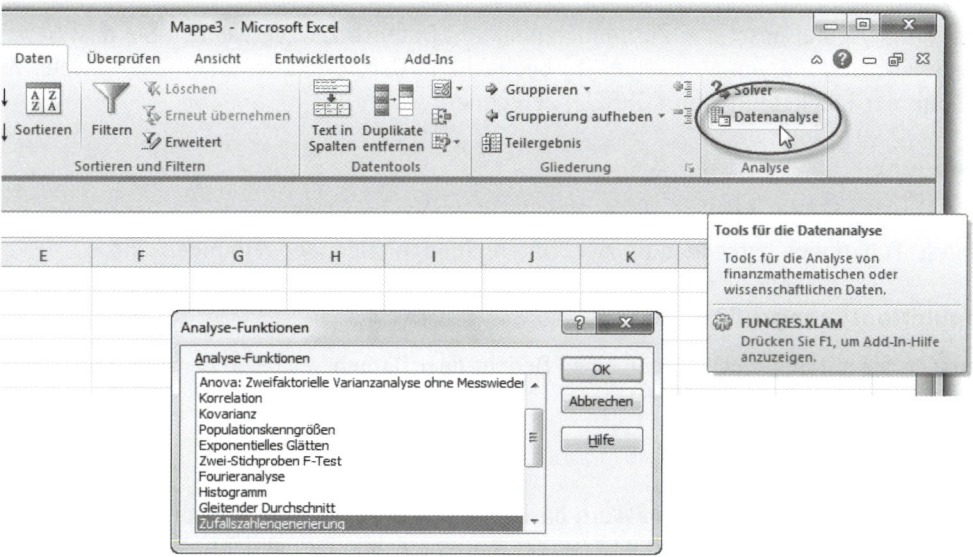

Abbildung 5.2: Das Add-In Analyse-Funktionen sorgt für ein neues Symbol im Register Daten.

Diese Assistenten benutzen die Funktionen aus der Kategorie STATISTIK, fordern aber vom Benutzer die Eingabewerte oder -bereiche im Dialog an und liefern die Ergebnisse, ohne die berechnete Funktion auszugeben. Klicken Sie beispielsweise auf KORRELATION, werden Sie gebeten, den Eingabe- und Ausgabebereich zu bestimmen, und nach Abschluss mit Klick auf OK wird der Korrelationskoeffizient berechnet. Das gleiche Ergebnis erzielen Sie mit der Funktion KORREL().

Hier eine Übersicht mit Kurzbeschreibung zu den einzelnen Assistenten, die in den Ausgabebereichen oder Tabellenblättern keine Formeln oder Funktionen produzieren.

Einfaktorielle Varianzanalyse

Die Varianzanalyse testet die Hypothese, dass die Mittelwerte zweier oder mehrerer Stichproben gleich sind.

Zweifaktorielle Varianzanalyse mit Messwertwiederholung

Erweitert die einfaktorielle Varianzanalyse durch die Möglichkeit, für jede Datengruppe mehr als eine Stichprobe zuzulassen.

Zweifaktorielle Varianzanalyse ohne Messwertwiederholung

In diesem Verfahren der zweifaktoriellen Varianzanalyse wird nur eine Stichprobenbeziehung je Gruppe aufgebaut.

Korrelation

Dieses Analysetool misst den Zusammenhang von Datensätzen. Verwenden Sie das Werkzeug, um die Entwicklung von Messreihen zu beobachten. Der Korrelationskoeffizient zweier Zellen wird mit der Tabellenfunktion KORREL() berechnet.

Kovarianz

Die Kovarianz ist das Maß für die Beziehung zweier Datenbereiche. Dieses Werkzeug aus den Analyse-Funktionen berechnet, ob zwei Datenreihen miteinander verbunden sind.

Populationskenngrößen

Erzeugen Sie mit diesem Werkzeug einen Bericht über Datenbereiche, in dem zentrale Tendenzen und Streuungen aufgezeigt werden.

Exponentielles Glätten

Mit diesem Analysetool wird ein Wert, basierend auf dem Trend für die vorherige Periode, vorhergesagt, wobei der im vorherigen Trend enthaltene Fehler berücksichtigt wird.

Zwei-Stichproben F-Test

Dieses Werkzeug vergleicht die Varianzen zweier Grundgesamtheiten.

Fourieranalyse

Probleme in linearen Systemen zu lösen und periodische Daten zu analysieren, ist die Aufgabe dieses Analysewerkzeugs, das die schnelle Fouriertransformation anwendet.

Histogramm

Berechnen Sie mit diesem Werkzeug individuelle und kumulierte Häufigkeiten für einen Zellbereich, der in Klassen zu unterteilen ist.

Gleitender Durchschnitt

Dieses Verfahren zeigt Trendinformationen, die bei einfachen Durchschnittsberechnungen nicht transparent werden.

Zufallszahlengenerierung

Mit diesem Werkzeug können Sie eine Reihe von Zufallszahlen in einem Bereich mit frei wähl-
barer Ober- und Untergrenze berechnen. Dazu wird die Funktion =ZUFALLSBEREICH() verwendet, die mit der Einrichtung der Analyse-Funktionen verfügbar ist.

Rang und Quartil

Erstellen Sie mit diesem Werkzeug eine Tabelle, die sowohl den Rang als auch den Quartilsrang
aller Werte eines Datensatzes enthält.

Regression

Die lineare Regression nach der Methode der kleinsten Quadrate durchzuführen, ist die Aufgabe
dieses Assistenten. Das Verfahren deckt Zusammenhänge zwischen abhängigen Variablen und
den Werten unabhängiger Variablen auf.

Stichprobenbeziehung

Mit diesem Werkzeug erstellen Sie eine Stichprobe aus einem Zellbereich, der als Grundgesamtheit behandelt wird.

Zweistichproben t-Test

Dieses Verfahren testet den Mittelwert verschiedener Typen von Grundgesamtheiten.

5.2.1 Praxisbeispiel: Einfaktorielle Varianzanalyse

Mit der einfachen Varianzanalyse ANOVA (=analysis of variance) prüfen Sie die Hypothese, ob
die Mittelwerte zweier oder mehrerer Stichproben identisch sind. Diese Stichproben werden aus
normalverteilten Grundgesamtheiten gezogen, die denselben Mittelwert haben. Die Varianzanalyse ist eine Erweiterung des t-Tests, der nur zwei Gruppen untersuchen kann.

Getestet wird die Hypothese H, dass die r normalverteilten Grundgesamtheiten gleicher Varianz
alle denselben Mittelwert haben. Es wird eine Signifikanzzahl a (5% oder 1%) gewählt.

Beispiel: Lackdichte prüfen

> **CD-ROM**
>
> Auf der CD zum Buch: *Lackdichteprüfung.xlsx*

In der Lackieranlage wurde die Lackierung von vier Fahrzeugen überprüft, gemessen wurde die
Dichte an drei verschiedenen Stellen. Für die Berechnung der Mittelwerte der einzelnen Gruppen und des Mittelwerts aller Gruppen verwenden Sie die Funktion MITTELWERT().

Statistische Funktionen

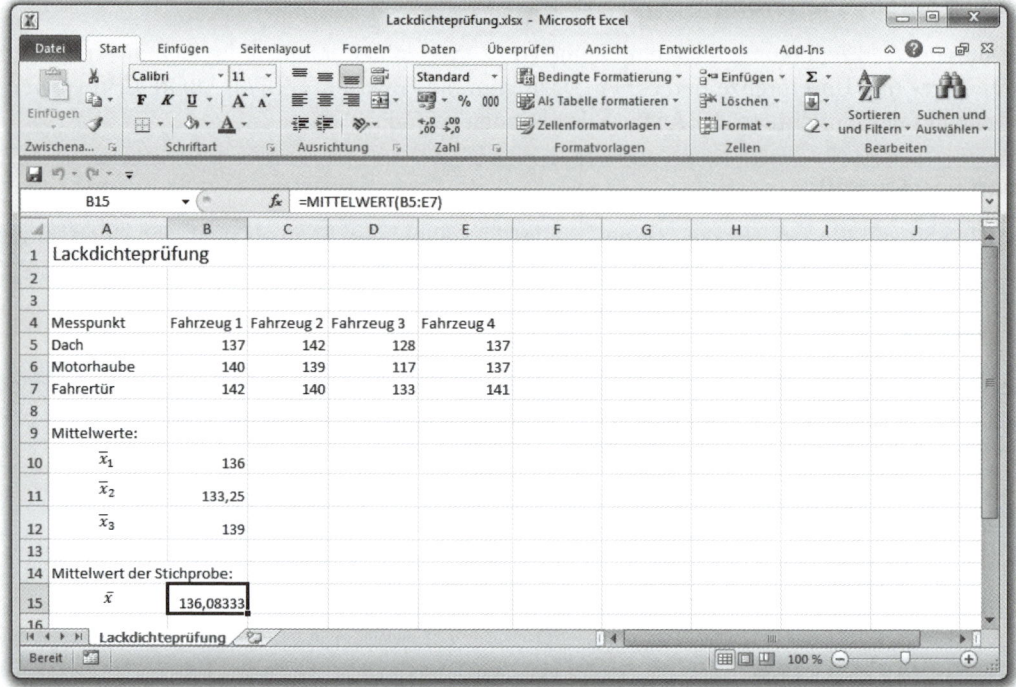

Abbildung 5.3: Beispiel Lackdichteprüfung mit vier Fahrzeugen und drei Messstellen

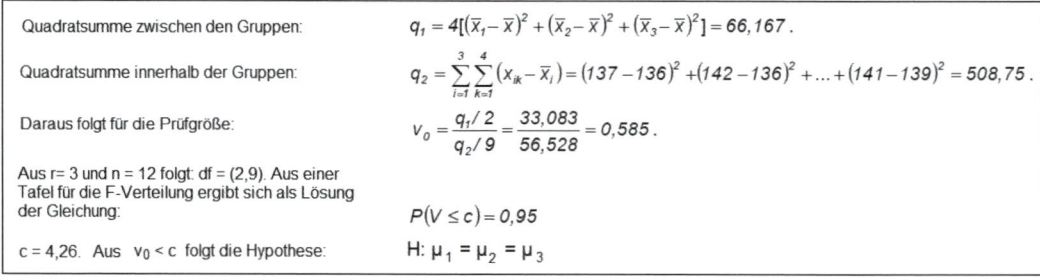

Ermitteln Sie das Ergebnis mit der einfaktoriellen Varianzanalyse aus den Analyse-Funktionen:

1. Wählen Sie DATEN/ANALYSE/DATENANALYSE.
2. Markieren Sie ANOVA: EINFAKTORIELLE VARIANZANALYSE.
3. Markieren Sie den Eingabebereich $A$5:$E$7, geordnet nach Zeilen, und kreuzen Sie die Option *Beschriftung in der ersten Spalte* an. Geben Sie als Alphawert 5% an.
4. Bestimmen Sie die Zelle $A$18 als Ausgabebereich.

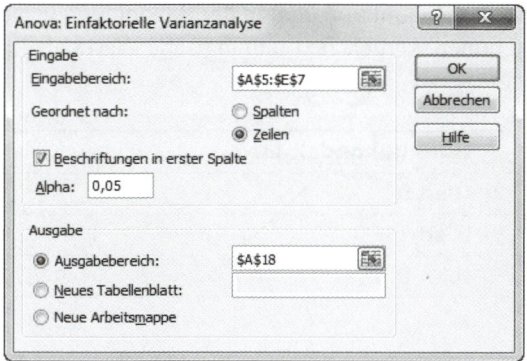

Abbildung 5.4: **Die Eingabeparameter für die Analyse-Funktion**

Mit Klick auf OK erhalten Sie die Berechnung der einfaktoriellen Varianzanalyse ab Zeile 18. Da der p-Wert (Zelle F29) größer als der a-Wert 0,05 ist, ist die Hypothese

H: $\neg_1 = \neg_2 = \neg_3$

anzunehmen. Die Messwerte schwanken nur zufallsbedingt, der Unterschied zwischen den gemessenen Lackdichten ist also nicht signifikant.

Hinweis

Ein weiteres Beispiel für eine Analyse-Funktion finden Sie in der Beschreibung der Funktion HÄUFIGKEIT(). Erstellen Sie ein Histogramm für eine Altersstrukturanalyse.

5.3 Die A-Funktionen

Bei der ersten Durchsicht der Funktionsliste für statistische Funktionen wird Ihnen auffallen, dass einige Funktionen doppelt vorhanden sind, die zweite Funktion endet mit dem Buchstaben A:

- MAX() und MAXA()
- MIN() und MINA()
- MITTELWERT() und MITTELWERTA()
- STABW() und STABWA()
- STABWN() und STABWNA()
- VARIANZ() und VARIANZA()
- VARIANZEN() und VARIANZENA()

Der Unterschied zwischen »normaler« Funktion und A-Funktion liegt in der Behandlung von Text und logischen Werten. Bei den normalen Funktionen werden Text und logische Werte als Argumente ignoriert, in den neuen Funktionen nicht:

Argument	Wird behandelt als
Text	Wert 0
WAHR	Wert 1
FALSCH	Wert 0

Tabelle 5.2: Argumente in A-Funktionen

Ein Beispiel verdeutlicht die unterschiedlichen Berechnungen von Zellinhalten in A-Funktionen:

1. Geben Sie diese Reihe von Zahlen und Texten ein:

   A1: 3
   A2: 6
   A3: WAHR
   A4: Text

2. Schreiben Sie diese Funktionen:

   D1: =MIN(A1:A4)Ergebnis: 3
   D2: =MINA(A1:A4)Ergebnis: 0

Die Funktion MIN() liefert die kleinste Zahl 3, Text und Wahrheitswert werden ignoriert. Die A-Funktion liefert ein anderes Ergebnis, weil sie den Text in Zelle A4 als Wert 0 wertet. Ersetzen Sie »Text« durch die Ziffer 4, liefert MINA(A1:A4) das Ergebnis 1, denn jetzt gilt der Wahrheitswert als der kleinste.

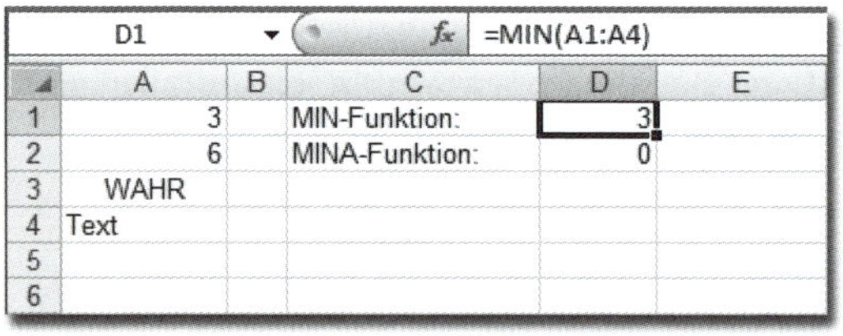

Abbildung 5.5: Die A-Funktionen behandeln ihre Argumente anders.

5.4   Funktionen prüfen in der Statuszeile

Sie können die Ergebnisse einiger Statistik-Funktionen mit der Statuszeilenfunktion überprüfen:

1. Markieren Sie den Bereich, den Sie auswerten.
2. Schalten Sie mit der rechten Maustaste in der Statuszeile auf die passende Funktion um.

Das Ergebnis wird in der Statuszeile angezeigt, solange die Funktion im Kontextmenü markiert ist.

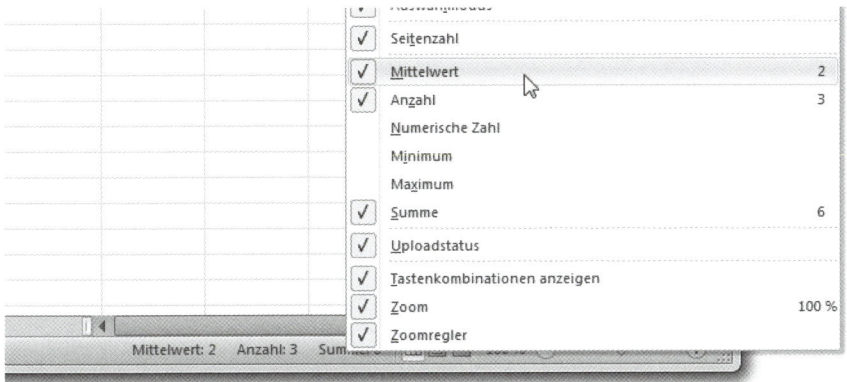

Abbildung 5.6: Die Statuszeile bietet Funktionen für markierte Bereiche an.

5.5   Die Funktion ACHSENABSCHNITT()

Diese Funktion liefert den Ordinatenabschnitt für den Schnittpunkt einer Regressionsgerade oder Trendlinie einer linearen Regressionsfunktion mit der Y-Achse. Die Funktion ermittelt den Wert, den die abhängige Variable annimmt, wenn die unabhängige Variable den Wert Null hat.

=ACHSENABSCHNITT(Y–Werte;X–Werte)

Y-Werte: abhängige Daten oder Messwerte

X-Werte: unabhängige Daten oder Messwerte

Das Beispiel zeigt ein Punktdiagramm mit Linie, erstellt aus einem X- und Y-Wert. Die Funktion für den Y-Wert lautet:

y = b + m * x

Die Funktion berechnet den Wert des Ordinatenabschnitts.

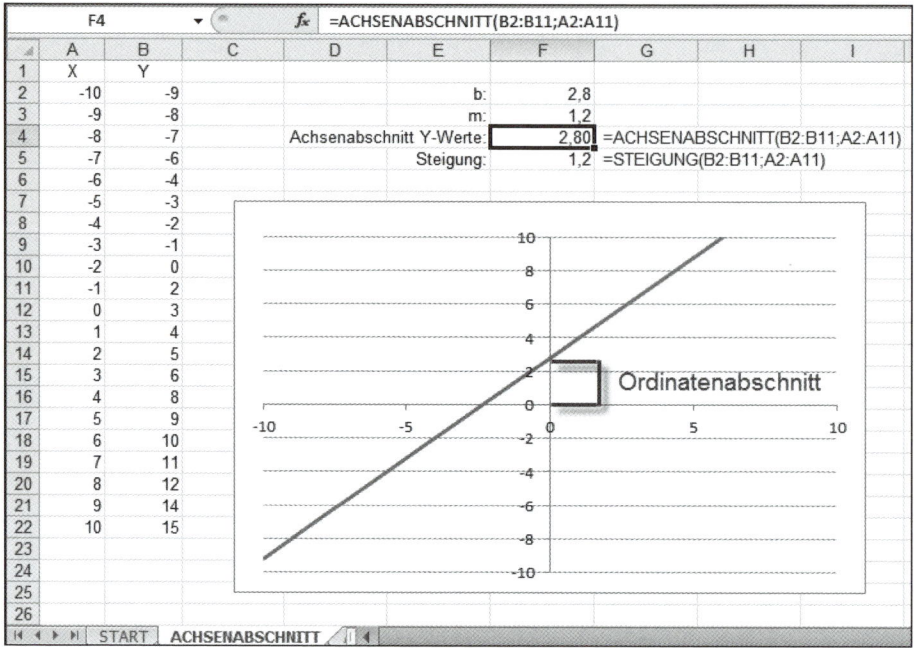

Abbildung 5.7: Funktion ACHSENABSCHNITT() für die Regressionsgerade

5.6 Die Funktionen ANZAHL() und ANZAHL2()

Diese Tabellenfunktionen berechnen die Anzahl der Elemente in einem Datenbereich. Der Unterschied zwischen ANZAHL() und ANZAHL2() besteht darin, dass ANZAHL() ausschließlich Werte (Zahlen) zählt, während ANZAHL2() alles zählt, was eine Zelle mit Inhalt füllt (Text, Wahrheitswerte, Bezüge usw.).

=ANZAHL(Wert1;Wert2; ... Wertn)

Die Argumente *Wert1, Wert2, Wertn* bezeichnen bis zu 30 Zellinhalte aller Art (Text, Zahl, Bezug, Wahrheitswert), gezählt werden mit ANZAHL() aber nur Zahlenwerte. Zahlen, die als Texte formatiert sind, gelten auch, nicht aber Texte, die in Textform vorliegen, z.B. mit Apostroph als Vorzeichen oder mit der Textfunktion erzeugt (=TEXT(123;"0")).

```
A1: 1
A2: 2
A3: Text
A4: =ANZAHL(A1:A3)          Ergebnis: 2
```

=ANZAHL2(Wert1;Wert2; ... Wertn)

Die Argumente *Wert1, Wert2, Wertn* bezeichnen bis zu 30 Zellinhalte aller Art (Text, Zahl, Bezug, Wahrheitswert). Auch leerer Text ("") wird gezählt, jedoch keine Leerzellen. Leere Elemente von Matrizen werden ignoriert.

```
A1: 1
A2: 2
A3: Text
A4: =ANZAHL2(A1:A3)          Ergebnis: 3
```

5.6.1   Praxisbeispiel: Messwerte analysieren

> **CD-ROM**
>
> Auf der CD zum Buch: *Statistikfunktionen Beispiele.xlsx*

Ihre Messstation liefert regelmäßig Temperaturwerte, in der ersten Spalte steht das Datum der Messung, Spalte B enthält den Messwert.

	A	B
1	**Mess-Station 1**	
2		
3	Datum	Messung
4	01.03.10	13,2
5	02.03.10	15,3
6	03.03.10	15,5
7	04.03.10	21,2
8	07.03.10	k.A.
9	08.03.10	21,4
10	09.03.10	23,4
11	10.03.10	25,5
12	11.03.10	23,5
13	14.03.10	k.A.
14	15.03.10	27,6
15	16.03.10	23,5
16	17.03.10	24
17	18.03.10	25,6
18	21.03.10	22,5

Abbildung 5.8: Temperaturwerte aus einer Messstation

Der Bereichsname unserer Liste lautet *rng_Messwerte* und bezieht sich auf den Bereich A3:B18 (Überschrift inklusive). Berechnen Sie, wie viele Messungen die Liste in der zweiten Spalte enthält:

```
D3: Anzahl Messungen
D4: =ANZAHL2(B4:B18)
```

Oder besser, um den Bereich der Messzahlen exakt anzugeben:

```
D4: =ANZAHL2(BEREICH.VERSCHIEBEN(rng_Messwerte;1;1;ZEILEN(rng_Messwerte)-1;1))
```

Statistische Funktionen

Das Ergebnis ist die Anzahl Messungen, unabhängig davon, ob eine Zahl gefunden wurde. Die Messwerte selbst ermitteln Sie über ANZAHL(), diese Funktion zählt nur die Zahlenwerte in einem Bereich:

```
D5: Anzahl Messergebnisse:
D6: =ANZAHL(B4:B18)
```

Oder besser:

```
D6: =ANZAHL(BEREICH.VERSCHIEBEN(Messwerte;1;1;ZEILEN(Messwerte)-1;1))
```

D6			f_x	=ANZAHL(BEREICH.VERSCHIEBEN(rng_Messwerte;1;1;ZEILEN(rng_Messwerte)-1;1))				
	A	B	C	D	E	F	G	H
1	**Mess-Station 1**							
2								
3	Datum	Messung		Anzahl Messungen:				
4	01.03.10	13,2		15				
5	02.03.10	15,3		Anzahl Messergebnisse:				
6	03.03.10	15,5		13				
7	04.03.10	21,2						
8	07.03.10	k.A.						
9	08.03.10	21,4						
10	09.03.10	23,4						
11	10.03.10	25,5						
12	11.03.10	23,5						
13	14.03.10	k.A.						
14	15.03.10	27,6						
15	16.03.10	23,5						
16	17.03.10	24						
17	18.03.10	25,6						
18	21.03.10	22,5						

Abbildung 5.9: ANZAHL() zählt nur die numerischen Werte eines Bereichs

5.6.2 Praxisbeispiel: Werte zählen in gefilterten Listen

Wenn Sie eine Datenbank oder Liste filtern, wird die Verwendung von ANZAHL() oder ANZAHL2() nicht mehr viel Sinn machen. Mit der Filterung blendet Excel alle Zeilen aus, die nicht dem Filterkriterium entsprechen, die Funktionen können dem aber nicht folgen. Gibt es eine Möglichkeit, die gefilterten Bereiche anstelle der normalen Wertebereiche zu analysieren?

Verwenden Sie die Funktion TEILERGEBNIS(), sie bietet eine Codezahl für ANZAHL() und ANZAHL2() und kann als Ersatz für beide Funktionen zum Einsatz kommen:

1. Schreiben Sie die Funktion unter oder über den Wertebereich, nicht daneben, weil der Filter sie wegblendet:

```
A20: Messungen
B20: =TEILERGEBNIS(3;$B$4:$B$18)
A21: Messergebnisse:
B21: =TEILERGEBNIS(2;$B$4:$B$18)
```

Die Codezahl 2 steht für ANZAHL() und Codezahl 3 repräsentiert ANZAHL2() (nachzulesen in der Hilfe zur Funktion TEILERGEBNIS()).

2. Setzen Sie einen AutoFilter auf den Bereich *Messwerte* (A3:B18) und filtern Sie alle Werte, die über 20 liegen (Zahlenfilter, ist grösser als 20).

Das Ergebnis: Die Zahlen werden gefiltert, die Teilergebnisse geben die Werte der gefilterten Tabelle wieder.

> **Tipp**
>
> Beachten Sie hierzu auch die Funktion ZÄHLENWENN(), die Werte nach Bedingungen zählt.

5.7 Die Funktion ANZAHLLEEREZELLEN()

Diese Funktion gehört zu den »Unterstützern« anderer Funktionen. Sie zählt, wie viele Leerzeilen in einem Bereich vorkommen.

=ANZAHLLEEREZELLEN(Bereich)

Im Argument *Bereich* geben Sie einen Zellbereich oder einen Bereichsnamen an, der nach Leerzellen durchsucht wird. Als Leerzellen werden auch Formeln gewertet, die eine leere Zeichenfolge zurückgeben (""). Nullwerte in Zellen gelten nicht als Leerzellen.

```
A1: (leer)                  B1: (leer)
A2: 120                     B2: 200
A3: (leer)                  B3: 400
A4: =ANZAHLLEEREZELLEN(A1:B3)  Ergebnis: 3
```

Hier ein Beispiel: Berechnen Sie einen Bereich mit Zufallszahlen und nutzen Sie die Funktion ANZAHLLEEREZELLEN(), um die Anzahl der Nullwerte auszugeben:

1. Markieren Sie A1:C15.
2. Schreiben Sie diese Formel:

   ```
   A1: =WENN(ZUFALLSBEREICH(0;20)=0;"";ZUFALLSBEREICH(0;20))
   ```

3. Drücken Sie ⎡Strg⎤+⎡↵⎤, um die Formel auf den Bereich zu verteilen.
4. Schreiben Sie die Auswertungsformel:

   ```
   E1: Anzahl Leerzellen:
   E2: =ANZAHLLEEREZELLEN(A1:C15)
   ```

> **Tipp**
>
> Wenn Sie die Leerzellen im Bereich farbig hervorheben wollen, starten Sie Start/Formatvorlagen, die Bedingte Formatierung, geben diese Formelbedingung ein und weisen der Bedingung ein Farbmuster zu.
>
> ```
> Formel ist: =B7=""
> ```

Statistische Funktionen

	E2	▼	fx	=ANZAHLLEEREZELLEN(A1:C15)	
	A	B	C	D	E	F
1	9	7	8		Anzahl Leerzellen:	
2	7	4	4		3	
3	5	13	19			
4	13	18				
5	13	2	7			
6	19	0	20			
7		3	1			
8	2	16	13			
9	10	5	19			
10	5	13	3			
11	17	14	18			
12	16	5	14			
13	17	12	11			
14	2	16				
15	12	5	1			

Abbildung 5.10: Leere Zellen zählen und formatieren

5.8 Die Funktion BESTIMMTHEITSMASS()

Diese Funktion liefert das Quadrat des Pearsonschen Korrelationskoeffizienten, angepasst an die in *Y_Werte* und *X_Werte* abgelegten Datenpunkte. Weitere Informationen finden Sie bei der Funktion PEARSON. Ein R-Quadrat-Wert kann als das Verhältnis der Varianz in y zurückgeführt auf die Varianz in x interpretiert werden.

- *Y_Werte* ist eine Matrix oder ein Bereich von Datenpunkten.
- *X_Werte* ist eine Matrix oder ein Bereich von Datenpunkten.

Das Bestimmtheitsmaß ist ein Maß für die Güte der Anpassung, die eine Regression erzielt. Im Diagramm zeigt es, wie dicht die Daten an der Regressionsgeraden liegen.

5.8.1 Praxisbeispiel: Trendlinie

Das Tabellenblatt enthält eine Reihe von X- und Y-Werten und ein Punktediagramm, das aus dem Bereich $A$1:$B$10 erstellt wurde. Die X-Werte sind unabhängige Daten oder Messwerte, die Y-Werte sind die abhängigen Werte. Mit DIAGRAMMTOOLS/LAYOUT/ANALYSE/TRENDLINIE wurde eine lineare Trendlinie eingefügt. Unter *Weitere Trendlinien* kann die Formel und das Bestimmtheitsmaß angekreuzt werden. Der ermittelte Wert r^2 ist der Anteil der Varianz von Y. Die Funktion liefert Werte von 0 bis 1, je näher der Wert an 1 liegt, desto höher ist die Abhängigkeit der beiden Reihen.

Berechnen Sie mit der Funktion BESTIMMTHEITSMASS() das Bestimmtheitsmaß der X- und Y-Werte, erhalten Sie ebenfalls dieses Ergebnis.

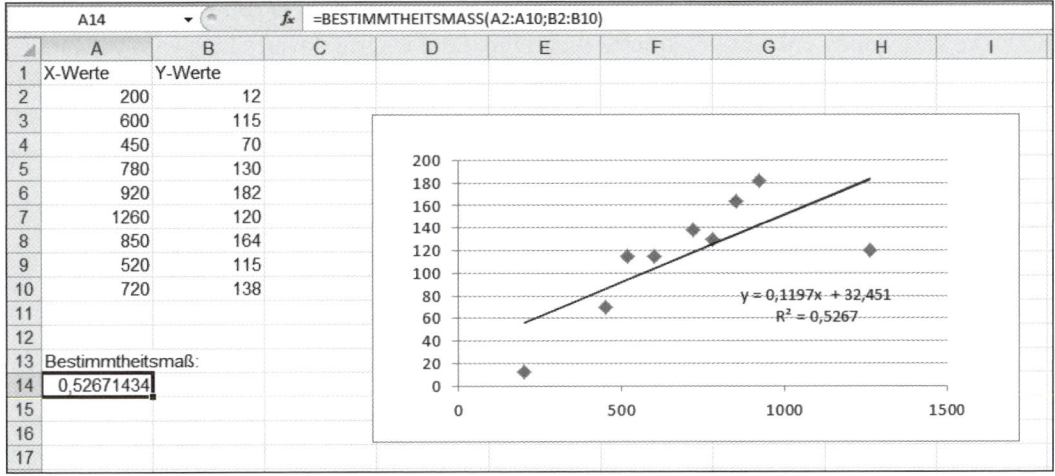

Abbildung 5.11: Bestimmtheitsmaß berechnen

5.9 Die Funktionen BETA.INV() und BETA.VERT()

Diese Funktion liefert die Quantile der Betaverteilung. Das heißt, gilt Wahrsch = BETAVERT(x; ...), dann gilt BETAINV(Wahrsch;...) = x. Die Verteilungsfunktion der Betaverteilung kann zum Beispiel für eine Projektplanung verwendet werden, um ausgehend von einer erwarteten Fertigungszeit sowie der Streuung modellhaft die wahrscheinlichen Fertigungszeiten vorauszuberechnen.

=BETA.INV((Wahrsch;Alpha;Beta;A;B)

- *Wahrsch* ist die zur Betaverteilung gehörige Wahrscheinlichkeit.
- *Alpha* ist ein Parameter der Verteilung.
- *Beta* ist ein Parameter der Verteilung.
- *A* ist eine optionale Untergrenze des Intervalls für x.
- *B* ist eine optionale Obergrenze des Intervalls für x.

Ist eines der Argumente kein numerischer Ausdruck, liefert BETA.INV den Fehlerwert #WERT!. Ist *Alpha* kleiner oder gleich 0 oder ist *Beta* kleiner gleich 0, liefert BETA.INV den Fehlerwert #ZAHL!. Ist *Wahrsch* kleiner gleich 0 oder ist *Wahrsch* größer 1, liefert BETA.INV den Fehlerwert #ZAHL!. Sind für *A* und *B* keine Werte angegeben, verwendet BETA.INV die standardmäßige Betaverteilung, so dass A = 0 und B = 1 gilt.

BETA.INV verwendet zur Berechnung der Funktion ein Iterationsverfahren. Ausgehend von der angegebenen Wahrscheinlichkeit, führt BETA.INV so lange Iterationsschritte aus, bis das Ergebnis mit einer Abweichung von höchstens $\pm 3 \times 10^{-7}$ vorliegt. Konvergiert BETAINV nicht innerhalb von 100 Iterationsschritten, liefert die Funktion den Fehlerwert #NV. Beispiel:

BETA.INV(0,685470581;8;10;1;3) Ergebnis: 2

219

Die Funktion BETA.VERT() liefert Werte der Verteilungsfunktion einer betaverteilten Zufallsvariable. Die Verteilungsfunktion (integrierte Dichtefunktion) einer Betaverteilung wird verwendet, um über mehrere Stichproben hinweg, die zu bestimmten Vorgängen erhoben wurden, prozentuale Schwankungen zu untersuchen. Beispielsweise kann untersucht werden, wie viel Prozent eines Tages bestimmte Leute vor dem Fernsehgerät sitzen.

=BETA.VERT(X;Alpha;Beta;A;B)

- *X* ist der Wert, an dem die Funktion im Intervall zwischen *A* bis *B* ausgewertet werden soll.
- *Alpha* ist ein Parameter der Verteilung.
- *Beta* ist ein Parameter der Verteilung.
- *A* ist eine optionale untere Begrenzung des Intervalls für x.
- *B* ist eine optionale obere Begrenzung des Intervalls für x.

Ist eines der Argumente kein numerischer Ausdruck, liefert BETAVERT den Fehlerwert #WERT!. Ist *Alpha* kleiner oder gleich 0 oder ist *Beta* kleiner oder gleich 0, liefert BETAVERT den Fehlerwert #ZAHL!. Ist $X < A$, $X > B$ oder $A = B$, liefert BETAVERT den Fehlerwert #ZAHL!. Sind für *A* und *B* keine Werte angegeben, verwendet BETAVERT die standardmäßige Betaverteilung, so dass $A = 0$ und $B = 1$ gilt. Beispiel:

```
=BETAVERT(2;8;10;1;3)          Ergebnis: 0,685470581
```

5.10 Die Funktionen BINOM.INV() und BINOM.VERT()

Die Funktion BINOM.INV liefert den kleinsten Wert, für den die kumulierten Wahrscheinlichkeiten der Binominalverteilung größer oder gleich der Grenzwahrscheinlichkeit sind.

=BINOM.INV(Versuche;Erfolgswahrsch;Alpha)

Versuche: die Anzahl der Bernoulliexperimente

Erfolgswahrsch: die Wahrscheinlichkeit eines Erfolgs (> 0 und < 1)

Alpha: die Grenzwahrscheinlichkeit (> 0 und < 1)

Die Funktion BINOM..VERT() liefert Wahrscheinlichkeiten einer binominalverteilten Zufallsvariable.

=BINOM.VERT(Zahl_Erfolge;Versuche;Erfolgswahrsch;Kumuliert)

Zahl_Erfolge ist die Zahl der günstigen Ereignisse der Experimente.

Versuche ist die Zahl der unabhängigen Zufallsexperimente.

Erfolgswahrsch ist die Wahrscheinlichkeit für den günstigen Ausgang des Experiments.

Kumuliert ist der Wahrheitswert, der den Typ der Funktion bestimmt.

Ist *Kumuliert* mit WAHR belegt, berechnet BINOMVERT die Verteilungsfunktion (auch Summenhäufigkeitsfunktion), also die Wahrscheinlichkeit, dass die Anzahl der Erfolge zwischen 0 und einschließlich *Zahl_Erfolge* liegt. Ist *Kumuliert* mit FALSCH belegt, liefert BINOMVERT den Wert der Wahrscheinlichkeitsfunktion, also die Wahrscheinlichkeit, dass die Anzahl der Erfolge genau *Zahl_Erfolge* sein wird.

Zahl_Erfolge und *Versuche* werden zu ganzen Zahlen gekürzt. Ist *Zahl_Erfolge*, *Versuche* oder *Erfolgswahrsch* kein numerischer Ausdruck, liefert BINOMVERT den Fehlerwert #WERT!. Ist *Zahl_Erfolge* < 0 oder ist *Zahl_Erfolge* > *Versuche*, liefert BINOMVERT den Fehlerwert #ZAHL!. Ist *Erfolgswahrsch* < 0 oder ist *Erfolgswahrsch* > 1, liefert BINOMVERT den Fehlerwert #ZAHL!.

BINOM.VERT können Sie bei Problemstellungen verwenden, bei denen eine feste Anzahl an Tests oder Versuchen vorgegeben ist und die folgenden Bedingungen zutreffen: Jeder Versuch kann nur eines der Ergebnisse Erfolg oder Misserfolg haben; die Versuche sind voneinander unabhängig; und die Erfolgswahrscheinlichkeit ist während des gesamten Experiments konstant.

5.10.1 Praxisbeispiel: Würfel

Wie hoch ist die Wahrscheinlichkeit, dass bei zehn Würfen mit einem Würfel genau dreimal die Sechs gewürfelt wird? Ist das Argument *Kumuliert* mit WAHR belegt, berechnet BINOM.VERT() die Verteilungsfunktion.

	E6		f_x	=BINOMVERT(B6;A6;C6;D6)	
	A	B	C	D	E
1					
2	**Würfel**				
3	*Wahrscheinlichkeit, dass bei 10 Würfen 3 mal die Sechs gewürfelt wird*				
4					
5	Anzahl Versuche	Anzahl Erfolge	Erfolgs- wahrscheinlichkeit	Typ der Funktion	BINOM.VERT()
6	100	43	1/2	WAHR	0,0967
7	100	43	1/2	FALSCH	0,0301
8	100	25	1/50	WAHR	1,0000
9	10	3	1/6	FALSCH	0,1550

Abbildung 5.12: Wahrscheinlichkeit berechnen mit BINOM.VERT()

5.11 Die Funktionen CHIQU.INV() und CHIQU.INV.RE()

Die Funktion CHIQU.INV() liefert die Perzentile der linksseitigen Chi-Quadrat-Verteilung.

=CHIQU.INV(Wahrsch;Freiheitsgrade)

Wahrsch ist die zur Chi-Quadrat-Verteilung gehörige Wahrscheinlichkeit.

Freiheitsgrade ist die Anzahl der Freiheitsgrade.

Gilt `Wahrsch = CHIVERT(x;¼)`, dann gilt `CHIINV(Wahrsch;¼) = x`. Mit dieser Funktion können Sie beobachtete Ergebnisse mit erwarteten Ergebnissen vergleichen, um so zu prüfen, ob Ihre ursprünglichen Hypothesen zutreffen.

Ist eines der Argumente kein numerischer Ausdruck, liefert CHIQU.INV() den Fehlerwert #WERT!.

Ist Wahrsch < 0 oder ist Wahrsch > 1, liefert CHIINV den Fehlerwert #ZAHL!.

Ist *Freiheitsgrade* keine ganze Zahl, werden die Nachkommastellen abgeschnitten. Ist *Freiheits-grade* < 1 oder ist *Freiheitsgrade* größer oder gleich 10^10, liefert CHIINV den Fehlerwert #ZAHL!.

CHIQU.INV() verwendet zur Berechnung der Funktion ein Iterationsverfahren. Ausgehend von der angegebenen Wahrscheinlichkeit, führt CHIQU.INV() so lange Iterationsschritte aus, bis das Ergebnis mit einer Abweichung von höchstens ±3 x 10 ^ −7 vorliegt. Konvergiert CHIQU.INV() nicht innerhalb von 100 Iterationsschritten, liefert die Funktion den Fehlerwert #NV. Beispiel:

`=CHIINV(0,05;10)`   Ergebnis: 18,30703

Die Funktion CHIQU.INV.RE() liefert die Perzentile der rechtsseitigen Chi-Quadrat-Verteilung.

=CHIQU.INV.RE(Wahrsch;Freiheitsgrade)

Wahrsch ist die zur Chi-Quadrat-Verteilung gehörige Wahrscheinlichkeit.

Freiheitsgrade ist die Anzahl der Freiheitsgrade.

Ist *Wahrscheinlichkeit* < 0 oder *Wahrscheinlichkeit* > 1, gibt CHIQU.INV.RE() den Fehlerwert #ZAHL! zurück.

Ist *Freiheitsgrade* keine ganze Zahl, wird der Dezimalanteil abgeschnitten.

Ist *Freiheitsgrade* < 1 oder *Freiheitsgrade* > 10^10, gibt CHIQU.INV.RE den Fehlerwert #ZAHL! zurück.

5.12 Die Funktion CHIQU.TEST()

Liefert die Teststatistik eines Chi-Quadrat-Unabhängigkeitstests. CHIQU.TEST() liefert den Wert der Chi-Quadrat-Verteilung (c2-) für die Teststatistik (Prüfgröße) mit den entsprechenden Freiheitsgraden. Mithilfe von Chi-Quadrat-Tests können Sie feststellen, ob in Experimenten die Ergebnisse bestätigt werden, die aufgrund von Hypothesen erwartet wurden.

=CHIQU.TEST(Beob_Messwerte;Erwart_Werte)

Beob_Messwerte ist der Bereich beobachteter Daten, den Sie gegen die erwarteten Werte testen möchten.

Erwart_Werte ist der Bereich erwarteter Beobachtungen, die sich aus der Division der miteinander multiplizierten Rangsummen und der Gesamtsumme berechnen.

Enthalten *Beob_Messwerte* und *Erwart_Werte* unterschiedlich viele Datenpunkte, liefert CHI-TEST den Fehlerwert #NV. Bei einem Chi-Quadrat-Test wird die Teststatistik (Prüfgröße) durch die Summe der Differenzen zwischen beobachteten und erwarteten (berechneten) Werten ermittell.

5.13 Die Funktionen CHIQU.VERT() und CHIQU.VERT.RE()

CHIQU.VERT() liefert die Werte der linksseitigen Verteilungsfunktion (1-Alpha) einer Chi-Quadrat-verteilten Zufallsgröße. Die Chi-Quadrat-Verteilung wird bei einem Chi-Quadrat-Test benötigt. Mit dem Chi-Quadrat-Test können Sie beobachtete und erwartete Werte miteinander vergleichen. Beispielsweise kann für ein genetisches Experiment die Hypothese aufgestellt werden, dass die nächste Pflanzengeneration in einer bestimmten Farbzusammensetzung vorliegen wird. Durch Vergleich der beobachteten mit den erwarteten Ergebnissen können Sie feststellen, ob Ihre ursprüngliche Hypothese zutrifft.

=CHIQU.VERT(x;Freiheitsgrade)

x ist der Wert der Verteilung (Quantil), dessen Wahrscheinlichkeit Sie berechnen möchten. *Freiheitsgrade* ist die Anzahl der Freiheitsgrade.

Ist eines der Argumente kein numerischer Ausdruck, liefert CHIQU.VERT() den Fehlerwert #WERT!. Ist *x* negativ, liefert CHIQU.VERT() den Fehlerwert #ZAHL!.

Ist *Freiheitsgrade* keine ganze Zahl, werden die Nachkommastellen abgeschnitten. Ist *Freiheitsgrade* < 1 oder ist *Freiheitsgrade* größer oder gleich 10^{10}, liefert CHIQU.VERT() den Fehlerwert #ZAHL!. CHIQU.VERT() wird als `CHIVERT = P(X>x)` berechnet, wobei *x* eine Chi-Quadrat-verteilte Zufallsgröße ist. Beispiel:

```
CHIQU.VERT(18,307;10)        Ergebnis: 0,050001
```

CHIQU.VERT.RE() liefert die Werte der rechtsseitigen Verteilungsfunktion (1-Alpha) einer Chi-Quadrat-verteilten Zufallsgröße.

=CHIQU.VERT.RE(x;Freiheitsgrade)

5.14 Die Funktion EXPON.VERT()

Diese Funktion liefert Wahrscheinlichkeiten einer exponentialverteilten Zufallsvariable. Verwenden Sie EXPONVERT, um die Zeit zu modellieren, die zwischen zwei Ereignissen liegt. Eine mögliche Fragestellung lautet etwa: Wie lange benötigt ein Geldautomat für die Ausgabe von Geld? Zum Beispiel können Sie mit EXPONVERT berechnen, wie wahrscheinlich es ist, dass dieser Vorgang eine Minute dauert.

=EXPON.VERT(x;Lambda;Kumuliert)

x ist der Wert der Verteilung (Quantil), dessen Wahrscheinlichkeit Sie berechnen möchten. *Lambda* ist der Parameter der Verteilung.

Kumuliert ist der Wahrheitswert, der den Typ der Funktion bestimmt. Ist *Kumuliert* mit WAHR belegt, liefert EXPON.VERT den Wert der Verteilungsfunktion (integrierte Dichtefunktion). Ist *Kumuliert* mit FALSCH belegt, liefert EXPON.VERT den Wert der Dichtefunktion.

Statistische Funktionen

Ist *x* oder *Lambda* kein numerischer Ausdruck, liefert EXPON.VERT den Fehlerwert #WERT!. Ist *x* < 0, liefert EXPON.VERT den Fehlerwert #ZAHL!. Ist *Lambda* kleiner oder gleich 0, liefert EXPON.VERT den Fehlerwert #ZAHL!.

Beispiele:

```
EXPON.VERT(0,2;10;WAHR)        Ergebnis: 0,864665
EXPON.VERT(0,2;10;FALSCH)      Ergebnis: 1,353353^
```

5.14.1 Praxisbeispiel: Reparaturwahrscheinlichkeit

Mit EXPON.VERT() berechnen Sie zum Beispiel die Wahrscheinlichkeit, dass eine Maschine repariert werden muss, wenn die Ausfallrate bekannt ist. Bei einer Ausfallrate von 0,1 Promille pro Tag ermittelt diese Funktion, wie viele Maschinen (prozentual) nach einem Jahr defekt sein werden:

```
=EXPON.VERT(365;0,0001;1)
```

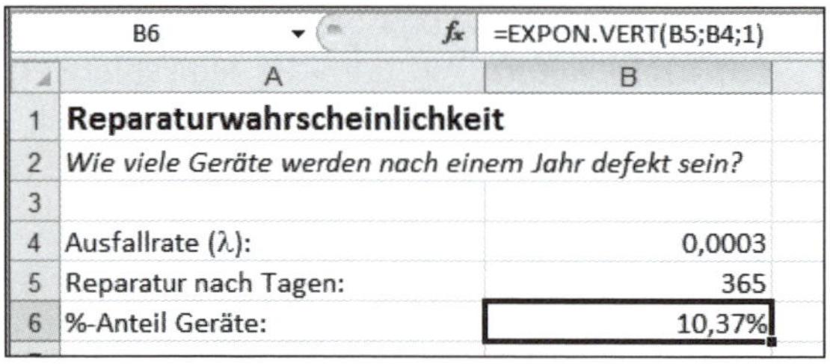

B6	▼	f_x	=EXPON.VERT(B5;B4;1)	
	A		B	
1	**Reparaturwahrscheinlichkeit**			
2	*Wie viele Geräte werden nach einem Jahr defekt sein?*			
3				
4	Ausfallrate (λ):		0,0003	
5	Reparatur nach Tagen:		365	
6	%-Anteil Geräte:		10,37%	

Abbildung 5.13: Reparaturwahrscheinlichkeit berechnen mit EXPON.VERT()

5.15 Die Funktionen F.INV() und F.INV.RE()

Die Funktion F.INV() liefert die Perzentile der linksseitigen F-Verteilung. Sie ist die Umkehrung von F.VERT(). Wenn

```
p = F.VERT(x; ...)
```

dann

```
F.INV(p; ...) = x
```

=F.INV(Wahrsch;Freiheitsgrade1;Freiheitsgrade2)

Die F-Verteilung kann in F-Tests verwendet werden, bei denen die Streuungen zweier Datenmengen ins Verhältnis gesetzt werden. Zum Beispiel können Sie die Verteilungen der in den Vereinigten Staaten sowie in Kanada erzielten Einkommen daraufhin analysieren, ob es in den beiden Ländern ähnlich strukturierte Unterschiede gibt.

- *Wahrsch* ist die zur F-Verteilung gehörige Wahrscheinlichkeit.
- *Freiheitsgrade1* ist die Anzahl der Freiheitsgrade im Zähler.
- *Freiheitsgrade2* ist die Anzahl der Freiheitsgrade im Nenner.

Ist eines der Argumente kein numerischer Ausdruck, liefert F.INV den Fehlerwert #WERT!. Ist *Wahrsch* < 0 oder ist *Wahrsch* > 1, liefert F.INV den Fehlerwert #ZAHL!. Ist *Freiheitsgrade1* oder *Freiheitsgrade2* keine ganze Zahl, werden die Nachkommastellen abgeschnitten. Ist *Freiheitsgrade1* < 1 oder ist *Freiheitsgrade1* größer oder gleich 10^10, liefert F.INV den Fehlerwert #ZAHL!. Ist *Freiheitsgrade2* < 1 oder ist *Freiheitsgrade2* größer oder gleich 10^10, liefert F.INV den Fehlerwert #ZAHL!.

F.INV() kann dazu verwendet werden, kritische Werte der F-Verteilung zu berechnen. Zum Beispiel umfasst die Ausgabe einer ANOVA-Berechnung häufig Daten für die F-Verteilung (F-Statistik), F-Wahrscheinlichkeit sowie den kritischen F-Wert bei dem Signifikanzniveau 0,05. Wenn Sie den kritischen Wert von F ermitteln möchten, müssen Sie der Funktion F.INV() das Signifikanzniveau als Argument *Wahrsch* übergeben.

F.INV() verwendet zur Berechnung der Funktion ein Iterationsverfahren. Ausgehend von der angegebenen Wahrscheinlichkeit führt F.INV so lange Iterationsschritte aus, bis das Ergebnis mit einer Abweichung von höchstens $\pm 3 \times 10^{-7}$ vorliegt. Konvergiert F.INV nicht innerhalb von 100 Iterationsschritten, liefert die Funktion den Fehlerwert #NV. Beispiel:

```
F.INV(0,01;6;4) ergibt 15,20675
```

Die Funktion F.INV.RE() liefert die Perzentile der rechtsseitigen F-Verteilung. Wenn

```
p = F.VERT.RE(x,...)
```

dann

```
F.INV.RE(p,...) = x
```

=F.INV.RE(Wahrsch;Freiheitsgrade1;Freiheitsgrade2)

Statistische
Funktionen

5.16   Die Funktionen F.VERT() und F.VERT.RE()

Die Funktion F.VERT() liefert Werte der Verteilungsfunktion (1-Alpha) einer linksseitigen F-verteilten Zufallsvariable. Mit dieser Funktion können Sie feststellen, ob zwei Datenmengen unterschiedliche Streuungen besitzen. Beispielsweise können Sie die Punktezahlen untersuchen, die Männer und Frauen bei der Aufnahmeprüfung einer Universität erzielt haben, und ermitteln, ob sich die für die Frauen gefundene Streuung von der der Männer unterscheidet.

=F.VERT(x;Freiheitsgrade1;Freiheitsgrade2)

- *x* ist der Wert der Verteilung (Quantil), dessen Wahrscheinlichkeit Sie berechnen möchten.
- *Freiheitsgrade1* ist die Anzahl der Freiheitsgrade im Zähler.
- *Freiheitsgrade2* ist die Anzahl der Freiheitsgrade im Nenner.

Ist eines der Argumente kein numerischer Ausdruck, liefert F.VERT den Fehlerwert #WERT!. Ist *x* negativ, liefert F.VERT den Fehlerwert #ZAHL!. Ist *Freiheitsgrade1* oder *Freiheitsgrade2* keine ganze Zahl, werden die Nachkommastellen abgeschnitten. Ist *Freiheitsgrade1* kleiner 1 oder ist *Freiheitsgrade1* größer oder gleich 10^10, liefert F.VERT den Fehlerwert #ZAHL!. Ist *Freiheitsgrade2* kleiner 1 oder ist *Freiheitsgrade2* größer oder gleich 10^10, liefert F.VERT den Fehlerwert #ZAHL!. F.VERT wird als F.VERT=P(F<x) berechnet, wobei F eine Zufallsvariable ist, die F-verteilt ist.

Beispiel:

```
F.VERT(15,20675;6;4) ergibt 0,01
```

Die Funktion F.VERT.RE() liefert die Werte der Verteilungsfunktion (1-Alpha) einer rechtsseitigen F-verteilten Zufallsvariablen.

=F.VERT.RE(x;Freiheitsgrade1;Freiheitsgrade2)

5.17 Die Funktion FISHER()

Diese Funktion liefert die Fisher-Transformation für *x*. Diese Transformation erzeugt eine Funktion, die näherungsweise normalverteilt ist und somit eine Schiefe von ungefähr null besitzt. Mit dieser Funktion können Sie eine Hypothese bezüglich des Korrelationskoeffizienten prüfen.

=FISHER(x)

x ist der numerische Wert, für den Sie die Transformation durchführen möchten. Ist *x* kein numerischer Ausdruck, liefert FISHER den Fehlerwert #WERT!.

Ist *x* kleiner oder gleich –1 oder ist *x* größer oder gleich 1, liefert FISHER den Fehlerwert #ZAHL!.

Beispiel:

```
FISHER(0,75) ergibt 0,972955
```

5.18 Die Funktion FISHERINV()

Diese Funktion liefert die Umkehrung der Fisher-Transformation. Diese Transformation können Sie verwenden, wenn Sie die Korrelation zwischen Datenbereichen oder -gruppen untersuchen. Gilt y = FISHER(x), dann gilt FISHERINV(y) = x.

=FISHERINV(y)

y ist der Wert, dessen Transformation Sie umkehren möchten. Ist *y* kein numerischer Ausdruck, liefert FISHERINV den Fehlerwert #WERT!.

Beispiel:

```
FISHERINV(0,972955) ergibt 0,75
```

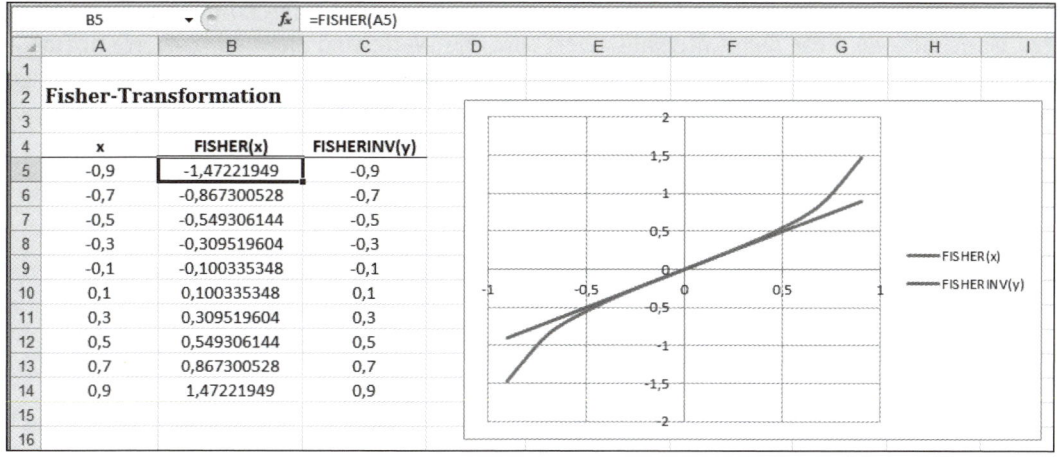

Abbildung 5.14: Der Graph der Fisher-Transformation

5.18.1 Praxisbeispiel: Werbungskosten

Für die Aussage, ob der Aufwand an Werbungskosten im richtigen Verhältnis zum Umsatz steht, verwenden Sie die Korrelationsfunktion KORREL(). Eine enge Korrelation steht für einen positiven Zusammenhang.

	C18	▼ (●	f_x	=KORREL(B5:B16;C5:C16)		
	A	B	C	D	E	F	G
1	**Werbungskosten**						
2	*Verhältnis zum Umsatz*						
3							
4	Monat	Werbungskosten	Umsatz		Monat	Werbeaufwand	Umsatz
5	Januar 2009	6.000 €	960.000 €		Januar 2010	11.500 €	980.000 €
6	Februar 2009	8.000 €	1.230.000 €		Februar 2010	11.800 €	990.000 €
7	März 2009	11.000 €	1.080.000 €		März 2010	13.500 €	1.200.000 €
8	April 2009	9.000 €	1.150.000 €		April 2010	10.800 €	1.080.000 €
9	Mai 2009	10.000 €	950.000 €		Mai 2010	10.900 €	1.200.000 €
10	Juni 2009	9.500 €	960.000 €		Juni 2010	11.500 €	1.100.000 €
11	Juli 2009	9.600 €	920.000 €		Juli 2010	11.600 €	990.000 €
12	August 2009	10.200 €	990.000 €		August 2010	12.500 €	980.000 €
13	September 2009	11.500 €	1.150.000 €		September 2010	13.200 €	1.050.000 €
14	Oktober 2009	12.800 €	1.020.000 €		Oktober 2010	13.900 €	1.060.000 €
15	November 2009	12.900 €	1.060.000 €		November 2010	13.800 €	1.150.000 €
16	Dezember 2009	13.200 €	980.000 €		Dezember 2010	15.000 €	1.300.000 €
17							
18		Korrelationskoeffizient	-0,029692175			Korrelationskoeffizient	0,48098882

Abbildung 5.15: Verhältnis Werbungskosten und Umsatz mit Korrelation berechnen

Statistische Funktionen

227

Das 2-Jahresmittel lässt sich aber nicht mit dem Mittelwert der beiden Korrelationskoeffizienten berechnen, da diese nicht intervallskaliert sind, die Werte sind nicht normalverteilt. Transformieren Sie die Werte mit der Fisher-Transformation und bilden Sie aus den Ergebnissen den Mittelwert. Dieser wird mit der Umkehrung der Fisher-Transformation wieder rückübersetzt in einen Korrelationskoeffizienten.

```
C19: =FISHER(C18)
G19: =FISHER(G18)
C20: =MITTELWERT(C19;G19)
C21: =FISHERINV(C20)
```

	C21	▼	fx	=FISHERINV(C20)				
◢	A	B	C	D	E	F	G
17							
18		Korrelationskoeffizient	-0,029692175		Korrelationskoeffizient	0,48098882
19		Fisher-Transformation	-0,029700905		Fisher-Transformation	0,524269921
20		Mittelwert	0,247284508			
21	mittlerer Korrelationskoeffizient		0,242364367			

Abbildung 5.16: Ermittlung der Korrelation über Fisher-Transformation

5.19   Die Funktion G.TEST()

Liefert die einseitige Wahrscheinlichkeit für einen Gauß-Test bei normalverteilten Daten. Für den Erwartungswert x einer Zufallsvariablen wird die Wahrscheinlichkeit ermittelt, mit der der Stichprobenmittelwert größer als der Durchschnitt der für die Datenmenge durchgeführten Beobachtungen ist. Dieser Test schätzt die Wahrscheinlichkeit, dass ein Wert aus derselben normalverteilten Grundgesamtheit stammt wie eine Stichprobe.

=G.TEST(Matrix;x;Sigma)

Matrix ist der Datenbereich der Stichprobe.

x ist der Erwartungswert der Zufallsvariable.

Sigma ist ein optionaler Wert für die bekannte Standardabweichung der Grundgesamtheit.

Mit Angabe von *Sigma* wird der Wert so berechnet:

```
G.TEST(Array,x,Sigma) = 1- NORM.S.VERT((Mittelwert(Array)- x) / (Sigma/?n),TRUE)
```

Ohne *Sigma* gilt:

```
G.TEST(Array,x) = 1- Norm.S.VERT((Mittelwert(Array)- x) / (STABW(Array)/?n),TRUE)
```

Dabei gilt:

x ist der Stichprobenmittelwert MITTELWERT(Array), *n* ist ANZAHL(Array).

5.20 Die Funktion F.TEST()

Diese Funktion liefert die Teststatistik eines F-Tests. Ein F-Test berechnet die einseitige Wahrscheinlichkeit, dass sich die Varianzen von *Matrix1* und *Matrix2* nicht signifikant unterscheiden. Mit dieser Funktion können Sie feststellen, ob zwei Stichproben unterschiedliche Varianzen haben. Sind zum Beispiel die Prüfungsergebnisse öffentlicher und privater Schulen bekannt, können Sie ermitteln, ob bei diesen Schultypen ein unterschiedlich breites Notenspektrum üblich ist. Untersucht wird der Unterschied in der Streuung (oder Vielfalt) der Prüfungsergebnisse.

=F.TEST(Matrix1;Matrix2)

Matrix1 ist die erste Matrix oder der erste Wertebereich. *Matrix2* ist die zweite Matrix oder der zweite Wertebereich.

Als Argumente sollten nur Zahlen oder Namen, Matrizen oder Bezüge angegeben werden, die Zahlen enthalten. Enthält ein als Matrix oder Bezug angegebenes Argument Text, Wahrheitswerte oder leere Zellen, werden diese Werte ignoriert. Zellen, die den Wert 0 enthalten, werden dagegen berücksichtigt. Enthält eines der Argumente *Matrix1* oder *Matrix2* weniger als zwei Datenpunkte oder ist die Varianz von *Matrix1* oder *Matrix2* gleich 0, liefert FTEST den Fehlerwert #DIV/0!.

Beispiel:

```
FTEST({6;7;9;15;21};{20;28;31;38;40}) ergibt 0,648318
```

5.21 Die Funktion GAMMA.INV()

Liefert den Kehrwert der kumulierten Gammaverteilung. Gilt p = GAMMAVERT(x; ...), dann gilt GAMMAINV(p; ...) = x. Mit dieser Funktion können Sie eine Variable untersuchen, deren Verteilung eventuell schief ist.

=GAMMA.INV(Wahrsch;Alpha;Beta)

Wahrsch ist die zur Gammaverteilung gehörige Wahrscheinlichkeit.

Alpha ist ein Parameter der Verteilung.

Beta ist ein Parameter der Verteilung. Wenn *Beta* = 1, liefert GAMMAINV die Standardgammaverteilung.

Ist eines der Argumente kein numerischer Ausdruck, liefert GAMMA.INV den Fehlerwert #WERT!. Ist *Wahrsch* < 0 oder ist *Wahrsch* > 1, liefert GAMMA.INV den Fehlerwert #ZAHL!. Ist *Alpha* kleiner oder gleich 0 oder ist *Beta* kleiner oder gleich 0, liefert GAMMA.INV den Fehlerwert #ZAHL!.

GAMMA.INV verwendet zur Berechnung der Funktion ein Iterationsverfahren. Ausgehend von der angegebenen Wahrscheinlichkeit, führt GAMMA.INV so lange Iterationsschritte aus, bis das Ergebnis mit einer Abweichung von höchstens $\pm 3 \times 10^{-7}$ vorliegt. Konvergiert GAMMA.INV nicht innerhalb von 100 Iterationsschritten, liefert die Funktion den Fehlerwert #NV.

Beispiel:

```
GAMMA.INV(0,068094;9;2) ergibt 10
```

5.22   Die Funktion GAMMA.VERT()

Liefert Wahrscheinlichkeiten einer gammaverteilten Zufallsvariable. Mit dieser Funktion können Sie Variablen untersuchen, die eine schiefe Verteilung besitzen. Die Gammaverteilung wird häufig bei Warteschlangenanalysen verwendet.

=GAMMA.VERT(x;Alpha;Beta;Kumuliert)

x ist der Wert (Quantil), dessen Wahrscheinlichkeit (1-Alpha) Sie berechnen wollen.

Alpha ist ein Parameter der Verteilung.

Beta ist ein Parameter der Verteilung. Wenn *Beta* = 1, liefert GAMMAVERT die Standardgammaverteilung.

Kumuliert ist der Wahrheitswert, der den Typ der Funktion bestimmt.

Ist *Kumuliert* mit WAHR belegt, berechnet GAMMA.VERT den Wert der Verteilungsfunktion, also die Wahrscheinlichkeit, dass die Anzahl zufällig auftretender Ereignisse zwischen 0 und einschließlich *x* liegt. Ist *Kumuliert* mit FALSCH belegt, liefert GAMMA.VERT den Wert der Dichtefunktion.

Ist *x*, *Alpha* oder *Beta* kein numerischer Ausdruck, liefert GAMMA.VERT den Fehlerwert #WERT!. Ist *x* < 0, liefert GAMMA.VERT den Fehlerwert #ZAHL!. Ist *Alpha* kleiner oder gleich 0 oder ist *Beta* kleiner oder gleich 0, liefert GAMMA.VERT den Fehlerwert #ZAHL!.

Beispiele:

```
GAMMA.VERT(10;9;2;FALSCH) ergibt 0,032639
GAMMA.VERT(10;9;2;WAHR) ergibt 0,068094
```

5.23   Die Funktionen GAMMALN() und GAMMALN.GENAU()

Die Funktion GAMMALN() liefert den natürlichen Logarithmus der Gammafunktion, G(x). *x* ist der Wert, für den Sie GAMMALN berechnen möchten.

=GAMMALN(x)

Ist *x* kein numerischer Ausdruck, liefert GAMMALN den Fehlerwert #WERT!. Ist *x* kleiner oder gleich 0, liefert GAMMALN den Fehlerwert #ZAHL!. Ein Potenzieren der Zahl e mit GAMMALN(i), wobei *i* eine ganze Zahl ist, führt zu demselben Ergebnis wie (i − 1).

Beispiel:

```
GAMMALN(4) ergibt 1,791759
EXP(GAMMALN(4)) ergibt 6 oder (4 - 1)!
```

Die Funktion GAMMALN.GENAU() ist identisch mit GAMMALN(). In der Online-Hilfe wird die Funktion als GAMMALN.PRÄZIS() geführt, diese Funktion gibt es nicht.

5.24 Die Funktion GEOMITTEL()

Liefert das geometrische Mittel einer Menge positiver Zahlen. Zum Beispiel können Sie mit GEOMITTEL eine mittlere Wachstumsrate berechnen, wenn für einen Zinseszins variable Zinssätze gegeben sind.

=GEOMITTEL(Zahl1;Zahl2; ... Zahln)

Zahl1;Zahl2;... sind 1 bis 255 Argumente, deren geometrisches Mittel Sie berechnen wollen. Anstelle der durch Semikolons voneinander getrennten Argumente können Sie auch eine einspaltige Matrix oder einen Bezug auf eine solche Matrix angeben.

Als Argumente sollten nur Zahlen oder aber Namen, Matrizen oder Bezüge, die Zahlen enthalten, angegeben werden. Enthält ein als Matrix oder Bezug angegebenes Argument Text, Wahrheitswerte oder leere Zellen, werden diese Werte ignoriert. Zellen, die den Wert 0 enthalten, werden dagegen berücksichtigt.

Ist eine der Zahlen kleiner oder gleich 0, liefert GEOMITTEL den Fehlerwert #ZAHL!.

Beispiel:

```
GEOMITTEL(4;5;8;7;11;4;3) ergibt 5,476987
```

5.24.1 Praxisbeispiel: Umsatzsteigerung

In diesem Beispiel wird die Funktion GEOMITTEL() verwendet, um die Steigerungsrate für Jahresumsätze exakter zu berechnen. Die Tabelle enthält die Jahresumsätze der letzten zehn Jahre und die Berechnung der Steigerungsrate. Die Funktion MITTELWERT() berechnet das arithmetische Mittel der Steigerungsraten.

```
D4: =B4
D5: =D4*(1+$C$15)
C15: =MITTELWERT(C5:C13)
```

	C15	▾ (●	*fx*	=MITTELWERT(C5:C13)
	A	B	C	D
1	**Umsatzsteigerung**			
2				
3	Jahr	Umsatz in Mio. EUR	Steigerung in %	Mittelwert
4	1	12,0		12,0
5	2	12,5	4,0%	12,3
6	3	12,8	2,3%	12,6
7	4	12,9	0,8%	12,9
8	5	13,5	4,4%	13,2
9	6	13,9	2,9%	13,5
10	7	13,9	0,0%	13,9
11	8	14,2	2,1%	14,2
12	9	14,5	2,1%	14,6
13	10	15,0	3,3%	14,9
14				
15		Mittelwert:	2,44%	

Abbildung 5.17: Berechnung der Umsatzsteigerung über den Mittelwert

Statistische Funktionen

Mit GEOMITTEL() und einem Index lässt sich die Umsatzsteigerung exakter berechnen. Der Index wird aus dem Verhältnis des Jahreswerts zum Vorjahreswert gebildet, das Geomittel wird aus den Indizes berechnet. Wird dieses Ergebnis an Stelle des arithmetischen Mittels für den jährlichen Mittelwert verwendet, ist das Ergebnis exakter, das letzte Jahresergebnis ist identisch.

	F15		f_x	=GEOMITTEL(F5:F13)			
	A	B	C	D	E	F	G
1	**Umsatzsteigerung**				=B5/B4		
2							
3	Jahr	Umsatz in Mio. EUR	Steigerung in %	Mittelwert		Index	Mittelwert über GEOMITTEL()
4	1	12,0		12,0		1,000	12,0
5	2	12,5	4,0%	12,3		1,042	12,5 =G4*$F$15
6	3	12,8	2,3%	12,6		1,024	12,6
7	4	12,9	0,8%	12,9		1,008	12,9
8	5	13,5	4,4%	13,2		1,047	13,3
9	6	13,9	2,9%	13,5		1,030	13,6
10	7	13,9	0,0%	13,9		1,000	13,9
11	8	14,2	2,1%	14,2		1,022	14,3
12	9	14,5	2,1%	14,6		1,021	14,6
13	10	15,0	3,3%	14,9		1,034	15,0
14							
15		Mittelwert:	2,44%		Geomittel:	1,025	

Abbildung 5.18: Berechnung der Umsatzsteigerung mit Index und GEOMITTEL()

5.25 Die Funktion GESTUTZMITTEL()

Liefert den Mittelwert einer Datengruppe ohne seine Werte an den Rändern. GESTUTZTMITTEL berechnet den Mittelwert einer Teildatenmenge, die dadurch entsteht, dass entsprechend des jeweils angegebenen Prozentsatzes die kleinsten und größten Werte der ursprünglichen Datenpunkte ausgeschlossen werden. Diese Funktion können Sie immer dann einsetzen, wenn Sie bei der Auswertung keine Daten berücksichtigen möchten, die als Ausreißer anzusehen sind.

=GESTUTZTMITTEL(Matrix;Prozent)

Im Argument *Matrix* geben Sie den Bereich an, den Sie analysieren wollen. Das kann ein Zellbezug sein oder ein Bereichsname, der auf einen Bereich verweist.

Prozent ist der Prozentsatz der Datenpunkte, die nicht in die Bewertung eingehen sollen. Ist beispielsweise *Prozent* = 0,2, wird eine Datenmenge von 20 Punkten um 4 Punkte (20 x 0,2) verringert, und zwar um die zwei größten sowie die zwei kleinsten Werte der Datenmenge.

Ist *Prozent* < 0 oder ist *Prozent* > 1, liefert die Funktion den Fehlerwert #ZAHL!. Die Funktion rundet die Anzahl der nicht berücksichtigten Datenpunkte auf das kleinste Vielfache von 2 ab. Ist *Prozent* = 0,1 (10 %), so ergeben sich bei 30 Datenpunkten drei auszuschließende Punkte.

Aus Symmetriegründen lässt die Funktion in diesem Fall den kleinsten und den größten Wert der Datenmenge (also nur zwei Werte) unberücksichtigt.

Beispiel:

```
GESTUTZTMITTEL({4;5;6;7;2;3;4;5;1;2;3};0,2) ergibt 3,777778
```

Geben Sie beispielsweise im zweiten Argument 0,2 oder 20 % an, wird eine Datenmenge von 20 Werten um vier Werte, die zwei größten und die zwei kleinsten, bereinigt. Das Argument rundet auf den kleineren Wert ab, wenn keine Ganzzahl für die Anzahl Werte ermittelbar ist.

5.25.1 Praxisbeispiel: Mitarbeiterbefragung

Die Fragebogenauswertung »Aktionswoche zur Qualitätssicherung« ist abgeschlossen, die Ergebnisse liegen vor. Es konnten jeweils zehn Punkte pro Frage vergeben werden. Schneiden Sie die besten und die schlechtesten Bewertungen ab:

	A	B	C	D	E	F
1	Kundenbefragung Qualitätsanalyse					
2						
3		Zufriedenheit mit dem Service	Erreichbarkeit	Freundlichkeit	Qualtität der Produkte	Qualität der Beratung
4	Aktion 1	2	8	4	6	7
5	Aktion 2	7	10	6	6	3
6	Aktion 3	6	1	4	10	5
7	Aktion 4	6	6	6	6	6
8	Aktion 5	2	7	3	8	2
9	Aktion 6	6	4	4	5	3
10	Aktion 7	7	1	2	9	1
11	Aktion 8	5	7	5	5	8
12	Aktion 9	2	1	10	9	1
13	Aktion 10	10	4	2	3	7

Abbildung 5.19: Fragebogenergebnisse der Qualitätsanalyse

1. Schreiben Sie die Formel für das gestutzte Mittel:

   ```
   A15: Durchschnitt:
   B15: =GESTUTZTMITTEL(B4:B13;20%)
   ```

2. Durchschnittswerte unter 5 Punkten bedeuten Handlungsbedarf:

   ```
   A16: Handlungsbedarf:
   B16: =WENN(B15<=5;"Ja";"Nein")
   ```

3. Kopieren Sie die Formeln auf die übrigen Auswertungsspalten und formatieren Sie die Ergebnisse über FORMAT/BEDINGTE FORMATIERUNG mit einem Farbmuster, das alle Werte unter 5 kennzeichnet:

   ```
   Formel ist: =B15<5
   ```

Statistische Funktionen

233

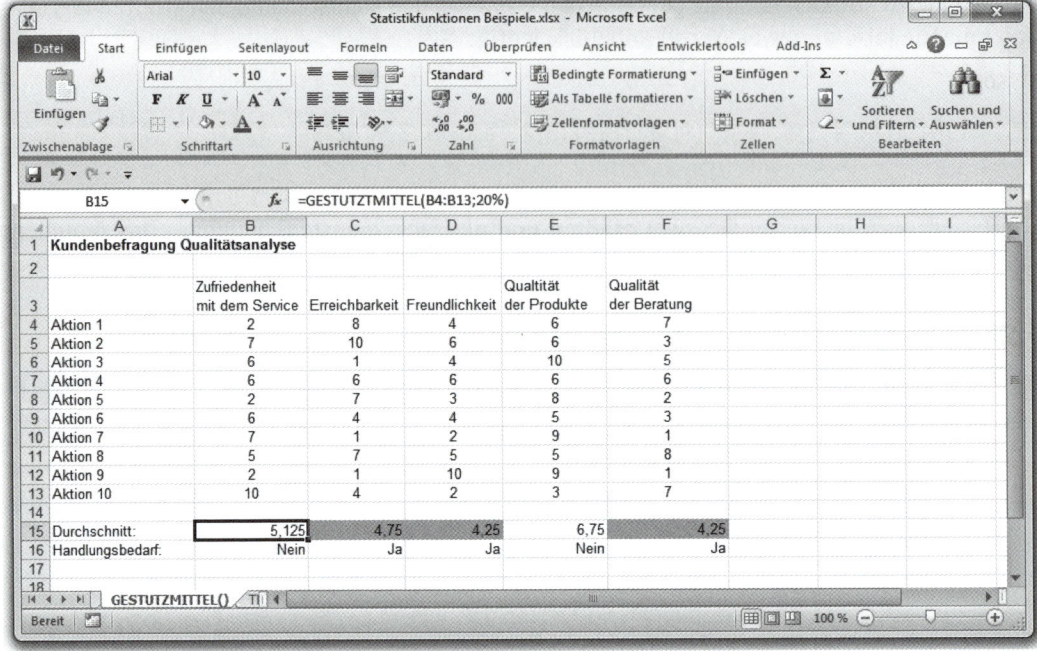

Abbildung 5.20: Auswertung der Aktionen mit GESTUTZMITTEL()

5.26 Die Funktion HÄUFIGKEIT()

Berechnen Sie mit dieser Funktion die Häufigkeit, mit der eine bestimmte Gruppe von Zahlen in einer Wertereihe auftaucht. Diese Funktion wird zur Ermittlung statistischer Gruppen (Alter, Bevölkerung ...) verwendet.

=HÄUFIGKEIT(Daten;Klassen)

Daten ist ein Bereich mit Werten oder Bezügen auf Werte (zum Beispiel Umsätze, Altersangaben von Personen, Zugänge und Abgänge). Wenn keine Daten enthalten sind, wird ein mit Nullen gefülltes Array zurückgegeben.

Das Argument *Klassen* bestimmt eine Liste, in der die Intervalle oder Bezüge auf die Intervalle zu finden sind, in die sich die Daten einordnen lassen, so zum Beispiel eine Liste mit Altersgruppen oder eine Abstufungstabelle.

5.26.1 Praxisbeispiel: Altersgruppen der Mitarbeiter berechnen

Für die Berechnung von Rückstellungen in der Firma ist es wichtig, die Anzahl der Mitarbeiter in den einzelnen Altersgruppen zu kennen. Hier eine Mitarbeiterliste, berechnen Sie zunächst das Alter jeder Person und dann die Häufigkeit der einzelnen Altersstufen:

▲	A	B	C	D	E
1	Name	Vorname	Geburtsdatum	Alter	
2	Malle	Rainer	04.10.1982	27	
3	Glück	Carsten	25.12.1979	30	
4	Gärtner	Brigitte	12.03.1978	32	
5	Wüllf	Wolfgang	18.12.1978	31	
6	Höchel	Dirk	01.01.1978	32	
7	Wolf	Uwe	08.08.1977	32	
8	Reisner	Stefan	18.01.1976	34	
9	Pfaller	Stefan	22.03.1975	35	
10	Hofmann	Josef	18.07.1974	36	
11	Siegle	Tanja	17.06.1974	36	
12	Ücel	Udo	17.06.1974	36	

Abbildung 5.21: Mitarbeiterliste mit Geburtsdatum

Das Alter berechnen Sie mit der undokumentierten Funktion DATEDIF():

D2: =DATEDIF(C2;HEUTE();"y")

Kopieren Sie die Formel per Doppelklick auf das Füllkästchen bis zur letzten Zelle nach unten und legen Sie eine Auswertungsmatrix für die Altersstruktur an.

> **Tipp**
>
> Achten Sie darauf, dass sowohl der Klassenbereich als auch der Datenbereich ausschließlich Zahlenwerte enthalten darf.

1. Schreiben Sie eine Datenreihe in 10er-Stufen:

   F1: Altersstufe
   F2: 20
   F3: 30
   F4: 40
   F5: 50
   F6: 60

2. Formatieren Sie diese Reihe über FORMAT/ZELLEN/ZAHL/BENUTZERDEFINIERT mit einem Zahlenformat, das den Text vor die Zahl setzt.

   "bis "0" Jahre"

3. Markieren Sie den Bereich G2:G6.
4. Schreiben Sie diese Formel:

   =HÄUFIGKEIT(Mitarbeiter;F2:F6)

Drücken Sie [Strg]+[⇧]+[↵], um die Matrixformel abzuschließen. Die Formel wird auf den markierten Bereich verteilt und in geschweifte Klammern gesetzt.

Statistische Funktionen

G2		▼	f_x	{=HÄUFIGKEIT(Mitarbeiter;F2:F6)}			

	A	B	C	D	E	F	G	H
1	**Name**	**Vorname**	**Geburtsdatum**	**Alter**		**Alterstufe**	**Anzahl Mitarbeiter**	
2	Malle	Rainer	04.10.1982	27		30	2	
3	Glück	Carsten	25.12.1979	30		40	13	
4	Gärtner	Brigitte	12.03.1978	32		50	19	
5	Wüllf	Wolfgang	18.12.1978	31		60	1	
6	Höchel	Dirk	01.01.1978	32		70	5	
7	Wolf	Uwe	08.08.1977	32				
8	Reisner	Stefan	18.01.1976	34				
9	Pfaller	Stefan	22.03.1975	35				
10	Hofmann	Josef	18.07.1974	36				
11	Siegle	Tanja	17.06.1974	36				
12	Ücel	Udo	17.06.1974	36				

Abbildung 5.22: Die Altersstufen werden mit der Häufigkeitsfunktion berechnet.

5.26.2 Praxisbeispiel: Histogramm Altersstruktur

Wenn Sie, wie oben beschrieben, das Add-in mit den Analyse-Funktionen aktiviert haben, können Sie alternativ zur Funktion HÄUFIGKEIT() auch den Assistenten benutzen, der damit angeboten wird:

1. Wählen Sie DATEN/ANALYSE/DATENANALYSE.

2. Klicken Sie in der Liste der angebotenen Analyse-Funktionen auf HISTOGRAMM.

3. Geben Sie die Altersliste (ohne Überschrift!) als EINGABEBEREICH und die Altersstufen als KLASSENBEREICH an.

4. Kreuzen Sie die Optionen PARETO, KUMULIERTE HÄUFIGKEIT und DIAGRAMM an, damit der Assistent die Berechnung auch grafisch in einem Balkendiagramm anzeigt.

5. Bestätigen Sie mit OK und Tabelle und Diagramm werden erstellt. Der Assistent überträgt keine Funktionen in die Tabelle.

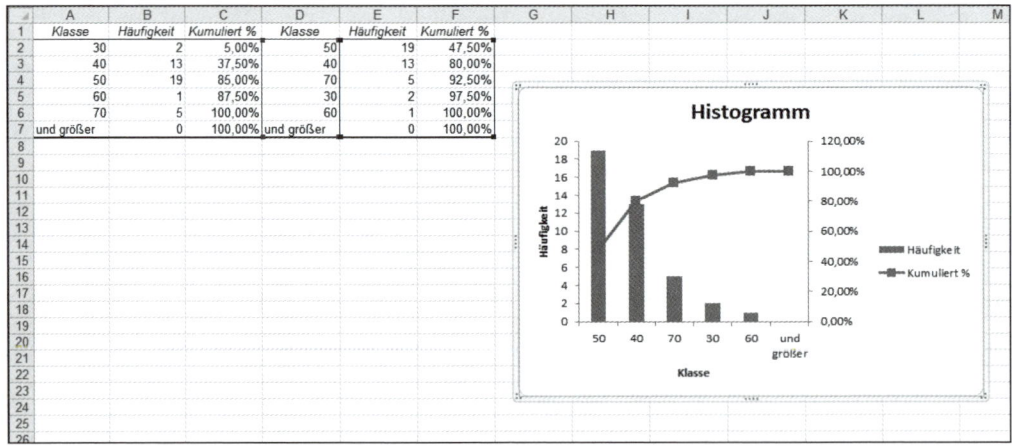

Abbildung 5.23: Der Histogramm-Assistent verwendet zwar die Funktion, trägt aber nur die Daten ein.

5.27 Die Funktion HYPGEOM.VERT()

Liefert Wahrscheinlichkeiten einer hypergeometrisch-verteilten Zufallsvariable. HYPGEOMVERT berechnet die Wahrscheinlichkeit, in einer Stichprobe mit gegebenem Umfang eine bestimmte Anzahl von Beobachtungen zu erhalten. Zur Berechnung dieser Wahrscheinlichkeit sind die folgenden Angaben erforderlich: die Anzahl der in der Stichprobe zu erzielenden Erfolge, der Umfang der Stichprobe, die Anzahl der in der Grundgesamtheit zu erzielenden Erfolge sowie der Umfang der Grundgesamtheit.

=HYPGEOM.VERT(Erfolge_S;Umfang_S;Erfolge_G;Umfang_G;kumuliert)

HYPGEOM.VERT können Sie für Problemstellungen einsetzen, bei denen eine endliche (begrenzte) Grundgesamtheit vorliegt und jede Beobachtung entweder ein Erfolg oder ein Misserfolg sein kann und bei denen jede Teilmenge eines bestimmten Umfangs mit gleicher Wahrscheinlichkeit (Likelihood) gewählt wird.

Erfolge_S ist die Anzahl der in der Stichprobe erzielten Erfolge.

Umfang_S ist der Umfang (Größe) der Stichprobe.

Erfolge_G ist die Anzahl der in der Grundgesamtheit möglichen Erfolge.

Umfang_G ist der Umfang (Größe) der Grundgesamtheit.

Kumuliert ist ein Wahrheitswert für den Typ der Funktion. WAHR berechnet den Wert der Verteilungsfunktion, mit FALSCH gibt die Funktion den Wert der Dichtefunktion zurück.

Alle Argumente werden durch Abschneiden der Nachkommastellen zu ganzen Zahlen gekürzt. Ist eines der Argumente kein numerischer Ausdruck, liefert HYPGEOM.VERT den Fehlerwert #WERT!. Ist *Erfolge_S* < 0 oder ist *Erfolge_S* größer als der kleinere der Werte von *Umfang_S* beziehungsweise *Erfolge_G*, liefert HYPGEOM.VERT den Fehlerwert #ZAHL!. Ist *Erfolge_S* kleiner als der größere Wert von 0 beziehungsweise (*Umfang_S – Umfang_G + Erfolge_G*), liefert HYPGEOM.VERT den Fehlerwert #ZAHL!. Ist *Umfang_S* < 0 oder ist *Umfang_S* > *Umfang_G*, liefert HYPGEOM.VERT den Fehlerwert #ZAHL!. Ist *Erfolge_G* < 0 oder ist *Erfolge_G* > *Umfang_G*, liefert HYPGEOM.VERT den Fehlerwert #ZAHL!. Ist *Umfang_G* < 0, liefert HYPGEOM.VERT den Fehlerwert #ZAHL!.

Statistische Funktionen

5.27.1 Praxisbeispiel: Schokoriegel

Ein Probierpäckchen enthält 20 Schokoladenriegel, von denen 8 Riegel die Geschmacksrichtung Karamell und 12 Riegel die Geschmacksrichtung Nuss haben. Entnimmt eine Person wahllos 4 Riegel, berechnet die folgende Funktion die Wahrscheinlichkeit, dass genau 1 Riegel eine Karamellschokolade ist:

```
HYPGEOM.VERT(1;4;8;20;FALSCH) ergibt 0,363261094
```

5.27.2 Praxisbeispiel: Lotto

Mit HYPGEOM.VERT() lässt sich die Wahrscheinlichkeit eines Lottogewinns im Spiel 6 aus 49 errechnen. Geben Sie die Zahlenreihe 0 bis 6 als Erfolge in der Stichprobe an und tragen Sie für den Umfang der Stichprobe und die Anzahl der Erfolge jeweils 6 ein. Die Funktion berechnet den Prozentsatz der Wahrscheinlichkeit.

F4			f_x	=HYPGEOM.VERT(A4;B4;C4;D4;FALSCH)		
	A	B	C	D	E	F
1	Gewinnchancen beim Zahlenlotto 6 aus 49					
2						
3	Erfolge in Stichprobe	Umfang Stichprobe	Anzahl Erfolge	Größe Grundgesamtheit	Lottoergebnis	
4	6	6	6	49	6 Richtige	0,0000072%
5	5	6	6	49	5 Richtige	0,0018450%
6	4	6	6	49	4 Richtige	0,0968620%
7	3	6	6	49	3 Richtige	1,7650404%
8	2	6	6	49	2 Richtige	13,2378029%
9	1	6	6	49	1 Richtige	41,3019450%
10	0	6	6	49	0 Richtige	43,5964976%

Abbildung 5.24: Lottogewinnwahrscheinlichkeit berechnen mit HYPGEOM.VERT()

5.28 Die Funktionen KGRÖSSTE() und KKLEINSTE()

Mit diesen Funktionen ermitteln Sie die Rangfolge von Werten in einer Datenreihe. KGRÖSSTE() liefert den k-größten Wert einer Datengruppe. Mit dieser Funktion können Sie eine Zahl auf Basis ihrer relativen Größe ermitteln. Beispielsweise können Sie mit KGRÖSSTE() den Punktestand des Erst-, Zweit- oder Drittplatzierten ermitteln.

=KGRÖSSTE(Matrix;k)

Matrix ist die Matrix oder der Datenbereich, deren k-größten Wert Sie bestimmen möchten. *k* ist der Rang des Elements einer Matrix oder eines Zellbereichs, dessen Wert geliefert werden soll.

Ist *Matrix* leer, liefert KGRÖSSTE() den Fehlerwert #ZAHL!. Ist *k* = 0 oder ist *k* größer als die Anzahl der Zahlen, liefert KGRÖSSTE() den Fehlerwert #ZAHL!. Ist *n* die Anzahl der in einem Bereich abgelegten Zahlen (Datenpunkte), liefert KGRÖSSTE(Matrix;1) den größten und KGRÖSSTE(Matrix;n) den kleinsten Wert.

```
A1: 1
A2: 5
A3: 7
A4: =KGRÖSSTE(A1:A3;1)         Ergebnis: 7
```

Das Argument *Matrix* kann auch eine »echte« Matrix enthalten, die Sie mit geschweiften Klammern schreiben:

=KGRÖSSTE({3;4;5;2;3;4;5;6;4;7};3) Ergebnis: 5
=KGRÖSSTE({3;4;5;2;3;4;5;6;4;7};7) Ergebnis: 4

=KKLEINSTE(Matrix;k)

Matrix ist die Matrix oder der Datenbereich, deren k-kleinsten Wert Sie bestimmen möchten. *k* ist der Rang des Elements einer Matrix oder eines Zellbereichs, dessen Wert geliefert werden soll.

Ist *Matrix* leer, liefert KKLEINSTE() den Fehlerwert #ZAHL!. Ist *k* = 0 oder ist *k* größer als die Anzahl der Zahlen, liefert KKLEINSTE() den Fehlerwert #ZAHL!. Ist *n* die Anzahl der in einem Bereich abgelegten Zahlen (Datenpunkte), liefert `KKLEINSTE(Matrix;1)` den kleinsten und `KKLEINSTE(Matrix;n)` den größten Wert.

```
A1: 1
A2: 5
A3: 7
A4: =KKLEINSTE(A1:A3)          Ergebnis: 1
```

Das Argument *Matrix* kann auch eine »echte« Matrix enthalten, die Sie mit geschweiften Klammern schreiben:

=KKLEINSTE({3;4;5;2;3;4;5;6;4;7};3) Ergebnis: 3
=KKLEINSTE({3;4;5;2;3;4;5;6;4;7};7) Ergebnis: 5

5.28.1 Praxisbeispiel: Auswertung einer Sportergebnisliste

Mit den Funktionen KGRÖSSTE() und KKLEINSTE() ermitteln Sie in Ergebnislisten nicht nur den Sieger oder den letztplatzierten Sportler, Sie können auch gleich die Ränge für die Silber- und Bronzemedaille berechnen:

	A	B
1	Stadtmarathon Ergebnisliste	
2		
3	Name	Zeit
4	Erwin Renner	02:34
5	Fritz Schnell	03:12
6	Helmut Ginzinger	02:13
7	Rudi R. Aser	03:01
8	Bert Überläufer	02:33
9	Wolf Turnschuh	02:58

Abbildung 5.25: Auswertung einer Ergebnisliste

Statistische
Funktionen

239

1. Geben Sie die Ränge in einen Zellbereich ein und schreiben Sie die Formeln zur Auswertung:

   D3: Rang
   E3: Zeit
   D4: 1
   E4: =KKLEINSTE($B$4:$B$9;D4)

2. Der Name des Siegers wird über INDEX() und VERGLEICH() ermittelt:

   F3: Name
   F4: =INDEX($A$4:$B$9;VERGLEICH(E4;$B$4:$B$9;0);1)

3. Die Formeln können Sie auf die anderen Ränge kopieren, da die Wertebereiche absolut angegeben sind. Ermitteln Sie auch das Schlusslicht der Ergebnisliste:

   D9: Letzter
   E9: =KGRÖSSTE(B4:B9;1)
   F9: =INDEX($A$4:$B$9;VERGLEICH(E9;$B$4:$B$9;0);1)

	A	B	C	D	E	F
1	Stadtmarathon Ergebnisliste					
2						
3	Name	Zeit		Rang	Zeit	Name
4	Erwin Renner	02:34		1	02:13	Helmut Ginzinger
5	Fritz Schnell	03:12		2	02:33	Bert Überläufer
6	Helmut Ginzinger	02:13		3	02:34	Erwin Renner
7	Rudi R. Aser	03:01				
8	Bert Überläufer	02:33				
9	Wolf Turnschuh	02:58		Letzter:	03:12	Fritz Schnell

	A	B	C	D	E	F
1	Stadtmarathon Ergebnisliste					
2						
3	Name	Zeit		Rang	Zeit	Name
4	Erwin Renner	0,106944444444444		1	=KKLEINSTE($B$4:$B$9;D4)	=INDEX($A$4:$B$9;VERGLEICH(E4;$B$4:$B$9;0);1)
5	Fritz Schnell	0,133333333333333		2	=KKLEINSTE($B$4:$B$9;D5)	=INDEX($A$4:$B$9;VERGLEICH(E5;$B$4:$B$9;0);1)
6	Helmut Ginzinger	0,0923611111111111		3	=KKLEINSTE($B$4:$B$9;D6)	=INDEX($A$4:$B$9;VERGLEICH(E6;$B$4:$B$9;0);1)
7	Rudi R. Aser	0,125694444444444				
8	Bert Überläufer	0,10625				
9	Wolf Turnschuh	0,123611111111111		Letzter:	=KGRÖSSTE(B4:B9;1)	=INDEX($A$4:$B$9;VERGLEICH(E9;$B$4:$B$9;0);1)

Abbildung 5.26: Siegerliste mit Rang und Namenszuordnung

5.29 Die Funktionen KONFIDENZ.NORM() und KONFIDENZ.T()

Die Funktion KONFIDENZ.NORM() berechnet das 1-Alpha-Konfidenzintervalls für den Erwartungswert einer Zufallsvariable. Ein Konfidenzintervall ist ein Bereich, der sich links und rechts des jeweiligen Stichprobenmittels erstreckt. Beispielsweise können Sie für eine Ware, die Sie per Post zugestellt bekommen, mit einer bestimmten Sicherheit (Konfidenzniveau) vorhersagen, wann die Ware frühestens beziehungsweise spätestens bei Ihnen eintreffen müsste.

=KONFIDENZ.NORM(Alpha;Standabwn;Umfang_S)

Alpha ist die Irrtumswahrscheinlichkeit Alpha, zur Berechnung des 1-Alpha-Konfidenzintervalls. Ein Konfidenzniveau berechnet sich nach 100 (1-Alpha) %, oder anders ausgedrückt, ein Alpha von 0,05 ergibt ein Konfidenzniveau von 95 %.

Standabwn ist die als bekannt angenommene Standardabweichung der Grundgesamtheit.

Umfang_S ist die Größe der Stichprobe.

Ist eines der Argumente kein numerischer Ausdruck, liefert KONFIDENZ.NORM den Fehlerwert #WERT!. Ist *Alpha* kleiner oder gleich 0 oder ist *Alpha* größer oder gleich 1, ist das Ergebnis #ZAHL!. Ist *Standabwn* kleiner oder gleich 0, ist das Ergebnis #ZAHL!. Ist *Umfang_S* keine ganze Zahl, werden die Nachkommastellen abgeschnitten. Ist *Umfang_S* < 1, ist das Ergebnis der Fehlerwert Fehlerwert #ZAHL!.

Angenommen, wir stellen für eine Stichprobe von 50 Berufspendlern fest, dass diese im Mittel 30 Minuten benötigen, um zu ihrer Arbeitsstelle zu gelangen, wobei die Standardabweichung der Grundgesamtheit 2,5 beträgt. Wir erhalten dann mit einer Wahrscheinlichkeit von mindestens 95 % einen Bereich, in dem der unbekannte Mittelwert der Grundgesamtheit liegt:

```
KONFIDENZ.NORM(0,05;2,5;50) ergibt 0,692951.
= 30 ± 0,692951 Minuten,
= 29,3 bis 30,7 Minuten.
```

Die Funktion KONFIDENZ.T() erfordert die gleichen Argumente wie KONFIDENZ.NORM(), im Unterschied zu dieser wird nicht die Normalverteilung, sondern der Studentsche t-Test verwendet.

5.30 Die Funktion KORREL()

Liefert den Korrelationskoeffizienten einer zweidimensionalen Zufallsgröße, deren Werte in den Zellbereichen der beiden Matrizen stehen. Mithilfe des Korrelationskoeffizienten können Sie feststellen, ob es eine Beziehung zwischen zwei Eigenschaften gibt. Zum Beispiel können Sie die Beziehung zwischen der Durchschnittstemperatur eines Orts und dem Einsatz von Klimaanlagen untersuchen.

=KORREL(Matrix1;Matrix2)

Matrix1 ist der mit Werten belegte Zellbereich. *Matrix2* ist ein zweiter mit Werten belegter Zellbereich.

Als Argumente sollten nur Zahlen oder aber Namen, Matrizen oder Bezüge, die Zahlen enthalten, angegeben werden. Enthält ein als Matrix oder Bezug angegebenes Argument Text, Wahrheitswerte oder leere Zellen, werden diese Werte ignoriert. Zellen, die den Wert 0 enthalten, werden dagegen berücksichtigt.

Enthalten *Matrix1* und *Matrix2* unterschiedlich viele Datenpunkte, liefert KORREL den Fehlerwert #NV. Ist eine der Matrizen *Matrix1* oder *Matrix2* leer oder ist eine der zu deren Werten gehörenden Standardabweichungen (s) gleich 0, liefert KORREL den Fehlerwert #DIV/0!.

Beispiel:

```
KORREL({3;2;4;5;6};{9;7;12;15;17}) ergibt 0,997054
```

Ein Ergebnis zwischen 0,3 und 0,5 zeigt einen geringen bis mäßigen Zusammenhang. Mit 0,7 bis 0,9 deutet das Ergebnis auf einen engen Zusammenhang hin und alle Werte über 0,9 bedeuten einen sehr engen Zusammenhang.

5.30.1 Praxisbeispiel: Störche und Geburtenrate

Falls Sie immer schon mal den Beweis antreten wollten, mit Statistik können Sie es jetzt tun: Setzen Sie die (zunehmende) Population der Störche der regionalen Geburtenrate gegenüber und berechnen Sie mit der Funktion KORREL(), ob ein Zusammenhang zwischen diesen beiden Entwicklungen besteht:

Tragen Sie die Reihe der Jahreszahlen in der ersten Spalte einer neuen Tabelle ein und die Population sowie die Anzahl der Geburten in die beiden nächsten Spalten.

	A	B	C
1			
2		Population Störche	Anzahl Geburten in der Region
3	2001	5	115
4	2002	10	125
5	2003	15	141
6	2004	15	143
7	2005	15	145
8	2006	20	149
9	2007	20	152
10	2008	25	168
11	2009	30	172
12	2010	30	175
13	Durchschnitt	18,5	148,5

Abbildung 5.27: Storchenpopulation und Geburtenrate werden gegenübergestellt.

Berechnen Sie den Korrelationskoeffizienten:

```
=KORREL(B3:B12;C3:C12)
```

Mit einer geschachtelten WENN-Funktion, eingebunden in eine Textkette, können Sie die Aussage direkt formulieren:

```
="Die Population der Störche steht in "&WENN(C16<0,3;"keinem";WENN(UND(C16>=0,3;
C16<0,7);"mäßigem";WENN(UND(C16>=0,7;C16<0,9);"engem";WENN(C16>=0,9;"direktem";
""))))& "Zusammenhang mit der Geburtenrate"
```

Erstellen Sie ein Punktediagramm aus den beiden Reihen und weisen Sie diesem über DIAGRAMM-TOOLS/LAYOUT eine Trendlinie zu. Die Punkte liegen entsprechend dem Korrelationskoeffizienten eng an der Linie. Mit *Weitere Trendlinienoptionen* schalten Sie das Bestimmtheitsmaß ein, das ebenfalls eng am Korrelationskoeffizienten liegt.

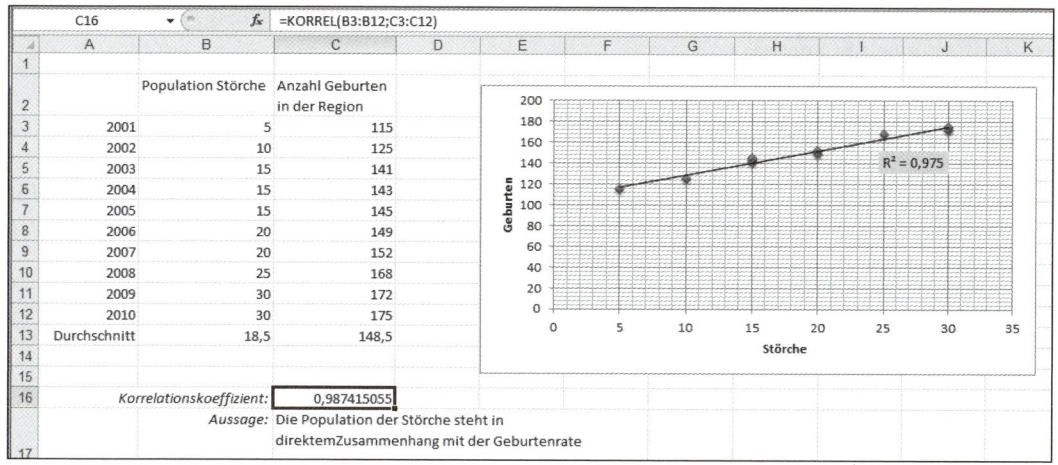

Abbildung 5.28: Der Beweis: Storchenpopulation und Geburtenrate stehen in Zusammenhang.

5.30.2 Der Statistik-Assistent »Korrelation«

Wenn Sie wie oben beschrieben das Add-in Analyse-Funktionen installiert haben, können Sie den Korrelationskoeffizienten auch mit einem Assistenten berechnen. Dieser benutzt zwar die Funktion KORREL(); setzt diese aber nicht in das Ergebnis ein.

1. Wählen Sie DATEN/ANALYSE/DATENANALYSE.

2. Markieren Sie den Eintrag KORRELATION und geben Sie den zweispaltigen Eingabebereich an (im Beispiel B2:C12).

3. Wählen Sie BESCHRIFTUNG IN ERSTER ZEILE und geben Sie das Ergebnis in einem neuen Tabellenblatt aus.

5.31 Die Funktionen KOVARIANZ.P() und KOVARIANZ.S()

KOVARIANZ.P() gibt die Kovarianz einer Grundgesamtheit, den Mittelwert der für alle Datenpunktpaare gebildeten Produkte der Abweichungen zurück. Die Kovarianz zeigt, welcher Zusammenhang zwischen zwei Datengruppen besteht. Beispielsweise kann ermittelt werden, ob ein größeres Einkommen Folge des Ausbildungsgrads ist.

=KOVARIANZ.P(Matrix1;Matrix2)

Matrix1 und *Matrix2* sind Zellbereiche oder Bereichsnamen mit ganzzahligen Werten. Sie müssen gleich groß sein und dürfen beide nicht leer sein.

Die Kovarianz ist ähnlich wie die Korrelation ein Maß für den Zusammenhang zweier Datenreihen, sie zeigt, wie die Daten gemeinsam von ihrem Mittelwert abweichen. Positive Ergebnisse deuten auf einen Zusammenhang hin, negative auf einen gegensinnigen Zusammenhang und wenn das Ergebnis null ist, besteht kein Zusammenhang.

Die Funktion KOVARIANZ.S() verwendet dieselben Argumente, im Unterschied zu KOVARIANZ.P() ist die Basis eine Stichprobe.

5.32 Die Funktion KURT()

Diese Funktion gibt die Kurtosis (Exzess) einer Datenmenge zurück. Die Kurtosis ist ein Maß für die Wölbung (d.h. wie spitz oder flach) einer Verteilung im Vergleich zu der Normalverteilung. Verglichen wird mit einer Normalverteilung mit gleichem Mittelwert und gleicher Streuung.

Eine positive Kurtosis weist auf eine relativ steile, spitze Verteilung hin, die Werte liegen näher am Mittelwert, als zu erwarten ist. Eine negative Kurtosis weist auf eine stumpfe, flache Verteilung hin, die Werte streuen stark vom Mittelwert weg. Das Ergebnis null entspricht der Normalverteilung.

=KURT(Zahl1;Zahl2; ...)

Die Funktion kann bis zu 255 Argumente erhalten, bei weniger als vier Werten oder wenn die Standardabweichung gleich null ist, wird der Fehler #DIV/0! ausgegeben.

5.33 Die Funktion LOGNORM.INV()

Die Funktion LOGNORM.INV() gibt die Perzentile der Normalverteilung zurück. *ln(x)* ist mit den Parametern *Mittelwert* und *Standabwn* normal verteilt. Ist p = `LOGNORM.VERT(x,...)`, gilt `LOGNORM.INV(p,...) = x`.

=LOGNORM.INV(Wahrsch;Mittelwert;Standabwn)

Die Lognormalverteilung dient zur Analyse logarithmisch transformierter Daten.

Wahrsch ist die Normalverteilung, sie muss >0 und <1 sein.

Mittelwert ist der Mittelwert der Lognormalverteilung.

Standabwn ist die Standardabweichung der Lognormalverteilung. Sie muss >0 sein.

5.34 Die Funktion LOGNORM.VERT()

Diese Funktion gibt Werte der Verteilungsfunktion einer lognormalverteilten Zufallsvariablen zurück. *ln(x)* ist mit den Parametern *Mittelwert* und *Standabwn* normalverteilt. Die Funktion untersucht logarithmisch transformierte Daten.

=LOGNORM.VERT(x;Mittelwert;Standabwn;Kumuliert)

x ist der Wert, für den die Funktion ausgewertet werden soll.

Mittelwert ist der Mittelwert der Lognormalverteilung.

Standabwn ist die Standardabweichung der Lognormalverteilung.

Kumuliert bestimmt den Typ der Funktion. Mit WAHR gibt LOGNORM.VERT den Wert der Verteilungsfunktion zurück. Mit FALSCH gibt die Funktion den Wert der Dichtefunktion zurück.

5.35   Die Funktionen MAX() und MIN()

Mit diesen Funktionen ermitteln Sie den größten bzw. kleinsten Wert aus einer Liste von Zahlenwerten:

=MAX(Zahl1;Zahl2;... Zahln)
=MIN(Zahl1;Zahl2;... Zahln)

In den Argumenten *Zahl1, Zahl2, Zahln* können Sie Zahlen oder Zellbezüge auf einzelne Zahlen (z.B. A1) oder Zahlenreihen (z.B. A1:B20) angeben. Bis zu 30 Argumente sind erlaubt.

```
A1: 12
A2: 15
A3: =MAX(A1:A2)            Ergebnis: 15
A4: =MIN(A1:A2)            Ergebnis: 12
```

5.35.1   Praxisbeispiel: Kostenstellenanalyse

Ermitteln Sie die größten und geringsten Ausgaben in den einzelnen Kostenstellen mit MAX()- und MIN()-Funktionen:

	A	B	C	D	E	F
1				Kostenstelle		
2	**Monat**	**K-1010**	**K-1020**	**K-1030**	**K-1040**	**K-1050**
3	Januar	230	260	410	150	420
4	Februar	320	320	250	630	150
5	März	410	150	420	130	630
6	April	250	230	150	280	960
7	Mai	420	130	630	560	460
8	Juni	150	280	250	960	150
9	Juli	630	560	-2	460	630
10	August	250	960	630	150	280
11	September	850	460	0	630	560
12	Oktober	460	730	280	250	960
13	November	480	280	560	850	460
14	Dezember	750	190	960	460	730

Abbildung 5.29: Übersicht über die Ausgaben der Kostenstellen

Größer Wert:

=MAX(B3:F14)

Kleinster Wert:

=MIN(B3:F14)

Statistische Funktionen

245

> **Hinweis**
>
> Sie können natürlich auch die ganze Spalte angeben:
>
> `=MAX(B:B)`
>
> Geben Sie dem Bereich mit den Werten über FORMEL/DEFINIERTE NAMEN/NAMEN DEFINIEREN einen Bereichsnamen, z.B. *Kosten*, können Sie diesen in den Formeln verwenden:
>
> `=MAX(Kosten)`
> `=MIN(Kosten)`

Kleinsten Wert ungleich 0 finden

In Wertebereichen, die Nullwerte enthalten, macht die MIN()-Funktion keinen Sinn. Geben Sie eine Matrixfunktion ein, die alle Nullwerte ignoriert:

1. Schreiben Sie diese Formel:

   `=MIN(WENN(B3:F14<>0;B3:F14))`

2. Drücken Sie Strg + ⇧ + ↵ , um die Formel abzuschließen.

Die geschweiften Klammern kennzeichnen die Formel anschließend als Matrixformel, die Tastenkombination muss nach jeder Anpassung verwendet werden, sonst gibt sie einen #WERT-Fehler aus.

Kleinsten positiven Wert finden

Die Matrixformel schließt bei Bedarf auch Minuswerte und Nullen aus:

`=MIN(WENN(B3:F14>0;B3:F14))`

Die höchste Ausgabe

Mit dieser Matrixformel ermitteln Sie die höchste Zeilensumme, die ausgegeben wurde. Schließen Sie wieder mit Strg + ⇧ + ↵ ab:

`=MAX(SUMMEWENN(BEREICH.VERSCHIEBEN(A3:A14;;5);"<>0"))`

Die größte Monatssumme

Mit dieser Matrixformel ermitteln Sie den Monat, in dem am meisten Geld ausgegeben wurde. Schließen Sie wieder mit Strg + ⇧ + ↵ ab:

`=MAX(SUMMEWENN(BEREICH.VERSCHIEBEN(B2:F2;ZEILE(1:100)-1;);"<>0"))`

> **Hinweis**
>
> Die Funktionen MAXA() und MINA() sind in der Syntax identisch, berücksichtigen aber Text und logische Werte.

5.36 Die Funktion MEDIAN()

Diese Funktion berechnet den mittleren Wert einer Zahlenreihe, und zwar im Unterschied zu MIT-TELWERT() nicht das arithmetische Mittel, sondern genau den Wert, der in der Mitte steht. Wenn der Median zwischen zwei Zahlen liegt, dann berechnet er das arithmetische Mittel zwischen diesen beiden Zahlen.

Der Median hat dem arithmetischen Mittel gegenüber Vorteile. Er ist stabil gegen Ausreißer, das Ergebnis wird also nicht von Extremwerten verfälscht. Und er liefert bei vielen Stichproben sinnvolle Zahlen (keine 1,3 Kinder).

=MEDIAN(Zahl1;Zahl2; ... Zahln)

In den Argumenten *Zahl1, Zahl2, Zahln* können Sie bis zu 30 Werte, Bezüge oder Bereiche angeben, die Zahlenwerte enthalten. Texte, Wahrheitswerte oder Leerzellen werden ignoriert. Das Ergebnis ist der mittlere Wert aller Bereiche.

```
A1: 1
A2: 2
A3: 3
A4: 4
A5: 5
A6: =MEDIAN(A1:A5)          Ergebnis: 3
A7: =MEDIAN(A1:A4)          Ergebnis: 2,5
```

5.36.1 Praxisbeispiel: Bundesjugendspiele

Die Ergebnisse Ihrer Klasse bei den Bundesjugendspielen liegen vor, Sie müssen sie auswerten und mit den Vorjahresergebnissen vergleichen.

	A	B	C	D	E	F
1	**Klasse 6c**					
2						
3	**Name**	**Geschlecht**	**Alter**	**Laufen**	**Weitsprung**	**Weitwurf**
4	Jutta	w	12	8,8	345	19
5	Sabine	w	11	9	295	16
6	Andi	m	11	8,2	330	25
7	Petra	w	12	10,3	320	20
8	Denise	w	11	8,9	300	23
9	Christine	w	11	9,5	332	16
10	Klaus	m	11	8,4	256	22
11	Florian	m	12	9	315	30
12	Eva	w	12	11,2	342	12
13	Thomas	m	11	8,7	300	16

Abbildung 5.30: Die Ergebnisse mit Kennzeichnung nach Geschlecht

Statistische Funktionen

1. Da die Werte relativ eng beieinanderliegen, verwenden Sie zur Ermittlung des Durchschnitts nicht MITTELWERT(), sondern den Median. Schreiben Sie diese Formel:

```
C14: Median:
D14: =MEDIAN(D4:D13)
```

2. Kopieren Sie die Formel auf die beiden Spalten rechts, ziehen Sie dazu das Füllkästchen mit gedrückter Maustaste.

3. Um den Median für Buben und Mädchen getrennt zu berechnen, brauchen Sie eine Matrixformel. In dieser prüfen Sie mit WENN() das Geschlecht ab:

```
C15: Median Buben:
D15: =MEDIAN(WENN($B$4:$B$13="m";D4:D13))
```

4. Drücken Sie zum Abschluss dieser Matrixfunktion ⎡Strg⎤+⎡⇧⎤+⎡⏎⎤. Die geschweiften Klammern rund um die Formel kennzeichnen sie als Matrixformel:

```
D15: {=MEDIAN(WENN($B$4:$B$13="m";D4:D13))}
```

5. Jetzt können Sie auch den Median für die Mädchen berechnen:

```
C16: Median Mädchen:
D16:{ =MEDIAN(WENN($B$4:$B$13="w";D4:D13))}
```

6. Die beiden Formeln können Sie mit dem Füllkästchen nach rechts auf die zwei weiteren Wertespalten kopieren.

F16			f_x	{=MEDIAN(WENN($B$4:$B$13="w";F4:F13))}		
	A	B	C	D	E	F	G
1	Klasse 6c						
2							
3	Name	Geschlecht	Alter	Laufen	Weitsprung	Weitwurf	
4	Jutta	w	12	8,8	345	19	
5	Sabine	w	11	9	295	16	
6	Andi	m	11	8,2	330	25	
7	Petra	w	12	10,3	320	20	
8	Denise	w	11	8,9	300	23	
9	Christine	w	11	9,5	332	16	
10	Klaus	m	11	8,4	256	22	
11	Florian	m	12	9	315	30	
12	Eva	w	12	11,2	342	12	
13	Thomas	m	11	8,7	300	16	
14			Median:	8,95	317,5	19,5	
15			Median Buben:	8,55	307,5	23,5	
16			Median Mädchen:	9,25	326	17,5	

Abbildung 5.31: Der Median wird über eine Matrixfunktion von einer Bedingung abhängig berechnet.

5.37   Die Funktion MITTELWERT()

Mit dieser Funktion berechnen Sie das arithmetische Mittel einer Zahlenmenge, genauer die Summe ihrer Werte dividiert durch die Anzahl der Werte.

=MITTELWERT(Zahl1;Zahl2; ... Zahln)

In den Argumenten *Zahl1, Zahl2, Zahln* können Sie Zahlen oder Zellbezüge auf einzelne Zahlen (z.B. A1) oder Zahlenreihen (z.B. A1:B20) angeben, deren Mittelwerte Sie berechnen wollen. Bis zu 30 Argumente sind erlaubt.

```
A1: 320
A2: 500
A3: 550
A4: =MITTELWERT(A1:A5)                    Ergebnis: 456,666666666667
```

Oder gerundet auf zwei Nachkommastellen:

```
A4: =RUNDEN(MITTELWERT(A1:A3);2)          Ergebnis: 456,67
```

5.37.1   Praxisbeispiel: Benzinverbrauch berechnen

Berechnen Sie, wie viel Benzin (oder Diesel) Ihr Auto im Monat verbraucht und was Sie Ihr Luxus kostet. Die Tabelle listet die im ersten Quartal des Jahres getankte Menge, die Benzinpreise und die daraus berechneten Beträge:

```
D4: =C4*B4
```

	A	B	C	D
1	**Benzinkostenberechnung**			
2				
3	Datum	Liter getankt	Benzinpreis	Betrag
4	07.01.2010	55	1,09	59,95
5	19.01.2010	45	1,09	49,05
6	31.01.2010	66	1,09	71,94
7	07.02.2010	56	1,09	61,04
8	17.02.2010	40	1,11	44,4
9	25.02.2010	65	1,11	72,15
10	11.03.2010	45	1,11	49,95
11	20.03.2010	60	1,11	66,6
12	22.03.2010	65	1,112	72,28
13	25.03.2010	50	1,14	57
14	30.03.2010	61	1,14	69,54

Abbildung 5.32: Tabelle mit Benzinkosten

1. Berechnen Sie, wie viel Sie im Durchschnitt getankt haben:

   B15: =MITTELWERT(B4:B14)

2. Da die Wertemenge drei Monate umfasst, können Sie berechnen, wie viel Sie im Monat durchschnittlich tanken. Runden Sie das Ergebnis auf zwei Nachkommastellen:

   B16: =RUNDEN(MITTELWERT(B4:B14)/3;2)

3. Kopieren Sie die Formeln auf die übrigen Spalten, um die durchschnittlichen Preise und Beträge zu berechnen.

	A	B	C	D
1	**Benzinkostenberechnung**			
2				
3	Datum	Liter getankt	Benzinpreis	Betrag
4	40185	55	1,09	=C4*B4
5	40197	45	1,09	=C5*B5
6	40209	66	1,09	=C6*B6
7	40216	56	1,09	=C7*B7
8	40226	40	1,11	=C8*B8
9	40234	65	1,11	=C9*B9
10	40248	45	1,11	=C10*B10
11	40257	60	1,11	=C11*B11
12	40259	65	1,112	=C12*B12
13	40262	50	1,14	=C13*B13
14	40267	61	1,14	=C14*B14
15	Durchschnitt:	=MITTELWERT(B4:B14)	=MITTELWERT(C4:C14)	=MITTELWERT(D4:D14)
16	Monatlich:	=RUNDEN(MITTELWERT(B4:B14)/3;2)	=RUNDEN(MITTELWERT(C4:C14)/3;2)	=RUNDEN(MITTELWERT(D4:D14)/3;2)

Abbildung 5.33: Die Durchschnittspreise und –beträge sind berechnet.

5.38 Die Funktion MITTELWERTWENN()

Diese Funktion berechnet den Durchschnittswert (das arithmetisches Mittel) für alle Zellen eines Bereichs, wenn diese einem angegebenen Kriterium entsprechen.

=MITTELWERTWENN(Bereich; Kriterien; Mittelwert_Bereich)

Im Argument *Bereich* wird mindestens eine Zelle angegeben, für die der Durchschnitt ermittelt wird. *Kriterien* ist eine Zahl, ein Ausdruck, ein Bezug oder ein Text, der definiert, für welche Zellen die Berechnung gelten soll. *Mittelwert_Bereich* entspricht den Zellen, für die tatsächlich der Durchschnitt ermittelt werden soll. Wird dieses Argument nicht angegeben, berechnet Excel den Mittelwert aus dem Bereich im ersten Argument. Beide Bereiche müssen nicht gleich groß sein, wenn sie unterschiedlich groß sind, beginnt Excel mit der ersten Zelle von *Mittelwert_Bereich* und berechnet bis zur Größe von *Bereich*.

Leere Zellen im Bereich werden ignoriert. Ist eine Zelle im Kriterienbereich leer, wird sie als 0 gewertet.

Beispiele:

B1: =MITTELWERTWENN(A1:A20;">200")

Das Ergebnis ist der Durchschnitt aller Werte über 200.

5.38.1 Praxisbeispiel: Umsatzauswertung

In der Jahresauswertung sind die Kosten den Umsätzen gegenübergestellt. Berechnen Sie, welche Kosten für die größten Umsatzträger angefallen sind:

E2: =MITTELWERTWENN(B2:B13;">50000")
E5: =MITTELWERTWENN(B2:B13;">50000";C2:C13)

	E5	▼	fx	=MITTELWERTWENN(B2:B13;">50000";C2:C13)				
⬢	A	B	C	D	E	F	G	H	I
1		Umsatz	Kosten		Durchschnitt aller Werte über 50 Tausend:			
2	Januar	230000	15000		444166,667			
3	Februar	520000	63000					
4	März	620000	15000		Durchschnitt aller Kosten für Umsätze über 50 Tausend:			
5	April	540000	18000		32333,3333			
6	Mai	300000	36000					
7	Juni	450000	56000					
8	Juli	780000	89000					
9	August	960000	23000					
10	September	300000	25000					
11	Oktober	210000	15000					
12	November	190000	16000					
13	Dezember	230000	17000					

Abbildung 5.34: Mittelwert berechnen mit Kriterien.

5.39 Die Funktion MITTELWERTWENNS()

Diese Funktion gibt den Durchschnittswert (das arithmetische Mittel) aller Zellen zurück, die mehreren Kriterien entsprechen.

=MITTELWERTWENNS(Mittelwert_Bereich;Kriterien_Bereich1;Kriterium1; Kriterien_Bereich2;Kriterien2...)

Mittelwert_Bereich entspricht mindestens einer Zelle, deren Mittelwert bestimmt werden soll. *Kriterien_Bereich1, Kriterien_Bereich2* etc. sind die Bereiche, in denen die zugeordneten Kriterien zu bestimmen sind. Bis zu 127 Bereiche sind möglich. Das können Zahlen, Ausdrücke, Bezüge auf Zellen oder Texte sein, die Kriterien definieren.

Alle Kriterienbereiche müssen dieselbe Größe wie der zu mittelnde Bereich im ersten Argument haben.

5.39.1 Praxisbeispiel: Human Capital Index

Der *Human Capital Index* ist eine Kennzahl im Controlling, die sogenannte *soft facts* sammelt und jenseits von Umsätzen und Bilanzen Werte ermittelt, die für die Unternehmen ebenso wichtig sind, zum Beispiel die Zufriedenheit und Identifikation der Mitarbeiter mit der Firma. Der Index wird aus unterschiedlichen Werten gebildet, die durch Befragungen ermittelt werden. Die Tabelle stellt die Werte eines Unternehmens neben *hard facts* aus den Personaldaten.

▲	A	B	C	D	E
1	**Human Capital Index**				
2	*Analyse der HCI-Kennzahlen*				
3	*Bereich Nord*				
4					
5	Niederlassung	Zufriedenheit	Fluktuation	Krankheitsrate	Gesamt
6	Hamburg	60	13	12	85
7	Flensburg	65	15	15	95
8	Bremen	55	15	12	82
9	Berlin	23	26	21	70
10	Magdeburg	12	28	25	65
11	Potsdam	23	34	30	87
12	Brandenburg	21	30	25	76
13	Dresden	16	30	30	76

Abbildung 5.35: HCI-Kennzahlen und Personaldaten

Ermitteln Sie den Durchschnitt der HCI-Werte von den Unternehmen mit besonders hoher Fluktuations- und Krankheitsrate. Das erste Argument ist der zu mittelnde Bereich, dann folgen zwei Bereiche mit Kriterien:

`=MITTELWERTWENNS(E6:E13;C6:C13;">25";D6:D13;">25")`

5.40   Die Funktionen NORM.INV() und NORM.S.INV()

NORM.INV() liefert die Perzentile der Normalverteilung (Umkehrung der Funktion NORM.VERT()). NORM.S.INV() liefert die Perzentile der Standardnormalverteilung.

=NORM.INV(Wahrsch;Mittelwert;Standabwn)
=NORM.S.INV(Wahrsch)

Wahrsch ist die zur Standardnormalverteilung gehörige Wahrscheinlichkeit. Der Wert muss > 0 und < 1 sein.

Mittelwert ist das arithmetische Mittel der Verteilung.

Standabwn ist die Standardabweichung der Verteilung. Der Wert muss > 0 sein.

Hinweis

NORM.INV() ist die umbenannte Funktion STANDNORMINV() aus früheren Versionen.

5.41   Die Funktion NORM.S.VERT()

NORM.SVERT() liefert die Standardnormalverteilung mit einem Mittelwert von 0 und einer Standardabweichung von 1. Die Funktion liefert die Wahrscheinlichkeit, dass eine Zufallsvariable aus einer Standardnormalverteilung den Wert *z* oder kleiner annimmt.

=NORM.S.VERT(z;kumuliert)

z ist der Wert, dessen Wahrscheinlichkeit berechnet wird. Er muss numerisch sein.

Kumuliert ist ein Wahrheitswert für den Typ der Funktion Mit WAHR gibt die Funktion den Wert der Verteilungsfunktion (kumulierte Dichtefunktion) zurück. Mit FALSCH wird der Wert der Dichtefunktion zurückgegeben.

Die Werte lassen sich auch über NORM.VERT(z;0;1;WAHR) berechnen. Für die Berechnung der Dichtefunktion wird NORM.VERT(z;0;1;FALSCH) verwendet.

> **Hinweis**
>
> NORM.S.VERT() ist die umbenannte Funktion STANDNORMVERT() aus früheren Versionen.

5.42   Die Funktion NORM.VERT()

NORM.VERT() liefert die Normalverteilung für einen Mittelwert und die angegebene Standardabweichung.

=NORM.VERT(x;Mittelwert;Standabwn;Kumuliert)

x ist der Wert, dessen Wahrscheinlichkeit berechnet wird.

Mittelwert ist das arithmetische Mittel der Verteilung.

Standabwn ist die Standardabweichung der Verteilung. Er muss > 0 sein.

Kumuliert ist der Wahrheitswert für den Typ der Funktion. Mit WAHR wird der Wert der Verteilungsfunktion (kumulierte Dichtefunktion) zurückgegeben, FALSCH gibt den Wert der Dichtefunktion zurück.

5.43   Die Funktion PEARSON()

Liefert den Pearsonschen Korrelationskoeffizienten zweier Datenreihen aus verbundenen Stichproben (empirischer Korrelationskoeffizient). Im Gegensatz zu KORREL() wird bei PEARSON() angenommen, dass eine paarweise Abhängigkeit zwischen den Datenreihen besteht.

=PEARSON(Matrix1; Matrix2)

Matrix1 ist die Reihe unabhängige Werte, *Matrix2* ist die reihe abhängiger Werte.

Das Ergebnis 1 bezeichnet einen direkten linearen Zusammenhang, die Regressionsgeraden sind direkt proportional. Mit -1 ist der Zusammenhang indirekt, die Geraden sind umgekehrt proportional. Das Ergebnis 0 drückt aus, dass kein Zusammenhang besteht.

Statistische Funktionen

5.44 Die Funktion POISSON.VERT()

Diese Funktion ermittelt die Wahrscheinlichkeiten einer poissonverteilten Zufallsvariablen. Mit der Poissonverteilung wird die Modellierung einer Anzahl Ereignisse in einem bestimmten Zeitraum beschrieben.

=POISSON.VERT(x;Mittelwert;Kumuliert)

x ist die Zahl der Fälle (muss <0 sein). Ist x keine ganze Zahl, werden die Nachkommastellen abgeschnitten.

Mittelwert ist der erwartete Zahlenwert (muss numerisch und >0 sein).

Kumuliert ist ein Wahrheitswert für den Typ der Funktion. Mit WAHR gibt die Funktion den Wert der Verteilungsfunktion der jeweiligen Poissonverteilung zurück, also die Wahrscheinlichkeit, dass die Anzahl zufällig eintretender Ereignisse zwischen 0 und einschließlich x liegt. FALSCH definiert den Wert der Wahrscheinlichkeitsfunktion, die Wahrscheinlichkeit, dass die Anzahl der Ereignisse genau x sein wird.

5.45 Die Funktionen QUANTIL.EXKL() und QUANTIL.INKL()

Die Funktion QUANTIL.EXKL() gibt das k-Quantil in einem Bereich zurück, wobei k im Bereich von 0 bis 1 liegt (ausschließlich 1).

Die Funktion QUANTIL.EXKL() gibt das k-Quantil in einem Bereich zurück, wobei k im Bereich von 0 bis 1 liegt (einschließlich 1).

=QUANTIL.INKL(Matrix;k)
=QUANTIL.EXKL(Matrix;k)

Array ist ein Datenbereich, der die relative Lage der Daten beschreibt (Array, Bezug oder Bereichsname). Der Bereich darf nicht leer sein.

K ist der Quantilwert aus dem geschlossenen Intervall von 0 bis 1. Der Ausdruck muss numerisch sein.

5.46 Die Funktionen QUARTILE.INKL() und QUARTILE.EXKL()

Diese Funktionen berechnen die Mittelwerte von Teilbereichen eines Wertebereichs. Sie kommen wie der Median dann zum Einsatz, wenn die Datenmenge nicht für einfache arithmetische Mittel geeignet ist. QUARTILE.INKL() basiert auf den Perzentilenwerten 0 bis 1 einschließlich 1, QUARTILE.EXKL() auf den Perzentilenwerten 0 bis 1 ausschließlich 1.

Das obere Quartil ist der Wert in der Mitte zwischen Median und Maximum; entsprechend ist das untere Quartil der Wert in der Mitte zwischen Median und Minimum.

=QUARTILE.INKL(Array;Quartil)
=QUARTILE.EXKL(Array;Quartil)

Im Argument *Array* geben Sie den Wertebereich an, der analysiert wird. Mit dem zweiten Argument *Quartil* bestimmen Sie, welches der Quartile Sie berechnen wollen:

Argument Quartil	Quartile
0	Ergibt den kleinsten Wert (Minimum), entspricht der Funktion MIN().
1	Ergibt das untere Quartil (25-%-Quartil).
2	Ergibt den Median (50-%-Quartil), entspricht der Funktion MEDIAN().
3	Ergibt das obere Quartil (75-%-Quartil).
4	Ergibt den größten Wert (Maximum), entspricht der Funktion MAX().

Tabelle 5.3: Varianten des Arguments Quartil

5.46.1 Praxisbeispiel: Umsatzauswertung

Die Liste enthält Umsätze der einzelnen Verkäufer. Mit der Funktion QUARTILE.INKL() wird der kleinste und größte Wert und der Durchschnittsumsatz für die einzelnen Gruppen (Viertel, Hälfte, Dreiviertel) ermittelt.

	E5		fx	=QUARTILE.INKL($B$4:$B$18;1)			
▲	A	B	C	D	E	F	G
1	Umsatzauswertung Verkäufer						
2							
3	Verkäufer	Umsatz in TEUR					
4	1	250		Kleinster Umsatz:	150	=MIN()	
5	2	320		25%-Quartil:	190		
6	3	210		50%-Quartil:	210	=MEDIAN()	
7	4	150		75%-Quartil:	335		
8	5	280		Größter Umsatz:	500	=MAX()	
9	6	190					
10	7	420					
11	8	500					
12	9	350					
13	10	360					
14	11	160					
15	12	200					
16	13	180					
17	14	200					
18	15	190					

Abbildung 5.36: Quartile im Umsatz

5.47 Die Funktionen QUANTILSRANG.EXKL() und QUANTILSRANG.INKL()

QUANTILSRANG.INKL() gibt den prozentualen Rang (Alpha) eines Werts in einem Datenbereich zurück (0..1 einschließlich 1).

QUANTILSRANG.EXKL() gibt den prozentualen Rang (Alpha) eines Werts in einem Datenbereich zurück (0..1 ausschließlich 1).

=QUANTILSRANG.INKL(Array;x;Genauigkeit)
=QUANTILSRANG.EXKL(Array;x; Genauigkeit)

Array ist ein Bereich mit numerischen Daten, der die relative Lage der Daten beschreibt.

x ist der Wert, dessen Rang bestimmt wird.

Genauigkeit legt die Anzahl der Nachkommastellen des zurückgegebenen Quantilrangs fest. Fehlt dieses Argument, werden drei Dezimalstellen verwendet.

5.48 Die Funktion RANG.GLEICH()

Diese Funktion berechnet die Rangfolge einer Zahl innerhalb einer Wertereihe.

=RANG.GLEICH(Zahl;Bezug;Reihenfolge)

Das erste Argument ist die *Zahl*, deren Rang berechnet wird. Im zweiten Argument geben Sie den *Bezug* an, in dem sich die Zahl mit allen anderen Vergleichszahlen befindet, und das dritte (optionale) Argument *Reihenfolge* ist für die Listenart reserviert. Geben Sie hier 0 ein, muss die Rangliste absteigend sortiert vorliegen, alle anderen Werte sorgen dafür, dass die Liste als aufsteigend sortiert gewertet wird.

```
A1: 3
A2: 5
A3: 2
A4: 7
A5: =RANG(5;A1:A4;1)          Ergebnis: 3
```

Die Funktion bietet den Vorteil, Rangfolgen in unsortierten Listen zu ermitteln. Mit INDEX() würden Sie beispielsweise die Zeilennummer eines Werts in einem sortierten Bereich ermitteln, RANG() können Sie auf alle Sortierungen anwenden.

> **Hinweis**
>
> RANG.GLEICH() ist die umbenannte Funktion RANG() aus früheren Versionen.

5.48.1 Praxisbeispiel: ABC-Analyse

Die ABC-Analyse ist ein Standardwerkzeug in vielen Unternehmensbereichen, schwerpunktmäßig in Materialwirtschaft, Controlling und Marketing. Sie zeigt das Verhältnis von Aufwand und Ertrag und bietet die Möglichkeit, die umsatzstärksten oder kostenintensivsten Leistungen, Artikel oder Kunden herauszufiltern. Die Funktion RANG() übernimmt in dieser Kalkulation die Rolle der Stellenwertermittlung. Hier ein Beispiel aus dem Bereich Materialeinkauf:

Der Einkäufer einer Restaurantkette holt sich aus der Lagerbuchhaltung die aktuellen Bestellmengen des letzten Jahres und listet diese in einer Tabelle. Die Artikel sind alphabetisch sortiert.

◢	A	B	C	D	E	F
1	Artikel	Menge	Ø Preis	Ø Lagerkosten	EUR Jahresbedarf	EUR Lager
2	Bier	43500	0,40	0,11	17400	4785
3	Cola und Softgetränke	50433	0,34	0,14	17147	7061
4	Mineralwasser	65230	0,30	0,09	19569	5871
5	Rotwein Bordeaux	21511	0,60	0,21	12907	4517
6	Sekt, Champagner	13500	0,90	0,34	12150	4590
7	Sonstige	36590	1,10	0,20	40249	7318
8	Spirituosen	2500	1,40	0,10	3500	250

Abbildung 5.37: Lagertabelle für die ABC-Analyse

Aus diesen Zahlen errechnet sich der Einkäufer die Kosten des Jahresbedarfs (Menge x Durchschnittspreis) und die Lagerkosten (Menge x Durchschnittslagerkosten) der einzelnen Artikelgruppen. Mithilfe der Funktion RANG() kann er anschließend ermitteln, welche Artikel mengen- und preismäßig am meisten zu Buche schlagen und welche die höchsten Lagerkosten verursachen.

> **Hinweis**
>
> Geben Sie das dritte Argument nicht an, wird automatisch die absteigende Rangfolge ermittelt, d.h., die größten Zahlen haben den niedrigsten Rang.

```
G2: =RANG.GLEICH(B2;$B$2:$B$8)
H2: =RANG.GLEICH(E2;$E$2:$E$8)
I2: =RANG.GLEICH(F2;$F$2:$F$8)
```

5.48.2 Gleicher Rang für doppelte Werte

In der Praxis scheitert die RANG.GLEICH()-Funktion häufig an der Anforderung, dass doppelte Werte keinen identischen Rang bekommen dürfen. Die Funktion weist gleichen Werten den gleichen Rang zu und überspringt den nächsten Rang:

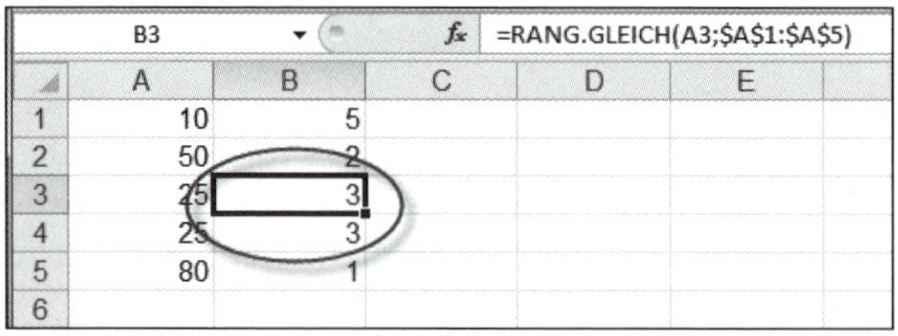

B3 =RANG.GLEICH(A3;$A$1:$A$5)

	A	B	C	D	E
1	10	5			
2	50	2			
3	25	3			
4	25	3			
5	80	1			
6					

Abbildung 5.38: Zweimal Rang 3, der vierte Rang wird übersprungen.

1. Mit dieser Funktion berechnen Sie den Rang korrekt, die zweite gleiche Zahl erhält den nächsten fortlaufenden Rang:

   ```
   In der ersten Zeile berechnen Sie den Rang wie gewohnt:
   C1: =RANG.GLEICH(A1;$A$1:$A$5)
   ```

2. Ab der zweiten Zeile setzen Sie eine Matrixfunktion ein, die den Rang in Abhängigkeit vom Rest der Tabelle berechnet. Schicken Sie die Formel mit [Strg]+[⇧]+[↵] ab:

   ```
   C2: =RANG.GLEICH(A2;A$1:A$5)+SUMME((RANG.GLEICH(A$1:A1;A$1:A$5)=
   RANG.GLEICH(A2;A$1:A$5))*1)
   ```

3. Kopieren Sie die Matrixformel auf die übrigen Zeilen der Liste.

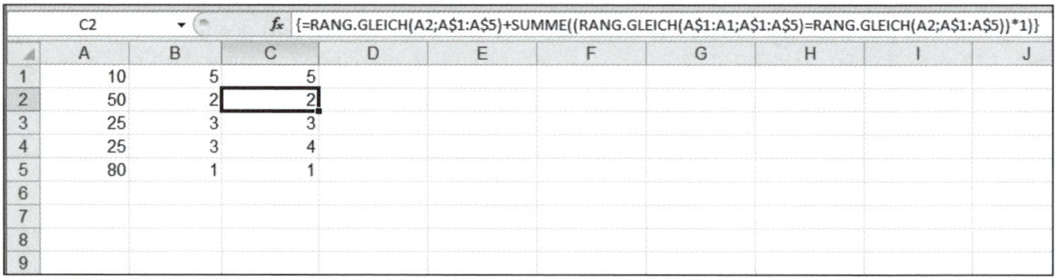

C2 {=RANG.GLEICH(A2;A$1:A$5)+SUMME((RANG.GLEICH(A$1:A1;A$1:A$5)=RANG.GLEICH(A2;A$1:A$5))*1)}

	A	B	C	D	E	F	G	H	I	J
1	10	5	5							
2	50	2	2							
3	25	3	3							
4	25	3	4							
5	80	1	1							
6										
7										
8										
9										

Abbildung 5.39: Der Rang wird jetzt fortlaufend berechnet.

5.49 Die Funktion RANG.MITTELW()

Diese Funktion berechnet die Rangfolge einer Zahl innerhalb einer Wertereihe.

=RANG.MITTELW(Zahl;Bezug;Reihenfolge)

Das Argument *Zahl* ist der Wert, dessen Rang berechnet wird. Im zweiten Argument geben Sie den *Bezug* an, in dem sich die Zahl mit allen anderen Vergleichszahlen befindet, und das dritte (optionale) Argument *Reihenfolge* ist für die Listenart reserviert. Geben Sie hier 0 ein, muss die Rangliste absteigend sortiert vorliegen, alle anderen Werte sorgen dafür, dass die Liste als aufsteigend sortiert gewertet wird.

A1: 3
A2: 5
A3: 2
A4: 7

Im Unterschied zu RANG.GLEICH() gibt diese Funktion den Mittelwert der Zahlen aus, deren Rang die gleiche Rangzahl aufweist.

	C1	▼	f_x	=RANG.MITTELW(A1;$A$1:$A$5)	
	A	B	C	D	E
1	10	5	5		
2	50	2	2		
3	25	3	3,5		
4	25	3	3,5		
5	80	1	1		

Abbildung 5.40: Bei gleichen Rangfolgen wird der Mittelwert berechnet.

5.50   Die Funktionen RGP() und RKP()

RGP() liefert die Parameter eines linearen Trends. RGP() ist eine Kennziffer der linearen Regression, die sich durch diese Gleichung beschreiben lässt:

y = mx + b

=RGP(Y-Werte;X-Werte;Konstante;Stats)

Y-Werte sind die Daten für die lineare Regression, *X-Werte* ist eine optionale Gruppe von Daten. Fehlt dieses Argument, wird eine Matrix mit laufenden Nummern verwendet. *Konstante* ist WAHR oder leer, wenn b berechnet wird, mit FALSCH wird *b=1* angenommen. *Stats* ist ein Wahrheitswert, der angibt, ob zusätzliche Regressionskenngrößen ausgegeben werden sollen.

RKP() liefert die Parameter eines exponentiellen Trends nach dieser Gleichung:

y = b * m^x

Die Testmethoden für RGP() sind weitgehend identisch mit RGP(), RKP() basiert zusätzliche statistische Kenngrößen nach dem linearen Modell:

ln y = x1 ln m1 + ... + xn ln mn + ln b

=RKP(Y-Werte;X-Werte;Konstante;Stats)

Die Funktionen geben die Kennziffern in Array-Form aus, müssen dementsprechend auch als Array-Formeln eingegeben werden. Dazu wird zum Abschluss der Formel $\boxed{Strg}$+$\boxed{⇧}$+$\boxed{↵}$ gedrückt. Geschweifte Klammern um die Formel kennzeichnen sie als Array-Formel.

Ein Beispiel: Berechnen Sie die Steigung und den Y-Achsenabschnitt aus diesen Werten:

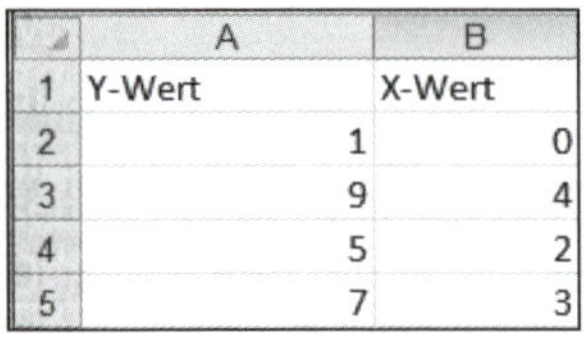

	A	B
1	Y-Wert	X-Wert
2	1	0
3	9	4
4	5	2
5	7	3

Abbildung 5.41: Werte für RGP()

Markieren Sie den Bereich A8:B8 und schreiben Sie diese Funktion:

=RGP(A2:A5;B2:B5;;FALSCH)

Drücken Sie [Strg] + [⇧] + [↵]. Die Formel wird damit als Arrayformel berechnet, in A8 steht die Steigung und B8 zeigt den Achsenabschnitt.

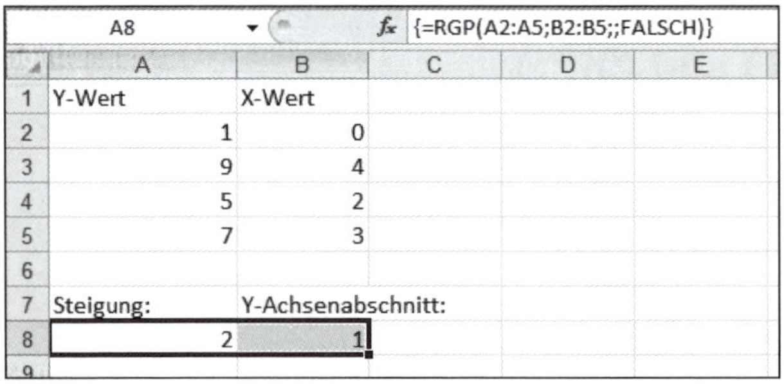

A8			fx	{=RGP(A2:A5;B2:B5;;FALSCH)}	
	A	B	C	D	E
1	Y-Wert	X-Wert			
2	1	0			
3	9	4			
4	5	2			
5	7	3			
6					
7	Steigung:	Y-Achsenabschnitt:			
8	2	1			

Abbildung 5.42: Die RGP-Funktion als Array-Formel

5.50.1 Kennziffern der Funktion RGP()

Diese Kennziffern können mit der Funktion RGP() berechnet werden:

Kennziffer	Erklärung
m	Die Steigung der Regressionsgeraden, kann auch mit der Funktion STEIGUNG() ermittelt werden.
b	Der Schnittpunkt mit der Y-Achse, kann auch mit der Funktion ACHSENABSCHNITT() ermittelt werden.
se(m)	Standardschätzfehler für die Steigung
se(b)	Standardschätzfehler für den Achsenabschnitt
r^2	Das Bestimmtheitsmaß, kann auch mit der Funktion BESTIMMTHEITSMASS() berechnet werden.

Tabelle 5.4: Kennziffern der Funktion RGP()

Kennziffer	Erklärung
se(y)	Standardschätzfehler der berechneten Y-Werte, kann auch mit STFEHLERXY() berechnet werden.
F	F-Wert, kann mit FVERT() weiterberechnet werden.
df	Freiheitsgrade für den F-Test
ss(reg)	Quadratsumme der Regression (Summe der quadratischen Abweichungen der Mittel)
ss(res)	Quadratsumme der Residuen (Summe der quadratischen Abweichungen der Y-Werte von den X-Werten).

Tabelle 5.4: Kennziffern der Funktion RGP() (Forts.)

In dieser Tabelle wird aus den Stichprobenwerten X (Spalte A) und den Y-Werten in Spalte B mit der Funktion TREND() ein linearer Trend berechnet. RGP() berechnet alle Kennziffern in einem einzigen Array:

	A	B	C	D	E	F	G	H
	G4		f_x {=RGP(B4:B16;A4:A16;1;1)}					
1	Kennziffern der linearen Regression							
2								
3	X	Y	Linearer Trend	(ys-y)^2	(ys-ym)^2		RGP-Werte	
4	13	154	160,22	38,686	64,176		1,335	142,863
5	14	162	161,55	0,198	44,567		0,296	5,739
6	15	171	162,89	65,770	28,523		0,648	3,998
7	16	163	164,23	1,501	16,044		20,294	11,000
8	17	161	165,56	20,798	7,131		324,445	175,863
9	18	169	166,90	4,428	1,783			
10	19	172	168,23	14,207	0,000			
11	20	168	169,57	2,452	1,783			
12	21	170	170,90	0,812	7,131			
13	22	175	172,24	7,638	16,044			
14	23	176	173,57	5,898	28,523			
15	24	172	174,91	8,448	44,567			
16	25	174	176,24	5,025	64,176			
17								
18	Mittelwert		168,23					
19	Summe			175,863	324,445			

m	b
se(m)	se(b)
r^2	se(y)
F	df
ss(reg)	ss(res)

Abbildung 5.43: RGP() berechnet den Array für die Kennziffern.

5.51 Die Funktion SCHÄTZER()

Liefert den Schätzwert für einen linearen Trend.

=SCHÄTZER(x; Y_Werte; X_Werte)

Die Syntax der Funktion SCHÄTZER weist die folgenden Argumente (Argument: ein Wert, der Informationen zu einer Aktion, einem Ereignis, einer Methode, einer Eigenschaft, einer Funktion oder einer Prozedur bereitstellt) auf:

x ist der Datenpunkt, dessen Wert geschätzt wird.

Y_Werte und *X_Werte* sind die abhängigen Datenbereiche.

5.51.1 Praxisbeispiel: Absatzentwicklung

Die Tabelle enthält eine fortlaufende Monatsreihe und die bekannten Absätze (X-Werte) bis zum Mai 2011. Mit der Funktion SCHÄTZER() wird der lineare Trend geschätzt, das Diagramm zeigt die Absatzentwicklung grafisch an. Um die geschätzten Datenpunkten farblich zu kennzeichnen, markieren Sie die einzelnen Punkte auf der Linie und weisen ihnen unter DIAGRAMMTOOLS/ FORMAT/FORMENARTEN eine Linienfarbe zu.

> **Tipp**
>
> Die laufende Monatsreihe erstellen Sie aus dem ersten Datum mit dem Füllkästchen. Ziehen Sie es mit der rechten Maustaste, wählen Sie im Kontextmenü *Monate ausfüllen*.

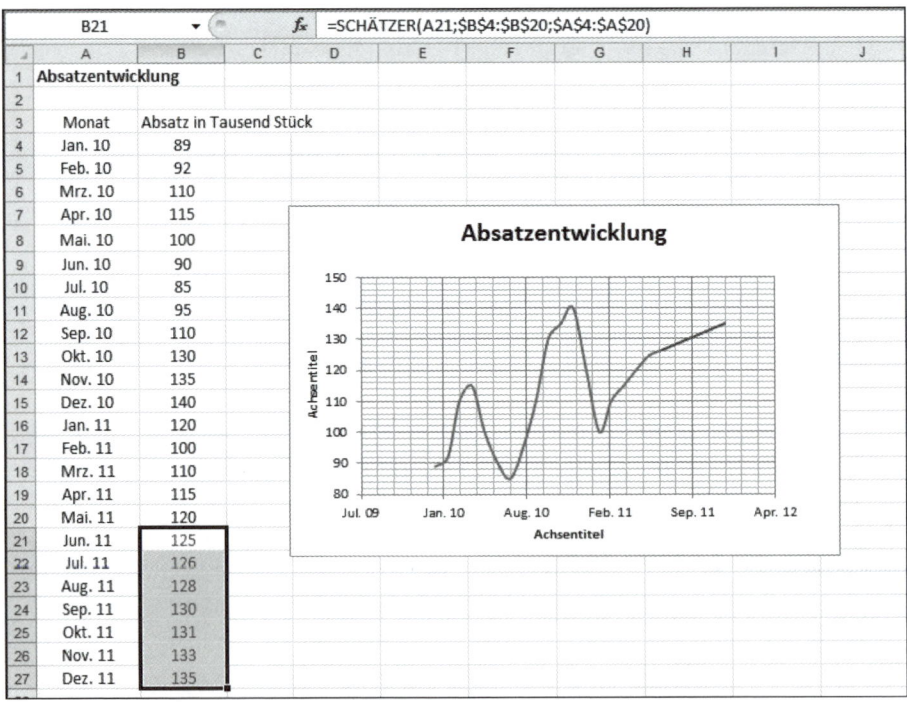

Abbildung 5.44: Geschätzte Absatzentwicklung mit SCHÄTZER()

5.52   Die Funktion SCHIEFE()

Liefert die Schiefe einer Verteilung zurück. Die Schiefe ist die Asymmetrie einer Häufigkeitsverteilung einer Stichprobe um ihren Mittelwert. Ist das Ergebnis größer null, orientiert sich die Verteilung mehr zu den Werten, die größer als der Mittelwert sind. Bei Ergebnissen kleiner null orientiert sie sich eher zu den Werten, die kleiner als der Mittelwert sind.

=SCHIEFE(Zahl1; [Zahl2]; ...)

Die Funktion hat maximal 255 Argumente, deren Schiefe berechnet wird, die Zahlen können auch in einem Array stehen.

5.53   Die Funktionen STABW.N() und STABW.S()

STABW.N() berechnet die Standardabweichung vom arithmetischen Mittelwert der Grundgesamtheit. STABW.S() schätzt die Standardabweichung einer Stichprobe. Die Standardabweichung ist ein Maß für die Streuung der Daten um den Mittelwert.

=STABW.N(Zahl1;Zahl2; ...)
=STABW.S(Zahl1;Zahl2; ...)

Die Funktion kann bis zu 255 numerische Argumente enthalten, logische Werte und Texte in den Argumenten werden ignoriert. An Stelle von Werten kann auch ein Array angegeben werden.

Die Funktionen STABWA() und STABWNA() schließen logische Werte und Texte in den Argumenten mit ein. Text und FALSCH werden als 0 interpretiert, WAHR wird als 1 interpretiert.

5.54   Die Funktion STANDARDISIERUNG()

Berechnet Werte der Normalverteilung in Werte einer Standardnormalverteilung um. Die Standardnormalverteilung ist eine Normalverteilung mit einem arithmetischen Mittel von null und einer Standardabweichung von 1 (siehe STANDARDNORMVERT() und NORM.VERT()).

=STANDARDISIERUNG(x; Mittelwert; Standabwn)

x ist der Wert, der standardisiert werden soll.

Mittelwert ist das arithmetische Mittel der Verteilung.

Standabwn ist die Standardabweichung der Verteilung.

5.55   Die Funktion STEIGUNG()

Liefert die Steigung der Regressionsgeraden oder Trendlinie. Die Regressionsgerade folgt der Gleichung

$$y = b + m * x$$

mit b für den Schnittpunkt der Geraden mit der Y-Achse und m für die Steigung. Der Wert für b kann auch mit der Funktion ACHSENABSCHNITT() berechnet werden.

=STEIGUNG(Y_Werte;X_Werte)

Y_Werte ist der Array oder Datenbereich mit abhängigen Werten, *X_Werte* enthält die unabhängigen Werte.

5.56   Die Funktion STFEHLERXY()

Liefert den Standardfehler der geschätzten Y-Werte für alle X-Werte der Regression. Der Standardfehler ist ein Maß für die Zuverlässigkeit der linearen Regression, er zeigt, wie groß der Fehler bei der Prognose ist.

=STFEHLERYX(Y_Werte; X_Werte)

Y_Werte ist der Bereich abhängiger Datenpunkte.

X_Werte ist der Bereich unabhängiger Datenpunkte.

5.57   Die Funktion SUMQUADABW()

Liefert die Summe der quadratischen Abweichungen der Einzelwerte vom arithmetischen Mittelwert der Stichprobe. Die Funktion kann bis zu 255 Argumente enthalten.

=SUMQUADABW(Zahl1; [Zahl2]; ...)

Die Funktion kann bis zu 255 Argumente enthalten, die Werte können auch aus einem Array stammen.

5.58   Die Funktionen für den t-Test

T.INV()

Gibt die linksseitige Quantile der (Student) t-Verteilung zurück.

=T.INV(Wahrsch;Freiheitsgrade)

Wahrsch ist die der (Student) t-Verteilung zugeordnete Wahrscheinlichkeit, *Freiheitsgrade* ist die Anzahl der Freiheitsgrade, durch die die Verteilung bestimmt ist.

T.INV.2S()

Gibt zweiseitige Quantile der (Student) t-Verteilung zurück.

=T.INV.2S(Wahrsch;Freiheitsgrade)

Wahrsch ist die der (Student) t-Verteilung zugeordnete Wahrscheinlichkeit, *Freiheitsgrade* ist die Anzahl der Freiheitsgrade, durch die die Verteilung bestimmt ist.

T.TEST()

Liefert die Teststatistik eines Student'schen t-Tests. Damit kann getestet werden, ob zwei Stichproben aus zwei Grundgesamtheiten mit demselben Mittelwert stammen.

=T.TEST(Matrix1;Matrix2;Seiten;Typ)

Matrix1 ist der erste Datenbereich, *Matrix2* ist der zweite Datenbereich, beide Bereiche müssen gleich groß sein.

Seiten bestimmt die Anzahl der Endflächen: 1 = einseitige Verteilung, Wahrscheinlichkeit, die es für einen größeren Wert der t-Kenngröße unter der Annahme gibt, dass Matrix1 und Matrix2 Stichproben aus Grundgesamtheiten mit demselben Mittelwert sind. 2 = Wahrscheinlichkeit eines größeren absoluten Werts der t-Kenngröße unter der Annahme *identische Mittelwerte der Grundgesamtheiten*.

Typ ist der Typ des durchzuführenden t-Tests (ganze Zahl, 1 = gepaart).

T.VERT()

Liefert die (Studentsche) t-Verteilung der linken Endfläche (Wahrscheinlichkeit für eine t-verteilte Zufallsvariable). T.VERT() ist die Umkehrung von T.INV().

=T.VERT(x;Freiheitsgrade;Kumuliert)

x ist der numerische Wert, für den die Verteilung ausgewertet werden soll. Muss > 0 sein.

Freiheitsgrade ist eine ganze Zahl für die Anzahl der Freiheitsgrade. Muss > 1 sein.

Kumuliert ist der Wahrheitswert für den Typ der Funktion. Mit WAHR gibt die Funktion die kumulierte Verteilungsfunktion zurück, mit FALSCH die Wahrscheinlichkeitsdichtefunktion.

T.VERT.2S()

Liefert die (Studentsche) t-Verteilung für zwei Endflächen.

=T.VERT.2S(x;Freiheitsgrade)

X ist der numerische Wert, für den die Verteilung ausgewertet werden soll (muss > 0 sein).

Freiheitsgrade ist eine ganze Zahl für die Anzahl der Freiheitsgrade (muss >= 1 sein).

T.VERT.RE()

Liefert die (Studentsche) t-Verteilung der rechten Endfläche (Wahrscheinlichkeit für eine t-verteilte Zufallsvariable).

=T.VERT.RE(x;Freiheitsgrade;Kumuliert)

x ist der numerische Wert, für den die Verteilung ausgewertet werden soll. Muss > 0 sein.

Freiheitsgrade ist eine ganze Zahl für die Anzahl der Freiheitsgrade. Muss > 1 sein.

Kumuliert ist der Wahrheitswert für den Typ der Funktion. Mit WAHR gibt die Funktion die kumulierte Verteilungsfunktion zurück, mit FALSCH die Wahrscheinlichkeitsdichtefunktion.

Statistische Funktionen

5.59 Die Funktion TREND()

Mit dieser Funktion erhalten Sie die Werte eines linearen Trends. Die Funktion passt diese Werte nach der Methode der kleinsten Quadrate einer Geraden an und liefert die y-Werte, die auf dieser Geraden liegen.

=TREND(Y_Werte;X_Werte;Neue_X_Werte;Konstante)

Y_Werte sind die bereits bekannten Werte, die in einer Datenreihe vorliegen. Geben Sie den Bezug oder den Bereichsnamen für diese Daten an.

X_Werte sind mögliche, optionale Werte, die bereits bekannt sind.

Neue_X_Werte sind die neuen Werte, die für die Trendanalyse benötigt werden. Geben Sie hier den Bereich an, in dem die neuen Werte berechnet werden sollen.

5.59.1 Praxisbeispiel: Trend bei Grundstückspreisen ermitteln

Das Beispiel zeigt eine Zahlenreihe mit Grundstückspreisen, die sich über mehrere Jahre entwickelt haben.

⊿	A	B	C
1	**Entwicklung der Grundstückspreise**		
2			
3	Jahr	Preis	
4	2003	200	
5	2004	280	
6	2005	290	
7	2006	300	
8	2007	450	
9	2008	540	
10	2009	540	
11	2010	590	

Abbildung 5.45: Grundstückspreisentwicklung über acht Jahre

Berechnen Sie in der Spalte B ab B1 die Trendentwicklung, basierend auf der Zahlenreihe B4:B10. Markieren Sie dazu den Zielbereich und geben Sie die Trendfunktion in einer Matrixformel ein:

1. Erweitern Sie die Reihe der Jahreszahlen in Spalte A bis 2018.
2. Markieren Sie B12:B19 und schreiben Sie diese Formel:

   =TREND(B4:B11;A4:A11;A12:A19)

3. Drücken Sie ⌈Strg⌋+⌈⇧⌋+⌈↵⌋, um die Matrixformel in alle markierten Zellen zu schreiben.

Der lineare Trend wird über die nächsten acht Zeilen berechnet. Ändern Sie die Formel noch so ab, dass ganze Zahlen entstehen, runden Sie die Ergebnisse mit dem Rundungsfaktor 0:

=RUNDEN(TREND(C3:C22;;{21;22;23;24;25});0)

Für die grafische Darstellung verwenden Sie ein Liniendiagramm. Um die Datenpunkte der berechneten Werte hervorzuheben, markieren Sie zuerst die Linie, dann die einzelnen Punkte mit einem weiteren Klick. Weisen Sie ihnen über DIAGRAMMTOOLS/FORMAT/FORMENARTEN eine andere Linienfarbe zu.

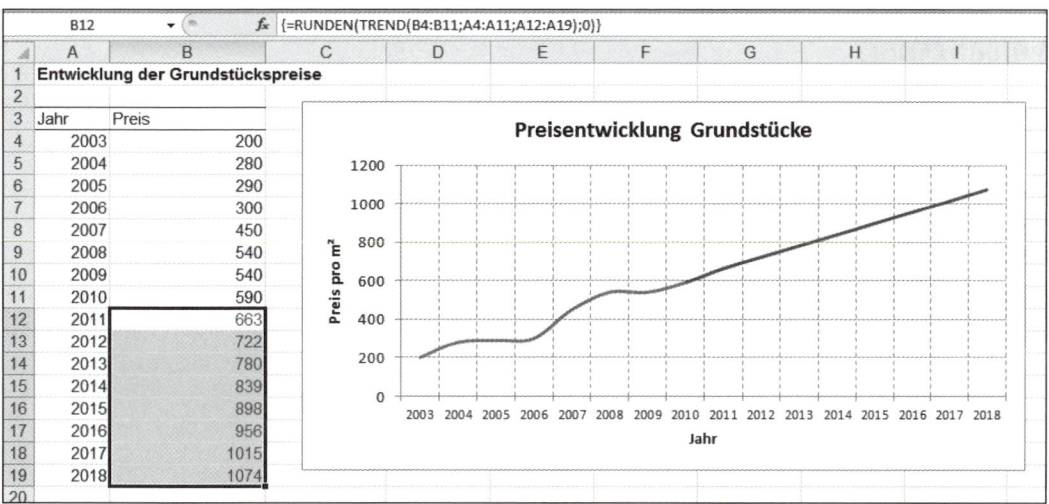

Abbildung 5.46: Die Trendreihe für weitere acht Jahre ist berechnet.

Hinweis

Für diese Aufgabe können Sie außerdem folgende Funktionen aus der Kategorie STATISTIK verwenden:

ACHSENABSCHNITT() gibt den Schnittpunkt der Regressionsgeraden zurück, an dem die Gerade die y-Achse schneidet.

STEIGUNG() berechnet die Steigung der Regressionsgeraden.

RGP() berechnet Kennziffern der linearen Regression.

Statistische Funktionen

5.60 Die Funktionen VAR.P() und VAR.S(), VARIANZA() und VARIANZENA()

VAR.P() schätzt die vermutete Varianz der Grundgesamtheit, VAR.S() schätzt die Varianz für eine Stichprobe.

=VAR.P(Zahl1;Zahl2; ...)
=VAR.S(Zahl1;Zahl2; ...)

Zahl1 ist das erste numerische Argument aus der Grundgesamtheit oder Stichprobe. Die Funktion kann bis zu 255 Argumente enthalten. Logische Werte und Texte werden ignoriert.

VARIANZA()

Schätzt die Varianz ausgehend von einer Stichprobe, logische Werte in den Argumenten werden interpretiert. WAHR = 1 , Text und FALSCH = 0.

=VARIANZA(Wert1;Wert2;...)

VARIANZENA()

Schätzt die Varianz ausgehend von der Grundgesamtheit, logische Werte in den Argumenten werden interpretiert. WAHR = 1 , Text und FALSCH = 0.

=VARIANZENA(Wert1;Wert2;...)

5.61   Die Funktionen VARIATION() und VARIATIONEN()

VARIATION() liefert die Werte eines exponentiellen Trends. Die Funktion berechnet die mit RKP() geschätzten Werte.

=VARIATION(Y_Werte; [X_Werte], [Neue_X_Werte]; [Konstante])

Y_Werte sind die Werte, die aus der Beziehung $y = b*m^x$ bekannt sind

X_Werte ist eine optionale Gruppe von X-Werten.

Neue_x_Werte sind die neuen X-Werte, für die die Funktion die zugehörigen Y-Werte liefern soll.

VARIATIONEN() ergibt die Anzahl der Möglichkeiten, um k Elemente aus einer Menge von n zu ziehen. Im Unterschied zu KOMBINATION() werden dabei Reihenfolgen berücksichtigt.

=VARIATIONEN(n;k)

n ist die Anzahl aller Elemente. Das Argument muss größer null sein.

k ist die Anzahl der Elemente für jede Variationsmöglichkeit (muss > 0 sein). *n* muss größer als *k* sein.

5.62   Die Funktion WAHRSCH()

Liefert die Wahrscheinlichkeit, dass ein Beobachtungswert in ein bestimmtes Intervall fällt. Dazu werden die bisher beobachteten Werte und die Wahrscheinlichkeiten als Argumente übergeben. Die Funktion summiert die Wahrscheinlichkeiten einzelner Werte zu Intervallwahrscheinlichkeiten.

=WAHRSCHBEREICH(Beob_Werte; Beob_Wahrsch; [Untergrenze]; [Obergrenze])

Beob_Werte ist der Quotient aus der Häufigkeit, mit der ein Wert auftrat und der Anzahl der Häufigkeiten:

P(Wert) = h(Wert)/Beobachtungen

Beob_Wahrsch ist die Zahl der Wahrscheinlichkeiten zu den beobachteten Werten. Die Summe muss 1 oder 100% sein.

Untergrenze ist die untere Grenze der Werte, deren Wahrscheinlichkeit berechnet wird.

Obergrenze ist die optionale obere Grenze der Werte, deren Wahrscheinlichkeit berechnet wird. Wird das Argument weggelassen, berechnet die Funktion die Wahrscheinlichkeit, dass ein Beobachtungswert die Untergrenze annimmt.

5.62.1   Praxisbeispiel: Maschinenausfälle

Berechnen Sie die Wahrscheinlichkeit für Maschinenausfälle anhand der vorliegenden Werte. In Spalte A stehen die Werte, in B die Beobachtungswerte. Für variable Unter- und Obergrenzen verwenden Sie Drehfelder, die Sie über die Registerkarte ENTWICKLERTOOLS als Steuerelemente einfügen können.

	A	B	C	D	E	F	G	H	I	J
1	Anzahl Maschinenausfälle	Beobachtung		Untergrenze	Obergrenze	Wahrscheinlichkeit				
2	1	30%		1		0%	=WAHRSCHBEREICH($A$2:$A$6;$B$2:$B$6;0)			
3	2	25%		1	3	75%	=WAHRSCHBEREICH($A$2:$A$6;$B$2:$B$6;D3;E3)			
4	3	20%		2	3	45%				
5	4	10%		2	5	70%				
6	5	15%		3	5	45%				
7										
8										
9										
10										
11										
12										

Abbildung 5.47: Wahrscheinlichkeit für Maschinenausfälle

5.63   Die Funktion WEIBULL.VERT()

Liefert den Wahrscheinlichkeitswert für eine Zufallvariable nach einer Weibull-Verteilung.

=WEIBULL.VERT(x;Alpha;Beta;Kumuliert)

x ist das Quantil, für das die Funktion ausgewertet wird (muss > 0 sein).

Alpha ist der Skalenparameter der Verteilung.

Beta ist der Form- oder Gestaltparameter der Verteilung. *Alpha* und *Beta* müssen > 0 sein.

Kumuliert ist der Typ der Funktion. Mit WAHR wird die Verteilungsfunktion ausgegeben, mit FALSCH die Dichtefunktion.

> **Hinweis**
>
> WEIBULL.VERT() ist die umbenannte Funktion WEIBULL() aus früheren Versionen.

5.64 Die Funktion ZÄHLENWENN()

Excel stellt mit ANZAHL() und ANZAHL2() Zählfunktionen für Werte oder Zellinhalte zur Verfügung. Diese Funktion ergänzt das Angebot um die Möglichkeit, die Zählung von einer Bedingung abhängig zu machen.

=ZÄHLENWENN(Bereich;Suchkriterium)

Im Argument *Bereich* geben Sie einen Zellbereich oder einen Bereichsnamen an, der beliebige Inhalte haben kann (Texte, Zahlen, Wahrheitswerte). Das zweite Argument, *Suchkriterium*, definiert den Filter, der bei der Zählung berücksichtigt wird. Geben Sie dieses Argument in Anführungszeichen an oder verwenden Sie einen Bezug auf eine Zelle mit entsprechendem Text.

```
A1: Hamburg
A2: München
A3: Hamburg
A4: Stuttgart
A5: =ZÄHLENWENN(A1:A4;"Hamburg")          Ergebnis: 2
```

Logische Operatoren geben Sie ebenfalls als Text an oder verknüpfen sie mit Zellbezügen:

```
A1: 10
A2: 90
A3: 70
A4: 20
A5: =ZÄHLENWENN(A1:A4;">50")               Ergebnis: 2
```

Oder:

```
A5: 50
A5: =ZÄHLENWENN(A1:A4;">"&A5)              Ergebnis: 2
```

5.64.1 Praxisbeispiel: Rechnungsjournal

Überprüfen Sie regelmäßig die eingehenden Zahlungen Ihrer Kunden, werden Sie auch eine Übersicht darüber anlegen, welche Beträge noch offen sind und welche teilweise bezahlt sind. Die Funktionen WENN() und ZÄHLENWENN() leisten hier gute Dienste.

	E2	▾	f_x	=WENN(D2=C2;"bezahlt";WENN(D2=0;"offen";WENN(D2<C2;"teilweise bezahlt")))			
⊿	A	B	C	D	E	F	G	H
1	Bestellnr	Kunde	Rechungsbetrag	bezahlt	Status			
2	51300	Geier GmbH	30.000	30.000	bezahlt			
3	55200	Niedermeier	21.000	12.000	teilweise bezahlt			
4	54120	Fröhlich	15.000	3.000	teilweise bezahlt			
5	53900	Zupfer	5.000	0	offen			
6								
7			bezahlt	1				
8			teilweise bezahlt	2				
9			offen	1				
10								
11								

Abbildung 5.48: Rechnungsbeträge und –eingänge mit WENN überprüfen

Geben Sie die Formel ein, die berechnet, wie viele Rechnungen bezahlt, teilbezahlt oder offen sind:

C7: bezahlt	D7: =ZÄHLENWENN($E$2:$E$5;C7)
C8: teilweise bezahlt	D8: =ZÄHLENWENN($E$2:$E$5;C8)
C9: offen	D9: =ZÄHLENWENN($E$2:$E$5;C9)

	D7	▼	f_x	=ZÄHLENWENN($E$2:$E$5;C7)	
	A	B	C	D	E
1	Bestellnr	Kunde	Rechungsbetrag	bezahlt	Status
2	51300	Geier GmbH	30.000	30.000	bezahlt
3	55200	Niedermeier	21.000	12.000	teilweise bezahlt
4	54120	Fröhlich	15.000	3.000	teilweise bezahlt
5	53900	Zupfer	5.000	0	offen
6					
7			bezahlt	1	
8			teilweise bezahlt	2	
9			offen	1	

Abbildung 5.49: Mit ZÄHLENWENN() wird der Status überprüft.

5.65 Die Funktion ZÄHLENWENNS()

Diese Funktion zählt, wie viele Zellen in einem Bereich einem oder mehreren Suchkriterien entsprechen.

=ZÄHLENWENNS(Bereich1; Kriterien1;Bereich2; Kriterien2?)

Bereich1, *Bereich2* usw. sind bis zu 127 Bereiche, in denen die Kriterien ausgewertet werden. Das können Bezüge, Bereichsname oder Matrizen sein, Leerzellen und Textwerte werden ignoriert. *Kriterien1*, *Kriterien2* usw. sind bis zu 127 Kriterien, die definieren, welche Zellen gezählt werden, Text, Zahlen oder Ausdrücke (">15"). Sie dürfen die Platzhalter * (Alles) und ? (einzelne Zeichen) enthalten. Wenn diese Zeichen selbst gesucht werden, wird eine Tilde (~) vorangestellt.

=ZÄHLENWENNS(A2:A20;">15";B2:B20;">20")

5.65.1 Praxisbeispiel: Personalauswertung

Um die Anzahl der Personen in einer Liste zu zählen, die in bestimmten Abteilungen beschäftigt sind, genügt die Funktion ZÄHLENWENN(). Kommt ein weiteres Kriterium hinzu, schalten Sie um auf ZÄHLENWENNS().

Die Liste wurde mit dem Bereichsnamen *Headcount* versehen, das bietet die Möglichkeit, einzelne Spalten mit INDEX() herauszurechnen:

| =INDEX(Headcount;;3) | Ergebnis: 3. Spalte des Bereichs |

Für die Auswahl der Abteilungen und der Arbeitszeitarten verwenden Sie Datenüberprüfungslisten. Die Listen werden in ausgeblendete Spalten geschrieben, mit DATEN/DATENTOOLS/DATENÜBERPRÜFUNG werden die Listen zugewiesen.

Statistische Funktionen

Abbildung 5.50: Auswertungsbereich und Datenüberprüfungslisten

Zählen Sie die Personen in der gewählten Abteilung mit der gewählten Arbeitszeitart:

`=ZÄHLENWENNS(INDEX(Headcount;;3);$G$2;INDEX(Headcount;;4);$H$2)`

KAPITEL 6

Matrixfunktionen

Die Gruppe der Matrixfunktionen gehört zu den wichtigsten im Angebot des Funktions-Assistenten. Matrixfunktionen machen aus einfachen Tabellen dynamische Bereiche, organisieren Verweise und Verknüpfungen zwischen Zellbereichen und ermöglichen raffinierte Kalkulationen.

Eine Matrix ist eigentlich nichts anderes als der rechteckige Bereich, in dem wir unsere Zahlen und Beschriftungen, Formeln und Funktionen unterbringen, Rahmen zeichnen und Farbmuster setzen.

Matrix: die; -, Matrize /Matrizes

- rechteckiges System von Spalten und Linien

- in einem Schema aus Spalten und Zeilen angeordnete Zahlen oder Größen

- Schema, in dem zusammenhängende Faktoren in ihrer Beziehung zueinander dargestellt werden

Matrix oder Array?

In vielen Dokumentationen rund um Excel und auch in der Hilfefunktion taucht häufig der Begriff Array gleichbedeutend mit Matrix auf. Ein Array ist eine Matrix, die beiden Begriffe bezeichnen denselben Sachverhalt. In früheren Versionen wurde ausschließlich Array verwendet, dann kehrte man wieder zurück zur Matrix. Fremdsprachige Versionen benutzen meist nur Array. Lassen Sie sich nicht verwirren – Arrays sind Matrizen und umgekehrt.

6.1 Funktionen für die Matrix

Obwohl sich alle Funktionen in der Matrix der Tabelle aufhalten und deren Elemente, die Zellen, Zeilen und Spalten, zur Berechnung ihrer Ergebnisse benutzen, gibt es eine Gruppe von Funktionen, die sich näher mit dem Rechteck aus Zeilen und Spalten auseinandersetzen. Für die Gruppe der Matrixfunktionen ist das Rechnen mit Zeilen und Spalten die Basis. Die Gruppe bietet Funktionen wie MTRANS(), in der die Matrix umgedreht wird, BEREICH.VERSCHIEBEN(), eine Funktion, die Zellen zeilen-/spaltenweise versetzt und sogar Teilmatrizen berechnen kann, oder den SVERWEIS(), der das magische Rechteck nach Referenzwerten für Nummern durchsucht. Die Matrixfunktionen gehören zu den Spezialfunktionen, sie dürfen in besseren Tabellenmodellen nicht fehlen.

Starten Sie den Funktions-Assistenten über FORMELN/FUNKTIONSBIBLIOTHEK und schalten Sie um auf die Kategorie *Matrix*. Hier eine Übersicht über die Matrixfunktionen:

Funktion	Erklärung
ADRESSE()	Gibt eine Zelladresse zurück.
BEREICH.VERSCHIEBEN()	Gibt einen Bezug zurück, der gegenüber einem anderen Bezug verschoben ist. Dabei kann die Höhe und Breite des Bezugs variiert werden.
BEREICHE()	Gibt die Anzahl der Bereiche zurück, die angegeben werden.
HYPERLINK()	Erstellt eine Verknüpfung auf Zellen, Dateien oder HTML-Adressen.
INDEX()	Gibt den Inhalt einer Zelle zurück, die sich im Schnittpunkt der angegebenen Zeile und Spalte befindet.
INDIREKT()	Gibt den Bezug einer Zelladresse zurück, die in Textform vorliegt.
MTRANS()	Gibt die transponierte Matrix einer Matrix zurück.
PIVOTDATENZUORDNEN()	Gibt die konsolidierten Werte einer Pivot-Tabelle zurück.
RTD()	Ruft Daten aus einem Programm ab, das die COM-Automatisierung unterstützt.
SPALTE()	Gibt die Spaltennummer oder die Spaltennummer eines Bezugs aus.
SPALTEN()	Gibt die Anzahl der Spalten eines Bezugs zurück.
VERGLEICH()	Sucht in einer Matrix nach einem Suchbegriff und gibt die Position der Fundstelle aus.
VERWEIS(), SVERWEIS(), WVERWEIS()	Geben den Wert in einer Liste zurück, der sich in der gleichen Zeile/Spalte mit dem Suchkriterium befindet.
WAHL()	Gibt einen Wert aus einer Liste von Werten zurück, die mit dem ersten Argument indiziert wird.
ZEILE()	Gibt die Nummer der Zeile oder die Zeilennummer eines Bezugs aus.
ZEILEN()	Gibt die Anzahl der Zeilen eines Bezugs aus.

Tabelle 6.1: Übersicht über die Matrixfunktionen

6.1.1 Aufruf über das Menüband

Im Menüband finden Sie die Matrixfunktionen auf der Registerkarte FORMELN in der FUNKTIONS-BIBLIOTHEK. Um weniger geübte Benutzer nicht zu erschrecken, hat Microsoft das Gruppensymbol aber nicht *Matrix*, sondern NACHSCHLAGEN UND VERWEISEN getauft. Ein Blick auf die Liste zeigt aber, dass das Angebot dem der Matrixfunktionen entspricht, und die Funktionsliste unter FUNKTION EINFÜGEN liefert diese wieder alphabetisch geordnet unter der alten Bezeichnung MATRIX.

Matrixfunktionen

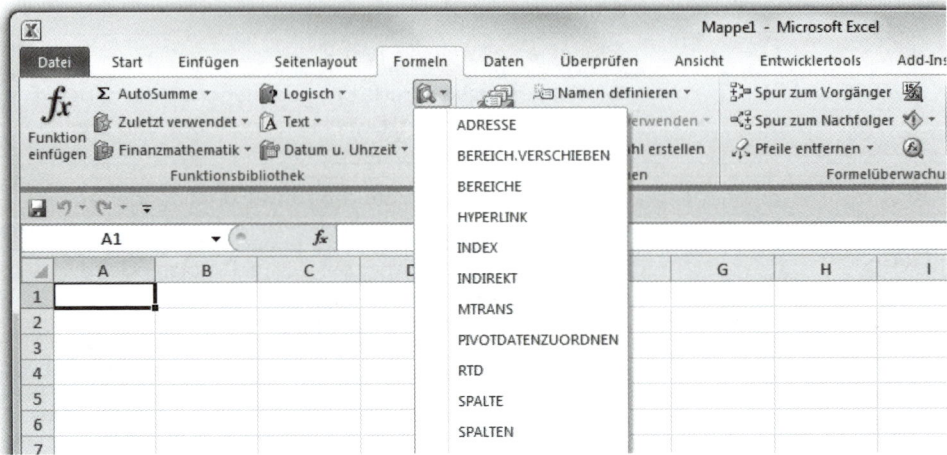

Abbildung 6.1: Die Matrixfunktionen in der Funktionsbibliothek

6.2   Die Funktion ADRESSE()

Mit dieser Funktion ermitteln Sie den Bezug auf eine Adresse in der Tabelle als Text, ausgehend von der Zeilen- und Spaltennummer, die der Funktion übergeben wird.

=ADRESSE(Zeile;Spalte;Abs;A1;Tabellenname)

Das Argument *Zeile* steht für die Zeilennummer der Adresse. Im Argument *Spalte* geben Sie die Spaltennummer an. Mit dem Argument *Abs* legen Sie den Bezugstyp der Adresse im Ergebnis der Funktion fest. Diese Varianten gibt es:

Abs	Erklärung	Beispiel
1	Zellbezug absolut	$A$1
2	Zeile absolut, Spalte relativ	A$1
3	Zeile relativ, Spalte absolut	$A1
4	Zellbezug relativ	A1

Tabelle 6.2: Varianten des Arguments Abs

Im Argument *A1* geben Sie einen Wahrheitswert WAHR oder FALSCH an, der bestimmt, ob der Bezug in A1-Schreibweise oder in Z1S1-Schreibweise ausgegeben wird. Ist das Argument WAHR oder nicht angegeben, liefert ADRESSE() den Bezug in A1-Schreibweise. Mit FALSCH erhalten Sie den Bezug in Z1S1-Schreibweise.

Das Argument *Tabellenname* bietet die Möglichkeit, den Namen einer Tabelle anzugeben, aus der
die Bezüge verwendet werden. Der Name muss in Anführungszeichen eingetragen werden, Sie
können auch die Mappe angeben:

"Tabelle1"

Oder:

"[Mappe1]!Tabelle1"

Mit der Zeilennummer in der ersten Zelle und der Spaltennummer in der zweiten Zelle konstruieren Sie die unterschiedlichsten Varianten einer Zelladresse. Achten Sie auf die Funktionshilfe,
sie zeigt, welche Alternativen es für die Argumente gibt. Das vierte Argument meldet R1C1-For-
mat, gemeint ist aber das Z1S1-Format (R1C1 = Row, Column).

```
A1: 1
A2: 2
A3: =ADRESSE(A1;A2)          Ergebnis: $B$1
B3: =ADRESSE(A1;A2;4)        Ergebnis: B1
C3: =ADRESSE(A1;A2;1;FALSCH) Ergebnis: Z1S1
```

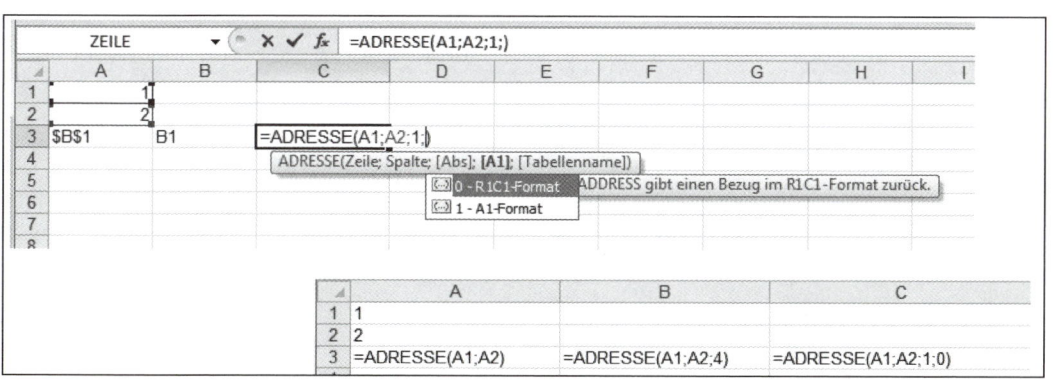

Abbildung 6.2: Zelladressen konstruieren mit ADRESSE()

Sehr viel praktischen Nutzen hat das alles noch nicht, ADRESSE() wird auch immer in Verbindung mit anderen Funktionen zum Einsatz kommen. So suchen Sie beispielsweise die Zelladresse der größten Zahl, die eine Liste zu bieten hat:

Erstellen Sie eine Liste mit Zufallszahlen im Bereich A1:A10. Markieren Sie dazu den Bereich und schreiben Sie diese Formel:

```
=ZUFALLSBEREICH(1;49)
```

Drücken Sie ⌈Strg⌋+⌈↵⌋, um die Formel in den markierten Bereich zu übertragen.

1. Schreiben Sie diese Funktion, die ermittelt, in welcher Zelle die größte per Zufallsgenerator ermittelte Zahl steht:

   F1: Größte Zahl
   F2: =MAX(A1:A10)

2. Benutzen Sie ADRESSE() in Kombination mit VERGLEICH(), um die Zelladresse der Zahl zu ermitteln (VERGLEICH() sucht die Zeilennummer der Zahl):

   F4: =ADRESSE(VERGLEICH(F2;A1:A10;0);1)

3. Mit der Matrixfunktion INDIREKT() erfahren Sie wieder den Zellinhalt dieser Zelladresse:

   F7: INDIREKT(F4)

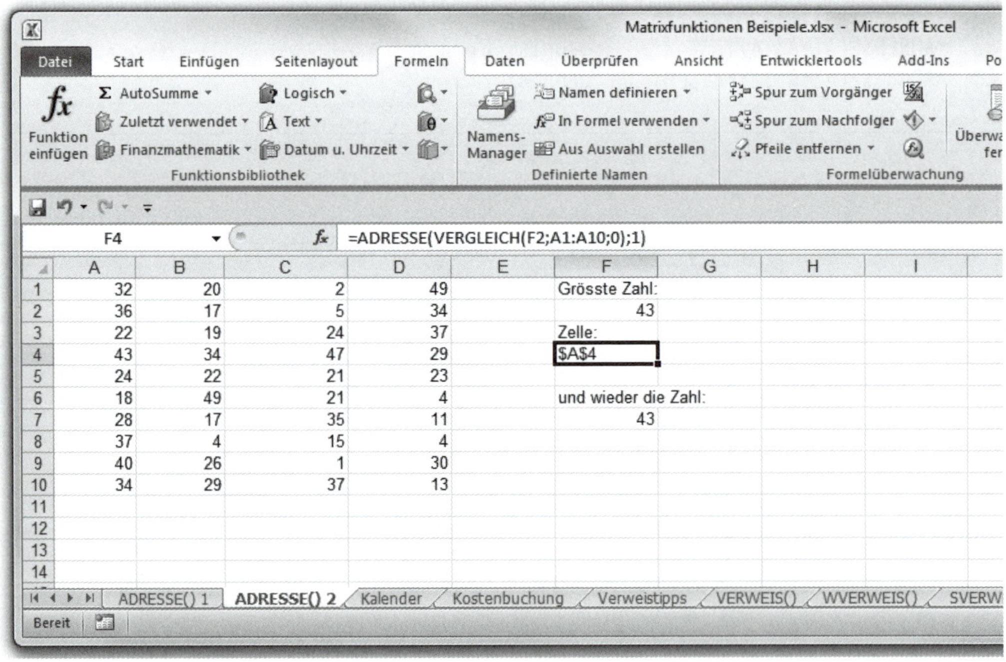

Abbildung 6.3: Mit ADRESSE() finden Sie die Zelladresse einer Zahl.

6.2.1 Praxisbeispiel: Projektkosten zum Stichtag ermitteln

Sie haben die Aufgabe, die Kosten Ihres Projekts bis zu einem Stichtag zu ermitteln. Diesen Stichtag wollen Sie durch Auswahl von Tag und Monat vorlegen, die Tabelle soll die Kosten automatisch bis zu diesem Tag berechnen. Beginnen Sie mit dem Auswertungsbereich:

A1: Jahr
A2: Monat
A3: Tag
A4: Stichtag
B1: 2005

1. Legen Sie zwei Bereiche für die Monats- und Tagesauswahl an und benennen Sie diese über FORMEL/DEFINIERTE NAMEN/NAMEN DEFINIEREN.

   G1:G12: Januar bis Dezember, Bereichsname: Monate
   H1:H31: Zahlenreihe von 1-31, Bereichsname: Tage

2. Fügen Sie Gültigkeitslisten für die Monats- und Tagesauswahl ein (DATEN/DATENÜBERPRÜFUNG):

   B2: Quelle: =Monate
   B3: Quelle: =Tage

3. Schreiben Sie die Formel, die den Stichtag aus dem ausgewählten Monat und dem ausge-wählten Tag berechnet:

   B4: =DATUM(B1;VERGLEICH(B2;Monate;0);B3)

4. Jetzt können Sie die Projektkostenliste anlegen, schreiben Sie das Datum jeweils in die Spalte A und den Betrag in Spalte B.

	A	B	C
	B4		f_x =DATUM(B1;VERGLEICH(B2;Monate;0);B3)
1	Jahr:	2010	
2	Monat:	Februar	
3	Tag:	7	
4	Stichtag:	07.02.2010	
5			
6	Projektkosten:		
7	Datum	Betrag	
8	01.01.2010	3.500	
9	03.01.2010	4.500	
10	10.01.2010	7.800	
11	21.01.2010	1.200	
12	02.02.2010	500	
13	05.02.2010	600	
14	12.02.2010	8.500	
15	21.02.2010	4.600	
16	03.03.2010	1.200	
17	05.03.2010	3.600	
18	08.03.2010	9.800	

Abbildung 6.4: Projektkostenauswertung zum Stichtag

Matrixfunktionen

Adresse und Betrag der letzten Zeile ermitteln

Um die Gesamtkosten zu ermitteln, müssten Sie wissen, wie groß die Kostenliste ist. Mit dieser Formel berechnen Sie die Adresse der letzten Zeile dieser Liste, die in A8 beginnt (hier bis maximal A10000):

```
D1: letzter Eintrag
D2: =ADRESSE(MAX((A8:A10000<>"")*ZEILE(A8:A10000));1)
```

Schließen Sie diese Formel mit `Strg` + `⇧` + `⏎` ab, da es sich um eine Matrixformel handelt. Wenn Sie den Betrag neben dieser Zelle wissen wollen, schreiben Sie die Formel mit der Matrixfunktion BEREICH.VERSCHIEBEN():

```
D4: letzter Betrag:
D5: =BEREICH.VERSCHIEBEN(INDIREKT(D2);0;1)
```

Summe bis zum Stichtag berechnen

Fehlt noch die Formel zur Berechnung der Betragssumme bis zum Stichtag. Dazu ermitteln Sie zunächst wieder über VERGLEICH() die Zelladresse, in der sich der Betrag befindet. Die Funktion ist hier sehr nützlich, sie ermittelt nämlich auch den nächstkleineren Wert, wenn der Stichtag nicht als Datum in der Spalte zu finden ist:

```
D7: Adresse Stichtag
D8: =ADRESSE(7+VERGLEICH(B4;A8:A10000);2)
```

Die Summe berechnen Sie aus dem Bezug, den Sie aus der Anfangszelle und der Umwandlung der Stichtagsadresse mit INDIREKT() erhalten:

```
D10: Summe bis zum Stichtag
D11: =SUMME(B8:INDIREKT(D8))
```

Oder in einer Formel ohne Zwischenberechnung:

```
D11: =SUMME(B8:INDIREKT(ADRESSE(7+VERGLEICH(B4;A8:A10000);2)))
```

Abbildung 6.5: Die Projektkosten zum Stichtag sind berechnet.

6.3 Die Funktion BEREICH.VERSCHIEBEN()

Mit dieser Funktion erstellen Sie einen Bereich, der um eine bestimmte Anzahl Zeilen und Spalten vom Ausgangsbereich verschoben ist. Zwei weitere Argumente bieten die Möglichkeit, die Höhe und Breite dieses »virtuellen« Bereichs zu bestimmen.

=BEREICH.VERSCHIEBEN(Bezug;Zeilen;Spalten;Höhe;Breite)

Die Argumente

Argument	Erklärung
Bezug	Hier wird die Zelle oder der Zellbereich angegeben, an dem die Bereichsverschiebung beginnt. Dieser Bezug ist der Ausgangspunkt der Verschiebung, er ist in der Regel absolut (z.B. $A$1).
Zeilen	Dieses Argument bestimmt die Anzahl Zeilen, um die der Bereich verschoben wird. Eine positive Zahl bewirkt eine Verschiebung nach unten, eine negative Zahl bewirkt eine Verschiebung nach oben. Wenn keine Zeilenverschiebung nötig ist, wird das Argument nicht oder mit null (0) besetzt.
Spalten	Mit diesem Argument bestimmen Sie die Anzahl Spalten, um die der Bereich verschoben wird. Eine positive Zahl bewirkt eine Verschiebung nach rechts, eine negative Zahl bewirkt eine Verschiebung nach links. Wenn keine Spaltenverschiebung nötig ist, wird das Argument nicht oder mit null (0) besetzt.
Höhe	In diesem Argument kann die Höhe des neuen Bereichs bestimmt werden. Diese (positive) Zahl entspricht der Zeilenzahl des Bereichs. Soll der Bereich dieselbe Höhe haben wie der Ausgangsbereich, wird das Argument nicht besetzt.
Breite	Geben Sie in diesem Argument die neue Breite des Bereichs an, falls sich diese ändern soll. Diese (positive) Zahl entspricht der Anzahl Spalten des Zielbereichs. Ist dieser ebenso groß wie der Ausgangsbereich, wird das Argument nicht besetzt.

Tabelle 6.3: Die Argumente der Funktion BEREICH.VERSCHIEBEN

In der US-Version von Excel heißt diese Funktion OFFSET() und das beschreibt deutlicher, was BEREICH.VERSCHIEBEN() kann: Ein Quellbereich wird um x Zeilen und/oder y Spalten verschoben.

In diesem Beispiel suchen Sie das Budget des Monats, den Sie als Zahlenwert in Zelle B3 angeben:

	B4	▾	f_x	=BEREICH.VERSCHIEBEN($A$2;;B3)		
◢	A	B	C	D	E	F	G
1	Monat:	Januar	Februar	März	April	Mai	Juni
2	Budget:	20000	20100	20200	20300	20400	20500
3	Monatszahl:	3					
4	Budget:	20200					

Abbildung 6.6: Verschiebung um drei Spalten vom Ausgangsbezug

Matrixfunktionen

Hier findet BEREICH.VERSCHIEBEN() den Preis eines Artikels, den Sie in Textform eingeben, allerdings nur mit Unterstützung der Funktion VERGLEICH(), die den Text in einer Liste sucht und die Zeilennummer an BEREICH.VERSCHIEBEN() liefert:

	B13	▼	f_x	=BEREICH.VERSCHIEBEN($A$6;VERGLEICH(B12;A7:A10;0);1)

	A	B	C	D	E	F	G
5							
6	Artikel	Preis					
7	Orangen	3,99					
8	Bananen	2,99					
9	Gurken	0,99					
10	Tomaten	1,29					
11							
12	Auswahl:	Bananen					
13	Preis:	2,99					

Abbildung 6.7: Preissuche mit VERGLEICH() und BEREICH.VERSCHIEBEN()

6.3.1 Dynamische Bereichsnamen

Die Funktion spielt ihre Stärken besonders mit dieser Spezialtechnik aus: Erstellen Sie Bereichsnamen, die anstelle eines Bezugs auf eine Formel verweisen, verwenden Sie die Funktion BEREICH. VERSCHIEBEN(), um die Bereichsnamen dynamisch zu gestalten.

Datenbank ohne Kopfzeile

Benannte Listen oder Datenbanken haben die angenehme Eigenschaft, mit einer Kopfzeile versehen zu sein. Der Nachteil dieser Kopfzeile: In manchen Auswertungen stört die Kopfzeile, Sie brauchen nur die Daten aus der Datenbank in einer Matrix. Mit dieser Technik geht das:

1. Erstellen Sie eine Datenbank, markieren Sie dazu den Bereich und wählen Sie FORMEL/DEFINIERTE NAMEN/NAMEN DEFINIEREN. Geben Sie dem Bezug den Bereichsnamen *Datenbank*.

2. Schreiben Sie einen weiteren Bereichsnamen *Datenbereich* und berechnen Sie diesen aus der Datenbank. Geben Sie unter BEZIEHT SICH AUF diese Formel ein:

```
=BEREICH.VERSCHIEBEN(Datenbank;1;0;ZEILEN(Datenbank)-1;)
```

Damit ist der Bereich erstellt, Sie können alle Formeln, die sich auf die numerischen Werte der Datenbank beziehen, auf den Datenbereich anwenden:

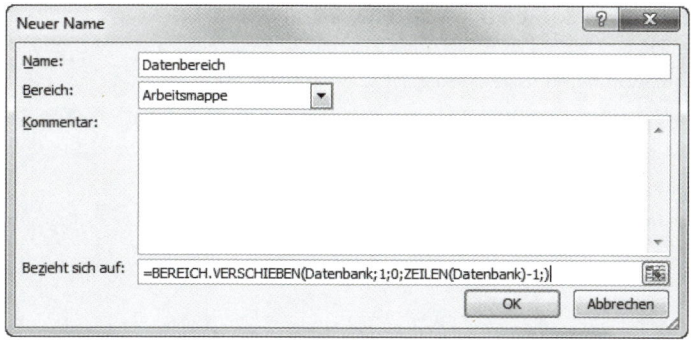

Abbildung 6.8: Der Datenbereich wird aus der Datenbank berechnet.

6.3.2   Praxisbeispiel: dynamische Monatssummen mit Diagramm

Sie haben die Aufgabe, die Abonnentenzahlen Ihrer Zeitschriften im Controllingreport abzuliefern. Damit Sie nicht jeden Monat neue Berechnungen anstellen und neue Diagramme zeichnen müssen, erstellen Sie sich ein Tabellenmodell, das diese Zahlen dynamisch produziert.

	A	B	C
1	Entwicklung Zeitschriften-Abos		
2			
3			
4			
5	Monat	Fitness Report	Golfsport Magazin
6	Januar	2300	1900
7	Februar	2500	1950
8	März	2550	2000
9	April	2700	2500
10	Mai	2800	2560
11	Juni	2900	2600
12	Juli	3100	2680

Abbildung 6.9: Die Basisdaten – monatliche Abos

Erstellen Sie einen Auswertungsbereich und schreiben Sie die Formel, die eine Gesamtsumme bis zum letzten eingetragenen Monat ermittelt:

```
E1: Zeitschrift
E2: Fitness Report
E3: Golfsport Magazin
F1: Abos gesamt
F2: =SUMME(BEREICH.VERSCHIEBEN($A$5;;1;ANZAHL2($A:$A);1))
F3: =SUMME(BEREICH.VERSCHIEBEN($A$5;;2;ANZAHL2($A:$A);1))
```

Die Formel in F2 sucht zunächst mit BEREICH.VERSCHIEBEN() nach dem Bereich, der um eine Spalte von der Zelle A5 verschoben ist. Die Höhe des Bereichs wird mit der Funktion ANZAHL2() ermittelt (minus 1 wegen der Überschrift in A1), die Breite ist 1. Das Ergebnis dieser Funktion ist die Matrix mit allen Zahlen und die wird über SUMME() summiert.

Matrixfunktionen

Die zweite Formel verfährt ebenso mit den Zahlen der Spalte C.

	F3	▼	f_x	=SUMME(BEREICH.VERSCHIEBEN($A$5;;2;ANZAHL2($A:$A);1))			
	A	B	C	D	E	F	G
1	Entwicklung Zeitschriften-Abos				Zeitschrift	Abo Gesamt	
2					Fitness Report	18850	
3					Golfsport Magazin	16190	
4							
5	Monat	Fitness Report	Golfsport Magazin				
6	Januar	2300	1900				
7	Februar	2500	1950				
8	März	2550	2000				
9	April	2700	2500				
10	Mai	2800	2560				
11	Juni	2900	2600				
12	Juli	3100	2680				
13							
14							
15							
16							
◄ ◄ ► ►◄	BEREICH.VERSCHIEBEN()	Abos	Ki ◄				

Abbildung 6.10: Die Summe wird über den gesamten Zahlenbereich gebildet.

> **Hinweis**
>
> Natürlich wäre hier eine einfachere Formel möglich, indem der Bereich einfach groß genug gewählt wird (SUMME(B6:B1000), aber solche Bezüge sollten Sie vermeiden, da Auswertungs-werkzeuge wie die PivotTable damit Probleme haben.

Ein dynamisches Diagramm

Erstellen Sie nun aus der Tabelle ein Diagramm, wird dieses die Monate in der Rubrikenachse führen und die Abo-Zahlen wachsen in Form von Säulen auf der Y-Achse in die Höhe. Der erste Schritt besteht nun darin, eine Reihe von Bereichsnamen anzulegen, die später anstelle der echten Bezüge im Diagramm verwendet werden.

> **Hinweis**
>
> Geben Sie der Tabelle einen kurzen Namen, z.B. *Abos*. Das ist wichtig, weil dieser Name in den Formeln gebraucht wird.

1. Wählen Sie FORMEL/DEFINIERTE NAMEN/NAMEN DEFINIEREN.
2. Geben Sie den Bereichsnamen *Rubrik* ein und schreiben Sie diese Formel:

   ```
   =BEREICH.VERSCHIEBEN($A$6;;;ANZAHL2($A:$A)-2;1)
   ```

3. Klicken Sie auf HINZUFÜGEN und tragen Sie einen weiteren Namen ein, der die erste Datenreihe berechnet:

Name: Fitness
Bezieht sich auf: =BEREICH.VERSCHIEBEN(Abos!$B$6;;;ANZAHL2(Abos!$A:$A)-2;1)

4. Der dritte Bereichsname berechnet die zweite Datenreihe:

Name: Golfsport
Bezieht sich auf: =BEREICH.VERSCHIEBEN($C$6;;;ANZAHL2(A:$A)-2;1)

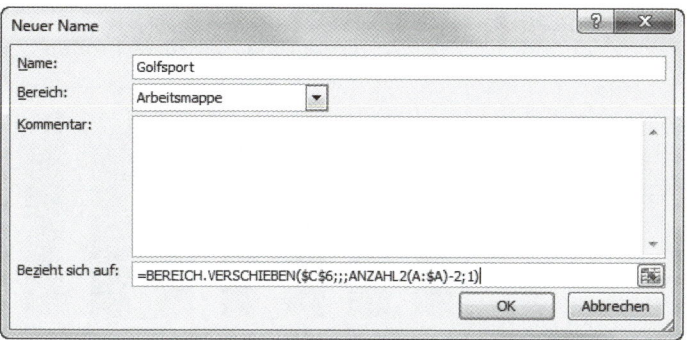

Abbildung 6.11: Je ein dynamischer Bereichsname für Rubrik und Datenreihen

Damit sind alle Bereichsnamen erstellt, die Sie für das dynamische Diagramm benötigen. Erstellen Sie anschließend ein Diagramm mit festen Bezügen und ändern Sie in diesem die Datenreihenbezüge ab:

1. Markieren Sie den Bereich A5:C12.

2. Klicken Sie auf das Symbol des Diagramm-Assistenten und zeichnen Sie ein Diagrammobjekt in die Tabelle.

3. Markieren Sie die Datenreihe im Diagramm, indem Sie den Mauszeiger auf eine der Säulen stellen. In der Bearbeitungsleiste erscheint dann die Formel der Datenreihe.

4. Tauschen Sie den absoluten Bezug zur Rubrikenreihe (das zweite Argument in der Formel) gegen den dynamischen Bereichsnamen *Rubrik* aus. Ändern Sie den Bezug, der die Datenreihenzahlen aus der Spalte B holt, in den Bereichsnamen *Fitness* um. Der Name der Arbeitsmappe oder der Tabelle muss dabei unbedingt angegeben werden. Wenn Sie den Tabellennamen angeben, wandelt Excel diesen in der Formel in den Mappennamen um.

Alte Formeln:

=DATENREIHE(Abos!$B$5;Abos!$A$6:$A$12;Abos!$B$6:$B$12;1)
=DATENREIHE(Abos!$C$5;Abos!$A$6:$A$12;Abos!$C$6:$C$12;2)

Neue Formeln:

=DATENREIHE(Abos!$B$5;Abos!Rubrik;Abos!Fitness;1)
=DATENREIHE(Abos!$C$5;;Abos!Golfsport;2)

Matrixfunktionen

285

5. Damit ist das dynamische Diagramm fertig. Tragen Sie weitere Monatsnamen in Spalte A und weitere Umsatzzahlen in Spalte B ein und das Diagramm wird diese sofort übernehmen. Die dynamischen Bereichsnamen zählen die Monatsnamen in Spalte A und produzieren die Datenreihen entsprechend der Anzahl der gefundenen Einträge.

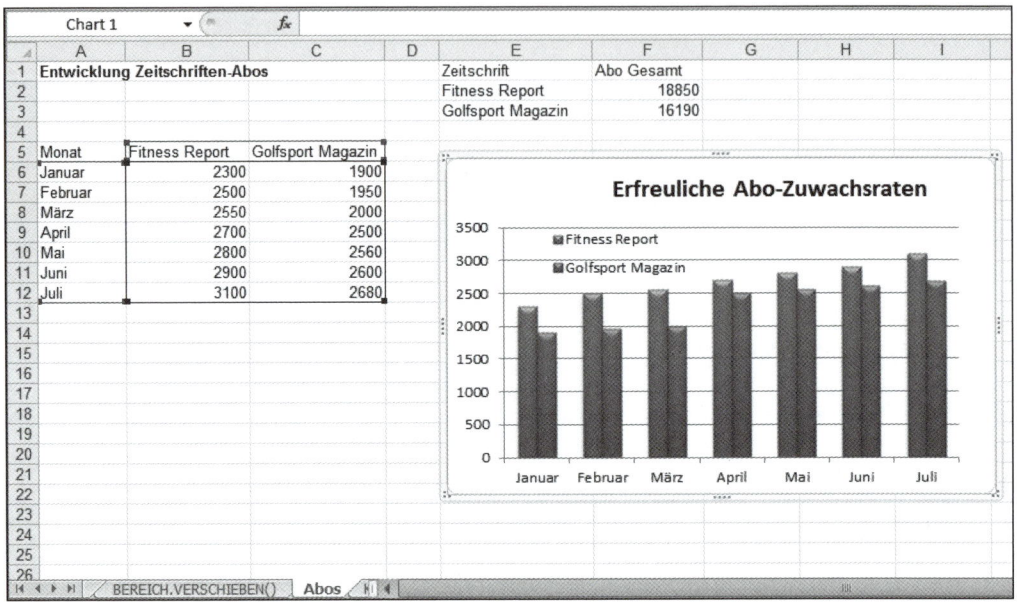

Abbildung 6.12: Ein dynamisches Diagramm mit BEREICH.VERSCHIEBEN()

6.4 Die Funktion BEREICHE()

Mit dieser Funktion zählen Sie eine Anzahl von Bereichen. Die Bezüge werden dazu der Funktion in der Klammer übergeben.

=BEREICHE(Bezug)

Das Argument *Bezug* ist eine Zelladresse, bestehend aus einer Zelle oder mehreren Zellen.

```
A1: =BEREICHE(C1:C2)          Ergebnis: 1
```

Wenn Sie mehr als einen Bereich in der Klammer angeben wollen, setzen Sie diese in weitere Klammern:

```
=BEREICHE((C1:C2;F1;H1:H5))
```

Diese Funktion können Sie zur Überprüfung eines Bereichs benutzen, wenn Sie diesen mit anderen Formeln analysieren wollen. In der Praxis sind diese Bereiche mit einem Bereichsnamen versehen. Hier ein Beispiel:

In der Tabelle *Jahresbericht* sind einige Finanzdaten gelistet. Damit der Anwender eine Übersicht hat, wie viele Datensätze zu drucken sind, erstellen Sie am besten einen Druckbereich:

1. Markieren Sie den Bereich A1:B8.
2. Wählen Sie SEITENLAYOUT/SEITE EINRICHTEN/DRUCKBEREICH FESTLEGEN.

Damit wird ein Bereichsname *Druckbereich* mit dem Bezug auf A1:B8 angelegt und Sie können die Druckzeilen zählen:

```
E1: Anzahl Druckzeilen
E2: =ZEILEN(Druckbereich)
```

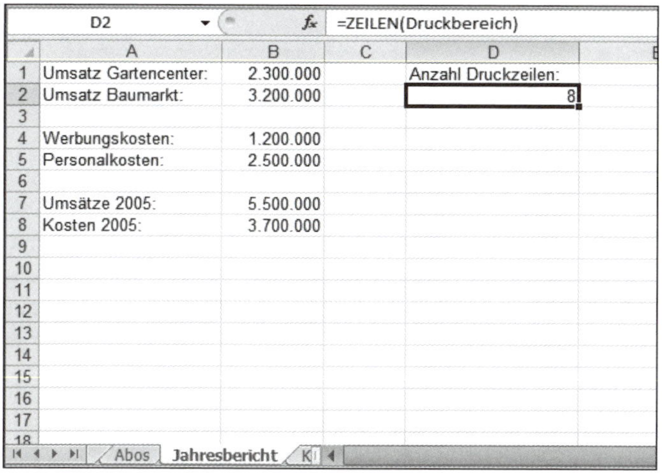

	D2	▼	*fx*	=ZEILEN(Druckbereich)	
	A	B	C	D	E
1	Umsatz Gartencenter:	2.300.000		Anzahl Druckzeilen:	
2	Umsatz Baumarkt:	3.200.000		8	
3					
4	Werbungskosten:	1.200.000			
5	Personalkosten:	2.500.000			
6					
7	Umsätze 2005:	5.500.000			
8	Kosten 2005:	3.700.000			
9					
10					
11					
12					
13					
14					
15					
16					
17					
18					

Abos | **Jahresbericht** | K

Abbildung 6.13: Die Druckbereichszeilen werden gezählt.

Jetzt kommt Ihr Chef aber auf die Idee, den Druckbereich auf die einzelnen Teilbereiche zu verteilen, damit diese auf einzelnen Seiten gedruckt werden:

1. Markieren Sie A1:A2. Halten Sie die [Strg]-Taste gedrückt und markieren Sie nacheinander A4:B5 und A7:B8.
2. Wählen Sie SEITENLAYOUT/SEITE EINRICHTEN/DRUCKBEREICH FESTLEGEN.

Der Bereichsname für den Druckbereich wird neu erstellt und die Zählformel mit der Funktion ZEILE() funktioniert nicht mehr, sie meldet einen #BEZUG!-Fehler.

Hier kommt die Funktion BEREICHE() ins Spiel: Prüfen Sie ab, wie viele Bereiche sich im Druckbereich befinden, und geben Sie die Information nur aus, wenn dieser aus einem zusammenhängenden Bereich besteht:

```
E2: =WENN(BEREICHE(Druckbereich)=1;"Anzahl Druckzeilen: "&ZEILEN(Druckbereich);"")
```

| | D2 | ▼ | fx | =WENN(BEREICHE(Druckbereich)=1;"Anzahl Druckzeilen: "&ZEILEN(Druckbereich);"") |

	A	B	C	D	E	F	G
1	Umsatz Gartencenter:	2.300.000					
2	Umsatz Baumarkt:	3.200.000		Anzahl Druckzeilen: 8			
3							
4	Werbungskosten:	1.200.000					
5	Personalkosten:	2.500.000					
6							
7	Umsätze 2005:	5.500.000					
8	Kosten 2005:	3.700.000					
9							
10							
11							
12							
13							
14							
15							

Abbildung 6.14: Die Formel prüft ab, wie viele Bereiche in einem Bereichsnamen stecken.

6.5   Die Funktion HYPERLINK()

Mit dieser Tabellenfunktion aus der Kategorie MATRIX verschaffen Sie dem Anwender einer Tabelle die Möglichkeit, per Mausklick in eine andere Zelle oder Tabelle oder in ein anderes Dokument zu springen. HYPERLINK() kann auch als »Link« auf Webseiten im Internet oder Intranet verwendet werden.

=HYPERLINK(Hyperlink_Adresse;Freundlicher_Name)

Für das Argument *Hyperlink_Adresse* muss ein vollständiger Pfad zu der Datei oder die URL-Adresse angegeben werden. Das zweite Argument *Freundlicher_Name* erhält einen beliebigen Text, der in der Zelle als Sprungmarke angezeigt wird. Wenn Sie das Argument nicht besetzen, wird in der Zelle mit der Formel die Adresse angezeigt, die im ersten Argument angegeben ist.

```
A1: =HYPERLINK("[Mappe1.xlsx]Tabelle1!A15")        Ergebnis: Zellzeiger springt
                                                    bei Klick auf A15

=HYPERLINK("http://www.schels.de","Schels")        Ergebnis: Webseite wird im
                                                    Internet Explorer geöffnet

=HYPERLINK("http://www.microsoft.com/germany";A20)  Ergebnis: Die Webseite von
                                                    Microsoft wird aktiviert
```

| | A2 | ▼ | fx | =HYPERLINK([Mappe5]Tabelle1!$A$10;"Steuertabelle") |

	A	B	C	D	E	F	G
1	Hyperlink auf eine Zelladresse:						
2	Steuertabelle						
3							
4							
5							
6							

Abbildung 6.15: Hyperlink-Formeln enthalten den gesamten Pfad.

> **Achtung**
>
> Tabellennamen werden in Hyperlinks nicht in normaler Schreibweise akzeptiert, wenn sie Sonderzeichen oder Leerzeichen enthalten. Geben Sie je einen Apostroph links und rechts vom Tabellennamen an:
>
> `=HYPERLINK("[Mappe1.xlsx]"&"'" & "Umsatz 2007'" & "!A15")`

Hyperlinks für interne Tabellensteuerung

Nutzen Sie die HYPERLINK-Funktion, um Informationen aus der Tabelle als »Steuerbefehle« zur Verfügung zu stellen. Hier ein Beispiel:

Die Tabelle enthält eine Datumsreihe für den aktuellen Monat. Der Anwender wählt einen Tag aus, dazu benutzt er ein Drehfeld, produziert über die ENTWICKLERTOOLS/STEUERELEMENTE/FORMULAR/EINFÜGEN eine Zellverknüpfung auf die Zelle B1.

1. Mit dem damit eingestellten Tag wird ein Datum berechnet:

   `B2: =DATUM(2010;1;B1)`

2. Diese HYPERLINK-Formel produziert einen Link auf das Datum, das in B2 berechnet wird. In der Zelle erscheint der Text *Suche*.

   `A2: =HYPERLINK("[Matrixfunktionen Beispiele.xlsx]'HYP'!A"&`
   `VERGLEICH(B2;A4:A34)+3;"Suche")`

3. Ein Klick auf die Zelle und das Datum wird in der Liste markiert.

	A	B	C	D	E	F	G	H	I
	A2	▾	f_x	=HYPERLINK("[Matrixfunktionen Beispiele.xlsx]'HYP'!A"&VERGLEICH(B2;A4:A34)+3;"Suche")					
1	Tag:	8							
2	Suche	08.01.2010							
3									
4		01.01.2010							
5		02.01.2010							
6		03.01.2010							
7		04.01.2010							
8		05.01.2010							
9		06.01.2010							
10		07.01.2010							
11		08.01.2010							
12		09.01.2010							
13		10.01.2010							
14		11.01.2010							
15		12.01.2010							
16		13.01.2010							
17		14.01.2010							

Abbildung 6.16: HYPERLINK–Formel mit Vergleich

6.5.1 Praxisbeispiel: Hyperlink-Pfade konstruieren

Da im ersten Argument der HYPERLINK-Funktion ein Text anzugeben ist, der dann als Sprungadresse interpretiert wird, können Sie einige Funktionen nutzen, um diese Textketten zu konstruieren. So erstellen Sie beispielsweise eine Formel, die den Tabellennamen aus dem Pfad herausrechnet:

1. Schreiben Sie eine Funktion, die den kompletten Pfad zur aktuellen Tabelle mit Arbeitsmappe ausgibt:

   D1: =ZELLE("Dateiname")

2. Schneiden Sie aus dem Ergebnis den Namen der Mappe und der Tabelle heraus:

   D1: =TEIL(ZELLE("Dateiname");FINDEN("[";ZELLE("Dateiname"));
   LÄNGE(ZELLE("Dateiname"))-FINDEN("[";ZELLE("Dateiname"))+1)

3. Fügen Sie je einen Apostroph vor und hinter dem Tabellennamen ein:

   D1: =WECHSELN(TEIL(ZELLE("Dateiname");FINDEN("[";ZELLE("Dateiname"));
   LÄNGE(ZELLE("Dateiname"))-FINDEN("[";ZELLE("Dateiname"))+1);"]";"]'")&"'"

4. Jetzt können Sie den Zellbezug in einem Hyperlink verwenden, Sie sparen sich die umständliche Angabe des Mappen- und Tabellennamens.

   A1: =HYPERLINK(D1&"!C10";"Steuertabelle")

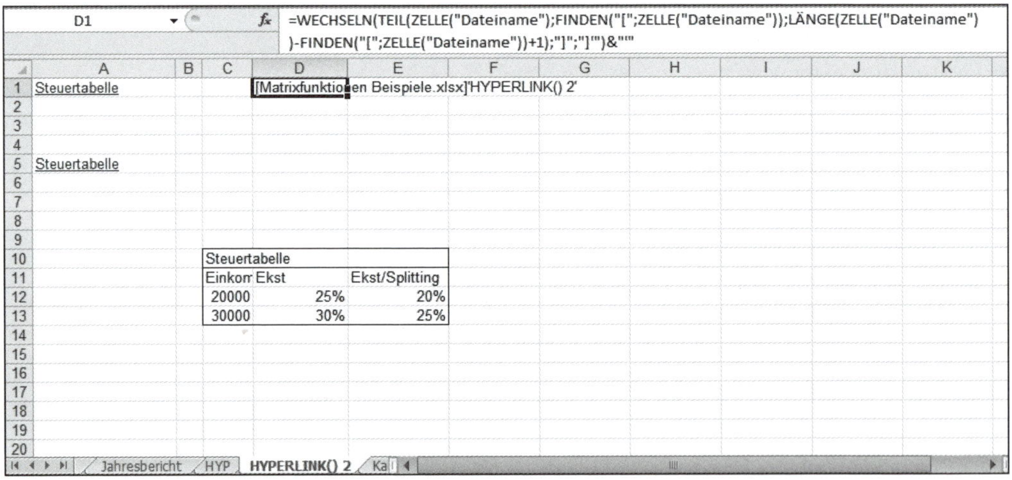

Abbildung 6.17: So wird der Pfad für Hyperlinks konstruiert.

Tipp

Noch besser: Verstecken Sie diesen aufwändig konstruierten Pfad in einem Bereichsnamen: Mit FORMEL/DEFINIERTE NAMEN/NAMEN DEFINIEREN wird dieser festgelegt, geben Sie den Namen *Pfad* ein und tragen Sie unter BEZIEHT SICH AUF die Formel ein. In der HYPERLINK-Formel können Sie dann schreiben:

```
=HYPERLINK(pfad & "!C10";"Steuertabelle")
```

Hinweis

Im Praxisbeispiel zur Funktion ZEILE() finden Sie ein weiteres Beispiel für eine HYPERLINK-Formelkonstruktion.

6.5.2 Praxisbeispiel: Internetlinkliste

Erstellen Sie eine Linkliste mit Internetadressen. Dazu schreiben Sie in die erste Spalte eine Reihe von Adressen und fügen in der Spalte rechts davon eine HYPERLINK-Formel ein, die auf die Zelladresse mit der Adresse verweist. Im zweiten Argument können Sie den Text angeben, der in der Zelle gezeigt werden soll, und schon ist die Linkliste fertig:

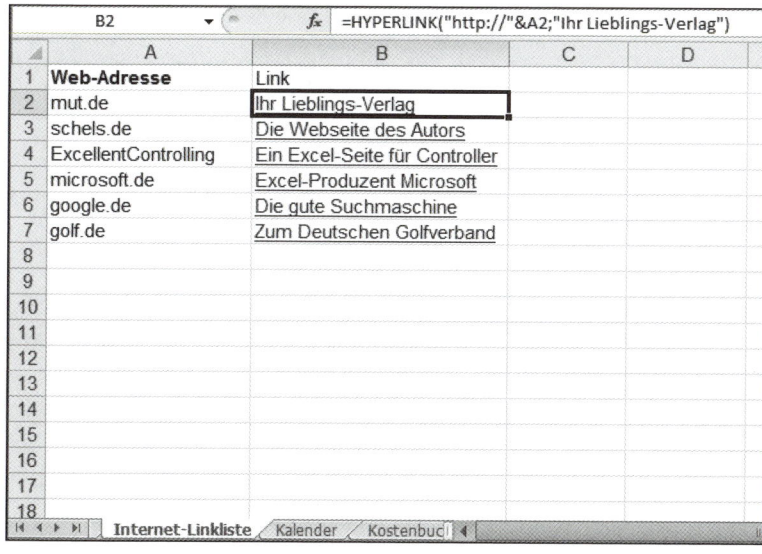

Abbildung 6.18: Internetlinkliste

Matrixfunktionen

> **Achtung**
>
> Wenn Sie einen Hyperlink ins Internet ansteuern, wird sich Excel verabschieden und dem Internet Explorer Platz machen, der sofort die Webseite anzeigt. Schalten Sie einfach wieder zurück zur vorherigen Seite und Sie sind wieder in Ihrer Arbeitsmappe.

6.6   Die Funktion VERGLEICH()

Diese Matrixfunktion durchsucht einen Bereich nach einem bestimmten Wert oder Kriterium und gibt die Zeilennummer der Fundstelle wieder:

=VERGLEICH(Suchkriterium;Suchmatrix;Vergleichstyp)

Das Argument *Suchkriterium* steht für den Text in Anführungszeichen, für einen Zellbezug, der Text oder Zahlen enthält, oder für einen Bereichsnamen, der auf eine Zelle verweist. Unter *Suchmatrix* geben Sie einen einspaltigen Bereich an, der zu durchsuchen ist. Der *Vergleichstyp* ist eine Zahl, die angibt, in welcher Form das Suchkriterium in der Suchmatrix gesucht wird:

Vergleichstyp	Bedeutung
−1	Der Vergleich gibt die Position in der Suchmatrix zurück, an der sich der Wert befindet. Falls das Suchkriterium nicht zu finden ist, wird der nächstgrößere Wert ausgegeben. Gibt es keinen größeren Wert, erhalten Sie einen Fehlerwert (#NV). Die Suchmatrix muss absteigend sortiert sein.
0	Der Vergleich gibt die Position in der Suchmatrix zurück, an der sich der Wert befindet. Ist das Suchkriterium nicht in der Suchmatrix, gibt die Funktion einen Fehler (#NV) aus. Die Suchmatrix muss nicht sortiert sein. Für diesen Vergleichstyp sind auch die Platzhalterzeichen * und ? erlaubt.
1	Der Vergleich gibt die Position in der Suchmatrix zurück, an der sich der Wert befindet. Falls das Suchkriterium nicht zu finden ist, wird der nächstkleinere Wert ausgegeben. Gibt es keinen kleineren Wert, erhalten Sie einen Fehlerwert (#NV). Die Suchmatrix muss absteigend sortiert sein.

Tabelle 6.4: Varianten des Arguments Vergleichstyp

```
A1: Strom                              B1: 120
A2: Miete                              B2: 980
A3: Wasser                            B3: 60
A4: Telefon                           B4: 210
A5 =VERGLEICH("Wasser";A1:A4;0)       Ergebnis: 3
```

Um den Parallelwert aus der Zeile zu finden, die mit VERGLEICH() ermittelt wurde, verpacken Sie die Funktion in eine INDEX-Funktion:

```
A6: =INDEX(A1:B4;VERGLEICH("Wasser";A1:A4;0);2)Ergebnis: 60
```

Die Position der größten Zahl in der Suchmatrix wird mit dieser Funktion ermittelt:

A7: =VERGLEICH(MAX(B1:B4);B1:B4)

Die Zahl selbst wird wieder mit INDEX() ermittelt:

A8: =INDEX(B1:B4;VERGLEICH(MAX(B1:B4);B1:B4);1)

A6			f_x	=VERGLEICH("Wasser";A1:A4;0)	
	A	B	C	D	
1	Strom	120			
2	Miete	90			
3	Wasser	60			
4	Telefon	210			
5					
6	3	6	=VERGLEICH("Wasser";A1:A4;0)		
7	60	7	=INDEX(A1:B4;VERGLEICH("Wasser";A1:A4;0);2)		
8	4	8	=VERGLEICH(MAX(B1:B4);B1:B4)		
9	210	9	=INDEX(B1:B4;VERGLEICH(MAX(B1:B4);B1:B4);1)		
10					
11					
12					
13					
14					
15					
16					
17					
18					

HYPERLINK() 2 / Internet-Linkliste / VERGLEICH() / Kalend

Abbildung 6.19: Ein ideales Paar: VERGLEICH() und INDEX()

6.7 Die Funktion INDEX()

In Listen und Datenbanken unverzichtbar ist die INDEX()-Funktion. Sie »indiziert« in einer Matrix eine bestimmte Zelle durch Angabe der Zeilen- und Spaltennummer.

=INDEX(Matrix;Zeile;Spalte)

Das Argument *Matrix* bezeichnet einen Zellbereich, einen Bereichsnamen, der auf einen Bereich oder auf eine Matrixkonstante (z.B. ein Bereichsname oder eine Formel, die eine Matrix produziert) verweist. Im Argument *Zeile* wird die Zeilennummer angegeben und *Spalte* erhält die Spaltennummer (1 = Spalte A). Das Ergebnis ist die Schnittstelle in diesem Bereich.

Beispiel: Die Produktionsübersicht der Lokalbrauerei liegt vor, mit der INDEX-Funktion finden Sie gezielt die Produktionszahl des zweiten Artikels in der dritten Spalte (die Überschriftenzeile muss beachtet werden):

=INDEX(A1:D4;3;3)

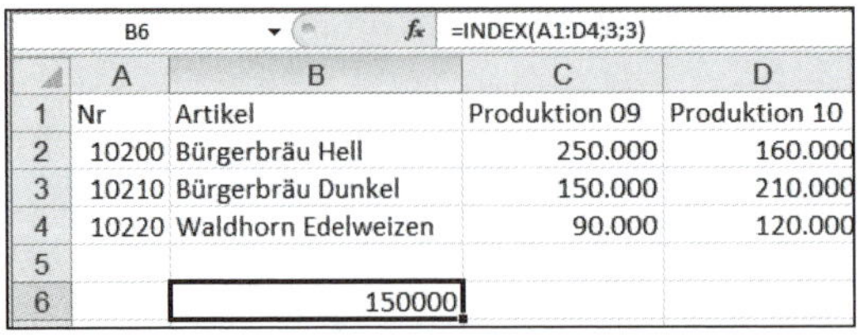

B6 =INDEX(A1:D4;3;3)

	A	B	C	D
1	Nr	Artikel	Produktion 09	Produktion 10
2	10200	Bürgerbräu Hell	250.000	160.000
3	10210	Bürgerbräu Dunkel	150.000	210.000
4	10220	Waldhorn Edelweizen	90.000	120.000
5				
6		150000		

Abbildung 6.20: INDEX() findet einzelne Werte.

Es gibt eine zweite Syntax für die Funktion:

=INDEX(Bezug;Zeile;Spalte;Bereich)

Diese Funktion gibt einen Bezug auf die Zellen zurück, die zu einem von mehreren angegebenen Bereichen gehören. Das Argument *Bezug* erhält einen Zellbezug (z.B. A1:C20), es können auch mehrere Bezüge angegeben werden (A1:C20;C1:C20), diese müssen dann aber noch mal in ein Klammernpaar gesetzt werden. Im Argument *Zeile* wird die Zeilennummer des Bereichs angegeben. Im Argument *Spalte* wird die Spaltennummer des Bereichs angegeben. Das Argument *Bereich* regelt schließlich, welcher der angegebenen Bereiche durchsucht wird. Der erste Teilbereich erhält die Nummer 1, der zweite Nummer 2 usw. Beispiel: Unsere Produktionsliste ist um eine zweite Kategorie erweitert worden. Suchen Sie jetzt die aktuelle Produktionszahl eines Artikels, können Sie angeben, aus welchem der beiden Bereiche diese stammen soll:

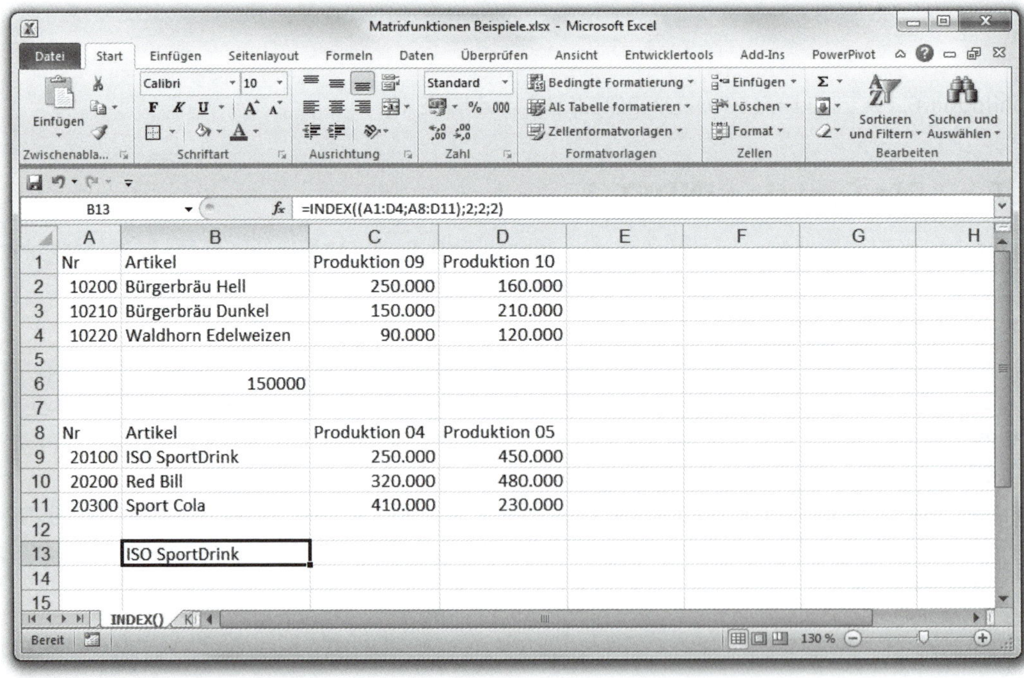

B13 =INDEX((A1:D4;A8:D11);2;2;2)

	A	B	C	D
1	Nr	Artikel	Produktion 09	Produktion 10
2	10200	Bürgerbräu Hell	250.000	160.000
3	10210	Bürgerbräu Dunkel	150.000	210.000
4	10220	Waldhorn Edelweizen	90.000	120.000
5				
6		150000		
7				
8	Nr	Artikel	Produktion 04	Produktion 05
9	20100	ISO SportDrink	250.000	450.000
10	20200	Red Bill	320.000	480.000
11	20300	Sport Cola	410.000	230.000
12				
13		ISO SportDrink		

Abbildung 6.21: Die zweite Syntax von INDEX() mit Bereichsangabe

6.7.1 Praxisbeispiel: Datenbanken indizieren

Weisen Sie Ihrer Liste den Bereichsnamen *Datenbank* zu, so lässt sich damit beispielsweise der Wert in der 3. Spalte des 50. Datensatzes ausgeben (Zeile 51, weil die Liste meist eine Kopfzeile enthält):

```
=INDEX(Datenbank;51;3)
```

Als besonders nützlich erweist sich die Funktion INDEX(), wenn sie als reine Matrixfunktion zum Einsatz kommt. Um eine einzelne Spalte einer Datenbank zu erhalten, lassen Sie die Zeilennummer in der INDEX-Funktion weg (hier für Spalte 3):

```
=INDEX(Datenbank;;3)
```

Wenn Sie auch noch die Kopfzeile der Datenbank entfernen möchten, kombinieren Sie den Index mit BEREICH.VERSCHIEBEN(). Die Verschiebung um eine Zeile korrigieren Sie wieder durch Angabe der Höhe (Zeilen der Datenbank minus 1).

```
=BEREICH.VERSCHIEBEN(INDEX(Datenbank;;3);1;;ZEILEN(Datenbank)-1;1)
```

Am besten erstellen Sie für die Formel einen Bereichsnamen, dann lässt sich der Bereich überall in der Mappe nutzen.

Der Index auf eine einzelne Spalte produziert eine Matrix und in eine einzelne Zelle geschrieben macht diese wenig Sinn. Sie können ihn aber in eine Summe verpacken:

```
=SUMME(INDEX(Datenbank;;5))
```

6.7.2 Praxisbeispiel: Angebotsvergleich

Für die Ausstattung Ihrer Firma mit einem neuen Netzwerk liegen mehrere Angebote vor. Vergleichen Sie diese und ermitteln Sie den günstigsten Anbieter:

Position	Bezeichnung	Menge	NETWARE	SmartNET	OptiNET
1	Netzkabel Ethernet	250	6,00 €	5,30 €	5,90 €
2	Verkabelung pro Meter	250	2,50 €	2,11 €	1,99 €
3	Netzwerkkarten Ethernet	25	99,80 €	123,80 €	120,00 €
4	Stecker, Verbindungen	100	3,50 €	4,10 €	3,90 €
5	Router	3	192,00 €	160,00 €	172,00 €
6	Kabelschächte	300	11,00 €	9,80 €	14,00 €

Abbildung 6.22: Diese Angebote liegen vor.

Bereichsnamen zuweisen

Um die Formel einfacher gestalten zu können, weisen Sie der Angebotsliste einen Bereichsnamen zu:

1. Markieren Sie den Bereich D2:F7.
2. Wählen Sie FORMEL/DEFINIERTE NAMEN/NAMEN DEFINIEREN.
3. Tragen Sie den Bereichsnamen *Angebote* ein und bestätigen Sie mit OK.

Berechnen Sie zuerst den günstigsten Preis und ermitteln Sie in einer weiteren Spalte die Bezeichnung des günstigsten Anbieters. Damit Ihre Formeln so flexibel wie möglich auf Änderungen im Auswertungsbereich reagieren, schreiben Sie keine festen Bezüge (z.B. D2:F2), sondern arbeiten grundsätzlich nur mit der INDEX-Funktion. Lassen Sie eines der Argumente *Zeile* oder *Spalte* weg, wird immer die gesamte Zeile/Spalte bezeichnet:

Die erste Zeile des Bereichs	=INDEX(Bereich;1;)
Die erste Spalte des Bereichs	=INDEX(Bereich;1;)

1. Geben Sie die Formel ein, die den kleinsten Preis in der ersten Zeile der Angebotsliste berechnet:

   H1: Günstigster Preis
   H2: =MIN(INDEX(ANGEBOTE;ZEILE()-1;))

2. Als Zeilenindex verwenden Sie hier die Zeilennummer abzüglich 1. Damit können Sie die Formel nach unten kopieren, der Zeilenindex wird um jeweils einen Zähler erhöht.

3. Schreiben Sie die Formel, die den Namen des günstigsten Anbieters ermittelt:

   I1: Günstigster Anbieter:
   I2: =INDEX($D$1:$F$1;1;VERGLEICH(G2;INDEX(ANGEBOTE;ZEILE()-1;);0))

   Hier wird die Kopfzeile (D1:F1) mit den Anbieternamen indiziert. Als Spaltenindex dient der Vergleich zwischen dem günstigsten Preis (G2) und der jeweiligen Zeile des Angebotsbereichs (INDEX(Angebote;Zeile()-1;)). Das letzte Argument 0 ist notwendig, um den Vergleich absolut zu machen.

4. Kopieren Sie die Formeln der Spalten G und H auf die übrigen Angebotszeilen.

	A	B	C	D	E	F	G	H	I
	Position	Bezeichnung	Menge	NETWARE	SmartNET	OptiNET		Günstigster Preis:	Günstigster Anbieter:
2	1	Netzkabel Ethernet	250	6,00 €	5,30 €	5,90 €		5,30 €	SmartNET
3	2	Verkabelung pro Meter	250	2,50 €	2,11 €	1,99 €		1,99 €	OptiNET
4	3	Netzwerkkarten Ethernet	25	99,80 €	123,80 €	120,00 €		99,80 €	NETWARE
5	4	Stecker, Verbindungen	100	3,50 €	4,10 €	3,90 €		3,50 €	NETWARE
6	5	Router	3	192,00 €	160,00 €	172,00 €		160,00 €	SmartNET
7	6	Kabelschächte	300	11,00 €	9,80 €	14,00 €		9,80 €	SmartNET

I2 — *fx* =INDEX($D$1:$F$1;1;VERGLEICH(H2;INDEX(Angebote;ZEILE()-1;);0))

Abbildung 6.23: Der günstigste Anbieter ist gefunden.

Ermitteln Sie zuletzt noch über die Funktion ZÄHLENWENN(), welcher Anbieter am häufigsten den besten Preis abgeliefert hatte:

5. Transferieren Sie die Anbieternamen in eine vertikale Matrix. Schreiben Sie zuerst die Kopfzeile:

```
B9: Anbieter
C9: Rang
```

6. Markieren Sie B10:B12 und schreiben Sie die Formel:

```
=MTRANS(D1:F1)
```

7. Drücken Sie [Strg]+[⇧]+[↵], um die Matrixformel zu erzeugen.

8. Markieren Sie C10:C12 und schreiben Sie die zweite Matrixformel, die Sie wieder mit [Strg]+[⇧]+[↵] abschließen:

```
=ZÄHLENWENN(I2:I7;B10:B12)
```

9. Geben Sie in einer weiteren Zelle die Formel ein, die den günstigsten Anbieter ausweist:

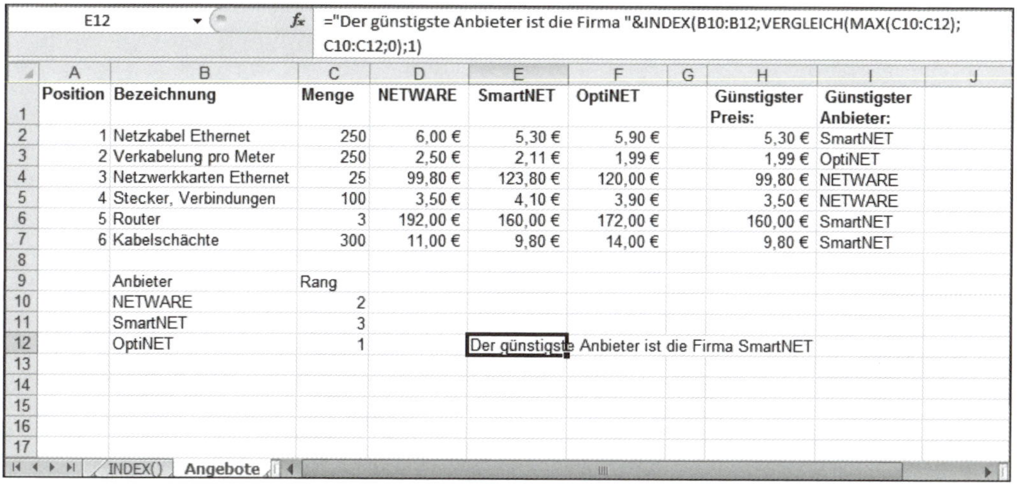

```
E12: ="Der günstigste Anbieter ist die Firma "&INDEX(B10:B12;
VERGLEICH(MAX(C10:C12);C10:C12;0);1)
```

E12		f_x	="Der günstigste Anbieter ist die Firma "&INDEX(B10:B12;VERGLEICH(MAX(C10:C12); C10:C12;0);1)					

	A	B	C	D	E	F	G	H	I	J
1	Position	Bezeichnung	Menge	NETWARE	SmartNET	OptiNET		Günstigster Preis:	Günstigster Anbieter:	
2		1 Netzkabel Ethernet	250	6,00 €	5,30 €	5,90 €		5,30 €	SmartNET	
3		2 Verkabelung pro Meter	250	2,50 €	2,11 €	1,99 €		1,99 €	OptiNET	
4		3 Netzwerkkarten Ethernet	25	99,80 €	123,80 €	120,00 €		99,80 €	NETWARE	
5		4 Stecker, Verbindungen	100	3,50 €	4,10 €	3,90 €		3,50 €	NETWARE	
6		5 Router	3	192,00 €	160,00 €	172,00 €		160,00 €	SmartNET	
7		6 Kabelschächte	300	11,00 €	9,80 €	14,00 €		9,80 €	SmartNET	
8										
9		Anbieter	Rang							
10		NETWARE	2							
11		SmartNET	3							
12		OptiNET	1		Der günstigste Anbieter ist die Firma SmartNET					
13										
14										
15										
16										
17										

INDEX() / Angebote

Abbildung 6.24: Rangfolge und Vergleich führen zum günstigsten Anbieter.

6.7.3 Praxisbeispiel: Rechnungsformular mit Kundenauswahl

Zur Gestaltung von Formularen stellt Excel Werkzeuge in den ENTWICKLERTOOLS zur Verfügung. Diese Registerkarte ist standardmäßig nicht aktiv, schalten Sie im DATEI-Menü auf OPTIONEN, wählen Sie *Menüband anpassen* und kreuzen Sie im Menüband das Register ENTWICKLERTOOLS an.

Matrixfunktionen

In der Gruppe STEUERELEMENTE finden Sie unter EINFÜGEN eine Liste mit Formularsteuerelementen und ActiveX-Steuerelementen. Benutzen Sie die Formularsteuerelemente, die weitgehend ohne Makroprogrammierung auskommen, die ActiveX-Elemente müssen programmiert werden.

1. Stellen Sie zuerst die Kundenliste bereit, verwenden Sie dazu ein neues Tabellenblatt *Kunden.*

2. Markieren Sie den Bereich der Kundenliste und weisen Sie ihm über FORMEL/DEFINIERTE NAMEN/ NAMEN DEFINIEREN den lokalen Bereichsnamen (auf Tabelle bezogen) *Datenbank* zu.

   Legen Sie diesen Bereichsnamen an:

```
Name: Firmen
Bezieht sich auf: =BEREICH.VERSCHIEBEN(Kunden!Datenbank;1;0;
ZEILEN(Kunden!Datenbank)-1;1)
```

	A	B	C	D	E	F
1	Kundennr	Firma	Ansprechpartner	Straße	PLZ	Ort
2	3110	Isar Amperwerke	Herr Meisner	Langener Weg 56	40932	Düsseldorf
3	3111	Friedrich & Söhne	Herr Dr. Friedrich	Seiboldstr. 55	80345	München
4	3112	Schlenker AG	Frau Lützel	Hafenstr. 44	21089	Hamburg
5	3113	Grünspan GmbH	Frau Meier	Bremer Landstr. 55	20311	Hamburg
6	3114	Triebenstadt AG	Herr Schulz	Fischbachstr. 5	92045	Nürnberg
7	3115	Reismann KG	Herr Berthold	Graf Zeppelin-Str. 4	81371	München
8	3116	Solarwerke AG	Herr Mayer	Oberhausener Str. 33	60344	Frankfurt
9	3117	MBAG KG	Herr Maifeld	Singener Str. 5	61789	Möhrfelden
10						
11						
12						
13						
14						
15						
16						
17						
18						
19						

Kunden

Abbildung 6.25: Die Kundenliste steht bereit.

3. Erstellen Sie ein neues Tabellenblatt mit der Bezeichnung *Rechnung.* Schreiben Sie den Rechnungskopf und das Datum:

E2		fx	=HEUTE()		
	A	B	C	D	E
1	Rechnung				Datum:
2					26.07.2010
3					
4					
5					
6					
7	Artikel	Bezeichnung	Menge	Preis	

Abbildung 6.26: Ein Rechnungsvordruck

1. Wählen Sie ENTWICKLERTOOLS/STEUERELEMENTE/EINFÜGEN FORMULARSTEUERELEMENTE.
2. Zeichnen Sie ein Kombinationsfeld in den Rechnungsvordruck.
3. Klicken Sie das gezeichnete Objektelement mit der rechten Maustaste an und wählen Sie STEUERELEMENT FORMATIEREN.

   Tragen Sie ein:

   Listenbereich: Firmen
   Ausgabeverknüpfung: $B$2

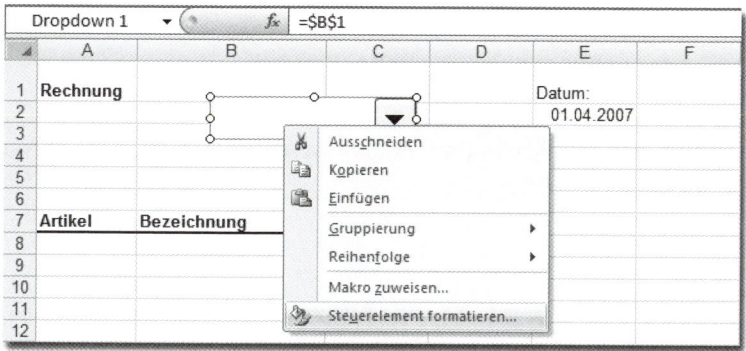

Abbildung 6.27: Das Kombinationsfeld wird gezeichnet.

Wird eine Firma in der Liste des Kombinationsfelds ausgewählt, trägt dieses in die Ausgabeverknüpfung ($B$1) die Nummer der gewählten Zeile ein. Mit der INDEX-Funktion und dieser Nummer wird der Datensatz aus der Kundentabelle geholt:

A2: =INDEX(Kunden!Datenbank;$B$1+1;2)
A3: =INDEX(Kunden!Datenbank;$B$1+1;3)
A4: =INDEX(Kunden!Datenbank;$B$1+1;4)
A5: =INDEX(Kunden!Datenbank;$B$1+1;5)&" "&INDEX(Kunden!Datenbank;$B$1+1;6)

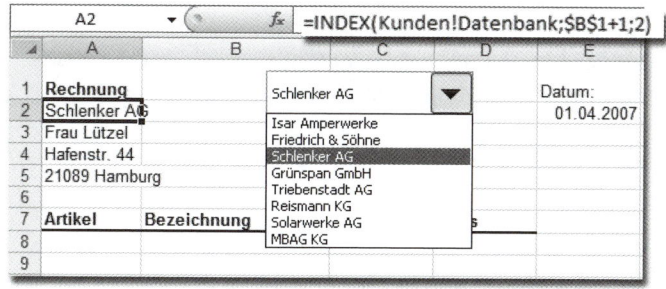

Abbildung 6.28: Das Rechnungsformular mit Kundenauswahlfeld ist fertig.

Matrixfunktionen

299

6.8   Die Funktion MTRANS()

Das ist eine Funktion in der MATRIX-Kategorie, die eine »echte« Matrizenoperation durchführt. Mit MTRANS verwandeln Sie horizontale Matrizen in vertikale und umgekehrt.

=MTRANS(Matrix)

Das Argument *Matrix* bezeichnet einen Zellbezug, einen Bereichsnamen auf einen Bezug oder eine Matrixkonstante (z.B. ein Bereichsname, der eine Matrix produziert). Das Ergebnis ist eine neue, transponierte Matrix.

A1: Januar
A2: Februar
A3: März

1. Markieren Sie einen Bereich, der die gleiche Größe aufweist wie die umzukehrende Matrix (z.B. C1:E1).

2. Geben Sie die Funktion ein:

   =MTRANS(A1:A3)

3. Beenden Sie die Eingabe mit ⌷Strg⌷+⌷⇧⌷+⌷↵⌷. Excel fügt die Daten ein und kennzeichnet die Funktion durch geschweifte Klammern als Matrixfunktion:

   {=MTRANS(A1:A3)}

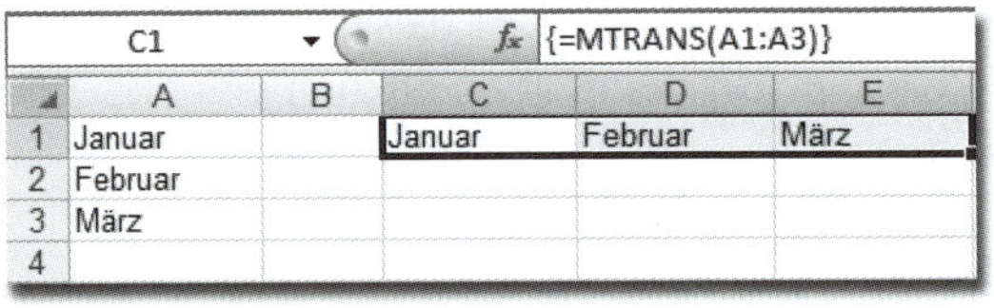

Abbildung 6.29: Die transponierte Matrix

> **Hinweis**
>
> Die Funktion steht in Konkurrenz zu einer Menüaktion. Mit START/EINFÜGEN/INHALTE EINFÜGEN/ TRANSPONIEREN drehen Sie eine kopierte Matrix um, als Zielmarkierung reicht die erste Zelle der Zielmatrix.

6.9   Die Funktion SVERWEIS()

Der SVERWEIS gehört zu den Klassikern in der Funktionsliste, er wird in der Praxis häufig eingesetzt, wenn Verknüpfungen zwischen mehreren Tabellen benötigt werden.

=SVERWEIS(Suchkriterium;Matrix;Spaltenindex;Bereich_Verweis)

Das Argument *Suchkriterium* ist ein Text, eine Zahl, ein Zellbezug oder ein Bereichsname, dessen
Inhalt in der Matrix gesucht wird. Als *Matrix* geben Sie immer einen Bereich an, der als erste
(linke) Spalte die Suchkriterien enthält. Die Funktion durchsucht immer die erste Spalte der Matrix
und liefert das Ergebnis aus der Zeile mit der Fundstelle und der Spalte, die über das zweite Argument *Spaltenindex* bestimmt wird. Im dritten Argument *Bereich_Verweis* geben Sie einen Wahrheitswert WAHR oder FALSCH ein, der die Beschaffenheit der Suchmatrix bestimmt:

Bereich_Verweis	Erklärung
WAHR oder keine Angabe	Die Werte in der ersten Spalte der Matrix müssen aufsteigend sortiert sein. Wird der Wert nicht gefunden, gibt die Funktion den nächstkleineren Wert aus. Ist kein kleinerer Wert mehr zu finden, erhalten Sie den Fehler #WERT.
FALSCH	Die Werte in der ersten Spalte der Matrix können unsortiert vor-liegen. Wird der Wert nicht gefunden, gibt die Funktion einen #WERT-Fehler aus. Es wird nicht der nächstkleinere Wert gesucht.

Tabelle 6.5: Die Werte des Arguments Bereich_Verweis

6.9.1   Praxisbeispiel: Preis ermitteln

Ausgangsbasis für den Verweis sind zwei Tabellenbereiche: Im ersten Bereich steht ein Suchbe-
griff, eine Nummer, eine Zahl oder ein Text. Die zweite Tabelle enthält eine Spalte, in der dieser
Suchbegriff vorkommen kann, und daneben eine oder mehrere Spalten mit weiteren Informa-
tionen. Aufgabe der Verweis-Funktion ist es, den Wert auszugeben, der sich in der gefundenen
Zeile, aber in einer anderen Spalte befindet. Welche Spalte das ist und mit welcher Präzision die
Funktion ihre Aufgabe erfüllt, das bestimmt die Auswahl der Argumente in der Funktion.

Hier ein Beispiel:

1. Erstellen Sie ab der Zelle A1 einer leeren Tabelle eine Liste mit Automarken mit laufender
   Nummerierung in der ersten Spalte, den Produktnamen in der zweiten und den Preisen in der
   Spalte 3.
2. Erstellen Sie einen Suchbereich:

   E1: Suchnummer:
   E2: Marke:
   E3: Preis:

	A	B	C	D	E	F
1	Nr.	Marke	Preis		Suchnummer:	
2	1	Porsche	77.000 €		Marke:	
3	2	VW	14.000 €		Preis:	
4	3	Audi	32.500 €			
5	4	Opel	17.500 €			
6	5	Mercedes Benz	45.000 €			
7	6	BMW	42.500 €			
8	7	Ford	22.500 €			
9						
10						
11						
12						
13						
14						
15						
16						
17						
18						
19						

Kunden | SVERWEIS() | Ka

Abbildung 6.30: Liste und Suchbereich für den SVERWEIS()

3. Schreiben Sie in die Zelle F1 eine beliebige Nummer, z.B. 5.

4. Setzen Sie den Zellzeiger in die Zelle F2 und starten Sie FORMEL/FUNKTION EINFÜGEN.

5. Die Funktion SVERWEIS() finden Sie in der Kategorie MATRIX. Markieren Sie den Eintrag und bestätigen Sie mit OK.

6. In die Funktionspalette werden jetzt die Argumente eingetragen. Achten Sie auf die Erklärungen zu den einzelnen Feldern, die im unteren Bereich der Palette angezeigt werden. Die Suchnummer befindet sich in Zelle F1, klicken Sie diese an.

7. Setzen Sie den Cursor in das nächste Argumentfeld und markieren Sie im Hintergrund den Bereich A1:C8 für die Matrix (der Bereich, der durchsucht wird).

8. Geben Sie in das dritte Argumentfeld die Zahl 2 ein und schließen Sie die Funktion mit OK ab.

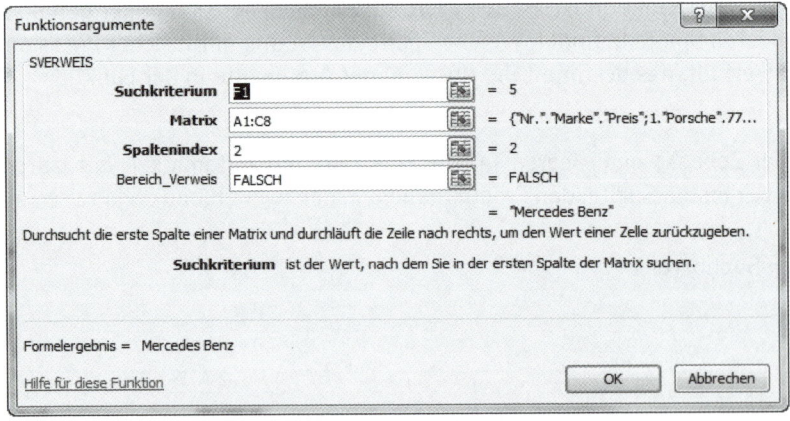

Abbildung 6.31: Die Argumentpalette von SVERWEIS()

Das Ergebnis der Funktion sehen Sie bereits vor dem Abschluss, rechts neben den Argumenten werden die jeweils ermittelten Werte angezeigt. Auch die durchsuchte Matrix wird mit geschweiften Klammern angedeutet. Die Formel in der Zelle F2 sieht dann so aus:

```
F2: =SVERWEIS(F1;A1:C7;2;FALSCH)
```

Erstellen Sie in Zelle F3 eine weitere Formel mit der SVERWEIS-Funktion, die den Preis des gesuchten Produkts ermittelt. Dazu müssen Sie nur den Spaltenindex auf 3 (dritte Spalte) setzen, Suchzelle und Matrix bleiben gleich (siehe Abbildung 6.32).

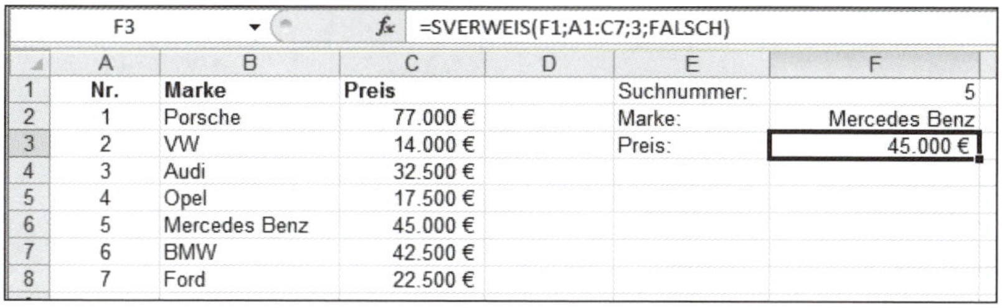

```
F3: =SVERWEIS(F1;A1:C7;3;FALSCH) .
```

	A	B	C	D	E	F
			fx	=SVERWEIS(F1;A1:C7;3;FALSCH)		
1	Nr.	Marke	Preis		Suchnummer:	5
2	1	Porsche	77.000 €		Marke:	Mercedes Benz
3	2	VW	14.000 €		Preis:	45.000 €
4	3	Audi	32.500 €			
5	4	Opel	17.500 €			
6	5	Mercedes Benz	45.000 €			
7	6	BMW	42.500 €			
8	7	Ford	22.500 €			

Abbildung 6.32: SVERWEIS() liefert Marke und Preis.

Die Matrix wird in der Praxis natürlich nicht in der Nähe des Suchbereichs stehen, sondern in einer anderen Tabelle und/oder Mappe. Wechseln Sie in diesem Fall nach dem Klick in das Matrix-Feld in das Tabellenregister oder über ANSICHT/FENSTER in eine andere Mappe, und markieren Sie dann den Matrixbereich.

Das Argument *Bereich_Verweis* muss also dringend mit dem Wort FALSCH versehen werden, wenn die Suche eindeutig sein soll. Lassen Sie das Argument weg oder verwenden Sie WAHR, wird der nächstkleinere Wert in der Matrix als Fundstelle akzeptiert. Schreiben Sie FALSCH in das vierte Argument, erhalten Sie den Fehlerwert #NV, wenn die Nummer nicht in der ersten Spalte zu finden ist.

> **Tipp**
>
> Sie können auch ein einfaches Semikolon anstelle von FALSCH schreiben:
>
> ```
> =SVERWEIS(F1;A1:C7;3;FALSCH) oder
> =SVERWEIS(F1;A1:C7;3;)
> ```

Matrixfunktionen

6.9.2 Fehler abfangen im SVERWEIS()

Findet die Funktion SVERWEIS() keinen passenden Wert, liefert sie einen Fehler in Form des Fehlerwerts #NV. Fangen Sie diesen Fehler mit der Funktion WENNFEHLER() ab, dann bleiben alle fehlerhaften Zellen leer. Die Methode eignet sich besonders für die Vorbereitung von Formeln in größeren Listen. Hier ein Beispiel:

Für ein Angebot werden Positionen aus der Artikelliste benötigt. Die Formel wird in die erste Positionszeile geschrieben und einige Zeilen nach unten kopiert. Sie liefert erst einen Wert, wenn in der Spalte A eine Artikelnummer eingetragen wird.

	B7	▼	f_x	=WENNFEHLER(SVERWEIS(A7;Artikelliste;2;FALSCH);"")			
	A	B	C	D	E	F	G
1						Nr	Bezeichnung
2						100	Hammer
3						110	Säge
4						120	Bohrmaschine
5						130	Feile
6	Artikelnr.	Bezeichnung				140	Spachtel
7	100	Hammer				150	Tapeziertisch
8	130	Feile				160	Schraubenzieher
9	160	Schraubenzieher					
10							
11							
12							
13							
14							
15							
16							
17							
18							
19							

Abbildung 6.33: Mit WENNFEHLER() Fehler im SVERWEIS abfangen

6.9.3 Praxisbeispiel: Provisionsabrechnungen

Die Suche nach dem nächstkleineren Wert

... ist in der Praxis durchaus gebräuchlich, unter anderem bei Provisionsabrechnungen, in Steuertabellen oder bei Rabattermittlungen.

Hier im Beispiel sehen Sie eine Tabelle, in der die Umsatzprovision von Außendienstmitarbeitern anhand einer Schlüsseltabelle ermittelt wird. Den Provisionssatz liefert ein SVERWEIS(), der im ersten Argument den erzielten Umsatz enthält, dieser wird in der Matrix E2:F11 gesucht, das Ergebnis, der Provisionssatz, steht in der zweiten Spalte.

```
C2: =B2*SVERWEIS(B2;$E$2:$F$11;2)
```

In diesem Fall muss das letzte Argument unbesetzt bleiben (oder WAHR lauten), damit bei Suchwerten, die zwischen den Umsatzklassen liegen, der nächstkleinere Satz ermittelt wird.

> **Tipp**
>
> Der Zellbereich für die Suchmatrix muss in absoluter Schreibweise ($E$2:$F$11) angegeben werden, damit die Formel für die anderen Verkäufer kopierbar ist. Drücken Sie dazu die Funktionstaste F4, unmittelbar nachdem Sie den Bereich markiert oder eingetippt haben.

Setzen Sie den Matrixbezug absolut, damit Sie die Formel auf die übrigen Datensätze der Liste nach unten kopieren können.

	C2	▾	f_x	=B2*SVERWEIS(B2;$E$2:$F$11;2)		
	A	B	C	D	E	F	G
1	Name	Umsatz	Provision		Umsatz	Provisionssatz	
2	Adams	135000	6750		0	3%	
3	Braun	366000	54900		100.000	5%	
4	Mittermeier	219000	19710		150.000	7%	
5	Zöllner	490000	93100		200.000	9%	
6					250.000	11%	
7					300.000	13%	
8					350.000	15%	
9					400.000	17%	
10					450.000	19%	
11					500.000	21%	
12							
13							
14							
15							
16							
17							
18							
19							

SVERWEIS Provisionen

Abbildung 6.34: Provisionen berechnen mit SVERWEIS()

Kann die Suchmatrix sortiert werden?

Der SVERWEIS() durchsucht wie gezeigt nur die erste Spalte der Suchmatrix. Diese Spalte muss aufsteigend sortiert sein, wenn das Argument *Bereich_Verweis* nicht verwendet wird oder auf WAHR gesetzt ist. Die Spalte darf in diesem Fall auch keine Texte enthalten, bei der Suche nach dem nächstkleineren Wert sind nur Zahlen erlaubt.

Mit der Eingabe FALSCH im vierten Argument ist diese Beschränkung aufgehoben, die erste Spalte kann beliebig sortiert oder unsortiert sein und auch einen Mix aus Texten und Zahlenwerten enthalten.

6.10 Die Funktion WVERWEIS()

Weniger gebräuchlich als der SVERWEIS() ist die Funktion WVERWEIS(), die im Prinzip nach der gleichen Syntax wie SVERWEIS() arbeitet. WVERWEIS sucht den Begriff in der ersten Zeile einer Matrix und gibt das Ergebnis der Zeile aus, deren Nummer im dritten Argument bestimmt wird. Die Funktion wird hauptsächlich für die Suche nach Spaltenüberschriften verwendet.

Matrixfunktionen

=WVERWEIS(Suchkriterium;Matrix;Spaltenindex;Bereich_Verweis)

Das Argument *Suchkriterium* ist ein Text, eine Zahl, ein Zellbezug oder ein Bereichsname, dessen Inhalt in der Matrix gesucht wird. Als *Matrix* geben Sie einen Bereich an, der als erste (oberste) Zeile die Suchkriterien enthält. Die Funktion durchsucht immer die erste Spalte der Matrix und liefert das Ergebnis aus der Zeile mit der Fundstelle und der Spalte, die über das zweite Argument *Spaltenindex* bestimmt wird. Im dritten Argument *Bereich_Verweis* geben Sie einen Wahrheitswert WAHR oder FALSCH ein, der die Beschaffenheit der Suchmatrix bestimmt.

6.10.1 Praxisbeispiel: Mietobjekte abrechnen

Für die Abrechnung von Mietobjekten wird eine Liste mit festen Kosten erstellt. Die Gebührentabelle enthält die Referenzwerte für die Kostenarten und eine aufsteigende Nummerierung für die Kategorien der Objekte.

	A	B	C	D	E	F	G
1	Objekt	Kategorie	Müllgebühr	Stellplatz	Abwasser	TV/Kabel	
2	Gartenstraße	2					
3	Goetheplatz	4					
4	Allersberg	3					
5							
6							
7							
8	KategorieNr	Kategorie	Müllgebühr	Stellplatz	Abwasser	TV/Kabel	
9	1	Mietshaus	89	11	15	15	
10	2	4 Zimmer KB	69	9	12	15	
11	3	3 Zimmer KB	61	8	9	15	
12	4	2 Zimmer KB	42	8	9	15	
13	5	Appartment	20	8	9	15	
14							

Abbildung 6.35: Mietobjekte abrechnen

Mit der Funktion WVERWEIS wird die Kostenart aus der ersten Zeile in der Gebührentabelle gesucht. Die Kategorienummer des Objekts liefert dabei den Zeilenverweis für die richtige Gebühr, da die Kategorienummern eine Zeile tiefer beginnen, wird eine 1 addiert. Das letzte Argument wird auf FALSCH gesetzt, damit die Suche nach der Gebühr eindeutig ausfällt.

=WVERWEIS($C$1;$C$8:$F$13;$B2+1;FALSCH)

Kopieren Sie die Formel auf die übrigen Objekte. In der nächsten Spalte muss nur die absolute Adresse des Suchbegriffs angepasst werden:

D2: =WVERWEIS($D$1;$C$8:$F$13;$B2+1;FALSCH)

C2			f_x	=WVERWEIS($C$1;$C$8:$F$13;$B2+1;FALSCH)			
	A	B	C	D	E	F	G
1	Objekt	Kategorie	Müllgebühr	Stellplatz	Abwasser	TV/Kabel	
2	Gartenstraße	2	69	9	12	15	
3	Goetheplatz	4	42	8	9	15	
4	Allersberg	3	61	8	9	15	

Abbildung 6.36: Mit WVERWEIS() horizontale Verweise berechnen

6.11   Die Funktion VERWEIS()

Mit dieser Funktion wird in einem Zellbereich (Vektor) ein Wert gesucht und ein zweiter Wert aus einem anderen Zellbereich in der Zeile wird in der Zeile mit der Fundstelle zurückgegeben. Im Unterschied zu SVERWEIS() können beide Bereiche beliebig gewählt werden (SVERWEIS() sucht immer in der ersten Spalte des Bereichs).

Es gibt zwei Versionen dieser Funktion:

=VERWEIS(Suchkriterium;Suchvektor;Ergebnisvektor)

Die Funktion sucht nach dem *Suchkriterium*, das ein Wert, ein Text, ein Bereichsname oder ein Zellbezug sein kann. Gesucht wird im *Suchvektor*, der aus einer Spalte bestehen muss. Die Funktion liefert als Ergebnis die Fundstelle, die in der gleichen Zeile im *Ergebnisvektor* steht. Auch dieser darf nur eine Spalte breit sein.

Die zweite Version der Matrix braucht ein Argument weniger:

=VERWEIS(Suchkriterium;Matrix)

Dieser Verweis sucht ebenfalls nach dem Suchkriterium, und zwar in der ersten Spalte der Matrix. Das Ergebnis wird aus der gleichen Zeile der letzten Spalte der Matrix ausgelesen. Im Unterschied zur ersten Version können Sie hier also keinen Bezug bestimmen.

In beiden Versionen muss der Suchvektor, den der Verweis nach dem Suchkriterium durchsucht, aufsteigend sortiert sein.

6.11.1   Praxisbeispiel: Reisekostenabrechnung

Für die Reisekostenabrechnung wird die Übernachtungspauschale aus einer Tabelle ermittelt, in der Reiseländer und Beträge spaltenweise gelistet sind. Die Funktion sucht nach dem in der Abrechnung angegebenen Land und liefert den passenden Gebührensatz aus der zweiten Spalte.

```
E2: Frankreich
E3: =VERWEIS(E2;$A$2:$A$21;$B$2:$B$21)
```

> **Hinweis**
>
> Die zweite Form der VERWEIS-Funktion, in der nur der Suchbegriff und der Ergebnisvektor eingegeben werden, hat in der Praxis keine Verwendung, sie wird nur aus Kompatibilitätsgründen mit anderen Programmen (Lotus 1-2-3) geführt.

Matrixfunktionen

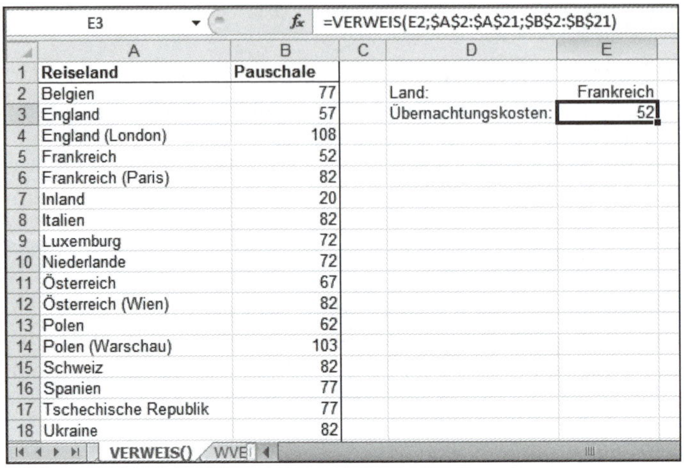

E3 | =VERWEIS(E2;$A$2:$A$21;$B$2:$B$21)

	A	B	C	D	E
1	**Reiseland**	**Pauschale**			
2	Belgien	77		Land:	Frankreich
3	England	57		Übernachtungskosten:	52
4	England (London)	108			
5	Frankreich	52			
6	Frankreich (Paris)	82			
7	Inland	20			
8	Italien	82			
9	Luxemburg	72			
10	Niederlande	72			
11	Österreich	67			
12	Österreich (Wien)	82			
13	Polen	62			
14	Polen (Warschau)	103			
15	Schweiz	82			
16	Spanien	77			
17	Tschechische Republik	77			
18	Ukraine	82			

Abbildung 6.37: Der Verweis liefert das Ergebnis aus einer anderen Spalte.

6.12 Tipps für Verweisfunktionen

6.12.1 Suchmatrix benennen

In jeder der drei vorgestellten Verweisfunktionen müssen die zu durchsuchenden Bereiche angegeben werden. Verwenden Sie dafür Bereichsnamen, die Sie über FORMELN/DEFINIERTE NAMEN/NAMEN DEFINIEREN erzeugen. Ändert sich der Bereich, wird einfach der Bereichsname angepasst und alle Verweisfunktionen rechnen wieder korrekt.

Falsch:

```
=SVERWEIS(A1;$C$1:$K$200;2;)
```

Richtig:

```
Bereichsname: Datenbank
Bezieht sich auf: $C$1:$K$200
=SVERWEIS(A1;Datenbank;2;)
```

6.12.2 Fehlermeldungen ausblenden

Verwenden Sie das vierte Argument *Bereich_Verweis* im SVERWEIS(), erhalten Sie den Fehlerwert #NV, wenn der Verweis den Suchbegriff nicht findet. In der Praxis werden Sie die Formel aber oft über einen Spaltenbereich kopieren wollen, bevor die Suchwerte eingegeben sind.

Sie können mit einer einfachen WENN-Funktion abprüfen, ob ein Suchbegriff verfügbar ist, und den SVERWEIS() im DANN-Zweig der WENN()-Funktion starten:

```
=WENN(E2<>"";SVERWEIS(E2;Gebührenliste;2;FALSCH);"")
```

	F2		▼	(	fx	=WENN(E2<>"";SVERWEIS(E2;Gebührenliste;2;FALSCH);"")		
▲	A	B	C	D	E		F	G
1				Wählen Sie ein Land:	Land		Gebühren	
2	Land	Gebühren			Frankreich		120,40 EUR	
3	Deutschland	23,99 EUR						
4	Frankreich	120,40 EUR						
5	Österreich	12,99 EUR						
6	Italien	13,49 EUR						
7	Spanien	21,50 EUR						
8								
9		Gebührenliste						

Abbildung 6.38: Mit benannten Bereichen und Fehlerprüfungen arbeiten

Mit der in der Beschreibung der Funktion SVERWEIS() vorgestellten Funktion WENNFEHLER() prüfen Sie ebenfalls, ob der Suchwert vorhanden ist, und geben das Suchergebnis nur in diesem Fall aus:

=WENNFEHLER(SVERWEIS(A2;Datenbank;2);"")

6.12.3 Gültigkeitslisten verwenden

Ein Verweisfehler hat seine Ursache meist in einem falsch geschriebenen oder nicht existenten Suchbegriff. Beugen Sie diesem Fehler vor und geben Sie dem Anwender eine Liste in die Hand, aus der er sich seinen Suchbegriff auswählen kann.

Markieren Sie die Zelle, in die ein Suchbegriff für den SVERWEIS() eingegeben werden soll.

1. Wählen Sie DATEN/DATENTOOLS/DATENÜBERPRÜFUNG.
2. Schalten Sie um auf LISTE.
3. Geben Sie unter BEZIEHT SICH AUF eine Liste mit Werten vor, die in dieser Zelle angeboten werden. Für größere Listen erstellen Sie vorher einen Bereichsnamen, weisen Sie diesen mit einem =-Zeichen zu:

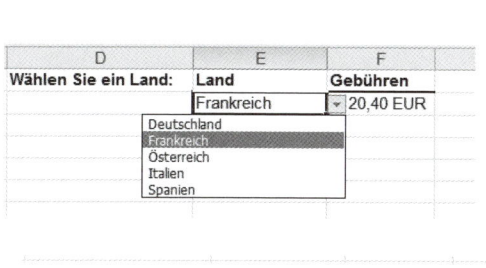
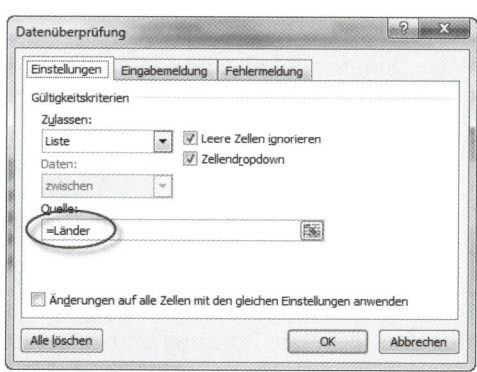

Abbildung 6.39: Gültigkeitslisten helfen, Fehler zu vermeiden.

309

6.13 Die Funktionen ZEILE() und SPALTE()

Diese beiden Funktion haben eine sehr einfache Aufgabe, aber eine große Bedeutung: Sie liefern die Zeilen- bzw. Spaltennummer eines Zellbezugs.

=ZEILE(Bezug)
=SPALTE(Bezug)

In den Klammern steht als Argument ein Zellbezug und das Ergebnis ist eine ganzzahlige Dezimalzahl zwischen 1 und 65536 für ZEILE() und 1 bis 256 für SPALTE(). Wird das Argument weggelassen, berechnet die Funktion die Zeile/Spalte der Zelle, in der die Funktion steht.

```
A1: =ZEILE()            Ergebnis: 1
A2: =ZEILE(A9)          Ergebnis: 9
B1: =SPALTE()           Ergebnis: 2
B2: =SPALTE(C9)         Ergebnis: 3
```

Mit der Funktion ZEILE() können Sie beispielsweise eine einfache und effektive Nummerierung gestalten. Die Methode, eine Startnummer jeweils um 1 zu erhöhen, hat nämlich Nachteile:

```
A1: 1
A2: =A1+1
A3: =A2+1
```

usw.

Wird aus einer Liste, die auf diese Art nummeriert ist, eine Zeile gelöscht, erhalten Sie einen Bezugsfehler für die restlichen Zeilen. Das passiert mit der ZEILE()-Funktion nicht. Schreiben Sie eine Formel, in der die Zeilennummer die Nummerierung übernimmt, und zwar nur dann, wenn in Spalte B ein Zellinhalt zu finden ist:

```
A1: =WENN(B1<>"";ZEILE();"")
```

Soll die Nummer mit einem anderen Wert beginnen, addieren Sie diese einfach auf die Zeile auf:

```
A1: 120
A2: =ZEILE()+A1
```

6.13.1 Praxisbeispiel: letzte Buchung suchen

In der Tabelle *Kostenbuchungen* werden zu jedem Tag des Monats für mehrere Kostenstellen Beträge gebucht. Berechnen Sie den Wert der letzten Buchung in jeder Zeile und sorgen Sie dafür, dass die letzte Buchung schnell aufzufinden ist.

	A	B	C	D	E	F	G	H	I	J
1			Kostenbuchungen							
2										
3			Kostenstelle	01.01	02.01	03.01	04.01	05.01	06.01	07.01
4			K-2011	23,9	21	50	34	19		
5			K-2012	12						
6			K-2013	22	56	120				
7			K-2014	12	45					
8			K-2015	10						
9			K-2016	10	23					
10										
11										
12										
13										
14										
15										
16										
17										
18										

Kostenbuchung

Abbildung 6.40: Die Kosten werden in Spalten gebucht.

1. Schreiben Sie in die erste Spalte die Formel zur Berechnung der Adresse, in der die letzte Buchung steht:

   A3: letzte Buchung
   A4: =ADRESSE(ZEILE();ANZAHL(D4:AH4)+3)   Ergebnis: $H$4

2. Mit der Funktion INDIREKT() erhalten Sie das Ergebnis der Adresse:

   A4: =INDIREKT(ADRESSE(ZEILE();ANZAHL(D4:AH4)+3))   Ergebnis: 19

Hyperlink steuert die letzte Buchung an

Nutzen Sie die Spalte B, um einen Hyperlink zu setzen, der auf Mausklick den Zellzeiger in die Zelle mit der letzten Buchung bringt:

1. Setzen Sie mit einer Formel den Pfad zur aktuellen Arbeitsmappe fest, geben Sie dem Pfad den Bereichsnamen *pfad*.

2. Schreiben Sie die Funktion für den Hyperlink:

   B4: =HYPERLINK(pfad&"!"&ADRESSE(ZEILE();ANZAHL(D4:AH4)+3))

3. Im zweiten Argument können Sie ein Symbol verwenden, das in der Zelle für den Mausklick bereitsteht. Geben Sie das ANSI-Zeichen an:

   =HYPERLINK(pfad&"!"&ADRESSE(ZEILE();ANZAHL(D4:AH4)+3);ZEICHEN(232))

4. Formatieren Sie die Spalte B mit dem Zeichensatz *WingDings*, Sie finden ihn in der Schriftartenliste links oben.

Matrixfunktionen

311

	B4		▼		*fx*	=HYPERLINK(pfad&"!"&ADRESSE(ZEILE();ANZAHL(D4:AH4)+3);ZEICHEN(232))									
	A	B	C	D	E	F	G	H	I	J	K	L	M	N	O	P
1			Kostenbuchungen													
2																
3	letzte Buchung		Kostenstelle	01.01	02.01	03.01	04.01	05.01	06.01	07.01	08.01	09.01	10.01	11.01	12.01	13.0
4	19	→	K-2011	23,9	21	50	34	19								
5	12	→	K-2012	12												
6	120	→	K-2013	22	56	120										
7	45	→	K-2014	12	45											
8	10	→	K-2015	10												
9	23	→	K-2016	10	23											
10																
11																

Abbildung 6.41: Ein Hyperlink mit Sonderzeichen zum Ansteuern der letzten Buchungszelle

6.13.2 Praxisbeispiel: Kalender

Die Funktionen ZEILE() und SPALTE() liefern ihre eigenen Indizes und das ist in der Praxis manchmal sehr nützlich. Zum Beispiel, um eine Datumsreihe mit einer Formel herzustellen, die automatisch Tag und Monat berechnet:

1. Schreiben Sie in Zelle A1 die Jahreszahl des Kalenders:

   A1: 210

2. Tragen Sie eine Monatsreihe von Januar bis Dezember in den Bereich A2:L2 ein. Kopieren Sie dazu den *Januar* mit dem Füllkästchen nach rechts.

3. Schreiben Sie die Funktion, die das erste Kalenderdatum berechnet. Die Spaltennummer liefert den Monat, die Zeilennummer den Tag (abzüglich 2, weil die Formel in Zeile 3 steht):

   A3: =DATUM($A$1;SPALTE();ZEILE()-2)

4. Weisen Sie der Formel noch eine bedingte Formatierung zu, die alle Samstage und Sonntage farbig kennzeichnet:

   =UND(A3<>"";WCHENTAG(A3)=7)

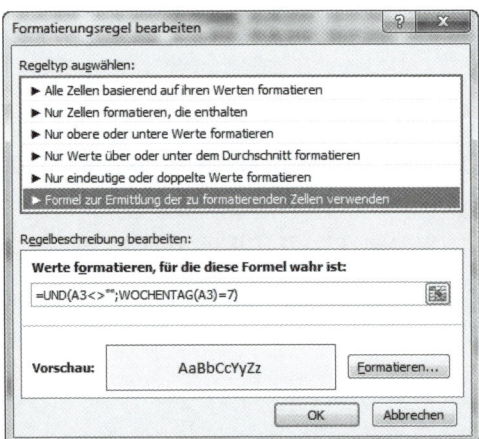

Abbildung 6.42: Bedingte Formatierung für Wochenendtage (hier Samstag) im Kalender

Damit ist die Formel fertig, kopieren Sie sie über alle Monate und Kalendertage.

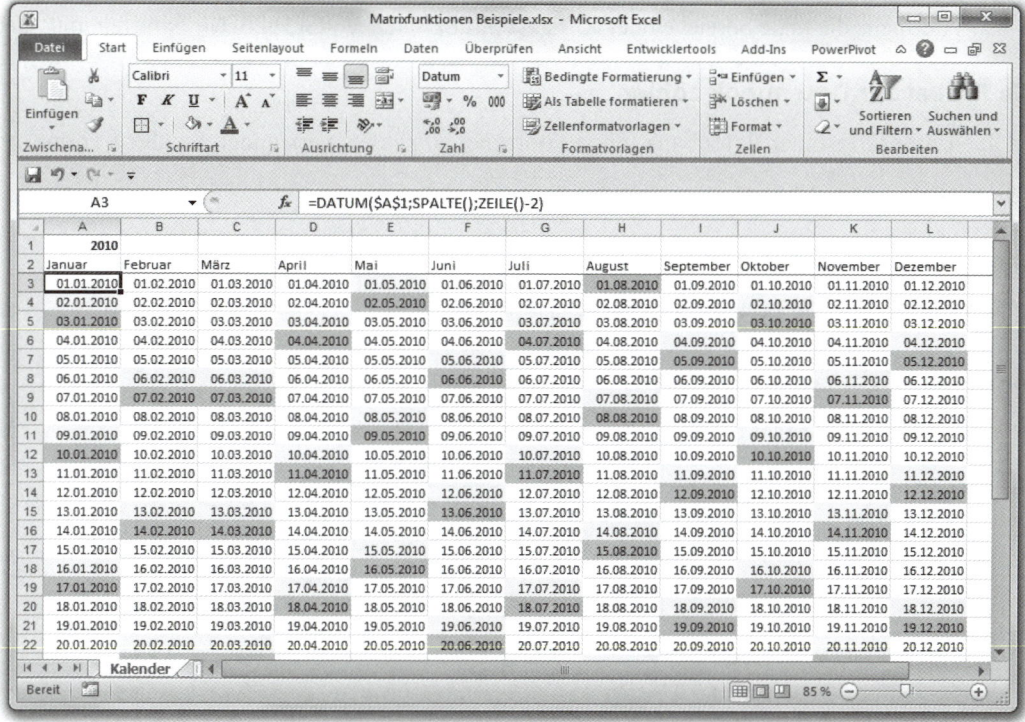

Abbildung 6.43: Ein ewiger Kalender mit einer einzigen Formel

Für das Schaltjahr am 29. Februar gibt es natürlich auch eine elegante Lösung. Fragen Sie in der Zelle einfach mit einer WENN-Funktion ab, auf welchen Tag das nächste Datum fallen würde, und addieren Sie eine 1, wenn ein Schaltjahr fällig ist:

B31: =WENN(TAG(B30+1)=29;B30+1;"")

6.14 Die Funktionen ZEILEN() und SPALTEN()

Mit diesen Funktionen wird die Anzahl Zeilen oder Spalten in einer Matrix abgefragt.

=ZEILEN(Matrix)
=SPALTEN(Matrix)

Im Argument *Matrix* geben Sie einen Bezug, einen Bereichsnamen oder eine Formel an, die einen Bezug berechnet (z.B. mit ADRESSE()).

```
A1: =ZEILEN(A1:C5)          Ergebnis: 5
A2: =SPALTEN(A1:C5)         Ergebnis: 3
```

313

6.14.1 Praxisbeispiel: Datenbankberechnungen

Die beiden Funktionen liefern ihre Information entweder direkt an Zähl- und Rechenformeln oder an Matrixformeln, die neue Bereiche oder »Offsets« mit BEREICH.VERSCHIEBEN() ermitteln müssen.

Alle Artikel der Datenbank zählen

Um alle Datensätze einer Datenbank (ohne Kopfzeile) zu zählen, verwenden Sie diese Formel:

```
=ZEILEN(Datenbank)
```

Inhalt der letzten Zeile ermitteln

```
=BEREICH.VERSCHIEBEN($A$1;ZEILEN(Datenbank)-1;)
```

Inhalt der letzten Zelle ermitteln

```
=BEREICH.VERSCHIEBEN($A$1;ZEILEN(Datenbank)-1;SPALTEN(Datenbank)-1)
```

	D8	▼	ƒx	=BEREICH.VERSCHIEBEN($A$1;ZEILEN(Datenbank)-1;SPALTEN(Datenbank)-1)					
	A	B	C	D	E	F	G	H	I
1	Artikel	Umsatz		Anzahl Artikel:					
2	Orangen	120		5					
3	Bananen	600							
4	Gurken	400		Inhalt der letzten Zeile, Spalte 1:					
5	Tomaten	500		Tomaten					
6									
7				Inhalt der letzten Spalte und Zeile:					
8				500					
9									
10									
11									

Abbildung 6.44: ZEILE() und SPALTE() liefern Informationen über Datenbanken.

6.15 Die Funktion INDIREKT()

Diese Funktion berechnet den Inhalt einer Zelle, deren Bezug in Textform vorliegt.

=INDIREKT(Bezug;A1)

Das Argument *Bezug* steht für eine Zelladresse in Textform, die mit Anführungszeichen eingegeben oder übergeben werden muss. Mit dem Argument *A1*, einem Wahrheitswert WAHR oder FALSCH, geben Sie an, wie die Funktion den Bezug interpretieren soll:

Argument A1	Erklärung
WAHR oder nicht angegeben	Der Bezug wird als A1-Bezug interpretiert.
FALSCH	Der Bezug wird als Z1S1-Bezug interpretiert.

Tabelle 6.6: Varianten des Arguments A1

```
A1: 120
A2: =INDIREKT("A1")          Ergebnis: 120
```

Das Argument *Bezug* kann ein Bezug sein, in diesem sollte aber eine erkennbare Zelladresse stehen. Die Funktion liefert in diesem Fall den Inhalt dieser Zelladresse:

```
A1: D9
D9: 120
A2: =INDIREKT(A1)            Ergebnis: 120
```

6.15.1 Praxisbeispiel: Lottozahlenfinder

Helfen Sie dem Glück auf die Sprünge. Unser Lottozahlenfinder arbeitet nicht nur mit dem Zufallsgenerator, er konstruiert zunächst eine Zelladresse aus Zeilennummer und Spaltenbuchstabe und zeigt dann die Zahl an, die sich im Schnittpunkt befindet.

> **Hinweis**
>
> Natürlich wäre eine direkte Zufallszahl einfacher, aber die funktioniert nicht ...

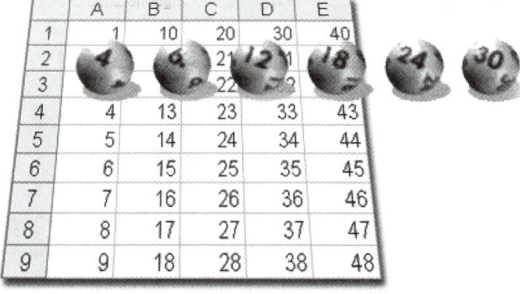

Abbildung 6.45: 48 Zahlen im Bereich A1:E9

Matrixfunktionen

1. Schreiben Sie eine Formel, die per Zufallsgenerator einen Spaltenbuchstaben auswählt:

   G1: =TEIL("ABCDE";ZUFALLSBEREICH(1;5);1)

2. Schreiben Sie eine Formel, die per Zufallsgenerator eine Zeile auswählt:

   G2: =TEIL("123456789";ZUFALLSBEREICH(1;9);1)

3. Schreiben Sie eine INDIREKT-Formel, die Zeile und Spalte zu einem Bezug zusammenfügt und den Inhalt der Zelle ausgibt:

   G4: =INDIREKT(G1&G2)

4. Die gezogene Zahl können Sie noch in der Matrix markieren. Markieren Sie A1:E9.

5. Verwenden Sie START/FORMATVORLAGEN/BEDINGTE FORMATIERUNG.

6. Erstellen Sie eine neue Regel mit einer Formel, tragen Sie diese Formel ein:

   =A1=$G$4

Mit jeder Neuberechnung – drücken Sie ⌨F9⌨ – erhalten Sie einen neuen Zellbezug und eine neue Lottozahl.

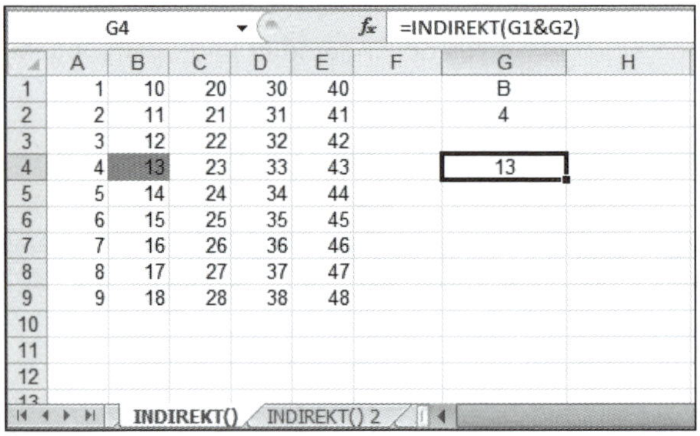

Abbildung 6.46: INDIREKT() konstruiert den Zellbezug für die Lottozahl.

6.15.2 Praxisbeispiel: Tabellennamen in Formeln verwerten

Die Funktion INDIREKT() bietet sich auch für Verknüpfungen an, in denen Tabellennamen verwendet werden. Der Name der Tabelle im Register kann mit einem Zellwert verknüpft werden, das Ergebnis ist ein Verknüpfungsausdruck, der als Argument der Funktion INDIREKT() zu einem Wert in der jeweiligen Tabelle führt. Ein Beispiel:

Ihre Firma hat die weltweiten Verkaufsgebiete in drei große Regionen aufgeteilt: Afrika, EMEA (Europe, Middle East, Asia) und USA. Für jedes Verkaufsgebiet gibt es ein Tabellenblatt mit unterschiedlich großen Produktlisten und Umsätzen (siehe Abbildung 6.48).

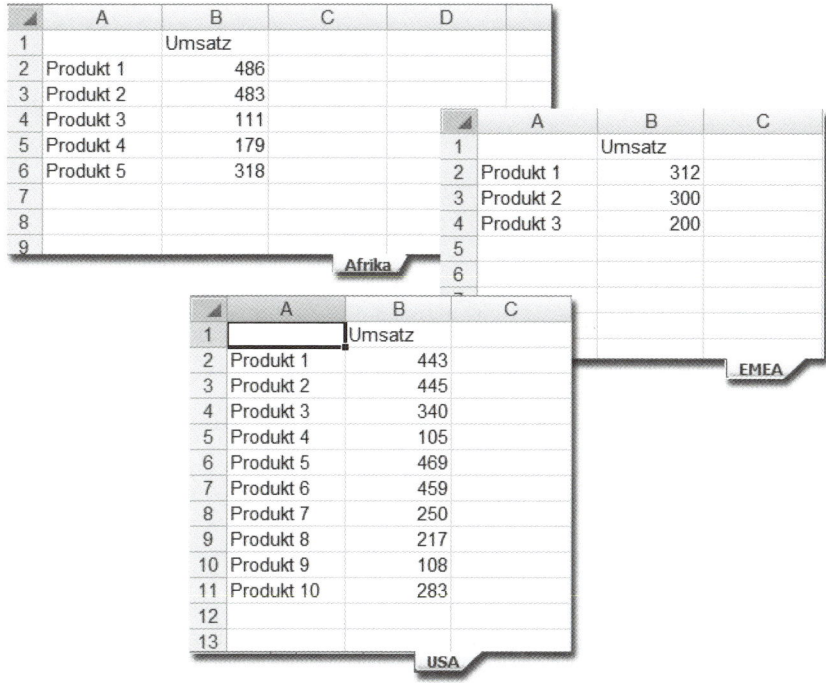

Abbildung 6.47: Drei Umsatztabellen mit unterschiedlichen Produktlisten

Eine einheitliche Spaltensumme

Für eine Umsatzsumme, die alle Umsätze der Spalte einschließt, können Sie die Funktion BEREICH.VERSCHIEBEN() benutzen. Das Argument *Höhe* wird von der Funktion ANZAHL() berechnet, eine SUMME()-Funktion berechnet die damit errechnete Matrix. Markieren Sie alle drei Tabellenregister mit gedrückter $\boxed{\text{Strg}}$-Taste und tragen Sie die Formel in die Zelle D1 ein:

```
D1: =SUMME(BEREICH.VERSCHIEBEN($B$2;0;0;ANZAHL($B:$B);1))
```

Verknüpfung mit Registername

Eine Verknüpfung auf die Umsatzsumme des ersten Registers würde jetzt so aussehen:

```
=Afrika!D1
```

Um den Namen des Registers variabel zu halten und die Formel so zu gestalten, dass sie bequem auf viele Zellen kopiert werden kann, gehen Sie so vor:

1. Schreiben Sie die Regionsnamen in die erste Spalte einer neuen Tabelle.
2. Tragen Sie diese Formel mit der Funktion INDIREKT() ein:

   `B2: =INDIREKT(A2&"!D1")`

3. Kopieren Sie die Formel per Doppelklick auf das Füllkästchen nach unten auf die übrigen Regionszeilen.

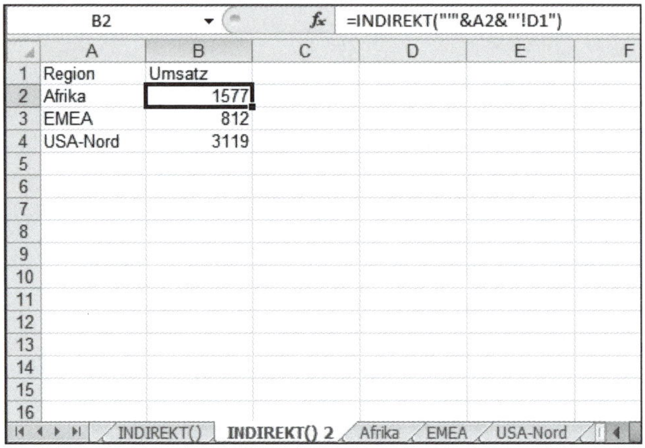

Abbildung 6.48: Mit INDIREKT() wird das Tabellenregister in die Formel integriert.

Achtung

Achten Sie auf die Schreibweise im Register: Enthält der Tabellenname Sonderzeichen wie Minuszeichen, Leerzeichen oder andere, muss die Verknüpfung den Namen zwischen zwei Apostrophe einbinden:

`='USA-Nord'!D1`

Die Formel verknüpft diese Apostrophe einfach mit weiteren &-Zeichen vor und nach dem Zellbezug auf den Tabellenregisternamen:

`=INDIREKT("'"&A4&"'!D1")`

6.16   Die Funktion WAHL()

Mit dieser Funktion bringen Sie die Matrix direkt in die Formel. Sie bietet die Möglichkeit, einen Textbezug einspaltig zu indizieren, die Ziffer für den Index wird im ersten Argument angegeben.

=WAHL(Index;Wert1;Wert2 … Wertn)

Das Argument *Index* ist eine Ganzzahl, ein Bereichsname oder ein Bezug auf eine Ganzzahl oder eine Formel, die eine Ganzzahl produziert. Im Argument *Wert1* geben Sie den Wert an, der bei Index = 1 das Ergebnis sein soll, in *Wert2* für Index = 2 usw.

```
A1: Blau
A2: Rot
A3: Gelb
A4: Grün
A5: =WAHL(2;A1;A2;A3;A4)        Ergebnis: Rot
```

WAHL ist oft die bessere Wahl, wenn Funktionen wie WENN() oder SVERWEIS() an ihre Grenzen stoßen. Sie können bis zu 29 Argumente für den Index vorsehen.

6.16.1 Praxisbeispiel: Meilensteinplan durchsuchen

Sie sind Projektmanager und haben die Aufgabe, einen Meilensteinplan zu überwachen. Die Meilensteine (Entscheidungspunkte im Projekt) sind nach Kalenderwochen aufgestellt, in jeder KW ist ein Meilenstein zu finden.

Erstellen Sie ein Suchfeld für Kalenderwochen und konstruieren Sie die Formel mit der WAHL()-Funktion, die den passenden Meilenstein findet.

Abbildung 6.49: Ein Meilensteinplan nach Kalenderwochen

1. Legen Sie für die Zelle D2 ein Drehfeld über Entwicklertools/Steuerelemente/Einfügen/Formularsteuerelemente an, das einen Minimalwert 1 und einen Maximalwert 53 zulässt. Die Ausgabeverknüpfung zeigt auf die Zelle D2.

2. Die Auswertungsformel verwendet WAHL(), um den Meilenstein der eingestellten Kalenderwoche anzuzeigen:

```
D4: =WAHL(D2;B4;B5;B6;B7;B8;B9;B10;B11;B12;B13)
```

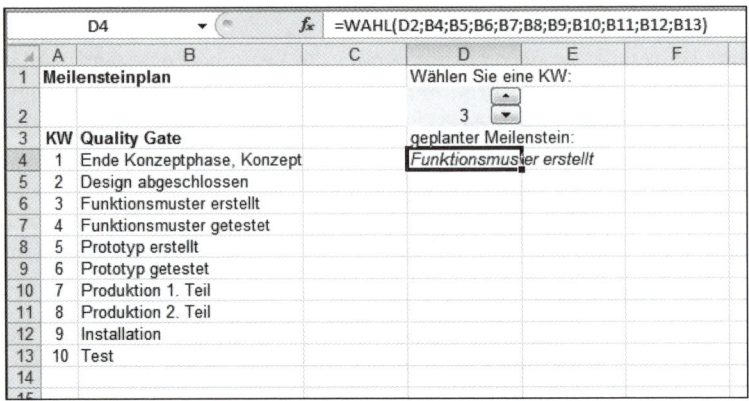

Abbildung 6.50: Mit WAHL() zur richtigen Wahl

6.16.2 Praxisbeispiel: Optionsfelder auswerten

Die ENTWICKLERTOOLS bieten Werkzeuge zur Gestaltung von Formularelementen. Neben Kombinationskästchen und Schaltflächen können Sie Ihre Tabellen auch mit Ankreuzkästchen und Optionsfeldern bestücken. Diese Elemente werden mit einer Ausgabeverknüpfung versehen und in dieser steht anschließend der auszuwertende Wert.

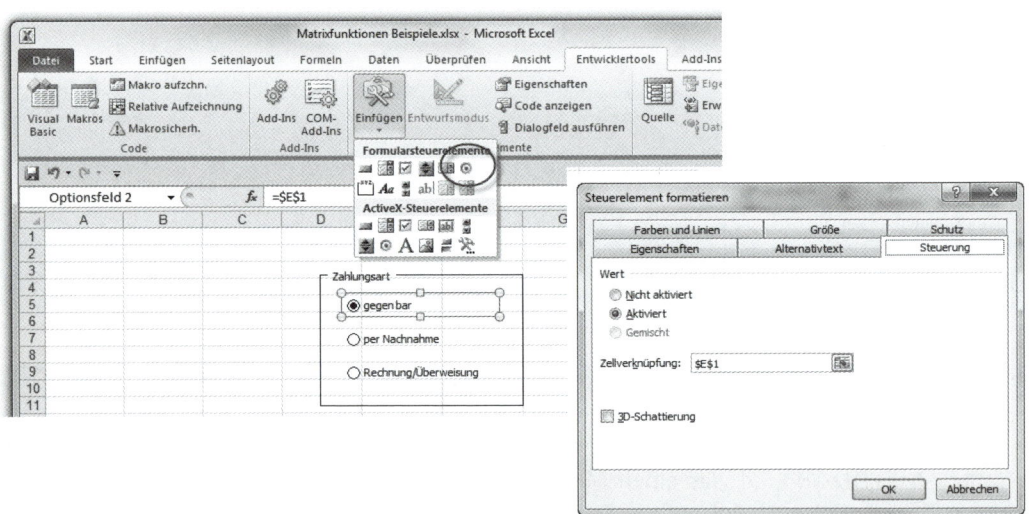

Abbildung 6.51: Das Optionsfeld mit Ausgabeverknüpfung

Gestalten Sie für Ihren Lieferschein/Bestellschein ein Auswahlfeld, das der Anwender zur Bestimmung der Zahlungsart verwenden kann.

1. Aktivieren Sie in den ENTWICKLERTOOLS unter STEUERELEMENTE/EINFÜGEN die Liste der Formularsteuerelemente.

2. Zeichnen Sie ein Gruppenfeld in die Tabelle und beschriften Sie dieses. Klicken Sie dazu auf das Werkzeug GRUPPENFELD, halten Sie die Maustaste gedrückt und ziehen Sie ein Rechteck auf. Den Text im Kopf des Elements löschen Sie und ersetzen ihn.

3. Zeichnen Sie ein Optionsfeld in das Gruppenfeld und öffnen Sie mit der rechten Maustaste im Kontextmenü STEUERELEMENT FORMATIEREN. Hier können Sie die ZELLVERKNÜPFUNG eintragen, eine beliebig gewählte Zelle (hier E1).

4. Die folgenden Optionsfelder erstellen Sie durch Kopieren des ersten Felds oder durch Neuzeichnen, stellen Sie in jedem Fall sicher, dass Sie die gleiche Ausgabeverknüpfung bekommen (Zelle E1). Ändern Sie die Beschriftung der kopierten Elemente.

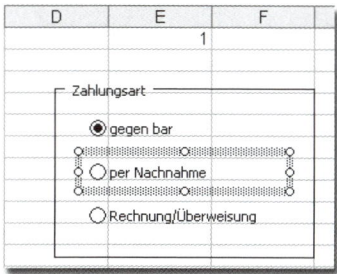

Abbildung 6.52: Zwei weitere Optionen, gleiche Ausgabeverknüpfung

5. Jetzt können Sie eine Formel schreiben, in der die gewählte Option ausgewertet wird. Jede der Optionen im Gruppenfeld hinterlässt nämlich eine Ganzzahl, bei drei Optionen haben Sie die Wahl zwischen 1, 2 oder 3:

```
="Gewählte Zahlungsart: "&WAHL(E1;"gegen bar";"per Nachnahme";
"Rechnung/Überweisung")
```

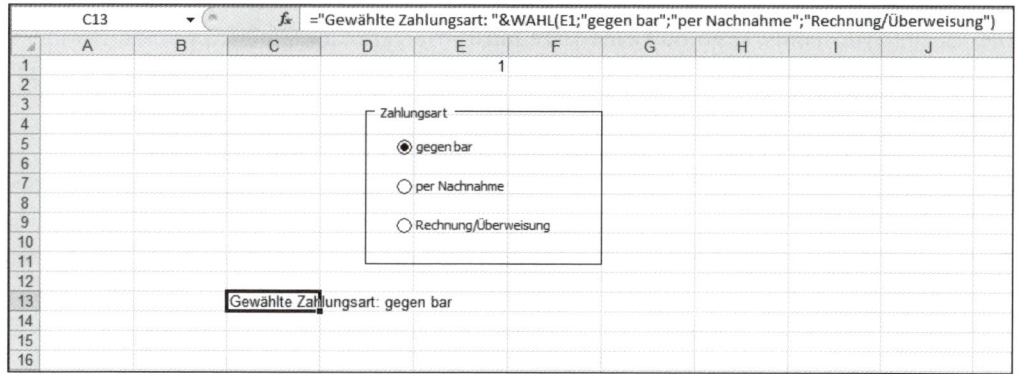

Abbildung 6.53: So wird das Gruppenfeld mit Optionen ausgewertet.

Matrixfunktionen

6.17   Die Funktion PIVOTDATENZUORDNEN()

Diese Funktion bietet Excel an, damit die Ergebnisse aus Pivot-Tabellenberichten in Formeln weiterverarbeitet werden können. Die Pivot-Tabelle ist ein nützliches Analysewerkzeug für Datenbanken und Listen, das schnell und einfach in der Ansicht verändert werden kann. Dieser Komfort ist für Formeln, die auf dieser Auswertung aufbauen, hinderlich: Ändert der Anwender die Anordnung der Pivot-Tabelle oder nimmt er neue Elemente auf, stimmen die Bezüge in den Formeln nicht mehr.

=PIVOTDATENZUORDNEN(Datenfeld;PivotTable;Feld1;Element1;Feld2;Element2 ...)

Das Argument *Datenfeld* steht für den Namen eines Felds, das im Datenbereich des Pivot-Tabellenberichts ausgewertet wird. Es wird in Anführungszeichen eingegeben. Steht beispielsweise das Feld *Umsatz* mit *Summe von Umsatz* im Datenfeld, können Sie hier *Umsatz* angeben.

Mit dem Argument *PivotTable* bezeichnen Sie die Pivot-Tabelle selbst. Geben Sie dazu die erste Zelle des Bereichs zusammen mit dem Namen des Registers an. Steht der Pivot-Tabellenbericht beispielsweise in der Tabelle *Auswertung* und beginnt in B3, lautet das Argument:

```
"Auswertung!B3"
```

Feld1 und *Element1* sind ein Paar, bestehend aus einem Feldnamen der Datenbank oder Liste und einem auszuwertenden Text. Beide Argumente stehen in Anführungszeichen, nur bei Datumsangaben muss das Feld als serielle Zahl oder mit der Funktion DATUM() angegeben werden. Beispiele:

```
"Region";"Süd"
"Produkt";"Orangen"
DATUM(2005;1;1);"Produkt"
```

Die Funktion kann beliebig viele solcher Feld/Element-Paare enthalten, die immer in dieser Reihenfolge geschrieben werden müssen.

6.17.1   Praxisbeispiel: Pivot-Tabellenbericht Umsatzauswertung

Die Tabelle *Wochenmarkt* enthält eine Liste mit Umsätzen nach Produkt, Monat, Region, Verkäufer und Umsatz. Die Liste wurde in eine Tabelle ohne Ergebniszeile umgewandelt, der Tabellenname ist *Wochenmarkt*. Erstellen Sie einen Pivot-Tabellenbericht:

1. Setzen Sie den Zellzeiger in die Tabelle und wählen Sie EINFÜGEN/TABELLEN/PIVOTTABLE.
2. Bestätigen Sie den Tabellennamen im ersten Feld und bestimmen Sie ein neues Arbeitsblatt für die Ausgabe.
3. Gestalten Sie das Pivot-Layout, indem Sie die Feldnamen auf die Felder in der Feldliste ziehen:

```
Berichtsfilter: Region
Zeilenbeschriftung: Monat
Spaltenbeschriftung: Produkt
Werte: Umsatz (Summe von Umsatz)
```

Fügen Sie einen Datenschnitt für das Feld *Verkäufer* ein. Ein Klick auf einen Eintrag filtert die PivotTable nach diesem Verkäufer.

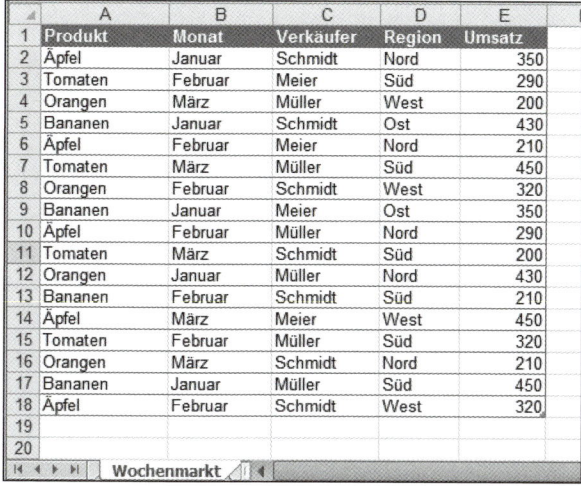

Abbildung 6.54: Die Umsatzübersicht für den Wochenmarkt

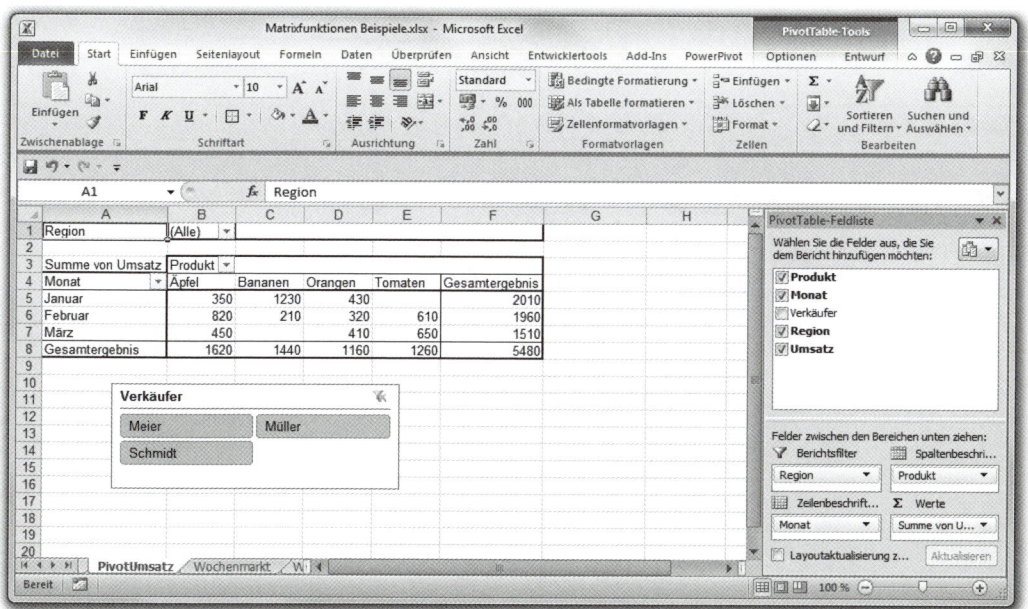

Abbildung 6.55: Das Pivot-Layout wird gestaltet.

323

Pivot-Tabellenbericht auswerten

Formeln, die sich auf Werte aus dieser Tabelle beziehen, sollten wie schon erwähnt keine Bezüge auf die Tabelle enthalten, da diese nach Umstellung des Berichts nicht mehr gültig sind. Arbeiten Sie stattdessen mit der Funktion PIVOTDATENZUORDNEN(). Den Namen der PivotTable sehen Sie im Menüband, wenn Sie mit dem Zellzeiger im Pivot-Bereich auf PivotTable-Tools/ Optionen schalten, in der ersten Gruppe PivotTable.

4. Geben Sie dem neuen Tabellenblatt mit der PivotTable den Registernamen *PivotUmsatz*.

5. Schalten Sie zurück zur Tabelle und erstellen Sie einen Auswertungsbereich, in dem die wichtigsten Kennzahlen gelistet sind:

G1: Umsatz gesamt:
H1: =PIVOTDATENZUORDNEN("Umsatz";PivotUmsatz!$A$3)
G2: Äpfel im März: H2: =PIVOTDATENZUORDNEN("Umsatz";
PivotUmsatz!$A$3;"Produkt";"Äpfel";"Monat";"März")

Sie können die Argumente auch mit Zellbezügen besetzen. In der Abbildung sind die Wege zu den Bezügen mit Vorgängerpfeilen aus der Formelüberwachung sichtbar gemacht worden.

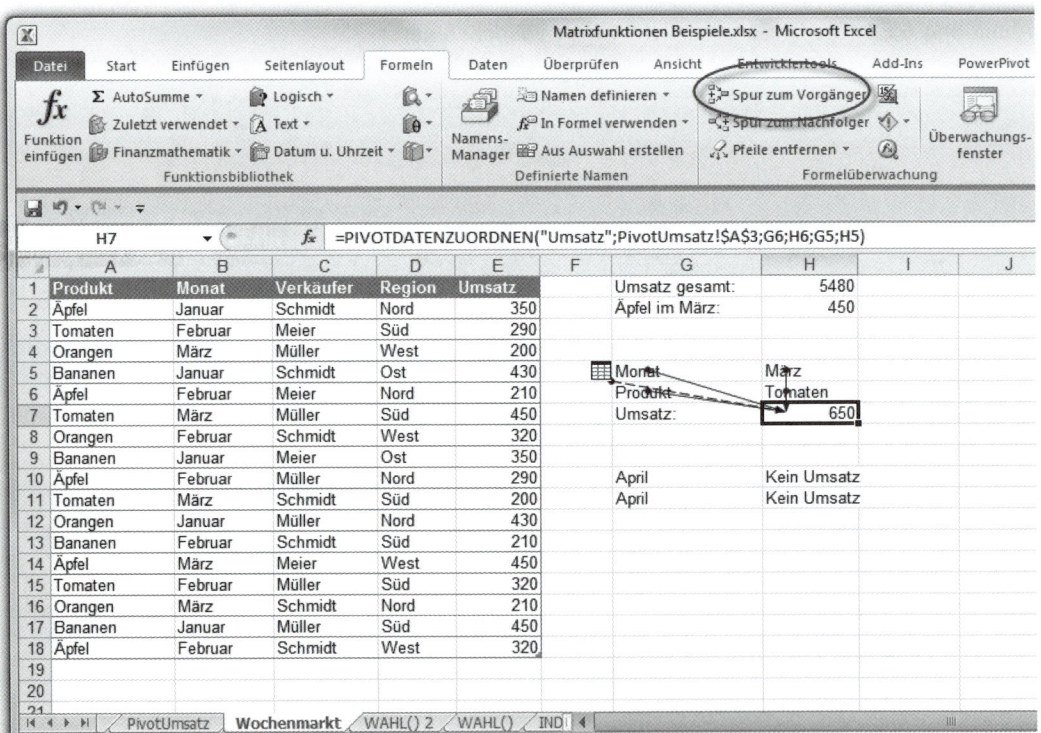

Abbildung 6.56: Bezüge als Argumente für die Pivot-Auswertung

Die Funktion gibt einen #BEZUG-Fehler aus, wenn die Auswertung einen Wert bekommt, der in der Pivot-Tabelle nicht vorhanden oder nicht sichtbar ist. Versuchen Sie beispielsweise, die Umsätze eines Monats zu ermitteln, der im Bericht nicht vorkommt, erhalten Sie einen Fehlerwert. Mit der Funktion ISTFEHLER() oder mit WENNFEHLER() fangen Sie diesen Fehler ab:

```
G3: April
H3: =WENN(ISTFEHLER(PIVOTDATENZUORDNEN("Umsatz";PivotUmsatz!$A$3;"Monat";G3));
"Kein Umsatz";PIVOTDATENZUORDNEN("Umsatz";PivotUmsatz!$A$3;"Monat";G3))
```

Oder:

```
=WENNFEHLER(PIVOTDATENZUORDNEN("Umsatz";PivotUmsatz!$A$3;"Monat";G11);"Kein Umsatz")
```

6.17.2 Die Funktion im OLAP-Cube

Verwenden Sie die Funktion PIVOTDATENZUORDNEN() in einer PivotTable, die aus einem OLAP-Cube generiert ist, zeigt diese die Dimensionen, Tupels und Measures an, die über die Verbindung zur OLAP-Datenquelle geliefert werden. Sie können dieses Verhalten an einer Beispieldatei testen, in der eine PivotTable aus einer Verbindung zur OLAP-Datenquelle als Offline-OLAP-Cube gespeichert ist:

1. Laden Sie die Datei AdventureWorks-Auswertung.xls von der CD zum Buch.

2. Setzen Sie den Zellzeiger in eine Zelle außerhalb der PivotTable und schreiben Sie ein =-Zeichen.

3. Klicken Sie auf einen Wert in der PivotTable, zum Beispiel auf die Verkaufszahlen des ersten Jahres der ersten Region.

Die Funktion wird eingetragen, sie zeigt, aus welchen Dimensionen und Elementen sich der Wert zusammensetzt.

```
=PIVOTDATENZUORDNEN("[Measures].[Sales Amount]";$A$5;"[Geography].
[Geography]";"[Geography].[Geography].[Country].&[Australia]";"[Date].
[Calendar Year]";"[Date].[Calendar Year].[Calendar Year].&[2001]")
```

KAPITEL 7

Datums- und Zeitfunktionen

Mit Datumswerten rechnen, Zeiten addieren, Wochentage, Kalenderwochen und Monatsenden berechnen – hier ist Excel in seinem Element. Ausgestattet mit einem zuverlässigen Kalender, der nach einem einfachen Prinzip funktioniert, lässt die Tabellenkalkulation Raum für Formeln zur Datums- und Zeitberechnung in allen Variationen.

Die umfangreiche Funktionsauswahl aus der Kategorie DATUM & ZEIT tut ein Übriges – hier finden Sie Auswertungen, mit denen jede Aufgabe zu meistern ist. Excel bietet diese Funktionen in einem Symbol der Funktionsbibliothek und in der Rubrik DATUM & ZEIT an.

Schalten Sie um auf die Registerkarte FORMELN und klicken Sie in der Funktionsbibliothek auf DATUM UND UHRZEIT. Die Liste enthält die wichtigsten Vertreter dieser Kategorie, alle weiteren Funktionen finden Sie unter FUNKTION EINFÜGEN.

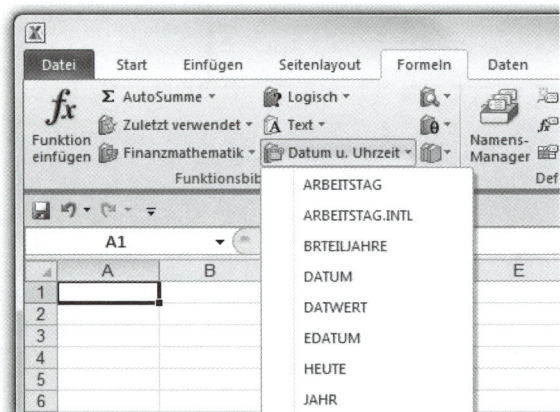

Abbildung 7.1: Die Datum & Uhrzeit-Funktionen in der Funktionsbibliothek

Funktion	Beschreibung
ARBEITSTAG()	Liefert das Datum vor oder nach einer Anzahl von Arbeitstagen.
ARBEITSTAG.INTL()	Liefert das Datum vor oder nach einer Anzahl von Arbeitstagen mit variablen Wochenendtagen.
BRTEILJAHRE()	Berechnet den Zeitraum zwischen zwei Datumswerten in Jahren.
DATUM()	Liefert die serielle Zahl aus einem Datumstext.
DATWERT()	Wandelt einen Text in ein Datum um.
EDATUM()	Liefert die Datumszahl eines Tages, der n Monate vom Ausgangsdatum entfernt ist.
HEUTE()	Liefert das aktuelle Tagesdatum.
JAHR()	Wandelt eine serielle Zahl in eine Jahreszahl um.
JETZT()	Liefert das Tagesdatum und die aktuelle Uhrzeit.

Tabelle 7.1: Liste der Datums- und Zeitfunktionen

Funktion	Beschreibung
KALENDERWOCHE()	Wandelt ein Datum in die Kalenderwoche um.
MINUTE()	Wandelt eine serielle Zahl in Minuten um.
MONAT()	Wandelt eine serielle Zahl in einen Monat um.
MONATSENDE()	Liefert den letzten Tag des Monats, der n Tage vom Ausgangsdatum entfernt ist.
NETTOARBEITSTAGE()	Liefert die Anzahl Arbeitstage, die zwischen zwei Datumswerten liegen.
NETTOARBEITSTAGE.INTL()	Liefert die Anzahl der Arbeitstage zwischen zwei Datumswerten mit benutzerdefinierten Wochenenden.
SEKUNDE()	Wandelt eine Zahl in eine Sekunde um.
STUNDE()	Wandelt eine Zahl in eine Stunde um.
TAG()	Wandelt eine serielle Zahl in eine Tageszahl um.
TAGE360()	Berechnet die Anzahl der zwischen zwei Tagen liegenden Tage, ausgehend von 360 Tagen pro Jahr.
WOCHENTAG()	Wandelt eine fortlaufende Zahl in einen Wochentag um.
ZEIT()	Liefert die serielle Zahl eines Zeitwerts.
ZEITWERT()	Wandelt einen Text in eine Zeit um.

Tabelle 7.1: Liste der Datums- und Zeitfunktionen (Forts.)

> **CD-ROM**
>
> Alle Beispiele in diesem Kapitel finden Sie auf der CD zum Buch unter *Datumsfunktionen Beispiele.xlsm.*

7.1 Der Excel-Kalender

Excel behandelt Datum und Zeit nach einem internen Kalender, der (ab der Excel-Version 4.0) die korrekten Datumswerte inklusive Schaltjahre enthält. Dieser Kalender beginnt am 1. Januar 1900 und endet am 31.12.9999. Jeder Tag in diesem Zeitraum entspricht einer seriellen, fortlaufenden Zahl. Der 1. Januar 1900 ist demnach die Zahl 1, der letzte Kalendertag die Zahl 2.958.465. Testen Sie den Kalender mit einer einfachen Umrechnungsfunktion. Geben Sie in die erste Spalte einer Tabelle Datumswerte ein und in die zweite Spalte eine Funktion, die daraus eine serielle Zahl macht. Verwenden Sie WENN(), dann können Sie die Formel beliebige Zeilen nach unten kopieren.

	A	B
1	Datum	serielle Zahl
2	01.01.1900	1,00
3	31.05.2003	37772,00
4		
5	04. Jul 54	19909,00
6		
7	=WENN(A2<>"";TEXT(A2;"0,00");"")	
8		
9	01. Mai 2000	36647,00
10		
11		

Abbildung 7.2: Die Formel wandelt einen Datumswert in eine serielle Zahl um.

Zahlenformate

Das Zahlenformat der Zelle ist maßgeblich dafür, wie ein Datum angezeigt wird. Unter START/ ZAHL finden Sie einige voreingestellte Zahlenformate, Sie können sich aber in der Kategorie BENUTZERDEFINIERT jederzeit eigene Formate erstellen. Verwenden Sie diese Platzhalter:

T	Tageszahl ohne führende Null
TT	Tageszahl mit führender Null
TTT	abgekürzter Wochentag (Mo, Di, Mi …)
TTTT	ausgeschriebener Wochentag (Montag, Dienstag …)
M	Monatszahl ohne führende Null
MM	Monatszahl mit führender Null
MMM	Monat abgekürzt (Jan, Feb, Mär …)
MMMM	Monat ausgeschrieben (Januar, Februar …)
J oder JJ	zweistellige Jahreszahl
JJJ oder JJJJ	vierstellige Jahreszahl

Tabelle 7.2: Platzhalter für Zahlenformate

Mit der Eingabe eines gültigen Datums in eine Zelle wird das Zahlenformat TT.MM.JJ zugewiesen.

7.1.1 Jahreszahl zweistellig oder vierstellig?

Welches Jahr erhalten Sie, wenn Sie eine zweistellige Jahreszahl eingeben? Die Eingabe 10 wird natürlich das Jahr 2010 in das Datum schreiben, aber was ist mit 45 oder 32? Das Prinzip ist einfach: Alle Zahlen von 00 bis 29 werden als zukünftige Jahre interpretiert, also 2000 bis 2029. Geben Sie eine höhere Zahl zweistellig ein, wird diese dem vorigen Jahrhundert zugerechnet (30 = 1930, 91 = 1991). Um eine Jahreszahl in der Zukunft zu schreiben, die höher ist als 2029, müssen Sie diese also vierstellig eingeben.

> **Hinweis**
>
> Diese Einstellung übernimmt Excel vom Betriebssystem. Sehen Sie in der Windows-Systemsteuerung unter REGIONS- UND SPRACHOPTIONEN nach, unter der Schaltfläche ANPASSEN (Windows XP) oder DIESES FORMAT ANPASSEN (Windows Vista/Windows 7) finden Sie auf der Registerkarte DATUM ein Drehfeld, mit dem dieser Wert verändert werden kann.

7.1.2 1900 oder 1904

Aus Kompatibilitätsgründen mit der Excel-Version des Apple Macintosh enthält Excel eine Option, die den Kalenderbeginn auf den 1.1.1904 verlegt. Diese Option hat für Datums- und Zeitberechnungen eine Bedeutung, Sie sollten sorgfältig abwägen, ob sie gesetzt werden muss:

1. Wählen Sie DATEI/OPTIONEN.
2. Schalten Sie zur Kategorie ERWEITERT und suchen Sie die Option unter BEIM BERECHNEN DIESER ARBEITSMAPPE.
3. Wenn Sie mit dem Apple-Datum arbeiten wollen, kreuzen Sie die Option 1904-DATUMSWERTE an.

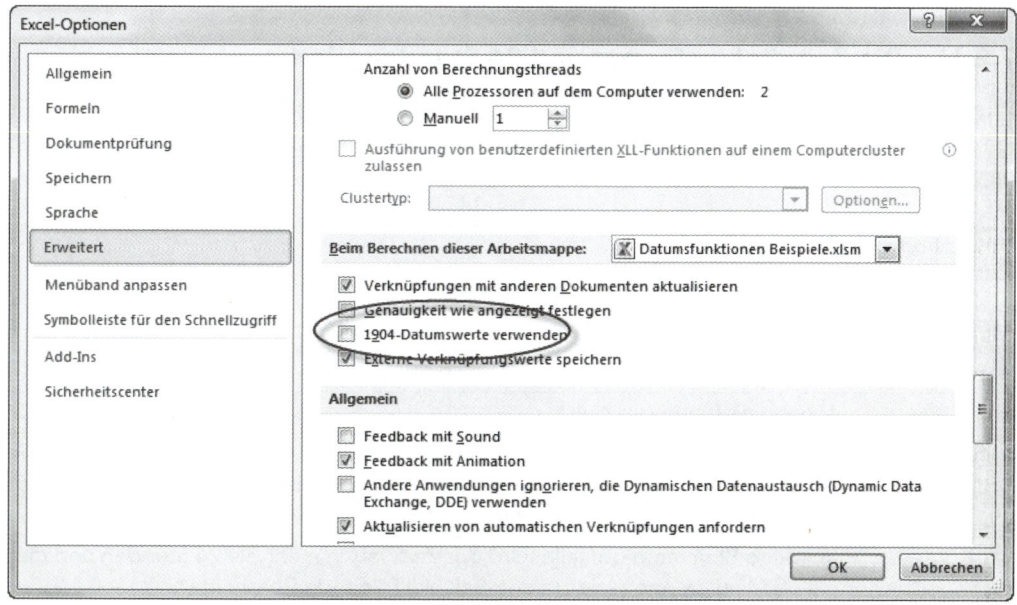

Abbildung 7.3: Die Option 1904-Datumswerte

Diese Option brauchen Sie nur, wenn Sie Excel-Arbeitsmappen mit Anwendern der Excel-Version auf einem Apple-Computer austauschen. Apple-Excel-Tabellen beginnen ihre Datumsrechnung am 1. Januar 1904 und mit dieser Option sind Sie kompatibel mit Tabellen dieses Systems.

Datums- und Zeitfunktionen

331

7.2   Rechnen mit Zeit

Wie behandelt Excel einen Zeitwert? Der Kalender kennt nur die seriellen Datumswerte und wertet jeden Kalendertag als ganzzahligen, dezimalen Wert. Wird eine Zeit eingegeben, so entspricht diese dem Bruchteil eines Tages. Geben Sie beispielsweise 12:00 ein, erhält die Zelle den Wert 0,5, gleichzeitig wird ihr das Zeit-Zahlenformat *h:mm* zugewiesen und die Zeit ist generiert. Hier eine Formel, die den Zeitwert in Spalte A in eine serielle Zahl mit zwei Nachkommastellen umwandelt und diese in Textform ausgibt:

	A	B
1	Zeit	serielle Zahl
2	12:00	0,50
3		
4	17:00	0,71
5	=WENN(A2<>"";TEXT(A2;"0,00");"")	
6	13:20	0,56
7		
8	04:45	0,20

Abbildung 7.4: Die Formel berechnet den seriellen Wert einer Zeit.

7.2.1   Die Zeit: Zahlenformat und 24-Stunden-Wert

Wie kommt diese serielle Zahl zustande? Mit der Eingabe eines Zeitwerts, den Excel ausschließlich am Doppelpunkt erkennt, erzeugt Excel eine Zahl zwischen 0 und 1. Das Zahlenformat stellt diese Zahl über diese Platzhalter als Zeit dar:

Platzhalter	Bedeutung
h	Stundenangabe ohne führende Null
hh	Stunde mit führender Null
m	Minute ohne führende Null
mm	Minute mit führender Null
hh:mm AM/PM	US-Zeit-Format. Dabei werden nur je 12 Stunden angezeigt, mit den Buchstaben AM (ante meridiem) bei Zeitwerten von 0:00 Uhr bis 12 Uhr und PM (post meridiem) ab 12 Uhr bis Mitternacht.
[h]	In eckige Klammern gestellt, wird der Zeitwert in mehr als 24 Stunden und mehr als 60 Minuten angezeigt (siehe Beispiel folgende Abschnitte).

Tabelle 7.3: Platzhalter für Zeitformate

Da ein Tag 24 Stunden hat, ist die dezimale Zahl der Bruchteil von 24:

```
12/24 = 0,5 (12:00)
0,375 * 24 = 9 (9:00)
0,23 * 24 = 5,52 (5:30)
```

Streng genommen ist ein eingegebener Zeitwert der Bruchteil des 1. Januar 1900, des ersten Kalendertags. Wird ein Zeitwert zusammen mit dem Datum eingegeben, zeigen die Ziffern vor dem Komma das Datum und die Ziffern nach dem Komma die Zeit an:

Datum/Zeit	Dezimal
13.1.1900 6:00	13,25
28.2.2002 03:45:00	37315,15625
10.10.2010	40461,00

Tabelle 7.4: Datums-/Zeitwerte und ihre dezimalen Umrechnungen

Die Tatsache, dass ein Datums- oder Zeitwert als solcher dargestellt wird, regelt das Zahlenformat: Mit der Eingabe eines erkennbaren Datums wird das Datumsformat *T.M.JJJJ* zugewiesen, die Zelle zeigt die serielle Zahl als Datumswert an. Wenn Sie einen Zeitwert im Format *Stunde:Minute* eingeben, erhält die Zelle den Formatierungscode *hh:mm*. Der Inhalt der Zelle bleibt eine serielle Zahl (bei Zeitwerten kleiner als 0), erst das Zahlenformat erzwingt die Anzeige von Datum und Zeit. Über ZELLEN/FORMAT lassen sich die Datums- und Zeitformate variieren, um beispielsweise führende Nullen (TT, hh), ausgeschriebene Monats- und Jahresbezeichnungen (MMM, JJJJ) und Wochentage (TTT, TTTT) anzuzeigen.

7.2.2 Praxisbeispiel: Zeitwerte über 24 Stunden berechnen

Wer die Excel-Zeitberechnung und die Zahlenformate verstanden hat, wird solche Aufgaben mühelos lösen können: Erfassen Sie Maschinenlaufzeiten in einer Tabelle und ziehen Sie abschließend die Zeilensummen.

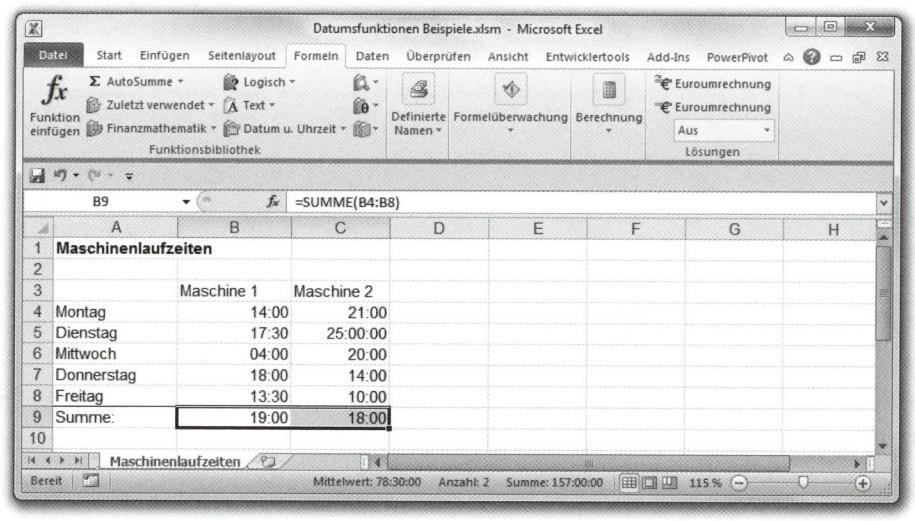

Abbildung 7.5: Die Summen sind berechnet.

333

Das Ergebnis ist falsch, zumindest optisch. In Zelle B9 müsste 67 stehen, in Zelle C9 der Wert 90. Die Erklärung:

Excel hat das Ergebnis der Summe, die Zahl 60, richtig interpretiert, nämlich als die ersten beiden Tage des internen Kalenders, der am 1.1.1900 beginnt (2 * 24 Stunden), und zusätzlich noch 19 Stunden des dritten Tages. Angezeigt wird aber nur der Zeitwert, weil das Zahlenformat *hh:mm* die Kalendertage nicht anzeigen kann. Verwenden Sie ein anderes Zahlenformat, wird der Sachverhalt deutlich:

```
T. M. JJJJ h:mm
Ergebnis: 2.1.1900 19:00
```

Zahlenformat für Zeitwerte über 24 Stunden

Excel hat für Zeitwerte über 24 Stunden eine zumindest optisch zufriedenstellende Lösung:

Mit dem Zahlenformat *[hh]* wird ein Zeitwert von mehr als 24 Stunden nicht in Tage umgerechnet, sondern als fortlaufende Stundenzahl angezeigt:

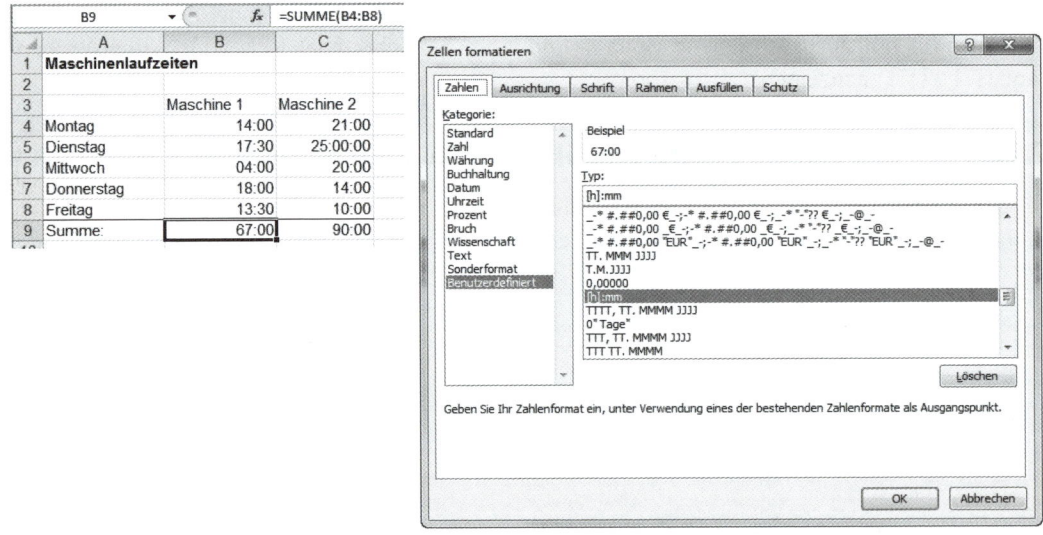

Abbildung 7.6: Der Zeitwert wird in Stunden umgerechnet.

Zeitwert in 24 Stunden umrechnen

Diese optische Stundensumme ist nicht immer die beste Lösung; wenn Sie die Tabelle exportieren, kann es passieren, dass sie in der Zieldatei nicht stimmt. Rechnen Sie Stundenwerte am besten in Dezimalzahlen um:

```
=SUMME(B4:B8)*24
```

Die Zelle muss für die Anzeige der Dezimalzahl natürlich vom Zeitformat [h]:mm auf Dezimal (0,00) umformatiert werden. Wenn Sie die Funktion TEXT() benutzen, können Sie die Summe auch ohne Dezimalumrechnung ausgeben:

```
=TEXT(SUMME(B4:B8);"[hh]:mm")
```

B11	▼		fx	=TEXT(SUMME(B4:B8);"[hh]:mm")		
	A	B	C	D	E	
1	**Maschinenlaufzeiten**					
2						
3		Maschine 1	Maschine 2			
4	Montag	14:00	21:00			
5	Dienstag	17:30	25:00:00			
6	Mittwoch	04:00	20:00			
7	Donnerstag	18:00	14:00			
8	Freitag	13:30	10:00			
9	Summe:	67:00	90:00			
10	Summe dezimal:	67	90			
11	Stunden:	67:00	90:00			

Abbildung 7.7: Der Zeitwert dezimal und mit Textfunktion wieder optisch umgewandelt

7.2.3 Rechnen mit Minuszeiten

Das perfekte Datums- und Zeitsystem von Excel hat einen kleinen Schönheitsfehler: Es kann keine Minuszeiten berechnen. Ein Beispiel: Schreiben Sie eine Anfangszeit und eine Endzeit, die vor der Anfangszeit liegt:

```
A1: 21:00
A2: 6:00
```

Berechnen Sie die Differenz zwischen den beiden Zeitwerten:

```
A3: =A2-A1
```

Das Ergebnis ist eine endlose Kette von #-Zeichen, und wenn Sie die Zeitberechnung richtig verstanden haben, lässt sich das Phänomen erklären:

Die Zeit 21:00 ist der erste halbe Tag im Kalender, also der 1.1.1900 um 12:00 mittags. Die zweite Zeit bedeutet am gleichen Tag 6:00 Uhr morgens. Ziehen Sie die ältere Zeit von der jüngeren ab, erhalten Sie einen Zeitwert vor dem 1. Januar 1900 und dafür hat Excel keinen Kalendertag mehr. Das erklärt den #-Fehler.

Abhilfe schaffen Sie, indem Sie mit einer WENN-Funktion prüfen, welche Zeit die größere ist, und entsprechend kalkulieren. Weisen Sie dem Ergebnis wieder das Zeitformat zu:

```
A4: =WENN(A2>A1;A2-A1;1-A1+A2)
```

Datums- und
Zeitfunktionen

A4	▾	⊙	*fx*	=WENN(A2>A1;A2-1;1-A1+A2)	
◢	A		B	C	
1	21:00				
2	06:00				
3	#########################	Differenz			
4	09:00	Negativzeit			

Abbildung 7.8: Negativzeiten mit WENN berechnen

Hinweis

Häufig wird für die Berechnung von Negativzeiten eine alternative Lösung angeboten, von der aber abzuraten ist, weil sie nicht zuverlässig funktioniert: Mit der Umstellung auf das 1904-Datumsformat gibt es einen Tag vor dem ersten Kalendertag und die Subtraktion eines größeren Zeitwerts von einem kleineren würde funktionieren. Aber – wie gesagt – nicht zuverlässig.

7.2.4 Negative Stundenwerte

Führt eine Berechnung zu einem negativen Stundenwert, dann bietet Excel ebenfalls die #-Kette als Ergebnis an, denn auch diese Werte lassen sich nicht darstellen. Der Grund ist derselbe wie bei Minuszeiten, der Excel-Kalender bietet keinen Tag, der vor dem 1. Tag liegt, und eine Zeit wie beispielsweise –5:00 kann nicht angezeigt werden.

Benutzen Sie für diese Berechnung folgenden Trick: Die Zahl wird negiert und mit der Textfunktion in einen Text umgewandelt. Dabei verwenden Sie das Zahlenformat für Zeitangaben und die korrekte Stundenzahl wird ausgegeben.

```
A1: 8:00
A2: 16:00
A3: =A1-A2
Ergebnis: ####
A3: =WENN(A1-A2<0;TEXT((A1-A2)*-1;"[h]:mm");TEXT(A1-A2;"[h]:mm"))
```

7.2.5 Praxisbeispiel: Arbeitszeiten und Überstunden berechnen

Arbeitszeiten, Rüstzeiten, Laufzeiten etc. sollten Sie konsequent mit Dezimalumrechnung bearbeiten, da eine optische Umwandlung über Zahlenformate, wie zuvor gesehen, zu Falschberechnungen führen kann. Die Betriebszeiterfassung bietet dem Verwalter die Möglichkeit, eine Liste mit den Arbeitszeiten der Mitarbeiter auszugeben, damit deren Löhne berechnet werden können. Folgende Liste mit Arbeitszeitdaten im Schichtbetrieb liegt vor:

	A	B	C	D
1	**Datum**	**Portier**	**Arbeitsbeginn**	**Arbeitsende**
2	03. Jan 10	Willi Bergmoser	07:00	23:00
3	03. Jan 10	Franz Moser	07:15	22:30
4	03. Jan 10	Hubert Weiss	23:00	07:00
5	03. Jan 10	Benno Dietrich	22:30	07:15
6	04. Jan 10	Walter Schulz	07:10	00:20
7	04. Jan 10	Rudolf Haberger	07:15	23:40
8	04. Jan 10	Franz Moser	00:20	07:30
9	04. Jan 10	Willi Bergmoser	23:40	08:00
10	07. Jan 10	Benno Dietrich	07:30	23:45
11	07. Jan 10	Hubert Weiss	08:00	00:15
12	07. Jan 10	Walter Schulz	23:45	07:10
13	07. Jan 10	Rudolf Haberger	00:15	07:30
14				

Arbeitszeiten / Da

Abbildung 7.9: Die Arbeitszeitliste mit Normalschicht und Nachtschicht

1. Berechnen Sie in Spalte E die Arbeitszeiten der Mitarbeiter:

   E2: =D2-C2

2. Kopieren Sie diese Formel mit dem Füllkästchen nach unten, erhalten Sie Negativzeiten in den Zeilen, in denen der Mitarbeiter über Mitternacht gearbeitet hatte.

3. Um den Tagessprung in der Formel zu berücksichtigen, muss diese eine Abfrage nach dem Größenverhältnis zwischen Arbeitsbeginn und Arbeitsende enthalten, so dass immer der kleinere Wert vom größeren abgezogen wird:

   E2: =WENN(D2>C2;D2-C2;1-C2+D2)

4. Der Arbeitsbeginn in C2 wird von einem ganzen Tag abgezogen (1–C2). Damit erhalten Sie die Zeit, die am ersten Tag gearbeitet wurde. Nun müssen Sie nur noch die Arbeitszeit des zweiten Tags (D2) hinzuzählen und das Ergebnis ist auch bei Tagessprüngen die korrekte Arbeitszeit.

Arbeitszeit dezimal

Die Zeit wird nach wie vor im Zeitformat ausgewiesen, kann aber, wenn dies erforderlich ist, jederzeit in eine Dezimalzahl umgewandelt werden. Multiplizieren Sie dazu jeden Operanden der Formel mit 24 und Sie erhalten das Ergebnis in der dezimalen Form. Perfekt wird das Ganze noch durch eine Rundung auf zwei Nachkommastellen:

F1: Arbeitszeit dezimal
F2:=RUNDEN(WENN(D2>C2;D2*24-C2*24;(1-C2)*24+D2*24);2)

Um aus den Dezimalzahlen wieder die Stunden und Minuten herauszurechnen, verwenden Sie die KÜRZEN-Funktion zum Abschneiden der Nachkommastellen:

G1: Arbeitsstunden
G2: =KÜRZEN(F2)
H1: Arbeitsminuten
H2: =KÜRZEN((F2-GANZZAHL(F2))*60)

Datums- und
Zeitfunktionen

337

H2		▾	f_x	=KÜRZEN((F2-GANZZAHL(F2))*60)			
	A	B	C	D	E	F	G	H

	A	B	C	D	E	F	G	H
1	Datum	Portier	Arbeitsbeginn	Arbeitsende	Arbeitszeit hh:mm	Arbeitszeit dezimal	Arbeitsstunden	Arbeitsminuten
2	03. Jan 10	Willi Bergmoser	07:00	23:00	16:00	16,00	16,00	0
3	03. Jan 10	Franz Moser	07:15	22:30	15:15	15,25	15,00	15
4	03. Jan 10	Hubert Weiss	23:00	07:00	08:00	8,00	8,00	0
5	03. Jan 10	Benno Dietrich	22:30	07:15	08:45	8,75	8,00	45
6	04. Jan 10	Walter Schulz	07:10	00:20	17:10	17,17	17,00	10
7	04. Jan 10	Rudolf Haberger	07:15	23:40	16:25	16,42	16,00	25
8	04. Jan 10	Franz Moser	00:20	07:30	07:10	7,17	7,00	10
9	04. Jan 10	Willi Bergmoser	23:40	08:00	08:20	8,33	8,00	19
10	07. Jan 10	Benno Dietrich	07:30	23:45	16:15	16,25	16,00	15
11	07. Jan 10	Hubert Weiss	08:00	00:15	16:15	16,25	16,00	15
12	07. Jan 10	Walter Schulz	23:45	07:10	07:25	7,42	7,00	25
13	07. Jan 10	Rudolf Haberger	00:15	07:30	07:15	7,25	7,00	15

Abbildung 7.10: Die Arbeitszeit in Stunden und Minuten umrechnen

Gesamtarbeitszeit berechnen

Für die Berechnung der Summe aller Arbeitsstunden haben Sie jetzt die Wahl: Entweder rechnen Sie die Summe der Zeitwerte aus und formatieren das Ergebnis so, dass die Stundenzahl gezeigt wird, oder Sie ermitteln die Summe der dezimalen Werte und wandeln diese in ein Zeitformat zurück:

```
E16: Gesamtarbeitszeit
F16: =KÜRZEN(SUMME(F2:F13))&" Stunden, "&GANZZAHL((SUMME(F2:F13)-
KÜRZEN(SUMME(F2:F13)))*60)&" Minuten"
```

7.3 Die Funktion HEUTE()

Die wichtigste Datumsfunktion ist die Funktion zur Ausgabe des Tagesdatums:

=HEUTE()

Die Klammer hinter der Funktion erfordert kein Argument und wird nie besetzt sein, sie dient nur dazu, die Funktion als solche zu kennzeichnen. HEUTE() gibt das Tagesdatum in der Form TT.MM.JJ wieder, das Datums-Zahlenformat wird der Zelle automatisch zugewiesen. Wenn Sie der Zelle das Zahlenformat *Zahl (0)* zuweisen, erkennen Sie, dass die Funktion die serielle Datumszahl einträgt.

> **Hinweis**
>
> Wenn das mit HEUTE() ermittelte Datum nicht korrekt ist, müssen Sie die Einstellungen von Datum und Uhrzeit in der Systemsteuerung von Windows korrigieren, denn aus dieser wird das Ergebnis bezogen. Sie können auch die Uhrzeit rechts unten in der Taskleiste doppelt anklicken und Datum und Uhr einstellen.

7.4 Die Funktion JETZT()

JETZT() liefert wie HEUTE() das Tagesdatum, bezogen aus der Systemzeit des Computers bzw. des Betriebssystems Windows. Im Unterschied zu HEUTE() liefert die Funktion auch noch die Tageszeit, zu der die Funktion eingegeben oder berechnet wurde. Da jede Funktion mit dem Öffnen der Tabelle automatisch neu berechnet wird, eignet sich JETZT() besonders gut für Terminblätter, Tageslisten, Agenden etc.

=JETZT()

Auch diese Funktion braucht keine Argumente zwischen den Klammern. Das Ergebnis wird als Datums- und Zeitwert dargestellt, das Zahlenformat lautet:

`TT.MM.JJ hh:mm (hh = Stunde, mm = Minute)`

Wollen Sie nur die aktuelle Uhrzeit sehen, weisen Sie der Zelle mit der Funktion das entsprechende Zahlenformat zu:

`hh:mm`

Oder ausführlicher mit Sekunden:

`hh:mm:ss`

JETZT() berechnet sich mit jeder Eingabe oder Änderung in einer Zelle automatisch neu, auch beim Öffnen einer Tabelle erhalten Sie den aktuellsten Zeitwert. Um die einmal ermittelte Zeit zu erhalten, wandeln Sie die Funktion sofort in ihren Wert um. Markieren Sie sie dazu in der Bearbeitungsleiste, drücken Sie `F9` und `↵`.

Die Uhrzeit wird mit jeder Neuberechnung der Tabelle aktualisiert, was bei jeder Zelleingabe, beim Öffnen der Mappe oder manuell mit der Funktionstaste `F9` ausgelöst wird.

7.4.1 Praxisbeispiel: Serverkosten aus Serverzeit ermitteln

1. Berechnen Sie die Kosten einer laufenden Serververbindung.

   ```
   A1: Serverstart
   B1: Tagesdatum und Uhrzeit
   A2: Kosten pro Minute
   B2: 1,5 ?
   A3: Aktuelle Uhrzeit:
   B3: =JETZT()
   ```

2. Berechnen Sie die laufenden Kosten, ziehen Sie dazu die Startzeit von der aktuellen Zeit ab, multiplizieren Sie das Ergebnis mit 24 und 60 (Stunden, Minuten) und mit dem Kostensatz:

   ```
   A4: laufende Kosten
   B4: =(B3-B1)*24*60*B2
   ```

Datums- und
Zeitfunktionen

339

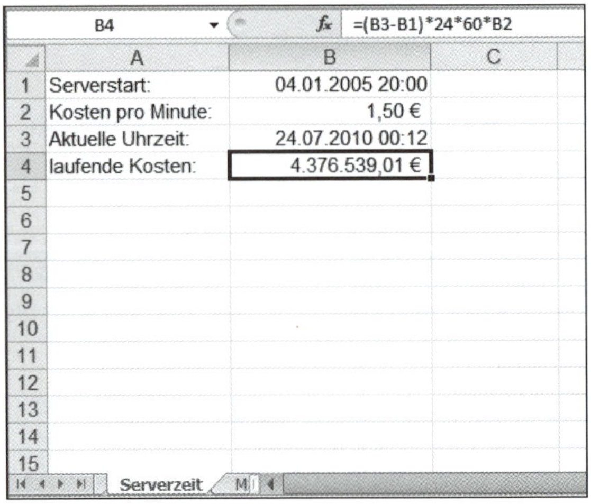

B4	▼	◉	f_x	=(B3-B1)*24*60*B2	

◢	A	B	C
1	Serverstart:	04.01.2005 20:00	
2	Kosten pro Minute:	1,50 €	
3	Aktuelle Uhrzeit:	24.07.2010 00:12	
4	laufende Kosten:	4.376.539,01 €	
5			
6			
7			
8			
9			
10			
11			
12			
13			
14			
15			

| ◄ ◄ ► ►| | Serverzeit | M | ◄ |

Abbildung 7.11: Die Kosten für die Servernutzung werden berechnet.

7.5 Die Funktion ARBEITSTAG()

Diese Funktion, die in der Vorgängerversion 2003 noch in den Analyse-Funktionen steckte, liefert das Datum vor oder nach einer bestimmten Zahl von Arbeitstagen. Im Unterschied zur normalen Addition oder Subtraktion von Tagen werden mit der Funktion nur die Arbeitstage berechnet.

=ARBEITSTAG(Ausgangsdatum;Tage;FreieTage)

Das Argument *Ausgangsdatum* bezeichnet einen Datumswert, einen Bereichsnamen oder eine Zelle mit einem Datumswert. Unter *Tage* geben Sie die Anzahl der Tage an, die auf das Datum gerechnet werden, und mit dem Argument *FreieTage* können Sie einen Bereich oder einen Bereichsnamen angeben, in dem sich Datumswerte befinden, die nicht zum Ergebnis gerechnet werden (Feiertage, Betriebsferien etc.).

```
A1: 1.3.2010
A2: =20
A3: =ARBEITSTAG(A1;A2)      Ergebnis: 29.03.2010
```

Formatieren Sie die Zielzelle mit dem Zahlenformat *TT.MMM.JJ*.

7.5.1 Praxisbeispiel: Urlaubstage berechnen

Ermitteln Sie die Anzahl der Urlaubstage, die Ihre Mitarbeiter belegen. Geben Sie das Anfangs- und das Enddatum an und ermitteln Sie, an welchem Tag der Mitarbeiter wieder in der Firma ist. Die Funktion ARBEITSTAG() addiert nur Wochentage von Montag bis Freitag.

	B3	▼	fx	=ARBEITSTAG(B1;B2)	
	A		B		C
1	Urlaubsbeginn:		Montag, 03. Mai 2010		
2	Anzahl Urlaubstage:		30 Tage		
3	wieder da am:		Montag, 14. Juni 2010		
4					
5					

Abbildung 7.12: Urlaubsberechnung: Die Wochentage werden addiert.

Die Berechnung wäre nicht ganz korrekt, sie berücksichtigt nämlich keine Feiertage oder anderen freien Tage. Mit dem dritten Argument beheben Sie den Fehler:

1. Erstellen Sie eine Liste mit Feiertags-Datumswerten.
2. Weisen Sie der Liste über EINFÜGEN/NAMEN/DEFINIEREN einen Bereichsnamen zu, zum Beispiel *FLISTE*.
3. Tragen Sie den Bereichsnamen in die Formel mit der ARBEITSTAG()-Funktion ein:

	B3	▼	fx	=ARBEITSTAG(B1;B2;FLISTE)	
	A	B	C	D	E
1	Urlaubsbeginn:	Montag, 03. Mai 2010			
2	Anzahl Urlaubstage:	30 Tage		Feiertagsliste 2010	
3	wieder da am:	Donnerstag, 17. Juni 2010		Fr, 01. Januar 2010	Neujahrstag
4				Mi, 06. Januar 2010	Dreikönigstag
5				Fr, 02. April 2010	Karfreitag
6				So, 04. April 2010	Ostersonntag
7				Mo, 05. April 2010	Ostermontag
8				Mo, 15. Februar 2010	Rosenmontag
9				Do, 13. Mai 2010	Chr. Himmelfahrt
10				So, 23. Mai 2010	Pfingstsonntag
11				Mo, 24. Mai 2010	Pfingstmontag
12				Do, 03. Juni 2010	Fronleichnam
13				So, 08. August 2010	Friedensfest (Augsburg)
14				So, 15. August 2010	Mariä Himmelfahrt
15				Mo, 01. November 2010	Allerheiligen
16				So, 03. Oktober 2010	Tag der d. Einheit
17				So, 31. Oktober 2010	Reformationsfest
18				Mi, 17. November 2010	Buß- und Bettag
19				Sa, 25. Dezember 2010	1. Weihnachtsfeiertag
20				So, 26. Dezember 2010	2. Weihnachtsfeiertag
21					
22					
23					
24					

Abbildung 7.13: Die Urlaubsberechnung, jetzt korrekt mit Feiertagen

Feiertage

Um das Argument *FreieTage* korrekt zu besetzen, brauchen Sie eine Feiertagsberechnung, die auch die unterschiedlichen Regelungen der einzelnen Bundesländer berücksichtigt. Auf der CD zum Buch finden Sie eine solche Feiertagsberechnung. Kopieren Sie das Tabellenblatt *Feiertage* in Ihre Mappe, weisen Sie den Werten in Spalte E den Bereichsnamen FLISTE zu und verwenden Sie diesen für das Argument *FreieTage* (siehe Kapitel 7.20: Kalender und Feiertagberechnung).

Datums- und
Zeitfunktionen

CD-ROM

Feiertagsberechnung für Deutschland: *FeiertageDeutschland.xlsx*

Feiertagsberechnung für Österreich: *FeiertageOesterreich.xlsx*

7.6 Die Funktion ARBEITSTAG.INTL()

Diese Funktion liefert die fortlaufende Zahl eines Datums vor oder nach einer definierten Anzahl von Arbeitstagen. Im Unterschied zu ARBEITSTAG() kann mit einem zusätzlichen Argument bestimmt werden, welche und wie viele Tage als Wochenendtage behandelt werden, die damit nicht als Arbeitstage zählen. Diese Funktion kommt zum Einsatz bei Datumsberechnungen für Länder mit unterschiedlichen Wochenenden. In Dubai gelten zum Beispiel für alle staatlichen Einrichtungen Freitag und Samstag als Wochenendtage.

=ARBEITSTAG.INTL(Anfangsdatum; Tage; [Wochenende]; [Freie_Tage])

Ausgangsdatum ist das Startdatum. Das Argument muss ein Datum oder eine serielle Zahl sein, die sich in ein gültiges Datum umwandeln lässt.

Tage ist die Anzahl der Arbeitstage vor oder nach dem Ausgangsdatum. Ein positiver Wert ist ein zukünftiges Datum, negative Werte sind zurückliegende Datumswerte. Mit Null wird das Ausgangsdatum verwendet.

Wochenende ist eine Wochenendnummer oder eine Zeichenfolge, die den Fall von Wochenenden angibt.

Im Argument *FreieTage* können Sie einen Bereich oder einen Bereichsnamen angeben, in dem sich Datumswerte befinden, die nicht zum Ergebnis gerechnet werden (z.B. Feiertage).

Wochenendnummer	Wochenendtage
1 oder nicht angegeben	Samstag, Sonntag
2	Sonntag, Montag
3	Montag, Dienstag
4	Dienstag, Mittwoch
5	Mittwoch, Donnerstag
6	Donnerstag, Freitag
7	Freitag, Samstag
11	Nur Sonntag
12	Nur Montag
13	Nur Dienstag
14	Nur Mittwoch

Tabelle 7.5: Wochenendtage für ARBEITSTAG.INTL()

Wochenendnummer	Wochenendtage
15	Nur Donnerstag
16	Nur Freitag
17	Nur Samstag

Tabelle 7.5: Wochenendtage für ARBEITSTAG.INTL() (Forts.)

7.6.1 Praxisbeispiel: Arbeitstagberechnung mit flexiblen Wochenenden

In diesem Beispiel wurden die unterschiedlichen Wochenendregelungen mit Hilfe von Optionsfeldern abgebildet. Diese Formularelemente stammen aus der Gruppe *Steuerelemente/Formularelemente* im Register ENTWICKLERTOOLS. Jedes Optionsfeld hat mit der Zelle E17 die gleiche Ausgabeverknüpfung, eine WAHL()-Funktion setzt diese in den für die Funktion ARBEITSTAG.INTL() benötigten Parameter um:

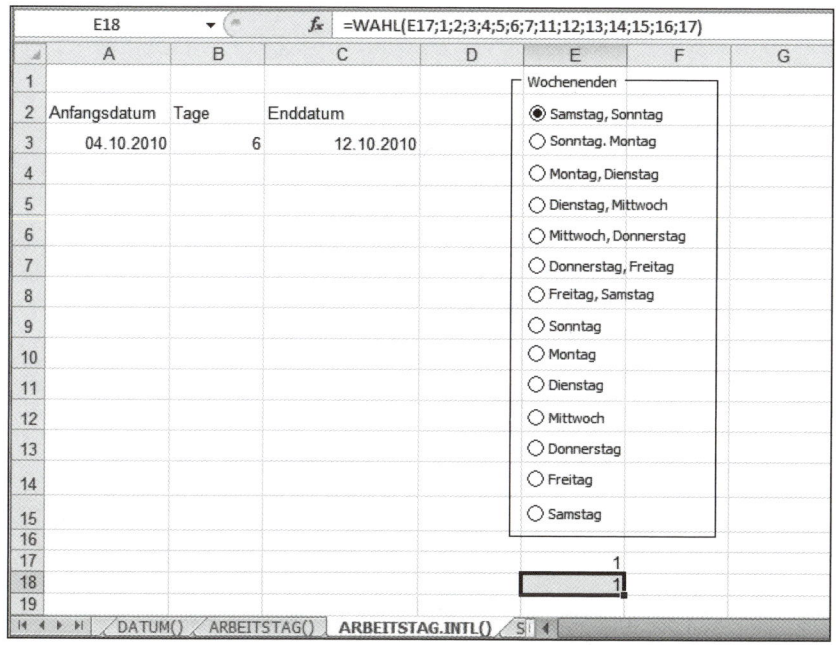

Abbildung 7.14: Wochenendregelung mit Optionsfeldern

Tragen Sie in Zelle A3 das Ausgangsdatum ein und in Zelle B3 die Anzahl der nachfolgenden oder vorherigen Tage (z.B. 6 bzw. -6). Die Funktion berechnet das Datum des nächsten Arbeitstags mit dem eingestellten Wochenendparameter.

```
=ARBEITSTAG.INTL(A3;B3;E18)
```

Datums- und Zeitfunktionen

343

7.6.2 Bitmuster für Wochenendregelung

Alternativ zur Angabe eines Wochenendparameters kann das Argument auch ein Bitmuster enthalten, in dem eine 1 für den jeweiligen Wochenendtag, beginnend mit dem Januar steht. Das Bitmuster muss 7 Stellen groß sein, diese Formel würde Samstag und Sonntag als Wochenende bestimmen:

```
=ARBEITSTAG.INTL(A3;B3;"0000011")
```

In diesem Beispiel kommt das Steuerelement Kontrollkästchen aus den Formularelementen in den Entwicklertools zum Einsatz. Jedes Kontrollkästchen hat seine eigene Ausgabeverknüpfung, die mit WAHR (angekreuzt) oder FALSCH (nicht angekreuzt) belegt ist. Ein Textverknüpfung sammelt diese Ausgaben (=G2&G3 ..) und die Funktion WECHSELN() wandelt WAHR und FALSCH in 0 und 1 um:

```
G10: =WECHSELN(WECHSELN(G2&G3&G4&G5&G6&G7&G8;"WAHR";1);"FALSCH";0)
```

Jetzt kann die Funktion das so entstandene Bitmuster übernehmen:

```
C3: =ARBEITSTAG.INTL(A3;B3;G10)
```

Abbildung 7.15: Wochenendregelung mit Kontrollkästchen und Bitmuster

Ein passendes Bitmuster lässt sich übrigens einfach mit der Funktion DEZINBIN() herstellen:

```
=DEZINBIN(Zahl;7)
```

Berechnen Sie die Zahl mit der Formel Zahl*2+1, erhalten Sie ein fortlaufendes Bitmuster mit allen möglichen Kombinationen für das Wochenendargument.

◢	I	J
1	Nr	Bitmuster
2	1	0000001
3	3	0000011
4	7	0000111
5	15	0001111
6	31	0011111
7	63	0111111
8	127	1111111

◢	I	J
1	Nr	Bitmuster
2	1	=DEZINBIN(I2;7)
3	=I2*2+1	=DEZINBIN(I3;7)
4	=I3*2+1	=DEZINBIN(I4;7)
5	=I4*2+1	=DEZINBIN(I5;7)
6	=I5*2+1	=DEZINBIN(I6;7)
7	=I6*2+1	=DEZINBIN(I7;7)
8	=I7*2+1	=DEZINBIN(I8;7)

Abbildung 7.16: Bitmuster, mit DEZINBIN() berechnet

7.7 Die Funktion BRTEILJAHRE()

Diese Funktion liefert die Zeitspannen zwischen dem *Ausgangsdatum* und dem *Enddatum* als Bruchteil von Jahren. Das Ergebnis ist eine Dezimalzahl. Die Funktion wird u.a. für Zinsberechnungen im unterjährigen Bereich verwendet.

=BRTEILJAHRE(Ausgangsdatum;Enddatum;Basis)

Im Argument *Basis* wird bestimmt, wie das Jahr berechnet wird:

Basis	Berechnung
0 oder nicht angegeben	Monat mit 30 Tagen, Jahr mit 360 Tagen
1	Tagesgenau für Monat und Jahr
2	Tagesgenauer Monat, Jahr mit 360 Tagen (üblich in USA)
3	Tagesgenauer Monat, Jahr mit 365 Tagen
4	Monat mit 30 Tagen, Jahr mit 360 Tagen (üblich in Europa)

Tabelle 7.6: Basis für BRTEILJAHRE()

```
A1: 1.1.2010
A2: 30.6.2010
A3: =BRTEILJAHRE(A1;A2;0)      Ergebnis: 0,5
```

7.8 Die Funktion DATUM()

Diese Funktion ermittelt ein Datum aus den Komponenten Jahr, Monat und Tag.

=DATUM(Jahr;Monat;Tag)

Im Argument *Jahr* geben Sie eine Zelle, einen Bereichsnamen oder eine Jahreszahl an. Das Argument *Monat* erhält eine Zelle, einen Bereichsnamen oder eine Zahl für den Monat. Diese Zahl muss zwischen 1 und 12 liegen. Das Argument *Tag* erhält eine Zelle, einen Bereichsnamen oder eine Zahl, die zwischen 1 und 31 liegen muss.

In der Praxis werden Sie die Zahlen für die Argumente aus weiteren Kalkulationen oder aus Verknüpfungen beziehen.

Diese Funktion liefert die serielle Zahl aus einem Datumstext, genauer gesagt aus drei Argumenten, die das Jahr, den Monat und den Tag für das Datum liefern. Ein Beispiel: Die Raten für einen Kredit sind monatlich an jedem 5. fällig. Berechnen Sie, auf welchen Wochentag dieser fällt.

```
A1: Jahr
A2: Monat:
A3: fällig am:
B1: 2005
B2: 1
B3: =DATUM($B$1;B2;5)
```

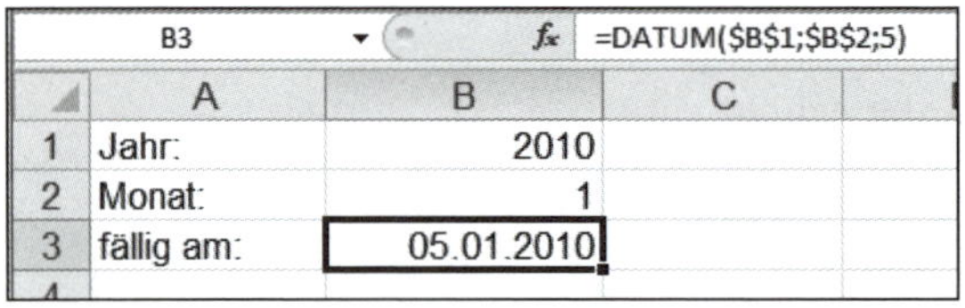

Abbildung 7.17: Das Datum wird aus drei Konstanten konstruiert.

7.8.1 Praxisbeispiel: Alter aus Geburtsdatum berechnen

Für die Berechnung des Alters einer Person aus dem Geburtsdatum gibt es mehrere Ansätze. Sie können das Jahr des Geburtsdatums vom Jahr des Tagesdatums abziehen:

```
A1: 10.10.1960
A2: =HEUTE()
A3: =JAHR(A2)-JAHR(A1)
```

Sie können die beiden Datumswerte einfach voneinander subtrahieren und das Ergebnis mit dem Zahlenformat *JJ* versehen. Die damit berechnete Anzahl Tage, die zwischen den beiden Datumswerten liegt, wird so in Jahren ausgedrückt:

```
A1: 10.10.1960
A2: =HEUTE()
A3: =A2-A1                      Zahlenformat: JJ
```

Alle Berechnungen dieser Art funktionieren nicht perfekt. Eine Person, die am 10.10.1960 geboren ist, ist am 9.10. des aktuellen Jahres (2007) noch 46 Jahre alt, erst ab dem 10.10.2007 ist sie 47 Jahre alt. Das berücksichtigen die beiden vorgestellten Methoden nicht immer.

Mit der DATUM-Funktion können Sie eine perfekte, auf den Tag genaue Altersberechnung durchführen. Der Schlüssel dazu ist der Vergleich zwischen dem Tagesdatum und dem Geburtstag der Person im aktuellen Jahr:

```
A1: 10.10.1960
A2: =HEUTE()
```

Geburtstag in diesem Jahr:

```
=DATUM(JAHR(HEUTE());MONAT(A1);TAG(A1))
```

1. Erstellen Sie eine Mitarbeiterliste, schreiben Sie die Namen in Spalte A und die Geburtstage in Spalte B.
2. Schreiben Sie in Spalte C die Formel, die das Geburtsdatum berechnet. Eine WENN-Funktion prüft ab, ob der aktuelle Geburtstag vor dem Tagesdatum liegt, und subtrahiert eine 1 von der Jahreszahlberechnung. Ist der Geburtstag noch nicht gefeiert, wird das Jahr des Geburtstags vom aktuellen Jahr abgezogen.

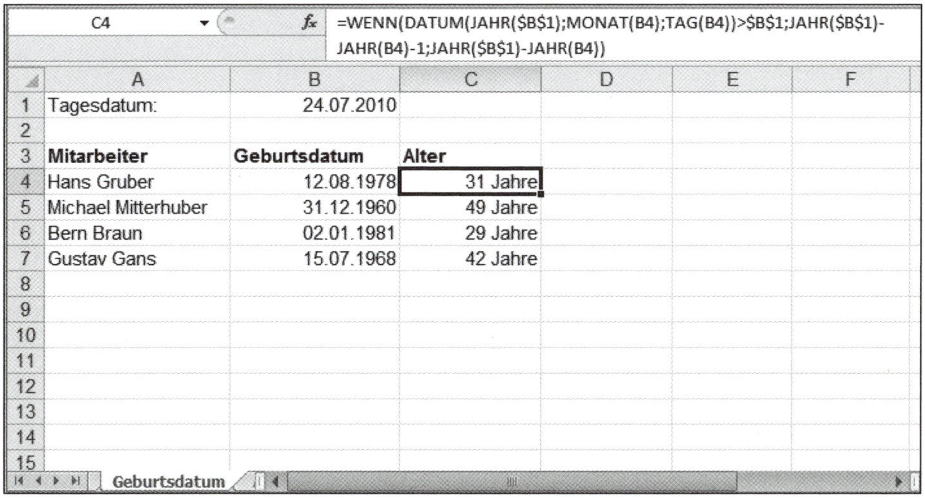

C4		f_x	=WENN(DATUM(JAHR($B$1);MONAT(B4);TAG(B4))>$B$1;JAHR($B$1)-JAHR(B4)-1;JAHR($B$1)-JAHR(B4))			
	A	B	C	D	E	F
1	Tagesdatum:	24.07.2010				
2						
3	**Mitarbeiter**	**Geburtsdatum**	**Alter**			
4	Hans Gruber	12.08.1978	31 Jahre			
5	Michael Mitterhuber	31.12.1960	49 Jahre			
6	Bern Braun	02.01.1981	29 Jahre			
7	Gustav Gans	15.07.1968	42 Jahre			
8						
9						
10						
11						
12						
13						
14						
15						

Abbildung 7.18: Die Altersberechnung mit DATUM und WENN

7.8.2 Praxisbeispiel: monatliche Stundenabrechnung

Für die Abrechnung von Teilzeitkräften, für Handwerker und Freiberufler ist der Stundenzettel mit einer Monatsübersicht obligatorisch. Erstellen Sie sich eine Vorlage, in der Jahr und Monat eingestellt werden können und die alle Datumswerte des Monats automatisch berechnet.

1. Schreiben Sie das aktuelle Jahr in die erste Zeile:

```
A1: Jahr
B1: 2010
```

2. Schreiben Sie den aktuellen Monat als Zahl in die zweite Zeile und berechnen Sie den Monat des Jahres.

```
A2: Monat:
B2: 1
C2: =DATUM($B$1;$B$2;1)
```

3. Formatieren Sie C1 mit einem benutzerdefinierten Zahlenformat, das nur den Monat ausweist:

```
MMMM
```

4. Schreiben Sie die Namen der Mitarbeiter in die zweite Spalte (ab Zeile 5).

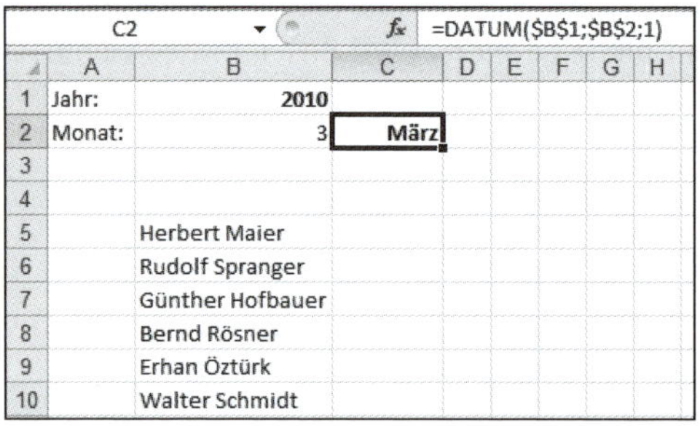

Abbildung 7.19: Die Mitarbeiterliste ist vorbereitet, der Monat wird aus der Monatszahl berechnet.

Für eine Datumsleiste, die alle Tage des eingestellten Monats enthält, verwenden Sie wieder die DATUM()-Funktion. Den Tageswert konstruieren Sie über die Spaltennummer mit der Funktion SPALTE() (abzüglich 2, weil die erste Formel in Spalte 3 steht).

```
C3: =DATUM($B$1;$B$2;SPALTE()-2)
C4: =C3
```

1. Formatieren Sie C3 mit dem Zahlenformat TT und C4 mit TTT. Damit erhalten Sie in der ersten Reihe die Wochentage in Zahlenform und in der zweiten in Textform.
2. Kopieren Sie die beiden Formeln nach rechts bis zur Spalte AG und verkleinern Sie die Spalten entsprechend.

Die Auswahl des Jahres und der Monatszahl können Sie über ein Drehfeld automatisieren:

1. Aktivieren Sie dazu die ENTWICKLERTOOLS (DATEI-Menü, OPTIONEN) und wählen Sie STEUER-ELEMENTE/EINFÜGEN.

2. Zeichnen Sie je ein Drehfeld, klicken Sie es mit der rechten Maustaste an und wählen Sie STEUERELEMENT FORMATIEREN.

3. Weisen Sie dem Drehfeld eine Unter- und Obergrenze zu und wählen Sie die ZELLVERKNÜPFUNG.

	Jahr	Monat
Minimalwert	2010	1
Maximalwert	2050	12
Zellverknüpfung	$B$1	$B$2

Tabelle 7.7: Eigenschaften des Steuerelements Drehfeld

Wenn Sie die Markierung auf eine Zelle setzen, können Sie das Drehfeld bedienen. Klicken Sie auf die Pfeile, um das Jahr oder den Monat zu ändern. Die Tageswerte passen sich automatisch der neuen Auswahl an. Mit der Gliederungsfunktion (DATEN/GLIEDERUNG) können Sie die Spalten mit den Tageswerten noch in eine Ebene packen und diese per Klick auf die Ebenennummer links außen ausblenden.

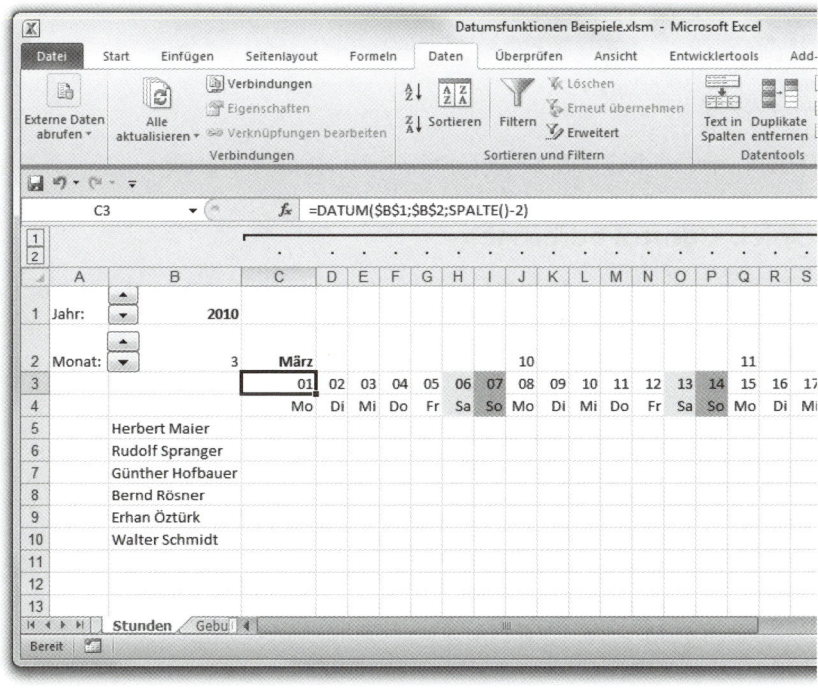

Abbildung 7.20: Monatsstundenabrechnung mit Drehfeld für Jahr und Monat

7.9 Die Funktionen JAHR(), MONAT() und TAG()

Mit diesen Funktionen analysieren Sie ein Datum und geben den entsprechenden Wert in dezimaler Form aus:

=JAHR(Datum)
=MONAT(Datum)
=TAG(Datum)

Das Argument *Datum* steht für einen Datumswert, der aus einer Zelle bezogen wird, von einem Bereichsnamen stammt oder direkt in Anführungszeichen in die Funktion geschrieben wird. Das Ergebnis ist ein Dezimalwert, das Zahlenformat STANDARD wird dem Ergebnis automatisch zugewiesen.

```
A1: 25.6.2005
A2: = JAHR(A1)          Ergebnis: 2005
A3: = MONAT(A1)         Ergebnis: 6
A4: =TAG(A1)            Ergebnis: 25
A5: =DATUM(A2;A3;A4)    Ergebnis: 25.6.2005
```

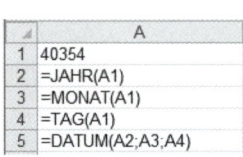

	A
1	25.06.2010
2	2010
3	6
4	25
5	25.06.2010

	A
1	40354
2	=JAHR(A1)
3	=MONAT(A1)
4	=TAG(A1)
5	=DATUM(A2;A3;A4)

Abbildung 7.21: Das Datum wird in drei Teile zerlegt und wieder zusammengefügt.

7.9.1 Praxisbeispiel: Quartal berechnen

In welches Quartal ein Datum fällt, lässt sich nicht direkt mit einer Funktion berechnen (außer mit DATEDIF, siehe Abschnitt 7.9). Diese Formel schafft es:

- Jan – Mrz = 1. Quartal
- Apr – Jun = 2. Quartal
- Jul – Sep = 3. Quartal
- Okt – Dez = 4. Quartal

```
A1: 23.5.2010
A2: =AUFRUNDEN(MONAT(A1)/3;0)&". Quartal" Ergebnis: 2. Quartal
```

7.9.2 Praxisbeispiel: Geburtstagsliste sortieren

Die Mitarbeiterliste aus der Personalabteilung weist leider nur die Geburtstage der Kollegen aus, eine Übersicht darüber, wer an welchem Tag und in welchem Monat Geburtstag hat, gibt es nicht. Zum Glück kennen Sie schon ein paar Datumsfunktionen, um diese Liste komfortabel zu gestalten:

	A	B	C
1		**Mitarbeiterliste**	
2	Name	Vorname	Geburtsdatum
3	Malle	Rainer	04.10.1982
4	Paul	Sonja	03.11.1980
5	Hüssel	Karsten	13.01.1943
6	Hüssel	Markus	30.09.1967
7	Scholl	Sven	02.05.1961
8	Greininger	Daniela	27.10.1967
9	Weizenkeim	Ute	12.06.1980
10	Siegle	Tanja	15.02.1975
11	Höchel	Dirk	01.01.1978
12	Jagelsberger	Monika	10.08.1966
13	Volkmann	Uli	15.05.1980
14	Schell	Tanja	30.08.1965
15	Berg	Alette	19.04.1964

Abbildung 7.22: Die Geburtstagsliste muss analysiert werden.

1. Schreiben Sie die Überschriften für den Auswertungsbereich:

   D1: Geburtstagsauswertung
   D2: ="Geburtstag "&JAHR(HEUTE())
   E21: Wochentag
   F2: Monat

2. Den Geburtstag des ersten Mitarbeiters im aktuellen Jahr berechnen Sie über diese Formel:

   D3: =DATUM(JAHR(HEUTE());MONAT(C3);TAG(C3))

   Der Wochentag dieses Geburtstags ist schnell ermittelt:

   E3: =WOCHENTAG(D3)

3. Den Monat können Sie einfach mit dem Zahlenformat MMMM aus dem Geburtstag berechnen oder über einen Index aus einer Monatsliste. Erstellen Sie im Bereich H1:H12 eine Liste vom Januar bis zum Dezember und weisen Sie dieser Liste mit FORMEL/DEFINIERTE NAMEN/ NAMEN DEFINIEREN den Bereichsnamen *Monate* zu.

4. Jetzt können Sie den Monat des Geburtsdatums mit einer Kombination aus INDEX() und MONAT() berechnen:

   F3: =INDEX(Monate;MONAT(C3))

Damit haben Sie alle nötigen Formeln für den ersten Mitarbeiter erstellt, kopieren Sie diese mit dem Füllkästchen auf die übrigen Zeilen.

Datums- und
Zeitfunktionen

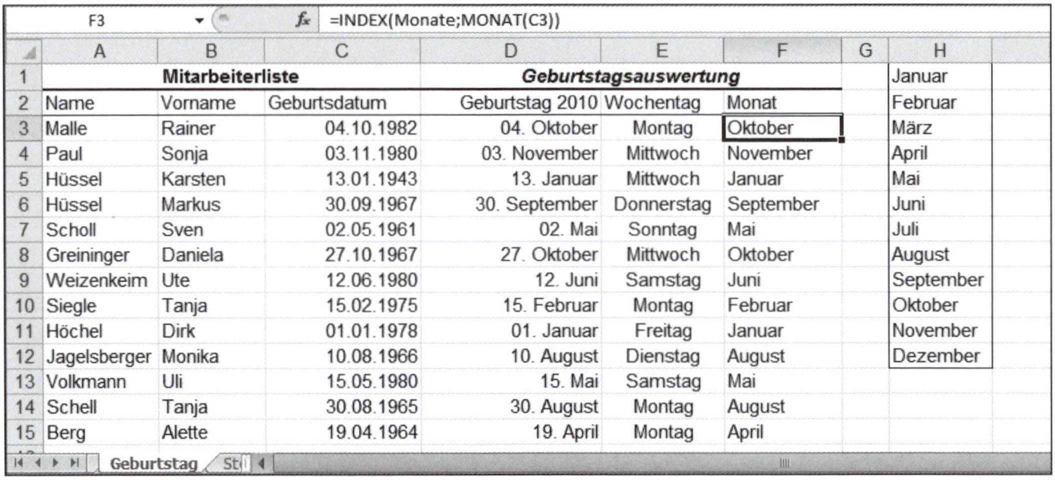

| F3 | ▼ | ● | ƒx | =INDEX(Monate;MONAT(C3)) | | | |

◢	A	B	C	D	E	F	G	H
1		**Mitarbeiterliste**			**Geburtstagsauswertung**			Januar
2	Name	Vorname	Geburtsdatum	Geburtstag 2010	Wochentag	Monat		Februar
3	Malle	Rainer	04.10.1982	04. Oktober	Montag	Oktober		März
4	Paul	Sonja	03.11.1980	03. November	Mittwoch	November		April
5	Hüssel	Karsten	13.01.1943	13. Januar	Mittwoch	Januar		Mai
6	Hüssel	Markus	30.09.1967	30. September	Donnerstag	September		Juni
7	Scholl	Sven	02.05.1961	02. Mai	Sonntag	Mai		Juli
8	Greininger	Daniela	27.10.1967	27. Oktober	Mittwoch	Oktober		August
9	Weizenkeim	Ute	12.06.1980	12. Juni	Samstag	Juni		September
10	Siegle	Tanja	15.02.1975	15. Februar	Montag	Februar		Oktober
11	Höchel	Dirk	01.01.1978	01. Januar	Freitag	Januar		November
12	Jagelsberger	Monika	10.08.1966	10. August	Dienstag	August		Dezember
13	Volkmann	Uli	15.05.1980	15. Mai	Samstag	Mai		
14	Schell	Tanja	30.08.1965	30. August	Montag	August		
15	Berg	Alette	19.04.1964	19. April	Montag	April		

◄ ◄ ► ►◄ | Geburtstag / Sti◄ ◄

Abbildung 7.23: Die Geburtstagsauswertung ist erstellt.

Wenn Sie jetzt noch den Bereich A2:F15 markieren und mit dem AUTOFILTER die Filterpfeile auf die Überschriften setzen, können Sie für jeden Monat eine Geburtstagsliste herausfiltern und ausdrucken.

7.10   Die Funktion WOCHENTAG()

Tabellen, die mit Datums- und Zeitwerten rechnen, berücksichtigen in der Praxis auch die Unterscheidung der Wochentage Montag bis Freitag von den Wochenendtagen Samstag und Sonntag. Mit der Funktion WOCHENTAG() lässt sich der Wochentag aus einem Datumswert ermitteln:

=WOCHENTAG(Zahl:Typ)

Das Argument *Zahl* steht für einen Zellbezug mit einem Datum, einen Bereichsnamen oder eine Zahl, die als Datumswert zu interpretieren ist. Mit *Typ* geben Sie an, welches Berechnungsverfahren Sie anwenden wollen. Das zweite Argument ist optional, wird es nicht angegeben, nimmt Excel den Standardtyp 1.

```
A1: 12.8.07
A2: =WOCHENTAG(A1)          Ergebnis: 1
```

Typ	Zahl
1 oder nicht angegeben	Zahl 1 (Sonntag) bis 7 (Samstag); verhält sich wie frühere Microsoft-Excel-Versionen
2	Zahl 1 (Montag) bis 7 (Sonntag)
3	Zahl 0 (Montag) bis 6 (Sonntag)

Tabelle 7.8: Varianten des Typs für die WOCHENTAG-Funktion

7.10.1 Zahlenformat für den Wochentag

Die Funktion liefert mit dem Standardtyp einen Zahlenwert von 1 (Sonntag) bis 7 (Samstag). Da der 1. Januar 1900, der erste Tag des Excel-Kalenders, ein Sonntag war, können Sie die Zahl einfach mit dem Zahlenformat formatieren und erhalten die korrekte Anzeige des Wochentags:

1. Öffnen Sie die Zahlenformatliste unter START//ZAHL.
2. Schalten Sie um auf MEHR.
3. Geben Sie unter BENUTZERDEFINIERT dieses neue Zahlenformat ein:

   TTTT

Berechnen Sie mit der Funktion WOCHENTAG() die Wochentage von Datumswerten aus dem Kalender, Geburtsdatum, Lieferdatum usw. Auf welche Wochentage einige Feiertage im aktuellen Jahr fallen, zeigt Ihnen diese Funktion:

```
A1: Jahr
B1: 2010
B4: Tag d. Einheit
C4: =TEXT(WOCHENTAG(DATUM($B$1;10;3));"TTTT")
```

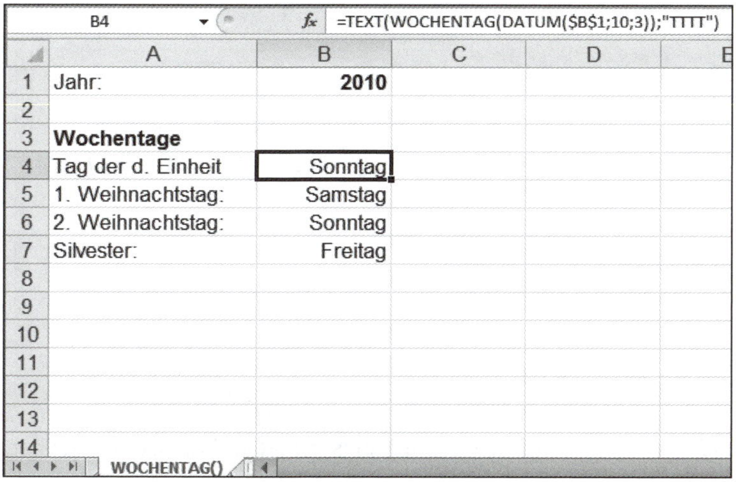

Abbildung 7.24: Wochentage von Feiertagen berechnen

7.10.2 Praxisbeispiel: Wochentage im Kalender kennzeichnen

Die Stundenabrechnung weist alle Tage des in Zelle B1 eingetragenen Monats aus. Damit Sie die Wochenenden von den Wochentagen unterscheiden können, weisen Sie allen Samstagen und Sonntagen ein bedingtes Format zu, das diese Datumswerte farbig kennzeichnet:

1. Markieren Sie im Stundenzettel die Datumsreihe im Bereich C3:AG4.

2. Wählen Sie START/FORMATVORLAGEN/BEDINGTE FORMATIERUNG/NEUE REGEL.

3. Schalten Sie auf den Regeltyp FORMEL ... um und tragen Sie diese Formel ein, die abprüft, ob die Zelle leer ist und ob das Datum auf einen Samstag (Wochentag 7) fällt:

   `=UND(C3>0;WOCHENTAG(C3)=7)`

4. Klicken Sie auf FORMATIEREN und wählen Sie ein passendes Muster für alle Samstage.

5. Klicken Sie auf *OK* und erstellen Sie eine zweite Regel mit der Formel für die Sonntage:

   `=UND(C3>0;WOCHENTAG(C3)=1)`

6. Wählen Sie auch für diese Bedingung ein passendes Muster und bestätigen Sie mit OK.

7. Damit sind alle markierten Zellen mit dem Bedingungsformat versehen, die Datumswerte an Wochenenden werden mit den gewählten Mustern ausgezeichnet.

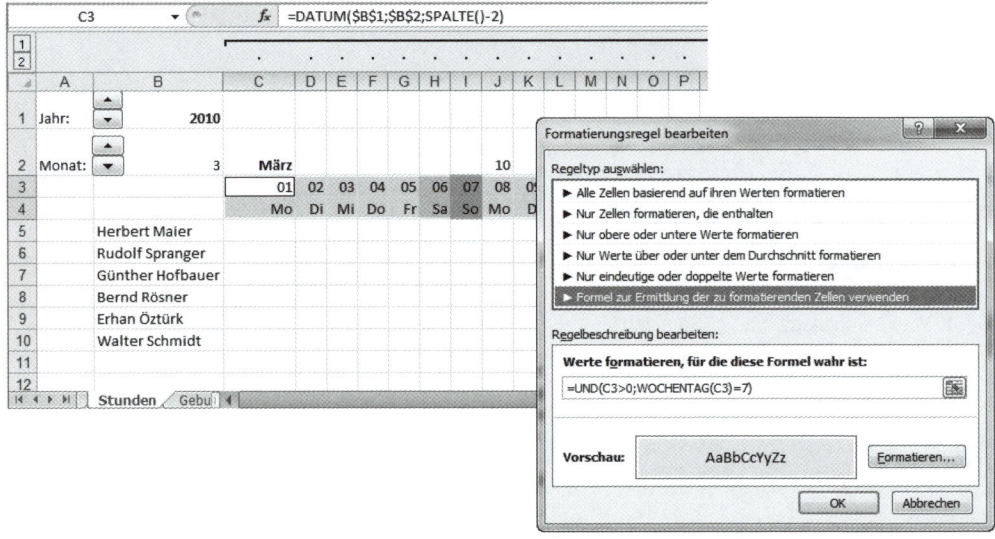

Abbildung 7.25: Wochenendtage werden mit dem Bedingungsformat farbig gekennzeichnet.

7.10.3 Praxisbeispiel: Stundenabrechnung nach Wochentag

Füllen Sie einen Monatsstundenzettel aus, tragen Sie die Stunden der einzelnen Mitarbeiter in die Spalten unter den Tageswerten ein. Für die Auswertung der Stunden wechseln Sie in den Bereich der Spalte AH.

> **Tipp**
>
> Wenn Sie die Spalten C:AG markieren und mit DATEN/GLIEDERUNG/GRUPPIEREN eine Ebene tiefer schalten, können Sie alle Datumswerte per Klick auf die Gruppierungsebene aus- und wieder einblenden.

1. Schreiben Sie die Überschriften für die Stundenauswertung:

   AH3: Wochenstundenauswertung
   AH4: Gesamt
   AI4:AM4: Zahlenreihe von 2 bis 6, Zahlenformat TTTT.

2. Summieren Sie die Wochenstunden des ersten Mitarbeiters:

   AH5: =SUMME(C5:AG5)

3. Schreiben Sie eine Formel, die alle Wochenstunden summiert, die auf einen Montag fallen:

   AI5: =SUMME(WENN(WOCHENTAG($C$4:$AG$4)=AI$4;$C5:$AG5;"")))

4. Schließen Sie diese Formel mit $\boxed{\text{Strg}}$ + $\boxed{\text{⇧}}$ + $\boxed{\text{↵}}$ ab, da es sich um eine Matrixformel handelt. Kopieren Sie die Formel in AH5 nach unten bis zur Zelle AH10. Kopieren Sie die Formel in AI5 nach rechts bis AM5, markieren Sie AI5:AM10 und kopieren Sie die Formel nach unten bis zur Zeile 10.

Halten Sie die absoluten und relativen Bezüge in der Ausgangsformel unbedingt ein, sonst können Sie die Formel nicht korrekt kopieren.

	AI5	▼	f_x	{=SUMME(WENN(WOCHENTAG($C$4:$AG$4)=AI$4;$C5:$AG5;""))}			
				➕			
	A	B	AI	AJ	AK	AL	AM	AN
1	Jahr:	2010						
2	Monat:	3						
3					Wochenstundenauswertung			
4			Montag	Dienstag	Mittwoch	Donnerstag	Freitag	
5		Herbert Maier	8					
6		Rudolf Spranger		6				
7		Günther Hofbauer	5					
8		Bernd Rösner			8			
9		Erhan Öztürk						
10		Walter Schmidt						

Abbildung 7.26: Die Wochentagsstunden werden über eine Matrixformel berechnet.

7.11 Die Funktion DATEDIF()

Mit der DATEDIF-Funktion können Sie Differenzen zwischen zwei Datumswerten berechnen und diese in unterschiedlichen Formaten ausweisen. Diese Funktion gibt es zwar schon seit Langem, sie ist aber in keiner Excel-Version dokumentiert.

Achtung

Nutzen Sie die Funktion deshalb mit Vorsicht. Fehler können nicht ausgeschlossen werden. DATEDIF rechnet in einigen Fällen mit 31 Tagen für jeden Monat.

= DATEDIF(Startdatum;Enddatum;Zeiteinheit)

Das *Startdatum* und das *Enddatum* ist eine Zelle, ein Bereichsname oder ein Datumswert in Anführungszeichen, das Startdatum muss größer oder gleich dem Enddatum sein, sonst gibt die Funktion einen Fehler zurück. Die *Zeiteinheit* ist ein Schalter für die zurückzugebende Zeiteinheit. Sie muss in englischen Kürzeln und in Anführungszeichen übergeben werden:

Zeiteinheit	Beschreibung
y	Anzahl kompletter Jahre
m	Anzahl kompletter Monate
d	Anzahl der Tage
md	Unterschied in Tagen, wobei Monate und Jahre ignoriert werden
ym	Unterschied in Monaten, Tage und Jahre bleiben unberücksichtigt
yd	Unterschied in Tagen, wobei die Jahre ignoriert werden

Tabelle 7.9: Varianten des Arguments Zeiteinheit

Im Folgenden sehen Sie einige Anwendungsbeispiele für die Funktion.

Das Alter in Jahren berechnen

Das Alter einer Person in Jahren können Sie immer aktuell aus der Differenz des Geburtsdatums zum heutigen Datum mit der Zeiteinheit Jahre berechnen:

```
A1: Geburtsdatum
B1: 23.5.1967
A2: Alter:
B2: =DATEDIF(B1;HEUTE();"y")
```

Mit der Kombination mehrerer Zeiteinheiten können Sie das Alter sogar ganz detailliert ausgeben:

```
=DATEDIF(B1;HEUTE();"y") & " Jahre, " & DATEDIF(B1;HEUTE();"ym") &
" Monate, und" & DATEDIF(B1;HEUTE();"md") & " Tage"
```

	B3	▼ (	*fx*	=DATEDIF(B1;HEUTE();"y") & " Jahre, " & DATEDIF(B1;HEUTE();"ym")		
				& " Monate und " & DATEDIF(B1;HEUTE();"md") & " Tage"		

⊿	A	B	C	D	E	F
1	Geburtsdatum:	23.05.1967				
2	Alter:	43				
3	Alter exakt:	43 Jahre, 2 Monate und 1 Tage				
4						

Abbildung 7.27: Das Alter berechnen über DATEDIF()

Wie viele Tage sind es noch bis Weihnachten?

```
A1: =DATUM(JAHR(HEUTE());12;24)
A2: =DATEDIF(HEUTE();A1;"d")
```

Die Funktion funktioniert aber nur, wenn das Tagesdatum noch vor dem Weihnachtsdatum liegt. Optimieren Sie die Funktion:

```
=WENNFEHLER(DATEDIF(HEUTE();A2;"d"));"")
```

7.12 Die Funktion KALENDERWOCHE()

Die Berechnung der Kalenderwoche ist speziell in Terminblättern, Kalendern und Dienstplänen von Bedeutung. Leider schafft es Microsoft nicht, Excel mit einer korrekten Kalenderwochenberechnung nach DIN zu versehen. Bis zur Version 2003 gab es die Funktion nur mit dem Parameter *Datum*, das Ergebnis war (meist) falsch, weil die Funktion nach dem amerikanischen Prinzip immer die Woche mit dem 1. Januar als erste Kalenderwoche annahm.

Ab Version 2007 wurde die Funktion um einen Parameter erweitert, der die verschiedenen Systeme berücksichtigen sollte. In Excel 2007 konnte man laut Beschreibung mit dem zweiten Parameter bestimmen, ob die Woche an einem Sonntag oder an einem Montag beginnen soll (was das Problem überhaupt nicht löste).

=KALENDERWOCHE(Datum;Rückgabe)

Das Argument *Datum* steht für eine Zelle mit Datumswert, einen Bereichsnamen, der auf ein Datum verweist, oder ein Datum in Anführungszeichen. Das Argument *Rückgabe* ist eine Zahl zwischen 1 und 2 und laut Online-Hilfe soll er in Excel 2010 das Berechnungssystem umschalten:

Datums- und Zeitfunktionen

357

Rückgabe	Bedeutung
1 oder keine Angabe	Die Woche, die den ersten Januar enthält, ist die Kalenderwoche 1.
2	Die Woche, die den ersten Donnerstag des Jahres enthält, ist die Kalenderwoche 1 (nach DIN).

Tabelle 7.10: Varianten des Arguments Rückgabe

Die Argumentbeschreibung ist zwar jetzt richtig, die Formel rechnet aber immer noch falsch. Hier ein Beispiel:

```
A1: 1.1.2010
A2: =KALENDERWOCHE(A1)          Ergebnis: 1
```

Das Ergebnis ist falsch, der 1. Januar 2010 war ein Freitag, er fiel noch in die 53. Kalenderwoche des Vorjahres.

7.12.1 Kalenderwochenermittlung nach DIN

Der Wochenbeginn ist seit 1976 auf einen Montag festgelegt. Laut DIN 1355 (von 1974) muss die erste Kalenderwoche des Jahres mindestens vier der ersten sieben Januartage enthalten. Die Woche, in die der 4. Januar fällt, ist demnach die erste Kalenderwoche (auch niedergeschrieben in ISO 8601 von 1988, EN 28601 von 1992 und DIN EN28601 von 1993). So berechnen Sie die Kalenderwoche nach der DIN-Norm:

```
A1: 1.1.2010
A2: =KÜRZEN((A1-WOCHENTAG(A1;2)-DATUM(JAHR(A1+4-WOCHENTAG(A1;2));1;-10))/7)
Ergebnis: 53
```

7.12.2 Montag einer Kalenderwoche ermitteln

In den meisten Kalenderanwendungen wie Terminblättern werden nur die Montage der Kalenderwochen ausgewiesen, da jede KW mit einem Montag beginnt. Mit dieser Funktion berechnen Sie diesen Wochentag. Das Jahr steht in A1, die KW in Zelle A2:

```
A1: 2010
A2: 3
A3: =DATUM(A1;1;7*A2-3-WOCHENTAG(DATUM(A1;;);3))
Ergebnis: Montag, 17.01.2010
```

Erstellen Sie eine Übersicht über die Tage des aktuellen Jahres, die auf den Anfang einer Kalenderwoche fallen:

1. Geben Sie die Jahreszahl in die Zelle A1 ein.
2. Schreiben Sie eine Zahlenreihe von 1 bis 53 in die erste Spalte.
3. Erstellen Sie in Spalte B eine Formel, die den ersten Tag der Kalenderwoche aus Spalte A berechnet.

Das Zahlenformat *TTT, TT. MM. JJ* weist den Datumswerten den Wochentag zu, der bei richtiger Berechnung immer ein Montag ist.

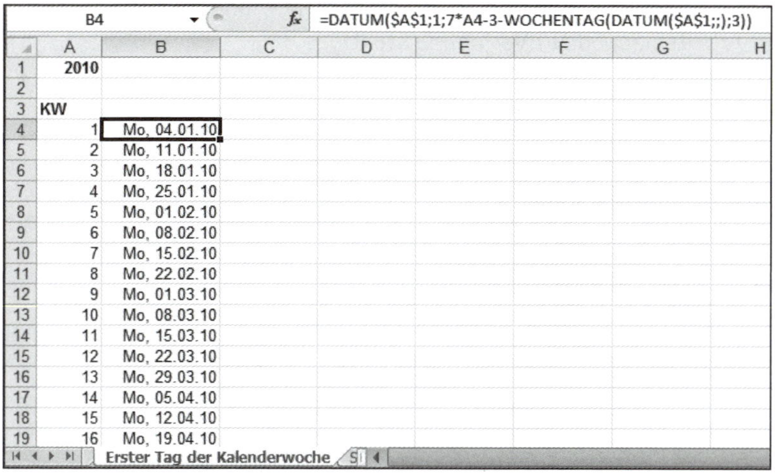

B4 =DATUM($A$1;1;7*A4-3-WOCHENTAG(DATUM($A$1;;);3))

	A	B
1	2010	
2		
3	KW	
4	1	Mo, 04.01.10
5	2	Mo, 11.01.10
6	3	Mo, 18.01.10
7	4	Mo, 25.01.10
8	5	Mo, 01.02.10
9	6	Mo, 08.02.10
10	7	Mo, 15.02.10
11	8	Mo, 22.02.10
12	9	Mo, 01.03.10
13	10	Mo, 08.03.10
14	11	Mo, 15.03.10
15	12	Mo, 22.03.10
16	13	Mo, 29.03.10
17	14	Mo, 05.04.10
18	15	Mo, 12.04.10
19	16	Mo, 19.04.10

Erster Tag der Kalenderwoche

Abbildung 7.28: So beginnen alle Kalenderwochen des Jahres.

7.12.3 Praxisbeispiel: Kalenderwoche in der Stundenabrechnung

Die Stundenabrechnung, die wir in den Beispielen zu den Funktionen DATUM() und WOCHENTAG() erstellt hatten, sollte neben den Tagesdatumswerten auch die Kalenderwoche ausweisen. In Zeile 2 sollte die KW des Tagesdatums aus Zeile 3 stehen, aber nur dann, wenn dieses auf einen Montag fällt. Schreiben Sie diese Funktion und kopieren Sie sie auf die restlichen Spalten (C:AG):

```
=WENN(WOCHENTAG(D3)=2;KÜRZEN((D3-WOCHENTAG(D3;2)-DATUM(JAHR(D3+4-WOCHENTAG(D3;2));
1;-10))/7);"")
```

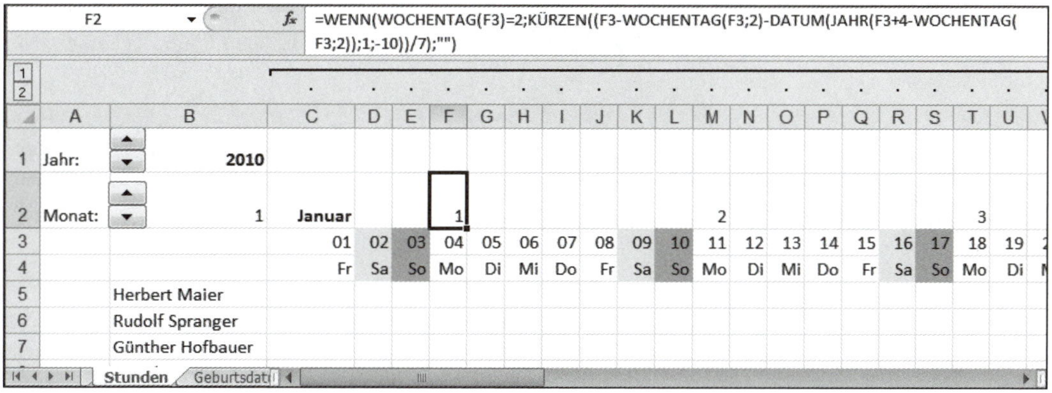

F2 =WENN(WOCHENTAG(F3)=2;KÜRZEN((F3-WOCHENTAG(F3;2)-DATUM(JAHR(F3+4-WOCHENTAG(F3;2));1;-10))/7);"")

	A	B	C	D	E	F	G	H	I	J	K	L	M	N	O	P	Q	R	S	T	U
1	Jahr:	2010																			
2	Monat:	1	Januar			1							2							3	
3			01	02	03	04	05	06	07	08	09	10	11	12	13	14	15	16	17	18	19
4			Fr	Sa	So	Mo	Di	Mi	Do	Fr	Sa	So	Mo	Di	Mi	Do	Fr	Sa	So	Mo	Di
5		Herbert Maier																			
6		Rudolf Spranger																			
7		Günther Hofbauer																			

Stunden / Geburtsdat

Abbildung 7.29: Die Kalenderwoche wird in der Stundenabrechnung berechnet.

7.12.4 Kalenderwoche mit VBA-Funktion berechnen

Wenn Sie sich die voluminöse Formel für die Kalenderwoche nach DIN-Norm nicht merken können, bleibt noch die Möglichkeit, die Funktion zu programmieren, und zwar so, dass sie automatisch in allen neuen Arbeitsmappen zur Verfügung steht:

1. Legen Sie eine neue Arbeitsmappe an.
2. Aktivieren Sie mit ⌈Alt⌉+⌈F11⌉ den Visual Basic Editor.
3. Wählen Sie EINFÜGEN/MODUL.
4. Schreiben Sie diese Funktion in das Modul:

```
Function KW(Datum)
    KW = DatePart("ww", Datum, vbMonday, vbFirstFourDays)
End Function
```

Listing 7.1: Funktion zur Berechnung der Kalenderwoche nach DIN-Norm

5. Speichern Sie die Arbeitsmappe entweder als Vorlage ab (DATEI-Menü, SPEICHERN UNTER, Dateityp EXCEL-VORLAGE) oder als Add-in (siehe *Kapitel 15 »Eigene Funktionen schreiben«*).

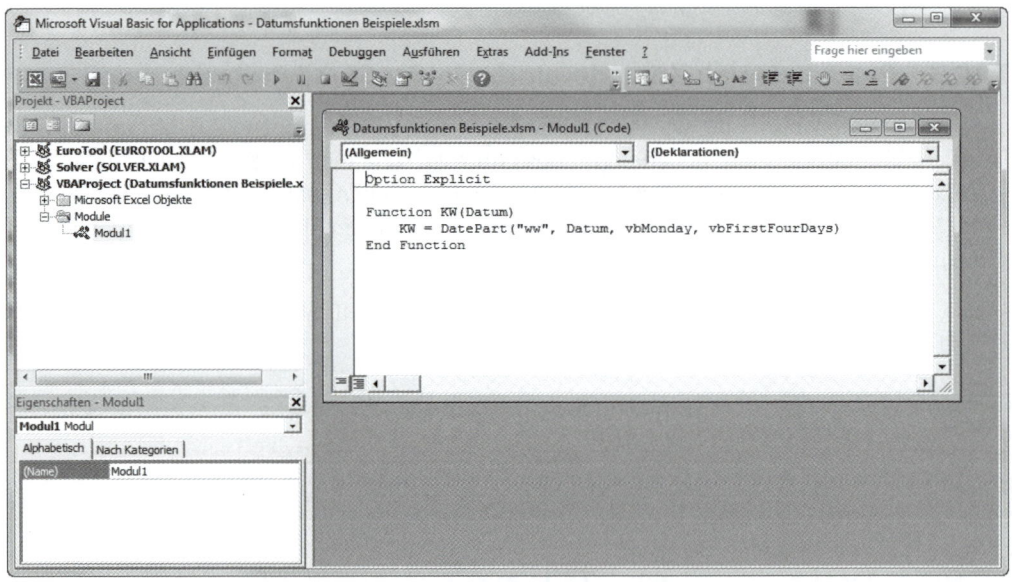

Abbildung 7.30: Das VBA-Makro berechnet die Kalenderwoche ebenfalls korrekt.

7.13 Die Funktion DATWERT()

Mit dieser Funktion wird ein Text in ein Datum umgewandelt. Der Text muss als Datum erkennbar sein, das Ergebnis ist die serielle Datumszahl des Datums.

=DATWERT(Datumstext)

Das Argument *Datumstext* ist ein Zellbezug, ein Bereichsname oder ein Text in Anführungszeichen. Es muss ein für Excel erkennbares und berechenbares Datum in Textform enthalten. Das Argument darf kein »echtes« Datum sein, es muss mit einem Text besetzt sein.

```
A1: =TEXT(HEUTE();"T.M.JJ")
A2: =DATWERT(A1)                 Ergebnis: Datumszahl des Tagesdatums
```

Um einen Zellinhalt für die Funktion brauchbar zu machen, weisen Sie das Datum in der Zelle als Text aus. Zwei Möglichkeiten gibt es:

- Formatieren Sie die Zelle mit dem Zahlenformat TEXT (FORMAT/ZELLEN/BENUTZERDEFINIERT, Format: @).
- Geben Sie als erstes Zeichen einen Apostroph (') ein. Damit erklären Sie das Datum in der Zelle zum Text.

7.13.1 Praxisbeispiel: Der letzte Werktag im Monat

Welcher Wochentag fällt auf den letzten Tag des Monats? Eine wichtige Frage für Lohn- und Spesenabrechnungen u.Ä., in denen auf den letzten Werktag zurückgerechnet werden muss. Sie können wahlweise das Datum oder die Bezeichnung des Monats als Ausgangsbasis verwenden. Berechnen Sie den Wochentag mithilfe dieser Funktionen:

Funktion	Erklärung
=WOCHENTAG(Bezug)	Berechnet den Wochentag aus einem Datum.
=DATWERT(Text)	Berechnet den Datumswert aus einem Text.
=MONATSENDE(Ausgangsdatum;Monate)	Ermittelt den letzten Tag eines Monats (siehe folgende Abschnitte).

Tabelle 7.11: Funktionen für die Werktagsberechnung

Die erste Variante berechnet den Wochentag des letzten Tags im Monat aus der Monatsbezeichnung:

1. Tragen Sie in die erste Zelle (A1) den Monatsnamen *Januar* ein.
2. Ziehen Sie das Füllkästchen rechts unten am Zellzeiger nach unten, bis der Dezember angezeigt und in die Zelle eingetragen wird.
3. Geben Sie in Zelle B1 folgende Formel ein:

   ```
   =MONATSENDE(DATWERT("1."&A1&".10");0)
   ```

4. Füllen Sie den Rest der Spalte mit einem Doppelklick auf das Füllkästchen auf.

Datums- und Zeitfunktionen

Die nächste Formel ermittelt den letzten Werktag im Monat. Dazu wird der Wochentag des letzten Tages überprüft und falls dieser auf einen Samstag (Wert 1) oder Sonntag (Wert 7) fällt, subtrahiert die Formel die passende Anzahl Tage:

```
C1: =WAHL(WOCHENTAG(B1);B1-2;B1;B1;B1;B1;B1;B1-1)
```

Die beiden Spalten mit den Wochentagen formatieren Sie über FORMAT/ZELLEN mit einem benutzerdefinierten Zahlenformat, so dass die Montage bis Samstage auch sichtbar werden:

```
TTTT, TT.MM
```

Wenn Sie nur die abweichenden Tage sehen wollen, lassen Sie einfach die Zellangabe B1 für die WAHL-Positionen 2–6 weg.

	A	B	C	D	E
		C2	f_x =WAHL(WOCHENTAG(B2);B2-2;B2;B2;B2;B2;B2-1)		
1	**Monat**	**letzter Tag**	**letzter Werktag**		
2	Januar	So, 31.01.10	Fr, 29.01.10		
3	Februar	So, 28.02.10	Fr, 26.02.10		
4	März	Mi, 31.03.10	Mi, 31.03.10		
5	April	Fr, 30.04.10	Fr, 30.04.10		
6	Mai	Mo, 31.05.10	Mo, 31.05.10		
7	Juni	Mi, 30.06.10	Mi, 30.06.10		
8	Juli	Sa, 31.07.10	Fr, 30.07.10		
9	August	Di, 31.08.10	Di, 31.08.10		
10	September	Do, 30.09.10	Do, 30.09.10		
11	Oktober	So, 31.10.10	Fr, 29.10.10		
12	November	Di, 30.11.10	Di, 30.11.10		
13	Dezember	Fr, 31.12.10	Fr, 31.12.10		
14					
15					
	DATWERT()				

Abbildung 7.31: Der letzte Werktag der Woche wird ermittelt.

7.14 Die Funktion EDATUM()

Diese Funktion liefert die Datumszahl eines Tags, der n Monate vor oder hinter dem Ausgangsdatum liegt.

=EDATUM(Anfangsdatum;Anzahl_Monate)

Das Argument *Anfangsdatum* steht für einen Zellbezug, einen Bereichsnamen oder ein Datum in Anführungszeichen und muss ein in Excel gültiges Datum sein. Unter *Anzahl_Monate* geben Sie eine dezimale Zahl ein. Diese Anzahl Monate wird auf das Anfangsdatum addiert.

```
A1: 12.3.2010
A2: =EDATUM(A1;2)              Ergebnis: 12.5.10
```

Wenn Sie einen Zeitraum berechnen wollen, der eine Anzahl Monate vor dem Ausgangsdatum liegt, geben Sie die Zahl mit Minuszeichen ein. Diese Funktion berechnet das Datum, das fünf Monate vor dem Ausgangsdatum liegt:

```
=EDATUM(A1;-5)
```

7.15 Die Funktion MONATSENDE()

Diese Funktion liefert die fortlaufende Zahl des letzten Tags eines Monats, der die angegebene Anzahl Monate vom Ausgangsdatum entfernt ist.

=MONATSENDE(Ausgangsdatum;Anzahl_Monate)

Das Argument *Anfangsdatum* steht für einen Zellbezug, einen Bereichsnamen oder ein Datum in Anführungszeichen und muss ein in Excel gültiges Datum sein. Unter *Anzahl_Monate* geben Sie eine dezimale Zahl ein. Diese Anzahl Monate wird auf das Anfangsdatum addiert, das Ergebnis ist das Datum des letzten Tags des Monats.

```
A1: 3.5.2010
A2: =MONATSENDE(A1;0)          Ergebnis: 31.5.2010
```

Wenn Sie das Monatsende des Monats berechnen wollen, in den das Datum selbst fällt, geben Sie im letzten Argument eine Null an.

7.15.1 Praxisbeispiel: Schaltjahre berechnen

Welche Jahre ab Beginn der Excel-Kalenderrechnung sind oder waren Schaltjahre? Diese Frage lässt sich einfach beantworten, Sie brauchen dazu eine Zahlenreihe, die Funktion DATUM() und die Funktion MONATSENDE():

1. Schreiben Sie *Jahr* in die Zelle A1 und *Schaltjahr* in B1.
2. Schreiben Sie diese Formel in die Zelle A2:

   ```
   =ZEILE()+1898
   ```

3. Ziehen Sie das Füllkästchen am Zellzeiger von A2 bis zur Zeile 202 nach unten.
4. Schreiben Sie diese Formel in die Zelle B2:

   ```
   B2: =WENN(TAG(MONATSENDE(DATUM(A2;2;1);0))=29;DATUM(A2;2;29);"")
   ```

5. Kopieren Sie die Formel per Doppelklick auf das Füllkästchen bis zur letzten Jahreszahl nach unten.
6. Formatieren Sie die Spalte B mit dem Zahlenformat *TTTT, TT.MM.JJ*.
7. Schalten Sie für die Liste den AUTOFILTER ein und filtern Sie die nicht leeren Zellen aus der Spalte B.

Damit zeigt die Liste nur Jahreszahlen von Schaltjahren an und in Spalte B lesen Sie den Wochentag des 29. Februar ab.

Datums- und
Zeitfunktionen

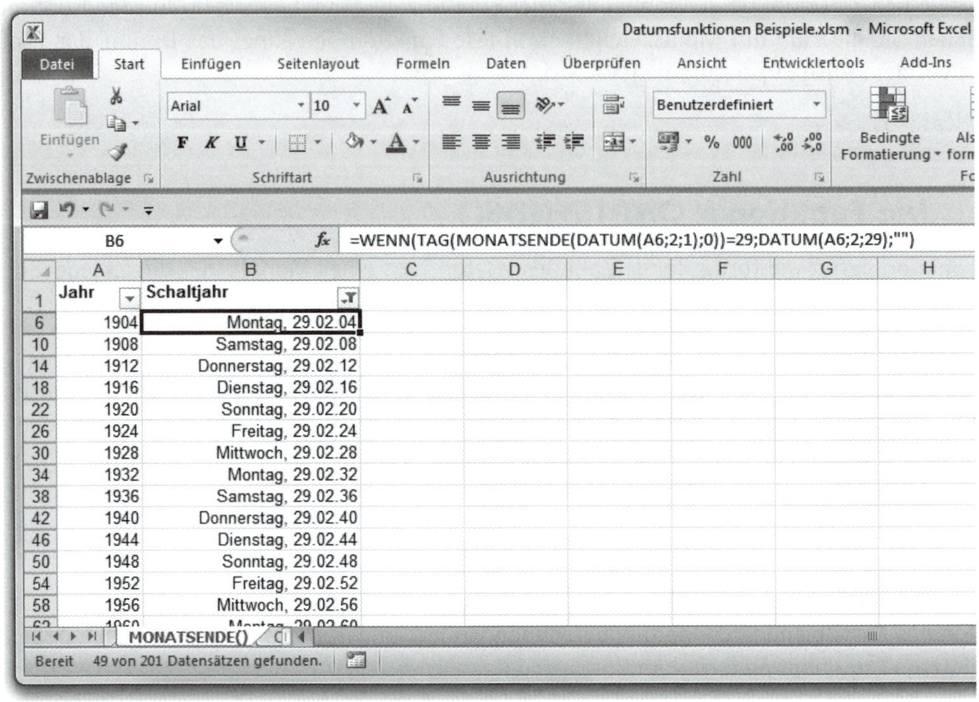

Abbildung 7.32: Schaltjahre berechnen und Liste filtern

7.16 Die Funktion NETTOARBEITSTAGE()

Die Funktion NETTOARBEITSTAGE(), die in der Vorgängerversion noch zu den Analyse-Funktionen gehörte, zählt die Tage, die zwischen zwei Datumswerten liegen und nicht auf einen Samstag oder Sonntag fallen. Mit Angabe eines weiteren Arguments können Sie auch noch zusätzliche freie Bereiche wie Urlaubstage, Feiertage, Betriebsferien etc. angeben:

=NETTOARBEITSTAGE(Anfangsdatum;Enddatum;Freie_Tage)

Die Argumente *Anfangsdatum* und *Enddatum* bezeichnen einen Zellbezug, einen Bereichsnamen oder ein Datum in Anführungszeichen. Das Argument *Freie_Tage* bezeichnet einen Bereichsnamen oder einen Zellbereich, in dem Datumswerte oder Dezimalzahlen hinterlegt sind.

```
A1: 1.1.2010
A2: 31.12.2010
A3: =NETTOARBEITSTAGE(A1;A2)    Ergebnis: 261
```

Wenn Sie zusätzlich zu den Samstagen und Sonntagen auch noch Feiertage, Betriebsferien oder andere freie Tage herausrechnen wollen, schreiben Sie diese Datumswerte in einen Bereich und geben diesen im dritten Argument an:

```
C1: 1.1.10
C2: 6.1.10
C3: 3.10.10
A3: =NETTOARBEITSTAGE(A1;A2;C1:C3)Ergebnis: 258
```

> **Tipp**
>
> Weisen Sie dem Bereich für die freien Tage am besten einen Bereichsnamen zu (FORMEL/DEFINIERTE NAMEN/NAMEN DEFINIEREN) und tragen Sie im dritten Argument den Namen ein:
>
> A3: =NETTOARBEITSTAGE(A1;A2;FreieTage)

7.16.1 Praxisbeispiel: Produktionsübersicht

Erste Voraussetzung für termingerechte Lieferungen ist eine Terminliste mit Anfangs- und Enddatum, in der die Zeitdaten korrekt berechnet werden. Legen Sie für eine Druckerei eine Produktionsübersicht zu den anstehenden Projekten an und berechnen Sie die Dauer der Projekte sowohl in Kalendertagen als auch in Arbeitstagen.

Schreiben Sie die Projektdaten in eine neue Tabelle.

	A	B	C	D
1	Produktionsübersicht			
2				
3	Bestellung	Beginn	Ende	Kalendertage
4	Broschüre "SportLife"	12.01.2010	16.01.2010	5 Tage
5	Versandhaus-Katalog "ROWA"	15.03.2010	31.03.2010	17 Tage
6	Siemens-Prospekt "Vario"	03.02.2010	10.02.2010	8 Tage
7	M&T-Buch "Bild für Bild Excel"	10.01.2010	10.02.2010	32 Tage

Abbildung 7.33: Produktionsübersicht für die Druckerei

Für die Berechnung der Nettotage brauchen Sie eine Liste der Feiertage des aktuellen Jahres. Sie können diese Liste in einem freien Bereich der Tabelle anlegen oder die Feiertagsberechnung aus einer Arbeitsmappe holen, die auch die Auswahl des Bundeslands ermöglicht.

> **CD-ROM**
>
> Öffnen Sie *FeiertageDeutschland.xlsx* von der CD zum Buch. Die Feiertagsberechnung für Österreich finden Sie unter *FeiertageOesterreich.xlsx*. In Kapitel 7.20 ist der Feiertagsrechner beschrieben.

Weisen Sie den Datumswerten mit den Feiertagen den Bereichsnamen Feiertage zu.

8. Tragen Sie den Bereichsnamen *Feiertagsliste* ein und bestätigen Sie mit OK.

| Feiertage | ▼ | f_x | =DATUM($A$1;1;1)*I2 |

	A	B	C	D	E	F
1	2010		Bundesland		Feiertage 2010 Bayern – überwiegend kath. Bevölkerung	
2		○	Baden-Württemberg		Fr 01. Januar	Neujahrstag
3		○	Bayern		Mi 06. Januar	Hl. Drei Könige
4		⦿	Bayern – überwiegend kath. Bevölkerung		Do 01. April	Karfreitag
5		○	Bayern Stadtkreis Augsburg		So 04. April	Ostersonntag
6		○	Berlin		Mo 05. April	Ostermontag
7		○	Brandenburg		Sa 01. Mai	Tag der Arbeit
8		○	Bremen		Do 13. Mai	Christi Himmelfahrt
9		○	Hamburg		So 23. Mai	Pfingstsonntag
10		○	Hessen		Mo 24. Mai	Pfingstmontag
11		○	Mecklenburg-Vorpommern		Do 03. Juni	Fronleichnam
12		○	Niedersachsen			
		○	Nordrhein-Westfalen			

Abbildung 7.34: Die Feiertagsliste berechnet die Feiertage nach Bundesland.

Jetzt können Sie die Kalendertage und die tatsächlichen Arbeitstage berechnen, die für die einzelnen Projekte benötigt werden:

1. Tragen Sie Anfangs- und Enddatumswerte für die Projekte ein.

2. Schreiben Sie diese Formel in die Zelle D4:

    =C4-B4+1

3. Schreiben Sie die Formel zur Berechnung der Nettotage in die Zelle E4. Die Funktion erhält die beiden Datumswerte und im dritten Argument die Liste der Feiertage. Die Anzahl der Feiertage, die nicht auf Samstage oder Sonntage fallen, wird von den berechneten Kalendertagen abgezogen:

    =NETTOARBEITSTAGE(B4;C4;Feiertagsliste)

Die Formeln werden auf die übrigen Projektzeilen kopiert und die Berechnung ist komplett.

| E4 | ▼ | f_x | =NETTOARBEITSTAGE(B4;C4;Feiertage) |

	A	B	C	D	E
1	Produktionsübersicht				
2					
3	Bestellung	Beginn	Ende	Kalendertage	Netto-Tage
4	Broschüre "SportLife"	12.01.2010	16.01.2010	5 Tage	4 Tage
5	Versandhaus-Katalog "ROWA"	15.03.2010	31.03.2010	17 Tage	13 Tage
6	Siemens-Prospekt "Vario"	03.02.2010	10.02.2010	8 Tage	6 Tage
7	M&T-Buch "Bild für Bild Excel"	10.01.2010	10.02.2010	32 Tage	23 Tage

Abbildung 7.35: Kalendertage und Nettotage sind berechnet.

7.17   Die Funktion NETTOARBEITSTAGE.INT()

Diese Funktion liefert die Anzahl der Arbeitstage zwischen zwei Datumswerten. Im Unterschied zu NETTOARBEITSTAGE() wird ein zusätzlicher Parameter für die Angabe der Tage verwendet, die auf Wochenenden fallen. Wochenendtage, die als freie Tage angegeben sind, werden nur einmal abgezogen.

=NETTOARBEITSTAGE.INTL(Anfangsdatum;Enddatum;[Wochenende]; [Freie_Tage])

Ausgangsdatum ist das Startdatum. Das Argument muss ein Datum oder eine serielle Zahl sein, die sich in ein gültiges Datum umwandeln lässt. Es kann vor oder nach dem Enddatum liegen und mit diesem auch identisch sein. *Enddatum* ist das letzte Datum.

Wochenende ist eine Wochenendnummer oder eine Zeichenfolge, die den Fall von Wochenenden angibt (siehe unten).

Im Argument *FreieTage* können Sie einen Bereich oder einen Bereichsnamen angeben, in dem sich Datumswerte befinden, die nicht zum Ergebnis gerechnet werden (z.B. Feiertage).

Wochenendnummer	Wochenendtage
1 oder nicht angegeben	Samstag, Sonntag
2	Sonntag, Montag
3	Montag, Dienstag
4	Dienstag, Mittwoch
5	Mittwoch, Donnerstag
6	Donnerstag, Freitag
7	Freitag, Samstag
11	Nur Sonntag
12	Nur Montag
13	Nur Dienstag
14	Nur Mittwoch
15	Nur Donnerstag
16	Nur Freitag
17	Nur Samstag

Tabelle 7.12: Wochenendtage für ARBEITSTAG.INTL()

7.17.1 Praxisbeispiel: Nettoarbeitstagberechnung mit flexiblen Wochenenden

In diesem Beispiel wurden die unterschiedlichen Wochenendregelungen mit Hilfe von Optionsfeldern abgebildet. Diese Formularelemente stammen aus der Gruppe *Steuerelemente/Formularelemente* im Register ENTWICKLERTOOLS. Jedes Optionsfeld hat mit der Zelle E17 die gleiche Ausgabeverknüpfung, eine WAHL()-Funktion setzt diese in den für die Funktion NETTOARBEITSTAGE.INTL() benötigten Parameter um.

Die Liste der Feiertage stammt aus dem Feiertagsrechner. Weisen Sie dem Bereich mit den Datumswerten den globalen Bereichsnamen *Feiertage* zu, achten Sie darauf, dass die Jahreszahl in Zelle A1 mit der Berechnung übereinstimmt.

> **CD-ROM**
>
> Öffnen Sie *FeiertageDeutschland.xlsx* von der CD zum Buch. Die Feiertagsberechnung für Österreich finden Sie unter *FeiertageOesterreich.xlsx*. In Kapitel 7.19 ist der Feiertagsrechner beschrieben.

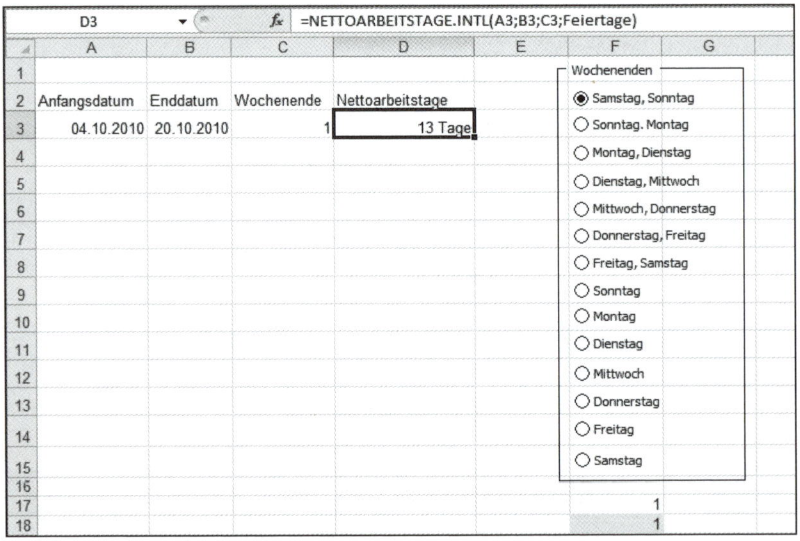

Abbildung 7.36: Nettoarbeitstage mit Wochenendregelung

Tragen Sie in Zelle A3 das Ausgangsdatum ein und in Zelle B3 das Enddatum. Der Wochenend-parameter wird über die Auswahl der Optionsfelder bestimmt, diese Formularsteuerelemente zeichnen Sie mit den Werkzeugen aus dem Register **Entwicklertools**. Alle Optionen haben die gleiche Verknüpfung, diese muss aber, da der Wochenendparameter keine fortlaufende Zahl ist, mit einer WAHL()-Funktion noch umgerechnet werden.

```
F18: =WAHL(F17;1;2;3;4;5;6;7;11;12;13;14;15;16;17)
```

Jetzt können Sie die Anzahl der Arbeitstage zwischen den beiden Datumswerten berechnen.

```
=NETTOARBEITSTAGE.INTL(A3;B3;C3;Feiertage)
```

7.17.2 Bitmuster für Wochenendregelung

Alternativ zur Angabe eines Wochenendparameters kann das Argument auch ein Bitmuster enthalten, in dem eine 1 für den jeweiligen Wochenendtag, beginnend mit dem Januar steht. Das Bitmuster muss sieben Stellen groß sein, diese Formel würde Samstag und Sonntag als Wochenende bestimmen:

```
=NETTOARBEITSTAGE.INTL(A3;B3;"0000011";Feiertage)
```

In diesem Beispiel kommt das Steuerelement *Kontrollkästchen* aus den Formularelementen in den Entwicklertools zum Einsatz. Jedes Kontrollkästchen hat seine eigene Ausgabeverknüpfung, die mit WAHR (angekreuzt) oder FALSCH (nicht angekreuzt) belegt ist. Ein Textverknüpfung sammelt diese Ausgaben (=G2&G3 ..) und die Funktion WECHSELN() wandelt WAHR und FALSCH in 0 und 1 um:

```
G10: =WECHSELN(WECHSELN(G2&G3&G4&G5&G6&G7&G8;"WAHR";1);"FALSCH";0)
```

Jetzt kann die Funktion das so entstandene Bitmuster übernehmen:

```
C3: =NETTOARBEITSTAGE.INTL(A3;B3;G10;Feiertage)
```

Ein passendes Bitmuster lässt sich übrigens einfach mit der Funktion DEZINBIN() herstellen:

```
=DEZINBIN(Zahl;7)
```

Berechnen Sie die Zahl mit der Formel Zahl*2+1, erhalten Sie ein fortlaufendes Bitmuster mit allen möglichen Kombinationen für das Wochenendargument.

C3 | =NETTOARBEITSTAGE.INTL(A3;B3;F10;Feiertage)

	A	B	C	D	E	F	G	H	I
1								Nr	Bitmuster
2	Anfangsdatum	Enddatum	Nettoarbeitstage		☐ Montag	FALSCH		1	0000001
3	04.10.2010	20.10.2010	13 Tage		☐ Dienstag	FALSCH		3	0000011
4					☐ Mittwoch	FALSCH		7	0000111
5					☐ Donnerstag	FALSCH		15	0001111
6					☐ Freitag	FALSCH		31	0011111
7					☑ Samstag	WAHR		63	0111111
8					☑ Sonntag	WAHR		127	1111111
9									
10						0000011			
11									
12									

ARBEITSTAG.INTL() / ARBEITSTAG.INTL() 2 / NETTOARBEITSTAGE.INTL() / NETTOARBEITSTAGE.INTL() 2 / Server

Abbildung 7.37: Nettoarbeitstagberechnung mit Bitmuster für den Wochenendparameter

7.18   Die Funktion TAGE360()

Diese Funktion berechnet die Anzahl der zwischen zwei Tagen liegenden Tage, ausgehend von 360 Tagen pro Jahr. Dabei wird angenommen, dass jeder Monat 30 Tage hat, eine Genauigkeit, die für viele Berechnungen völlig ausreicht.

=TAGE360(Ausgangsdatum;Enddatum;Methode)

Die Argumente *Anfangsdatum* und *Enddatum* bezeichnen einen Zellbezug, einen Bereichs-namen oder ein Datum in Anführungszeichen. Die Funktion berechnet die Differenz zwischen den beiden Datumswerten. Das Argument *Methode* ist ein Wahrheitswert WAHR oder FALSCH, der sicherstellt, dass die Funktion richtig rechnet, wenn die Tabelle in unterschiedlichen Syste-men eingesetzt wird.

Methode	Definition
FALSCH oder nicht angegeben	US-Methode (NASD). Ist das Ausgangsdatum der 31. eines Monats, wird dieses Datum zum 30. desselben Monats. Ist das Enddatum der 31. eines Monats und das Ausgangsdatum ein Datum vor dem 30. eines Monats, wird das Enddatum zum 1. des darauffolgenden Monats. In allen anderen Fällen wird das Enddatum zum 30. desselben Monats.
WAHR	Europäische Methode. Jedes Ausgangs- und Enddatum, das auf den 31. eines Monats fällt, wird zum 30. desselben Monats.

Tabelle 7.13: **Die Werte des Arguments Methode**

```
A1: 1.1.2010
A2: 31.12.2010
A3: =TAGE360(A1;A2)          Ergebnis: 360
A4: =TAGE360(A1;A2;WAHR)     Ergebnis: 359
```

7.18.1   Die Funktionen ZEIT() und ZEITWERT()

Die Funktion ZEIT() liefert die serielle Zahl eines Zeitwerts und die Funktion ZEITWERT() macht genau das Gegenteil, sie wandelt einen Text in eine Zeit um.

=ZEIT(Stunde;Minute;Sekunde)
=ZEITWERT(Text)

In der Funktion ZEIT() geben Sie die *Stunde, Minute* und *Sekunde* als Zahlenwert oder als Zell-bezug an, der einen Zahlenwert oder eine Berechnung enthält. Das Ergebnis ist die serielle Zahl, die auch angezeigt würde, wenn der Zeitwert mit einem Dezimalzahlenformat versehen wäre.

```
A1: =JETZT()
A2: =STUNDE(A1)
A3: =MINUTE(A1)
A4: =SEKUNDE(A1)
A5: =ZEIT(A2;A3;A4)
```

Oder in einer Formel:

```
A6: =ZEIT(STUNDE(A1);MINUTE(A1);SEKUNDE(A1))
```

	A	B
1	25.07.2010	
2	10	
3	0	
4	17	
5	0,416863426	
6	0,416863426	
7		
8		
9		
10		

	A
1	=JETZT()
2	=STUNDE(A1)
3	=MINUTE(A1)
4	=SEKUNDE(A1)
5	=ZEIT(A2;A3;A4)
6	=ZEIT(STUNDE(A1);MINUTE(A1);SEKUNDE(A1))

Abbildung 7.38: Zeitwert über die Funktion ZEIT() berechnen

Mit der Funktion ZEITWERT() ermitteln Sie eine dezimale Zahl aus einem Text, der von Excel als Zeit zu interpretieren ist. Das Argument in den Klammern können Sie als Text in Anführungszeichen angeben oder mit einem Zellbezug, der auf eine als Text formatierte Zelle verweist.

```
A1: =TEXT(JETZT();"hh:mm")
A2: =ZEITWERT(A1)             Ergebnis: Zeitwert der aktuellen Systemzeit
```

7.19 Die Zeitfunktionen STUNDE(), MINUTE() und SEKUNDE()

Zeitwerte werden als Bruchteile des ersten Kalendertags in Zellen geschrieben oder über Funktionen berechnet. Mit diesen Zeitfunktionen berechnen Sie die Anteile der Stunden, Minuten oder Sekunden an einem Zeitwert:

=STUNDE(Zahl)
=MINUTE(Zahl)
=SEKUNDE(Zahl)

Das Argument *Zahl* bezeichnet eine Zelle, einen Bereichsnamen oder eine Zahl, die in einer Tabelle als Zeitwert benutzt werden kann. Berechnen Sie beispielsweise die Anteile der aktuellen Systemzeit. Das Ergebnis ist jeweils eine Dezimalzahl.

```
A1: =JETZT()
A2: =STUNDE(A1)
A3: =MINUTE(A1)
A4: =SEKUNDE(A1)
```

Datums- und
Zeitfunktionen

Hinweis

Das Systemdatum aus JETZT() wird mit jeder Neuberechnung der Tabelle neu berechnet. Mit F9 können Sie diese Neuberechnung manuell auslösen.

7.20 Kalender- und Feiertagsberechnung

Kalenderdaten kommen im Personalcontrolling und im Projektmanagement bei der Einrichtung von Dienstplänen und Ressourcenübersichten zum Einsatz. Im Kostencontrolling werden die Daten zwar auf Monats-, Quartals- oder Jahreswerte verdichtet, für die Erfassung von Plandaten, Umsätzen, Ausgaben, Kosten etc. wird häufig auch ein Detailplan mit tagesgenauen Angaben benötigt.

Excel bietet mit der Datumsberechnung die Basis für exakte Kalenderberechnungen und auch die Feiertagsberechnung lässt sich mit den richtigen Formeln automatisieren.

7.21 Von kirchlichen und weltlichen Feiertagen

Unser Kalender enthält sowohl kirchliche als auch gesetzliche Feiertage. Die gesetzlichen sind terminlich fest, der 1. Mai und der 3. Oktober sind frei, egal auf welchen Wochentag sie fallen (wie lange noch …). Die kirchlichen dagegen orientieren sich an einem einzigen beweglichen Datum im Kirchenjahr und das ist der Ostersonntag. Von diesem lassen sich die meisten kirchlichen Feiertage ableiten, was auch der Grund ist, dass viele davon auf einen Donnerstag fallen. Da aber die Konfessionen in den einzelnen Bundesländern unterschiedlich stark vertreten sind, werden einige Feiertage nur in wenigen Bundesländern gefeiert. Und sogar innerhalb eines Bundeslands kann es noch unterschiedliche Regelungen geben, z.B. für Gegenden mit überwiegend katholischer Bevölkerung.

7.21.1 Feiertage pro Bundesland

Jedes Bundesland hat seine eigene Feiertagsregelung, die, wie das Beispiel »Buß- und Bettag« zeigt, nicht unbedingt ewig gelten muss. Damit Sie bei der Verwendung des Feiertagsrechners so flexibel wie möglich sind, ermöglichen Sie die Auswahl des Bundeslands und stellen die Liste der Feiertage entsprechend zusammen.

Einen Sonderfall bildet der Buß- und Bettag. Dieser wurde als einziger Feiertag, der immer auf einen Wochentag fällt (Mittwoch), 1995 in fast allen Bundesländern gestrichen, um die Finanzierung der Pflegeversicherungsbeiträge zu sichern. Nur das Bundesland Sachsen leistet sich diesen Feiertag und zahlt dafür mehr Steuern. Der Buß- und Bettag fällt auf den Mittwoch vor dem Ende des Kirchenjahres.

Hier eine Übersicht über die Regelungen in den einzelnen Bundesländern:

Feiertag	Bundesland
Neujahr	alle
Heilige Drei Könige	Baden-Württemberg, Bayern, Sachsen-Anhalt
Karfreitag	alle
Ostermontag	alle
Tag der Arbeit	alle
Christi Himmelfahrt	alle
Pfingstmontag	alle
Fronleichnam	Baden-Württemberg, Bayern, Hessen, Nordrhein-Westfalen, Rheinland-Pfalz, Saarland, Sachsen (in bestimmten Gemeinden im Landkreis Bautzen und im Westlausitzkreis), Thüringen (in Gemeinden mit überwiegend katholischer Bevölkerung)
Friedensfest	nur Stadtkreis Augsburg
Mariä Himmelfahrt	in Gemeinden mit überwiegend katholischer Bevölkerung in Bayern und im Saarland
Tag der dt. Einheit	alle
Reformationstag	Brandenburg, Mecklenburg-Vorpommern, Sachsen, Sachsen-Anhalt, Thüringen
Allerheiligen	Baden-Württemberg, Bayern, Nordrhein-Westfalen, Rheinland-Pfalz, Saarland, Sachsen
Buß- und Bettag	Sachsen
1. und 2. Weihnachtsfeiertag	alle

Tabelle 7.14: Die deutschen Feiertage für die einzelnen Bundesländer

7.21.2 Ostern berechnen mit Gauß

Ostern wird nach christlicher Tradition am Sonntag nach dem ersten Vollmond im Frühling gefeiert und dieses Osterdatum lässt sich nach den Zyklen der mittleren Erd- und Mondbewegung berechnen. Der Mathematiker Carl Friedrich Gauß (1777–1855, der auf den alten 10 DM-Scheinen abgebildet war) hat dafür eine Formel entwickelt, die als Gaußsche Osterformel bekannt ist und für die es mittlerweile in jeder Programmiersprache der Welt einen Algorithmus gibt. Das Internet bietet mehrere tausend Seiten, auf denen dieses Programm zu finden ist, zum Beispiel beim Online-Lexikon Wikipedia.

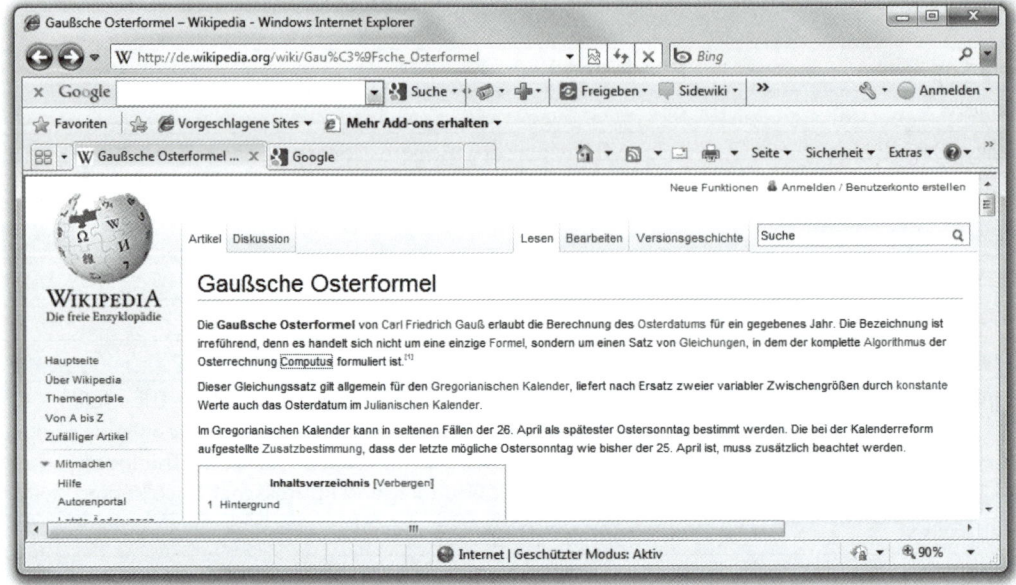

Abbildung 7.39: Die Beschreibung der Osterformel

Diesen Algorithmus gibt es natürlich längst auch als Excel-Formel, die sogenannte Osterformel. Die Formel, die am häufigsten im Netz zu finden ist, hat einen kleinen Schönheitsfehler: Sie funktioniert nicht korrekt, wenn unter OFFICE/EXCEL-OPTIONEN die Option 1904-DATUMSWERTE eingeschaltet ist.

```
A1 2010
A2: =KÜRZEN(DATUM(A1;3;56-REST(REST(A1;19)*10,63+5;29))/7)*7+1
```

Hier eine verbesserte Variante der Osterformel. Sie funktioniert in beiden Datumssystemen von Excel, zwar nur bis zum Jahr 2099, aber das dürfte für die meisten Datumsberechnungen reichen:

```
A1: 2010
A2: =DATUM(A1;3;28)+REST(24-REST(A1;19)*10,63;29)-REST(KÜRZEN(A1*5/4)+REST(24-
REST(A1;19)*10,63;29)+1;7)
```

7.21.3   Die restlichen Feiertage

Zur Berechnung der festen Feiertage verwenden Sie die Funktion DATUM(), damit sie von der Jahreszahl abgeleitet werden können. Die variablen Feiertage, die vom Osterdatum abhängig sind, konstruieren Sie, indem Sie die Tage auf den für den Ostersonntag berechneten Datumswert aufaddieren.

Die Formel für das Datum des Buß- und Bettags ermittelt zunächst das Datum des ersten Weih-
nachtsfeiertags und das des vierten Adventssonntags. Die Differenz von 32 Tagen führt dann zum
Buß- und Bettag, dem Mittwoch vor Ende des Kirchenjahres:

```
=DATUM(A1;12;25)-WOCHENTAG("24.12." & $A$1)-32
```

Mit der Jahreszahl in Zelle A1 ergibt sich damit folgende Tabelle der unbeweglichen kirchlichen
und gesetzlichen Feiertage:

Formel	Bezeichnung
=DATUM($A$1;1;1)	Neujahrstag
=DATUM($A$1;1;6)	Dreikönigstag
=A1-2	Karfreitag
=A1+1	Ostermontag
=A1-48	Rosenmontag
=A1+39	Chr. Himmelfahrt
=A1+49	Pfingstsonntag
=A1+50	Pfingstmontag
=A1+60	Fronleichnam
=DATUM($A$1;8;8)	Friedensfest
=DATUM($A$1;8;15)	Mariä Himmelfahrt
=DATUM($A$1;11;1)	Allerheiligen
=DATUM($A$1;10;3)	Tag der d. Einheit
=DATUM($A$1;10;31)	Reformationsfest
=DATUM($A$1;12;25)-WOCHENTAG("24.12." & $A$1)-32	Buß- und Bettag
=DATUM($A$1;12;25)	1. Weihnachtsfeiertag
=DATUM($A$1;12;26)	2. Weihnachtsfeiertag

Tabelle 7.15: Feiertage berechnet mit DATUM()

Verwenden Sie nur die Feiertage, die auf Ihr Bundesland zutreffen. Eine Übersicht über alle gesetzlichen und kirchlichen Feiertage und deren Gültigkeit in den einzelnen Bundesländern finden Sie
hier:

http://www.kalenderlexikon.de/Kalender/FeierGesetz.htm

Datums- und
Zeitfunktionen

7.21.4 Praxisbeispiel: Terminkalender

Erstellen Sie einen Terminkalender für variable Jahreszahlen:

1. Tragen Sie in die Zelle A1 die Jahreszahl ein:

   A1: 2007

2. Weisen Sie der Zelle A1 über FORMELN/DEFINIERTE NAMEN/NAMEN DEFINIEREN den Bereichsnamen *Terminjahr* zu.

3. Geben Sie die Überschriften ein:

   A2: =DATUM(Terminjahr;1;1)Zahlenformat: MMMM
   B2: Termin

4. Erstellen Sie eine Datumsreihe von A3 bis A33:

   A3: =DATUM(Terminjahr;MONAT(A$2);ZEILE()-2)

Wenn Sie den Bereich A3:B33 markieren und START/FORMATVORLAGEN/BEDINGTE FORMATIERUNG aufrufen, können Sie die Samstage und Sonntage im Kalender farbig markieren. Tragen Sie zwei neue Regeln mit Formelbedingungen ein:

=WOCHENTAG($A3)=7
=WOCHENTAG($A3)=1

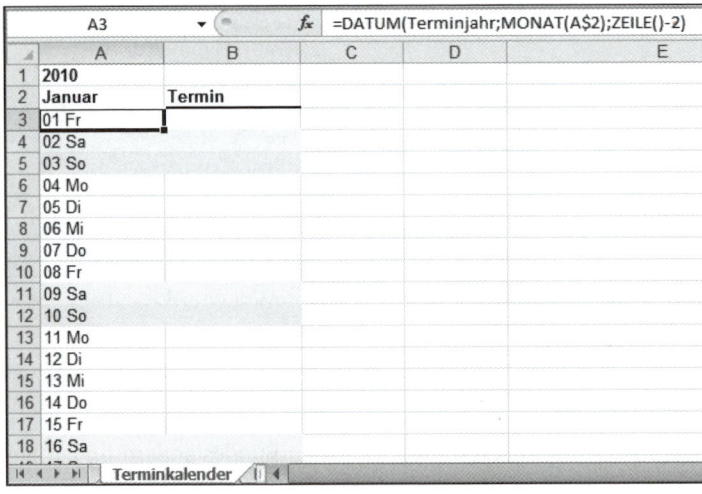

Abbildung 7.40: Der Terminkalender ist bereit, es fehlen nur noch die Feiertage.

Feiertage eintragen per SVERWEIS()

Die Feiertage des Jahres legen Sie in einer separaten Liste an. Benutzen Sie die Osterformel für den Ostersonntag und erstellen Sie die Liste mit den variablen und festen Feiertagen.

1. Geben Sie der Liste (hier im Bereich F2:G19) über FORMELN/DEFINIERTE NAMEN/NAMEN DEFINIE-REN den Bereichsnamen *FTAGE*.

f_x	=DATUM(Terminjahr;3;28)+REST(24-REST(Terminjahr;19)*10,63;29)-REST(KÜRZEN(Terminjahr*5/4)+REST(24-REST(Terminjahr;19)*10,63;29)+1;7)						
	F	G	H	I	J	K	L
	Feiertagsliste 2010						
	Fr, 01. Januar 2010	Neujahrstag					
	Mi, 06. Januar 2010	Dreikönigstag					
	Fr, 02. April 2010	Karfreitag					
	So, 04. April 2010	Ostersonntag					
	Mo, 05. April 2010	Ostermontag					
	Mo, 15. Februar 2010	Rosenmontag					
	Do, 13. Mai 2010	Chr. Himmelfahrt					
	So, 23. Mai 2010	Pfingstsonntag					
	Mo, 24. Mai 2010	Pfingstmontag					
	Do, 03. Juni 2010	Fronleichnam					
	So, 08. August 2010	Friedensfest (Augsburg)					
	So, 15. August 2010	Mariä Himmelfahrt					
	Mo, 01. November 2010	Allerheiligen					
	So, 03. Oktober 2010	Tag der d. Einheit					
	So, 31. Oktober 2010	Reformationsfest					
	Mi, 17. November 2010	Buß- und Bettag					
	Sa, 25. Dezember 2010	1. Weihnachtsfeiertag					
	So, 26. Dezember 2010	2. Weihnachtsfeiertag					

Abbildung 7.41: Die Feiertagsliste ist erstellt.

2. Jetzt können Sie die Feiertage in den Terminkalender übertragen. Die Funktion =SVERWEIS() sucht dazu nach dem Datum in der ersten Spalte und liefert das Ergebnis, den Namen des Feiertags, in der Terminspalte. Da der SVERWEIS für alle anderen Datumswerte einen Fehler meldet, setzen Sie eine WENNFEHLER-Funktion davor, die diesen Fehler abfragt.

   B3: =WENNFEHLER(SVERWEIS(A3;FTAGE;2;FALSCH);"")

3. Kopieren Sie die Formel per Doppelklick nach unten bis zum letzten Datumswert.

B3	▼	f_x	=WENNFEHLER(SVERWEIS(A3;FTAGE;2;FALSCH);"")		
	A	B	C	D	E
1	**2010**				
2	**Januar**	**Termin**			
3	01 Fr	Neujahrstag			
4	02 Sa				
5	03 So				
6	04 Mo				
7	05 Di				
8	06 Mi	Dreikönigstag			
9	07 Do				

Abbildung 7.42: Ein Terminkalender für alle Jahre mit Feiertagsberechnung

> **Tipp**
>
> Für den nächsten Monat kopieren Sie den Bereich A2:B33 nach rechts und wechseln einfach das Datum in der ersten Zelle aus.

7.22 Feiertage pro Bundesland

Auf der CD zum Buch finden Sie eine Arbeitsmappe mit einer makrofreien Feiertagsberechnung. Über Optionsfelder kann das Bundesland ausgewählt werden, die Feiertagsliste berechnet die passenden Datumswerte. Tragen Sie in Zelle A1 die Jahreszahl ein.

> **CD-ROM**
>
> Feiertagsberechnung für Deutschland: *FeiertageDeutschland.xlsx*
>
> Feiertagsberechnung für Österreich: *FeiertageOesterreich.xlsx*

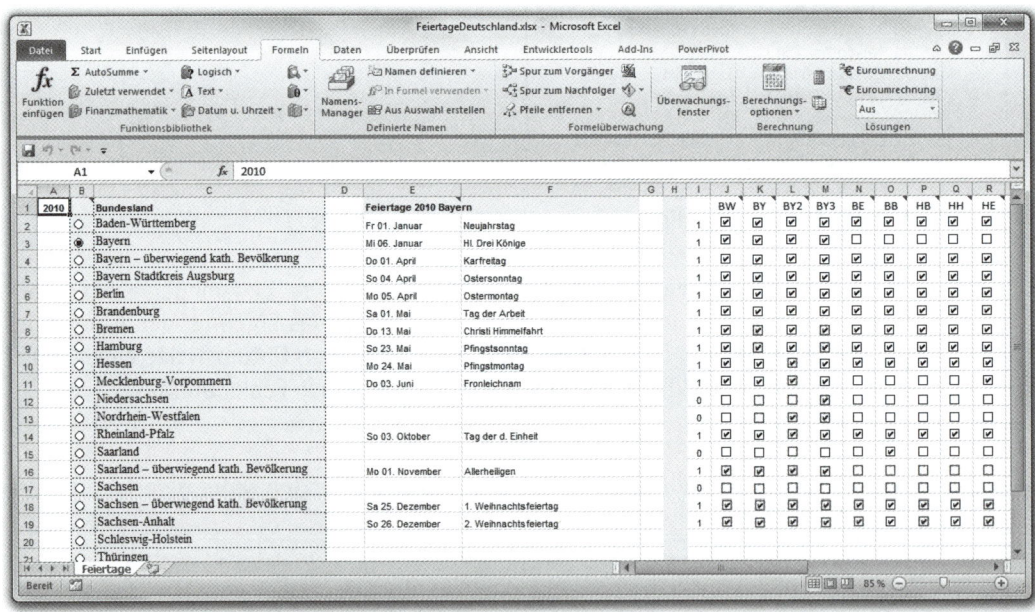

Abbildung 7.43: Makrofreier Feiertagsrechner

Zelle	Bedeutung
B2	Die gemeinsame Ausgabeverknüpfung für alle Optionsfelder (rechte Maustaste, Steuerelement formatieren)
E1	Die Formel gibt den Text »Feiertage« verknüpft mit dem Bundesland aus: `="Feiertage "& $A$1&" "&BEREICH.VERSCHIEBEN($C$2;B1-1;0)`
E2	Die Formel berechnet das Feiertagsdatum (1. Januar) und multipliziert es mit dem Wahrheitswert von I2: `=DATUM($A$1;1;1)*I2`

E5	Die Osterformel nach Gauß für den einzigen beweglichen Feiertag:
	`=DATUM(A1;3;28)+REST(24-REST(A1;19)*10,63;29)-REST(KÜRZEN(A1*5/4)+`
	`REST(24-REST(A1;19)*10,63;29)+1;7)`

I2	Hier wird ermittelt, ob der Feiertag für das Bundesland angekreuzt ist: `=WENN(BEREICH.VERSCHIEBEN(J2;0;$B$1-1);1;0)`
J1:AD19	In diesem Bereich stehen Kontrollkästchen für alle Feiertage und Bundesländer zum Ankreuzen. Die Zellverknüpfung jedes Elements ist die Zelle, in der es gezeichnet ist.
F24	Diese Funktion zählt die Anzahl der Feiertage des gewählten Bundeslandes: `=ZÄHLENWENN(E2:E22;">0")`

Tabelle 7.16: Die Formeln in der Feiertagsberechnung

KAPITEL 8

Informationsfunktionen

Wenn Sie die vielen Beispiele im Buch fleißig durcharbeiten und nachvollziehen, werden Sie immer wieder auf Funktionen stoßen, die andere Funktionen dadurch unterstützen, dass sie Informationen über Zellbezüge, über geplante Ergebnisse anderer Formeln oder Formelteile oder über (geplante) Rechenoperationen liefern. Diese Gruppe bezeichnet man als Informationsfunktionen und ohne sie wäre das Konstruieren der Formeln nicht annähernd so spannend.

Hier eine Übersicht über die Informationsfunktionen, die wichtigsten finden Sie in diesem Kapitel ausführlich beschrieben und mit Beispielen verdeutlicht.

Informationsfunktion	Erklärung
FEHLER.TYP()	Liefert die Information über einen aufgetretenen Formelfehler.
INFO()	Liefert Informationen zu der aktuellen Betriebssystemumgebung.
ISTBEZUG()	Gibt WAHR zurück, wenn der Wert ein Bezug ist.
ISTFEHL()	Gibt WAHR zurück, wenn der Wert ein beliebiger Fehler mit Ausnahme von #NV ist.
ISTFEHLER()	Gibt WAHR zurück, wenn der Wert ein beliebiger Fehler ist.
ISTGERADE()	Gibt WAHR zurück, wenn die Zahl gerade ist.
ISTKTEXT()	Gibt WAHR zurück, wenn der Wert keinen Text darstellt.
ISTLEER()	Liefert den Wert WAHR, wenn der Wert leer ist.
ISTLOG()	Gibt WAHR zurück, wenn der Wert ein logischer Wert ist.
ISTNV()	Gibt WAHR zurück, wenn der Wert der Fehlerwert #NV ist.
ISTTEXT()	Gibt WAHR zurück, wenn der Wert Text darstellt.
ISTUNGERADE()	Gibt WAHR zurück, wenn die Zahl ungerade ist.
ISTZAHL()	Liefert WAHR, wenn der Wert eine Zahl ist.
N()	Gibt einen Wert zurück, der in eine Zahl umgewandelt wurde.
NV()	Gibt den Fehlerwert #NV zurück.
TYP()	Gibt eine Zahl zurück, die den Datentyp eines Werts anzeigt.
ZELLE()	Gibt Informationen zur Formatierung, Position oder zum Inhalt der Zelle zurück.

Tabelle 8.1: Liste der Informationsfunktionen

8.1 Funktionssymbol in der Funktionsbibliothek

Für die Informationsfunktionen stellt die Funktionsbibliothek einen Aufruf zur Verfügung, der sich in einem Gruppensymbol versteckt:

1. Schalten Sie um auf die Registerkarte FORMELN.
2. Klicken Sie in der Funktionsbibliothek auf MEHR FUNKTIONEN und öffnen Sie die Informationsfunktionen.

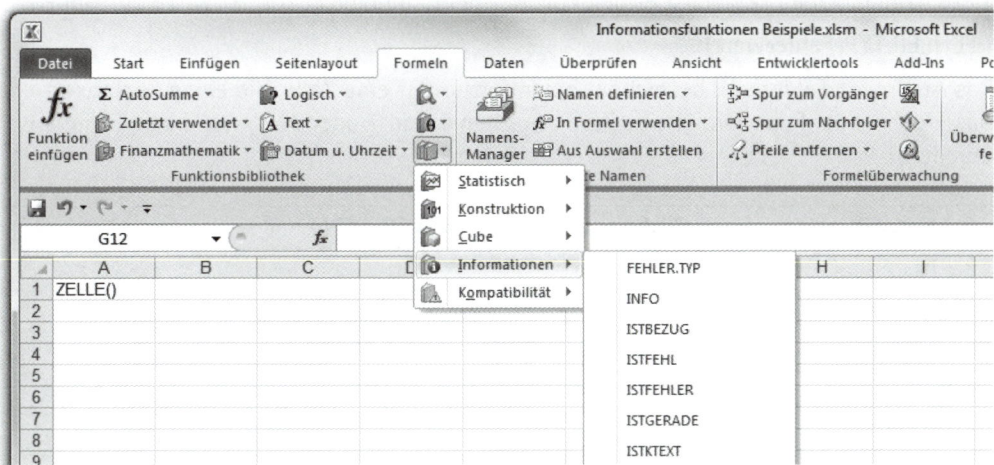

Abbildung 8.1: Informationsfunktionen in der Funktionsbibliothek

---

CD-ROM

Alle Beispiele in diesem Kapitel finden Sie auf der CD zum Buch unter *Informationsfunktionen Beispiele.xlsm.*

8.2 Die Funktion NV()

Diese Funktion liefert den Fehlerwert "#NV", der ausdrückt, dass einer der in der Formel benötigten Werte nicht verfügbar ist.

=NV()

Die Funktion benötigt keine Argumente, das Ergebnis ist ein Wahrheitswert:

- WAHR, wenn NV() wahr ist
- FALSCH, wenn NV() falsch ist

Hinweis

Die Funktion NV() wird wegen der Kompatibilität mit Lotus 1-2-3 mitgeführt, verwenden Sie besser ISTNV(), mit dieser Funktion können Sie gezielt Ausdrücke oder Formelteile auf Fehler abfragen.

8.3 Die Funktion FEHLER.TYP()

Mit dieser Funktion prüfen Sie ab, welchen Fehler ein Bezug enthält. Das kann von Bedeutung sein, um Formeln abzusichern, deren Ergebnisse von weiteren Formeln benutzt werden. Liefern diese nämlich einen Fehler, ist es den Folgeformeln unmöglich, korrekt weiterzurechnen.

=FEHLER.TYP(Fehlerwert)

Das Argument *Fehlerwert* bezeichnet einen Bezug auf eine Zelle, die einen Fehlerwert enthält. Das Ergebnis der Funktion ist eine Zahl zwischen 1 und 7 oder #NV, wenn kein Fehlerwert auftaucht.

Fehlerwert	Rückgabewert von FEHLER.TYP()
#NULL!	1
#DIV/0!	2
#WERT!	3
#BEZUG!	4
#NAME?	5
#ZAHL!	6
#NV	7
Sonstiges	#NV

Tabelle 8.2: Rückgabewerte der einzelnen Fehlertypen

```
A1: 6
A2: 0
A3: =A1/A2
A4: =FEHLER.TYP(A3)          Ergebnis: 2
```

8.3.1 Praxisbeispiel: Umsatzliste auf Division durch 0 prüfen

Die Umsatzliste enthält Monatsumsätze einzelner Filialen und in der dritten Spalte Bestellungen, die Zellen sind aber nicht durchgehend gefüllt.

◢	A	B
1	Monat	Gesamtumsatz Filiale
2	Januar	230.000
3	Februar	560.000
4	März	420.000
5	April	310.000
6	Mai	450.000
7	Juni	290.000

Abbildung 8.2: Umsätze und Bestellungen

Um nun die durchschnittlichen Bestellwerte zu ermitteln, können Sie einfach eine Division starten:

D2: =B2/C2

Das führt aber in den Zeilen, die keinen Dividenden haben, zu einem #DIV/0!-Fehler. Diesen können Sie mit FEHLER.TYP() abfangen, achten Sie aber darauf, dass auch diese Funktion wieder abgeprüft werden muss, denn wenn die Division funktioniert, liefert FEHLER.TYP einen #NV-Fehler.

D1: Durchschnitt
D2: =WENN(ISTNV(FEHLER.TYP(B2/C2));B2/C2;WENN(FEHLER.TYP(B2/C2)=2;"keine";B2/C2))

	D2		f_x	=WENN(ISTNV(FEHLER.TYP(B2/C2));B2/C2;WENN(FEHLER.TYP(B2/C2)=2; "keine";B2/C2))			
	A	B	C	D	E	F	G
1	Monat	Gesamtumsatz Filiale	Bestellungen	Durchschnitt			
2	Januar	230.000	230	1000			
3	Februar	560.000		keine			
4	März	420.000	199	2110,552764			
5	April	310.000		keine			
6	Mai	450.000	350	1285,714286			
7	Juni	290.000		keine			
8							
9							
10							
11							
12							

Abbildung 8.3: Der Fehlertyp sichert die Zelle vor Divisionen durch 0 ab.

8.4 Die Funktion TYP()

Mit dieser Funktion können Sie Zellinhalte nach ihrem Typ unterscheiden. Zellen können Zahlen, Texte, Wahrheits- oder Fehlerwerte enthalten oder Teile von Matrizen sein. Die Funktion gibt eine Ziffer aus, die den Typ klassifiziert:

=TYP(Wert)

Im Argument *Wert* wird ein Wert, ein Zellbezug oder ein Bereichsname angegeben. Das Ergebnis ist eine Zahl, die dem Typ entspricht:

Zellinhalt	Rückgabe von TYP()
Zahl	1
Text	2
Wahrheitswert	4
Fehlerwert	16
Matrix	64

Tabelle 8.3: Die Rückgaben der Funktion TYP()

Informations-funktionen

```
A1: Hamburg
A2: 150
B1: =TYP(A1)                    Ergebnis: 2
B2: =TYP(A2)                    Ergebnis: 1
```

8.4.1   Praxisbeispiel: Zahlen und Texte finden

Durchsuchen Sie eine Zahlenreihe und prüfen Sie, ob die Zellinhalte wirklich Zahlen sind oder nur wie Zahlen formatierte Texte:

1. Schreiben Sie diese Funktion in die erste Zelle einer Tabelle:

   ```
   A1: =WENN(REST(ZEILE();2)=0;TEXT(ZEILE();"0");ZEILE())
   ```

2. Ziehen Sie das Füllkästchen über eine Reihe von Zeilen nach unten und formatieren Sie die ganze Spalte A rechtsbündig.

3. Schreiben Sie diese Funktion, die abprüft, ob der Zellinhalt Text oder Zahl ist:

   ```
   B1: =TYP(A1)
   ```

4. Kopieren Sie auch diese Funktion nach unten bis zur letzten Zeile, die in Spalte A gefüllt ist.

Das Ergebnis: Jede zweite Zeile ist Text, die Typzahl wird entsprechend ausgegeben.

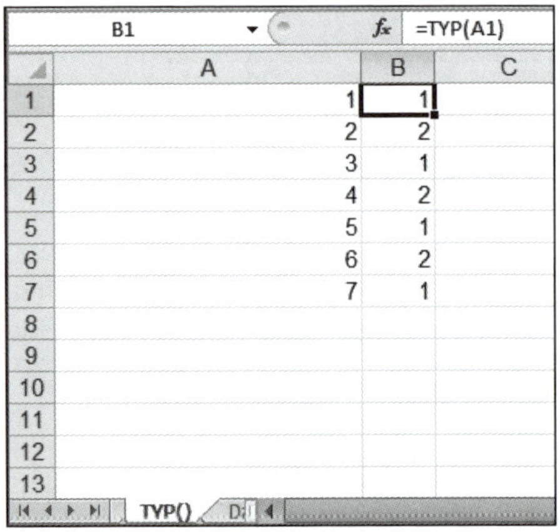

Abbildung 8.4: Text oder Zahl – die Typzahl ist unbestechlich.

8.5   Die Funktion ZELLE()

Diese Funktion liefert Informationen über Formatierung, Position oder Inhalt der Zelle, die markiert ist, oder – bei Bezügen über mehrere Zellen – des oberen, linken Felds im Bezug. Ist der Bezug ein Mehrfachbezug, wird das Ergebnis der Fehlerwert #WERT! sein.

=ZELLE(Infotyp)

Im Argument *Infotyp* wird ein Text in Anführungszeichen eingetragen, der die gewünschte Information über den Bezug festlegt. Hier eine Übersicht über die möglichen Infotypen:

Infotyp	Erklärung
"Adresse"	Gibt den Bezug der ersten Zeile im Bezug als Text aus.
"Breite"	Gibt die Spaltenbreite der Zelle aus (abgerundet).
"Dateiname"	Der Dateiname und der vollständige Pfad zur Datei. Wenn die Arbeitsmappe noch nicht gespeichert wurde, gibt die Funktion keinen Wert zurück.
"Farbe"	Gibt 1 zurück, wenn die Zelle für negative Werte farbig formatiert ist, ansonsten 0.
"Format"	Der Textwert des Bezugs entsprechend dem Zahlenformat. Wenn für negative Werte eine andere Farbe gewählt wird, erscheint ein Bindestrich am Ende des Textes. Wenn negative Werte in Klammern dargestellt werden, erscheint 0 am Ende des Textes.
"Inhalt"	Inhalt der oberen linken Zelle des Bezugs
"Klammern"	1, wenn nur positive oder alle Werte in Klammern dargestellt werden, ansonsten 0
"Präfix"	Textwert entsprechend dem Beschriftungsvorspann der Zelle. Einfacher Anführungsstrich für linksbündigen Text, normale Anführungsstriche für rechtsbündig, Dach (^) für zentrierten Text, Backslash für zellfüllend formatiert, doppelte Anführungsstriche, wenn die Zelle keinen Text enthält.
"Schutz"	0 = Zelle gesperrt, 1 = Zelle nicht gesperrt
"Spalte"	Spaltenzahl im Bezug (entspricht der Funktion SPALTE(bezug)).
"Typ"	Gibt "b" zurück, wenn die Zelle leer (blank) ist, "l" für Beschriftung (label), wenn die Zelle eine Textkonstante enthält, und "w" für Wert, wenn die Zelle etwas anderes enthält.
"Zeile"	Zeilenzahl im Bezug (entspricht der Funktion ZEILE(bezug)).

Tabelle 8.4: Varianten des Arguments Infotyp

In dieser Liste sehen Sie alle Textwerte mit den entsprechenden Formatcodes für den Infotyp *"Format"*:

Zahlenformat	Rückgabewert von ZELLE()
Standard	"S"
0	"F0"
#,##0	".0"
0,00	"F2"
#,##0,00	".2"

Tabelle 8.5: Formatcodes für den Infotyp "Format"

387

Zahlenformat	Rückgabewert von ZELLE()
#.##0 _€_U_R;-#.##0 _€_U_R	".0"
#.##0 _€_U_R;[Rot]-#.##0 _€_U_R	".0-"
#.##0,00 _€_U_R;-#.##0,00 _€_U_R	".2"
#.##0,00 _€_U_R;[Rot]-#.##0,00 _€_U_R	".2-"
#.##0 €UR;-#.##0 €UR	"W0"
#.##0 €UR;[Rot]-#.##0 €UR	"W0-"
#.##0,00 €UR;-#.##0,00 €UR	"W2"
#.##0,00 €UR;[Rot]-#.##0,00 €UR	"W2-"
0%	P0
0,00%	"P2"
0,00€+00	"€2"
# ?/? oder # ??/??	"S"
TT.MM.JJ oder TT.MMM.JJJJ	"D1"
TT.MMM	"D2"
MMM JJ	"D3"
h:mm:ss AM/PM	"U1"
hh:mm	"U4"

Tabelle 8.5: Formatcodes für den Infotyp "Format" (Forts.)

8.5.1 Praxisbeispiel: Pfad und Dateiname auf jeder Druckseite

Mit der Kopf-/Fußzeilenformatierung bietet Excel ab der Version XP die Möglichkeit, nicht nur den Dateinamen, sondern auch den kompletten Pfad in die Kopf- oder Fußzeile einzufügen. Wenn dies aus irgendwelchen Gründen nicht möglich ist, können Sie diese Informationen auch auf einem anderen Weg an den oberen Rand jeder einzelnen Druckseite bringen:

1. Schreiben Sie diese Formel in die erste Zeile der Tabelle:

   ```
   =ZELLE("Dateiname";A1)
   ```

2. Wählen Sie SEITENLAYOUT/DRUCKTITEL.
3. Geben Sie unter DRUCKTITEL als WIEDERHOLUNGSZEILEN OBEN die erste Zeile an.

Das zweite Argument A1 ist wichtig, es stellt sicher, dass der Dateiname auf jeder Tabelle korrekt ausgegeben wird. Ohne dieses Argument berechnet die Funktion den Dateinamen nicht neu, wenn Sie in ein anderes Tabellenblatt wechseln.

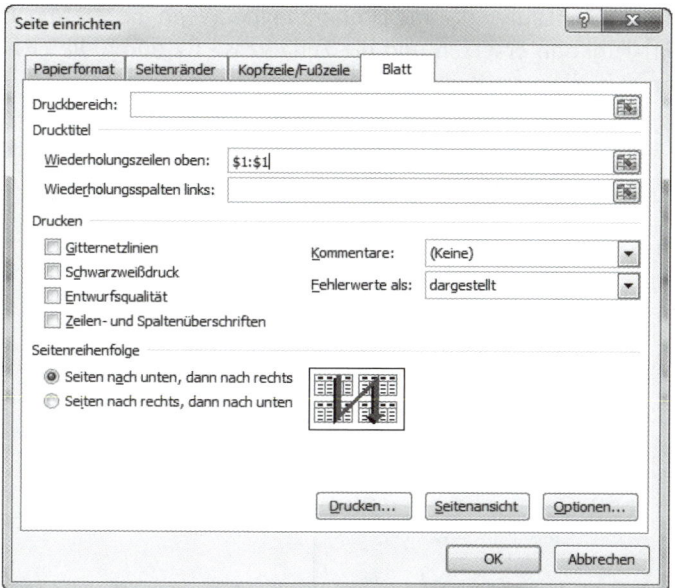

Abbildung 8.5: **Die erste Zeile wird auf allen Seiten gedruckt.**

Drucken Sie die Tabelle aus, wird der Name der Datei zusammen mit dem kompletten Pfad in der ersten Zeile jeder Seite abgebildet.

Dateiname und Pfad trennen

Um die beiden Informationen zu trennen, verwenden Sie diese Textfunktionen (siehe auch *Kapitel 3 »Textfunktionen«*):

Funktion	Erklärung
=LINKS()	Nimmt den linken Teil eines Textes.
=TEIL()	Gibt einen Teil eines Textes aus.
=FINDEN()	Sucht eine Textstelle und gibt die Position aus.
=LÄNGE()	Gibt die Länge eines Textes aus.

Tabelle 8.6: **Textfunktionen zur Datei-/Pfadberechnung**

1. Suchen Sie zunächst die erste eckige Klammer:

   B2: =FINDEN("[";A1)

2. Verwenden Sie die TEIL()-Funktion, um den Dateinamen alleine auszugeben. Für die Länge können Sie eine beliebig große Zahl (hier 500) verwenden:

   B3: =TEIL(A1;B2+1;500)

Das Ergebnis ist der Dateiname alleine, ohne Laufwerk- und Ordnerangabe. Wenn Sie jetzt noch die Zelladresse A1 durch die ZELLE()-Funktion ersetzen und die Zelladresse B2 durch die FIN-DEN()-Funktion, können Sie die Formel in die erste Zeile der Tabelle schreiben:

```
A1: =TEIL(ZELLE("Dateiname";A1);FINDEN("]";ZELLE("Dateiname";A1))+1;500)
```

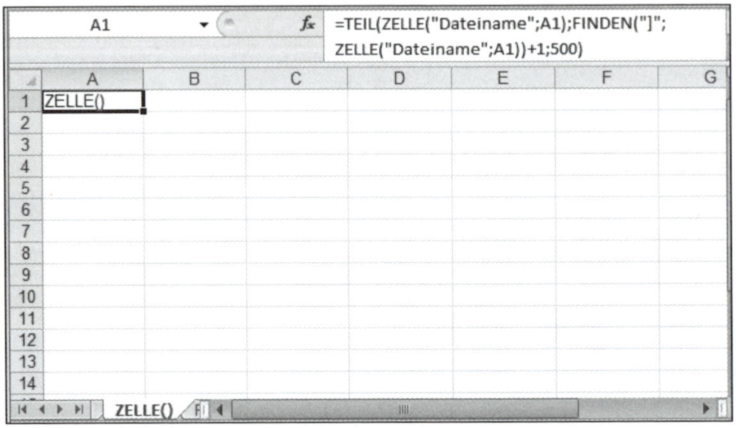

Abbildung 8.6: Pfad und Dateiname werden mit Textfunktionen getrennt.

8.5.2 Praxisbeispiel: Währungsbeträge kennzeichnen

In größeren Tabellen hat der Anwender oft Mühe, eine bestimmte Gruppe von Zellen oder bestimmte Formatierungen aufzuspüren. Die Bedingungsformatierung leistet hier gute Dienste, sie bietet die Möglichkeit, Zellen aufgrund einer per Formel festgelegten Bedingung mit einem Schrift- oder Zellmuster zu versehen.

Kennzeichnen Sie alle Zellen Ihrer Tabelle, die ein Währungsformat haben, benutzen Sie dazu die Funktion ZELLE() mit dem Infotyp *"Format"* und eine Kombination mit der Textfunktion LINKS():

1. Markieren Sie die gesamte Tabelle, klicken Sie dazu in das Kästchen links oben, in dem sich Zeilennummern und Spaltenbuchstaben treffen.
2. Wählen Sie START/FORMATVORLAGEN/BEDINGTE FORMATIERUNG.
3. Erstellen Sie eine neue Regel mit Formelbedingung und geben Sie diese Formel ein:

   ```
   =LINKS(ZELLE("Format";A1);1)="W"
   ```

4. Klicken Sie auf die Schaltfläche FORMATIEREN und wählen Sie ein Zellmuster für diese Bedingung.
5. Bestätigen Sie mit einem Klick auf OK.

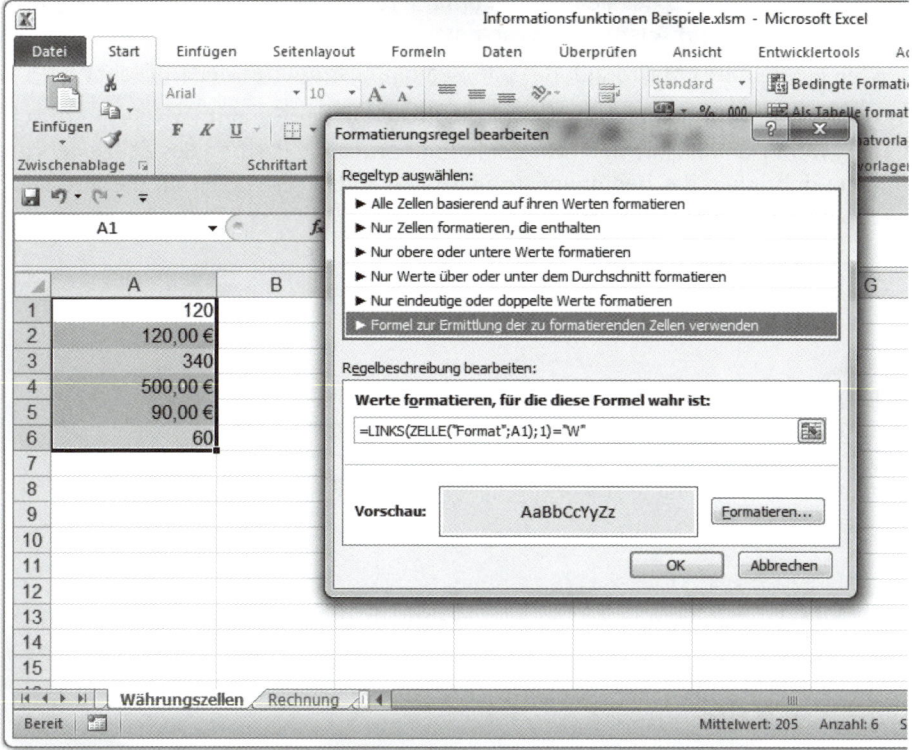

Abbildung 8.7: Das Bedingungsformat für Währungsformate

Damit ist die gesamte Tabelle mit einem Bedingungsformat belegt, das alle Währungsformate farbig kennzeichnet. Um die Kennzeichnung wieder zu löschen, markieren Sie wieder alle Zellen und
löschen Sie die Regel unter START/FORMATVORLAGEN/BEDINGTE FORMATIERUNG. Achten Sie darauf, dass
das Währungszeichen in der Formatierungsgruppe ZAHL nicht das Währungsformat, sondern ein
Buchhaltungsformat zuweist. Weisen Sie das Währungsformat über die Liste der Zahlenformate zu.

Kennzeichnungen mit VBA-Makros automatisieren

Wenn Sie diese Technik häufiger brauchen und bestimmte Formatierungen immer wieder kennzeichnen oder die Kennzeichnungen entfernen, sollten Sie an die Automatisierung per Makro
denken. Die Anweisungen sind schnell aufgezeichnet:

1. Wählen Sie ENTWICKLERTOOLS/CODE/MAKRO AUFZEICHNEN. Falls die Entwicklertools nicht verfügbar sind, kreuzen Sie die entsprechende Option im DATEI-Menü unter OPTIONEN/MENÜBAND
   ANPASSEN an.

2. Geben Sie einen Makronamen ohne Leerzeichen ein und verwenden Sie die *Persönliche Makroarbeitsmappe*, damit die Makros in allen Mappen zur Verfügung stehen.

3. Zeichnen Sie das Einrichten der bedingten Formatierung auf und schließen Sie die Makro-aufzeichnung mit Klick auf AUFZEICHNUNG BEENDEN.

4. Zeichnen Sie ein weiteres Makro auf, das alle Bedingungsformate wieder löscht.

Die Makros können Sie natürlich im VBA-Editor modifizieren, den Sie mit ⎡Alt⎤+⎡F11⎤ schnell aktivieren. Hier zwei Versionen, die noch vor der Formatierung die Position des Zellzeigers archivieren und nach Einbringen der Bedingungsformate den Zellzeiger wieder an die alte Position stellen:

```
Sub WährungsbeträgeKennzeichnen()
  Dim altezelle As String
  altezelle = ActiveCell.Address
  Cells.Select
  Selection.FormatConditions.Delete
  Selection.FormatConditions.Add Type:=xlExpression, Formula1:= _
  "=LINKS(ZELLE(""Format"";A1);1)=""W"""
  Selection.FormatConditions(1).Interior.ColorIndex = 6
  Range(altezelle).Select
End Sub
```

Listing 8.1: VBA-Makro zur Kennzeichnung aller Währungsformate

```
Sub AlleKennzeichenEntfernen()
  Dim altezelle As String
  altezelle = ActiveCell.Address
  Cells.Select
  Selection.FormatConditions.Delete
  Range(altezelle).Select
End Sub
```

Listing 8.2: VBA-Makro, das alle Bedingungsformate entfernt

8.6   Die IST-Funktionen

Diese Funktionsgruppe liefert alle erforderlichen Informationen über den Inhalt des Bezugs, der als Argument übergeben wird. Hier die Syntax der Funktion ISTTEXT() stellvertretend für alle IST-Funktionen:

=ISTTEXT(Wert)

Das Argument *Wert* ist ein Bezug, ein Bereichsname oder ein direkter Wert. Das Ergebnis der Funktion ist der Wahrheitswert WAHR, wenn die Zelle einen Text enthält, oder FALSCH, wenn sie keinen Text enthält.

Hier eine Übersicht über alle IST-Funktionen, die nach diesem Schema funktionieren:

IST-Funktion	Erklärung
ISTBEZUG()	Liefert WAHR, wenn sich der Wert auf einen Bezug bezieht.
ISTFEHL()	Liefert WAHR, wenn sich der Wert auf einen der Fehlerwerte #WERT!, #BEZUG!, #DIV/0!, #ZAHL!, #NAME? oder #NULL! bezieht.
ISTFEHLER()	Liefert WAHR, wenn sich der Wert auf einen der Fehlerwerte #NV, #WERT!, #BEZUG!, #DIV/0!, #ZAHL!, #NAME? oder #NULL! bezieht (auch #NV-Fehler).
ISTGERADE()	Liefert den Wert WAHR, wenn die als Argument angegebene Zahl gerade ist, oder FALSCH, wenn die Zahl ungerade ist.
ISTKTEXT()	Liefert WAHR, wenn sich die Formel auf einen Zellinhalt bezieht, der kein Text ist, oder wenn sich die Funktion auf eine leere Zelle bezieht.
ISTLEER()	Liefert WAHR, wenn sich die Formel auf eine leere Zelle bezieht.
ISTLOG()	Liefert WAHR, wenn sich die Formel auf einen logischen Wert bezieht.
ISTNV	Liefert WAHR, wenn sich die Formel auf einen Fehlerwert #NV (Nicht verfügbar) bezieht.
ISTTEXT()	Liefert WAHR, wenn sich die Formel auf einen Text bezieht.
ISTUNGERADE()	Liefert den Wert WAHR, wenn die als Argument angegebene Zahl ungerade ist, oder FALSCH, wenn die Zahl gerade ist.
ISTZAHL()	Liefert WAHR, wenn sich die Formel auf eine Zahl bezieht.

Tabelle 8.7: Liste der IST-Funktionen

8.6.1 Praxisbeispiel: Fehler im Soll/Ist-Vergleich absichern

Der Hauptzweck der IST-Funktionen ist das Abfangen von Fehlern, die von Anwendern gemacht werden oder die sich nicht vermeiden lassen, weil Faktoren einer Formel noch nicht oder nicht im richtigen Format vorliegen.

Im Soll/Ist-Vergleich werden die Differenzen zwischen zwei Zahlenwerten berechnet, was nicht zu Fehlern führt, auch wenn eine der Zahlen fehlt. Problematisch wird es, wenn die prozentualen Werte berechnet werden, denn dazu müssen beide Faktoren vorhanden sein, sonst tritt eine Division durch 0 auf:

```
B2: 0
C2: 500
D2: =B2-C2
E2: =C2/B2%                 Ergebnis: #DIV/0!
```

Mit der Funktion ISTFEHLER() fangen Sie alle Fehler ab und lenken diese auf einen Wahrheitswert um, der wiederum mit WENN() kontrolliert werden kann:

```
E2: =WENN(ISTFEHLER(C2/B2%);"";C2/B2%)
```

393

	E2		▼		f_x	=WENN(ISTFEHLER(C2/B2%);"";C2/B2%)		
	A	B	C	D	E	F	G	
1	Business Unit	SOLL	IST	Delta	% IST			
2	Fertigbau	300	500	-200	166,67			
3	Trockenbau	400	260	140	65,00			
4	Wartung/Service	0	720	-720				
5								
6								
7								
8								
9								
10								
11								
12								

ISTFehler

Abbildung 8.8: Fehler abfangen mit ISTFEHLER() und WENN()

8.6.2 Praxisbeispiel: SVERWEIS() im Rechnungsvordruck absichern

Die Funktion SVERWEIS() liefert zuverlässig Preise, Beträge und Textinfos aus Tabellen, deren Nummern in einer Referenztabelle angegeben werden. Einziger Nachteil: Wird die Formel über mehrere Zeilen kopiert, liefert sie so lange Fehlermeldungen, bis eine Nummer eingegeben wird. Mit einer IST-Funktion beheben Sie diesen optischen Fehler.

Der Fahrrad-Shop hat seine Reparaturleistungen in einer Preisliste notiert, die jede Position mit Preis und Anzahl der Einheiten führt. Bereiten Sie diese Liste für das Schreiben von Rechnungen vor:

	D2	▼	f_x	12,9	
	A	B	C	D	
1	Leistungsnr	Bezeichnung	Einheiten	Preis pro Einheit	
2	1001	Radlager wechseln	2	12,90 €	
3	1002	Kette ein/ausbauen und ölen	1,5	15,80 €	
4	1003	Schutzblech erneuern	1,5	11,90 €	
5	1004	Lichtanlage überprüfen	1,5	21,90 €	
6	1005	Licht vorne erneuern	1,5	10,00 €	
7	1006	Licht hinten erneuern	1,5	10,00 €	
8	1007	Bremsen überprüfen	1	8,00 €	
9	1008	Bremsen vorne erneuern	2	12,00 €	
10	1009	Bremsen hinten erneuern	2	12,00 €	
11					
12					
13					
14					

ISTFehler / Rechnung / **Preisliste Fahrradshop**

Abbildung 8.9: Preisliste des Fahrrad-Shops

1. Markieren Sie den Bereich ab Zelle A1 mit ⎡Strg⎤+⎡⇧⎤+⎡*⎤.
2. Weisen Sie der Markierung mit FORMEL/DEFINIERTE NAMEN/NAMEN DEFINIEREN den globalen (für die Arbeitsmappe gültigen) Bereichsnamen *Preisliste* zu.

3. Erstellen Sie in einem neuen Tabellenblatt eine Rechnung, weisen Sie dem Bereich ab A5 (A5:A50) über DATEN/DATENTOOLS/DATENÜBERPRÜFUNG/LISTE eine Gültigkeitsprüfung auf die Leistungsnummern in der Preisliste zu:

```
=BEREICH.VERSCHIEBEN(Preisliste;1;0;ZEILEN(Preisliste)-1;1)
```

4. Schreiben Sie die Funktion, mit der die Bezeichnung der gewählten Leistungsnummer in der Preisliste gesucht wird:

```
B4: Bezeichnung
B5: =SVERWEIS($A5;Preisliste;2;0)
```

Sichern Sie die Funktion mit ISTFEHLER() ab, sodass das Ergebnis nur angezeigt wird, wenn in der Spalte A eine Nummer ausgewählt oder eingetippt wird.

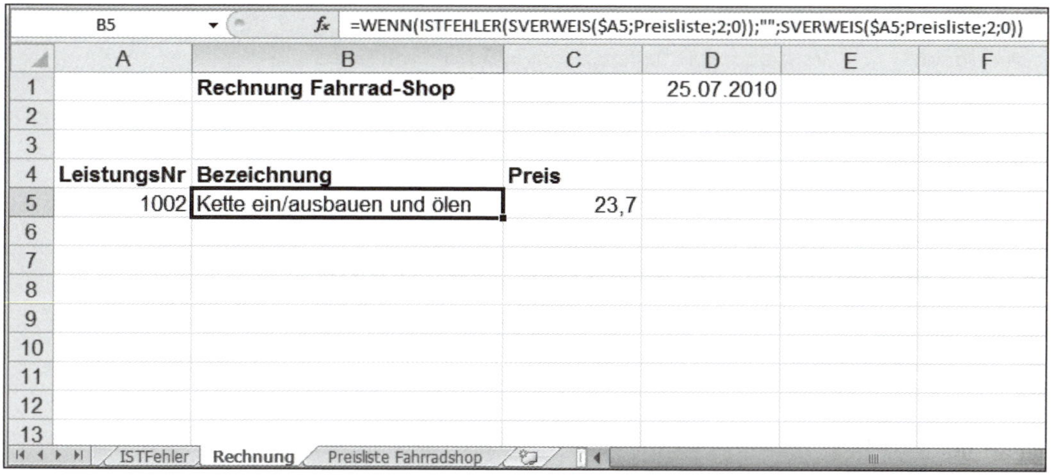

B5 =WENN(ISTFEHLER(SVERWEIS($A5;Preisliste;2;0));"";SVERWEIS($A5;Preisliste;2;0))

	A	B	C	D	E	F
1		**Rechnung Fahrrad-Shop**		25.07.2010		
2						
3						
4	**LeistungsNr**	**Bezeichnung**	**Preis**			
5	1002	Kette ein/ausbauen und ölen	23,7			
6						
7						
8						
9						
10						
11						
12						
13						

ISTFehler | Rechnung | Preisliste Fahrradshop

Abbildung 8.10: **SVERWEIS() mit ISTFEHLER() – so kann die Formel kopiert werden.**

8.7 Die Funktion INFO()

Mit dieser Funktion lassen sich Informationen über das aktuelle Betriebssystem ausgeben.

=INFO(Typ)

Das Argument *Typ* wird mit einem Text in Anführungszeichen besetzt. Das Ergebnis ist eine Zahl oder ein Text, der die Information enthält.

Typ	Rückgabewert
"BenutztSpeich"	Größe des Arbeitsspeichers, der momentan für Daten benötigt wird
"Dateienzahl"	Anzahl aktiver Arbeitsblätter in den geöffneten Arbeitsmappen
"GesamtSpeich"	Der gesamte verfügbare Arbeitsspeicher in Bytes, einschließlich der bereits belegten Teile des Arbeitsspeichers
"Rechenmodus"	Der aktuelle Berechnungsmodus: "Automatisch" oder "Manuell"
"System"	Der Name des Betriebssystems: Macintosh = "mac", Windows = "pcdos"
"Sysversion"	Version des aktuellen Betriebssystems als Text
"Ursprung"	Absoluter Bezug als Text in der A1-Schreibweise mit dem Präfix "$A:", Letzteres dient dazu, Kompatibilität mit Lotus 1-2-3, Version 3.x, zu gewährleisten. Gibt den Bezug der sichtbaren, obersten linken Zelle im aktuellen Fensterbereich zurück.
"VerfSpeich"	Verfügbarer Arbeitsspeicher in Anzahl von Bytes
"Version"	Die Version von Microsoft Excel als Text
"Verzeichnis"	Der Pfad des aktuellen Verzeichnisses oder Ordners

Tabelle 8.8: Varianten des Arguments Typ

8.7.1 Kompatibilität mit neuen Funktionen absichern

Mit INFO() können Sie beispielsweise die Excel-Version anzeigen lassen:

```
A1: =INFO("Version")
```

In einer WENN()-Funktion kann das Ergebnis auch für Meldungen oder weitere Kalkulationen verwendet werden:

```
A1: =WENN(INFO("Version")="14.0";"Achtung, neue Version!";"")
```

Haben Sie mit Ihren Kunden, Geschäftspartnern oder Mitarbeitern noch unterschiedliche Excel-Versionen im Einsatz, dann sollten Sie Funktionen, die in der älteren Version noch nicht verfügbar waren, mit der INFO()-Funktion absichern. Die Funktion NETTOARBEITSTAGE() war zum Beispiel in einem Add-in versteckt (Analyse-Funktionen) und ist erst ab der Version 2007 (Versionsnummer 12.0) vollständig verfügbar. Mit der INFO()-Funktion kann eine Berechnung abgesichert werden wie hier zum Beispiel die Ermittlung der Projekttage im Projektportfolio. Wird die Kalkulation in einer älteren Version verwendet, in der nicht sichergestellt werden kann, dass die Analyse-Funktionen aktiv sind, berechnet die Formel die Bruttotage, ansonsten wird die Funktion verwendet:

```
=WENN(ODER(INFO("Version")="12.0";INFO("Version")="14.0");
NETTOARBEITSTAGE(B2;C2);C2-B2+1)
```

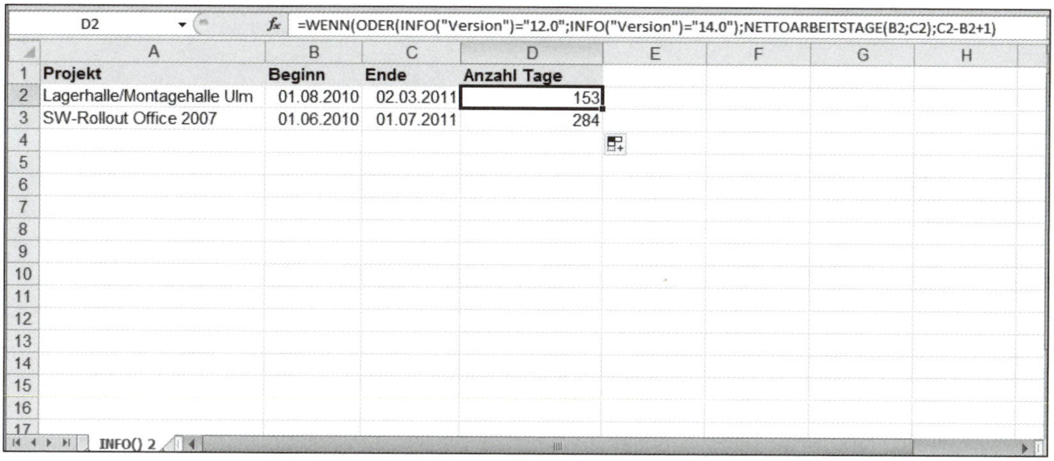

| D2 | ▾ (◦ | *fx* | =WENN(ODER(INFO("Version")="12.0";INFO("Version")="14.0");NETTOARBEITSTAGE(B2;C2);C2-B2+1) |

⊿	A	B	C	D	E	F	G	H
1	**Projekt**	**Beginn**	**Ende**	**Anzahl Tage**				
2	Lagerhalle/Montagehalle Ulm	01.08.2010	02.03.2011	153				
3	SW-Rollout Office 2007	01.06.2010	01.07.2011	284				
4								
5								
6								
7								
8								
9								
10								
11								
12								
13								
14								
15								
16								
17								

Abbildung 8.11: Mit INFO() wird die Formel abgesichert, damit sie auch in älteren Versionen funktioniert.

8.7.2 Ein VBA-Makro für weitere Systeminfos

Mit der Makrosprache VBA können Sie ein Makro schreiben, das weitere Systeminformationen ausgibt, zum Beispiel in einer Meldungsbox:

```
Sub environTest()
  Dim i As Integer, mtext
  For i = 1 To 32
    If Environ(i) <> "" Then
      mtext = mtext & i & ": " & Environ(i) & vbCr
    Else
      Exit For
    End If
  Next i
  MsgBox mtext
End Sub
```

Listing 8.3: VBA-Makro für Systeminformationen

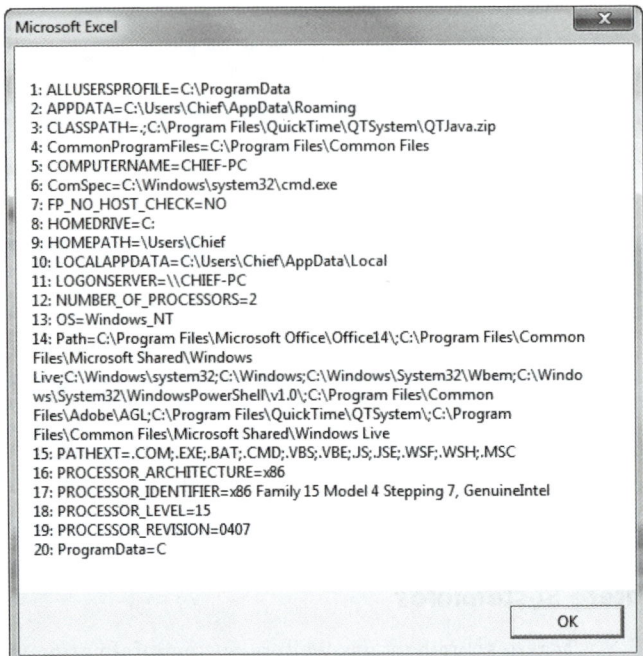

Abbildung 8.12: **Systemvariablen per VBA-Makro**

KAPITEL 9

Mathematische und trigo-
nometrische Funktionen

Alle Funktionen, die direkt mit Rechnen und Berechnen zu tun haben, von ABS() für den Absolutwert einer Zahl bis WURZEL() zum Ziehen der Quadratwurzel, sind in der Kategorie mit dem abgekürzten Titel MATH. & TRIGONOM. zusammengefasst. Die klassische SUMME() gehört in diese Gruppe, Spezialsummenfunktionen wie SUMMEWENN() und SUMMEWENNS() sind auch hier zu finden.

Die trigonometrischen Funktionen vom Arkussinus bis zum Tangens Hyperbel sind ebenfalls vertreten, dazu kommen noch einige spezielle Funktionen zum Runden von Zahlen, für Zufallszahlen und Matrizenberechnungen. Einige dieser Funktionen waren in den Vorgängerversionen XP/2003 noch im Add-in *Analyse-Funktionen* versteckt, könnten also für Umsteiger auch neu sein.

Funktion	Beschreibung
ABRUNDEN()	Rundet eine Zahl gegen null ab.
ABS()	Gibt den Absolutbetrag einer Zahl zurück.
AGGREGAT()	Liefert das Aggregat einer Liste oder eines benannten Bereichs.
ARCCOS()	Gibt den Arkuskosinus einer Zahl zurück.
ARCCOSHYP()	Gibt den umgekehrt hyperbolischen Kosinus einer Zahl zurück.
ARCSIN()	Gibt den Arkussinus einer Zahl zurück.
ARCSINHYP()	Gibt den umgekehrt hyperbolischen Sinus einer Zahl zurück.
ARCTAN()	Gibt den Arkustangens einer Zahl zurück.
ARCTAN2()	Gibt den Arkustangens von x- und y-Koordinaten zurück.
ARCTANHYP()	Gibt den umgekehrt hyperbolischen Tangens einer Zahl zurück.
AUFRUNDEN()	Rundet eine Zahl entgegen null auf.
BOGENMASS()	Wandelt Werte von Grad ins Bogenmaß um.
COS()	Gibt den Kosinus einer Zahl zurück.
COSHYP()	Gibt den hyperbolischen Cosinus einer Zahl zurück.
EXP()	Potenziert die Basis e mit der als Argument angegebenen Zahl.
FAKULTÄT()	Gibt die Fakultät einer Zahl zurück.
GANZZAHL()	Rundet eine Zahl bis zur nächsten geraden Ganzzahl auf.
GERADE()	Rundet eine positive Zahl auf die nächste gerade Ganzzahl auf und eine negative Zahl auf die nächste gerade Ganzzahl ab.
GGT()	Gibt den größten gemeinsamen Teiler (Divisor) zurück.
GRAD()	Wandelt Werte im Bogenmaß in Grad um.
KGV()	Gibt das kleinste gemeinsame Vielfache zurück.
KOMBINATIONEN()	Gibt die Anzahl von Kombinationen für eine gegebene Anzahl von Objekten zurück.
KÜRZEN()	Kürzt eine Zahl auf eine ganze Zahl.

Tabelle 9.1: Liste der mathematischen/trigonometrischen Funktionen

Funktion	Beschreibung
LN()	Gibt den natürlichen Logarithmus einer Zahl zurück.
LOG()	Gibt den Logarithmus einer Zahl zu einer angegebenen Basis zurück.
LOG10()	Gibt den Logarithmus zur Basis 10 einer Zahl zurück.
MDET()	Gibt die Determinante einer Matrix zurück.
MINV()	Gibt die inverse Matrix einer Matrix zurück.
MMULT()	Gibt das Matrixprodukt zweier Matrizen zurück.
OBERGRENZE()	Rundet eine Zahl bis zur nächsten ganzen Zahl oder bis zum nächsten Vielfachen von einem Schritt auf.
OBERGRENZE.GENAU()	Rundet eine Zahl auf das kleinste Vielfache von Schritt auf.
PI()	Gibt den Wert von Pi zurück.
POLYNOMIAL()	Gibt das Polynom einer Reihe von Zahlen zurück.
POTENZ()	Gibt das Ergebnis einer potenzierten Zahl zurück.
POTENZREIHE()	Gibt die Summe von Potenzen auf Basis der Formel zurück.
PRODUKT()	Multipliziert seine Argumente.
QUADRATESUMME()	Gibt die Quadratsumme der Argumente zurück.
QUOTIENT()	Gibt den ganzzahligen Teil einer Division zurück.
REST()	Gibt den Rest einer Division zurück.
RÖMISCH()	Wandelt eine arabische Zahl in eine römische Zahl als Text um.
RUNDEN()	Rundet eine Zahl auf eine angegebene Anzahl von Ziffern.
SIN()	Gibt den Sinus eines gegebenen Winkels zurück.
SINHYP()	Gibt den hyperbolischen Sinus einer Zahl zurück.
SUMME()	Addiert die Argumente.
SUMMENPRODUKT()	Gibt die Summe der Produkte von entsprechenden Matrixkomponenten zurück.
SUMMEWENN()	Addiert Zellen, die mit den Suchkriterien übereinstimmen.
SUMMEWENNS()	Addiert Zellen, die mit einer Gruppe von Suchkriterien übereinstimmen.
SUMMEX2MY2()	Gibt die Summe der Differenz zusammengehöriger Werte in zwei Matrizen zurück.
SUMMEX2PY2()	Summiert für zusammengehörige Komponenten zweier Matrizen die Summen der Quadrate.
SUMMEXMY2()	Summiert für zusammengehörige Komponenten zweier Matrizen die quadrierten Differenzen.
TAN()	Gibt den Tangens einer Zahl zurück.

Tabelle 9.1: Liste der mathematischen/trigonometrischen Funktionen (Forts.)

Funktion	Beschreibung
TANHYP()	Gibt den hyperbolischen Tangens einer Zahl zurück. *
TEILERGEBNIS()	Liefert ein Teilergebnis einer Liste oder Datenbank.
UNGERADE()	Rundet eine Zahl bis zur nächsten ungeraden Ganzzahl auf.
UNTERGRENZE()	Rundet eine Zahl gegen null ab.
UNTERGRENZE.GENAU()	Rundet eine Zahl auf die nächste Ganzzahl oder auf das nächste Vielfache von Schritt ab.
VORZEICHEN()	Gibt das Vorzeichen einer Zahl zurück.
VRUNDEN()	Gibt eine auf das gewünschte Vielfache gerundete Zahl zurück.
WURZEL()	Gibt eine positive Quadratwurzel zurück.
WURZELPI()	Gibt die Quadratwurzel von (Zahl * Pi) zurück.
ZUFALLSBEREICH()	Gibt eine Zufallszahl zwischen den von Ihnen angegebenen Zahlen zurück.
ZUFALLSZAHL()	Gibt eine Zufallszahl zwischen 0 und 1 zurück.
ZWEIFAKULTÄT()	Gibt die Fakultät mit Schrittlänge 2 einer Zahl zurück.

Tabelle 9.1: Liste der mathematischen/trigonometrischen Funktionen (Forts.)

9.1 Neu in Excel 2010

Diese Funktionen sind neu in Excel 2010 (im Unterschied zu Excel 2007):

```
AGGREGAT()
OBERGRENZE.GENAU()
UNTERGRENZE.GENAU()
```

9.2 Die Funktionen im Menüband

Im Menüband finden Sie für diese Funktionskategorie ein eigenes Symbol und auf diesem ist die Kategoriebezeichnung sogar ausgeschrieben:

1. Schalten Sie um auf die Registerkarte FORMELN.
2. Klicken Sie in der Funktionsbibliothek auf das Symbol MATHEMATIK UND TRIGONOMETRIE für eine Auswahl der wichtigsten Funktionen.
3. Mit Klick auf MEHR erhalten Sie die komplette Liste dieser Kategorie.

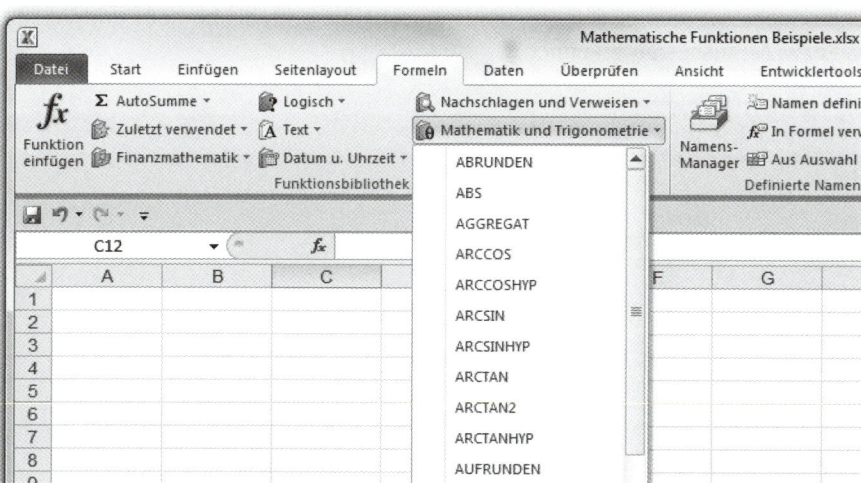

Abbildung 9.1: Die Funktionen aus der Kategorie Mathematik und Trigonometrie

---

CD-ROM

Alle Beispiele in diesem Kapitel finden Sie auf der CD zum Buch unter *Mathematische Funktionen Beispiele.xlsm.*

9.3   Die Funktion ABS()

Mit dieser Funktion berechnen Sie den Absolutwert einer Zahl, das Ergebnis ist die Zahl ohne ihr Vorzeichen.

=ABS(Zahl)

Das Argument *Zahl* ist eine reelle Zahl, ein Bezug auf eine Zahl oder ein Bereichsname, der auf eine Zahl verweist.

```
A1: -150
A3: =ABS(A1)              Ergebnis: 150
```

9.3.1   Praxisbeispiel: Positive und negative Beträge summieren

Enthält eine Zahlenreihe positive und negative Beträge, werden diese nach den mathematischen Regeln summiert, d.h., die Zahlen mit Minuszeichen werden von der Summe abgezogen. Um nur die positiven oder negativen Zahlen zu summieren, können Sie die Funktion ABS() einsetzen, hier im Beispiel in einer Matrixfunktion.

Ihre eBay-Auktionen haben Sie sauber gelistet, die Unterscheidung zwischen Kauf und Verkauf lässt sich am Plus- bzw. Minusbetrag erkennen.

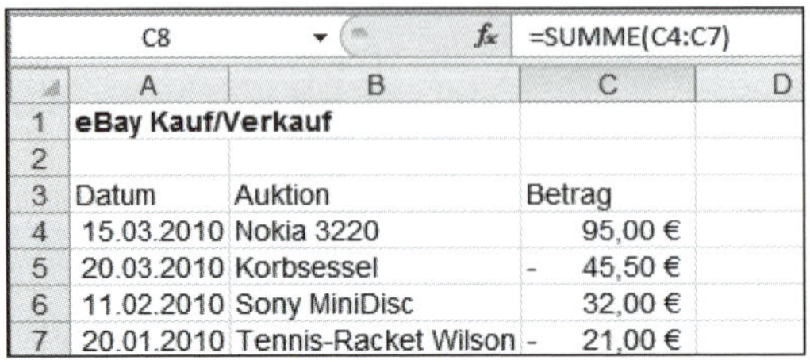

	C8		f_x	=SUMME(C4:C7)	
	A	B		C	D
1	eBay Kauf/Verkauf				
2					
3	Datum	Auktion		Betrag	
4	15.03.2010	Nokia 3220		95,00 €	
5	20.03.2010	Korbsessel	-	45,50 €	
6	11.02.2010	Sony MiniDisc		32,00 €	
7	20.01.2010	Tennis-Racket Wilson	-	21,00 €	

Abbildung 9.2: Summe aller Beträge, positive und negative

Jetzt hätten Sie doch gerne gewusst, wie viel Geld der elektronische Marktplatz einbringt und was Sie für Ihre Käufe ausgeben. Mit dieser Matrixformel finden Sie das Ergebnis:

1. Schreiben Sie die Formel, die alle Beträge berechnet, die positiven noch einmal addiert und das Ergebnis durch 2 teilt:

   ```
   B9: Summe Käufe
   C9: =SUMME((C4:C7)+ABS(C4:C7))/2
   ```

2. Drücken Sie Strg + ⇧ + ⏎ , um die Formel als Matrixformel abzuschließen.

3. Die Verkäufe berechnen Sie aus der Summe aller Beträge abzüglich der negativen Beträge, dividiert durch 2.

   ```
   B10: Summe Verkäufe
   C10: =SUMME((C4:C7)-ABS(C4:C7))/2
   ```

4. Drücken Sie Strg + ⇧ + ⏎ , um die Formel als Matrixformel abzuschließen.

	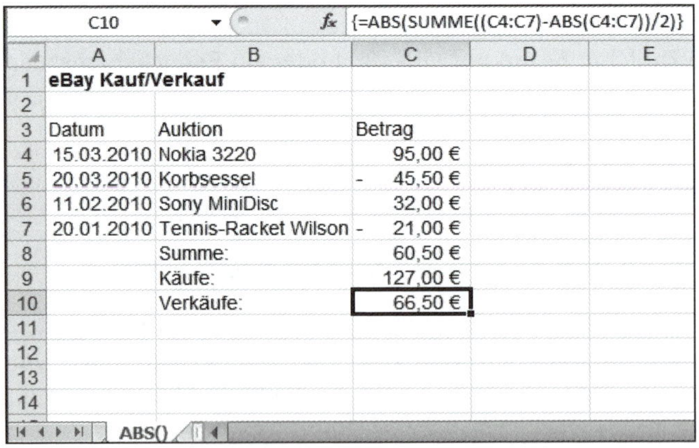 C10		f_x	{=ABS(SUMME((C4:C7)-ABS(C4:C7))/2)}		
	A	B		C	D	E
1	eBay Kauf/Verkauf					
2						
3	Datum	Auktion		Betrag		
4	15.03.2010	Nokia 3220		95,00 €		
5	20.03.2010	Korbsessel	-	45,50 €		
6	11.02.2010	Sony MiniDisc		32,00 €		
7	20.01.2010	Tennis-Racket Wilson	-	21,00 €		
8		Summe:		60,50 €		
9		Käufe:		127,00 €		
10		Verkäufe:		66,50 €		
11						
12						
13						
14						

ABS()

Abbildung 9.3: Die Summen der positiven und negativen Zahlen

> **Tipp**
>
> Wenn Sie das negative Ergebnis der zweiten Formel ohne Vorzeichen darstellen wollen, schließen Sie den Ausdruck in eine ABS-Funktion ein:
>
> `=ABS(SUMME((C4:C7)-ABS(C4:C7))/2)`

9.4 Die Funktion AGGREGAT()

Das ist eine der wenigen wirklich neuen Funktionen in Excel 2010 und sie löst eine Menge Probleme, die Excel-Anwender mit bereits bekannten Funktionen haben. AGGREGAT() ist eine Container-Funktion, sie wird an Stelle einer anderen Funktion verwendet und erweitert mit zusätzlichen Argumenten die Möglichkeiten dieser Funktion.

AGGREGAT() wird an Stelle einer Standardfunktion wie SUMME() oder KGRÖSSTE() verwendet, um die Funktionalität dieser Funktion zu verbessern. Ähnlich wie die Funktion TEILERGEBNIS() fordert sie zunächst eine Funktionsnummer, dann wird eine Optionsnummer angegeben, die dafür sorgt, dass bestimmte Bereiche ignoriert werden. Anschließend werden die Bereiche (Zellbereiche, Bereichsnamen, Array) angegeben, die von der Funktion berechnet werden.

Die Syntax der Standardfunktion:

=AGGREGAT(Funktionsnr;Optionen;Bezug1;Bezug2; ...)

Die *Funktionsnr* steht für eine andere Funktion, zum Beispiel SUMME() oder MITTELWERT(). Hier stehen 19 Funktionen zur Auswahl (siehe Liste unten).

Mit einer Optionsnummer im Argument *Optionen* wird bestimmt, welche Elemente im berechneten Bereich ignoriert werden (siehe Liste unten).

Bezug1 ist ein Zellbereich, ein Bereichsname oder ein Array, der die zu berechnenden Werte enthält. Mit *Bezug2 ... Bezugn* können weitere Bereiche angegeben werden, der erste Bezug muss angegeben werden, alle anderen sind optional.

Die Syntax der Matrixversion:

=AGGREGAT(Funktionsnr;Optionen;Array;[k])

In der Matrixversion erhält die Funktion AGGREGAT() einen zu berechnenden Array und ein Argument *k*, das von der Funktionsnummer abhängig ist. Kommt zum Beispiel die Funktionsnummer 14 (KGRÖSSTE()) zum Einsatz, wird mit *k* die Rangfolge angegeben, die diese Funktion braucht (1 = größter Wert, 2 = zweitgrößter ...).

Diese Funktionen können nur in der Matrixversion von AGGREGAT() benutzt werden, weil sie ein zusätzliches Argument erfordern:

Funktion	Argument k
KGRÖSSTE(Bereich;k)	Rangfolge für den größten Wert im Bereich
KKLEINSTE(Bereich;k)	Rangfolge für den kleinsten Wert im Bereich
QUANTIL.INKL(Bereich;k)	Prozentsatz des Quantils eines Bereichs (inklusiv-berechnet)
QUARTILE.INKL(Bereich;Quartil)	Prozentsatz der Quartile eines Bereichs (inklusiv-berechnet)
QUANTIL.EXKL(Bereich;k)	Prozentsatz des Quantils eines Bereichs (exklusiv-berechnet)
QUARTILE.INKL(Bereich;Quartil)	Prozentsatz der Quartile eines Bereichs (exklusiv-berechnet)

Tabelle 9.2: Funktionen, die ein zusätzliches Argument erfordern

Funktionsnummern

Geben Sie an Stelle der Funktion, die Sie verwenden wollen, die Funktionsnummer im ersten Argument an:

Funktionsnr	Funktion
1	MITTELWERT()
2	ANZAHL()
3	ANZAHL2()
4	MAX()
5	MIN()
6	PRODUKT()
7	STABW.S()
8	STABW.N()
9	SUMME()
10	VAR.S()
11	VAR.P()
12	MEDIAN()
13	MODUS.EINF()
14	KGRÖSSTE()
15	KKLEINSTE()
16	QUANTIL.INKL()
17	QUARTILE.INKL()
18	QUANTIL.EXKL()
19	QUARTILE.EXKL()

Tabelle 9.3: Die Funktionsnummern des Arguments Funktionsnr

Optionen

Geben Sie im Argument Optionen die Nummer der Option an, die für die zu ignorierenden Elemente in den Bereichen oder im Array der Matrixfunktion steht.

Optionsnr	Bedeutung
0 oder nicht angegeben	Ergebnisse von geschachtelten TEILERGEBNIS-Funktionen und anderen AGGREGAT-Funktionen werden ignoriert.
1	Inhalte ausgeblendeter Zeilen und Ergebnisse von geschachtelten TEILERGEBNIS-Funktionen und anderen AGGREGAT-Funktionen werden ignoriert.
2	Fehlerwerte und Ergebnisse von geschachtelten TEILERGEBNIS-Funktionen und anderen AGGREGAT-Funktionen werden ignoriert.
3	Inhalte ausgeblendeter Zeilen, Fehlerwerte und Ergebnisse von geschachtelten TEILERGEBNIS-Funktionen und anderen AGGREGAT-Funktionen werden ignoriert.
4	Nichts wird ignoriert.
5	Inhalte ausgeblendeter Zeilen werden ignoriert.
6	Fehlerwerte werden ignoriert.
7	Inhalte ausgeblendeter Zeilen und Fehlerwerte werden ignoriert.

Tabelle 9.4: Die Optionsnummern des Arguments Option

9.4.1 Aggregate konstruieren mit der Formelhilfe

Die umfangreichen Funktions- und Optionslisten müssen Sie nicht auswendig lernen, die Funktionshilfe liefert zuverlässig alle Einträge.

Schreiben Sie die Funktion bis zur ersten Funktionsklammer:

=AGGREGAT(

Suchen Sie die passende Funktion in der angebotenen Funktionshilfe, geben Sie die Ziffer ein oder markieren Sie die Funktion und drücken Sie die ⇆-Taste. Schreiben Sie ein Semikolon und holen Sie so auch die passende Option in die Funktion.

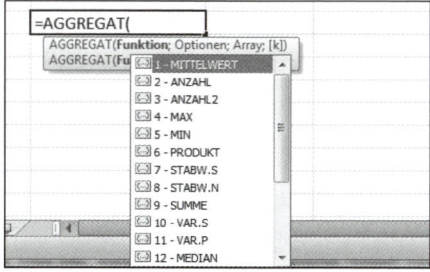

Abbildung 9.4: Funktionshilfe nutzen für AGGREGAT()

9.4.2 Praxisbeispiel: Durchschnittliche Anteile

Das Beispiel enthält eine Anteilsberechnung, dazu wird der Betrag in Spalte A durch die Anzahl der Mitarbeiter geteilt. Beträgt dieser null, gibt die Funktion den Fehlerwert #DIV/0! aus.

	C2	▼	f_x	=A2/B2	
	A	B	C		
1	Betrag	Anzahl Mitarbeiter	Anteil pro Mitarbeiter		
2	2500	20	125,0		
3	3200	50	64,0		
4	4100	0	#DIV/0!		
5	5200	150	34,7		
6	120	12	10,0		
7	6500	0	#DIV/0!		
8					
9					
10					
11					
12					

Speedometer | AGGREGAT() 1

Abbildung 9.5: Anteile für Mitarbeiter berechnen

Ermitteln Sie jetzt mit der Funktion MITTELWERT() den durchschnittlichen Anteil, ist das Ergebnis ebenfalls #DIV/0!, solange sich Fehlerwerte im Bereich befinden:

=MITTELWERT(C2:C7)

Mit der Funktion AGGREGAT() berechnen Sie den Mittelwert korrekt, die Option mit der Nummer 6 sorgt dafür, dass Fehlerwerte ignoriert werden:

=AGGREGAT(1;6;$C$2:$C$7)

	E6	▼	f_x	=AGGREGAT(1;6;$C$2:$C$7)		
	A	B	C	D	E	
1	Betrag	Anzahl Mitarbeiter	Anteil pro Mitarbeiter			
2	2500	20	125,0		Durchschnittl. Anteil (mit MITTELWERT()):	
3	3200	50	64,0		#DIV/0!	
4	4100	0	#DIV/0!			
5	5200	150	34,7		Durchschnittl. Anteil (mit AGGREGAT()):	
6	120	12	10,0		58,42	
7	6500	0	#DIV/0!			
8						
9						
10						
11						
12						

AGGREGAT() 1

Abbildung 9.6: AGGREGAT() berechnet die Mittelwerte auch mit Fehlerwerten.

9.4.3   Praxisbeispiel: Lagerwertberechnung

In diesem Beispiel wird eine Artikelliste analysiert. Neben Nummer und Bezeichnung, Gruppe und Hersteller enthält sie die Artikelkategorie, den Preis sowie den aktuellen Bestand und den Lagerwert (Produkt aus Preis und Bestand). Filtern Sie diese Liste mit dem AutoFilter nach Kategorie, Hersteller oder – für ABC-Analysen – nach der Kategorie, brauchen Sie Aggregate, die mit den gefilterten Werten arbeiten. Als zusätzlichen Komfort können Sie auftretende Fehlerwerte ausschließen.

Für eine einfache Summe der Spaltenwerte verwenden Sie die Funktion SUMME(). Um die Summen der gefilterten Liste zu ermitteln, reicht die Funktion TEILERGEBNIS(), hier für den Bereich F11:F55:

```
=SUMME(F11:F55)
=TEILERGEBNIS(9;F11:F55)
```

	F3	▼	⊙	f_x	=TEILERGEBNIS(9;F11:F55)				
	A	B		C	D	E	F	G	H	I
1										
2						Summe gesamt:	26.225,28	2.148,00	1.312.223,32	
3						Summe gefiltert:	26.225,28	2.148,00	1.312.223,32	
4										
5										
6										
7										
8										
9										
10	Art.Nr.	Bezeichnung		Gruppe	Hersteller	Kategorie	Preis	Bestand	Lagerwert	
11	X101-001	OfficeConnect Fast Ethernet NIC		Netzwerk	3COM	A	75,40	25	1.885,00	
12	X101-002	Fast EtherLink XL 10/100 PCI RJ45 boot		Netzwerk	3COM	A	104,40	62	6.472,80	
13	X101-003	3Com USB Networking Interface 10/100		Netzwerk	3COM	A	117,16	11	1.288,76	
14	X101-004	Fast EtherLink XL10/100 PCI NM-Bulk		Netzwerk	3COM	A	114,84	30	3.445,20	
15	X101-005	ACER PC NIC ALN-330		Netzwerk	Acer	B	40,60	2	81,20	
16	X101-006	ACER NIC ALN-325C 32Bit, RJ45		Netzwerk	Acer	B	45,24	96	4.343,04	
17	X101-007	AirLancer MC-2 PCMCIA Card		Netzwerk	ELSA	B	261,00	18	4.698,00	
18	X101-008	AirLancer USB-11		Netzwerk	ELSA	B	498,80	3	1.496,40	
19	X101-009	HP 10/100BaseT PCI Ethernet Adapter		Netzwerk	HP	C	92,80	23	2.134,40	
20	X101-010	HP 3COM FastEtherl. 3C950C-TX NIC		Netzwerk	HP	C	168,20	81	13.624,20	
21	X101-011	IBM Ethernet 10/100 TX PCI f.NF		Netzwerk	IBM	A	237,80	67	15.932,60	
22	X101-012	IBM EtherJet 10/100 PC Card RJ45		Netzwerk	IBM	A	296,96	59	17.520,64	
23	X101-013	CPU AMD Duron 700 MHz		Bauteile	AMD	C	114,84	0	0,00	
24	X101-014	CPU AMD Duron 750 MHz		Bauteile	AMD	C	127,60	52	6.635,20	
◄ ► ►│	AGGREGAT() 1	AGGREGAT() 2	⊙							

Abbildung 9.7: Lagerwerte analysieren mit Aggregaten

Mit der Funktion AGGREGAT() ermitteln Sie ebenfalls die Summe der gefilterten Werte, die Option 7 sorgt dafür, dass Fehlerwerte ignoriert werden:

```
=AGGREGAT(9;7;F11:F55)
```

Um den größten Wert zu ermitteln, würde die Funktion TEILERGEBNIS() noch reichen, wenn Sie die Rangfolge mit KGRÖSSTE() ermitteln wollen, brauchen Sie die Matrixversion von AGGREGAT():

Größter Wert der gefilterten Liste ohne Fehlerwerte:

```
=AGGREGAT(14;7;F11:F55;1)
```

Zweitgrößter Wert der gefilterten Liste ohne Fehlerwerte:

=AGGREGAT(14;7;F11:F55;2)

Mit der Funktion QUANTIL.INKL() ermitteln Sie die Perzentile, zum Beispiel die Summe der Werte in 25% des Bereichs. Verwenden Sie an Stelle dieser Funktion ein Aggregat, bezieht sich das Ergebnis wieder auf die gefilterte Liste ohne Fehlerwerte:

=AGGREGAT(16;7;F11:F55;25%)

	F7	▼	f_x	=AGGREGAT(16;7;F11:F55;25%)					
▲	A	B	C	D	E	F	G	H
1								
2				Summe gesamt:		26.225,28	2.148,00	1.312.223,32
3				Summe gefiltert:		10.192,92	692,00	579.588,20
4			Aggregat (Summe) ohne Fehlerwerte gefiltert:			10.192,92	692,00	579.588,20
5			Aggregat (größter Wert) ohne Fehlerwerte gefiltert:			3.248,00	97,00	207.872,00
6		Aggregat (zweitgrößter Wert) ohne Fehlerwerte gefiltert:				1.972,00	92,00	128.180,00
7			Aggregat (25%-Quantil) ohne Fehlerwerte gefiltert:			109,62	22,00	2.665,10
8								
9								
10	Art.Nr. ▼	Bezeichnung ▼	Gruppe ▼	Hersteller ▼	Kategori.▼	Preis ▼	Bestand ▼	Lagerwert ▼
11	X101-001	OfficeConnect Fast Ethernet NIC	Netzwerk	3COM	A	75,40	25	1.885,00
12	X101-002	Fast EtherLink XL 10/100 PCI RJ45 boot	Netzwerk	3COM	A	104,40	62	6.472,80
13	X101-003	3Com USB Networking Interface 10/100	Netzwerk	3COM	A	117,16	11	1.288,76
14	X101-004	Fast EtherLink XL10/100 PCI NM-Bulk	Netzwerk	3COM	A	114,84	30	3.445,20
21	X101-011	IBM Ethernet 10/100 TX PCI f.NF	Netzwerk	IBM	A	237,80	67	15.932,60
22	X101-012	IBM EtherJet 10/100 PC Card RJ45	Netzwerk	IBM	A	296,96	59	17.520,64
36	X101-026	DeLuxe Access Keyboard dt. PS2 W32	Komponenten	LOGITECH	A	39,44	24	946,56
37	X101-027	Internet Keyboard dt. PS2 W32	Komponenten	LOGITECH	A	56,84	0	0,00
38	X101-028	Cordless Desktop dt. PS2 W32	Komponenten	LOGITECH	A	157,76	97	15.302,72
44	X101-034	CANON BJC-5500	Komponenten	CANON	A	1.701,72	20	34.034,40
45	X101-035	CANON CD-300 Digital Photo Printer	Komponenten	CANON	A	1.160,00	92	106.720,00
46	X101-036	CANON BJC-85	Komponenten	CANON	A	577,68	60	34.660,80
53	X101-043	CANOSCAN D-660U	Komponenten	CANON	A	332,92	16	5.326,72
54	X101-044	ECOMO 741 22	Komponenten	ELSA	A	3.248,00	64	207.872,00

Abbildung 9.8: Aggregate auf die gefilterte Liste.

9.5 Die Funktionen AUFRUNDEN() und ABRUNDEN()

Diese Funktionen runden Zahlenwerte auf eine angegebene Anzahl Nachkommastellen auf oder ab.

=ABRUNDEN(Zahl;Anzahl_Stellen)

Im Argument *Zahl* geben Sie eine Zahl, einen Zellbezug oder einen Bereichsnamen an, der auf eine Zahl verweist. Das Argument *Anzahl_Stellen* bezeichnet die Anzahl der Nachkommastellen, auf die Sie abrunden wollen.

=AUFRUNDEN(Zahl;Anzahl_Stellen)

Im Argument *Zahl* geben Sie eine Zahl, einen Zellbezug oder einen Bereichsnamen an, der auf eine Zahl verweist. Das Argument *Anzahl_Stellen* bezeichnet die Anzahl Nachkommastellen, auf die Sie aufrunden wollen.

In beiden Funktionen können Sie für das Argument *Anzahl_Stellen* eine Ziffer angeben, die den Rundungsfaktor bestimmt:

Argument Anzahl_Stellen	Bedeutung
Größer als 0	Die Zahl wird auf die angegebene Anzahl Nachkommastellen auf- oder abgerundet.
0	Die Zahl wird auf die nächste Ganzzahl auf- oder abgerundet.
Kleiner als 0	Der links vom Dezimalzeichen stehende Teil der Zahl wird auf- oder abgerundet.

Tabelle 9.5: Varianten des Arguments Anzahl_Stellen

Diese Formel rundet eine Ganzzahl ohne Dezimalstellen ab oder auf:

```
=ABRUNDEN(3,2; 0)          Ergebnis: 3
=AUFRUNDEN(3,2; 0)         Ergebnis: 4
```

Damit runden Sie die Zahl 76,9 auf eine Ganzzahl ohne Dezimalstellen ab oder auf:

```
=ABRUNDEN(76,9;0)          Ergebnis: 76
=AUFRUNDEN(76,9;0)         Ergebnis: 77
```

Diese Formel rundet die Kreiszahl Pi (3,14159) auf zwei Dezimalstellen ab oder auf:

```
=ABRUNDEN(3,14159; 2)      Ergebnis: 3,14
=AUFRUNDEN(3,14159; 2)     Ergebnis: 3,15
```

Damit wird die Zahl auf zwei Dezimalstellen links des Dezimalkommas ab- oder aufgerundet:

```
=ABRUNDEN(31415,92654; -2)  Ergebnis: 31400
=AUFRUNDEN(31415,92654; -2)  Ergebnis: 31500
```

9.6 Die Funktionen FAKULTÄT() und ZWEIFAKULTÄT()

Mit der Funktion FAKULTÄT() berechnen Sie die Fakultät einer Zahl. Mathematisch wird diese in der Form *1*2*3 ... Zahl* berechnet.

=FAKULTÄT(Zahl)

Geben Sie im Argument *Zahl* eine positive Ganzzahl ein oder einen Bezug oder einen Bereichsnamen, der auf eine Zahl verweist. Nachkommastellen werden, wenn vorhanden, abgeschnitten, bei negativen Zahlen erhalten Sie einen #WERT-Fehler in der Formelzelle.

```
A1: 5
A2: =FAKULTÄT(A1)          Ergebnis: 120
```

In mathematischen Formeln wird die Fakultät einer Zahl mit einem !-Zeichen geschrieben:

5! = 1*2*3*4*5=120

Da das Ergebnis einer Fakultät schnell wächst, werden größere Werte meist mit Programmen berechnet. Hier ein Beispielprogramm in der Makrosprache VBA, das !100 berechnet. Öffnen Sie mit `Strg` + `g` das Direktfenster, um das Ergebnis zu sehen:

```
Sub Fakultät100
  F = 1
  For k = 1 To 100
    F = F * k
    Debug.Print "Die Fakultät von "; k; " = ", F
  Next k
End Sub
```

Listing 9.1: VBA-Programm für die Fakultät 100

Die Funktion ZWEIFAKULTÄT() liefert die Fakultät zur Zahl mit Schrittlänge 2:

=ZWEIFAKULTÄT (Zahl)

Zahl ist der Wert, dessen Altheffnersche Fakultät mit Schrittlänge 2 berechnet wird. Ist *Zahl* keine ganze Zahl, werden deren Nachkommastellen abgeschnitten.

9.7 Die Funktionen GERADE() und UNGERADE()

Auch diese Funktionen runden Zahlenwerte in der Tabelle auf, und zwar auf Ganzzahlen.

=GERADE(Zahl)

Das Argument *Zahl* erhält eine Zahl, einen Zellbezug auf eine Zahl oder einen Bereichsnamen, der auf eine Zahl verweist. Das Ergebnis der Funktion ist die nächsthöhere gerade (durch 2 teilbare) Ganzzahl.

```
A1: 12,3
A2: =GERADE(A1)          Ergebnis: 14
```

=UNGERADE(Zahl)

Das Argument *Zahl* erhält eine Zahl, einen Zellbezug auf eine Zahl oder einen Bereichsnamen, der auf eine Zahl verweist. Das Ergebnis der Funktion ist die nächsthöhere ungerade (nicht durch 2 teilbare) Ganzzahl.

```
A1: 12,3
A2: =UNGERADE(A1)        Ergebnis: 13
```

9.8 Die Funktionen KGV() und GGT()

Die Funktion KGV() berechnet das kleinste gemeinsame Vielfache aller Argumente, die der Funktion in der Klammer mitgeteilt werden. Das ist die kleinste positive Ganzzahl, die ein Vielfaches aller Zahlen ist.

=KGV(Zahl1;Zahl2; ... Zahln)

In den Argumenten *Zahl1;Zahl2; ...* geben Sie Zahlen, Bezüge auf Zahlen oder Bereichsnamen an, die auf Zahlen verweisen. Diese Zahlen sollten Ganzzahlen sein, Nachkommastellen werden bei der Berechnung abgeschnitten.

```
A1: 2
A2: 5
A3: =KGV(A1:A2)              Ergebnis: 10
```

Die Funktion GGT() berechnet den größten gemeinsamen Teiler aller Argumente, die der Funktion in Klammern mitgeteilt werden.

=GGT((Zahl1;Zahl2; ... Zahln)

In den Argumenten *Zahl1;Zahl2; ...* geben Sie Zahlen, Bezüge auf Zahlen oder Bereichsnamen an, die auf Zahlen verweisen. Diese Zahlen sollten Ganzzahlen sein, Nachkommastellen werden bei der Berechnung abgeschnitten.

```
A1: 2
A2: 4
A3: GGT(A1:A2)              Ergebnis: 2
```

9.8.1 Praxisbeispiel: Primfaktorzerlegung

Lange bevor es Computer gab, haben Mathematiker schon den kleinsten gemeinsamen Nenner und das größte gemeinsame Vielfache von Zahlen ermittelt, und zwar über die Primfaktorzerlegung. Dabei wird eine positive Zahl als Produkt von Primzahlpotenzen dargestellt:

$$a = 3528 = 2^3 * 3^2 * 5^0 * 7^2$$
$$b = 3780 = 2^2 * 3^3 * 5^1 * 7^1$$

Der kleinste gemeinsame Teiler errechnet sich aus dem Produkt der niedrigsten Potenzen:

$$GGT(3528,3780) = 2^2 * 3^2 * 5^0 * 7^1 = 252$$

Das größte gemeinsame Vielfache ist das Produkt aus den größten Exponenten der jeweiligen Basen:

$$KGV(3528,3780) = 2^3 * 3^3 * 5^1 * 7^2 = 52920$$

Mit Excel lässt sich dieser Beweis natürlich auch führen, benutzen Sie die passenden Funktionen:

1. Schreiben Sie zwei ganze Zahlen:

   A2: 3528
   A3: 3780

2. Berechnen Sie die Primzahlenpotenzen der beiden Zahlen.

3. Berechnen Sie die kleinsten Exponenten mit der Funktion MIN() und ermitteln Sie das Produkt aus den Ergebnissen über PRODUKT(). Vergleichen Sie das Ergebnis mit der Funktion GGT():

   =GGT(A2:A3)

4. Berechnen Sie die größten Exponenten mit der Funktion MAX() und ermitteln Sie das Produkt aus den Ergebnissen über PRODUKT(). Vergleichen Sie das Ergebnis mit der Funktion KGV():

   =KGV(A2:A3)

	G6	▾	*fx*	=KGV(A2:A3)				
	A	B	C	D	E	F	G	H
1								
2	3528	8	9	1	49			
3	3780	4	27	5	7			
4								
5	Der kleinste Exponent:	4	9	1	7	252	252	
6	Der grösste Exponent:	8	27	5	49	52920	52920	
7								
8								
9								
10								
11								
12								
13								
14								

KGV() und GGT() / Lotto / KOMBI…

Abbildung 9.9: Die Zahlen werden in ihre Primzahlpotenzen zerlegt.

9.9 Die Funktion KOMBINATIONEN()

Berechnen Sie mit dieser Funktion, wie viele Kombinationen der angegebenen Argumente möglich sind. Die Funktion wird u.a. dazu verwendet, festzustellen, wie viele unterschiedliche Gruppen aus einer festen Menge von Elementen gebildet werden können.

=KOMBINATIONEN(n;k)

Das Argument *n* bezeichnet die Anzahl der Elemente, hier können Sie eine Zahl oder einen Bereichsnamen oder Bezug auf eine Zahl eingeben. Mit *k* wird angegeben, aus wie vielen Elementen die Kombination bestehen soll.

Wenn Sie für *n* oder *k* eine Zahl mit Nachkommastellen angeben, wird diese auf eine ganze Zahl gekürzt. Der Fehlerwert #WERT! erscheint, wenn eines der Argumente nicht numerisch (Text) ist. #ZAHL! drückt aus, dass eines der Argumente kleiner als 0 ist.

9.9.1 Praxisbeispiel: Teambildung

Für das nächste Survival-Training planen Sie, alle Teilnehmer in Teams zu den einzelnen Trainings-einheiten zu schicken. Dabei sollte möglichst jeder Teilnehmer einmal mit jedem der anderen zusammenkommen. Wie viele Trainingseinheiten können Sie planen? Erstellen Sie eine Tabelle:

- Ihr Team besteht aus sechs Personen:

  A1: Teamstärke
  B1: 6

- Eine Gruppe soll aus je zwei Personen bestehen:

  A2: Gruppenstärke
  B2: 2

- Berechnen Sie die Anzahl möglicher Kombinationen:

  A4: Trainingseinheiten zu planen:
  B4: =KOMBINATIONEN(B1;B2)   Ergebnis: 15

Abbildung 9.10: So viele unterschiedliche Kombinationen sind möglich.

9.10 Die Funktionen GANZZAHL() und KÜRZEN()

Diese beiden Funktionen werden in Formeln eingesetzt, die von Zahlenwerten nur die Stellen links vom Komma brauchen. Im Unterschied zu den Rundungsfunktionen erhöhen Sie den Dezimalwert ab 0,5 nicht, wenn die Kommastellen abgeschnitten werden.

=GANZZAHL(Zahl)

Mit dem Argument *Zahl* geben Sie eine Zahl, einen Bezug oder einen Bereichsnamen zu einer Zahl an. Die Zahl kann positiv oder negativ sein. Das Ergebnis ist die nächstkleinere ganze Zahl ohne Nachkommastellen.

```
A1: 8,6
A2: =GANZZAHL(A1)          Ergebnis: 8
B1: -9,7
B2: =GANZZAHL(B1)          Ergebnis: -10
```

=KÜRZEN(Zahl;Anzahl_Stellen)

Mit dem Argument *Zahl* geben Sie eine Zahl, einen Bezug oder einen Bereichsnamen zu einer Zahl an. Die Zahl kann positiv oder negativ sein. Das Argument *Anzahl_Stellen* bezeichnet die Anzahl der Nachkommastellen, die stehen bleiben sollen. Das Ergebnis ist die Zahl ohne Nachkommastellen, wenn das zweite Argument nicht oder mit null besetzt ist, oder die Zahl mit der angegebenen Anzahl Nachkommastellen (nicht gerundet).

```
A1: 8,6
A2: =KÜRZEN(A1)            Ergebnis: 8
A3: 5,4567
A4: =KÜRZEN(A3;3)          Ergebnis: 5,456
B1: -9,7
B2: =KÜRZEN(B1)            Ergebnis: -9
```

Die beiden Funktionen sind fast identisch, für positive Zahlen spielt es keine Rolle, ob Sie GANZ-ZAHL() oder KÜRZEN() ohne zweites Argument verwenden. Nur bei negativen Zahlen wird der Unterschied deutlich:

```
=GANZZAHL(-3,4)           Ergebnis: 4
=KÜRZEN(-3,4)             Ergebnis: 3
```

9.10.1 Praxisbeispiel: Industriestunden/-minuten berechnen

In fertigenden Betrieben ist es üblich, Arbeitszeiten oder Maschinenzeiten in Industrieminuten auszudrücken. Excel berechnet Zeitwerte grundsätzlich als Dezimalzahlen, zeigt aber sowohl die Faktoren als auch die Rechenergebnisse mit dem Zeitformat an. Für die Umrechnung in Industriestunden werden diese Werte mit 24 multipliziert, die Funktion GANZZAHL() bietet sich an, um die Minuten zu extrahieren, die dann mit 60 multipliziert werden, damit Industrieminuten entstehen.

Die Tabelle zeigt eine Übersicht über Arbeitszeiten:

	A	B
1	Beginn	Ende
2	07:30	16:00
3	09:00	18:00
4	12:15	21:00
5		
6		
	Industriestunden_minuten	

Abbildung 9.11: Arbeitszeitenübersicht

1. Berechnen Sie die Differenz zwischen Beginn und Ende. Das Ergebnis wird im Zeitformat angezeigt:

   C2: =B2-A2

2. Kopieren Sie das Ergebnis auf die übrigen Zeilen.

3. Berechnen Sie das Ergebnis in Industriestunden. Multiplizieren Sie die ganzzahlige Differenz mit 24 und weisen Sie der Spalte D das Zahlenformat ZAHL ohne Nachkommastellen zu.

   D2: =GANZZAHL((B2-A2)*24)

4. Berechnen Sie die Industrieminuten. Ziehen Sie dazu die Ganzzahl von der Differenz ab und multiplizieren Sie das Ergebnis mit 60:

   E2: =((B2-A2)*24-GANZZAHL((B2-A2)*24))*60

⊿	A	B	C	D	E
1	Beginn	Ende	Arbeitszeit	Industriestunden	Industrieminuten
2	07:30	16:00	08:30	8,00	30
3	09:00	18:00	09:00	9,00	0
4	12:15	21:00	08:45	8,00	45

⊿	A	B	C	D	E
1	Beginn	Ende	Arbeitszeit	Industriestunden	Industrieminuten
2	0,3125	0,6666666	=B2-A2	=GANZZAHL((B2-A2)*24)	=((B2-A2)*24-GANZZAHL((B2-A2)*24))*60
3	0,375	0,75	=B3-A3	=GANZZAHL((B3-A3)*24)	=((B3-A3)*24-GANZZAHL((B3-A3)*24))*60
4	0,510416666666667	0,875	=B4-A4	=GANZZAHL((B4-A4)*24)	=((B4-A4)*24-GANZZAHL((B4-A4)*24))*60

Abbildung 9.12: Die Arbeitszeiten in Industriestunden und –minuten

9.11 Die Matrixfunktionen MINV(), MDET() und MMULT()

Diese drei Funktionen ordnet der Funktions-Assistent nicht in die Gruppe der Matrixfunktionen ein, in der sich zum Beispiel auch MTRANS() befindet.

MDET()

Diese Funktion gibt die Determinante einer Matrix zurück. Determinanten werden zur Lösung von Gleichungssystemen mit mehreren Unbekannten verwendet.

=MDET(Matrix)

Das Argument *Matrix* steht für einen quadratischen Bereich, in dem die Anzahl der Zeilen und Spalten gleich ist. Für das Argument kann ein Bezug (A1:C3) eingegeben werden, eine Matrixkonstante in der Form {1.2.3;4.5.6;7.8.9} oder ein Bereichsname, der auf eine Matrix verweist. Die Funktion wird in einer Matrixformel geschrieben, sie muss mit der Tastenkombination Strg + ⇧ + ⏎ abgeschlossen werden.

Wenn die Zellen der Matrix leer sind oder einen Text enthalten, gibt die Funktion einen Fehler aus, das Gleiche gilt für den Fall, dass die Matrix nicht quadratisch ist.

Determinante der Matrix: =MDET(A2:D5)

Determinante der Matrix als Matrixkonstante:

=MDET({3.6.1;1.1.0;3.10.2})

Determinante der Matrix in der Matrixkonstanten:

=MDET({3.6;1.1})

MINV()

Diese Funktion gibt die Inverse einer Matrix (Kehrmatrix) zurück. Auch diese Funktion wird zur Lösung von Gleichungssystemen mit mehreren Variablen verwendet.

=MINV(Matrix)

Das Argument *Matrix* steht für einen quadratischen Bereich, in dem die Anzahl der Zeilen und Spalten gleich ist. Für das Argument kann ein Bezug (A1:C3) eingegeben werden, eine Matrixkonstante in der Form {1.2.3;4.5.6;7.8.9} oder ein Bereichsname, der auf eine Matrix verweist. Die Funktion wird in einer Matrixformel geschrieben, sie muss mit der Tastenkombination ⌈Strg⌉+⌈⇧⌉+⌈↵⌉ abgeschlossen werden.

MMULT()

Diese Funktion gibt das Produkt zweier Matrizen zurück. Das Ergebnis ist eine Matrix mit derselben Anzahl Zeilen der ersten Matrix und derselben Anzahl Spalten der zweiten Matrix.

=MMULT(Matrix1;Matrix2)

Die Argumente *Matrix1* und *Matrix2* können Zellbereiche, Matrixkonstanten oder Bereichsnamen enthalten, die auf Matrizen verweisen. Die Anzahl Spalten von *Matrix1* muss gleich der Anzahl Zeilen von *Matrix2* sein, beide Matrizen dürfen keine Texte oder Leerzellen enthalten, sonst gibt die Funktion den Fehlerwert #WERT! aus. Die Funktion muss mit der Tastenkombination ⌈Strg⌉+⌈⇧⌉+⌈↵⌉ als Matrixformel abgeschlossen werden.

9.11.1 Praxisbeispiel: Innerbetriebliche Leistungsverrechnung

In einem Unternehmen werden in der Regel nicht nur Leistungen für Absatzmärkte oder für Kunden erbracht, sondern auch intern zwischen den einzelnen Abteilungen oder Kostenstellen. Dazu gehören zum Beispiel Stromkosten, Reparatur und Wartung oder IT-Dienstleistungen. Die Leistungsverrechnung sorgt dafür, dass die Kostenstellen, die sich gegenseitig beliefern, korrekt abrechnen, und bietet auch die Möglichkeit, zu überprüfen, ob ein interner oder externer Bezug einer Leistung sinnvoller ist.

Diese drei Kostenstellen berechnen sich gegenseitig ihre Leistungen:

```
X-100 (Energie)
X-200 (Transportdienst)
X-300 (EDV-Service)
```

Die Abrechnung für den letzten Monat liegt vor, die einzelnen Leistungen werden in Einheiten gemessen. In einer weiteren Tabelle können Sie ablesen, welche Kostenstelle von welcher anderen Leistungen bezogen hat.

	A	B	C
1	Kostenstelle	erzeugte Leistung	Kosten
2	X-100 (Energie)	800	1500
3	X-200 (Transportdienst	2000	700
4	X-300 (EDV-Service)	500	3800
5			
6	Kostenstelle	verbrauchte Leistung	bezogen von
7	X-100 (Energie)	200	X-200
8	X-100 (Energie)	100	X-300
9	X-200 (Transportdienst	200	X-100
10	X-200 (Transportdienst	300	X-300
11	X-300 (EDV-Service)	100	X-100
12	X-300 (EDV-Service)	300	X-200
13			
14			
15			
16			

MMULT() 1 / MMULT() 2 / VR

Abbildung 9.13: Leistungen, Kosten und Verbrauch der einzelnen Kostenstellen

Für die Leistungsverrechnung bringen Sie die Daten in eine neue Tabelle. Erzeugen Sie eine quadratische Matrix mit den Kostenstellenbezeichnungen als Beschriftungen:

1. Schreiben Sie die Kostenstellen in den Bereich A2:A4.

2. Markieren Sie den Bereich B1:D1.

3. Schreiben Sie diese Formel:

    =MTRANS(A2:A4)

4. Drücken Sie zum Abschluss der Matrixformel ⎡Strg⎤+⎡⇧⎤+⎡↵⎤ und die Beschriftungen werden als transponierte Matrix eingefügt.

B1	▼ (⌐	f_x {=MTRANS(A2:A4)}		
	A	B	C	D
1		X-100 (Energie)	X-200 (Transportdie nst)	X-300 (EDV-Service)
2	X-100 (Energie)			
3	X-200 (Transportdienst)			
4	X-300 (EDV-Service)			

Abbildung 9.14: Die Beschriftung der Matrix ist angebracht.

419

1. Weisen Sie der ersten Zeile über FORMAT/ZELLEN/AUSRICHTUNG einen Zeilenumbruch zu und tragen Sie im nächsten Schritt die Kosten der einzelnen Kostenstellen ein:

   ```
   E1: Kosten
   E2: 1500
   E3: 700
   E3: 3800
   ```

2. Jetzt können Sie die Daten aus den Basistabellen übertragen. In der Praxis würden Sie die einzelnen Leistungssätze noch verdichten müssen, zum Beispiel über Pivot-Tabellen oder Teilergebnisse, hier schreiben Sie die Kosten der Verbraucher (in Zeilen) in die jeweiligen Spalten der Leistungserbringer. Die eigenen Leistungen werden als positive Werte eingetragen, bezogene Leistungen sind negativ.

	A	B	C	D	E
1		X-100 (Energie)	X-200 (Transportdienst)	X-300 (EDV-Service)	Kosten
2	X-100 (Energie)	800	-200	-100	1500
3	X-200 (Transportdienst)	-200	2000	-300	700
4	X-300 (EDV-Service)	-100	-300	500	3800

Abbildung 9.15: Die Leistungen sind auf die Kostenstellen verteilt.

3. Berechnen Sie die Verrechnungspreise. Die Preise seien PX-100, PX-200 und PX-300, dann gilt für die Beziehungen folgendes Gleichungssystem:

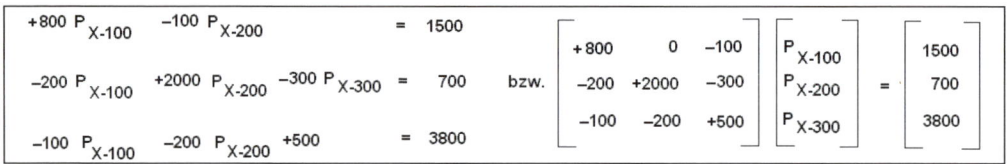

Abbildung 9.16: Gleichungssystem für die Matrix

Mit der Auflösung $Ax=b$ kann x als inverse Matrix von b bestimmt und mit b multipliziert werden: $x=A^{-1}b$

1. Schreiben Sie die Bezeichnungen der Kostenstellen in den Bereich A7:A9.
2. Markieren Sie den Bereich B7:D9.
3. Schreiben Sie diese Formel:

   ```
   =MINV(B2:D4)
   ```

4. Drücken Sie [Strg]+[⇧]+[↵], um die Matrixformel abzuschließen.
5. Markieren Sie E7:E9 und schreiben Sie diese Formel, die die invertierte Matrix mit den Kosten multipliziert:

   ```
   =MMULT(B7:D9;E2:E4)
   ```

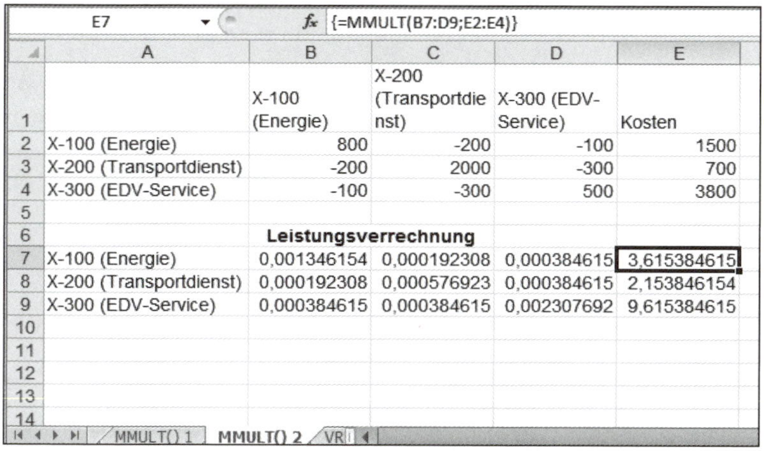

E7	▼	fx	{=MMULT(B7:D9;E2:E4)}	

◢	A	B	C	D	E
1		X-100 (Energie)	X-200 (Transportdie nst)	X-300 (EDV-Service)	Kosten
2	X-100 (Energie)	800	-200	-100	1500
3	X-200 (Transportdienst)	-200	2000	-300	700
4	X-300 (EDV-Service)	-100	-300	500	3800
5					
6		Leistungsverrechnung			
7	X-100 (Energie)	0,001346154	0,000192308	0,000384615	3,615384615
8	X-200 (Transportdienst)	0,000192308	0,000576923	0,000384615	2,153846154
9	X-300 (EDV-Service)	0,000384615	0,000384615	0,002307692	9,615384615
10					
11					
12					
13					
14					

◄ ◄ ► ►◄ MMULT() 1 MMULT() 2 VR ◄

Abbildung 9.17: Mit MINV() und MMULT() werden die Preise berechnet.

9.12 Die Funktionen OBERGRENZE() und UNTERGRENZE()

Mit diesen Funktionen runden Sie eine Zahl auf ein angegebenes Vielfaches auf oder ab. Die Rundungsgrenze wird der Funktion mitgegeben.

=OBERGRENZE(Zahl;Schritt)

Im Argument *Zahl* geben Sie eine Zahl, einen Zellbezug oder einen Bereichsnamen an, der auf eine Zahl verweist. Das Argument *Schritt* bezeichnet das Vielfache, auf das Sie die Zahl aufrunden wollen.

=UNTERGRENZE(Zahl;Schritt)

Im Argument *Zahl* geben Sie eine Zahl, einen Zellbezug oder einen Bereichsnamen an, der auf eine Zahl verweist. Das Argument *Schritt* bezeichnet das Vielfache, auf das Sie die Zahl abrunden wollen.

9.12.1 Praxisbeispiel: Runden auf Ober- und Untergrenze

Unser Filialleiter nutzt die Gelegenheit und erhöht mit der Anpassung der Preisliste auf 5 Eurocent gleich seine Preise geringfügig. Mit der Funktion OBERGRENZE() wird nämlich auch bei Zahlen unter 5 auf 5 aufgerundet:

```
D4: 2,72
E4: =OBERGRENZE(D4;0,05)
```

Würde er großzügiger sein und seine Preise senken wollen, müsste er die Funktion UNTERGRENZE() benutzen, die alle Preise auf die nächste erreichbare 5-Cent-Grenze abrundet.

	F4	▾	f_x	=OBERGRENZE(D4;0,05)		
	A	B	C	D	E	F	G
1	**Preisliste**						
2							
3	Artikel	EK-Preis	Handelsspanne	VK-Preis	VK-Preis auf 5 Cent	Obergrenze	Untergrenze
4	Spüli Geschirrspülmittel	1,9485	40,0%	2,73	2,75	2,75	2,70
5	Ariol Waschpulver	2,4321	28,5%	3,13	3,15	3,15	3,10
6	Samti Weichspüler	1,4812	30,0%	1,93	1,95	1,95	1,90
7	PoliStar Politur	2,6689	30,0%	3,47	3,45	3,50	3,45
8							
9							
10							
11							
12							
13							
14							
15							

VRUNDEN()

Abbildung 9.18: Auf- und Abrunden bis zu einer bestimmten Grenze mit UNTERGRENZE() und OBERGRENZE()

9.13 Die Funktion POLYNOMIAL()

Diese Funktion liefert das Verhältnis der Fakultät einer Summe von Werten zu dem Produkt der einzelnen Fakultäten.

=POLYNOMIAL(Zahl1;Zahl2; ...)

Zahl1;Zahl2;... sind 1 bis 29 Werte, deren Polynomialkoeffizienten Sie berechnen möchten.

9.14 Die Funktion POTENZ()

Diese Funktion liefert als Ergebnis eine potenzierte Zahl:

=POTENZ(Zahl;Potenz)

Verwenden Sie diese Funktion anstelle der normalen Schreibweise *Zahl^Potenz*, wenn eines der beiden Argumente oder beide Argumente aus einem Zellbezug oder einem Bereichsnamen rekrutiert werden. Beispiele:

```
A1: 200
A2: 2
A3: =POTENZ(A1;A2)          Ergebnis: 40.000
```

9.15 Die Funktion POTENZREIHE()

Diese Funktion liefert die Summe von Potenzen (zur Berechnung von Potenzreihen und dichotomen Wahrscheinlichkeiten). Viele Funktionen können mithilfe einer Potenzreihenentwicklung angenähert werden.

=POTENZREIHE(x;n;m;Koeffizienten)

x ist der Wert der unabhängigen Variablen der Potenzreihe.

n ist die Anfangspotenz, in die Sie *x* erheben möchten.

m ist das Inkrement, um das Sie *n* in jedem Glied der Reihe vergrößern möchten.

Koeffizienten ist eine Gruppe von Koeffizienten, mit denen die aufeinanderfolgenden Potenzen der Variablen *x* multipliziert werden.

Die Anzahl der in *Koeffizienten* angegebenen Werte bestimmt, wie viele Glieder (Potenzen) die jeweilige Potenzreihe umfasst. Sind in *Koeffizienten* beispielsweise drei Werte angegeben, besteht die zugehörige Potenzreihe aus drei Gliedern.

9.16 Die Funktion PRODUKT()

Mit dieser Funktion multiplizieren Sie die Zahlenwerte, die in der Funktionsklammer als Argumente angegeben sind. Sie entspricht der einfachen Multiplikation mit dem Multiplikatorzeichen *.

=PRODUKT(Zahl1;Zahl2; ... Zahln)

Geben Sie für die Argumente *Zahl1, Zahl2, Zahln* bis zu 30 Zahlenwerte ein, die im Ergebnis der Funktion multipliziert werden. Enthält eines dieser Argumente keine Zahl, wird ein Fehler ausgegeben.

Geben Sie als Argument eine Matrix an, werden nur die Zahlen in dieser Matrix multipliziert.

9.16.1 Praxisbeispiel: Leasingraten ermitteln

Berechnen Sie die Leasingraten für Ihr Fahrzeug. In der Tabelle wird im Kopfbereich *Beginn, Darlehen, Zinssatz* und *Annuität* eingetragen, die Raten werden monatlich berechnet.

	A	B	C	D	E
1	Beginn:	01.01.2010			
2	Darlehen:	30.000,00 €			
3	Zinsen:	4,50%			
4	Annuität:	800,00 €			
5					
6					
7	Monat	Zins	Annnuität	Tilgung	Restdarlehen

Leasing / Wa...

Abbildung 9.19: Daten für die Leasingberechnung

1. Markieren Sie A1:B5 und weisen Sie den Werten in Spalte B über EINFÜGEN/NAMEN/ERSTELLEN die Beschriftungen aus Spalte A zu (linke Spalte).

2. Erzeugen Sie eine Monatsreihe ab dem Leasingbeginn, ziehen Sie diese Formel mit der rechten Maustaste nach unten und wählen Sie MONATE FÜLLEN:

```
A8: 1.1.2010              Zahlenformat: MMMM
```

3. Schreiben Sie diese Formel zur Zinsberechnung:

   `B8: =WENN(A8=Beginn;PRODUKT(Darlehen;Zinsen/12);PRODUKT(E7;Zinsen/12))`

4. Die Annuität wird einfach verknüpft:

   `C8: =Annuität`

5. Die Tilgung berechnet sich aus der Annuität abzüglich der Zinsen.

   `D8: =Annuität-B8`

6. Das Restdarlehen wird beim ersten Mal aus der Differenz von Darlehen und Tilgung und in den weiteren Zeilen als Differenz von Restdarlehen und Tilgung berechnet:

   `E8: =WENN(A8=Beginn;Darlehen-D8;E7-D8)`

Die Formeln können Sie geschlossen markieren und nach unten kopieren, bis der letzte Monat der Vertragslaufzeit erreicht ist.

	B8	▾	fx	=WENN(A8=Beginn;PRODUKT(Darlehen;Zinsen/12);PRODUKT(E7;Zinsen/12))			
	A	B	C	D	E	F	G	H
1	Beginn:	01.01.2010						
2	Darlehen:	30.000,00 €						
3	Zinsen:	4,50%						
4	Annuität:	800,00 €						
5								
6								
7	Monat	Zins	Annnuität	Tilgung	Restdarlehen			
8	Januar	112,50	800	687,50	29312,50			
9	Februar	109,92	800	690,08	28622,42			
10	März	107,33	800	692,67	27929,76			
11	April	104,74	800	695,26	27234,49			
12	Mai	102,13	800	697,87	26536,62			
13	Juni	99,51	800	700,49	25836,13			
14	Juli	96,89	800	703,11	25133,02			
15	August	94,25	800	705,75	24427,27			
16	September	91,60	800	708,40	23718,87			
17								
18								

Abbildung 9.20: Leasingraten und Tilgung berechnen

9.17 Die Funktion QUOTIENT()

Damit berechnen Sie den ganzzahligen Anteil einer Division. Diese Funktion können Sie immer dann verwenden, wenn Sie die Nachkommastellen (den Rest) einer Division löschen möchten.

=QUOTIENT(Zähler;Nenner)

Zähler ist der Dividend, *Nenner* ist der Divisor. Beide Argumente müssen numerisch sein, sie können als Zahlen, als Zellbezüge auf Zahlen oder als Bereichsnamen angegeben werden.

```
A1: 5
A2: 2
A3: =QUOTIENT(A1;A2)          Ergebnis: 2
```

9.18 Die Funktion REST()

Mit dieser Funktion ermitteln Sie den ganzzahligen Rest einer Division. Das Ergebnis hat dasselbe Vorzeichen wie der Divisor.

=REST(Zahl;Divisor)

Geben Sie im Argument *Zahl* eine Zahl, einen Bezug auf eine Zahl oder einen Bereichsnamen ein, der auf eine Zahl verweist. Der *Divisor* ist ebenfalls eine Zahl, möglichst größer als 0.

A1: =REST(35;5)   Ergebnis: 0

Oder:

A1: 35

A2: 5
A3: =REST(A1;A2)   Ergebnis: 0

Das Ergebnis ist nicht 0, wenn die Zahl nicht ganzzahlig durch den Divisor teilbar ist:

A1: =REST(32;7)   Ergebnis: 4

Die Funktion REST() wird in der Praxis häufig unterstützend in anderen Funktionen eingesetzt und kommt auch in der bedingten Formatierung zur Geltung. Hier einige Beispiele:

Nur gerade/ungerade Zahlen ausgeben

1. Markieren Sie die Zellen A1:A20.
2. Geben Sie diese Formel ein:

   A1: =WENN(REST(ZEILE();2)=0;ZEILE();"")

3. Drücken Sie Strg+↵, um die Formel abzuschließen.

Die Formel produziert eine Reihe mit geraden Zahlen.

Jede zweite Zeile einfärben

Gestalten Sie Ihr Tabellenblatt nach Art des Computerpapiers aus der Großrechnerwelt mit grünem Hintergrund:

1. Markieren Sie die ganze Tabelle, klicken Sie dazu in das Kästchen links oben, in dem sich Zeilennummern und Spaltenkopf treffen.
2. Wählen Sie START/FORMATVORLAGEN/BEDINGTE FORMATIERUNG.
3. Erstellen Sie eine neue Regel mit dem Regeltyp FORMEL und geben Sie diese Formel ein:

   =REST(ZEILE(A1);2)=0

425

4. Weisen Sie der Bedingung mit einem Klick auf FORMATIEREN und MUSTER ein hellgrünes Zellmuster zu.

5. Schließen Sie mit einem Klick auf OK ab.

Jetzt färbt das Bedingungsformat die ganze Tabelle, aber nur in den Zeilen, deren Nummern keinen ganzzahligen Rest hinterlassen.

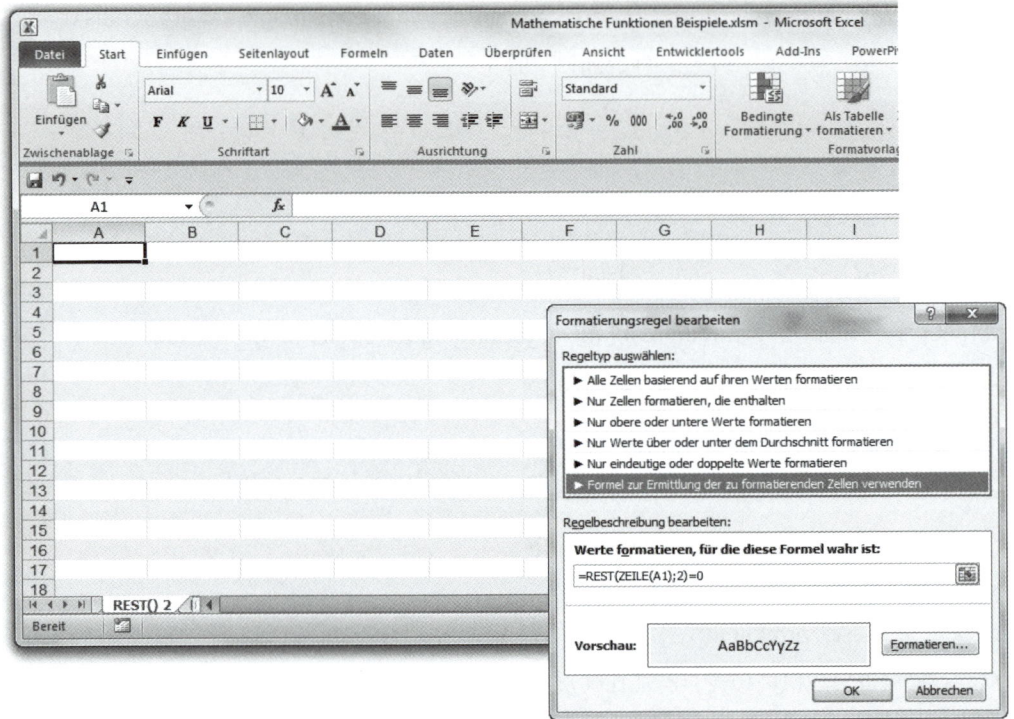

Abbildung 9.21: Bedingungsformatierung mit REST()

9.19 Die Funktion RÖMISCH()

Diese Funktion wandelt eine arabische Zahl in eine römische Zahl um.

=RÖMISCH(Zahl;Typ)

Das Argument *Zahl* steht für einen Zahlenwert, einen Bereichsnamen, der auf eine Zahl verweist, oder einen Zellbezug zu einer Zahl. Für *Zahl* darf kein negativer Wert stehen und das Argument darf nicht größer sein als 3.999, sonst wird ein Fehler ausgegeben. Mit dem Argument *Typ* legen Sie die optische Form des Ergebnisses fest:

Argument Typ	Bedeutung	Beispiel	
0	klassisches Zahlenformat für römische Zahlen	=RÖMISCH(499;0)	CDXCIX
1	kürzeres Format	=RÖMISCH(499;1)	LDVLIV
2	kürzeres Format	=RÖMISCH(499;2)	XDIX
3	kürzeres Format	=RÖMISCH(499;3)	VDIV
4	vereinfachtes Format	=RÖMISCH(499;4)	ID

Tabelle 9.6: Die Argumentvarianten für Typ

Wandeln Sie mit der Funktion RÖMISCH() ganze Zahlen in unserer Schreibweise in antike römische Zahlen um, wie sie beispielsweise noch bei Nummerierungen von Manuskripten für die ersten Kapitel verwendet werden.

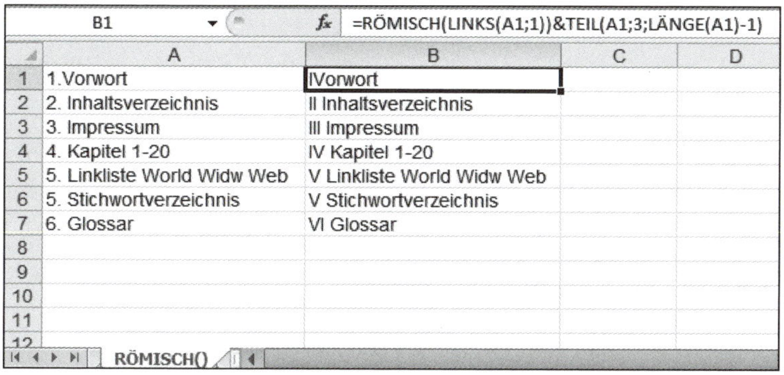

Abbildung 9.22: Die erste Ziffer wird in eine römische Zahl umgewandelt.

9.20 Die Funktion RUNDEN()

Diese Funktion rundet eine Zahl oder den numerischen Inhalt einer Zelle auf die angegebene Anzahl Nachkommastellen ab. Die Rundung erfolgt »kaufmännisch«, ab Ziffer 5 wird aufgerundet, darunter wird abgerundet. Das Ergebnis ist für weitere Berechnungen bindend, im Unterschied zur Rundung über das Zahlenformat (z.B. »0,00«) werden die Nachkommastellen abgeschnitten.

=RUNDEN(Zahl;Anzahl_Stellen)

Im Argument *Zahl* geben Sie eine Zahl, einen Zellbezug oder einen Bereichsnamen an, der auf eine Zahl verweist. Das Argument *Anzahl_Stellen* bezeichnet die Anzahl der Nachkommastellen, auf die Sie runden wollen.

Argument Anzahl_Stellen	Bedeutung
Größer als 0	Die Zahl wird auf die angegebene Anzahl Nachkommastellen gerundet, ab 5 wird aufgerundet, bis 5 wird abgerundet.
0	Die Zahl wird auf die nächste Ganzzahl gerundet.
Kleiner als 0	Der links vom Dezimalzeichen stehende Teil der Zahl wird gerundet.

Tabelle 9.7: Varianten des Arguments Anzahl_Stellen

Tipp

Verwenden Sie die Funktion GANZZAHL(), wenn Sie eine Dezimalzahl ohne Nachkommastellen brauchen, oder die Funktion KÜRZEN(), um die Nachkommastellen einfach abzuschneiden.

Beispiele

Die Zahl wird auf die angegebene Anzahl an Dezimalstellen gerundet (hier eine Dezimalstelle):

```
=RUNDEN(2,15;1) Ergebnis 2,2
=RUNDEN(2,148;1) Ergebnis 2,1
```

Die Zahl wird auf die nächste ganze Zahl gerundet (ohne Dezimalstellen):

```
=RUNDEN(2,5;0) Ergebnis 3
=RUNDEN(2,49;0) Ergebnis 2
```

Die Zahl links vor dem Dezimalzeichen wird gerundet:

```
=RUNDEN(44;-1) Ergebnis: 40
=RUNDEN(45;-1) Ergebnis: 50
```

Die Zahl wird auf 1000er-Schritte gerundet:

```
=RUNDEN(312500/1000;0)*1000 Ergebnis: 100.000
=RUNDEN(64999/1000;0)*1000 Ergebnis: 65.000
```

9.20.1 Praxisbeispiel: Produktkalkulation mit Rundung

Als Produktmanager für Elektronikspielzeug haben Sie die Aufgabe, die Herstellungskosten für neue Geräte centgenau zu kalkulieren. Dazu erstellen Sie sich eine Tabelle mit Stückzahl, Materialverbrauch und Materialkosten.

	A	B	C	D	E
1	Produkt:	Bionicle Roboter CX/2			
2	Stückzahl	1500			
3					
4	Material	Preis/kg	Menge/kg	Kosten	Kosten/Stück
5	Aluminiumblech	23	11,3	259,90 €	
6	Kunststoff	12	12,5	150,00 €	
7	Elektronik	45	5,3	238,50 €	
8	Lackierung	10	20	200,00 €	
9					
10					
11					
12					

RUNDEN() / S

Abbildung 9.23: Herstellungskosten kalkulieren

D5: =C5*B5

1. Berechnen Sie die Kosten der einzelnen Materialpositionen auf die Stückzahl bezogen:

   E4: Kosten/Stück
   E5: =D5/$B$2

2. Kopieren Sie die Formel nach unten auf die übrigen Zeilen der Liste und summieren Sie das Ergebnis:

   E9: =SUMME(E5:E8)

3. Ändern Sie die Einzelkosten jetzt ab, runden Sie das Ergebnis auf jeweils zwei Nachkommastellen:

   E5: =RUNDEN(D5/$B$2;2)

4. Kopieren Sie die Formel mit Doppelklick auf das Füllkästchen nach unten auf die übrigen Zeilen und achten Sie auf die Änderung im Ergebnis.

E5		f_x	=RUNDEN(D5/$B$2;2)		
	A	B	C	D	E
1	Produkt:	Bionicle Roboter CX/2			
2	Stückzahl	1500			
3					
4	Material	Preis/kg	Menge/kg	Kosten	Kosten/Stück
5	Aluminiumblech	23	11,3	259,90 €	0,1700 €
6	Kunststoff	12	12,5	150,00 €	0,1000 €
7	Elektronik	45	5,3	238,50 €	0,1600 €
8	Lackierung	10	20	200,00 €	0,1300 €
9					0,5600 €
10					
11					
12					

RUNDEN() / S

Abbildung 9.24: Die Stückkosten sind kalkuliert.

9.20.2 Praxisbeispiel: Maschinenlaufzeiten runden

Der Schichtleiter im Automobilwerk lässt sich die Maschinenlaufzeiten der Roboter geben, um die Wartungsintervalle zu berechnen und zu planen. Die Daten werden von der Maschine sekundengenau überliefert, eine Angabe in Minuten reicht aber aus:

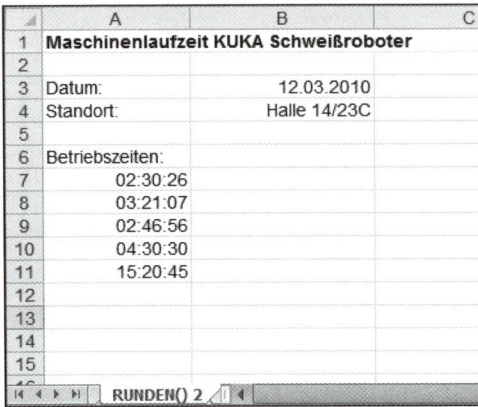

Abbildung 9.25: Maschinenlaufzeiten

Der erste Versuch, die Zeiten zu runden, bringt nicht das gewünschte Ergebnis. Die Formel

B7: =RUNDEN(A7;2)

rechnet falsch, das Ergebnis 02:24:00 stimmt nicht. Die Erklärung ist einfach: Da eine Zeit ein Wert zwischen 0 und 1 ist, würde die Rundung den Zeitwert 2:30:26 (dezimal: 0,104467...) auf 0,10 abrunden und das ist der Zeitwert 2:24:00.

Runden auf Minuten

Um Zeitwerte auf Minuten zu runden, multiplizieren Sie diese zunächst mit 1.440 (60 Minuten * 24 Stunden = 1.440), runden das Ergebnis und teilen es wieder durch Stunden und Minuten:

B6: auf Minuten gerundet
B7: =RUNDEN(A7*1440;0)/1440

Runden auf Stunden

Für die Wartungsarbeiten sollten die Maschinenlaufzeiten in ganzen Stunden ausgewiesen sein. Runden Sie die Zeitwerte auf ganze Stunden auf oder ab:

C6: auf Stunden gerundet
C7: =RUNDEN(A7*24;0)/24

	C7	▼ (●	ƒx	=RUNDEN(A7*24;0)/24

⊿	A	B	C
1	**Maschinenlaufzeit KUKA Schweißroboter**		
2			
3	Datum:	12.03.2010	
4	Standort:	Halle 14/23C	
5			
6	Betriebszeiten:	auf Minuten gerundet	auf Stunden gerundet
7	02:30:26	02:30:00	03:00:00
8	03:21:07	03:21:00	03:00:00
9	02:46:56	02:47:00	03:00:00
10	04:30:30	04:31:00	05:00:00
11	15:20:45	15:21:00	15:00:00
12			
13			
14			
15			

|◄ ◄ ► ►| RUNDEN() 2 ◢ ◄

Abbildung 9.26: Der Zeitwert ist korrekt auf Minuten und Stunden gerundet.

9.21 Die Funktion SUMME()

Die wohl häufigste Funktion in Excel summiert einzelne Werte aus verschiedenen Zellen oder ganze Bereiche.

> **Hinweis**
>
> In Kapitel 2.4 finden Sie die Beschreibung des Einsatzes der Funktion mit AutoSumme-Symbol und Zwischensummenberechnungen.

Wie alle Funktionen spielt sie ihre Stärken besonders in Verbindung mit anderen Funktionen aus und wer das Angebot gut kennt, kann auch aus der Summe noch sehr viel mehr herausholen.

=SUMME(Zahl1;Zahl2; ... Zahln)

In den Argumenten *Zahl1;Zahl2;...Zahln* können Sie bis zu 30 Zahlenwerte, Bereiche mit Zahlen oder Bereichsnamen angeben, die von der Funktion im Ergebnis summiert werden.

```
A1: 120
A2: 150
A3: =SUMME(A1:A2)          Ergebnis: 270
```

Text und Wahrheitswerte

Enthält ein angegebener Zellbezug oder Bereichsname keinen summierbaren Wert (Text), wird er ignoriert. Zahlen in Textform sind dagegen wieder erlaubt, sie können direkt in die Formel eingegeben werden. Der Wahrheitswert WAHR wird als Wert 1 interpretiert, wenn er in der Formel erscheint, als Zellinhalt wird er ignoriert.

```
=SUMME("10";WAHR)          Ergebnis: 11
```

> **Tipp**
>
> Benutzen Sie für Aufgaben dieser Art auch SUMMEWENN() oder die Matrixkombination SUMME(WENN()).

9.21.1 Multiplikationssummen

Eine nützliche Technik für Summenformeln ist die Multiplikation von Matrizen. Dazu werden Bereiche in einer Summenformel zusammengefasst, bei der Gelegenheit können auch Bedingungen formuliert werden. Hier ein Beispiel:

Die Liste enthält Rechnungsnummern und in der zweiten Spalte den Hinweis darauf, ob die Rechnung bezahlt ist, in Textform:

◢	A	B
1	Rechnungsnr.	Bezahlt
2	R-100-10	ja
3	R-100-12	nein
4	R-100-15	nein
5	R-100-20	ja
6	R-100-30	ja
7	R-100-45	ja

Abbildung 9.27: Rechnungsnummernliste

1. Schreiben Sie eine Matrixformel, in der Sie berechnen, wie viele Rechnungen bezahlt sind und wie viele noch offen sind:

   ```
   D1; bezahlt:
   E1: =SUMME(($B$2:$B$7="ja")*($B$2:$B$7<>""))
   ```

2. Schließen Sie diese Formel mit ⎡Strg⎤ + ⎡⇧⎤ + ⎡↵⎤ ab, da es sich um eine Matrixformel handelt. Die zweite Formel zählt die nicht bezahlten Rechnungen, auch diese wird als Matrixformel geschrieben:

   ```
   D2: nicht bezahlt:
   E2: =SUMME(($B$2:$B$7="nein")*($B$2:$B$7<>""))
   ```

	E1	▼		ƒx	{=SUMME(($B$2:$B$7="ja")*($B$2:$B$7<>""))}		
◢	A	B	C	D	E	F	G
1	Rechnungsnr.	Bezahlt		bezahlt:	4		
2	R-100-10	ja		nicht bezahlt:	2		
3	R-100-12	nein					
4	R-100-15	nein					
5	R-100-20	ja					
6	R-100-30	ja					
7	R-100-45	ja					
8							
9							
10							

SUMME() Mult.1

Abbildung 9.28: Um die Werte zu zählen, multipliziert die SUMME die Bedingungen.

Wollen Sie mehr als eine Bedingung zählen, multiplizieren Sie einfach weitere Bereiche miteinander, wie hier im Beispiel einer Bestellliste, in der drei verschiedene Aussagen zusammengeführt werden.

	A	B	C	D	E	F
	F4		▼	f_x	{=SUMME((F1=A2:A15)*(F2=B2:B15)*(F3=C2:C15))}	
1	**Monat**	**Bestellung**	**Lieferort**		Monat:	Januar
2	Januar	Computer	München		Bestellung:	Computer
3	Januar	Drucker	München		Lieferort:	München
4	Januar	Computer	Augsburg		Anzahl:	2
5	Januar	Drucker	Augsburg			
6	Januar	Computer	München			
7	Februar	Drucker	Augsburg			
8	Februar	Computer	München			
9	Februar	Drucker	Augsburg			
10	Februar	Computer	München			
11	Februar	Drucker	Augsburg			
12	Februar	Computer	München			
13	März	Drucker	Augsburg			
14	März	Computer	München			
15	März	Drucker	Augsburg			
16						

SUMME() Mult. 2 / SU

Abbildung 9.29: Drei Bedingungen führen zu einer Gesamtsumme.

Hinweis

Sehen Sie sich auch die Zählfunktion ZÄHLENWENN() an (siehe *Kapitel 5*).

9.21.2 Praxisbeispiel: Matrixsumme für monatliche Kostenauswertung

In der Kombination mit der WENN()-Funktion und anderen Funktionen wird die SUMME zum Allroundwerkzeug für alle Analysen. Die Tabelle enthält Ausgaben über ein Halbjahr. Berechnen Sie die monatlichen Kosten:

	A	B
1	Datum	Betrag
2	03.01.2010	250
3	15.01.2010	230
4	03.02.2010	450
5	15.02.2010	250
6	03.03.2010	230
7	15.03.2010	450
8	03.04.2010	250
9	15.04.2010	230
10	03.05.2010	450
11	15.05.2010	250
12	03.06.2010	230
13	15.06.2010	450
14		

SUMME() / SUMMWEN

Abbildung 9.30: Ausgabenübersicht mit Datum

1. Erstellen Sie im Tabellenbereich D2:D13 eine Monatsreihe von Januar bis Dezember und weisen Sie dieser den Bereichsnamen *Monate* zu. Wählen Sie dazu FORMEL/DEFINIERTE NAMEN/NAMEN DEFINIEREN.

2. Schreiben Sie die Formel, die den ersten Monat mit allen Datumswerten vergleicht und im Ergebnis die Beträge des Monats summiert. Schließen Sie die Formel mit `Strg`+`⇧`+`↵` ab.

   E2: `=SUMME(WENN(MONAT($A$2:$A$13)=VERGLEICH(D2;Monate;0);$B$2:$B$13))`

3. Kopieren Sie die Formel per Doppelklick auf das Füllkästchen in die übrigen Monatszeilen.

	A	B	C	D	E	F	G	H	I
	E2			fx	{=SUMME(WENN(MONAT($A$2:$A$13)=VERGLEICH(D2;Monate;0);$B$2:$B$13))}				
1	Datum	Betrag							
2	03.01.2010	250		Januar	480				
3	15.01.2010	230		Februar	700				
4	03.02.2010	450		März	680				
5	15.02.2010	250		April	480				
6	03.03.2010	230		Mai	700				
7	15.03.2010	450		Juni	680				
8	03.04.2010	250		Juli	0				
9	15.04.2010	230		August	0				
10	03.05.2010	450		September	0				
11	15.05.2010	250		Oktober	0				
12	03.06.2010	230		November	0				
13	15.06.2010	450		Dezember	0				
14									
15									
16									

Abbildung 9.31: Die monatliche Auswertung der Ausgaben über eine Matrixformel

9.22 Die Funktion SUMMEWENN()

Wenn die Bedingung für die aufzusummierenden Werte relativ einfach zu formulieren ist, lässt sich die Formel mit der Funktion SUMMEWENN() aufstellen. Für die Funktion wird keine Matrixformel benötigt.

=SUMMEWENN(Bereich;Suchkriterium;Summe_Bereich)

Das Argument *Bereich* bezeichnet den Zellbereich, in dem das Suchkriterium gesucht wird, meist eine Spalte einer Liste oder Datenbank. Mit dem *Suchkriterium* geben Sie einen Wert oder einen zu suchenden Text an. Im Argument *Summe_Bereich* stehen die Zahlen, die aufsummiert werden, wenn das Suchkriterium in der gleichen Zeile des Suchbereichs zu finden ist.

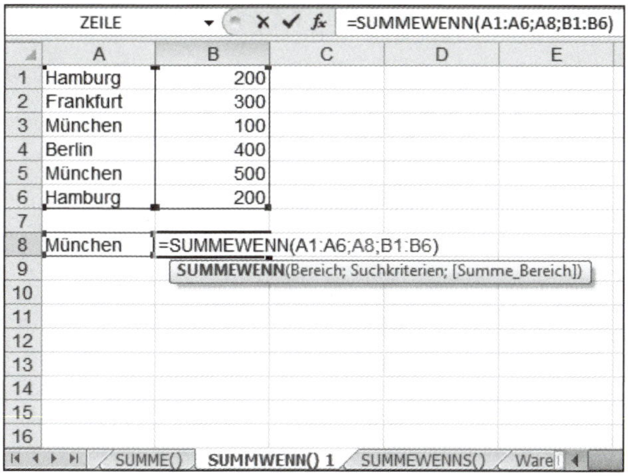

Abbildung 9.32: Suche nach dem Text in Spalte A, summiere Spalte B.

Das Suchkriterium wird in Textform angegeben oder aus einer Zelle bezogen:

```
A8: München
B8: =SUMMEWENN(A1:A6;A8;B1:B6)
```

Das dritte Argument kann wegfallen, wenn der Suchbereich mit dem Summenbereich identisch ist. Verwenden Sie logische Operatoren wie > und < in Textform:

```
A9: Alle über 100
B9: =SUMMEWENN(B1:B6;">100")
```

Wenn das Suchkriterium in einer Zelle formuliert ist, geben Sie nicht den logischen Operator in die Zelle ein, sondern kombinieren Sie ihn in der Funktion:

```
A10: 100
B10: =SUMMEWENN(B1:B6;">"&A10)
```

> **Hinweis**
>
> Die Funktion kennt nur einfache Bedingungen. Wenn Sie komplexere Bedingungen mit mehreren Faktoren verwenden wollen, greifen Sie auf die Matrixformel mit der Kombination aus SUMME() und WENN() zurück.

9.22.1 Praxisbeispiel: Wochenstunden pro Mitarbeiter berechnen

Die monatliche Abrechnung für Ihre freien Mitarbeiter ist eingetroffen, Sie müssen nur noch berechnen, wie viele Stunden die Leute in den einzelnen Kalenderwochen gearbeitet haben.

	A	B	C
1	KW	Name	Wochenstunden
2	1	Dieter Fleissig	35
3	1	Hans Zierer	23
4	1	Bernhard Reinlich	40
5	1	Martha Fröhlich	20
6	2	Dieter Fleissig	25
7	2	Hans Zierer	30
8	2	Bernhard Reinlich	21
9	2	Martha Fröhlich	40

Abbildung 9.33: Wochenstunden der Mitarbeiter

```
E1: Name
E2: Stunden
F1: (Name)
F2: =SUMMEWENN(B2:B9;F1;C2:C9)
```

Die Funktion sucht in der Spalte B nach dem Namen, der in Zelle F1 eingegeben wurde, und summiert alle Wochenstunden der Zeilen, in denen der Name vorkommt.

	F2		▼	f_x	=SUMMEWENN(B2:B9;F1;C2:C9)	
	A	B	C	D	E	F
1	KW	Name	Wochenstunden		Name:	Hans Zierer
2	1	Dieter Fleissig	35		Stunden:	53
3	1	Hans Zierer	23			
4	1	Bernhard Reinlich	40			
5	1	Martha Fröhlich	20			
6	2	Dieter Fleissig	25			
7	2	Hans Zierer	30			
8	2	Bernhard Reinlich	21			
9	2	Martha Fröhlich	40			
10						
11						
12						
13						
14						
15						
16						

Abbildung 9.34: Mit SUMMEWENN() Stunden addieren

9.23 Die Funktion SUMMEWENNS()

Diese Funktion summiert in einem Bereich die Werte, die eine oder mehrere Bedingungen erfüllen. Im Unterschied zu SUMMEWENN() können bei dieser Funktion mehrere, nämlich bis zu 127 Bedingungen angegeben werden. Die Syntax:

=SUMMEWENNS(Summebereich;Kriteriumbereich1;Kriterium1;
Kriteriumbereich2;Kriterium2 … Kriteriumbereich127;Kriterium127)

Das Argument *Summebereich* bezeichnet den Bereich mit den Werten, die aufsummiert werden. Es steht an erster Stelle, bei SUMMEWENN() steht dieses Argument als Letztes in der Klammer. Im *Kriteriumbereich1* geben Sie den Bereich an, der nach einer Bedingung durchsucht wird, und *Kriterium1* ist die Bedingung. Soll der Wert noch eine weitere Bedingung erfüllen, geben Sie einen zweiten Kriterienbereich (kann auch wieder der erste sein) und ein weiteres Kriterium ein.

Alle Kriterienbereiche müssen genauso groß sein wie der Summebereich. Im Kriterium sind die Platzhalterzeichen * (alle Zeichen) und ? (einzelnes Zeichen) erlaubt. Wenn Sie nach einem ? oder * suchen wollen, geben Sie eine Tilde (~) vor dem Zeichen ein.

9.23.1 Praxisbeispiel: Umsatzauswertung

Die Umsatzliste zeigt neben den erzielten Umsätzen das Produkt, die Region und die Kategorie. Eine einfache Bedingungssumme, wie sie auch SUMMEWENN() zustande bringen würde, sieht so aus:

=SUMMEWENNS(A2:A7;B2:B7;G1)
oder: =SUMMEWENN(B2:B7;G1;A2:A7)

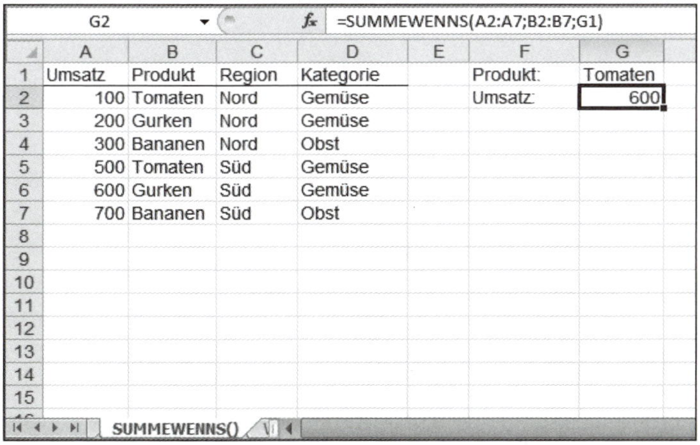

Abbildung 9.35: Umsatzauswertung mit SUMMEWENNS(), hier mit einem Bereich

Um eine weitere Bedingung hinzuzufügen, wird einfach ein neues Kriterienpaar eingetragen. Diese Formel berechnet den Umsatz des Produkts Tomaten in der Region Nord:

F4: Produkt
G4: Tomaten
F5: Region
G5: Nord
F6: Umsatz
G6: =SUMMEWENNS(A2:A7;B2:B7;G4;C2:C7;G5)

Mit einer weiteren Formel berechnen Sie die Umsätze in Regionen, die mit S beginnen (S*) und größer als 500 sind. Geben Sie die Bedingung mit einem Apostroph ein, damit sie als Text akzeptiert wird:

F8: Region:
G8: S*
F9: Bedingung:
G9: '>500
F10: Umsatz
G10: =SUMMEWENNS(A2:A7;C2:C7;G8;A2:A7;G9)

G10			f_x	=SUMMEWENNS(A2:A7;C2:C7;G8;A2:A7;G9)		
	A	B	C	D	E	F	G
1	Umsatz	Produkt	Region	Kategorie		Produkt:	Tomaten
2	100	Tomaten	Nord	Gemüse		Umsatz:	600
3	200	Gurken	Nord	Gemüse			
4	300	Bananen	Nord	Obst		Produkt:	Tomaten
5	500	Tomaten	Süd	Gemüse		Region:	Nord
6	600	Gurken	Süd	Gemüse		Umsatz:	100
7	700	Bananen	Süd	Obst			
8						Region:	S*
9						Bedingung:	>500
10						Umsatz:	1300
11							
12							
13							
14							
15							

Abbildung 9.36: SUMMEWENNS() mit Bedingung und Platzhalterzeichen

9.23.2 SUMMEWENNS() in Bereichen und Tabellen

In größeren Listen ist die Adressierung der Summen- und Kriterienbereiche ziemlich mühsam und wenn die Liste erweitert wird, müssen alle Bezüge in der Formel angepasst werden. Mit der Funktion INDEX() und einigen besonderen Bereichsnamen lässt sich die Aufgabe vereinfachen. Hier ein Beispiel, eine Warenliste mit Lieferanten, Warengruppen, Mengen und Umsatz. Berechnen Sie die Umsatzsumme mit drei Kriterien:

1. Markieren Sie den Bereich der Liste mit $\boxed{\text{Strg}}$ + $\boxed{\text{⇧}}$ + $\boxed{\text{↵}}$.
2. Weisen Sie dem markierten Bereich den Bereichsnamen *Warenliste* zu (FORMEL/DEFINIERTE NAMEN/NAME DEFINIEREN).
3. Erstellen Sie drei weitere Bereichsnamen, die sich auf die einzelnen Spalten der Warenliste beziehen. Dazu wird die Funktion INDEX() als Bezug eingetragen, lassen Sie die Zeilennummer weg und geben Sie die ganze Spalte an:

```
Name: Lieferanten
Bezieht sich auf: =INDEX(Warenliste;;1)
Name: Regionen
Bezieht sich auf: =INDEX(Warenliste;;3)
Name: Warengruppen
Bezieht sich auf: =INDEX(Warenliste;;4)
```

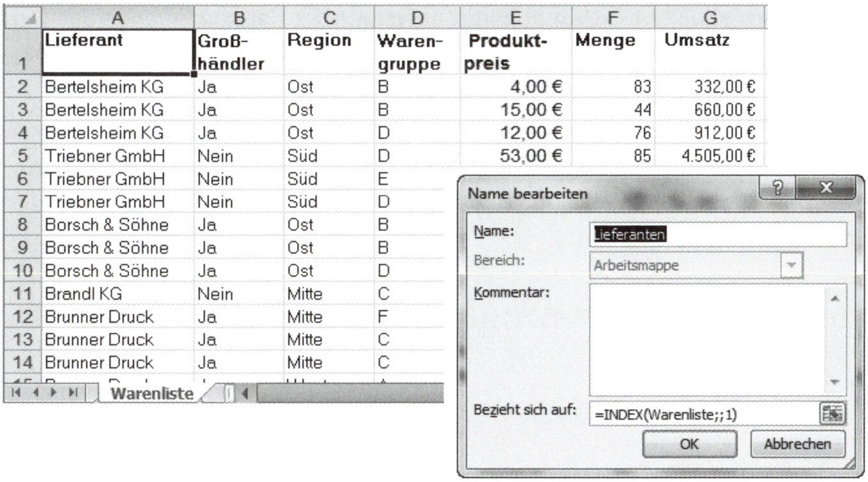

	A	B	C	D	E	F	G
1	Lieferant	Groß-händler	Region	Waren-gruppe	Produkt-preis	Menge	Umsatz
2	Bertelsheim KG	Ja	Ost	B	4,00 €	83	332,00 €
3	Bertelsheim KG	Ja	Ost	B	15,00 €	44	660,00 €
4	Bertelsheim KG	Ja	Ost	D	12,00 €	76	912,00 €
5	Triebner GmbH	Nein	Süd	D	53,00 €	85	4.505,00 €
6	Triebner GmbH	Nein	Süd	E			
7	Triebner GmbH	Nein	Süd	D			
8	Borsch & Söhne	Ja	Ost	B			
9	Borsch & Söhne	Ja	Ost	B			
10	Borsch & Söhne	Ja	Ost	D			
11	Brandl KG	Nein	Mitte	C			
12	Brunner Druck	Ja	Mitte	F			
13	Brunner Druck	Ja	Mitte	C			
14	Brunner Druck	Ja	Mitte	C			

Warenliste

Name bearbeiten

Name: Lieferanten
Bereich: Arbeitsmappe
Kommentar:
Bezieht sich auf: =INDEX(Warenliste;;1)
OK   Abbrechen

Abbildung 9.37: Die Warenliste mit speziellen Bereichsnamen für die einzelnen Spalten

Schreiben Sie die Auswertungsformeln für eine Warengruppenanalyse, bezogen auf einzelne Lieferanten und Regionen:

```
J1: B
K1: =SUMMEWENNS(Umsätze;Warengruppen;J1)
J2: Borsch & Söhne
K2: =SUMMEWENNS(Umsätze;Lieferanten;J2)
J3: Ost
K3: =SUMMEWENNS(Umsätze;Regionen;J3)
```

Und alle drei Bedingungen zusammen:

=SUMMEWENNS(Umsätze;Warengruppen;J1;Lieferanten;J2;Regionen;J3)

f_x	=SUMMEWENNS(Umsätze;Warengruppen;J1;Lieferanten;J2;Regionen;J3)					
H	I	J	K	L	M	N
	Warengruppe:	B	9620			
	Lieferant:	Borsch & Söhne	6505			
	Region:	Ost	47212			
	Umsatz:	3180				

Abbildung 9.38: Auswertungen über drei Bedingungen mit SUMMEWENNS()

Einfachere Listen mit Tabellen und strukturierten Verweisen

Schneller und übersichtlicher arbeiten Sie mit variablen Listenbereichen, wenn Sie diese in Tabellen umwandeln. Tabellen erweitern sich automatisch, wenn neue Datensätze angefügt werden, und mit strukturierten Verweisen lassen sich auch die Auswertungsformeln automatisieren:

1. Markieren Sie den Bereich der Warenliste inklusive Kopfzeile.
2. Erstellen Sie mit EINFÜGEN/TABELLEN/TABELLE eine Tabelle über dem Bereich A1:G86, weisen Sie dieser über TABELLENTOOLS/ENTWURF/EIGENSCHAFTEN den Tabellennamen *tbl_Warenliste* zu.
3. Berechnen Sie die Spaltensummen mit SUMMEWENNS()-Funktionen, die den Spaltentitel als Feldnamen verwenden:

J1: B
K1: =SUMMEWENNS(tbl_Warenliste[Umsatz];tbl_Warenliste[Warengruppe];J1)
J2: Borsch & Söhne
K2: =SUMMEWENNS(tbl_Warenliste[Umsatz];tbl_Warenliste[Lieferant];J2)
J3: Ost
K3: =SUMMEWENNS(tbl_Warenliste[Umsatz];tbl_Warenliste[Region];J3)
J4: =SUMMEWENNS(tbl_Warenliste[Umsatz];tbl_Warenliste[Warengruppe];J1;tbl_Warenliste[Lieferant];J2;tbl_Warenliste[Region];J3)

J4		f_x	=SUMMEWENNS(tbl_Warenliste[Umsatz];tbl_Warenliste[Warengruppe];J1;tbl_Warenliste[Lieferant];J2;tbl_Warenliste[Region];J3)							
	A	B	C	D	E	F	G	H	I	J	K
1	Lieferant	Groß-händler	Region	Waren-gruppe	Produkt-preis	Menge	Umsatz		Warengruppe:	B	9620
2	Bertelsheim KG	Ja	Ost	B	4	83	332		Lieferant:	Borsch & Söhne	6505
3	Bertelsheim KG	Ja	Ost	B	15	44	660		Region:	Ost	47212
4	Bertelsheim KG	Ja	Ost	D	12	76	912		Umsatz:	3180	
5	Triebner GmbH	Nein	Süd	D	53	85	4505				
6	Triebner GmbH	Nein	Süd	E	20	12	240				
7	Triebner GmbH	Nein	Süd	D	53	78	4134				
8	Borsch & Söhne	Ja	Ost	B	15	12	180				
9	Borsch & Söhne	Ja	Ost	B	60	50	3000				
10	Borsch & Söhne	Ja	Ost	D	95	35	3325				
11	Brandl KG	Nein	Mitte	C	68	24	1632				
12	Brunner Druck	Ja	Mitte	F	74	163	12062				
13	Brunner Druck	Ja	Mitte	C	59	174	10266				

Lieferanten mit Tabelle

Abbildung 9.39: Die Tabelle wird mit strukturierten Verweisen ausgewertet.

9.24 Die Funktion SUMMENPRODUKT()

Diese Funktion multipliziert die sich entsprechenden Komponenten (Zellen) der angegebenen Zellbereiche miteinander und gibt die Summe dieser Produkte als Ergebnis zurück.

=SUMMENPRODUKT(Matrix1;Matrix2;Matrix3; ...)

In den Argumenten *Matrix1;Matrix2; ...* geben Sie mindestens 2 bis maximal 30 Matrizen an, deren Elemente zuerst miteinander multipliziert und dann aufaddiert werden. Die Matrizen müssen bezüglich der Zeilen- und Spaltenanzahl identisch sein, sonst erhalten Sie einen Fehlerwert #WERT. Elemente/Zellen ohne numerischen Inhalt (Text) werden von der Funktion als 0 gewertet.

```
A1: 2                          B1: 2
A2: 3                          B2: 3
A3: 4                          B3: 4
A5: =SUMMENPRODUKT(A1:A3;B1:B3)Ergebnis: 29
```

Die Formel multipliziert jeweils die parallelen Elemente der beiden Matrizen und addiert die drei Ergebnisse:

=2*2+3*3+4*4

Summenprodukte mit Zeilennummern

Diese Funktion liefert die Summe der Werte jeder geraden Zeile im Bereich A1 bis A10 (also die Summe aus den Zellen A2, A4, A6, A8 und A10):

```
SUMMENPRODUKT((REST(ZEILE(A1:A10);2)=0)*A1:A10)
```

Damit berechnen Sie die Summe der Werte jeder ungeraden Zeile im Bereich A1 bis A10 (also die Summe aus den Zellen A1, A3, A5, A7 und A9):

```
SUMMENPRODUKT((REST(ZEILE(A1:A10);2)=1)*A1:A10)
```

Mit dieser Formel berechnen Sie die Summe der Werte jeder 5. Zeile im Bereich A1 bis A20 (also die Summe aus den Zellen A5, A10, A15 und A20):

```
SUMMENPRODUKT((REST(ZEILE(A1:A20);5)=0)*A1:A20)
```

9.24.1 Praxisbeispiel: Bestellwert ermitteln

In der Praxis sind es häufig die Spalten einer Datenbank, die mit der Funktion SUMMENPRODUKT() multipliziert werden. Der Nachteil bei fester Zuweisung von Bezügen wie A1:A20: Ändert sich der Datenbankbereich, weil zum Beispiel per automatischem Datenimport über ODBC neue Daten eingespielt werden, passt die Funktion nicht automatisch die Bezüge an. Wie Sie die Spalten in variablen Datenbanken korrekt berechnen, sehen Sie in diesem Beispiel.

Mit Bereichsname Datenbank

1. Legen Sie die Datenbank ab der Zeile 5 an, damit bleiben die oberen Zeilen für die Summenbildung frei.

2. Markieren Sie den Bereich A5:C11 und weisen Sie der Markierung über FORMEL/DEFINIERTE NAMEN/NAMEN DEFINIEREN den Bereichsnamen *Datenbank* zu.

◢	A	B	C	D
1				
2				
3				
4				
5	Artikel	Bestellmenge	Preis	Summe
6	Hammer	20	3,99	79,80
7	Säge	50	30,60	1530,00
8	Bohrmaschine	10	45,95	459,50
9	Leiter	42	120,00	5040,00
10	Dübel	120	0,49	58,80
11	Maurerkelle	45	12,60	567,00
12				7735,10

|◀ ◀ ▶ ▶| SUMMENPRODUKT() / SU| ◀ |

Abbildung 9.40: Die Datenbank wird ab Zeile 5 angelegt.

3. Schreiben Sie die Formel, die den Bestellwert ermittelt:

```
B3: Bestellwert:
C3: =SUMMENPRODUKT(INDEX(Datenbank;;2);INDEX(Datenbank;;3))
```

Mit der Funktion INDEX() erhalten Sie eine ganze Spalte als Matrix, wenn Sie wie in dieser Formel die Zeilennummer weglassen. Die Funktion SUMMENPRODUKT() summiert alle Elemente der Spalten B und C und ermittelt so den Bestellwert. Die Überschrift in der ersten Zeile der Datenbank wird von der Funktion ignoriert.

Mit Tabelle

Erklären Sie den Bereich zur Tabelle, können Sie die Spaltennamen der Tabelle in der Formel verwenden. Der Vorteil der Tabelle gegenüber der Datenbank: Wenn neue Zeilen hinzukommen, sind diese wieder automatisch in die Spalte integriert und werden damit korrekt in die Formel einberechnet.

1. Setzen Sie den Zellzeiger in den Datenbereich und wählen Sie EINFÜGEN/TABELLEN/TABELLE.

2. Schalten Sie auf ENTWURF in den TABELLENTOOLS und geben Sie der Tabelle unter EIGENSCHAFTEN den Namen *Artikel*.

3. Schreiben Sie diese Formel, die das Summenprodukt der Tabellenspalten *Bestellmenge* und *Preis* berechnet:

```
C3: =SUMMENPRODUKT(Artikel[Bestellmenge];Artikel[Preis])
```

4. Fügen Sie neue Zeilen ein, berechnet die Formel automatisch wieder den richtigen Wert.

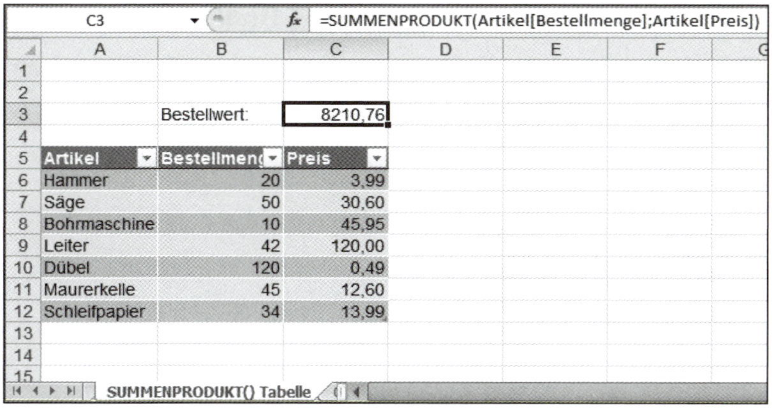
C3 =SUMMENPRODUKT(Artikel[Bestellmenge];Artikel[Preis])

	A	B	C
1			
2			
3		Bestellwert:	8210,76
4			
5	Artikel	Bestellmeng	Preis
6	Hammer	20	3,99
7	Säge	50	30,60
8	Bohrmaschine	10	45,95
9	Leiter	42	120,00
10	Dübel	120	0,49
11	Maurerkelle	45	12,60
12	Schleifpapier	34	13,99

SUMMENPRODUKT() Tabelle

Abbildung 9.41: Das Summenprodukt in Tabellen

9.24.2 SUMMENPRODUKT() mit Bedingung

Wie viele Funktionen, die mit Matrizen arbeiten, kann auch SUMMENPRODUKT() Bedingungen akzeptieren. Die Bedingung wird bei der Berechnung der Funktion pro Element berechnet und wenn sie erfüllt ist, gibt das Element den Wahrheitswert WAHR aus. Dieser wird mit dem zweiten Element multipliziert und alle Produkte werden zum Schluss summiert. Ist ein Teilergebnis falsch, wird es nicht multipliziert (FALSCH * Wert = 0).

```
A1: 1                                 B1: 10
A2: 2                                 B2: 20
A3: 3                                 B3: 30
A4:=SUMMENPRODUKT((A1:A3=1)*(B1:B3))  Ergebnis: 20
```

Die Formel berechnet in diesem Fall nur das Produkt aus 1 und 20, deshalb das Ergebnis 20. Wenn Sie die beiden Matrizen multiplizieren wollen, geben Sie beide zusätzlich zur Bedingung an:

```
A5: =SUMMENPRODUKT((A1:A3>1)*(A1:A3)*(B1:B3))    Ergebnis: 180
```

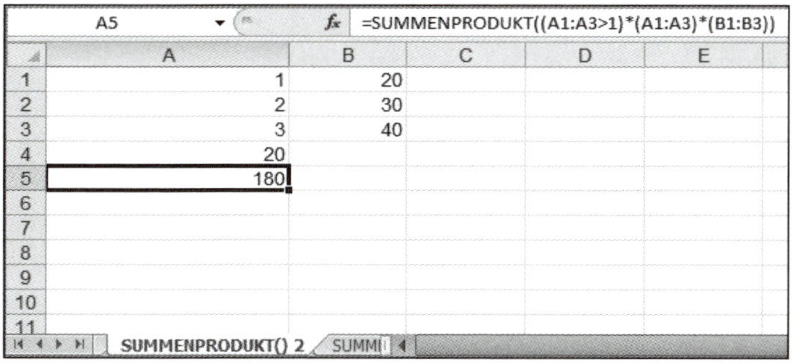
A5 =SUMMENPRODUKT((A1:A3>1)*(A1:A3)*(B1:B3))

	A	B
1	1	20
2	2	30
3	3	40
4	20	
5	180	

SUMMENPRODUKT() 2

Abbildung 9.42: Summenprodukte mit Bedingung

9.24.3 Praxisbeispiel: Warengruppenanalyse (ABC-Analyse)

Die Umsatzübersicht für das Bistro ist aus dem Warenwirtschaftssystem geliefert worden. Berechnen Sie die Umsätze pro Warengruppe:

	A	B	C	D
1	**Artikel**	**Warengruppe**	**Menge**	**Preis**
2	Champagner	A	250	7,50 €
3	Sekt	A	420	3,50 €
4	Spirituosen	A	120	3,20 €
5	Bier Hell	B	500	4,50 €
6	Pils	B	250	3,90 €
7	Weizenbier	B	450	4,50 €
8	Limonade	C	120	2,90 €
9	Fruchtsaft	C	50	3,20 €
10	Mineralwasser	C	600	2,50 €
11				
12				
13				

Warengruppenanalyse

Abbildung 9.43: Der Warenumsatz nach Warengruppe in einer Liste

1. Schreiben Sie diese Formeln:

   F1: Umsatz nach Warengruppe
   F2: A
   F3: B
   F4: C
   G2: =SUMMENPRODUKT(($B$2:$B$10=F2)*($C$2:$C$10)*($D$2:$D$10))

2. Kopieren Sie die Formel nach unten auf die beiden anderen Warengruppen.

Die Bezüge sind mit $-Zeichen absolut gesetzt, so dass Sie die Formel direkt kopieren können. Das Ergebnis ist eine kleine ABC-Analyse mit den Umsätzen pro Warengruppe, errechnet aus dem Summenprodukt Menge * Preis und mit Angabe einer Bedingung.

G2			f_x	=SUMMENPRODUKT(($B$2:$B$10=F2)*($C$2:$C$10)*($D$2:$D$10))				
	A	B	C	D	E	F	G	H
1	**Artikel**	**Warengruppe**	**Menge**	**Preis**		**Umsatz nach Warengruppe:**		
2	Champagner	A	250	7,50 €		A	3729	
3	Sekt	A	420	3,50 €		B	5250	
4	Spirituosen	A	120	3,20 €		C	2008	
5	Bier Hell	B	500	4,50 €				
6	Pils	B	250	3,90 €				
7	Weizenbier	B	450	4,50 €				
8	Limonade	C	120	2,90 €				
9	Fruchtsaft	C	50	3,20 €				
10	Mineralwasser	C	600	2,50 €				
11								
12								
13								
14								
15								
16								

Warengruppenanalyse

Abbildung 9.44: Die Umsätze pro Warengruppe sind berechnet.

9.25 Die Funktion TEILERGEBNIS()

Diese Funktion wird als Ersatzfunktion für mehrere andere Excel-Funktionen verwendet. Sie berechnet im Unterschied zu diesen nur die Werte aus sichtbaren Zellen und eignet sich deshalb besonders beim Einsatz von Filtern.

=TEILERGEBNIS(Funktion;Bezug1;Bezug2; ... Bezugn)

Das Argument *Funktion* steht für eine Zahl zwischen 1 und 11, die bestimmt, welche Excel-Funktion für die Berechnung verwendet werden soll. Diese Funktionen stehen zur Auswahl:

Funktionsnummer	Funktion
1	MITTELWERT
2	ANZAHL
3	ANZAHL2
4	MAX
5	MIN
6	PRODUKT
7	STABW
8	STABWN
9	SUMME
10	VARIANZ
11	VARIANZEN

Tabelle 9.8: Funktionen der einzelnen Funktionsnummern

Im zweiten und in den folgenden Argumenten geben Sie die Zellbezüge an, deren Teilergebnisse berechnet werden sollen.

Im Argument *Bezug1* und allen weiteren geben Sie den Zellbezug an, der gefiltert werden soll, zum Beispiel C1:C20 oder einen Spaltenteil einer Matrix. Die Zellen sollten Zahlen enthalten, Text oder andere nicht numerische Inhalte werden ignoriert.

9.25.1 Ausgeblendete Zellen berücksichtigen

Ab der Version Office Excel 2003 können Sie die Teilergebnisse auch für Bereiche korrekt berechnen, in denen einzelne Zellen, Zeilen oder Spalten ausgeblendet wurden, und zwar nicht über Filter oder die Gliederungsfunktion, sondern über START/ZELLEN/FORMAT/SICHTBARKEIT. Auch das manuelle Einstellen der Zeilenhöhe oder Spaltenbreite auf 0 gilt als Ausblendung und für diese Bereiche bietet TEILERGEBNIS() andere Zahlencodes an:

Funktion, die ausgeblendete Werte in das Ergebnis mit einbezieht	Funktion, die ausgeblendete Werte im Ergebnis ignoriert	Excel-Funktion, die ersetzt wird
1	101	MITTELWERT
2	102	ANZAHL
3	103	ANZAHL2
4	104	MAX
5	105	MIN
6	106	PRODUKT
7	107	STABW
8	108	STABWN
9	109	SUMME
10	110	VARIANZ
11	111	VARIANZEN

Tabelle 9.9: Alternative Funktionscodes für ausgeblendete Bereiche

9.25.2 Praxisbeispiel: Umsatzliste mit Zwischensummen

Das Geschäft mit Qualitätsreifen blüht, die Umsätze steigen. Damit Sie wettbewerbsfähig bleiben, berechnen Sie regelmäßig, für welche Hersteller die größte Nachfrage besteht. Die Liste zeigt Absatzmengen und Umsätze an:

	A	B	C
1	**Hersteller**	**Menge**	**Umsatz**
2	Continental	120	9840
3	Continental	20	1640
4	Continental	50	4100
5	Dunlop	24	1968
6	Dunlop	24	1968
7	Pirelli	150	12300
8	Pirelli	120	9840
9			
10			
11			

Abbildung 9.45: Umsätze und Absatzmengen im Reifenhandel

Berechnen Sie mit einem Assistenten die Zwischensummen und die Gesamtergebnisse. Der Assistent wird die Funktion TEILERGEBNIS() anstelle der herkömmlichen SUMME()-Funktion einsetzen, damit die Summen auch bei ausgeblendeten Gliederungsstufen funktionieren:

1. Setzen Sie den Zellzeiger in die erste Spalte der Liste und wählen Sie START/BEARBEITEN/SORTIEREN UND FILTERN/VON A BIS Z SORTIEREN.

2. Wählen Sie DATEN/GLIEDERUNG/TEILERGEBNIS.

3. Die Gruppierung nach Hersteller wird angezeigt, auch die SUMME als verwendete Funktion ist bereits richtig vorgeschlagen. Kreuzen Sie die Felder der Liste an, die Sie summieren wollen:

Menge
Umsatz

4. Die Ergebnisse (Zwischensummen) werden mit der gleichnamigen Option unterhalb der Daten stehen, bestätigen Sie mit einem Klick auf OK.

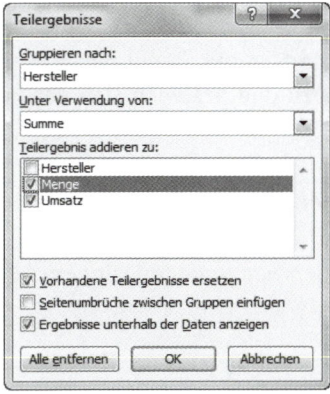

Abbildung 9.46: So werden die Teilergebnisse berechnet.

Der Assistent untergliedert jetzt die Liste und zieht Zwischensummen nach jedem »Gruppen-wechsel« ein. In der letzten Zeile wird das Gesamtergebnis abgebildet, alle Formeln verwenden die Funktion TEILERGEBNIS() mit der Funktionszahl 9 für SUMME().

	C12	▼	f_x	=TEILERGEBNIS(9;C2:C10)	
1 2 3	⊿	A	B	C	D
	1	**Hersteller**	**Menge**	**Umsatz**	
	2	Continental	120	9840	
	3	Continental	20	1640	
	4	Continental	50	4100	
	5	**Continental Ergebnis**	190	15580	
	6	Dunlop	24	1968	
	7	Dunlop	24	1968	
	8	**Dunlop Ergebnis**	48	3936	
	9	Pirelli	150	12300	
	10	Pirelli	120	9840	
	11	**Pirelli Ergebnis**	270	22140	
	12	**Gesamtergebnis**	508	41656	
	13				
	14				
	15				
	16				

TEILERGEBNIS()

Abbildung 9.47: Die gegliederte Liste mit Zwischensummen

Blenden Sie eine Gliederungsstufe aus oder ein, indem Sie auf ein Minus- oder Pluszeichen am linken Rand klicken, oder schließen Sie eine ganze Ebene per Klick auf die Gliederungsebenen-Nummer. Um die Teilergebnisse wieder aus der Liste zu nehmen, wählen Sie DATEN/GLIEDERUNG/ TEILERGEBNIS/ALLE ENTFERNEN.

9.25.3 Teilergebnisse in gefilterten Listen

Die Funktion TEILERGEBNIS() ist nicht an das Werkzeug aus der DATEN-Registerkarte gebunden, Sie können sie auch frei verwenden. Sie ist besonders nützlich, wenn der AutoFilter zum Einsatz kommt, da sie die Ergebnisse der gefilterten Liste transparent macht.

Fügen Sie über der Umsatzliste fünf Zeilen ein, damit Sie die Auswertungsformeln am oberen Rand der Tabelle erstellen können (siehe Abbildung).

1. Schreiben Sie zunächst die Formel zur Berechnung der Gesamtsumme. Damit die Liste nach unten erweiterbar ist, weisen Sie ihr einen Bereichsnamen zu und beziehen sich per Index auf diesen Bereich.

2. Markieren Sie die Liste von A5 bis C12.

3. Weisen Sie ihr den Bereichsnamen *Reifenliste* zu, schreiben Sie diesen links oben in das Namensfeld oder wählen Sie FORMEL/DEFINIERTE NAMEN/NAMEN DEFINIEREN.

4. Geben Sie die Formel ein, die alle Mengen summiert. Für den Spaltenindex können Sie die Funktion SPALTE() verwenden:

   B2: =SUMME(INDEX(Reifenliste;;SPALTE()))

5. Kopieren Sie die Formel nach rechts, um auch die Umsätze der gefilterten Daten zu berechnen.

6. Setzen Sie mit START/BEARBEITEN/SORTIEREN UND FILTERN/FILTERN den Filter auf die Liste und filtern Sie nach einem der Hersteller.

Berechnen Sie mit der Funktion TEILERGEBNIS() nur die Werte der im AutoFilter sichtbaren Daten:

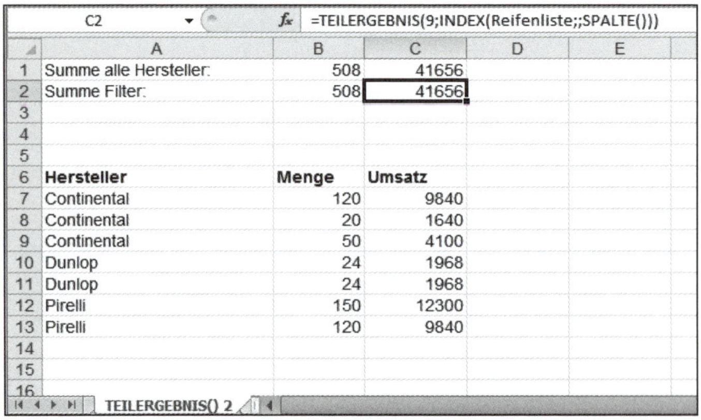

C2: =TEILERGEBNIS(9;INDEX(Reifenliste;;SPALTE()))

Abbildung 9.48: Die Funktion TEILERGEBNIS() liefert auch für gefilterte Listen korrekte Ergebnisse.

9.25.4 Teilergebnisse in Tabellen

Wandeln Sie die Liste in eine Tabelle um, bietet diese die Möglichkeit, die Spaltensummen dynamisch an die Größe der Tabelle anzupassen:

1. Setzen Sie den Zellzeiger in die Liste und wählen Sie EINFÜGEN/TABELLEN/TABELLE.
2. Bestätigen Sie den Bereich und weisen Sie der Tabelle in den TABELLENTOOLS den Bereichsnamen *tbl_Reifenliste* zu.
3. Schreiben Sie die Formeln mit den Funktionen SUMME() und TEILERGEBNIS(), und verwenden Sie die strukturierten Verweise auf die Tabellenspalten:

```
B1: =SUMME(tbl_Reifenliste[Menge])
C1: =SUMME(tbl_Reifenliste[Umsatz])
B2: =TEILERGEBNIS(9;tbl_Reifenliste[Menge])
C2: =TEILERGEBNIS(9;tbl_Reifenliste[Umsatz])
```

> **Tipp**
>
> Die Formeln in der ersten Spalte können Sie auch kopieren, der Spaltenname passt sich automatisch an.

	C2	▼	f_x	=TEILERGEBNIS(9;tbl_Reifenliste[Umsatz])	
	A	B	C	D	E
1	Summe alle Hersteller:	508	41656		
2	Summe Filter:	508	41656		
3					
4					
5					
6	**Hersteller** ▼	**Menge** ▼	**Umsatz** ▼		
7	Continental	120	9840		
8	Continental	20	1640		
9	Continental	50	4100		
10	Dunlop	24	1968		
11	Dunlop	24	1968		
12	Pirelli	150	12300		
13	Pirelli	120	9840		
14					
15					
16					
	TEILERGEBNIS() in Tabelle				

Abbildung 9.49: In Tabellen können die Spaltennamen als Argumente für TEILERGEBNIS() verwendet werden.

9.26 Die Funktion VORZEICHEN()

Mit dieser Funktion ermitteln Sie das Vorzeichen einer Zahl. Sie wird alternativ oder ergänzend in Bedingungsabfragen mit WENN() verwendet, wenn abzufragen ist, ob die Zahl positiv oder negativ ist.

=VORZEICHEN(Zahl)

Das Argument *Zahl* ist eine Zahl, ein Zellbezug oder ein Bereichsname, der auf eine Zahl verweist.

Die Funktion gibt folgende Werte zurück:

- 1, wenn die Zahl positiv ist
- 0 (null), wenn die Zahl 0 ist
- −1, wenn die Zahl negativ ist

```
A1: 12
A2: 0
A3: -15
A4: =VORZEICHEN(A1)        Ergebnis: 1
A5: =VORZEICHEN(A2)        Ergebnis: 0
A6: =VORZEICHEN(A3)        Ergebnis: -1
```

Verwenden Sie die Funktion in Kombination mit WENN(), um eine Umsatzmeldung entsprechend zu automatisieren:

1. Stellen Sie die Umsatzzahlen des Vorjahres den aktuellen Umsatzzahlen gegenüber:

```
A1: Umsatz Vorjahr:
A2: Umsatz lfd. Jahr:
B1: 1.250.000
B2: 1.560.000
```

2. Schreiben Sie eine Meldung, verknüpfen Sie die Information über die Zahl mithilfe einer WENN()-Funktion in den Text:

```
A4: ="Der Umsatz in diesem Jahr liegt um "&ABS(B2-B1)&" Euro
"&WENN(VORZEICHEN(B2-B1)=1;"über";"unter")&" dem Vorjahresumsatz"
```

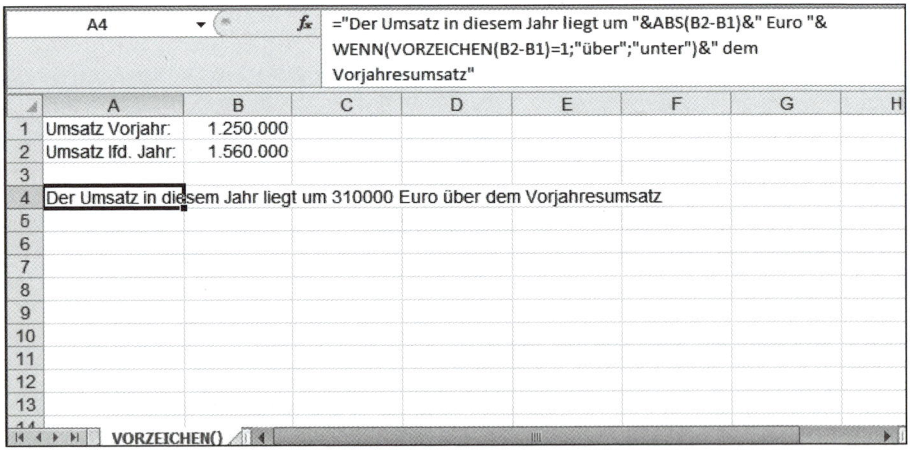

Abbildung 9.50: Meldung mit WENN() und VORZEICHEN()

9.27 Die Funktion VRUNDEN()

Mit dieser Analyse-Funktion runden Sie Zahlenwerte auf ein gewünschtes Vielfaches. Im Unterschied zu den allgemeinen Rundungsfunktionen geben Sie nicht den Rundungsfaktor an, sondern die gewünschte Rundung.

=VRUNDEN(Zahl;Vielfaches)

Im Argument *Zahl* geben Sie einen Zahlenwert, einen Bereichsnamen oder einen Zellbezug auf eine Zahl an. Das Argument *Vielfaches* steht für das Vielfache, auf das Sie die Zahl runden möchten. VRUNDEN() rundet die Zahl auf, wenn der Rest der Division von *Zahl* durch *Vielfaches* größer oder gleich der Hälfte von *Vielfaches* ist.

9.27.1 Praxisbeispiel: Auf 5 Cent auf- oder abrunden

Die Preisliste des Drogeriemarkts braucht eine Überarbeitung, viele Kunden beschweren sich über die »krummen« Preise wie 1,96 € oder 2,52 €. Wie in vielen europäischen Ländern bereits üblich, rundet der Filialleiter seine Preise auf 5 Eurocent auf oder ab.

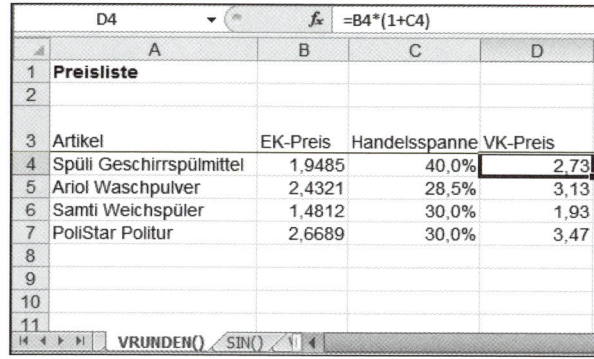

Abbildung 9.51: Preisliste mit Zahlenwerten auf zwei Nachkommastellen gerundet

1. Schreiben Sie diese Formel:

   E4: VK-Preis auf 5 Cent gerundet
   E5: =VRUNDEN(D4;0,05)

   oder:

   E5: =VRUNDEN(B4*(1+C4);0,05)

2. Kopieren Sie die Formel auf die restlichen Positionen der Preisliste.

	E4	▾	ⓒ	*fx*	=VRUNDEN(D4;0,05)		
◢	A	B	C	D	E	F	G
1	**Preisliste**						
2							
3	Artikel	EK-Preis	Handelsspanne	VK-Preis	VK-Preis auf 5 Cent gerundet	Obergrenze	Untergrenze
4	Spüli Geschirrspülmittel	1,9485	40,0%	2,73	2,75	2,75	2,70
5	Ariol Waschpulver	2,4321	28,5%	3,13	3,15	3,15	3,10
6	Samti Weichspüler	1,4812	30,0%	1,93	1,95	1,95	1,90
7	PoliStar Politur	2,6689	30,0%	3,47	3,45	3,50	3,45
8							
9							
10							
11							
12							
13							
14							
15							
16							

Abbildung 9.52: Die Preise sind auf 5 Cent auf- oder abgerundet.

Tipp

Geben Sie als zweites Argument eine ganze Zahl an, rundet die Funktion natürlich auf die nächste ganze Dezimalzahl:

=VRUNDEN(2,73;1)   Ergebnis: 3

9.28   Die Funktionen WURZEL() und WURZELPI()

Mit diesen Funktionen berechnen Sie die Quadratwurzel einer Zahl:

=WURZEL(Zahl)

Das Argument *Zahl* steht für einen Zahlenwert oder einen Zellbezug oder Bereichsnamen, der auf eine Zahl verweist. Die Zahl muss positiv sein, bei negativen Zahlen oder Texten gibt die Funktion einen Fehler aus.

A1: 16
A2: =WURZEL(A1)   Ergebnis: 4

Prüfen Sie das Ergebnis nach, indem Sie die Zahl wieder potenzieren:

A3: =A2^2   Ergebnis: 4

=WURZELPI(Zahl)

Diese Funktion berechnet die Quadratwurzel einer mit der Kreiszahl Pi (3,14) multiplizierten Zahl. Das Argument *Zahl* steht für einen Zahlenwert oder einen Zellbezug oder Bereichsnamen, der auf eine Zahl verweist. Die Zahl muss positiv sein, bei negativen Zahlen oder Texten gibt die Funktion einen Fehler aus.

```
A1: 1
A2: =WURZELPI(A1)          Ergebnis: 1,772454
A3: 2
A4: =WURZELPI(A3)          Ergebnis: 2,50662827
```

9.28.1 Die n-te Wurzel berechnen

Für die n-te Wurzel einer Zahl bietet Excel keine eigene Funktion an, denn diese Berechnung lässt sich auch mit dem Potenzzeichen durchführen:

```
Zahl^(1/n)
```

Ein Beispiel: Die dritte Wurzel aus 39 wird so berechnet:

```
A1: 39
A2: 3
A3: =A1^(1/A2)
```

9.29 Die Funktionen ZUFALLSZAHL() und ZUFALLSBEREICH()

Zufallszahlen werden im Kalkulationsbusiness (wahrscheinlich) nicht zur Berechnung von Vorstandsgehältern oder Steuerabzügen verwendet, sondern hauptsächlich, um Testwerte für Messungen, Formelkonstruktionen oder die VBA-Programmierung zu erhalten. Die Funktion ZUFALLSZAHL() gehört zum Standardrepertoire des Funktions-Assistenten, ZUFALLSBEREICH() stammt aus dem Add-in Analyse-Funktionen.

=ZUFALLSZAHL()

Die Funktion hat keine Argumente, sie ermittelt eine zufällige Zahl zwischen 0 und 1:

```
A1: =ZUFALLSZAHL()         Ergebnis: (zufällige Zahl, z.B. 0,92973647)
```

Um eine Ganzzahl zu erhalten, geben Sie diese Formel ein (die 1 wird aufaddiert, damit keine 0 »gezogen« wird):

```
A2: =GANZZAHL(ZUFALLSZAHL()*50+1)
```

=ZUFALLSBEREICH(Untere_Zahl;Obere_Zahl)

Geben Sie im Argument *Untere_Zahl* die Untergrenze an, bis zu der (inklusive) eine Zahl gezogen werden darf. Mit dem Argument *Obere_Grenze* geben Sie die größte Zahl an, die von der Funktion ermittelt werden darf. Beide Argumente müssen eine Zahl, einen Bezug auf eine Zahl oder einen Bereichsnamen, der auf eine Zahl verweist, erhalten.

```
A1: 100
A2: 200
A3: =ZUFALLSBEREICH(A1;A2)  Ergebnis: (Zahl zwischen 100 und 200)
```

Mit jeder Neuberechnung, die manuell mit der Funktionstaste F9 ausgelöst werden kann, berechnen die beiden Formeln eine neue Zufallszahl. Eine Neuberechnung wird auch beim Öffnen der Tabelle und mit jeder Neueingabe oder Änderung an der Tabelle initiiert.

9.29.1 Praxisbeispiel: Lottogenerator

Ihr persönlicher Lottogenerator wird Ihnen zuverlässig die Zahlen der Ziehung vom nächsten Wochenende verraten (vorausgesetzt, es sind dieselben wie die, die das Ziehungsgerät aussortiert):

1. Markieren Sie den Bereich A1:A6.
2. Geben Sie diese Formel ein:

   `=ZUFALLSBEREICH(1;49)`

3. Drücken Sie Strg + ↵ , um die Formel auf die markierten Zellen zu verteilen.
4. Schreiben Sie die alternative Formel in die zweite Spalte:

   `B1:B6: =GANZZAHL(ZUFALLSZAHL()*49+1)`

5. Drücken Sie so lange F9 , bis die richtigen Lottozahlen angezeigt werden …

	A1	▼		f_x	=ZUFALLSBEREICH(1;49)		
⊿	A	B	C	D	E	F
1	39	16				
2	40	16				
3	31	6		Lottozahlen (ohne Gewähr!)		
4	47	28				
5	28	22				
6	25	35				
7						
8						

Abbildung 9.53: Lottozahlen ermitteln mit ZUFALLSBEREICH() oder ZUFALLSZAHL()

9.30 Trigonometrische Funktionen

Der Funktions-Assistent stellt neben mathematischen Funktionen auch eine Reihe der wichtigsten trigonometrischen Funktionen für Kurvenfunktionen und geometrische Berechnungen bereit.

Funktion	Schreibweise	Erklärung
ARCCOS()	=ARCCOS(Zahl)	Gibt den Arkuskosinus einer Zahl von 0 bis Pi zurück.
ARCCOSHYP()	=ARCCOSHYP(Zahl)	Gibt den umgekehrten hyperbolischen Kosinus einer Zahl zurück.
ARCSIN()	=ARCSIN(Zahl)	Gibt den Arkussinus einer Zahl im Bereich von –Pi/2 bis Pi/2 zurück.

Tabelle 9.10: Die trigonometrischen Funktionen in einer Übersicht

Funktion	Schreibweise	Erklärung
ARCSINHYP()	=ARCSINHYP(Zahl)	Gibt den umgekehrten hyperbolischen Sinus einer Zahl zurück.
ARCTAN()	=ARCTAN(Zahl)	Gibt den Arkustangens einer Zahl in RAD in einem Bereich von –Pi/2 bis Pi/2 zurück.
ARCTAN2()	=ARCTAN2(Zahl)	Gibt den Arkustangens oder auch umgekehrten Tangens ausgehend von einer x- und einer y-Koordinate von –Pi bis Pi (ohne Pi selbst) zurück.
ARCTANHYP()	=ARCTANHYP(Zahl)	Gibt den umgekehrten hyperbolischen Tangens einer Zahl zurück.
BOGENMASS()	=BOGENMASS(Winkel)	Wandelt eine Gradzahl in Bogenmaß (Radiant) um.
GRAD()	=GRAD(Winkel)	Wandelt das Bogenmaß einer Zahl (Radiant) in Grad um.
COS()	=COS(Zahl)	Gibt den Kosinus einer Zahl zurück.
COSHYP()	=COSHYP(Zahl)	Gibt den hyperbolischen Kosinus einer Zahl zurück.
PI()	=PI()	Gibt den Wert der Kreiszahl Pi mit 15 Stellen Genauigkeit zurück.
SIN()	=SIN(Zahl)	Gibt den Sinus einer Zahl zurück.
SINHYP()	=SINHYP(Zahl)	Gibt den hyperbolischen Sinus einer Zahl zurück.
TAN()	=TAN(Zahl)	Gibt den Tangens einer Zahl zurück.
TANHYP()	=TANHYP(Zahl)	Gibt den hyperbolischen Tangens einer Zahl zurück.

Tabelle 9.10: Die trigonometrischen Funktionen in einer Übersicht

9.30.1 Praxisbeispiel: Funktionskurve mit der Funktion SIN()

Zeichnen Sie eine Sinuskurve mit x-Werten von 0,1 bis 10 in Schritten von 0,1. Die Funktion lautet:

F(x) = sin(x)

1. Schreiben Sie den ersten x-Wert, benutzen Sie die Zeilennummer aus der Funktion ZEILE():

   A1: x
   A2: =(ZEILE()-1)/10

2. Kopieren Sie die Formel bis A101.
3. Schreiben Sie die Formel mit der Funktion SIN():

   B1: f(x)
   B2: =SIN(A2)

4. Markieren Sie den gesamten Bereich mit Strg+⇧+* und wählen Sie EINFÜGEN/DIAGRAMME/PUNKT.

5. Wählen Sie den zweiten Diagrammtyp des Punktediagramms, der die Punkte auf der Daten-reihe mit einer Linie verbindet.

6. Suchen Sie ein passendes Diagrammlayout oder formatieren Sie das Diagramm manuell, in-dem Sie die einzelnen Elemente (Gitternetze, Achsen etc.) ändern.

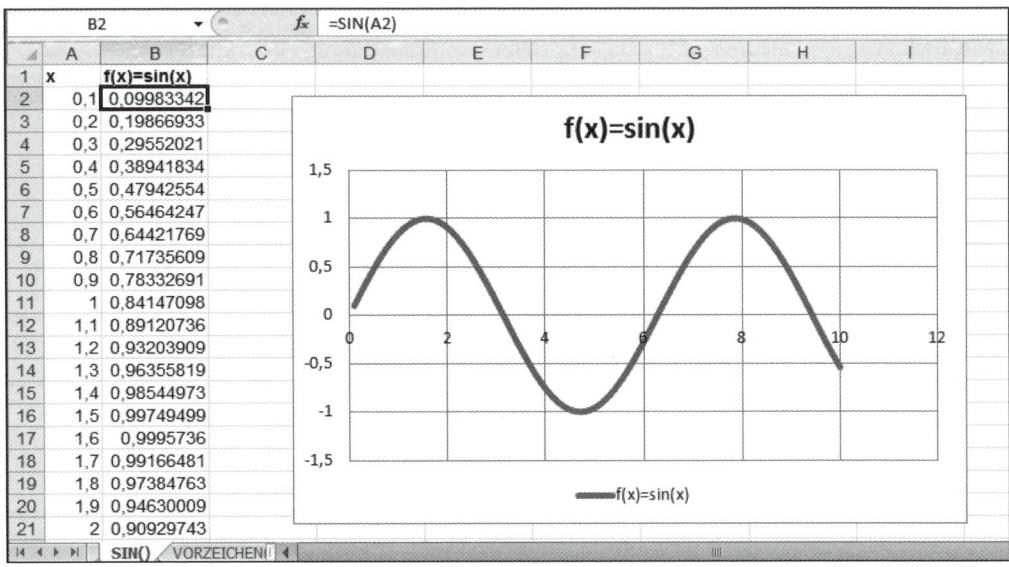

Abbildung 9.54: Sinuskurve mit der Funktion SIN()

9.30.2 Praxisbeispiel: Tachometerdiagramm

Eine Diagrammform, die Excel gar nicht im Angebot hat, die sich aber mit guten Diagramm-kenntnissen und ein paar trigonometrischen Funktionen einfach erstellen lässt: Das Tachometer ist eine Kombination aus einem Ringdiagramm und zwei Liniendiagrammen. Das Ringdiagramm liefert die Scheibe, die beiden Liniendiagramme sind, ausgehend vom Zentrum der Diagramm-fläche, die Zeiger.

Der erste Zeiger visualisiert den Faktor Qualität in Zelle G1 und für die Berechnung der Position und Länge werden zwei Wertepaare benötigt. Der Ausgangspunkt ist 0 auf der x-Achse, der Cosinus des Bogenmaßes liefert den zweiten Wert:

```
F3: 0
F4: =COS(BOGENMASS(G19))
```

Der Endpunkt wird mit einem weiteren Wertepaar berechnet, Ausgangspunkt ist wieder 0 auf der x-Achse und den Endpunkt liefert der Sinus des Winkels, der ins Bogenmaß umgerechnet wird:

```
J3: 0
J4: =SIN(BOGENMASS(K1))
```

Die Kundenzufriedenheit drückt der Faktor in K1 aus, auch dieser wird mit vier Werten in ein Liniendiagramm umgerechnet:

```
I3: 0
I4: =-COS(BOGENMASS(K1))
J3: 0
J4: =SIN(BOGENMASS(K1))
```

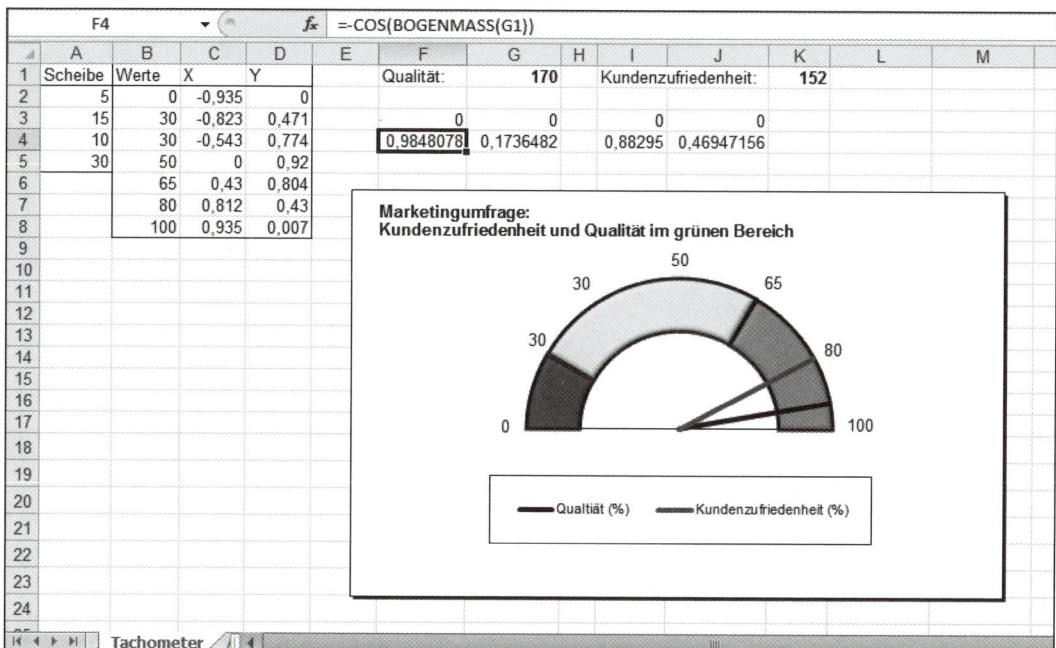

Abbildung 9.55: Ein Tachometer aus Ring- und Liniendiagrammen

KAPITEL 10

Finanzmathematische Funktionen

In dieser Kategorie des Funktions-Assistenten finden Sie ca. 50 Funktionen aus dem Bereich Finanz-mathematik. Eine Gruppe davon liefert Rechenalgorithmen für Darlehens- und Annuitätenberech-nungen und Abschreibungen, die zweite Gruppe, deren Funktionen größtenteils aus dem Add-in Analyse-Funktionen stammen, enthält Werkzeuge für Wertpapierberechnungen. Hier eine Übers-icht über alle Funktionen dieser Kategorie:

Funktion	Beschreibung
AMORDEGRK()	Gibt die anteilige lineare Abschreibung eines Wirtschaftsguts mit einem Abschreibungskoeffizienten zurück.
AMORLINEARK()	Gibt die anteilige lineare Abschreibung eines Wirtschaftsguts zurück.
AUFGELZINS()	Gibt die aufgelaufenen Zinsen für ein Wertpapier zurück.
AUFGELZINSF()	Gibt die aufgelaufenen Zinsen (Stückzinsen) eines Wertpapiers zurück, die bei Fälligkeit ausgezahlt werden.
AUSZAHLUNG()	Gibt den Auszahlungsbetrag eines Wertpapiers am Fälligkeitstermin zurück.
BW()	Gibt den Barwert einer Investition zurück.
DIA()	Gibt die arithmetisch-degressive Abschreibung eines Wirtschaftsguts zurück.
DISAGIO()	Gibt den Abschlag (Disagio) eines Wertpapiers zurück.
DURATION()	Gibt die jährliche Duration eines Wertpapiers mit periodischen Zins-zahlungen zurück.
EFFEKTIV()	Gibt die jährliche Effektivverzinsung zurück.
GDA()	Gibt die degressive Doppelraten-Abschreibung eines Wirtschaftsguts für eine Periode zurück.
GDA2()	Gibt die geometrisch-degressive Abschreibung eines Wirtschaftsguts für eine bestimmte Periode zurück.
IKV()	Gibt den internen Zinsfuß einer Investition ohne Finanzierungskosten oder Reinvestitionsgewinne zurück.
ISPMT()	Gibt den Zinssatz für gleich große Rückzahlungsraten zurück.
KAPZ()	Ermittelt die Tilgung für einen Kredit.
KUMKAPITAL()	Berechnet den Wert, der für die Tilgung eines Darlehens für einen bestimmten Zeitraum aufgebracht wird.
KUMZINSZ()	Berechnet die kumulierten Zinsen für einen zu definierenden Zeitraum.
KURS()	Gibt den Kurs eines verzinslichen Wertpapiers zurück.
KURSDISAGIO()	Gibt den Kurs eines unverzinslichen Wertpapiers zurück.
KURSFÄLLIG()	Gibt den Kurs eines Wertpapiers zurück, das Zinsen am Fälligkeitsdatum auszahlt.

Tabelle 10.1: Liste der finanzmathematischen Funktionen

Funktion	Beschreibung
LIA()	Liefert die lineare Abschreibung eines Wirtschaftsguts pro Periode.
MDURATION()	Gibt die geänderte Dauer eines Wertpapiers zurück.
NBW()	Gibt den Nettobarwert einer Investition zurück.
NOMINAL()	Gibt die jährliche Nominalverzinsung zurück.
NOTIERUNGBRU()	Konvertiert eine dezimale Notierung in einen gemischten Dezimalbruch.
NOTIERUNGDEZ()	Konvertiert eine Notierung im Dezimalbruch in eine Dezimalzahl.
QIKV()	Gibt den modifizierten internen Zinsfuß zurück.
RENDITE()	Gibt die Rendite eines verzinslichen Wertpapiers zurück.
RENDITEDIS()	Gibt die Rendite eines unverzinslichen Wertpapiers zurück.
RENDITEFÄLL()	Gibt die Rendite eines Wertpapiers zurück, das Zinsen am Fälligkeits-datum auszahlt.
RMZ()	Ermittelt die regelmäßigen Zahlungen einer Annuität pro Periode.
TBILLÄQUIV()	Gibt die jährliche Verzinsung eines Schatzwechsels (Treasury Bill) zurück.
TBILLKURS()	Gibt den Kurs eines Schatzwechsels (Treasury Bill) zurück.
TBILLRENDITE()	Gibt die Rendite eines Schatzwechsels (Treasury Bill) zurück.
UNREGER.KURS()	Gibt den Kurs eines Wertpapiers mit einem unregelmäßigen ersten Zinstermin zurück.
UNREGER.REND()	Gibt die Rendite eines Wertpapiers mit einem unregelmäßigen ersten Zinstermin zurück.
UNREGLE.KURS()	Gibt den Kurs eines Wertpapiers mit einem unregelmäßigen letzten Zinstermin zurück.
UNREGLE.REND()	Gibt die Rendite eines Wertpapiers mit einem unregelmäßigen letzten Zinstermin zurück.
VDB()	Gibt die degressive Doppelraten-Abschreibung eines Wirtschaftsguts für eine bestimmte Periode zurück.
XINTZINSFUSS()	Gibt den internen Zinsfuß einer Reihe nicht periodisch anfallender Zahlungen zurück.
XKAPITALWERT()	Gibt den Nettobarwert einer Reihe nicht periodisch anfallender Zahlungen zurück.
ZINS()	Gibt den Zinssatz einer Annuität pro Periode zurück.
ZINSSATZ()	Gibt den Zinssatz eines voll investierten Wertpapiers zurück.
ZINSTERMNZ()	Gibt das Datum des ersten Zinstermins nach dem Abrechnungstermin zurück.
ZINSTERMTAGE()	Gibt die Anzahl Tage einer Zinsperiode (inklusive Abrechnungstermin) zurück.

Tabelle 10.1: Liste der finanzmathematischen Funktionen (Forts.)

Funktion	Beschreibung
ZINSTERMTAGNZ()	Gibt die Anzahl der Tage vom Abrechnungstermin bis zum nächsten Zinstermin zurück.
ZINSTERMTAGVA()	Gibt die Anzahl der Tage vom Anfang des Zinstermins bis zum Abrechnungstermin zurück.
ZINSTERMVZ()	Gibt das Datum des letzten Zinstermins vor dem Abrechnungstermin zurück.
ZINSTERMZAHL()	Gibt die Anzahl der Zinstermine zwischen Abrechnungs- und Fälligkeitsdatum zurück.
ZINSZ()	Ermittelt Zinsbeträge für eine zu definierende Periode.
ZW()	Gibt den zukünftigen Wert einer Investition zurück.
ZW2()	Gibt den aufgezinsten Wert des Anfangskapitals für eine Reihe periodisch unterschiedlicher Zinssätze zurück.
ZZR()	Berechnet, wie viele Zahlungsperioden benötigt werden, um einen Kredit zu tilgen.

Tabelle 10.1: Liste der finanzmathematischen Funktionen (Forts.)

10.1 Bereichsnamen in Finanzfunktionen

Nicht nur in dieser Funktionskategorie, aber besonders bei finanzmathematischen Funktionen sollten Sie die Argumente nicht als Zellbezüge, sondern in Form von Bereichsnamen angeben. Da die Argumente meist aus beschrifteten Zellen stammen, ist es einfach, die Zahlenwerte mit Namen zu versehen, die dann auch in der Funktion verwendet werden können. Ein Beispiel:

1. Schreiben Sie die Beschriftungen zu den Eckdaten der Funktion in Spalte A und die Werte daneben in Spalte B:

```
A1: Barwert          B1: 10.000
A2: Zinszeitraum     B2: 36
A3: Zins             B3: 5,9%
```

2. Markieren Sie den Bereich A1:B3 und wählen Sie FORMEL/DEFINIERTE NAMEN/AUS AUSWAHL ERSTELLEN.

3. Die Option NAMEN AUS AUSWAHL ERSTELLEN/AUS LINKER SPALTE ist bereits voreingestellt, bestätigen Sie mit OK.

Damit sind die Werte aus der Spalte B mit den Bereichsnamen aus Spalte A benannt und Sie können diese in allen Funktionen verwenden. Wenn Sie bei der Konstruktion der Funktion den Zellbezug eines Arguments anklicken, erhalten Sie den Bereichsnamen anstelle der Zelladresse:

```
=RMZ(Zins;Zinszeitraum;Barwert)
```

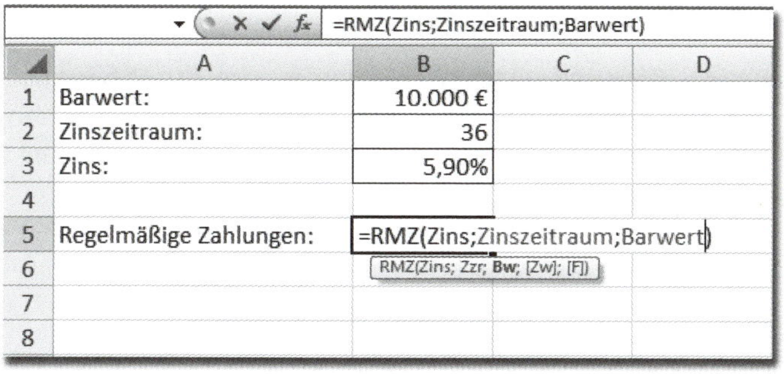

Abbildung 10.1: Bereichsnamen statt Zellbezüge in finanzmathematischen Funktionen

Die Doppelpunkte in Beschriftungen werden bei der Übernahme als Bereichsname automatisch entfernt, nur Leerzeichen können nicht akzeptiert werden, die wandelt Excel in Unterstriche um (z.B. *Zeitraum geplant = Zeitraum_geplant*).

CD-ROM

Alle Beispiele in diesem Kapitel finden Sie auf der CD zum Buch unter *Finanzmathematik-funktionen Beispiele.xlsx*.

10.2   Die Funktion BW()

Mit dieser Funktion berechnen Sie den Barwert einer Investition. Das ist der gegenwärtige Wert einer Reihe von Zahlungen.

=BW(Zins;Zzr;Rmz;Zw;F)

- Mit dem Argument *Zins* geben Sie den Zinssatz pro Zeitraum (Periode) an. Wenn Sie einen Kredit in Monatsraten zurückzahlen, müssen Sie den Prozentsatz durch 12 teilen.
- Das Argument *Zzr* (Zinszeitraum) hält fest, über wie viele Perioden die jeweilige Annuität gezahlt wird (Kreditlaufzeit).
- Im Argument *Zw* (zukünftiger Wert) kann der Endwert oder Kassenbestand angegeben werden. Wenn dieses Argument nicht besetzt ist, wird 0 angenommen.
- Das Argument *F* (Fälligkeit) gibt an, wann die Zahlung fällig wird. Es kann den Wert 0 oder 1 annehmen, mit 0 bestimmen Sie, dass die Zahlung am Ende der Periode fällig wird, mit 1 wird sie zu Beginn der Periode fällig.

10.2.1   Praxisbeispiel: Rentabilität einer Investition

Sie planen die Anschaffung einer neuen Maschine und wissen auch schon, wie viel Ertrag Sie damit jährlich erwirtschaften werden. Die Anschaffungskosten sollten nicht höher sein als der Ertrag, berechnen Sie deshalb den Barwert, den Wert, den die Maschine zum gegenwärtigen Zeitpunkt unter Berücksichtigung einer Reihe von Zahlungen hat:

1. Schreiben Sie die Basisdaten in die Tabelle:

    A1: Zins: B1: 6,5%
    A2: Zinszeitraum: B2: 5
    A3: Ertrag: B3: 15.000 ?

2. Markieren Sie A1:B3 und wählen Sie FORMELN/DEFINIERTE NAMEN/NAMEN/ERSTELLEN.

3. Bestätigen Sie den Vorschlag NAMEN ERSTELLEN AUS LINKER SPALTE mit Klick auf OK.

4. Berechnen Sie den Barwert der Investition:

    A5: Barwert
    B5: =ABS(BW(Zins/12;Zinszeitraum;Ertrag))

Das Ergebnis ist der Betrag, den die Maschine kosten darf, damit sie bei dem prognostizierten Ertrag über die Laufzeit rentabel ist.

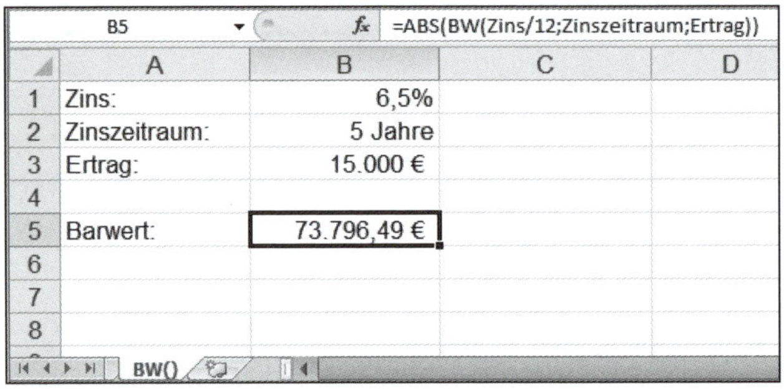

Abbildung 10.2: Rechnet sich die Investition? BARWERT() ermittelt den Betrag.

10.3   Die Funktionen DIA() und LIA()

Mit der Funktion DIA() berechnen Sie die arithmetisch-degressive Abschreibung eines Wirtschaftguts über einen bestimmten Zeitraum (Periode).

=DIA(Ansch_Wert;Restwert;Nutzungsdauer;Zr)

Im Argument *Ansch_Wert* geben Sie die Kosten für das Abschreibungsgut ein. Mit *Restwert* können Sie den Betrag angeben, den das Produkt nach Ablauf der Abschreibungsfrist noch wert ist (Liquidationserlös), und die *Nutzungsdauer* ist die Anzahl der Jahre, die das Produkt abgeschrieben wird. Das optionale Argument *Zr* bezeichnet die Periode. Es muss dieselbe Zeiteinheit wie die Nutzungsdauer haben.

Mit der Funktion LIA berechnen Sie die lineare Abschreibung eines Wirtschaftsguts für einen bestimmten Zeitraum. Die Methode der linearen Abschreibung setzt voraus, dass die Abschreibung gleichmäßig über die Nutzungsdauer erfolgt. Die Anschaffungskosten werden um den geschätzten Wiederverkaufswert verringert. Der daraus resultierende Betrag wird abgeschrieben.

=LIA(Ansch_Wert;Restwert;Nutzungsdauer)

Das Argument *Ansch_Wert* enthält die Kosten für das Abschreibungsgut, *Restwert* ist der Betrag, den das Produkt nach Ablauf der Abschreibungsfrist noch wert ist (Liquidationserlös), und die *Nutzungsdauer* ist die Anzahl der Jahre, die das Produkt abgeschrieben wird.

10.3.1 Praxisbeispiel: Lineare Abschreibung und Restwertberechnung

Sie schaffen für Ihre Firma eine neue Maschine im Gesamtwert von 50.000 Euro an. Die Maschine kann über 10 Jahre abgeschrieben werden, der Restwert beträgt nach dieser Zeit noch 10.000 Euro. Ermitteln Sie den Abschreibungsbetrag und den Restwert in den einzelnen Jahren:

1. Geben Sie die Daten für die Berechnung ein:

   ```
   A1: Anschaffungswert:      B1: 50.000
   A2: Restwert:              B2: 10.000 (Zahlenformat: Währung)
   A3: Nutzungsdauer:         B3: 10 (Zahlenformat: 0" Jahre")
   ```

2. Markieren Sie A1:B3 und wählen Sie FORMEL/DEFINIERTE NAMEN/AUS AUSWAHL ERSTELLEN.

3. Bestätigen Sie den Vorschlag AUS LINKER SPALTE mit Klick auf OK.

▲	A	B
1	Anschaffungswert:	50.000,00 EUR
2	Restwert:	10.000,00 EUR
3	Nutzungsdauer:	10 Jahre

Abbildung 10.3: Basisdaten für die lineare Abschreibung

4. Berechnen Sie den jährlichen Abschreibungsbetrag, tragen Sie dazu in die erste Spalte eine Zahlenreihe von 1 bis 10 ein:

   ```
   A5: Jahr
   A6: 1
   ...
   A15: 10
   ```

5. Berechnen Sie den Abschreibungsbetrag im ersten Jahr:

   ```
   B5: Abschreibung
   B6: =LIA(Anschaffungswert;Restwert;Nutzungsdauer)
   ```

6. Den Restwert des Wirtschaftsguts nach den jährlichen Abschreibungen brauchen Sie ebenfalls für Ihre Buchhaltung, berechnen Sie ihn mit einer WENN()-Funktion, damit die Differenz zwischen Restwert und Betrag erst ab dem zweiten Jahr gezogen wird:

```
C5: Restwertbetrag
C6: =WENN(A6=1;Anschaffungswert;C5-B6)
```

7. Kopieren Sie die beiden Formeln bis zur Zeile 15 nach unten.

	B6	fx	=LIA(Anschaffungswert;Restwert;Nutzungsdauer)	
	A	B	C	D
1	Anschaffungswert:	50.000,00 EUR		
2	Restwert:	10.000,00 EUR		
3	Nutzungsdauer:	10 Jahre		
4				
5	Jahr	Abschreibung	Restwertbetrag	
6	1	4.000,00 EUR	50.000,00 EUR	
7	2	4.000,00 EUR	46.000,00 EUR	
8	3	4.000,00 EUR	42.000,00 EUR	
9	4	4.000,00 EUR	38.000,00 EUR	
10	5	4.000,00 EUR	34.000,00 EUR	
11	6	4.000,00 EUR	30.000,00 EUR	
12	7	4.000,00 EUR	26.000,00 EUR	
13	8	4.000,00 EUR	22.000,00 EUR	
14	9	4.000,00 EUR	18.000,00 EUR	
15	10	4.000,00 EUR	14.000,00 EUR	
16				
17				

Abbildung 10.4: Lineare Abschreibung und Restwertberechnung

Die degressive Abschreibung

Für die arithmetisch-degressive Abschreibung, die den Abschreibungsbetrag von Periode zu Periode verringert, verwenden Sie die Funktion DIA(). Geben Sie im letzten Argument den Bezug auf die Periode (hier das erste Jahr) ein:

```
=DIA(Anschaffungswert;Restwert;Nutzungsdauer;A6)
```

10.4 Die Funktion GDA()

Bei der degressiven Abschreibung ist die Abschreibung zu Beginn am höchsten und nimmt im Lauf der Zeit ab. Nach dieser Methode wird die Abschreibung als Prozentwert des Nettobuchwerts des Wirtschaftsguts berechnet. Der Nettobuchwert errechnet sich aus der Höhe der Anschaffungskosten minus der Summe früherer Abschreibungen.

=GDA(Ansch_Wert;Restwert;Nutzungsdauer;Periode;Faktor)

Im Argument *Ansch_Wert* geben Sie die Kosten für das Abschreibungsgut ein. Mit *Restwert* können-en Sie den Betrag angeben, den das Produkt nach Ablauf der Abschreibungsfrist noch wert ist, und die *Nutzungsdauer* ist die Anzahl der Jahre, die das Produkt abgeschrieben wird. Die *Periode* ist der Zeitpunkt der Abschreibung, der *Faktor* ist das Maß, um das die Abschreibung abnimmt. Wenn dieser nicht eingetragen ist, wird der Standardwert 2 angenommen, die normale degressive Dop-pelraten-Abschreibung.

Hinweis

Achten Sie darauf, dass für die Periode dieselbe Zeiteinheit zu verwenden ist wie für die Nut-zungsdauer.

10.4.1 Praxisbeispiel: Degressive Doppelraten-Abschreibung

Eine neue Maschine im Gesamtwert von 50.000 Euro wird angeschafft, der Abschreibungszeitraum beträgt 10 Jahre. Danach ist die Maschine noch 10.000 Euro wert. Ermitteln Sie den Abschreibungs-betrag und den Restwert in den einzelnen Jahren:

1. Geben Sie die Daten für die Berechnung ein:

    A1: Anschaffungswert: B1: 50.000
    A2: Restwert: B2: 10.000 (Zahlenformat: Währung)
    A3: Nutzungsdauer: B3: 10 (Zahlenformat: 0" Jahre")

2. Markieren Sie A1:B3 und wählen Sie FORMELN/DEFINIERTE NAMEN/AUS AUSWAHL ERSTELLEN.

3. Bestätigen Sie den Vorschlag AUS LINKER SPALTE mit Klick auf OK.

4. Erstellen Sie eine Zahlenreihe von 1 bis 10 in der Spalte A und berechnen Sie die Abschrei-bung im ersten Jahr:

    A5: Jahr
    B5: Buchwert
    C5: Abschreibung
    D5: Restwertbetrag
    B6: =Anschaffungswert (oder $B$1)
    C6: =GDA(Anschaffungswert;Restwert;Nutzungsdauer;A6)
    D6: =WENN(A6=1;B6-C6;D5-C6)

5. Für die restlichen Jahre geben Sie jetzt den Restwertbetrag als Buchwert an:

    B7: =D11

6. Kopieren Sie die Formel bis zur Zelle B15.

7. Kopieren Sie die Formeln in Spalte C und D ebenfalls nach unten bis zur Zeile 15 und die Ab-schreibungstabelle ist fertig.

	C6	▼ (⚈	*f*x	=GDA(Anschaffungswert;Restwert;Nutzungsdauer;A6)		
▲	A	B	C	D	E	F
1	Anschaffungswert:	125.000,00 EUR				
2	Restwert:	15.000,00 EUR				
3	Nutzungsdauer:	10 Jahre				
4						
5	Jahr	Buchwert	Abschreibung	Restwertbetrag		
6	1	125.000,00 EUR	25.000,00 EUR	100.000,00 EUR		
7	2	100.000,00 EUR	20.000,00 EUR	80.000,00 EUR		
8	3	80.000,00 EUR	16.000,00 EUR	64.000,00 EUR		
9	4	64.000,00 EUR	12.800,00 EUR	51.200,00 EUR		
10	5	51.200,00 EUR	10.240,00 EUR	40.960,00 EUR		
11	6	40.960,00 EUR	8.192,00 EUR	32.768,00 EUR		
12	7	32.768,00 EUR	6.553,60 EUR	26.214,40 EUR		
13	8	26.214,40 EUR	5.242,88 EUR	20.971,52 EUR		
14	9	20.971,52 EUR	4.194,30 EUR	16.777,22 EUR		
15	10	16.777,22 EUR	1.777,22 EUR	15.000,00 EUR		
16						
17						
18						
19						
20						

Abbildung 10.5: Die degressive Doppelraten-Abschreibung über 10 Jahre

10.5   Die Funktion KAPZ()

Wird ein Darlehen mit regelmäßigen Zahlungen zurückgezahlt, sinkt der abzuzinsende Betrag mit zunehmender Laufzeit. Die Funktion KAPZ() berechnet den Tilgungsanteil, der dabei immer größer wird. Voraussetzungen für den Einsatz von KAPZ() sind wie bei ZINSZ() gleichbleibende Rückzahlungsraten und konstante Zinsen.

=KAPZ(Zins;Zr;Zzr;Bw;Zw;F)

Im Argument *Zins* wird der Zinssatz pro Zeitraum (Periode) angegeben. Das Argument *Zr* ist die Periode, für die der Zinssatz berechnet wird. Das Argument *Zzr* (Zinszeitraum) hält fest, über wie viele Perioden die jeweilige Annuität gezahlt wird (Kreditlaufzeit). *Bw* ist der Barwert oder der heutige Gesamtwert einer Reihe zukünftiger Zahlungen. Im Argument *Zw* (zukünftiger Wert) kann der Endwert oder Kassenbestand angegeben werden. Wenn dieses Argument nicht besetzt ist, wird 0 angenommen. Das Argument *F* (Fälligkeit) gibt an, wann die Zahlung fällig wird. Es kann den Wert 0 oder 1 annehmen, mit 0 bestimmen Sie, dass die Zahlung am Ende der Periode fällig wird, mit 1 wird sie zu Beginn der Periode fällig.

10.5.1   Praxisbeispiel: Tilgung eines Darlehens berechnen

Ihr Darlehen ist mit festem Zinssatz und fester Laufzeit vereinbart worden, berechnen Sie, wie viel Sie pro Monat zu tilgen haben:

1. Geben Sie die Basisdaten für die Berechnung ein:

A1: Darlehen: B1: 50.000
A2: Zins: B2: 4,5%
A3: Zeitraum: B3: 48 (Monate)

2. Markieren Sie A1:B3 und wählen Sie FORMEL/DEFINIERTE NAMEN/AUS AUSWAHL ERSTELLEN.

3. Bestätigen Sie den Vorschlag AUS LINKER SPALTE mit Klick auf OK.

4. Berechnen Sie die monatlichen Tilgungsraten:

A3: monatliche Tilgung:
B32: =KAPZ(Zins/12;1;Zeitraum;Darlehen)

	B4		f_x	=KAPZ(Zins/12;1;Zeitraum;Darlehen)	
	A	B		C	D
1	Darlehen:	50.000			
2	Zins:	4,50%			
3	Zeitraum:	48 Monate			
4	monatliche Tilgung:	- 952,67 €			

Abbildung 10.6: Die monatliche Tilgungsrate für das Darlehen

Tilgungsraten und Restwert berechnen

Um die monatlichen Tilgungsraten zu berechnen, erstellen Sie eine Monatsreihe über die gesamte Laufzeit. Die Summe der Tilgungsraten muss bei korrekter Rechnung dem Darlehensbetrag entsprechen. Bei der Gelegenheit können Sie auch den Restwert des Darlehens ermitteln:

1. Schreiben Sie eine Zahlenreihe von 1 bis 48 in die Spalte A:

A6: Monat
A7: 1
A8: 2 …

2. Geben Sie die Formel ein, die den Tilgungsbetrag pro Monat in Abhängigkeit vom Monat in Spalte A berechnet:

B6: Tilgung
B7: =KAPZ(Zins/12;A7;Zeitraum;Darlehen)

3. Den Restwert berechnen Sie über diese Formel:

C6: Restwert
C7: =Darlehen
C8: =C7+B8

B7		f_x	=KAPZ(Zins/12;A7;Zeitraum;Darlehen)	

	A	B	C	D	E
1	Darlehen:	50.000		Monat	Tilgungssumme:
2	Zins:	4,50%		11	-10678,13359
3	Zeitraum:	48 Monate			
4	monatliche Tilgung:	- 952,67 €			
5					
6	Monat	Tilgung	Restwert		
7	1	- 952,67 €	50.000,00 €		
8	2	- 956,25 €	49.043,75 €		
9	3	- 959,83 €	48.083,92 €		
10	4	- 963,43 €	47.120,49 €		
11	5	- 967,05 €	46.153,44 €		
12	6	- 970,67 €	45.182,77 €		
13	7	- 974,31 €	44.208,46 €		
14	8	- 977,97 €	43.230,50 €		
15	9	- 981,63 €	42.248,86 €		
16	10	- 985,31 €	41.263,55 €		
17	11	- 989,01 €	40.274,54 €		

KAPZ()

Abbildung 10.7: Monatliche Tilgungsraten und Restwert berechnen

10.6 Die Funktion KUMZINSZ()

Wenn Sie wissen wollen, wie hoch der Betrag aller Zinszahlungen über einen Zeitraum ist, verwenden Sie diese Funktion.

=KUMZINSZ(Zins;Zzr;Bw;Zeitraum_Anfang;Zeitraum_Ende;F)

Das Argument *Zins* gibt den Zinssatz pro Zeitraum (Periode) an. Das Argument *Zzr* (Zinszeitraum) hält fest, über wie viele Perioden die jeweilige Annuität gezahlt wird (Kreditlaufzeit). *Bw* ist der Barwert oder der heutige Gesamtwert einer Reihe zukünftiger Zahlungen. Unter *Zeitraum_Anfang* und *Zeitraum_Ende* geben Sie den Zeitraum an, für den die Zinsen ermittelt werden sollen. Tragen Sie dazu die Nummer der ersten bzw. letzten Zahlungsperiode ein. Das Argument *F* (Fälligkeit) gibt an, zu welchem Zeitpunkt einer Periode die Zahlung fällig ist. Mit 0 legen Sie fest, dass die Zahlung am Ende der Periode fällig ist, 1 stellt die Zahlung an den Anfang der Periode.

10.6.1 Praxisbeispiel: Gesamtbetrag der Darlehenszinsen berechnen

Für Ihr Bankdarlehen haben Sie einen festen Zinssatz, auch die Laufzeit ist vereinbart worden. Berechnen Sie, wie viel Geld Sie allein für Zinsen zahlen.

1. Geben Sie die Basisdaten für die Berechnung ein:

   ```
   A1: Darlehen:        B1: 50.000
   A2: Zins:            B2: 4,5%
   A3: Zeitraum:        B3: 48 (Monate)
   ```

2. Markieren Sie A1:B3 und wählen Sie FORMEL/DEFINIERTE NAMEN/AUS AUSWAHL ERSTELLEN.

3. Bestätigen Sie den Vorschlag AUS LINKER SPALTE mit Klick auf OK.
4. Berechnen Sie die monatlichen Zinsen:

    A3: Zinsen gesamt:
    B32: =ZINSZ(Zins/12;1;Zeitraum;Darlehen)

Im ersten Argument geben Sie den Zinssatz an und teilen diesen durch 12, damit der monatliche Anteil verwendet wird. Das zweite Argument *1* bedeutet, dass der Betrag für einen Monat berechnet wird. Wollen Sie wissen, wie viele Zinsen Sie im letzten Monat der Laufzeit zahlen müssen, geben Sie den Wert 48 ein. Im dritten Argument geben Sie die Kreditlaufzeit ein und das vierte erhält den Barwert, d.h. das Darlehen.

	B4		f_x	=KUMZINSZ(Zins/12;Zeitraum;Darlehen;1;Zeitraum;0)		
	A	B	C	D	E	
1	Darlehen:	50.000				
2	Zins:	4,50%				
3	Zeitraum:	48 Monate				
4	Zinsen gesamt:	- 4.728,37 €				
5						
6						
7						
8						
9						
10						
11						
12						
13						

KUMZINSZ()

Abbildung 10.8: So viel zahlen Sie für Ihr Darlehen allein an Zinsen.

Mit KUMZINZ() lässt sich auch berechnen, auf welcher Höhe sich die Zinsen in einem bestimmten Teilabschnitt der Laufzeit, zum Beispiel im ersten Jahr, befinden. Geben Sie unter *Zeitraum_Anfang* die Ziffer 1 und unter *Zeitraum_Ende* die Ziffer 12 ein.

10.7   Die Funktion KUMKAPITAL()

Mithilfe dieser Funktion ermitteln Sie die Summe aller zu leistenden Tilgungen eines Barwerts.

=KUMKAPITAL(Zins;Zzr;Bw;Zeitraum_Anfang;Zeitraum_Ende;F)

Das Argument *Zins* ist der Zinssatz pro Zeitraum (Periode). Das Argument *Zzr* (Zinszeitraum) hält fest, über wie viele Perioden die jeweilige Annuität gezahlt wird (Kreditlaufzeit). *Bw* ist der Barwert oder der heutige Gesamtwert einer Reihe zukünftiger Zahlungen. Unter *Zeitraum_Anfang* und *Zeitraum_Ende* geben Sie den Zeitraum an, für den die Zinsen ermittelt werden sollen. Tragen Sie dazu die Nummer der ersten bzw. letzten Zahlungsperiode ein. Das Argument *F* (Fälligkeit) gibt an, zu welchem Zeitpunkt einer Periode die Zahlung fällig ist. Mit 0 legen Sie fest, dass die Zahlung am Ende der Periode fällig ist, 1 stellt die Zahlung an den Anfang der Periode.

10.7.1 Praxisbeispiel: Summe der Tilgungsbeiträge eines Darlehens berechnen

Ihr Darlehen ist mit festem Zinssatz und fester Laufzeit vereinbart worden, mit der Funktion KAPZ() haben Sie bereits die Tilgungsraten berechnet. Um die Summe der Tilgungsbeträge zu einem bestimmten Zeitpunkt zu berechnen, erstellen Sie eine Monatsauswahl und die entsprechende Formel für die Tilgungssumme:

1. Geben Sie die Basisdaten für die Berechnung ein:

   A1: Darlehen: B1: 50.000
   A2: Zins: B2: 4,5%
   A3: Zeitraum: B3: 48 (Monate)

2. Markieren Sie A1:B3 und wählen Sie FORMEL/DEFINIERTE NAMEN/AUS AUSWAHL ERSTELLEN.

3. Bestätigen Sie den Vorschlag AUS LINKER SPALTE mit Klick auf OK.

4. Berechnen Sie die monatliche Tilgung:

   A4: monatliche Tilgung
   B4: =KAPZ(Zins/12;1;Zeitraum;Darlehen)

	B4	▾	f_x	=KAPZ(Zins/12;1;Zeitraum;Darlehen)	
	A		B		C
1	Darlehen:		50.000		
2	Zins:		4,50%		
3	Zeitraum:		48 Monate		
4	monatliche Tilgung:		- 952,67 €		
5	Gesamtsumme Tilgung:		50000		
6					
7					
8					
9					
10					
11					
12					
13					

KUMKAPITAL()

Abbildung 10.9: Die monatliche Tilgung ist berechnet.

5. Berechnen Sie die Gesamtsumme der Tilgungen. Das Ergebnis muss mit dem Barwert identisch sein:

   A5: Gesamtsumme Tilgung
   B5: =ABS(KUMKAPITAL(Zins/12;Zeitraum;Darlehen;1;Zeitraum;0))

6. Berechnen Sie die Tilgungssumme bis zu einem bestimmten Monat:

   D1: Monat
   D2: 23
   E1: Tilgungssumme
   E2: =ABS(KUMKAPITAL(Zins/12;Zeitraum;Darlehen;1;D2;0))

10.8 Die Funktion RMZ()

Die pro Periode zu zahlende Kreditrate setzt sich aus Zinsen und Tilgungsanteil zusammen. Mithilfe der Funktion RMZ() können Sie den Betrag ermitteln, den Sie pro Periode zu zahlen haben.

=RMZ(Zins;Zzr;Bw;Zw;F)

Im Argument *Zins* geben Sie den Zinssatz pro Zeitraum (Periode) an. Das Argument *Zzr* (Zinszeitraum) hält fest, über wie viele Perioden die jeweilige Annuität gezahlt wird (Kreditlaufzeit). *Bw* ist der Barwert oder der heutige Gesamtwert einer Reihe zukünftiger Zahlungen. Im Argument *Zw* (zukünftiger Wert) kann der Endwert oder Kassenbestand angegeben werden. Wenn dieses Argument nicht besetzt ist, wird 0 angenommen. Das Argument *F* (Fälligkeit) gibt an, wann die Zahlung fällig wird. Es kann den Wert 0 oder 1 annehmen, mit 0 bestimmen Sie, dass die Zahlung am Ende der Periode fällig wird, mit 1 wird sie zu Beginn der Periode fällig.

10.8.1 Praxisbeispiel: Monatliche Zahlungen für ein Darlehen mit Mehrfachoperation (Datentabelle)

Die wichtigste Frage bei der Aufnahme eines Darlehens ist die Frage nach der monatlichen Belastung. In welchem Verhältnis Zinssatz, Laufzeit und monatliche Rückzahlungen stehen, berechnen Sie mit einer Kombination aus der Funktion RMZ() und der Mehrfachoperation. Das ist eine Technik, die Excel schon sehr lange anbietet, je nach Version aber unter unterschiedlichen Bezeichnungen:

- Bis Excel XP war die *Mehrfachoperation* im *Daten*-Menü zu finden.
- Ab Excel 2003 hieß die Menüoption *Tabelle*, der Aufruf stand im *Daten*-Menü.
- In Excel 2007/2010 heißt die Mehrfachoperation DATENTABELLE, sie ist auf der Registerkarte DATEN unter DATENTOOLS/WAS WÄRE WENN-ANALYSE zu finden.

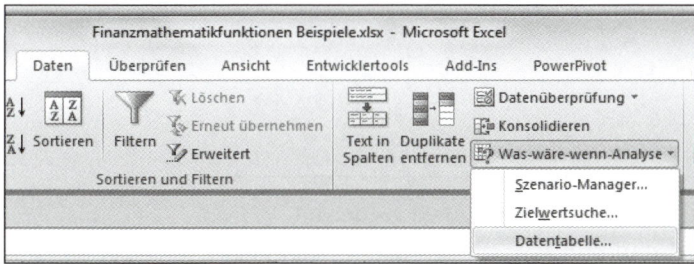

Abbildung 10.10: Die Mehrfachoperation heißt jetzt Datentabelle.

1. Geben Sie die Basisdaten für die Berechnung ein:

```
A1: Darlehen:        B1: 50.000
A2: Zins:            B2: 4,5%
A3: Zeitraum:        B3: 48 (Monate)
```

2. Markieren Sie A1:B3 und wählen Sie EINFÜGEN/NAMEN/ERSTELLEN.

3. Bestätigen Sie den Vorschlag NAMEN ERSTELLEN AUS LINKER SPALTE mit Klick auf OK.

4. Berechnen Sie die monatlichen Zahlungen:

```
A4: monatliche Zahlungen
B4: =RMZ(Zins/12;Zeitraum;Darlehen)
```

Mehrfachoperation mit variablen Zinssätzen und Laufzeiten

Mit dem altbewährten Excel-Werkzeug können Sie Varianten dieser Berechnung erstellen und ermitteln, welche Beträge monatlich fällig werden, wenn sich Laufzeiten oder Zinssätze ändern. Schreiben Sie Varianten von Zinssätzen in den Bereich unterhalb der RMZ()-Formel:

```
B5: 3,5%
B6: 4,0%
...
B10: 6,0%
```

Schreiben Sie Varianten von Laufzeiten in den Bereich rechts neben die RMZ()-Formel:

```
C4: 36
D4: 48
E4: 60
F4: 72
```

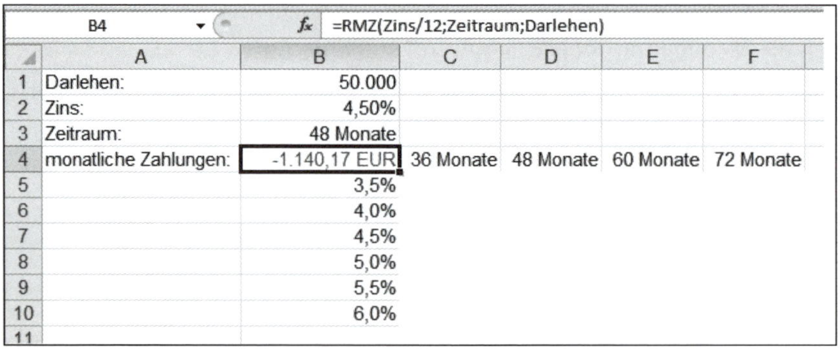

	B4	▼	fx	=RMZ(Zins/12;Zeitraum;Darlehen)			
	A		B	C	D	E	F
1	Darlehen:		50.000				
2	Zins:		4,50%				
3	Zeitraum:		48 Monate				
4	monatliche Zahlungen:		-1.140,17 EUR	36 Monate	48 Monate	60 Monate	72 Monate
5			3,5%				
6			4,0%				
7			4,5%				
8			5,0%				
9			5,5%				
10			6,0%				
11							

Abbildung 10.11: Eine Matrix wird rund um die Formel aufgebaut.

Jetzt können Sie die Varianten berechnen, benutzen Sie dazu die Mehrfachoperation:

1. Markieren Sie den Bereich B4:F10.

2. Wählen Sie DATEN/DATENTOOLS/WAS WÄRE WENN-ANALYSE/DATENTABELLE.

3. Geben Sie diese Faktoren ein:

```
Werte aus Zeile: Zeitraum (oder $B$3)
Werte aus Spalte: Zins (oder $B$2)
```

4. Bestätigen Sie mit OK und die Mehrfachoperation wird erstellt.

	C5	▾ (	*fx* {=MEHRFACHOPERATION(B3;B2)}			
▲	A	B	C	D	E	F
1	Darlehen:	50.000				
2	Zins:	4,50%				
3	Zeitraum:	48 Monate				
4	monatliche Zahlungen:	-1.140,17 EUR	36 Monate	48 Monate	60 Monate	72 Monate
5		3,5%	-1465,104	-1117,8	-909,5872	-770,9199
6		4,0%	-1476,199	-1128,953	-920,8261	-782,2592
7		4,5%	-1487,346	-1140,174	-932,151	-793,7015
8		5,0%	-1498,545	-1151,465	-943,5617	-805,2466
9		5,5%	-1509,795	-1162,824	-955,0581	-816,8944
10		6,0%	-1521,097	-1174,251	-966,6401	-828,6444
11						
12						
13						
14						
I◀ ◀ ▶ ▶I	RMZ()					

Abbildung 10.12: Die Mehrfachoperation berechnet die Zeilen- und Spaltenvarianten für RMZ().

Wollen Sie wissen, wo in der Matrix die höchsten bzw. niedrigsten Rückzahlungsbeträge sitzen, weisen Sie ihr am besten eine Bedingungsformatierung zu:

1. Markieren Sie den Bereich C5:F10 und wählen Sie START/FORMATVORLAGEN/BEDINGTE FORMATIERUNG.

2. Erstellen Sie eine neue Regel, die auf einer Formel basiert, und geben Sie diese Formel ein:

   =C5=MAX($C$5:$F$10)

3. Weisen Sie mit der Schaltfläche FORMATIEREN ein Muster zu und erstellen Sie eine zweite Regel mit dieser Formel:

   =C5=MIN($C$5:$F$10)

10.9   Die Funktion ZINS()

Mit dieser Funktion ermitteln Sie den Zinssatz einer Annuität pro Periode. Annuität ist der konstante Betrag aus Tilgung und Zinsen, der innerhalb des Rückzahlungszeitraums für die Rückzahlung eines Kredits fällig wird.

=ZINS(Zzr;Rmz;Bw;Zw;F;Schätzwert)

Das Argument *Zzr* (Zinszeitraum) hält fest, über wie viele Perioden die jeweilige Annuität gezahlt wird (Kreditlaufzeit). *Rmz* ist der Betrag, der regelmäßig gezahlt wird, *Bw* ist der Barwert oder der heutige Gesamtwert einer Reihe zukünftiger Zahlungen. Im Argument *Zw* (zukünftiger Wert) kann der Endwert oder Kassenbestand angegeben werden. Wenn dieses Argument nicht besetzt ist, wird 0 angenommen. Das Argument *F* (Fälligkeit) gibt an, wann die Zahlung fällig wird. Es kann den Wert 0 oder 1 annehmen, mit 0 bestimmen Sie, dass die Zahlung am Ende der Periode fällig wird, mit 1 wird sie zu Beginn der Periode fällig. *Schätzwert* entspricht der Schätzung bezüglich der Höhe des Zinssatzes, wenn kein Wert angegeben wird, wird 10 Prozent angenommen.

Die Funktion verwendet zur Berechnung eines Zinssatzes ein Iterationsverfahren und deshalb kann es passieren, dass es keine oder auch mehrere Lösungen gibt. Wenn die Differenzen aufeinanderfolgender Ergebnisse von ZINS nach 20 Iterationsschritten nicht gegen 0,0000001 konvergieren, gibt ZINS den Fehlerwert #ZAHL! zurück.

10.9.1   Praxisbeispiel: Zinssatz eines Darlehens berechnen

Berechnen Sie den Zinssatz eines Darlehens über 50.000 Euro, wenn Sie 48 Monate Laufzeit und eine Rückzahlung von 1.140,17 Euro im Monat vereinbart haben.

1. Geben Sie die Basisdaten für die Berechnung ein:

   ```
   A1: Darlehen:            B1: 50.000
   A2: Zahlungszeitraum:    B2: 48 (Zahlenformat: 0" Monate")
   A3: Rückzahlung:         B3: 1.140,17
   ```

2. Markieren Sie A1:B3 und wählen Sie FORMELN/DEFINIERTE NAMEN/AUS AUSWAHL ERSTELLEN.

3. Bestätigen Sie den Vorschlag AUS LINKER SPALTE mit Klick auf OK.

4. Berechnen Sie den monatlichen Zinssatz:

   ```
   A4: Zins:
   B4: =ZINS(Zahlungszeitraum;-Rückzahlung;Darlehen)*12
   ```

Zins	▾ (	f_x	=ZINS(Zahlungszeitraum;-Rückzahlung;Darlehen)*12		
	A	B	C	D	E
1	Darlehen:	50.000,00 EUR			
2	Zahlungszeitraum:	48 Monate			
3	Rückzahlung:	1.140,17 EUR			
4	Zins:	4,50%			
5					
6					
7					
8					
9					
10					
11					
12					
13					

Abbildung 10.13: Der monatliche Zinssatz ist berechnet.

10.10   Die Funktion ZINSZ()

Welche Beträge für Zinsen bei Angabe eines Zinssatzes fällig werden, berechnen Sie mit dieser Funktion. Der Betrag wird für eine bestimmte anzugebende Periode ermittelt. Voraussetzung ist, dass es sich um regelmäßige und konstante Zahlungen handelt und dass der Zinssatz nicht variabel ist. Die Funktion ZINSZ() berücksichtigt nur die Höhe der Zinszahlung und nicht die mit dem Darlehen verbundene Tilgung.

=ZINSZ(Zins;Zr;Zzr;Bw;Zw)

Das Argument *Zins* ist der Zinssatz pro Zeitraum (Periode). Im Argument *Zr* wird die Periode angegeben, für die der Zinssatz berechnet wird. Das Argument *Zzr* (Zinszeitraum) hält fest, über wie viele Perioden die jeweilige Annuität gezahlt wird (Kreditlaufzeit). *Bw* ist der Barwert oder der heutige Gesamtwert einer Reihe zukünftiger Zahlungen. Im Argument *Zw* (zukünftiger Wert) kann der Endwert oder Kassenbestand angegeben werden. Wenn dieses Argument nicht besetzt ist, wird 0 angenommen.

10.10.1   Praxisbeispiel: Monatliche Darlehenszinsen berechnen

Sie möchten bei Ihrer Bank ein Darlehen aufnehmen, der Kreditbetrag steht fest, beim Zinssatz sind 4,5 % fest auf eine bestimmte Laufzeit vereinbart worden. Wie viel Geld Sie monatlich für Zinsen bezahlen, berechnen Sie mit ZINSZ().

1. Geben Sie die Basisdaten für die Berechnung ein:

   ```
   A1: Darlehen:           B1: 50.000
   A2: Zins:               B2: 4,5%
   A3: Zeitraum:           B3: 48 (Monate)
   ```

2. Markieren Sie A1:B3 und wählen Sie FORMEL/DEFINIERTE NAMEN/AUS AUSWAHL ERSTELLEN.

3. Bestätigen Sie den Vorschlag AUS LINKER SPALTE mit Klick auf OK.

4. Berechnen Sie die monatlichen Zinsen:

   ```
   A3: monatliche Zinsen
   B32: =ZINSZ(Zins/12;1;Zeitraum;Darlehen)
   ```

Im ersten Argument geben Sie den Zinssatz an und teilen diesen durch 12, damit der monatliche Anteil verwendet wird. Das zweite Argument (*1*) bedeutet, dass der Betrag für einen Monat berechnet wird. Wollen Sie wissen, wie viele Zinsen Sie im letzten Monat der Laufzeit zahlen müssen, geben Sie den Wert 48 ein. Im dritten Argument geben Sie die Kreditlaufzeit ein und das vierte erhält den Barwert, d.h. das Darlehen.

> **Tipp**
>
> Die Zinszahlungen werden als negative Zahl im Währungsformat ausgewiesen. Sie können die Funktion ABS() benutzen, um die Zahl ohne Vorzeichen darzustellen.

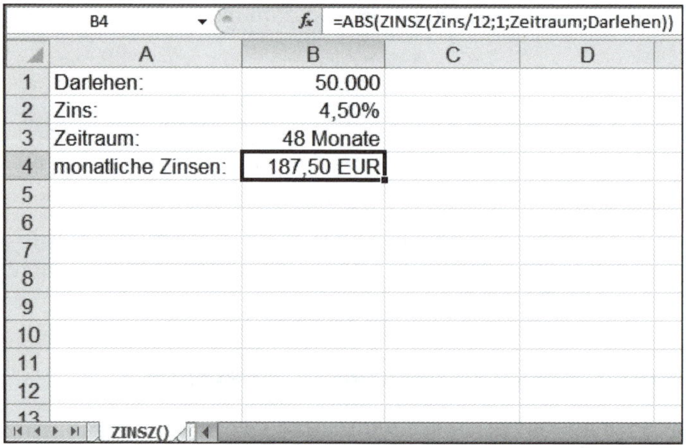

Abbildung 10.14: Mit ZINSZ() berechnen Sie die Beträge, die für Zinsen fällig werden.

10.11 Die Funktion ZZR()

Mit dieser Funktion berechnen Sie die Anzahl der Zahlungsperioden (z.B. Monate), die Sie für die Tilgung eines Darlehens brauchen.

=ZZR(Zins;Rmz;BW;ZW;F)

Das Argument *Zins* ist der Zinssatz pro Zeitraum (Periode). Im Argument *Rmz* geben Sie den Beitrag der regelmäßigen Zahlungen an, achten Sie darauf, dass dieser Wert negativ einzugeben ist.

Bw ist der Barwert oder der heutige Gesamtwert einer Reihe zukünftiger Zahlungen. Im Argument *Zw* (zukünftiger Wert) kann der Endwert oder Kassenbestand angegeben werden. Wenn dieses Argument nicht besetzt ist, wird 0 angenommen. Das Argument *F* (Fälligkeit) gibt an, wann die Zahlung fällig wird. Es kann den Wert 0 oder 1 annehmen, mit 0 bestimmen Sie, dass die Zahlung am Ende der Periode fällig wird, mit 1 wird sie zu Beginn der Periode fällig.

10.11.1 Praxisbeispiel: Rückzahlungszeitraum für Darlehen berechnen

Berechnen Sie, wie viele Monate Sie einen Kredit über 50.000 Euro zurückzahlen müssen, wenn die Kreditsumme, der feste Zinssatz und die Rückzahlungssumme vereinbart sind:

1. Geben Sie die Basisdaten für die Berechnung ein:

```
A1: Darlehen:      B1: 50.000
A2: Zins:          B2: 4,5%
A3: Rückzahlung:   B3: 1.140,17
```

2. Markieren Sie A1:B3 und wählen Sie FORMELN/DEFINIERTE NAMEN/NAMEN/AUS AUSWAHL ERSTELLEN.

3. Bestätigen Sie den Vorschlag AUS LINKER SPALTE mit Klick auf OK.

4. Berechnen Sie die Anzahl der Monate, die für die Rückzahlung des Darlehens erforderlich sind:

A4: Zahlungszeitraum:
B4: =ABS(RUNDEN(ZZR(Zins;-Rückzahlung;Darlehen;0;0);0))&" Monate"

Die Funktion ZZR() berechnet die Anzahl der Monate und liefert einen negativen Wert ab, den Sie mit der Funktion ABS() in einen positiven Wert verwandeln. Die Nachkommastellen runden Sie mit der gleichnamigen Funktion weg und den Text »Monate« verketten Sie einfach über das &-Zeichen mit der Formel.

	B4	▼	f_x	=ABS(RUNDEN(ZZR(Zins/12;-Rückzahlung;Darlehen;0;0);0))&" Monate"				
	A	B	C	D	E	F	
1	Darlehen:	50.000,00 EUR					
2	Zins:	4,50%					
3	Rückzahlung:	1.140,17 EUR					
4	Zahlungszeitraum:	48 Monate					
5							
6							
7							
8							
9							
10							
11							
12							
13							
14							

Abbildung 10.15: Die Funktion ZZR() berechnet die Anzahl der Rückzahlungsmonate.

10.12 Weitere finanzmathematische Funktionen

Viele der Funktionen aus der Kategorie FINANZMATHEMATIK betreffen die Berechnung von Wertpapierfälligkeiten, Abzinsungen etc., einige sind in unseren Breitengraden nicht gebräuchlich oder benutzbar. Die meisten dieser Funktionen waren deshalb bis zur Vorgängerversion 2003 in den Analyse-Funktionen (Analysis Toolpack) versteckt, ein Add-in, das über *Extras/Add-Ins* aktiviert werden musste.

10.12.1 AMORDEGRK()

Diese Funktion liefert den für eine Abrechnungsperiode anzusetzenden Abschreibungsbetrag. Sie wird für das französische Buchführungssystem bereitgestellt. Wird ein Anlagegut in der Mitte einer Abrechnungsperiode gekauft, wird der anteilige Abschreibungsbetrag berücksichtigt. Diese Funktion ist nahezu mit AMORLINEARK identisch, mit dem Unterschied, dass bei einer Berechnung ein von der Nutzungsdauer abhängiger Abschreibungskoeffizient eingesetzt wird.

=AMORDEGRK(Kosten;Datum;Erste_Periode;Restwert;Periode;Rate;Basis)

Kosten sind die Anschaffungskosten des Anlageguts.

Datum ist das Anschaffungsdatum des Anlageguts.

Erste_Periode ist das Datum des Endes der ersten Periode.

Restwert ist der Restwert, den das Anlagegut am Ende der Nutzungsdauer hat.

Periode ist die Abrechnungsperiode.

Rate ist der Abschreibungssatz.

Basis gibt die zu verwendende Jahresbasis an.

Basis	Datumssystem
0	360 Tage (NASD-Methode)
1	Tatsächlich
3	Ein Jahr hat 365 Tage.
4	Ein Jahr hat 360 Tage (europäische Methode).

Tabelle 10.2: Varianten des Arguments Basis

Angenommen, es wurde am 19. August für 2.400 EUR eine Maschine gekauft, mit einem voraussichtlichen Restwert von 300 EUR. Der Abschreibungssatz beträgt 15 % und die erste Abschreibungsperiode endet am 31. Dezember:

```
=AMORDEGRK(2.400;34199;34334;300;1;0,15;1)
```

Das ergibt für die erste Abschreibungsperiode:

```
775 EUR
```

Diese Funktion berechnet den jeweiligen Abschreibungsbetrag entweder für alle Perioden bis einschließlich der letzten Periode oder bis zu der Periode, ab der die Summe aller Abschreibungsbeträge größer wird als die Anschaffungskosten des Anlageguts minus den Restwert. Es wird mit folgenden Abschreibungskoeffizienten gearbeitet:

Nutzungsdauer eines Anlageguts (1/Rate)	Abschreibungskoeffizient
zwischen 3 und 4 Jahre	1,5
zwischen 5 und 6 Jahre	2
mehr als 6 Jahre	2,5

Tabelle 10.3: Abschreibungskoeffizient

Der Abschreibungssatz wächst für die vorletzte Periode auf 50 % und für die letzte Periode auf 100 %. Liegt die Nutzungsdauer eines Anlageguts zwischen 0 und 1, 1 und 2, 2 und 3 oder 4 und 5 Jahren, liefert die Funktion den Fehlerwert #ZAHL!.

10.12.2 AUFGELZINSF()

Liefert die aufgelaufenen Zinsen (Stückzinsen) eines Wertpapiers, die bei Fälligkeit ausgezahlt werden (nur in der US-amerikanischen Finanzwelt).

=AUFGELZINSF (Emission;Abrechnung;Nominalzins;Nennwert;Basis)

Emission ist das Datum der Wertpapieremission, als fortlaufende Zahl angegeben.

Abrechnung ist der Fälligkeitstermin des Wertpapiers, als fortlaufende Zahl angegeben.

Nominalzins ist der jährliche Nominalzins (Kuponzinssatz) des Wertpapiers.

Nennwert ist der Nennwert des Wertpapiers. Für den Fall, dass *Nennwert* angegeben ist, verwendet AUFGELZINSF den Wert 1.000.

Basis gibt an, auf welcher Basis die Zinstage gezählt werden.

10.12.3 AUFGELZINS()

Liefert die aufgelaufenen Zinsen (Stückzinsen) eines Wertpapiers mit periodischen Zinszahlungen.

=AUFGELZINS(Emission;Erster_Zinstermin;Abrechnung;Nominalzins;Nennwert;Häufigkeit;Basis)

Emission ist das Datum der Wertpapieremission, als fortlaufende Zahl angegeben.

Erster_Zinstermin ist der erste Zinstermin des Wertpapiers, als fortlaufende Zahl angegeben.

Abrechnung ist der Abrechnungstermin des Wertpapierkaufs, als fortlaufende Zahl angegeben.

Nominalzins ist der jährliche Nominalzins (Kuponzinssatz) des Wertpapiers.

Nennwert ist der Nennwert des Wertpapiers. Für den Fall, dass Nennwert nicht angegeben ist, verwendet AUFGELZINS den Wert 1.000.

Häufigkeit ist die Anzahl der Zinszahlungen pro Jahr. Bei jährlichen Zahlungen ist *Häufigkeit* = 1; bei halbjährlichen ist *Häufigkeit* = 2; bei vierteljährlichen ist *Häufigkeit* = 4.

Basis gibt an, auf welcher Basis die Zinstage gezählt werden.

10.12.4 AUSZAHLUNG()

Liefert den Auszahlungsbetrag eines voll investierten Wertpapiers am Fälligkeitstermin.

=AUSZAHLUNG(Abrechnung;Fälligkeit;Anlage;Disagio;Basis)

Abrechnung ist der Abrechnungstermin des Wertpapierkaufs, als fortlaufende Zahl angegeben.

Fälligkeit ist der Fälligkeitstermin des Wertpapiers, als fortlaufende Zahl angegeben.

Anlage ist der Betrag, der in dem Wertpapier angelegt werden soll.

Disagio ist der in Prozent ausgedrückte Abschlag (Disagio) des Wertpapiers.

Basis gibt an, auf welcher Basis die Zinstage gezählt werden.

10.12.5 DISAGIO()

Liefert den in Prozent ausgedrückten Abschlag (Disagio) eines Wertpapiers.

=DISAGIO(Abrechnung;Fälligkeit;Kurs;Rückzahlung;Basis)

Abrechnung ist der Abrechnungstermin des Wertpapierkaufs, als fortlaufende Zahl angegeben.

Fälligkeit ist der Fälligkeitstermin des Wertpapiers, als fortlaufende Zahl angegeben.

Kurs ist der Kurs des Wertpapiers pro 100 Euro Nennwert.

Rückzahlung ist der Rückzahlungswert des Wertpapiers pro 100 Euro Nennwert.

Basis gibt an, auf welcher Basis die Zinstage gezählt werden.

10.12.6 DURATION()

Diese Funktion berechnet für einen angenommenen Nennwert von 100 Euro die Macauley-Duration. Diese Dauer ist als gewichteter Mittelwert des Barwerts der Zahlungen definiert und dient als Maß, wie der Kurs eines Wertpapiers auf Änderungen der Rendite reagiert.

=DURATION(Abrechnung;Fälligkeit;Nominalzins;Rendite;Häufigkeit;Basis)

Abrechnung ist der Abrechnungstermin des Wertpapierkaufs, als fortlaufende Zahl angegeben.

Fälligkeit ist der Fälligkeitstermin des Wertpapiers, als fortlaufende Zahl angegeben.

Nominalzins ist der jährliche Nominalzins (Kuponzinssatz) des Wertpapiers.

Rendite ist die jährliche Rendite des Wertpapiers.

Häufigkeit ist die Anzahl der Zinszahlungen pro Jahr. Bei jährlichen Zahlungen ist *Häufigkeit* = 1; bei halbjährlichen ist *Häufigkeit* = 2; bei vierteljährlichen ist *Häufigkeit* = 4.

Basis gibt an, auf welcher Basis die Zinstage gezählt werden.

10.12.7 EFFEKTIV()

Diese Funktion berechnet, ausgehend von einer Nominalverzinsung sowie der jeweiligen Anzahl der Zinszahlungen pro Jahr, die zugehörige jährliche Effektivverzinsung.

=EFFEKTIV(Nominalzins;Perioden)

Nominalzins ist die Nominalverzinsung, *Perioden* ist die Anzahl der Zinszahlungen pro Jahr.

10.12.8 KUMKAPITAL()

Diese Funktion berechnet den Gesamtbetrag der zwischen *Zeitraum_Anfang* und *Zeitraum_Ende* für ein Darlehen gezahlten Tilgungsanteile.

=KUMKAPITALZins;Zzr;Bw;Zeitraum_Anfang;Zeitraum_Ende;F) (

Zins ist der Zinssatz pro Periode.

Zzr ist die Gesamtzahl der Zahlungsperioden (*Zzr* = Anzahl der Zahlungszeiträume).

Bw ist der Barwert oder der Gegenwartswert (*Bw* = Barwert).

Zeitraum_Anfang ist die erste in die Berechnung einfließende Periode. Die Zahlungsperioden sind, beginnend mit 1, durchnummeriert.

Zeitraum_Ende ist die letzte in die Berechnung einfließende Periode.

10.12.9 KUMZINSZ()

Diese Funktion berechnet den Gesamtbetrag der zwischen *Zeitraum_Anfang* und *Zeitraum_Ende* für ein Darlehen zu zahlenden Zinsen.

=KUMZINSZ(Zins;Zzr;Bw;Zeitraum_Anfang;Zeitraum_Ende;F)

Zins ist der Zinssatz pro Periode.

Zzr ist die Gesamtzahl der Zahlungsperioden (*Zzr* = Anzahl der Zahlungszeiträume).

Bw ist der Barwert oder der Gegenwartswert (*Bw* = Barwert).

Zeitraum_Anfang ist die erste in die Berechnung einfließende Periode. Die Zahlungsperioden sind beginnend mit 1 durchnummeriert.

Zeitraum_Ende ist die letzte in die Berechnung einfließende Periode.

F (Fälligkeit) kann den Wert 0 oder 1 annehmen und gibt an, zu welchem Zeitpunkt einer Periode jeweils eine Zahlung fällig ist.

10.12.10 KURSDISAGIO()

Liefert den Kurs pro 100 Euro Nennwert eines unverzinslichen Wertpapiers.

=KURSDISAGIO(Abrechnung;Fälligkeit;Disagio;Rückzahlung;Basis)

Abrechnung ist der Abrechnungstermin des Wertpapierkaufs, als fortlaufende Zahl angegeben.

Fälligkeit ist der Fälligkeitstermin des Wertpapiers, als fortlaufende Zahl angegeben.

Disagio ist der in Prozent ausgedrückte Abschlag (Disagio) des Wertpapiers.

Rückzahlung ist der Rückzahlungswert des Wertpapiers pro 100 Euro Nennwert.

Basis gibt an, auf welcher Basis die Zinstage gezählt werden.

10.12.11 KURSFÄLLIG()

Liefert den Kurs pro 100 Euro Nennwert eines Wertpapiers, das Zinsen am Fälligkeitsdatum auszahlt.

=KURSFÄLLIG(Abrechnung;Fälligkeit;Emission;Zins;Rendite;Basis)

Abrechnung ist der Abrechnungstermin des Wertpapierkaufs, als fortlaufende Zahl angegeben.

Fälligkeit ist der Fälligkeitstermin des Wertpapiers, als fortlaufende Zahl angegeben.

Emission ist das Datum der Wertpapieremission, als fortlaufende Zahl angegeben.

Zins ist der Zinssatz des Wertpapiers zum Emissionstermin.

Rendite ist die jährliche Rendite des Wertpapiers.

Basis gibt an, auf welcher Basis die Zinstage gezählt werden.

10.12.12   KURS()

Liefert den Kurs pro 100 Euro Nennwert eines Wertpapiers, das periodisch Zinsen auszahlt.

=KURS(Abrechnung;Fälligkeit;Zins;Rendite;Rückzahlung;Häufigkeit;Basis)

Abrechnung ist der Abrechnungstermin des Wertpapierkaufs, als fortlaufende Zahl angegeben.

Fälligkeit ist der Fälligkeitstermin des Wertpapiers, als fortlaufende Zahl angegeben.

Zins ist der jährliche Nominalzins (Kuponzinssatz) des Wertpapiers.

Rendite ist die jährliche Rendite des Wertpapiers.

Rückzahlung ist der Rückzahlungswert des Wertpapiers pro 100 Euro Nennwert.

Häufigkeit ist die Anzahl der Zinszahlungen pro Jahr. Bei jährlichen Zahlungen ist *Häufigkeit* = 1; bei halbjährlichen Zahlungen ist *Häufigkeit* = 2; bei vierteljährlichen Zahlungen ist *Häufigkeit* = 4.

Basis gibt an, auf welcher Basis die Zinstage gezählt werden.

10.12.13   MDURATION()

Diese Funktion liefert die modifizierte Macauley-Duration eines festverzinslichen Wertpapiers, das einen angenommenen Nennwert von 100 Euro hat.

=MDURATION (Abrechnung;Fälligkeit;Nominalzins;Rendite;Häufigkeit;Basis)

Abrechnung ist der Abrechnungstermin des Wertpapierkaufs, als fortlaufende Zahl angegeben.

Fälligkeit ist der Fälligkeitstermin des Wertpapiers, als fortlaufende Zahl angegeben.

Nominalzins ist der jährliche Nominalzins (Kuponzinssatz) des Wertpapiers.

Rendite ist die jährliche Rendite des Wertpapiers.

Häufigkeit ist die Anzahl der Zinszahlungen pro Jahr. Bei jährlichen Zahlungen ist *Häufigkeit* = 1; bei halbjährlichen ist *Häufigkeit* = 2; bei vierteljährlichen ist *Häufigkeit* = 4.

Basis gibt an, auf welcher Basis die Zinstage gezählt werden.

10.12.14   NOMINAL()

Diese Funktion liefert die jährliche Nominalverzinsung, ausgehend von dem effektiven Zinssatz sowie der Anzahl der pro Jahr zu berücksichtigenden Zinszahlungen.

=NOMINAL(Effektiver_Zins;Perioden)

Effektiver_Zins ist der effektive Zinssatz (Effektivverzinsung).

Perioden ist die Anzahl der pro Jahr zu berücksichtigenden Perioden.

10.12.15 NOTIERUNGBRU()

Diese Funktion wandelt einen als Dezimalzahl ausgedrückten Euro-Betrag in einen als Dezimal-bruch formulierten Euro-Betrag um. Mit NOTIERUNGBRU() können Sie Währungszahlen umwandeln, die als Dezimalbrüche formuliert sind (zum Beispiel die Kurse festverzinslicher Wertpapiere). Die Funktion findet hauptsächlich Einsatz in der US-amerikanischen Finanzwelt und lässt sich nur bedingt übertragen.

=NOTIERUNGBRU(Zahl;Teiler)

Zahl ist eine Dezimalzahl.

Teiler ist eine ganze Zahl, die als Nenner des Dezimalbruchs verwendet wird.

10.12.16 NOTIERUNGDEZ()

Diese Funktion wandelt einen als Dezimalbruch ausgedrückten Betrag in einen als Dezimalzahl formulierten Euro-Betrag um. Mit NOTIERUNGDEZ können Sie als Dezimalbrüche angegebene Euro-Zahlen, wie zum Beispiel die Kurse festverzinslicher Wertpapiere oder amerikanische Aktien-notierungen, in Dezimalzahlen umwandeln.

=NOTIERUNGDEZ(Zahl;Teiler)

Die beschriebene Funktion findet hauptsächlich Einsatz in der US-amerikanischen Finanzwelt und lässt sich nur bedingt übertragen.

Zahl ist eine als Dezimalbruch ausgedrückte Zahl.

Teiler ist eine ganze Zahl, die als Nenner des Dezimalbruchs verwendet wird.

10.12.17 RENDITEDIS()

Liefert die jährliche Rendite eines unverzinslichen Wertpapiers.

=RENDITEDIS(Abrechnung;Fälligkeit;Kurs;Rückzahlung;Basis)

Abrechnung ist der Abrechnungstermin des Wertpapierkaufs, als fortlaufende Zahl angegeben.

Fälligkeit ist der Fälligkeitstermin des Wertpapiers, als fortlaufende Zahl angegeben.

Kurs ist der Kurs des Wertpapiers pro 100 Euro Nennwert.

Rückzahlung ist der Rückzahlungswert des Wertpapiers pro 100 Euro Nennwert.

Basis gibt an, auf welcher Basis die Zinstage gezählt werden.

10.12.18 RENDITEFÄLL()

Liefert die jährliche Rendite eines Wertpapiers, das Zinsen am Fälligkeitsdatum auszahlt.

=RENDITEFÄLL(Abrechnung;Fälligkeit;Emission;Zins;Kurs;Basis)

Abrechnung ist der Abrechnungstermin des Wertpapierkaufs, als fortlaufende Zahl angegeben.

Fälligkeit ist der Fälligkeitstermin des Wertpapiers, als fortlaufende Zahl angegeben.

Emission ist das Datum der Wertpapieremission, als fortlaufende Zahl angegeben.

Zins ist der Zinssatz des Wertpapiers am Emissionsdatum.

Kurs ist der Kurs des Wertpapiers pro 100 Euro Nennwert.

Basis gibt an, auf welcher Basis die Zinstage gezählt werden.

10.12.19 RENDITE()

Liefert die Rendite eines Wertpapiers, das periodisch Zinsen auszahlt. Mit RENDITE können Sie die Rendite von Anleihen und Obligationen berechnen.

=RENDITE(Abrechnung;Fälligkeit;Zins;Kurs;Rückzahlung;Häufigkeit;Basis)

Abrechnung ist der Abrechnungstermin des Wertpapierkaufs, als fortlaufende Zahl angegeben.

Fälligkeit ist der Fälligkeitstermin des Wertpapiers, als fortlaufende Zahl angegeben.

Zins ist der jährliche Nominalzins (Kuponzinssatz) des Wertpapiers.

Kurs ist der Kurs des Wertpapiers pro 100 Euro Nennwert.

Rückzahlung ist der Rückzahlungswert des Wertpapiers pro 100 Euro Nennwert.

Häufigkeit ist die Anzahl der Zinszahlungen pro Jahr. Bei jährlichen Zahlungen ist *Häufigkeit* = 1; bei halbjährlichen Zahlungen ist *Häufigkeit* = 2; bei vierteljährlichen Zahlungen ist *Häufigkeit* = 4.

Basis gibt an, auf welcher Basis die Zinstage gezählt werden.

10.12.20 TBILLÄQUIV()

Rechnet die Verzinsung eines Schatzwechsels (Treasury Bill) in die für Anleihen übliche einfache jährliche Verzinsung um. Diese Funktion findet hauptsächlich Einsatz in der US-amerikanischen Finanzwelt und lässt sich nur bedingt übertragen.

=TBILLÄQUIV(Abrechnung;Fälligkeit;Disagio)

Abrechnung ist der Abrechnungstermin des Schatzwechsels und muss als fortlaufende Zahl angegeben werden.

Fälligkeit ist der Fälligkeitstermin des Schatzwechsels und muss als fortlaufende Zahl angegeben werden.

Disagio ist das in Prozent ausgedrückte Disagio des Schatzwechsels.

10.12.21 TBILLKURS()

Liefert den Kurs pro 100 Euro Nennwert eines Schatzwechsels (Treasury Bill). Diese Funktion findet hauptsächlich Einsatz in der US-amerikanischen Finanzwelt und lässt sich nur bedingt übertragen.

=TBILLKURS(Abrechnung;Fälligkeit;Disagio)

Abrechnung ist der Abrechnungstermin des Schatzwechsels (Treasury Bill) und muss als fortlaufende Zahl angegeben werden.

Fälligkeit ist der Fälligkeitstermin des Schatzwechsels (Treasury Bill) und muss als fortlaufende Zahl angegeben werden.

Disagio ist das in Prozent ausgedrückte Disagio des Schatzwechsels (Treasury Bill).

10.12.22   TBILLRENDITE()

Liefert die Rendite eines Schatzwechsels (Treasury Bill). Die Funktion findet hauptsächlich Einsatz in der US-amerikanischen Finanzwelt und lässt sich nur bedingt übertragen.

=TBILLRENDITE(Abrechnung;Fälligkeit;Kurs)

Abrechnung ist der Abrechnungstermin des Schatzwechsels (Treasury Bill) und muss als fortlaufende Zahl angegeben werden.

Fälligkeit ist der Fälligkeitstermin des Schatzwechsels (Treasury Bill) und muss als fortlaufende Zahl angegeben werden.

Kurs ist der Kurs (Kaufpreis) des Schatzbriefs (Treasury Bill) pro 100 Euro Nennwert.

10.12.23   UNREGER.KURS()

Diese Funktion liefert den Kaufpreis (Kaufkurs) pro 100 Euro Nennwert eines festverzinslichen Wertpapiers mit gebrochener (kurzer oder langer) Anfangsperiode. Die beschriebene Funktion findet hauptsächlich Einsatz in der US-amerikanischen Finanzwelt und lässt sich nur bedingt übertragen.

=UNREGER.KURS(Abrechnung;Fälligkeit;Emission;Erster_Zinstermin;Zins;Rendite; Rückzahlung;Häufigkeit;Basis)

Abrechnung ist der Abrechnungstermin des Wertpapierkaufs, als fortlaufende Zahl angegeben.

Fälligkeit ist der Fälligkeitstermin des Wertpapiers, als fortlaufende Zahl angegeben.

Emission ist das Datum der Wertpapieremission, als fortlaufende Zahl angegeben.

Erster_Zinstermin ist der erste Zinstermin des Wertpapiers, als fortlaufende Zahl angegeben.

Zins ist der Zinssatz des Wertpapiers.

Rendite ist die jährliche Rendite des Wertpapiers.

Rückzahlung ist der Rückzahlungswert des Wertpapiers pro 100 Euro Nennwert.

Häufigkeit ist die Anzahl der Zinszahlungen pro Jahr. Bei jährlichen Zahlungen ist *Häufigkeit* = 1; bei halbjährlichen ist *Häufigkeit* = 2; bei vierteljährlichen ist *Häufigkeit* = 4.

Basis gibt an, auf welcher Basis die Zinstage gezählt werden.

10.12.24 UNREGER.REND()

Diese Funktion liefert die Rendite eines festverzinslichen Wertpapiers mit gebrochener (kurzer oder langer) Anfangsperiode. Die beschriebene Funktion findet hauptsächlich Einsatz in der US-amerikanischen Finanzwelt und lässt sich nur bedingt übertragen.

=UNREGER.REND(Abrechnung;Fälligkeit;Emission;Erster_Zinstermin;Zins;Kurs;Rückzahlung;Häufigkeit;Basis)

Abrechnung ist der Abrechnungstermin des Wertpapierkaufs, als fortlaufende Zahl angegeben.

Fälligkeit ist der Fälligkeitstermin des Wertpapiers, als fortlaufende Zahl angegeben.

Emission ist das Datum der Wertpapieremission, als fortlaufende Zahl angegeben.

Erster_Zinstermin ist der erste Zinstermin des Wertpapiers, als fortlaufende Zahl angegeben.

Zins ist der Zinssatz des Wertpapiers.

Kurs ist der Kurs des Wertpapiers.

Rückzahlung ist der Rückzahlungswert des Wertpapiers pro 100 Euro Nennwert.

Häufigkeit ist die Anzahl der Zinszahlungen pro Jahr. Bei jährlichen Zahlungen ist *Häufigkeit* = 1; bei halbjährlichen ist *Häufigkeit* = 2; bei vierteljährlichen ist *Häufigkeit* = 4.

Basis gibt an, auf welcher Basis die Zinstage gezählt werden.

10.12.25 UNREGLE.KURS()

Diese Funktion liefert den Kaufpreis (Kaufkurs) pro 100 Euro Nennwert eines festverzinslichen Wertpapiers, dessen letzte Kuponperiode gebrochen (kurz oder lang) ist. Die beschriebene Funktion findet hauptsächlich Einsatz in der US-amerikanischen Finanzwelt und lässt sich nur bedingt übertragen.

=UNREGLE.KURS(Abrechnung;Fälligkeit;Letzter_Zinstermin;Zins;Rendite;Rückzahlung;Häufigkeit;Basis)

Abrechnung ist der Abrechnungstermin des Wertpapierkaufs, als fortlaufende Zahl angegeben.

Fälligkeit ist der Fälligkeitstermin des Wertpapiers, als fortlaufende Zahl angegeben.

Letzter_Zinstermin ist der letzte Zinstermin des Wertpapiers vor dem Abrechnungstermin, als fortlaufende Zahl angegeben.

Zins ist der Zinssatz des Wertpapiers.

Rendite ist die jährliche Rendite des Wertpapiers.

Rückzahlung ist der Rückzahlungswert des Wertpapiers pro 100 Euro Nennwert.

Häufigkeit ist die Anzahl der Zinszahlungen pro Jahr. Bei jährlichen Zahlungen ist *Häufigkeit* = 1; bei halbjährlichen ist *Häufigkeit* = 2; bei vierteljährlichen ist *Häufigkeit* = 4.

Basis gibt an, auf welcher Basis die Zinstage gezählt werden.

10.12.26 UNREGLE.REND()

Diese Funktion liefert die Rendite eines festverzinslichen Wertpapiers, dessen letzte Kuponperiode gebrochen (kurz oder lang) ist. Die beschriebene Funktion findet hauptsächlich Einsatz in der US-amerikanischen Finanzwelt und lässt sich nur bedingt übertragen.

=UNREGLE.REND(Abrechnung;Fälligkeit;Letzter_Zinstermin;Zins;Kurs;Rückzahlung; Häufigkeit;Basis)

Abrechnung ist der Abrechnungstermin des Wertpapierkaufs, als fortlaufende Zahl angegeben.

Fälligkeit ist der Fälligkeitstermin des Wertpapiers, als fortlaufende Zahl angegeben.

Letzter_Zinstermin ist der letzte Zinstermin des Wertpapiers vor dem Abrechnungstermin, als fortlaufende Zahl angegeben.

Zins ist der Zinssatz des Wertpapiers.

Kurs ist der Kurs des Wertpapiers.

Rückzahlung ist der Rückzahlungswert des Wertpapiers pro 100 Euro Nennwert.

Häufigkeit ist die Anzahl der Zinszahlungen pro Jahr. Bei jährlichen Zahlungen ist *Häufigkeit* = 1; bei halbjährlichen ist *Häufigkeit* = 2; bei vierteljährlichen ist *Häufigkeit* = 4.

Basis gibt an, auf welcher Basis die Zinstage gezählt werden.

10.12.27 XINTZINSFUSS()

Liefert den internen Zinsfuß einer Reihe nicht periodisch anfallender Zahlungen.

=XINTZINSFUSS (Werte;Zeitpkte;Schätzwert)

Werte ist eine Zahlungsreihe. Die zu dieser Reihe gehörenden Werte geben die Zahlungen an, die laut Zahlungsplan zu bestimmten Terminen fällig sind. Die erste Zahlung ist optional und entspricht einer Auszahlung, die zu Beginn der betrachteten Investition erfolgt. Alle folgenden Zahlungen werden, ausgehend von einem 365-Tage-Jahr, diskontiert (abgezinst).

Zeitpkte ist der Plan der Zahlungstermine, also der Termine, zu denen die in Werten angegebenen Zahlungen fällig sind. Der erste Zahlungstermin legt den Beginn des Zahlungsplans fest. Alle anderen Termine müssen später liegen als dieser Termin, können aber in beliebiger Reihenfolge angegeben sein.

Schätzwert ist der als Zahl angegebene Schätzwert, von dem Sie annehmen, dass er in etwa gleich dem Ergebnis von XINTZINSFUSS ist.

10.12.28 XKAPITALWERT()

Liefert den Nettobarwert (Kapitalwert) einer Reihe nicht periodisch anfallender Zahlungen.

=XKAPITALWERT (Zins;Werte;Zeitpkte)

Zins ist der Kalkulationszinsfuß, der für die Zahlungen zu berücksichtigen ist.

Werte ist eine Zahlungsreihe. Die zu dieser Reihe gehörenden Werte geben die Zahlungen an, die laut Zahlungsplan zu bestimmten Terminen fällig sind. Die erste Zahlung ist optional und entspricht einer Auszahlung, die zu Beginn der betrachteten Investition erfolgt. Alle folgenden Zahlungen werden ausgehend von einem 365-Tage-Jahr diskontiert (abgezinst).

Zeitpkte ist der Plan der Zahlungstermine, also der Termine, zu denen die in Werten angegebenen Zahlungen fällig sind. Der erste Zahlungstermin legt den Beginn des Zahlungsplans fest. Alle anderen Termine müssen später liegen als dieser Termin, können aber in beliebiger Reihenfolge angegeben sein.

10.12.29   ZINSSATZ()

Liefert den Zinssatz eines voll investierten Wertpapiers.

=ZINSSATZ(Abrechnung;Fälligkeit;Anlage;Rückzahlung;Basis)

Abrechnung ist der Abrechnungstermin des Wertpapierkaufs, als fortlaufende Zahl angegeben.

Fälligkeit ist der Fälligkeitstermin des Wertpapiers, als fortlaufende Zahl angegeben.

Anlage ist der Betrag, der in dem Wertpapier angelegt werden soll.

Rückzahlung ist der Betrag, der bei Fälligkeit zu erwarten ist.

Basis gibt an, auf welcher Basis die Zinstage gezählt werden.

10.12.30   ZINSTERMNZ()

Liefert das Datum des ersten Zinstermins nach dem Abrechnungstermin. Die Funktion findet hauptsächlich Einsatz in der US-amerikanischen Finanzwelt und lässt sich nur bedingt übertragen.

=ZINSTERMNZ(Abrechnung;Fälligkeit;Häufigkeit;Basis)

Abrechnung ist der Abrechnungstermin des Wertpapierkaufs, als fortlaufende Zahl angegeben.

Fälligkeit ist der Fälligkeitstermin des Wertpapiers, als fortlaufende Zahl angegeben.

Häufigkeit ist die Anzahl der Zinszahlungen pro Jahr. Bei jährlichen Zahlungen ist *Häufigkeit* = 1; bei halbjährlichen ist *Häufigkeit* = 2; bei vierteljährlichen ist *Häufigkeit* = 4.

Basis gibt an, auf welcher Basis die Zinstage gezählt werden.

10.12.31   ZINSTERMTAGE()

Liefert die Anzahl der Tage der Zinsperiode, die den Abrechnungstermin einschließt. Die beschriebene Funktion findet hauptsächlich Einsatz in der US-amerikanischen Finanzwelt und lässt sich nur bedingt übertragen.

=ZINSTERMTAGE(Abrechnung;Fälligkeit;Häufigkeit;Basis)

Abrechnung ist der Abrechnungstermin des Wertpapierkaufs, als fortlaufende Zahl angegeben.

Fälligkeit ist der Fälligkeitstermin des Wertpapiers, als fortlaufende Zahl angegeben.

Häufigkeit ist die Anzahl der Zinszahlungen pro Jahr. Bei jährlichen Zahlungen ist *Häufigkeit* = 1; bei halbjährlichen ist *Häufigkeit* = 2; bei vierteljährlichen ist *Häufigkeit* = 4.

Basis gibt an, auf welcher Basis die Zinstage gezählt werden.

10.12.32 ZINSTERMTAGNZ()

Liefert die Anzahl der Tage vom Abrechnungstermin bis zum nächsten Zinstermin. Die beschriebene Funktion findet hauptsächlich Einsatz in der US-amerikanischen Finanzwelt und lässt sich nur bedingt übertragen.

=ZINSTERMTAGNZ(Abrechnung;Fälligkeit;Häufigkeit;Basis)

Abrechnung ist der Abrechnungstermin des Wertpapierkaufs, als fortlaufende Zahl angegeben.

Fälligkeit ist der Fälligkeitstermin des Wertpapiers, als fortlaufende Zahl angegeben.

Häufigkeit ist die Anzahl der Zinszahlungen pro Jahr. Bei jährlichen Zahlungen ist *Häufigkeit* = 1; bei halbjährlichen ist *Häufigkeit* = 2; bei vierteljährlichen ist *Häufigkeit* = 4.

Basis gibt an, auf welcher Basis die Zinstage gezählt werden.

10.12.33 ZINSTERMTAGVA()

Liefert die Anzahl der Tage vom Anfang des Zinstermins bis zum Abrechnungstermin. Die beschriebene Funktion findet hauptsächlich Einsatz in der US-amerikanischen Finanzwelt und lässt sich nur bedingt übertragen.

=ZINSTERMTAGVA(Abrechnung;Fälligkeit;Häufigkeit;Basis)

Abrechnung ist der Abrechnungstermin des Wertpapierkaufs, als fortlaufende Zahl angegeben.

Fälligkeit ist der Fälligkeitstermin des Wertpapiers, als fortlaufende Zahl angegeben.

Häufigkeit ist die Anzahl der Zinszahlungen pro Jahr. Bei jährlichen Zahlungen ist *Häufigkeit* = 1; bei halbjährlichen ist *Häufigkeit* = 2; bei vierteljährlichen ist *Häufigkeit* = 4.

Basis gibt an, auf welcher Basis die Zinstage gezählt werden.

10.12.34 ZINSTERMVZ()

Liefert das Datum des letzten Zinstermins vor dem Abrechnungstermin. Die Funktion findet hauptsächlich Einsatz in der US-amerikanischen Finanzwelt und lässt sich nur bedingt übertragen.

=ZINSTERMVZ(Abrechnung;Fälligkeit;Häufigkeit;Basis)

Abrechnung ist der Abrechnungstermin des Wertpapierkaufs, als fortlaufende Zahl angegeben.

Fälligkeit ist der Fälligkeitstermin des Wertpapiers, als fortlaufende Zahl angegeben.

Häufigkeit ist die Anzahl der Zinszahlungen pro Jahr. Bei jährlichen Zahlungen ist *Häufigkeit* = 1; bei halbjährlichen ist *Häufigkeit* = 2; bei vierteljährlichen ist *Häufigkeit* = 4.

Basis gibt an, auf welcher Basis die Zinstage gezählt werden.

10.12.35 ZINSTERMZAHL()

Diese Funktion berechnet, wie viele Kupontermine zwischen dem jeweiligen Kauftermin und dem Fälligkeitstermin liegen. Das Ergebnis wird auf die nächste Ganzzahl aufgerundet. Die Funktion findet hauptsächlich Einsatz in der US-amerikanischen Finanzwelt und lässt sich nur bedingt übertragen.

=ZINSTERMZAHL(Abrechnung;Fälligkeit;Häufigkeit;Basis)

Abrechnung ist der Abrechnungstermin des Wertpapierkaufs, als fortlaufende Zahl angegeben.

Fälligkeit ist der Fälligkeitstermin des Wertpapiers, als fortlaufende Zahl angegeben.

Häufigkeit ist die Anzahl der Zinszahlungen pro Jahr. Bei jährlichen Zahlungen ist *Häufigkeit* = 1; bei halbjährlichen ist *Häufigkeit* = 2; bei vierteljährlichen ist *Häufigkeit* = 4.

Basis gibt an, auf welcher Basis die Zinstage gezählt werden.

10.12.36 ZW2()

Liefert den aufgezinsten Wert des Anfangskapitals für eine Reihe periodisch unterschiedlicher Zinssätze. Mit ZW2 können Sie den Endwert (zukünftigen Wert) einer Investition (Kapitalanlage) berechnen, für die ein variabler oder wechselnder Zinssatz vereinbart ist.

=ZW2(Kapital;Zinsen)

Kapital ist der Gegenwartswert.

Zinsen ist eine Matrix, die die einzusetzenden Zinssätze enthält.

KAPITEL 11

Logik-Funktionen

Mit Logik in Funktionen zu arbeiten, ist ein Grundprinzip der digitalen Kalkulation und WENN() ist eine der häufigsten Funktionen in Tabellen. Bedingungen formulieren, Wahrheitswerte abprüfen und mehrere Alternativen als Ergebnisse anbieten – WENN() ist besonders flexibel im Umgang mit der Logik. Aber auch die anderen Funktionen haben ihre Berechtigung und unterstützen die logischen Operationen im Funktionseinsatz.

Hier eine Übersicht über alle Logik-Funktionen:

Funktion	Erklärung
FALSCH()	Gibt den logischen Wert FALSCH zurück.
NICHT()	Kehrt die Logik des Arguments um, das in der Formelklammer angegeben wird.
ODER()	Gibt WAHR zurück, wenn eines der Argumente in der Klammer WAHR ist.
UND()	Gibt WAHR zurück, wenn alle Argumente in der Klammer WAHR sind.
WAHR()	Gibt den logischen Wert WAHR zurück.
WENN()	Gibt einen durchzuführenden logischen Test an.
WENNFEHLER()	Gibt einen Fehlerwert aus, wenn ein Ausdruck fehlerhaft ist, andernfalls den Ausdruck selbst bzw. dessen Ergebnis.

Tabelle 11.1: Liste der Logik-Funktionen

CD-ROM

Alle Beispiele in diesem Kapitel finden Sie auf der CD zum Buch unter *Logikfunktionen Beispiele.xlsx*.

11.1 Die Funktion UND()

Diese Funktion prüft die Wahrheitswerte aller Argumente und liefert als Ergebnis WAHR, wenn alle Argumente ein positives Ergebnis aufweisen. UND() wird meist in Verbindung mit anderen Funktionen zum Einsatz kommen und seltener eine eigene Formel bilden.

=UND(Wahrheitswert1;Wahrheitswert2;...)

Mit den Argumenten *Wahrheitswert1;Wahrheitswert2; ...* können bis zu 30 Werte angegeben werden, und zwar Wahrheitswerte, logische Ausdrücke, die als Ergebnis einen Wahrheitswert liefern, Bezüge oder Matrizen. Enthält ein Argument leere Einträge oder Text, wird es ignoriert. Liefert ein Argument keinen Wahrheitswert, gibt die Funktion die Fehlermeldung #WERT! aus.

```
A1: WAHR
A2: WAHR
A3: FALSCH
A4: =UND(A1;A2)          Ergebnis: WAHR
A5: =UND(A1;A2;A3)       Ergebnis: FALSCH
```

> **Hinweis**
>
> Achten Sie darauf, dass sich die Bedingungen in der UND()-Funktion nicht gegenseitig auf-heben. Diese Formel würde beispielsweise niemals etwas anderes als FALSCH liefern:
>
> `=UND(A1>0;A1<0)`

11.2 Praxisbeispiel: Geringwertige Wirtschaftsgüter

Sie haben die Aufgabe, eine Liste mit Anschaffungen zu überprüfen und die Artikel herauszu-rechnen, die als geringwertige Wirtschaftsgüter sofort abzuschreiben sind. Außerdem sollten sie einer bestimmten Abteilung zuzuordnen sein.

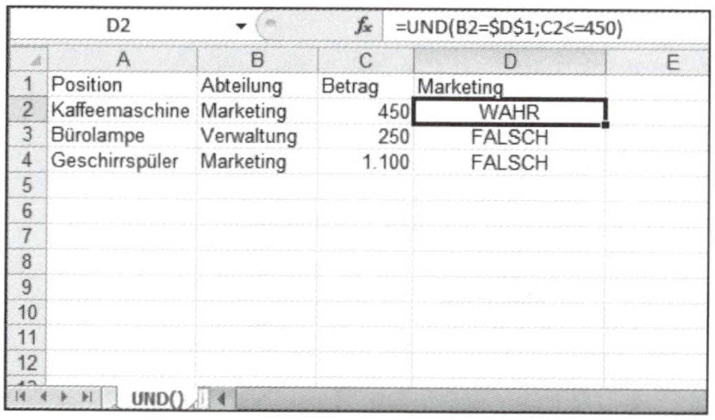

Abbildung 11.1: Liste mit Anschaffungen

1. Schreiben Sie den Namen der Abteilung in die erste Zeile der Auswertungsspalte:

   D1: Marketing

2. Erstellen Sie die Formel, die abprüft, ob der erste Artikel für die Abteilung gekauft und ab-geschrieben werden kann:

   D1: Marketing
   D2: =UND(B2=$D$1;C2<=450)

3. Kopieren Sie die Formel nach unten auf die übrigen Positionen.

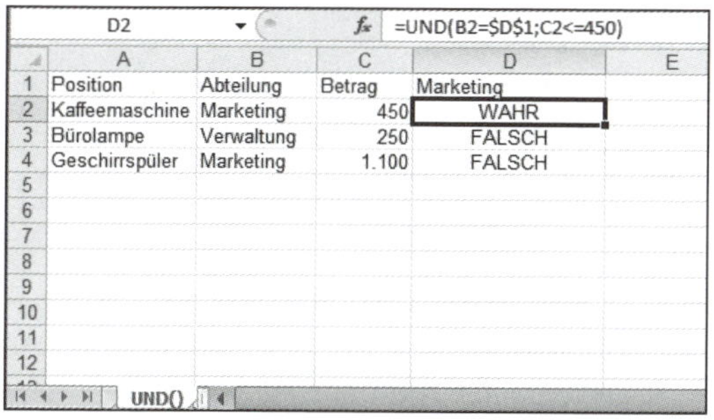

Abbildung 11.2: Die UND()-Funktion prüft hier zwei Bedingungen ab.

495

11.2.1 UND() in SUMMEWENN()-Bedingungen

Die Funktion SUMMEWENN() bietet die Möglichkeit, Werte aufgrund von Bedingungen zu summieren:

```
=SUMMEWENN(Bereich;Suchkriterien;SummeBereich)
```

Um im obigen Beispiel die Summe der Beträge nach zwei Bedingungen zu ermitteln, müsste die Funktion zwei Spalten gleichzeitig durchsuchen und das ist nicht möglich. Verwenden Sie stattdessen eine Matrixfunktion mit SUMME() und WENN() in Kombination. Die Bedingungen können Sie dabei nicht immer mit UND() zusammenfassen, diese Formel würde beispielsweise nicht richtig rechnen:

```
=SUMME(WENN(UND(B2:B4=$D$1;C2:C4<=450);C2:C4))
```

Stellen Sie für solche Fälle die WENN-Funktionen geschachtelt in die Summe:

```
=SUMME(WENN(B2:B4=$D$1;WENN(C2:C4<=450;C2:C4)))
```

Vergessen Sie nicht, diese Matrixformel mit Strg + ⇧ + ↵ abzuschließen.

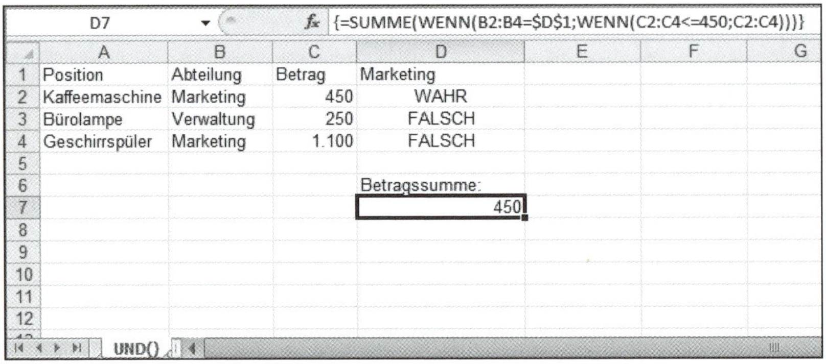

	A	B	C	D	E	F	G
	Position	Abteilung	Betrag	Marketing			
1							
2	Kaffeemaschine	Marketing	450	WAHR			
3	Bürolampe	Verwaltung	250	FALSCH			
4	Geschirrspüler	Marketing	1.100	FALSCH			
5							
6				Betragssumme:			
7				450			
8							

D7 — fx {=SUMME(WENN(B2:B4=$D$1;WENN(C2:C4<=450;C2:C4)))}

Abbildung 11.3: In bedingten Summen ist eine WENN-Schachtel besser als UND().

11.3 Die Funktion ODER()

Diese Funktion prüft die Wahrheitswerte aller Argumente und liefert als Ergebnis WAHR, wenn eines der Argumente ein positives Ergebnis aufweist. Auch diese Funktion wird meist in Verbindung mit anderen Funktionen gebracht, es können bis zu 30 Argumente angegeben werden.

=ODER(Wahrheitswert1;Wahrheitswert2; ...)

Die Argumente *Wahrheitswert1;Wahrheitswert2; ...* bezeichnen Wahrheitswerte, logische Ausdrücke, die als Ergebnis einen Wahrheitswert liefern, Bezüge oder Matrizen. Enthält ein Argument leere Einträge oder Text, wird es ignoriert. Liefert ein Argument keinen Wahrheitswert, gibt die Funktion einen #WERT!-Fehler aus.

```
A1:  WAHR
A2:  FALSCH
A3:  FALSCH
A4:  =ODER(A1;A2)              Ergebnis: WAHR
A5:  =ODER(A1;A2;A3)          Ergebnis: WAHR
```

11.3.1   Praxisbeispiel: Quartal berechnen

Ihre Tabelle enthält eine Reihe von Datumswerten. Berechnen Sie, welche dieser Werte in das erste Quartal (Monat 1–3) fallen.

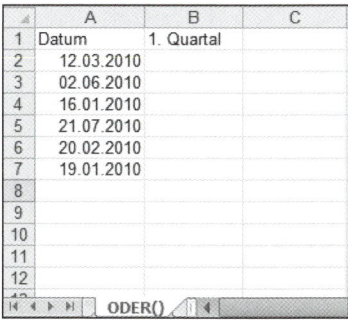

Abbildung 11.4: Datumswerte in Spalte A

1. Schreiben Sie diese Formel:

    `B2:  =ODER(MONAT(A2)=1;MONAT(A2)=2;MONAT(A2)=3)`

2. Kopieren Sie die Formel auf die übrigen Zeilen.

Die Funktion ODER() gibt WAHR aus, wenn eine der Bedingungen erfüllt ist.

	B2	▾	f_x	=ODER(MONAT(A2)=1;MONAT(A2)=2;MONAT(A2)=3)		
	A	B	C	D	E	F	G
1	Datum	1. Quartal					
2	12.03.2010	WAHR					
3	02.06.2010	FALSCH					
4	16.01.2010	WAHR					
5	21.07.2010	FALSCH					
6	20.02.2010	WAHR					
7	19.01.2010	WAHR					
8							
9							
10							
11							
12							

Abbildung 11.5: Mit ODER() berechnen, welches Datum ins erste Quartal fällt

11.3.2 UND() und ODER() in Matrizen

Die logischen Funktionen UND() und ODER() lassen sich auch in Matrizen sehr nützlich einsetzen. Hier ein einfaches Beispiel:

1. Schreiben Sie in den Bereich A1:B5 eine Reihe von 1er-Werten.

2. Schreiben Sie eine Formel mit der UND()-Funktion, die abprüft, ob alle Zellen der Matrix eine 1 enthalten:

   =UND(A1:B5=1)

3. Drücken Sie zum Abschluss der Formel ⎡Strg⎤+⎡⇧⎤+⎡↵⎤, da es sich um eine Matrixformel handelt.

Das Ergebnis der Funktion ist FALSCH, solange nicht alle Zellen eine 1 enthalten.

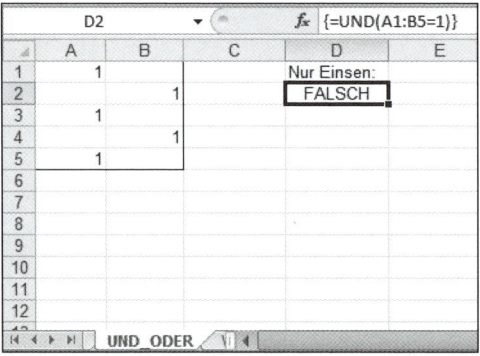

Abbildung 11.6: UND() berechnet eine Matrix.

Mit der ODER()-Funktion ergibt die Formel dagegen WAHR, wenn eine einzige Zelle eine 1 enthält, auch diese Formel müssen Sie mit ⎡Strg⎤+⎡⇧⎤+⎡↵⎤ abschließen:

=ODER(A1:B5=1)

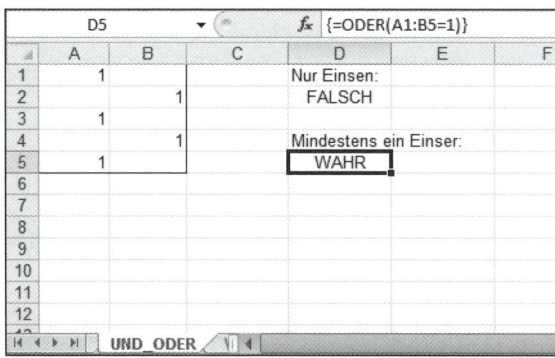

Abbildung 11.7: Für ein WAHR in ODER() reicht ein Eintrag.

11.3.3 Praxisbeispiel: Preisliste vergleichen

Sie haben die Aufgabe, die Preisliste des Gartencenters zu aktualisieren, dazu müssen Sie einzelne Preise berechnen und aus anderen Listen übertragen. Da bei dieser Aktion in der Vergangenheit immer wieder Fehler passiert sind, sichern Sie sich über eine UND()-Funktion ab. Diese soll ständig überprüfen, ob die neue Preisliste noch richtig ist:

- Alle neuen Preise müssen höher sein als die alten.

- Kein Artikel darf in der neuen Preisliste mehr als 20 % teurer sein als in der alten Preisliste.

▲	A	B	C	D	E	F
1	**Preisliste Alt**			**Preisliste Neu**		
2						
3	Artikel	Preis		Artikel	Preis	
4	Gartenschere	3,99		Gartenschere	6	
5	Spaten	19,9		Spaten	23,88	
6	Rasensamen	3,99		Rasensamen	4,788	
7	Blumentopf	0,49		Blumentopf	0,588	
8						
9						
10						
11						

I◄ ◄ ► ►I Preisliste

Abbildung 11.8: Die beiden Preislisten, alt und neu

1. Markieren Sie E3:E6 und schreiben Sie diese Formel:

   `=B3*1,2`

2. Drücken Sie ⎡Strg⎤+⎡↵⎤, um die Formel auf die markierten Zellen zu übertragen. Damit sind zunächst alle Preise um 20 % erhöht worden.

3. Schreiben Sie eine Überwachungsformel, die sicherstellt, dass die neuen Preise höher sind, aber nicht 120 % der alten Preise übersteigen:

   `D8: =UND(B3:B6<E3:E6;E3:E6<=B3:B6*1,2)`

4. Drücken Sie zum Abschluss der Formel ⎡Strg⎤+⎡⇧⎤+⎡↵⎤, da es sich um eine Matrixformel handelt.

Das Ergebnis ist WAHR, solange die neuen Preise nicht geändert werden. Tragen Sie aber einen anderen Preis ein, wird die Formel FALSCH anzeigen, falls dieser eine der beiden Regeln verletzt:

```
E3: 4,80 ? oder
E3: 2,20 ?
```

Variable Listen oder Tabellen

Wenn Sie mit variablen Listen arbeiten, deren Länge sich ab und zu ändert, weisen Sie den beiden Listen je einen Bereichsnamen zu (z.B. PLISTE_ALT für A3:B6 und PLISTE_NEU für D3:E6). Vergleichen Sie dann in der Matrixformel, ob die zweite Spalte noch die Regeln einhält:

```
=UND(INDEX(Pliste_Alt;;2)<INDEX(PListe_Neu;;2);INDEX(PListe_Neu;;2)
<=INDEX(Pliste_Alt;;2)*1,2)
```

Noch eleganter lässt sich die Aufgabe mit Tabellen lösen. Weisen Sie beide Preislisten als Tabelle aus (EINFÜGEN/TABELLE) und tragen Sie Spaltenüberschriften ein. Die Formel mit strukturierten Verweisen vergleicht dann einfach die beiden Spalten, als Argumente werden die Spaltenbezeichnungen verwendet. Hier zum Beispiel für die Tabellen *tbl_PreislisteAlt* und *tbl_PreislisteNeu* mit der Spalte *Preis*:

```
=UND(tbl_PreislisteAlt[Preis]<tbl_PreislisteNeu[Preis];tbl_PreislisteNeu[Preis]<=
tbl_PreislisteAlt[Preis]*1,2)
```

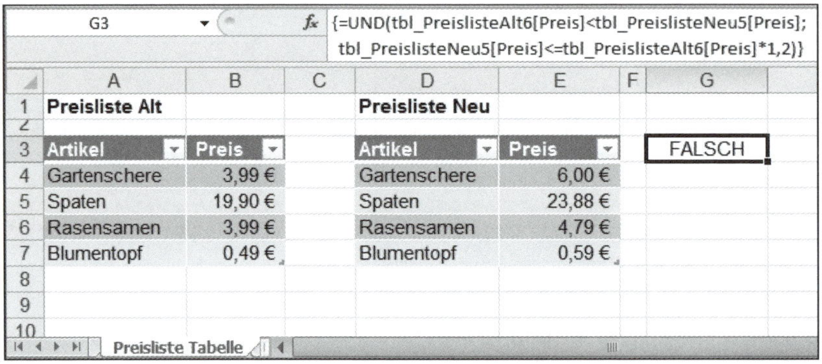

| | G3 | ▼ | | *fx* | {=UND(tbl_PreislisteAlt6[Preis]<tbl_PreislisteNeu5[Preis]; |
| | | | | | tbl_PreislisteNeu5[Preis]<=tbl_PreislisteAlt6[Preis]*1,2)} |

◢	A	B	C	D	E	F	G
1	**Preisliste Alt**			**Preisliste Neu**			
2							
3	**Artikel** ▼	**Preis** ▼		**Artikel** ▼	**Preis** ▼		FALSCH
4	Gartenschere	3,99 €		Gartenschere	6,00 €		
5	Spaten	19,90 €		Spaten	23,88 €		
6	Rasensamen	3,99 €		Rasensamen	4,79 €		
7	Blumentopf	0,49 €		Blumentopf	0,59 €		
8							
9							
10							

Preisliste Tabelle

Abbildung 11.9: Die Formel prüft zwei Tabellenspalten ab.

11.4 Die Funktion NICHT()

Mit dieser Funktion wird ein Ergebnis negiert oder umgekehrt. Das Ergebnis der Funktion ist FALSCH, wenn der Wert WAHR als Ergebnis bringen würde, und WAHR, wenn der Argumentwert das Ergebnis FALSCH hat.

=NICHT(Wahrheitswert)

Das Argument *Wahrheitswert* enthält den Wert WAHR oder FALSCH, der wahlweise mit oder ohne Anführungszeichen geschrieben wird, oder einen Bezug auf einen Wahrheitswert, einen Bereichsnamen oder eine Matrix, die einen Wahrheitswert zum Ergebnis hat.

```
A1: WAHR
A2: "FALSCH"
A3: =NICHT(A1)          Ergebnis: FALSCH
A4: =NICHT(A2)          Ergebnis: WAHR
```

Wie die meisten Logik-Funktionen wird auch NICHT() fast immer in Verbindung mit anderen Funktionen eingesetzt. Diese Funktion vereinfacht die Formelschreibung, wenn in einer Bedingung ein längerer Ausdruck benutzt wird und zum Beispiel nur der positive Ergebniswert zählt.

Hier im Beispiel werden alle Werte im Bereich A1:A9 summiert, die nicht 1 sind. Achten Sie darauf, dass die Formel mit [Strg]+[⇧]+[↵] als Matrixformel abzuschließen ist:

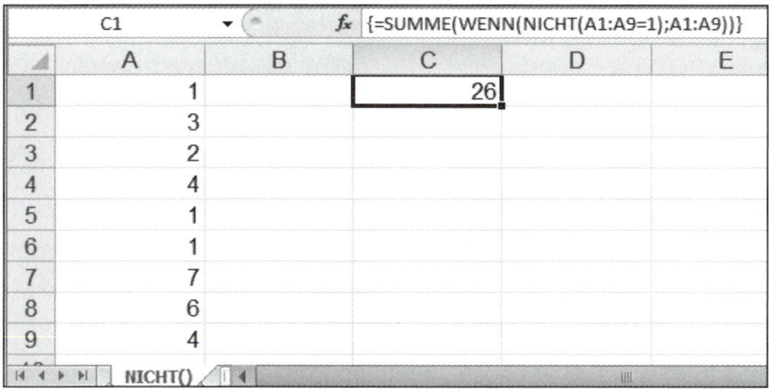

	A	B	C	D	E
C1			*f$_x$*	{=SUMME(WENN(NICHT(A1:A9=1);A1:A9))}	
1	1		26		
2	3				
3	2				
4	4				
5	1				
6	1				
7	7				
8	6				
9	4				

NICHT()

Abbildung 11.10: NICHT() negiert das Ergebnis oder die Bedingung.

11.5 Die Funktion WENN()

Diese Funktion dürfte neben der SUMME() zu den häufigsten Funktionen zählen, die zum Einsatz kommen. WENN() wird immer dann genommen, wenn das Ergebnis von mehr als einer möglichen Bedingung abhängt.

=WENN(Prüfung;Dann_Wert;Sonst_Wert)

Mit dem Argument *Prüfung* geben Sie eine Bedingung oder einen Wert an. Das Argument *Dann_ Wert* liefert das Ergebnis, wenn diese Bedingung logisch WAHR ist oder als Wahrheitswert WAHR gewertet werden kann. Ist das Ergebnis der Bedingung FALSCH oder wird es von Excel mit dem Ergebnis FALSCH gewertet, liefert die Funktion das zweite Argument *Sonst_Wert* als Ergebnis.

Dann_Wert und *Sonst_Wert* sind jeweils optional, sie müssen nicht angegeben werden. Das Ergebnis der Funktion ist in diesem Fall der Wahrheitswert WAHR oder FALSCH.

```
A1: 100
A2: =WENN(A1=100;)          Ergebnis: WAHR
A2: =WENN(A1>100;"OK")      FALSCH
```

Verwenden Sie zur Formulierung einer Bedingung im ersten Argument einen dieser logischen Operatoren:

- = (gleich)
- >= (größer oder gleich)
- <= (kleiner oder gleich)
- <> (ungleich)

```
A1: 120
A2: =WENN(A1>100;"größer 100";"kleiner oder gleich 100")
```

Das erste Argument kann auch ein Text sein, der abgeprüft wird, in diesem Fall mit Anführungszeichen:

```
A1: "Sommer"
A3: =WENN(A1="Sommer";"Biergarten!";"Schifoan!")
```

Ausdrücke, die die Funktion als Wahrheitswerte interpretieren kann, müssen gar nicht als Bedingung formuliert werden:

```
A1: 1
A2: WAHR
A3: =WENN(A1;"negativ";"positiv")Ergebnis: negativ
A4: =WENN(A2;"Richtig";"Nicht richtig")Ergebnis: Richtig
```

11.5.1 Praxisbeispiel: Postleitzahlen sortieren

Ihre Adressenliste enthält u.a. die Postleitzahlen der Adressen. Das Länderkennzeichen steht an erster Stelle, so dass Sie leicht zwischen deutschen und österreichischen Kontakten unterscheiden können.

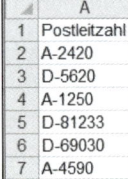

Abbildung 11.11:
PLZ-Liste mit Länderkennzeichen

1. Schreiben Sie eine WENN-Funktion, die das Land für die Adresse in einer zweiten Spalte ausgibt. Damit nur das erste Zeichen der Postleitzahl abgeprüft wird, benutzen Sie die Funktion LINKS():

```
B1: Land
B2: =WENN(LINKS(A2;1)="D";"Deutschland";"Österreich")
```

2. Kopieren Sie die Formel per Doppelklick auf das Füllkästchen auf die übrigen Zeilen der Liste.

B2	▼	f_x	=WENN(LINKS(A2;1)="D";"Deutschland";"Österreich")

	A	B	C	D	E	F	
1	Postleitzahl	Land					
2	A-2420	Österreich					
3	D-5620	Deutschland					
4	A-1250	Österreich					
5	D-81233	Deutschland					
6	D-69030	Deutschland					
7	A-4590	Österreich					
8							
9							
10							

Abbildung 11.12: Mit WENN() wird das erste Zeichen der PLZ abgeprüft.

11.5.2 WENN() geschachtelt

Was tun, wenn mehr als eine Bedingung zu formulieren ist? Das Beispiel mit der Postleitzahlen-liste drängt diese Frage förmlich auf: Wie sieht die Funktion aus, wenn auch andere und vor allem mehr als zwei Länder in der Liste vertreten sind?

In diesem Fall schachteln Sie die WENN()-Funktion. Dazu wird anstelle des *Sonst-Werts* eine weitere WENN-Funktion gestartet, und zwar ohne =-Zeichen. Vergessen Sie nicht, die Formel mit zwei Klammern abzuschließen:

=WENN(Bedingung1;Dann_Wert1;WENN(Bedingung2;Dann_Wert2;Sonst_Wert))

Ist die in *Bedingung1* formulierte Aussage WAHR, wird *Dann_Wert1* das Ergebnis liefern. Ist sie nicht wahr, startet die zweite WENN-Funktion mit *Bedingung2*. Ist diese WAHR, wird *Dann_Wert2* das Ergebnis liefern. Sind beide Bedingungen FALSCH, holt sich die Funktion das Ergebnis aus dem Argument *Sonst_Wert*.

Praxisbeispiel: Teilnehmerliste nach Alter gruppieren

Die Teilnehmerliste für den Stadtmarathon liegt vor. Sie haben die Aufgabe, die angemeldeten Läufer in Altersgruppen einzuteilen:

- bis 19 Jahre: Jugend
- 20 bis 29 Jahre: Junioren
- 30 bis 49 Jahre: Herren
- ab 50 Jahre: Senioren

⊿	A	B
1	Name	Alter
2	Hugo Schnell	25
3	Fritz Renner	45
4	Bernd Eilig	20
5	Franz Läufer	16
6	Dieter Raser	62
7	Bruno Zehnkampf	41
8		
9		

WENN() 2

Abbildung 11.13: Teilnehmerliste mit Alter – berechnen Sie die Altersgruppe.

1. Schreiben Sie die Formel, die über eine geschachtelte WENN-Funktion berechnet, in welcher Altersgruppe der erste Läufer startet:

   C1: Altersgruppe
   C2: =WENN(B2<20;"Jugend";WENN(B2<30;"Junioren";WENN(B2<50;"Herren";"Senioren")))

2. Kopieren Sie die Formel nach unten auf die übrigen Zeilen.

503

| C2 | ▼ | fx | =WENN(B2<20;"Jugend";WENN(B2<30;"Junioren";WENN(B2<50;"Herren"; "Senioren"))) |

	A	B	C	D	E	F
1	Name	Alter	Altersgruppe			
2	Hugo Schnell	25	Junioren			
3	Fritz Renner	45	Herren			
4	Bernd Eilig	20	Junioren			
5	Franz Läufer	16	Jugend			
6	Dieter Raser	62	Senioren			
7	Bruno Zehnkampf	41	Herren			
8						

WENN() 2

Abbildung 11.14: Die Teilnehmer sind in Altersgruppen eingeteilt.

Hinweis

In diesem Beispiel sind die Bedingungen einfach zu formulieren, weil WENN() diese der Reihe nach (von links) abfragt. Achten Sie darauf, dass sich Bedingungen nicht versehentlich ausschließen. Verwenden Sie im Zweifelsfall UND() und ODER(), um mehr als eine Bedingung zu formulieren. Hier zum Beispiel eine Bedingung, die eindeutig die Altersgruppe zwischen 30 und 50 Jahren bezeichnet:

`=WENN(UND(B2>=30;B2<=50);…)`

Mehr als sieben WENN()-Funktionen schachteln

Sie können bis zu sieben WENN-Funktionen ineinanderschachteln, mehr sind nicht möglich. Es gibt aber einen Trick, wie Sie diese Grenze umgehen können.

Schreiben Sie die WENN-Funktionen mit einem &-Zeichen als Textkette, formulieren Sie nur das positive Ergebnis und stellen Sie das Argument *Sonst_Wert* mit zwei Anführungszeichen als leere Zeichenkette ein:

=WENN(Bedingung1;Dann_Wert;"")& WENN(Bedingung2;Dann_Wert2;"") …& WENN(Bedingungn;Dann_Wertn;"")

Mit dieser Technik können Sie theoretisch unendlich viele Bedingungen schachteln, nur durch den Zellinhalt und den von Excel nutzbaren Hauptspeicher ist ein physikalisches Limit gesetzt. Hier ein Beispiel: Die Spalte A enthält verschiedene Ländernamen, mehr als zehn. Es gilt, die im jeweiligen Land gesprochene Sprache zu »berechnen«.

Eine geschachtelte WENN-Funktion kommt nicht infrage, weil diese nur sieben Alternativen zulässt. Sie können aber einzelne WENN-Bedingungen formulieren und diese mit der &-Verkettung aneinanderreihen. Jede Funktion, deren Bedingung nicht WAHR ist, wird als leere Zeichenkette interpretiert, und übrig bleibt das Ergebnis der Bedingung, die als einzige positiv ist:

```
B1: Landessprache
B2: =WENN(A2="Italien";"Italienisch";"")&WENN(A2="Spanien";"Spanisch";"")&WENN
(A2="Frankreich";"Französisch";"")&WENN(A2="Niederlande";"Holländisch";"")&WENN
(A2="Belgien";"Belgisch";"")&WENN(A2="Polen";"Polnisch";"")&WENN(A2="Großbritannien"
;"Englisch";"")&WENN(A2="Irland";"Irisch";"")&WENN(ODER(A2="Österreich";A2=
"Schweiz";A2="Deutschland");"Deutsch";"")
```


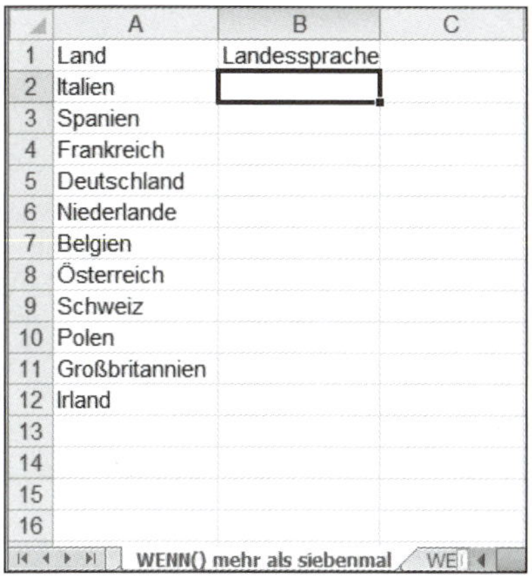

	A	B	C
1	Land	Landessprache	
2	Italien		
3	Spanien		
4	Frankreich		
5	Deutschland		
6	Niederlande		
7	Belgien		
8	Österreich		
9	Schweiz		
10	Polen		
11	Großbritannien		
12	Irland		
13			
14			
15			
16			

Abbildung 11.15: Berechnen Sie die Landessprachen.

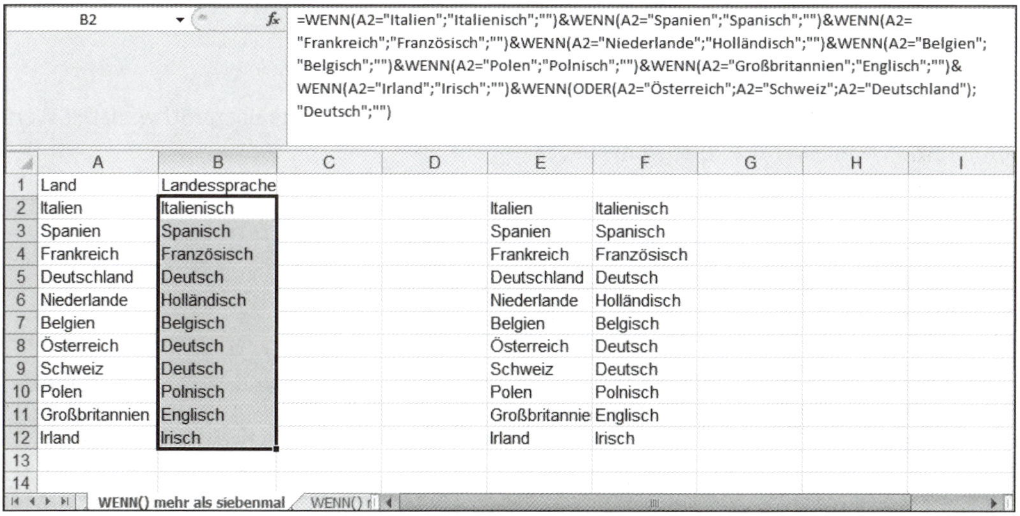

B2 =WENN(A2="Italien";"Italienisch";"")&WENN(A2="Spanien";"Spanisch";"")&WENN(A2="Frankreich";"Französisch";"")&WENN(A2="Niederlande";"Holländisch";"")&WENN(A2="Belgien";"Belgisch";"")&WENN(A2="Polen";"Polnisch";"")&WENN(A2="Großbritannien";"Englisch";"")&WENN(A2="Irland";"Irisch";"")&WENN(ODER(A2="Österreich";A2="Schweiz";A2="Deutschland");"Deutsch";"")

	A	B	C	D	E	F	G	H	I
1	Land	Landessprache							
2	Italien	Italienisch			Italien	Italienisch			
3	Spanien	Spanisch			Spanien	Spanisch			
4	Frankreich	Französisch			Frankreich	Französisch			
5	Deutschland	Deutsch			Deutschland	Deutsch			
6	Niederlande	Holländisch			Niederlande	Holländisch			
7	Belgien	Belgisch			Belgien	Belgisch			
8	Österreich	Deutsch			Österreich	Deutsch			
9	Schweiz	Deutsch			Schweiz	Deutsch			
10	Polen	Polnisch			Polen	Polnisch			
11	Großbritannien	Englisch			Großbritannie	Englisch			
12	Irland	Irisch			Irland	Irisch			
13									
14									

Abbildung 11.16: Mehr als sieben WENN() mit &-Verknüpfung

Bevor Sie solche Formelmonster erstellen, prüfen Sie, ob nicht eine alternative Funktion besser wäre. Für das Beispiel mit der Landessprache könnten Sie auch eine Liste anlegen, in der Land und Sprache in zwei Spalten nebeneinanderstehen:

```
E2:  Italien
F2:  Italienisch
E3:  Spanien
F3:  Spanisch
```

Mit der Funktion SVERWEIS() lässt sich einfach abprüfen, in welcher Zeile der Liste sich das gesuchte Land befindet:

```
B2:  =SVERWEIS(A2;$E$2:$F$12;2;FALSCH)
```

> **Hinweis**
>
> Sehen Sie sich auch die Funktion WAHL() an. Wenn die Bedingung einen numerischen Index formulieren kann, geben Sie diesen in einer WAHL-Funktion an. Typisches Beispiel: Eine Monatsreihe von Januar bis Dezember wird nach der Monatszahl durchsucht:
>
> ```
> A1:  3
> A2:  =WAHL(A1;"Januar";"Februar";"März";"April";"Mai";"Juni";"Juli";"August";
> "September";"Oktober";"November";"Dezember")
> ```

11.6   Die Funktion WENNFEHLER()

Auf diese Funktion mussten Excel-Formelexperten lange warten, sie war längst überfällig. Mit WENNFEHLER() werden Fehler in Formeln aufgedeckt oder – in den meisten Fällen – absichtliche Fehler verdeckt:

=WENNFEHLER(Wert;Wert_falls_Fehler)

Das Argument *Wert* ist der Ausdruck oder die Formel, die auf einen Fehler überprüft wird. Der Wert kann folgende Fehlerwerte zum Ergebnis haben:

#NV	#ZAHL!
#WERT!	#NAME?
#BEZUG!	#NULL!
#DIV/0!	

Im zweiten Argument *Wert_falls_Fehler* wird ein Text oder eine Formel angegeben, die als Ergebnis angezeigt wird, wenn der erste Ausdruck einen Fehler produziert. Beide Argumente müssen angegeben werden:

```
=WENNFEHLER(100/0;"")         Ergebnis: leere Zelle
=WENNFEHLER(100/0;"Fehler")   Ergebnis: „Fehler"
=WENNFEHLER(100/10)           Ergebnis: 10
```

In den Vorgängerversionen bis Excel 2003 mussten Fehler etwas umständlicher abgefangen werden, wie dieses Beispiel zeigt. Die Liste enthält statistische Angaben über deutsche Bundesländer, über eine Formel mit der Funktion SVERWEIS wird die Information abgerufen:

G2 =WENNFEHLER(SVERWEIS(F2;A1:C17;3;FALSCH);"")

	A	B	C	D	E	F	G
1	Land	Einwohner	Fläche			Bundesland:	Fläche:
2	Baden-Württemberg	10 Mio	35.751			Sachsen	18.338
3	Bayern	11.6 Mio	70.535				
4	Berlin	3,45 Mio	889				
5	Brandenburg	2,67 Mio	29.053				
6	Bremen	0,68 Mio	404				
7	Hamburg	1,69 Mio	755				
8	Hessen	5,89 Mio	21.114				
9	Mecklenburg-Vorpom	1,85 Mio	23.170				
10	Niedersachsen	7,48 Mio	47.343				
11	Nordrhein-Westfalen	17,69 Mio	34.070				
12	Rheinland-Pfalz	3,88 Mio	19.846				
13	Saarland	1,08 Mio	2.570				
14	Sachsen	4,6 Mio	18.338				
15	Sachsen-Anhalt	2,8 Mio	20.443				
16	Schleswig-Holstein	2,7 Mio	15.731				
17	Thüringen	2,54 Mio	16.251				
18							
19							
20							

WENNFEHLER()

Abbildung 11.17: Statistische Informationen und eine Auswertung über SVERWEIS()

Um das Ergebnis abzusichern, kann der Verweis mit den beiden Funktionen WENN() und ISTFEHLER() kombiniert werden:

```
=WENN(ISTFEHLER(SVERWEIS(F2;A1:C17;3;FALSCH));"";SVERWEIS(F2;A1:C17;3;FALSCH))
```

Die Funktion WENNFEHLER() erledigt diese Aufgabe etwas eleganter, hier muss die Verweisfunktion nur einmal eingeben werden:

```
=WENNFEHLER(SVERWEIS(F2;A1:C17;3;FALSCH);"")
```

Werden in WENNFEHLER() Matrizen (Arrays) benutzt, berechnet die Funktion jedes einzelne Element der Matrix und gibt für dieses einen Fehler aus. Sie können damit ganze Zeilen oder Spalten von Bereichen berechnen und brauchen nur eine Formel dazu. Hier im Beispiel eine Gegenüberstellung von Kosten einzelner Kostenstellen. Die Formel berechnet die Differenz der beiden Jahre und stößt natürlich auf einen Fehler, wenn für das zweite Jahr noch keine Angabe (k.A.) gemacht wurde:

D5 =C5-B5

	A	B	C	D
1				
2				
3				
4	Kostenstelle	Ausgaben 2009	Ausgaben 2010	Steigerung
5	300-10	2.300	3.200	900
6	300-20	2.100	3400	1.300
7	300-30	4.200	k.A.	#WERT!
8	300-40	4.500	2100	-2.400
9	300-50	3.400	k.A.	#WERT!
10	300-60	2.100	2100	0
11	300-70	900	4500	3.600
12				

WENNFEHLER() 2

Abbildung 11.18: Kostendifferenzen berechnen

1. Markieren Sie den Bereich D5:D11 und geben Sie die Formel ein:

   `=WENNFEHLER($C$5:$C$11-$B$5:$B$11;"")`

2. Drücken Sie [Strg]+[↵], um die Formel auf alle markierten Zellen zu verteilen.

Eine Matrixformel, mit [Strg]+[⇧]+[↵] erzeugt, ist zwar auch möglich, aber nicht nötig, da WENNFEHLER() die Elemente einzeln berechnet. Wenn Sie mit variablen Bereichen arbeiten, die ihre Größe ändern, weisen Sie dem Bereich einen Bereichsnamen zu und verwenden die INDEX()-Funktion, um einzelne Spalten zu adressieren:

`=WENNFEHLER(INDEX(KSLISTE;;3)-INDEX(KSLISTE;;2);"")`

Mit WENNFEHLER() in Tabellen rechnen

Die Tabelle ist für variable Bereiche das ideale Medium, sie erweitert sich automatisch, wenn neue Zeilen oder Spalten hinzukommen und bietet die Möglichkeit, die Berechnungen zu integrieren:

1. Markieren Sie den Bereich mit den Kostenstellennummern und den Ausgaben der einzelnen Jahre.

2. Erstellen Sie mit EINFÜGEN/TABELLEN/TABELLE eine Tabelle, weisen Sie dieser über TABELLENTOOLS/ENTWURF/EIGENSCHAFTEN den Tabellennamen *tbl_Ksliste* zu.

3. Ziehen Sie die Markierung rechts unten an der letzten Zelle nach rechts, um eine neue Spalte einzufügen. Tragen Sie als Spaltenüberschrift *Differenz* ein.

4. Schreiben Sie in die erste Zeile dieser Spalte (nach der Überschrift) diese Formel. Für die Spaltennamen in eckigen Klammern ziehen Sie die Markierung über alle Zeilen der Spalte:

   `=WENNFEHLER([Ausgaben 08]-[Ausgaben 07];"")`

Die Formel wird automatisch auf alle Zeilen der Tabelle kopiert und selbstständig nachkopiert, wenn neue Zeilen hinzugefügt werden.

Abbildung 11.19: Mit WENNFEHLER wird das Arbeiten in Tabellen einfacher.

KAPITEL 12

Technische Funktionen

Die Funktionskategorie *Technisch* dürfte sowohl für Einsteiger in die neue Version Excel 2010 als auch für Umsteiger aus einer der Vorgängerversionen ab Version 2003 neu sein. Wem in der Version bis 2003 das Add-in Analyse-Funktionen (*Extras/Add-Ins*) aufgefallen war, der hatte die Gelegenheit, die meisten Funktionen unter der Kategoriebezeichnung *Technisch* kennenzulernen. Ab Excel 2007 gibt es diese Spezialfunktionen offiziell in der Funktionsliste, in Excel 2007 hieß die Kategorie noch *Konstruktion*. In Excel 2010 wurde sie wieder umbenannt in *Technisch*. Wie Sie sehen werden, sind die meisten Funktionen dieser Kategorie wirklich sehr speziell. Hier eine Aufstellung:

Funktion	Beschreibung
BESSELI()	Liefert die modifizierte Bessel-Funktion In(x).
BESSELJ()	Liefert die Bessel-Funktion Jn(x).
BESSELK()	Liefert die modifizierte Bessel-Funktion Kn(x).
BESSELY()	Liefert die Bessel-Funktion Yn(x).
BININDEZ()	Wandelt eine binäre Zahl (Dualzahl) in eine dezimale Zahl um.
BININHEX()	Wandelt eine binäre Zahl (Dualzahl) in eine hexadezimale Zahl um.
BININOKT()	Wandelt eine binäre Zahl (Dualzahl) in eine oktale Zahl um.
DELTA()	Überprüft, ob zwei Werte gleich sind.
DEZINBIN()	Wandelt eine dezimale Zahl in eine binäre Zahl (Dualzahl) um.
DEZINHEX()	Wandelt eine dezimale Zahl in eine hexadezimale Zahl um.
DEZINOKT()	Wandelt eine dezimale Zahl in eine oktale Zahl um.
GAUSSF.GENAU()	Liefert die Gaußsche Fehlerfunktion (mit Untergrenze).
GAUSSFEHLER()	Liefert die Gaußsche Fehlerfunktion (mit Ober- und Untergrenze).
GAUSSFKOMPL()	Liefert das Komplement zur Gaußsche Fehlerfunktion.
GAUSSFKOMPL.GENAU()	Liefert das genaue Komplement zur Gaußsche Fehlerfunktion.
GGANZZAHL()	Überprüft, ob eine Zahl größer als ein gegebener Schwellenwert ist
HEXINBIN()	Wandelt eine hexadezimale Zahl in eine binäre Zahl (Dualzahl) um.
HEXINDEZ()	Wandelt eine hexadezimale Zahl in eine dezimale Zahl um.
HEXINOKT()	Wandelt eine hexadezimale Zahl in eine oktale Zahl um.
IMABS()	Liefert den Absolutbetrag (Modul) einer komplexen Zahl.
IMAGINÄRTEIL()	Liefert den Imaginärteil einer komplexen Zahl.
IMAPOTENZ()	Potenziert eine komplexe Zahl mit einer ganzen Zahl.
IMARGUMENT()	Liefert den Winkel im Bogenmaß zur Darstellung der komplexen Zahl in trigonometrischer Schreibweise.
IMCOS()	Liefert den Kosinus einer komplexen Zahl.

Tabelle 12.1: Die Konstruktionsfunktionen

Funktion	Beschreibung
IMDIV()	Liefert den Quotient zweier komplexer Zahlen.
IMEXP()	Liefert die algebraische Form einer in exponentieller Schreibweise vorliegenden komplexen Zahl.
IMKONJUGIERTE()	Liefert die konjugiert komplexe Zahl zu einer komplexen Zahl.
IMLN()	Liefert den natürlichen Logarithmus einer komplexen Zahl.
IMLOG10()	Liefert den Logarithmus einer komplexen Zahl zur Basis 10.
IMLOG2()	Liefert den Logarithmus einer komplexen Zahl zur Basis 2.
IMPRODUKT()	Liefert das Produkt von 2 bis 29 komplexer Zahlen.
IMREALTEIL()	Liefert den Realteil einer komplexen Zahl.
IMSIN()	Liefert den Sinus einer komplexen Zahl.
IMSUB()	Liefert die Differenz zweier komplexer Zahlen.
IMSUMME()	Liefert die Summe komplexer Zahlen.
IMWURZEL()	Liefert die Quadratwurzel einer komplexen Zahl.
KOMPLEXE()	Wandelt den Real- und Imaginärteil in eine komplexe Zahl um.
OKTINBIN()	Wandelt eine oktale Zahl in eine binäre Zahl (Dualzahl) um.
OKTINDEZ()	Wandelt eine oktale Zahl in eine dezimale Zahl um.
OKTINHEX()	Wandelt eine oktale Zahl in eine hexadezimale Zahl um.
UMWANDELN()	Wandelt eine Zahl von einem Maßsystem in ein anderes um.

Tabelle 12.1: Die Konstruktionsfunktionen (Forts.)

CD-ROM

Alle Beispiele in diesem Kapitel finden Sie auf der CD zum Buch unter *Technische Funktionen Beispiele.xlsx.*

12.1 Die Bessel-Funktionen

Die Lösungen der besselschen Differentialgleichung, benannt nach dem deutschen Mathematiker Friedrich Wilhelm Bessel, heißen Bessel-Funktionen. Sie werden in der Physik für Untersuchungen von Eigenschwingungen, Wasserwellen, Wärmeleitungen, Frequenzen und Lichtbeugungen verwendet. Excel bietet vier Bessel-Funktionen, die jeweils zwei Argumente benötigen. Beide Argumente müssen numerisch sein, es kann also eine Zahl, ein Bezug auf eine Zahl oder ein Bereichsname angegeben werden. Wenn das zweite Argument kleiner als 0 ist, wird der Fehlerwert #ZAHL! ausgegeben.

Technische Funktionen

$$J_n(x) = \sum_{r=0}^{\infty} \frac{(-1)^r (\frac{x}{2})^{2r+n}}{\Gamma(n+r+1)r!} \quad \text{und}$$
$$Y_n(x) = \lim_{p \to n} \frac{J_p(x)\cos p\pi - J_{-p}(x)}{\sin p\pi}$$

Abbildung 12.1: **Die Bessel-Funktionen**

12.1.1   BESSELI()

Diese Funktion liefert den Wert der modifizierten Bessel-Funktion In(x), die der für rein imaginäre Argumente ausgewerteten Bessel-Funktion Jn entspricht.

=BESSELI(x;n)

x ist der Wert, für den die Funktion ausgewertet werden soll.

n ist die Ordnung der Bessel-Funktion. Ist *n* keine ganze Zahl, werden deren Nachkommastellen abgeschnitten.

12.1.2   BESSELJ()

Liefert die Bessel-Funktion Jn(x).

=BESSELJ(x;n)

x ist der Wert, für den die Funktion ausgewertet werden soll.

n ist die Ordnung der Bessel-Funktion. Ist *n* keine ganze Zahl, werden deren Nachkommastellen abgeschnitten.

12.1.3   BESSELK()

Diese Funktion liefert den Wert der modifizierten Bessel-Funktion Kn(x), die den für rein imaginäre Argumente ausgewerteten Bessel-Funktionen Jn und Yn entspricht.

=BESSELK(x;n)

x ist der Wert, für den die Funktion ausgewertet werden soll.

n ist die Ordnung der Funktion. Ist *n* keine ganze Zahl, werden deren Nachkommastellen abgeschnitten.

12.1.4   BESSELY()

Diese Funktion liefert den Wert der Bessel-Funktion Yn(x), die auch als *Webersche Funktion* oder *Neumannsche Funktion* bekannt ist.

=BESSELY(x;n)

x ist der Wert, für den die Funktion ausgewertet werden soll.

n ist die Ordnung der Funktion. Ist *n* keine ganze Zahl, werden deren Nachkommastellen abgeschnitten.

12.2 Die Umwandlungsfunktionen für Zahlensysteme

Unser dezimales Zahlensystem mit den Ziffern 0 bis 9 ist nicht das einzige und auch nicht das wichtigste System für das Rechnen mit Ziffern. Der Binärcode, auch Dualsystem genannt, kommt mit den zwei Zahlen 0 und 1 aus und ist die Basis der Digitaltechnik. Alle Computer der Welt rechnen in diesem System, das von Gottfried Wilhelm Leibniz zum ersten Mal vollständig dokumentiert wurde.

Im Hexadezimalsystem werden Zahlen in einem Stellenwertsystem mit der Basis 16 dargestellt. Dieses System wird eingesetzt, um Dualzahlen kürzer zu beschreiben, es arbeitet dazu mit den Ziffern 0–9 und den Buchstaben A–F.

Im weniger gebräuchlichen Oktalsystem werden alle Zahlen auf der Basis 8 dargestellt, d.h., es verwendet die Ziffern 0 bis 8 für die Anzeige.

Dezimalsystem	0	1	2	3	4	5	6	7	8	9	10	11	12	13	14	15
Dualsystem	0	1	10	11	100	101	110	111	1000	1001	1010	1011	1100	1101	1110	1111
Oktalsystem	0	1	2	3	4	5	6	7	10	11	12	13	14	15	16	17
Hexadezimalsystem	0	1	2	3	4	5	6	7	8	9	A	B	C	D	E	F

Abbildung 12.2: Die vier Zahlensysteme im Vergleich

Excel bietet in der Gruppe der Konstruktionsfunktionen vier Funktionen zur Umwandlung von Zahlen in andere Zahlensysteme an. Alle Funktionen benötigen ein Argument, das numerisch sein muss, also eine Zahl, einen Bezug auf einen Zahlenwert oder einen Bereichsnamen enthalten kann, der auf einen Zahlenwert verweist.

12.2.1 BININDEZ()

Wandelt eine binäre Zahl (Dualzahl) in eine dezimale Zahl um.

=BININDEZ(Zahl)

Zahl ist die binäre Zahl, die Sie umwandeln möchten. Das Argument *Zahl* darf aus höchstens zehn Zeichen (zehn Bits) bestehen. Das signifikante Bit von *Zahl* ist das Vorzeichenbit (entspricht dem zehnten Bit von rechts). Die anderen neun Bits sind Betragsbits. Negative Zahlen werden mit der Zweier-Komplement-Schreibweise dargestellt.

> **Hinweis**
>
> Schreiben Sie binäre Zahlen mit einem Apostroph zu Beginn, damit Excel diese nicht mit dem Standard-Zahlenformat belegt und führende oder folgende Nullen entfernt.

```
A1: 1100100
A2: =BININDEZ(A1)          Ergebnis: 100
```

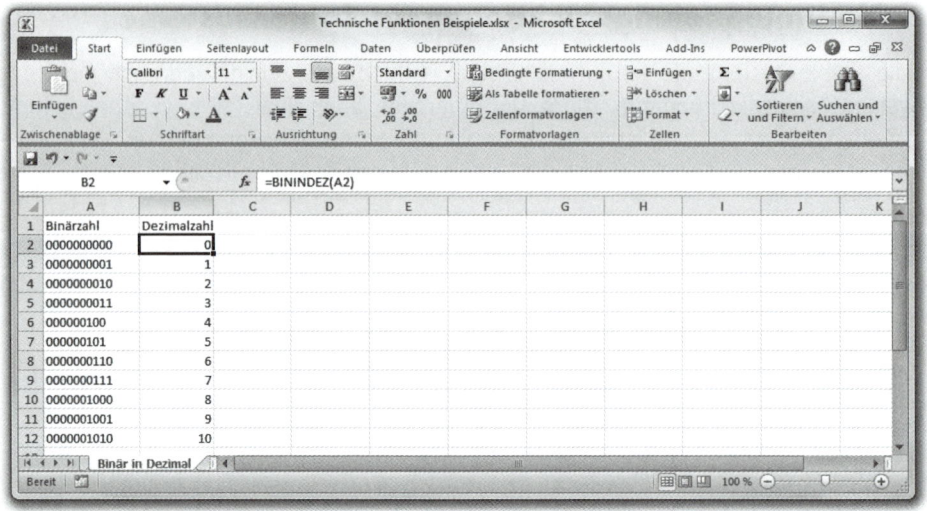

Abbildung 12.3: Binärzahlen in Dezimalzahlen umwandeln

12.2.2 BININHEX()

Wandelt eine binäre Zahl (Dualzahl) in eine hexadezimale Zahl um.

=BININHEX(Zahl;Stellen)

Zahl ist die binäre Zahl, die Sie umwandeln möchten. Das Argument *Zahl* darf aus höchstens zehn Zeichen (zehn Bits) bestehen. Das signifikante Bit von *Zahl* ist das Vorzeichenbit (entspricht dem zehnten Bit von rechts). Die anderen neun Bits sind Betragsbits. Negative Zahlen werden mit der Zweier-Komplement-Schreibweise dargestellt.

Stellen gibt an, wie viele Zeichen angezeigt werden sollen. Fehlt das Argument *Stellen*, verwendet BININHEX nicht mehr Zeichen, als unbedingt erforderlich sind. Das Argument *Stellen* ist speziell dann hilfreich, wenn der jeweilige Rückgabewert mit führenden Nullen aufgefüllt werden soll.

	B2	▾	ƒx	=BININHEX(A2)
	A	B	C	D
1	Binärzahl	Hexadezimalzahl		
2	0000000000	0		
3	0000000001	1		
4	0000000010	2		
5	0000000011	3		
6	000000100	4		
7	000000101	5		
8	0000000110	6		
9	0000000111	7		
10	0000001000	8		
11	0000001001	9		
12	0000001010	A		

Abbildung 12.4: Binärzahlen in Hexadezimalzahlen umwandeln

12.2.3   DEZINBIN()

Wandelt eine dezimale Zahl in eine binäre Zahl (Dualzahl) um.

=DEZINBIN(Zahl;Stellen)

Zahl ist die dezimale ganze Zahl, die Sie umwandeln möchten. Ist *Zahl* negativ, wird *Stellen* ignoriert und DEZINBIN liefert eine aus zehn Zeichen (zehn Bits) bestehende Binärzahl. Das signifikante Bit dieser Zahl ist das Vorzeichenbit (entspricht dem zehn. Bit von rechts). Die anderen neun Bits sind Betragsbits. Negative Zahlen werden mit der Zweier-Komplement-Schreibweise dargestellt.

Stellen gibt an, wie viele Zeichen angezeigt werden sollen. Fehlt das Argument *Stellen*, verwendet DEZINBIN nicht mehr Zeichen, als unbedingt erforderlich sind. *Stellen* ist speziell dann hilfreich, wenn der jeweilige Rückgabewert mit führenden Nullen aufgefüllt werden soll.

Das Argument *Zahl* muss zwischen –512 und 511 liegen, sonst gibt es einen #ZAHL!-Fehler, *Stellen* darf nicht null oder negativ sein.

12.2.4   Praxisbeispiel: Binärtabelle

Erstellen Sie eine Tabelle mit Dezimal- und Binärzahlen:

1. Schreiben Sie mit der Funktion ZEILE() die Zeilennummer in die erste Zelle eines Tabellenblatts:

   ```
   =ZEILE()
   ```

2. Kopieren Sie die Formel bis A10 und erstellen Sie zwei weitere Spalten:

   ```
   C1: =ZEILE()+10
   D1: =ZEILE()+20
   ```

3. Markieren Sie den Bereich B1:B10 und mit gedrückter ⎡Strg⎤-Taste D1:D10 und F1:F10.

4. Schreiben Sie die Funktion für die Umrechnung in das Dualsystem (F1 ist die aktive Zelle):

   ```
   F1: =DEZINBIN(E1;10)
   ```

5. Drücken Sie ⎡Strg⎤+⎡↵⎤, um die Formel auf die markierten Zellen zu verteilen.

	A	B	C	D	E	F	G
				fx	=DEZINBIN(E1;10)		
1	1	0000000001	11	0000001011	21	0000010101	
2	2	0000000010	12	0000001100	22	0000010110	
3	3	0000000011	13	0000001101	23	0000010111	
4	4	0000000100	14	0000001110	24	0000011000	
5	5	0000000101	15	0000001111	25	0000011001	
6	6	0000000110	16	0000010000	26	0000011010	
7	7	0000000111	17	0000010001	27	0000011011	
8	8	0000001000	18	0000010010	28	0000011100	
9	9	0000001001	19	0000010011	29	0000011101	
10	10	0000001010	20	0000010100	30	0000011110	
11							
12							

Dezimal in Binär

Abbildung 12.5: Mit der Funktion DEZINBIN() rechnen Sie Dezimalzahlen in Binärcode um.

Die nachfolgenden Funktionen arbeiten nach dem gleichen Muster, weshalb sie hier nur in Listenform aufgeführt sind:

Funktion	Beschreibung
BININOKT()	Wandelt eine binäre Zahl (Dualzahl) in eine oktale Zahl um.
HEXINBIN()	Wandelt eine hexadezimale Zahl in eine binäre Zahl (Dualzahl) um.
HEXINDEZ()	Wandelt eine hexadezimale Zahl in eine dezimale Zahl um.
HEXINOKT()	Wandelt eine hexadezimale Zahl in eine oktale Zahl um.
DEZINHEX()	Wandelt eine dezimale Zahl in eine hexadezimale Zahl um.
DEZINOKT()	Wandelt eine dezimale Zahl in eine oktale Zahl um.
OKTINBIN()	Wandelt eine oktale Zahl in eine binäre Zahl (Dualzahl) um.
OKTINDEZ()	Wandelt eine oktale Zahl in eine dezimale Zahl um.
OKTINHEX()	Wandelt eine oktale Zahl in eine hexadezimale Zahl um.

Tabelle 12.2: Weitere Umwandlungsfunktionen

12.3 Die Funktion DELTA()

Diese Funktion überprüft, ob zwei Werte gleich sind. Die Funktion liefert 1, wenn *Zahl1 = Zahl2* gilt; andernfalls liefert sie 0. Mit dieser Funktion können Sie eine Gruppe von Werten filtern. Beispielsweise können Sie durch Aufsummieren mehrerer DELTA-Funktionen berechnen, wie viele gleiche Zahlenpaare vorliegen. Diese Funktion wird auch als Kroneckersymbol bezeichnet.

=DELTA(Zahl1;Zahl2)

Zahl1 ist die erste Zahl.

Zahl2 ist die zweite Zahl. Fehlt das Argument *Zahl2*, wird es als null angenommen.

```
A1: 25
A2: 30
A3: =DELTA(A1;A2)          Ergebnis: 0
```

> **Hinweis**
>
> Diese Funktion hat schon manche Anwender vor unlösbare Rätsel gestellt, zum Beispiel Amateurfunker, die ihre Codes nach dem internationalen ICAO-Alphabet buchstabieren. Die Eingabe
>
> ```
> =Alpha Delta
> ```
>
> führt nämlich zu einem #NAME!-Fehlerwert, da Excel das Wort Delta als Funktion interpretiert. Setzen Sie es deshalb immer in Anführungszeichen:
>
> ```
> ="Alpha" "Delta"
> ```

12.4 Die Funktionen GAUSSFEHLER() und GAUSSFKOMPL()

Die Funktion GAUSSFEHLER() liefert das Ergebnis der zwischen *Untere_Grenze* und *Obere_Grenze* integrierten Fehlerfunktion.

$$\mathrm{ERF}(z) = \frac{2}{\sqrt{\pi}} \int_{0}^{z} e^{-t^2} dt$$

$$\mathrm{ERF}(a,b) = \frac{2}{\sqrt{\pi}} \int_{a}^{b} e^{-t^2} dt = \mathrm{ERF}(b) - \mathrm{ERF}(a)$$

Abbildung 12.6: Die Gaußsche Fehlerfunktion

=GAUSSFEHLER(Untere_Grenze;Obere_Grenze)

Untere_Grenze ist die untere Grenze für die Integration in ERF/GAUSSFEHLER.

Obere_Grenze ist die obere Grenze für die Integration in ERF/GAUSSFEHLER. Fehlt dieses Argument, integriert ERF/GAUSSFEHLER von *null* bis *Untere_Grenze*.

Beide Argumente, *Untere_Grenze* und *Obere_Grenze*, müssen numerisch sein und dürfen nicht negativ sein, sonst wird der Fehlerwert #WERT! bzw. #ZAHL! ausgegeben.

Die Funktion GAUSSFKOMPL() gibt das Komplement zur Gaußschen Fehlerfunktion zurück.

=GAUSSFKOMPL(Untere_Grenze)

Das Argument *Untere_Grenze* ist numerisch, es darf nicht negativ sein.

$$\mathrm{ERFC}(x) = \frac{2}{\sqrt{\pi}} \int_{x}^{\infty} e^{-t^2} dt = 1 - \mathrm{ERF}(x)$$

Abbildung 12.7: Das Komplement zur Gaußschen Fehlerfunktion

12.5 Die Funktion GAUSSF.GENAU()

Diese Funktion ist neu in Excel 2010, sie liefert die Gaußsche Fehlerfunktion.

> **Hinweis**
>
> In der Online-Hilfe wird die Funktion falsch als GAUSSF.PRÄZIS() beschrieben.

=GAUSSF.GENAU(x)

x ist die untere Grenze für die Integration.

12.6   Die Funktion GGANZZAHL()

Diese Funktion liefert den Wert 1, wenn *Zahl* größer oder gleich Schritt gilt; andernfalls liefert sie 0. Mit dieser Funktion können Sie eine Gruppe von Werten filtern. Beispielsweise können Sie durch Aufsummieren mehrerer GGANZZAHL-Funktionen berechnen, wie viele Werte größer sind als ein Schwellenwert.

=GGANZZAHL(zahl;Schritt)

Zahl ist der Wert, der gegen *Schritt* geprüft werden soll.

Schritt ist der Schwellenwert. Wenn Sie für *Schritt* keinen Wert angeben, arbeitet GGANZZAHL mit null.

12.7   Funktionen für komplexe Zahlen

Die komplexen Zahlen erweitern den Zahlenbereich der reellen Zahlen so, dass auch die Wurzeln negativer Zahlen berechnet werden können. Dazu wird die Zahl i eingeführt (i^2=-1). Excel stellt für die Kalkulation mit komplexen Zahlen eine Reihe von Funktionen zur Verfügung. Das erste und meist einzige Argument ist die komplexe Zahl, sie liegt in Textform vor. Achten Sie bei der Konstruktion des Arguments darauf, dass das Ergebnis eine Textreihe sein muss. So können Sie beispielsweise den Ausdruck für die Berechnung des Absolutwerts konstruieren, für den gilt:

$$\mathrm{IMABS}(z) = |z| = \sqrt{x^2 + y^2}$$

Hier gilt:

z = x + yi

beispielsweise mit x = 5 und y = 12.

```
B1: 5
B2: 12
B3: =B1&"+"&B2&"i"
B4: =IMABS(B3)
```

Abbildung 12.8: So wird der Textstring für den Absolutwert der komplexen Zahl konstruiert.

12.7.1 IMABS(Komplexe_Zahl)

Diese Funktion liefert den Absolutwert (Modul) einer als Zeichenfolge angegebenen komplexen Zahl. Akzeptiert werden Zeichenfolgen der Form x + yi oder x + yj.

Komplexe_Zahl ist die komplexe Zahl, deren Absolutwert Sie berechnen möchten. Geben Sie dieses Argument in Textform an.

```
A1: "5+12i"
A2: =IMABS(A1)              Ergebnis: 13
```

12.7.2 IMAGINÄRTEIL(Komplexe_Zahl)

Diese Funktion liefert den Imaginärteil einer komplexen Zahl, die als Zeichenfolge der Form x + yi oder x + yj vorliegt.

Komplexe_Zahl ist die komplexe Zahl, deren Imaginärteil Sie ermitteln möchten.

12.7.3 IMAPOTENZ(Komplexe_Zahl;Potenz)

Diese Funktion erhebt eine als Zeichenfolge der Form x + yi oder x + yj vorliegende komplexe Zahl in eine ganzzahlige Potenz.

Komplexe_Zahl ist die komplexe Zahl, die Sie in eine Potenz erheben möchten.

Potenz ist der Exponent, mit dem Sie die komplexe Zahl potenzieren möchten.

12.7.4 IMARGUMENT(Komplexe_Zahl)

Diese Funktion wird als Argument der komplexen Zahl z bezeichnet und ist ein im Bogenmaß vorliegender Winkel zur Darstellung von z in trigonometrischer Form, wobei folgende Umrechnungsformel gilt:

Komplexe_Zahl ist die komplexe Zahl, deren Argument Sie berechnen möchten.

12.7.5 IMCOS(Komplexe_Zahl)

Diese Funktion liefert den Kosinus einer komplexen Zahl, die als Zeichenfolge in der Form x + yi oder x + yj vorliegt.

Komplexe_Zahl ist die komplexe Zahl, deren Kosinus Sie berechnen möchten.

12.7.6 IMDIV(Komplexe_Zahl1;Komplexe_Zahl2)

Diese Funktion liefert den Quotient zweier komplexer Zahlen, die beide als Zeichenfolgen der Form x + yi oder x + yj erwartet werden.

Komplexe_Zahl1 ist der komplexe Zähler oder Dividend.

Komplexe_Zahl2 ist der komplexe Nenner oder Divisor.

Technische Funktionen

12.7.7   IMEXP(Komplexe_Zahl)

Diese Funktion liefert die algebraische Form einer in exponentieller Form vorliegenden komplexen Zahl, wobei deren Exponent als Zeichenfolge der Form x + yi oder x + yj eingegeben wird.

Komplexe_Zahl ist die komplexe Zahl, die den Exponent der in exponentieller Form vorliegenden komplexen Zahl angibt.

12.7.8   IMKONJUGIERTE(Komplexe_Zahl)

Diese Funktion liefert zu einer komplexen Zahl deren konjugierte komplexe Zahl, wobei die komplexe Zahl als Zeichenfolge der Form x + yi oder x + yj eingegeben wird.

Komplexe_Zahl ist die komplexe Zahl, deren konjugierte komplexe Zahl Sie erzeugen möchten.

12.7.9   IMLN(Komplexe_Zahl)

Diese Funktion berechnet den natürlichen Logarithmus einer komplexen Zahl, die als Zeichenfolge der Form x + yi oder x + yj eingegeben wird.

Komplexe_Zahl ist die komplexe Zahl, deren natürlichen Logarithmus Sie berechnen möchten.

12.7.10   IMLOG10(Komplexe_Zahl)

Diese Funktion liefert den gewöhnlichen Logarithmus (Basis 10) einer komplexen Zahl, die als Zeichenfolge der Form x + yi oder x + yj eingegeben wird.

Komplexe_Zahl ist die komplexe Zahl, deren gewöhnlichen (dekadischen) Logarithmus Sie berechnen möchten.

12.7.11   IMLOG2(Komplexe_Zahl)

Diese Funktion liefert den Zweierlogarithmus (Basis 2) einer komplexen Zahl, die als Zeichenfolge der Form x + yi oder x + yj eingegeben wird.

Komplexe_Zahl ist die komplexe Zahl, deren Zweierlogarithmus Sie berechnen möchten.

12.7.12   IMPRODUKT(Komplexe_Zahl1;Komplexe_Zahl2; ...)

Diese Funktion liefert das Produkt komplexer Zahlen, die beide als Zeichenfolgen der Form x + yi oder x + yj erwartet werden.

Komplexe_Zahl1;Komplexe_Zahl2; ... sind 2 bis 29 komplexe Zahlen, die multipliziert werden sollen.

12.7.13   IMREALTEIL(Komplexe_Zahl)

Diese Funktion liefert den Realteil einer komplexen Zahl, die als Zeichenfolge der Form x + yi oder x + yj eingegeben wird.

Komplexe_Zahl ist die komplexe Zahl, deren Realteil Sie ermitteln möchten.

12.7.14   IMSIN(Komplexe_Zahl)

Diese Funktion liefert den Sinus einer komplexen Zahl, die als Zeichenfolge der Form x + yi oder x + yj eingegeben wird.

Komplexe_Zahl ist die komplexe Zahl, deren Sinus Sie berechnen möchten.

12.7.15   IMSUB(Komplexe_Zahl1;Komplexe_Zahl2)

Diese Funktion liefert die Differenz zweier komplexer Zahlen, die beide als Zeichenfolgen der Form x + yi oder x + yj erwartet werden.

Komplexe_Zahl1 ist die komplexe Zahl, von der *Komplexe_Zahl2* subtrahiert werden soll.

Komplexe_Zahl2 ist die komplexe Zahl, die von *Komplexe_Zahl1* subtrahiert werden soll.

12.7.16   IMSUMME(Komplexe_Zahl1;Komplexe_Zahl2; ...)

Diese Funktion liefert die Summe von zwei oder mehr komplexen Zahlen, die als Zeichenfolgen der Form x + yi oder x + yj erwartet werden.

Komplexe_Zahl1;Komplexe_Zahl2; ... sind 1 bis 29 komplexe Zahlen, die Sie addieren möchten.

12.7.17   IMWURZEL(Komplexe_Zahl)

Diese Funktion liefert die Quadratwurzel einer komplexen Zahl, die als Zeichenfolge der Form x + yi oder x + yj eingegeben wird.

Komplexe_Zahl ist die komplexe Zahl, deren Quadratwurzel Sie berechnen möchten.

12.7.18   KOMPLEXE(Realteil;Imaginärteil;Suffix)

Diese Funktion bildet aus einer reellen Zahl (Realteil) und einer imaginären Zahl (Imaginärteil) eine komplexe Zahl der Form x + yi oder x + yj.

Realteil ist der Realteil der komplexen Zahl.

Imaginärteil ist der Imaginärteil der komplexen Zahl.

Suffix ist der Buchstabe, der für die imaginäre Einheit der komplexen Zahl verwendet werden soll. Fehlt das Argument *Suffix*, wird es als "i" angenommen.

12.8 Die Funktion UMWANDELN()

Wandelt eine Zahl von einem Maßsystem in ein anderes um. Zum Beispiel kann UMWANDELN Entfernungen, die in einer Tabelle in Meilen angegeben sind, so umwandeln, dass sie in Kilometern vorliegen.

=UMWANDELN(Zahl;Von_Maßeinheit;In_Maßeinheit)

Von_Maßeinheit ist die Maßeinheit von Zahl.

In_Maßeinheit ist die Maßeinheit des Ergebnisses.

Das Argument *Zahl* bezeichnet eine Zelle, einen Bereichsnamen oder eine Zahl. Mit *Von_ Maßeinheit* geben Sie die Maßeinheit ein, die es umzuwandeln gilt, und *In_Maßeinheit* bekommt die Maßeinheit des Ergebnisses. Beide Argumente werden in Anführungszeichen gesetzt.

```
A1: 100
A2: =UMWANDELN(A1;"m";"yd")     Ergebnis: 106
```

UMWANDELN() kann nicht nur Yards in Meter umrechnen. Die Funktion bietet eine Fülle von Maßeinheiten aus den unterschiedlichsten Bereichen (Physik, metrische Maße, Schriftgrößen). Das Hilfefenster zur Funktion zeigt alle Maßeinheiten an, hier eine Auswahl:

Umwandlung	Maßeinheiten
Maße	von Gramm bis Unze
Längen	Meter, Meilen, Zoll, Yards und Pica (Schriftmaß)
Zeit	von Jahr bis Sekunde
Druck	Pascal, atm und mmHg
Kraft und Energie	Newton, Volt, Watt u.a.
Leistung, Magnetismus, Temperatur	PS und Watt, Grad und Fahrenheit u.a.
Flüssigkeiten	Unze, Gallone, Liter u.a.

Tabelle 12.3: Maßeinheiten für die Funktion UMWANDELN()

12.8.1 Praxisbeispiel: Meter in Yards umrechnen

Das Umwandeln von Maßeinheiten macht vor allem dem Golfspieler zu schaffen: Die Längenangaben vieler Golfplätze sind im US-Format Yards abgefasst; im Gegensatz zu den englischsprachigen Europäern, die langsam auf das metrische Standardmaß umstellen, findet man über dem großen Teich ausschließlich diese historischen Maße. Der Golfer, der seine Spielfortschritte mit Excel protokolliert und überwacht, kommt also nicht umhin, die Abmessungen von Kursen in Meter umzurechnen. Umgekehrt ist es üblich, in Deutschland die Metermaße für ausländische Gäste in Yards anzugeben.

Hier eine Tabelle mit den Längenangaben einer Golfanlage. Fassen Sie die Werte für Herren und Damen zusammen und berechnen Sie die Längen in Yards:

E5: =C5&" / "&D5
F5: =RUNDEN(UMWANDELN(C5;"m";"yd");0)&" / "&RUNDEN(UMWANDELN(D5;"m";"yd");0)

	F5	▼ (●	fx	=RUNDEN(UMWANDELN(C5;"m";"yd");0)&" / "&RUNDEN(UMWANDELN(D5;"m";"yd");0)				
	A	B	C	D	E	F	G	H	I
1									
2									
3									
4	Loch	Par	Herren	Damen	Herren/Damen (Meter)	Men/Women (yards)			
5	1	4	392	367	392 / 367	429 / 401			
6	2	4	349	294	349 / 294	382 / 322			
7	3	4	286	255	286 / 255	313 / 279			
8	4	4	276	247	276 / 247	302 / 270			
9	5	3	157	141	157 / 141	172 / 154			
10	6	4	399	354	399 / 354	436 / 387			
11	7	5	483	420	483 / 420	528 / 459			
12	8	3	181	147	181 / 147	198 / 161			
13	9	4	406	372	406 / 372	444 / 407			
14	10	4	406	369	406 / 369	444 / 404			
15	11	5	454	406	454 / 406	497 / 444			
16	12	3	188	168	188 / 168	206 / 184			
17	13	4	393	355	393 / 355	430 / 388			
18	14	4	373	333	373 / 333	408 / 364			
19	15	5	479	429	479 / 429	524 / 469			
20	16	4	317	282	317 / 282	347 / 308			
21	17	3	158	140	158 / 140	173 / 153			
22	18	5	439	396	439 / 396	480 / 433			

Abbildung 12.9: Die Maßeinheiten sind in Yards umgewandelt und zusammengefasst.

12.8.2   Praxisbeispiel: Maßeinheitenrechner

Für die Aufgabe, mehrere unterschiedliche Maßeinheiten in Tabellenbereichen umzurechnen, können Sie natürlich ständig in der Hilfefunktion blättern und die passenden Codes für die Funktion UMWANDELN() suchen. Sie können aber auch eine automatische Liste erstellen, die nicht nur alle Maßeinheiten anbietet, sondern auch die Codes selbstständig findet und das Ergebnis kalkuliert.

Schritt 1

Erstellen Sie eine Liste mit allen Maßeinheiten, aufgeteilt in Kategorien und mit Angabe der Zeichen in der letzten Spalte. Wandeln Sie die Liste in eine Tabelle um (EINFÜGEN/TABELLE) und nennen Sie die Tabelle *tbl_ME* (TABELLENTOOLS/EIGENSCHAFTEN).

⊿	A	B	C	D
1	**Kategorie**	**Maßeinheit**	**Zeichen**	
2	Entfernungen	Ångstrom	ang	
3	Druck	Atmosphäre	atm	
4	Energie	BTU	BTU	
5	Kraft	Dyne	dyn	
6	Energie	Elektrovolt	eV	
7	Energie	Erg	e	
8	Flüssigmaße	Esslöffel	tbs	
9	Entfernungen	Feste Meile	mi	
10	Flüssigmaße	Flüssigunze	ozm	
11	Entfernungen	Fuß	ft	
12	Energie	Fuß-Pound	flb	
13	Flüssigmaße	Gallone	gal	
14	Magnetismus	Gauss	ga	
15	Temperatur	Grad Celsius	C	
16	Temperatur	Grad Fahrenheit	F	
17	Temperatur	Grad Kelvin	K	
18	Gewicht und Masse	Gramm	g	
19	Energie	IT-Kalorie	cal	
20	Zeit	Jahr	yr	
21	Energie	Joule	J	
22	Flüssigmaße	Liter	l	
23	Entfernungen	Meter	m	
24	Zeit	Minute	mn	

Maßeinheiten

Abbildung 12.10: Die Maßeinheitentabelle

Schritt 2

Legen Sie ein Tabellenblatt mit einer Liste an, die je eine Spalte für die Maßeinheit und die umzuwandelnde Maßeinheit anbietet. Berechnen Sie in der Spalte daneben mit der Funktion VERGLEICH(), wo sich die erste Maßeinheit in der Tabelle befindet. Als Suchbereich können Sie die Tabellenspalte (tbl_ME[Maßeinheit]) angeben, mit dem Argument 0 stellen Sie sicher, dass der Vergleich eindeutig ausfällt. Packen Sie den Vergleich in eine WENNFEHLER()-Funktion, damit Sie die Formel nach unten kopieren können.

Kopieren Sie die Formel nach rechts auf die nächste Spalte, sie gilt auch für die zweite Maßeinheit.

D4			f_x =WENNFEHLER(VERGLEICH(B4;tbl_ME[Maßeinheit];0);"")				
⊿	A	B	C	D	E	F	G
1	**Maßeinheitenrechner**						
2							
3	Menge	Umwandeln von	Umwandeln in	Pos1	Pos2	Ergebnis	
4	1	Liter	U.K. Pint	21	42	1,76	
5	12	Feste Meile	Seemeile	8	32	10,43	
6	20	Gallone	Liter	12	21	75,71	
7	12,5	Grad Celsius	Grad Kelvin	14	16	285,65	
8							
9							
10							
11							
12							
13							

Maßeinheitenrechner

Abbildung 12.11: Der Vergleich sucht die Position der Maßeinheit in der Tabelle.

Technische Funktionen

Schritt 3

Berechnen Sie mit der Funktion INDEX(), wo der benötigte Umwandlungscode in der Tabellenspalte *Zeichen* steckt. Dazu geben Sie die zuvor errechnete Position als Zeilennummer an; die Spaltennummer ist 1:

```
=INDEX(tbl_Me[Zeichen];D4;1)
=INDEX(tbl_Me[Zeichen];E4;1)
```

Jetzt können Sie mit UMWANDELN() die Maßeinheit berechnen. Verwenden Sie die beiden Indizes als Argumente:

```
UMWANDELN(A4;INDEX(tbl_ME[Zeichen];D4;1);INDEX(tbl_ME[Zeichen];E4;1))
```

Mit WENNFEHLER() stellen Sie noch sicher, dass die Formel nach unten kopiert werden kann und keinen Fehler liefert, wenn keine Maßeinheiten angegeben sind.

	F4	▼	*fx*	=WENNFEHLER(UMWANDELN(A4;INDEX(tbl_ME[Zeichen];D4;1);INDEX(tbl_ME[Zeichen];E4;1));"")

	A	B	C	D	E	F	G	H	I	J	K
1	**Maßeinheitenrechner**										
2											
3	Menge	Umwandeln von	Umwandeln in	Pos1	Pos2	Ergebnis					
4	1	Liter	U.K. Pint	21	42	1,76					
5	12	Feste Meile	Seemeile	8	32	10,43					
6	20	Gallone	Liter	12	21	75,71					
7	12,5	Grad Celsius	Grad Kelvin	14	16	285,65					
8											
9											
10											
11											
12											
13											

Maßeinheitenrechner

Abbildung 12.12: Der Maßeinheitenrechner berechnet das Ergebnis mit einer Kombination aus drei Funktionen.

Die Spalten B und C statten Sie am besten noch mit einer Datenüberprüfungsliste aus. Da diese aber nur Bezüge aus der gleichen Tabelle oder Bereichsnamen akzeptiert, erstellen Sie zuvor mit FORMEL/DEFINIERTE NAMEN/NAMEN DEFINIEREN im Tabellenblatt *Maßeinheiten* einen Bereichsnamen, der sich auf die zweite Spalte der Tabelle bezieht:

```
Name: Masseinheiten
Bezieht sich auf: =tbl_ME[Maßeinheit]
```

Jetzt können Sie für die Spalten B und C unter DATEN/DATENTOOLS/DATENÜBERPRÜFUNG eine Liste definieren, die den Bezug auf den Bereichsnamen als Quelle hat:

Zulassen: Liste
Bezieht sich auf: =Masseinheiten

	A	B	C	D	E	F
1	**Maßeinheitenrechner**					
2						
3	Menge	Umwandeln von	Umwandeln in	Pos1	Pos2	Ergebnis
4	1	Liter	U.K. Pint	21	42	1,76
5	12	Feste Meile	U (Atommasseeinheit)	8	32	10,43
6	20	Gallone	U.K. Pint	12	21	75,71
			U.S. Pint			
7	12,5	Grad Celsius	Unze (Handelsgewicht)	14	16	285,65
8			Watt			
9			Wattstunde			
10			Yard			
11			Zoll			

Abbildung 12.13: Die Datenüberprüfungsliste bietet alle Maßeinheiten an.

KAPITEL 13

Die Cube-Funktionen

Diese Funktionskategorie ist den Anwendern von OLAP-Cubes vorbehalten. Cube-Funktionen liefern Auswertungen aus OLAP-Cubes, die mit einem entsprechenden System produziert wurden. Hier eine Übersicht:

Funktion	Erklärung
CUBEELEMENT()	Gibt ein Element oder Tupel in einem Cube zurück.
CUBEELEMENTEIGENSCHAFT()	Gibt den Wert einer Elementeigenschaft aus dem Cube zurück.
CUBERANGELEMENT()	Gibt das Element eines Cubes zurück, das dem angegebenen Rang entspricht.
CUBEKPIELEMENT()	Gibt Eigenschaft und Measure eines key performance indicator (KPI) zurück und zeigt den Namen des KPI in der Zelle an.
CUBEMENGE()	Definiert einen berechneten Satz von Elementen oder Tupeln.
CUBEMENGENANZAHL()	Gibt die Anzahl der Elemente in einem Datensatz zurück.
CUBEWERT()	Gibt einen aggregierten Wert aus dem Cube zurück.

Tabelle 13.1: Liste der Cube-Funktionen

13.1   Vom Data Warehouse zum Cube

Datenbanken zu konfigurieren und zu verwalten, ist keine Domäne von Excel, dazu gibt es weitaus bessere Programme. Das DBMS (database management system) kommt hier zum Einsatz, für kleinere Aufgaben gibt es Microsoft Access, SAP, SQL Server oder Oracle managen die großen Aufgaben. Neben der klassischen Datenbank gewinnt das Data Warehouse immer mehr an Bedeutung. In diesem werden Daten aus unterschiedlichen Quellen zusammengefasst, es bietet die Möglichkeit, unterschiedlich strukturierte Informationen aus verschiedenen Quellen zu bündeln und zu integrieren.

OLAP-Systeme sind Werkzeuge im Data Warehouse, die Informationen unabhängig von Transaktionsprozessen darstellen und auswerten. Die Daten werden als Elemente eines mehrdimensionalen Würfels (engl. Cube) angeordnet. Die Dimensionen des Cube beschreiben diese Daten und eröffnen den Zugriff auf diese. Daten können über eine oder mehrere Achsen des Würfels ausgewählt werden. Die Bezeichnung OLAP stammt aus der Datenanalyse, dem *Online Analytical Processing*.

13.1.1   OLAP-Systeme

Den OLAP-Markt teilen sich wenige Anbieter. Neben Microsoft buhlen Hyperion, Cognos, Business Objects, SAP und Microstrategy um die Gunst der Großkunden. Das meistverbreitete System heißt *Analysis Services* und ist Teil des *Microsoft SQL Server*.

CD-ROM

Für die Beschreibungen in diesem Kapitel bedienen wir uns aus dieser Beispieldatenbank. Die Cubes können Sie auch offline von der CD zum Buch laden, falls kein SQL-Server zur Verfügung steht.

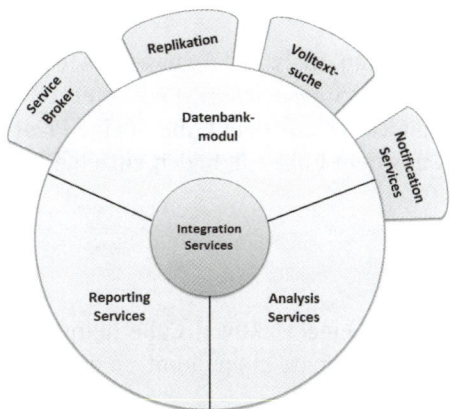

Abbildung 13.1: Die Analysis Services als Teil des SQL-Server-Konzepts

Ab der Version 2005 stellt der SQL-Server eine Beispielanwendung namens *AdventureWorks* zur Verfügung. Die Datenstruktur der fiktiven Firma *Adventure Works Cycles* ist in einer Datenbank (AdventureWorks), in einem Data Warehouse (AdventureWorksDW) und in einer OLAP-Datenbank für die Analysis Services (AdvetureWorksAS) abgebildet.

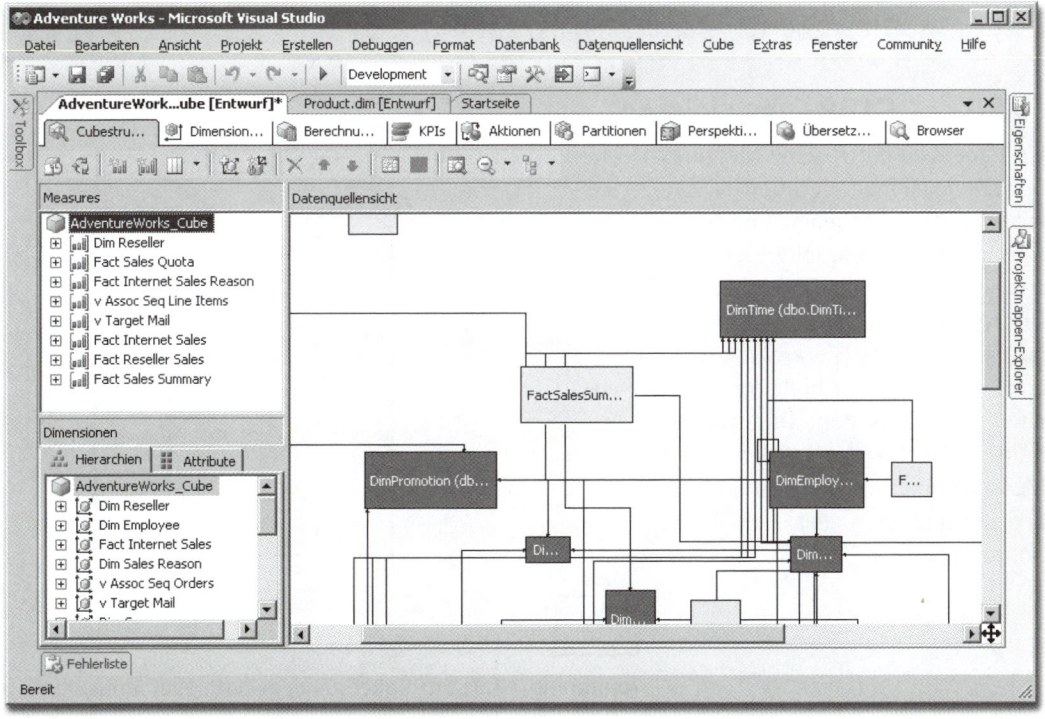

Abbildung 13.2: Die Beispielanwendung AdventureWorks stellt fertige Cubes zur Verfügung.

529

13.1.2   Excel in DW und OLAP

Excel übernimmt im Data Warehouse die Rolle eines Reporting-Tools mit Analysewerkzeugen und Diagrammen. Cubes werden im OLAP-System erzeugt und gespeichert, Excel stellt eine dynamische Verbindung zum OLAP-Server her und liest die Daten aus dem Cube in eine Pivot-Table ein. Die Cube-Funktionen bedienen sich ebenfalls aus dem Cube, sie bilden einzelne Elemente oder aggregierte Werte ab.

13.2   OLAP-Cubes aus SQL-Server

Um eine Cube-Funktion zu testen, muss eine Verbindung zu einem aktiven Cube hergestellt werden. Auf dem SQL-Server werden dem Benutzer die Zugriffsrechte eingeräumt, so dass dieser eine Online-Verbindung herstellen kann.

> **Achtung**
>
> Achten Sie darauf, dass die Standardinstallation des SQL-Servers nicht die neuen Beispieldateien AdventureWorks (OLTP) und AdventureWorksDW (Data Warehouse) einrichtet, auch die Beispieldatei für die Analysis-Services, die für die OLAP-Cubes zuständig sind, wird nicht installiert (Adventure Works DW). In diesem Artikel der Microsoft MSDN-Library finden Sie die Beschreibung zur Installation der Beispieldateien:
>
> `http://msdn2.microsoft.com/de-de/library/ms143804.aspx`

13.2.1   OLAP-Cube einlesen

Ein Cube wird durch seine Measures und Dimensionen definiert. Diese leiten sich aus Tabellen und Sichten in der Datenquellensicht ab, aus der der Cube die Daten bezieht. Dimensionen basieren auf Attributen, aus denen Hierarchien definiert werden. Die Abbildung zeigt einen Cube aus dem Data Warehouse *AdventureWorksAW* mit den Measures *Packages* und *Last* und den drei verwandten Dimensionen *Route*, *Source* und *Time*.

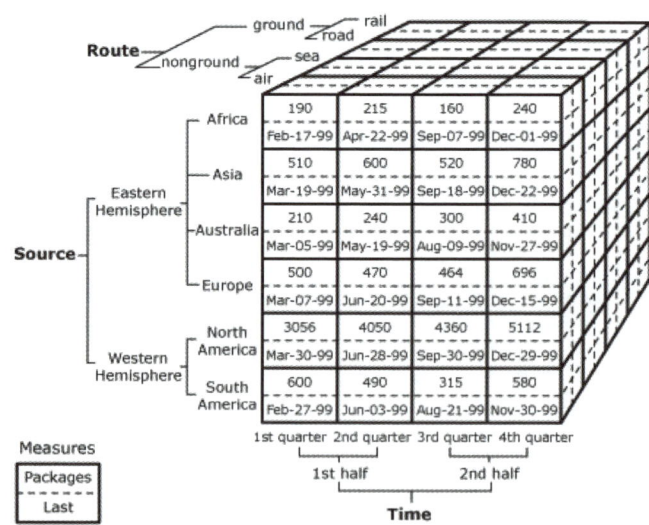

Abbildung 13.3: Ein Cube aus dem Data Warehouse AdventureWorksAW

Holen Sie einen der vorbereiteten Cubes aus dem Data Warehouse *AdventureWorks*. Der Cube enthält viele Dimensionen und Measures, erstellen Sie einen PivotTable-Bericht, der einzelne Dimensionen und Elemente auswertet.

1. Setzen Sie den Zellzeiger in eine leere Tabelle.
2. Wählen Sie auf der Registerkarte DATEN EXTERNE DATEN ABRUFEN/AUS ANDEREN QUELLEN.
3. Klicken Sie auf VON ANALYSIS SERVICES.
4. Geben Sie den Servernamen und die Anmeldeinformationen ein.
5. Der Datenverbindungs-Assistent bietet Datenbanken an, die in den Analysis Services definiert sind. Klicken Sie auf einen der angebotenen Cubes und schalten Sie weiter.

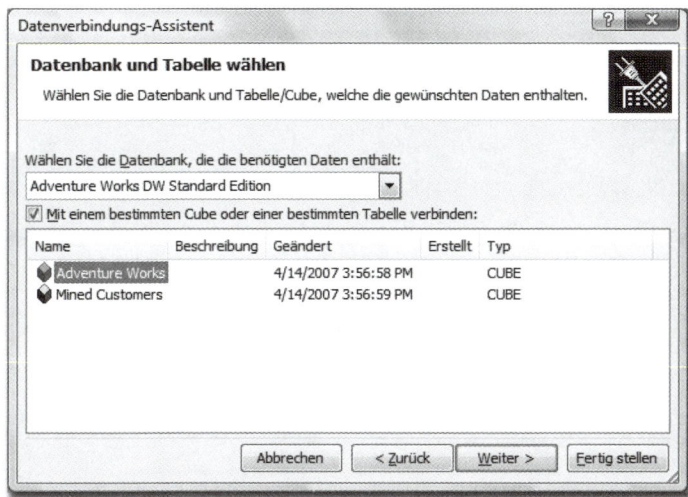

Abbildung 13.4: Die OLAP-Datenbank mit allen Cubes wird angeboten.

6. Geben Sie der Verbindung im Feld *Dateiname* einen (möglichst kurzen) Namen, schreiben Sie

   `AW_Cub1.odc`

7. Tragen Sie eine Beschreibung ein, die diese Verbindung dokumentiert:

   `Verbindung zum Data Warehouse AdventureWorksAW`

8. Ändern Sie den Namen der Verbindung unter *Anzeigename*. Geben Sie hier »AW« ein.
9. Speichern Sie mit Klick auf FERTIG STELLEN die Verbindung und die Verbindungsdatei.

Die Cube-Funktionen

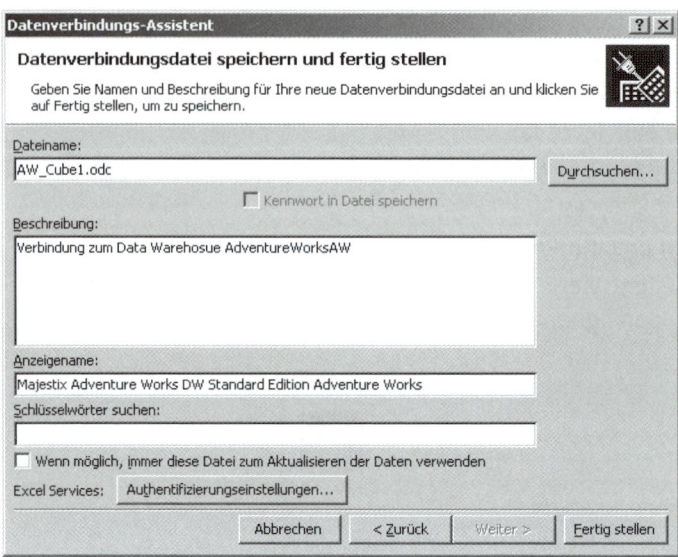

Abbildung 13.5: Hier werden Dateiname, Beschreibung und Verbindungsname eingetragen

10. Im letzten Dialog bestimmen Sie, dass der Cube in einem PivotTable-Bericht angezeigt wird. Geben Sie auch an, wo die Daten eingefügt werden, wählen Sie *Bestehendes Arbeitsblatt* und setzen Sie die Daten ab der Zelle $A$5 ab.

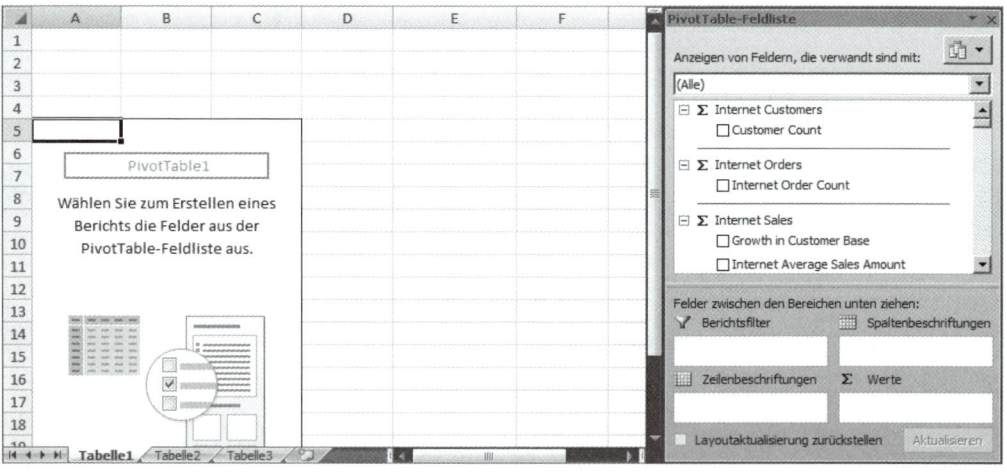

Abbildung 13.6: Der Cube ist eingelesen und kann mit einer PivotTable ausgewertet werden.

> **Tipp**
>
> Über die Schaltfläche EIGENSCHAFTEN im letzten Dialogfenster können Sie die Verbindung überprüfen und testen, ein Zeitintervall für eine automatische Aktualisierung einstellen und festlegen, welche Formatierungen vom OLAP-Server übernommen werden.

13.2.2 PivotTable aus Cube-Daten erzeugen

Der PivotTable-Bericht soll die Verkäufe für die einzelnen Verkaufsgebiete (Countries) in den Jahren 2001 bis 2004 den Produktkosten gegenüberstellen. Am rechten Rand steht die Feldliste mit allen Dimensionen, Measures und Elementen zur Verfügung, falls nicht, schalten Sie sie über PivotTable-Tools/Optionen/Einblenden/Ausblenden/Feldliste ein.

1. Ziehen Sie aus der Dimension *Product* das Feld *Product Categories* in den Berichtsfilter.

2. Ziehen Sie aus der Dimension *Geography* das Feld *Country* in die Zeilenbeschriftungen.

3. Suchen Sie die Dimension *Date* und ziehen Sie das Feld *Calendar Year* aus dem Ordner *Calendar* in den Bereich *Spaltenbeschriftungen*.

4. Holen Sie die beiden Felder *Sales Amount* und *Total Product Cost* aus dem *Measurement Sales Summary* (mit Summe-Symbol) in den Wertebereich.

Damit ist der PivotTable-Bericht fertig, speichern Sie die Arbeitsmappe unter dem Dateinamen *AdventureWorksAW-Auswertungen.xlsx.*

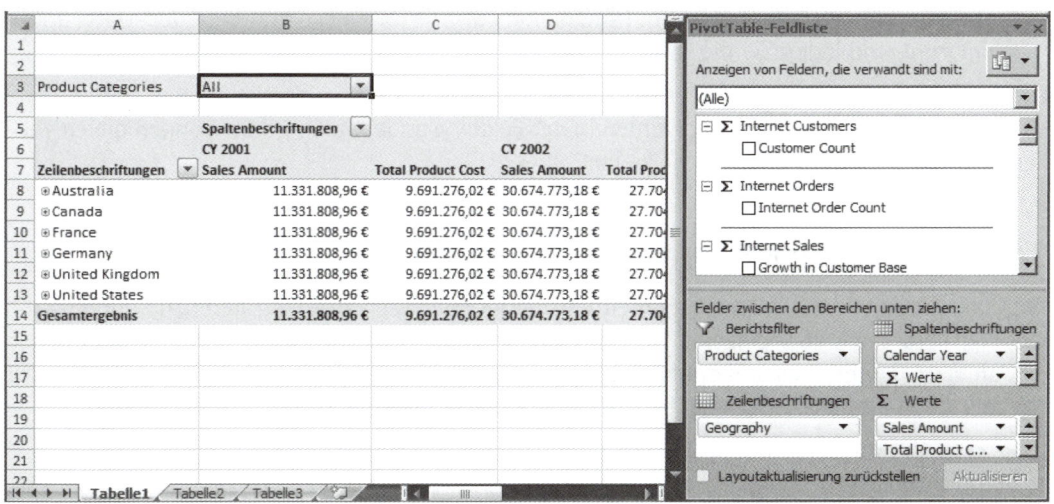

Abbildung 13.7: Die Cube-Daten werden im PivotTable-Bericht angezeigt.

13.2.3 OLAP-Cube offline erstellen

Ein interessantes Werkzeug für viele Unternehmensbereiche ist der Offline-Cube. Excel bietet die Möglichkeit, die Daten aus einer Online-Verbindung herauszulösen und als Datei abzuspeichern. So können beispielsweise Außendienstmitarbeiter ihre spezifischen Kundendaten »mitnehmen« und vor Ort als Informationsquelle benutzen, wenn keine Online-Verbindung möglich ist. Der Cube kann jederzeit verändert werden, sobald die Online-Verbindung wieder aktiv ist.

1. Setzen Sie den Zellzeiger in die PivotTable und schalten Sie in der Registergruppe PIVOTTABLE-TOOLS auf OPTIONEN.

2. Klicken Sie in der Gruppe *Tools* auf OLAP-TOOLS und wählen Sie OFFLINE-OLAP.

3. Klicken Sie auf OFFLINEDATEI ERSTELLEN, um den Assistenten zu starten.

4. Schalten Sie den ersten Dialog weiter und wählen Sie die Ebenen der einzelnen Dimensionen, die Sie in die Datei einschließen wollen. Die im PivotTable-Bericht gewählten Ebenen sind bereits markiert.

5. Im nächsten Schritt können Sie für die Ebenen noch einzelne Elemente an- oder abwählen, zum Beispiel Kalenderjahre, Länder oder Kategorien.

6. Geben Sie noch den Speicherort für die Cube-Datei an und speichern Sie die Datei mit Klick auf FERTIG STELLEN.

7. Mit der Schaltfläche OFFLINEDATEI BEARBEITEN können Sie die gewählte Konstellation noch einmal abändern. Klicken Sie auf OK, um den Assistenten zu verlassen.

8. Schließen Sie die Mappe mit der Online-Verbindung und öffnen Sie die gespeicherte Datei mit OFFICE/ÖFFNEN. Schalten Sie im Dateidialog auf *Alle Dateien*, damit die Cube-Datei angezeigt wird, und laden Sie die Datei mit der Endung *cub*.

Excel öffnet eine neue Mappe mit einem Tabellenblatt, das gleich einen PivotTable-Bericht enthält. Die Elemente aus dem Cube werden in der Feldliste angeboten und Sie können gleich wieder Felder in die einzelnen Bereiche ziehen.

13.3 Cube-Funktionen konstruieren

Die Cube-Funktionen mit ihren Argumenten sind nicht einfach zu konstruieren, da diese häufig längere Hierarchien über einzelne Elemente abbilden müssen. Dazu werden die Elementnamen in Klammern geschrieben und mit Punkt getrennt. So sieht beispielsweise das CUBEELEMENT für das Jahr 2004 und das Verkaufsgebiet Deutschland (Germany) aus:

```
=CUBEELEMENT("Adventure Works";{"[Geography].[Geography].[Country].&
[Germany]"."[Date].[Calendar Year].[Calendar Year].&[2004]"})
```

Zwei Werkzeuge erleichtern Ihnen die Konstruktion von Cube-Funktionen:

PIVOTDATENZUORDNEN()

Mit der Matrixfunktion PIVOTDATENZUORDNEN() finden Sie die Hierarchie eines Elements schnell heraus, sie wird nämlich eingefügt, wenn Sie die Funktion konstruieren:

1. Setzen Sie den Zellzeiger außerhalb der PivotTable in eine freie Zelle und schreiben Sie ein =-Zeichen.

2. Klicken Sie in der PivotTable auf den Wert oder das Element, das Sie abbilden. In der Formelzelle wird für die Verknüpfung mit der Funktion PIVOTDATENZUORDNEN() der Pfad zu diesem Wert konstruiert.

E6	▼	fx	=PIVOTDATENZUORDNEN("[Measures].[Total Product Cost]";$A$5;"[Geography].[Geography]"; "[Geography].[Geography].[Country].&[Australia]";"[Date].[Calendar Year]";"[Date].[Calendar Year].[Calendar Year].&[2004]")

	A	B	C	D	E	F	G
3							
4							
5		**Werte**					
6	Zeilenbeschriftungen ▼	Sales Amount	Total Product Cost		21772556,36		
7	⊞ Australia	109809274,2	97257907,95				
8	CY 2001	11331808,96	9691276,017				
9	CY 2002	30674773,18	27704521,24				
10	CY 2003	41993729,72	38089554,33				
11	CY 2004	25808962,34	21772556,36				
12	⊞ Canada	109809274,2	97257907,95				

Abbildung 13.8: Die Funktion PIVOTDATENZUORDNEN() bildet die Hierarchie der Elemente ab.

PivotTable in Formeln umwandeln

Die ersten Cube-Funktionen können Sie überprüfen, wenn Sie die PivotTable, die aus dem Cube generiert wurde, in Formeln umwandeln:

1. Setzen Sie den Zellzeiger in die PivotTable.

2. Wählen Sie in den PivotTable-Tools unter OPTIONEN/TOOLS/OLAP-TOOLS den Befehl IN FORMELN KONVERTIEREN.

Damit wird die PivotTable in Formeln umgewandelt. Für die Werte aus den Measures setzt Excel die Funktion CUBEWERT() ein und die Beschriftungen werden mit CUBEELEMENT() abgebildet.

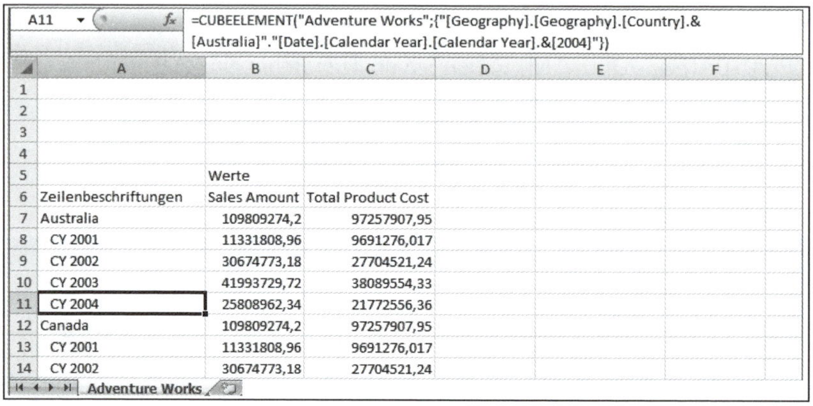

A11	▼	fx	=CUBEELEMENT("Adventure Works";{"[Geography].[Geography].[Country].&[Australia]"."[Date].[Calendar Year].[Calendar Year].&[2004]"})

◢	A	B	C	D	E	F
1						
2						
3						
4						
5		Werte				
6	Zeilenbeschriftungen	Sales Amount	Total Product Cost			
7	Australia	109809274,2	97257907,95			
8	CY 2001	11331808,96	9691276,017			
9	CY 2002	30674773,18	27704521,24			
10	CY 2003	41993729,72	38089554,33			
11	CY 2004	25808962,34	21772556,36			
12	Canada	109809274,2	97257907,95			
13	CY 2001	11331808,96	9691276,017			
14	CY 2002	30674773,18	27704521,24			

Ⅰ◀ ◀ ▶ ▶Ⅰ Adventure Works

Abbildung 13.9: Mit den OLAP-Tools wird die PivotTable in Cube-Formeln umgewandelt.

Formeln konstruieren: AutoVervollständigen nutzen

Die AutoVervollständigen-Funktion leistet hier wertvolle Hilfestellung, sie zeigt nämlich die Hierarchien oder Pfade an, die sich neben oder unter den Elementen befinden. Nutzen Sie dieses Werkzeug, wenn Sie eine Cube-Funktion konstruieren.

1. Schreiben Sie die Funktion mit öffnender Funktionsklammer und Anführungszeichen. Auto-Vervollständigen zeigt Ihnen sofort die aktiven Verbindungen an, wählen Sie eine und drücken Sie die ⇆-Taste.

2. Nach dem Semikolon werden die Elemente angeboten, holen Sie auch diese aus der Liste. Um den Pfad weiter zu öffnen, geben Sie den Punkt nach dem Elementnamen ein.

3. Schließen Sie Textargumente mit Anführungszeichen und geben Sie die schließende Funktionsklammer ein.

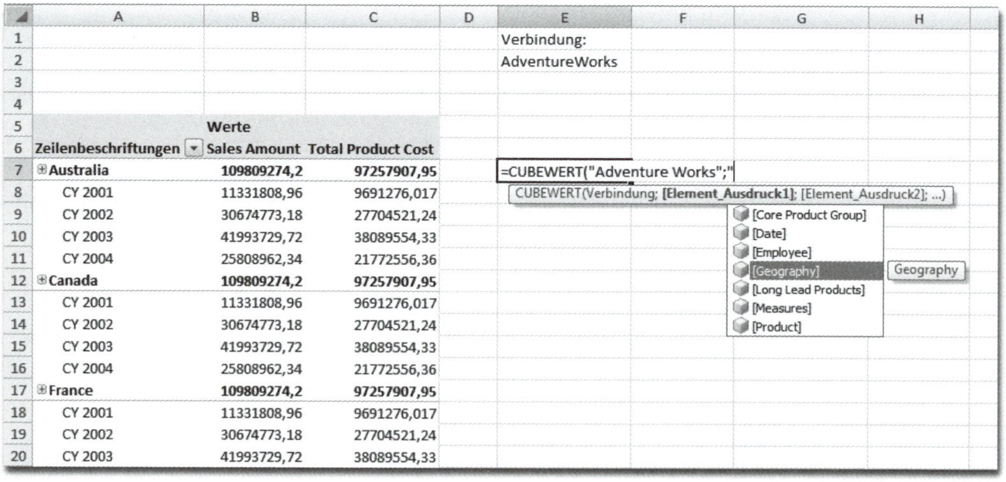

◢	A	B	C	D	E	F	G	H
1					Verbindung:			
2					AdventureWorks			
3								
4								
5		Werte						
6	Zeilenbeschriftungen ▼	Sales Amount	Total Product Cost					
7	⊞ Australia	109809274,2	97257907,95		=CUBEWERT("Adventure Works";"			
8	CY 2001	11331808,96	9691276,017		CUBEWERT(Verbindung; **[Element_Ausdruck1]**; [Element_Ausdruck2]; ...)			
9	CY 2002	30674773,18	27704521,24			[Core Product Group]		
10	CY 2003	41993729,72	38089554,33			[Date]		
11	CY 2004	25808962,34	21772556,36			[Employee]		
12	⊞ Canada	109809274,2	97257907,95			[Geography]	Geography	
13	CY 2001	11331808,96	9691276,017			[Long Lead Products]		
14	CY 2002	30674773,18	27704521,24			[Measures]		
15	CY 2003	41993729,72	38089554,33			[Product]		
16	CY 2004	25808962,34	21772556,36					
17	⊞ France	109809274,2	97257907,95					
18	CY 2001	11331808,96	9691276,017					
19	CY 2002	30674773,18	27704521,24					
20	CY 2003	41993729,72	38089554,33					

Abbildung 13.10: Autovervollständigen hilft bei der Konstruktion der Cube-Funktion.

> **Hinweis**
>
> Die Textstrings, die auf ein Element oder einen Tupel im Cube verweisen, sind auf 255 Zeichen beschränkt. Sie können den String aber in eine Zelle schreiben und den Zellbezug in der Formel verwenden, dann heben Sie die Beschränkung auf. Eine Zelle kann bis zu 32.767 Zeichen enthalten.

Verbindungen verwalten

Alle Cube-Funktionen verwenden im ersten Argument den Namen der Verbindung, die bei der Abfrage an den OLAP-Cube verwendet wird. Überprüfen Sie die Verbindungen auf der Registerkarte DATEN:

1. Wählen Sie DATEN/VERBINDUNGEN/ALLE AKTUALISIEREN, um die Daten neu vom Server zu holen.
2. Mit dem Befehl EIGENSCHAFTEN in der Gruppe VERBINDUNGEN können Sie die Verbindungseigenschaften einsehen oder neu definieren.
3. Klicken Sie auf VERBINDUNGEN, um eine Liste der Verbindungen zu sehen. Markieren Sie einen Eintrag und klicken Sie in die untere Liste, sehen Sie den Zellbezug, der diese Verbindung verwendet. Mit HINZUFÜGEN werden alle Verbindungen angeboten, und mit der Schaltfläche ENTFERNEN löschen Sie eine Verbindung. Die Daten bleiben in der PivotTable erhalten, falls die Verbindung auf eine solche zeigt.

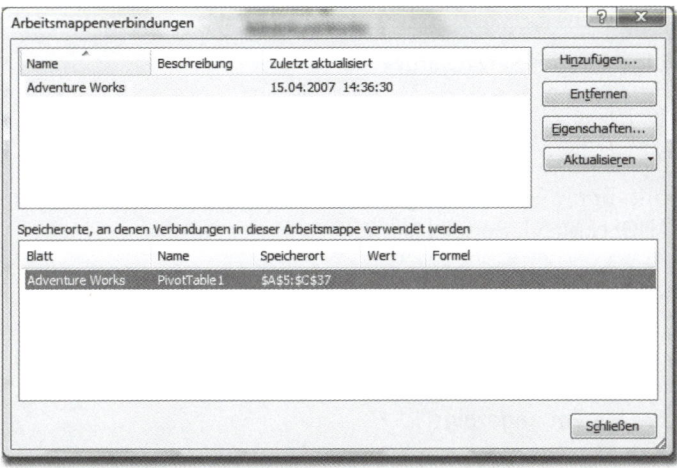

Abbildung 13.11: Hier werden alle Verbindungen in der Arbeitsmappe verwaltet.

13.4   Die Funktion CUBEWERT()

Diese Funktion gibt einen aggregierten Wert aus dem Cube zurück.

=CUBEMENGE(Verbindung;Satzausdruck;Beschriftung;Sortierreihenfolge;sortieren_nach)

Das Argument *Verbindung* ist der Name der Online-Verbindung in Anführungszeichen. Sie finden diese unter DATEN/VERBINDUNGEN. Mit *Satzausdruck* wird der Textstring bezeichnet, der an den Cube gesendet wird und der als Ergebnis einen Satz von Elementen oder Tupeln zurückbekommt. Unter *Beschriftungen* geben Sie (optional) einen Text ein, der an Stelle der Cube-Beschriftung in der Zelle angezeigt wird. Die Sortierreihenfolge bestimmt, wie die Daten sortiert werden. Geben Sie eine Zahl oder eine Konstante ein (Standardwert ist 0). Das Argument *sortieren_nach* ist in einigen Fällen in Kombination erforderlich:

Das Argument *sortieren_nach* ist das Sortierkriterium in Textform. Das kann zum Beispiel ein Element aus den Measures sein (»Countries«).

Zahl	Konstante	Beschreibung
0	SortNone	Der Satz wird in der vorhandenen Reihenfolge übernommen.
1	SortAscending	Sortiert den Satz in aufsteigender Reihenfolge nach sortieren_nach (erforderlich).
2	SortDescending	Sortiert den Satz in absteigender Reihenfolge nach sortieren_nach (erforderlich).
3	SortAlphaAscending	Sortiert den Satz alphabetisch aufsteigend.
4	Sort_Alpha_Descending	Sortiert den Satz alphabetisch absteigend.
5	Sort_Natural_Ascending	Sortiert den Satz in natürlich aufsteigender Reihenfolge.
6	Sort_Natural_Descending	Sortiert den Satz in natürlich absteigender Reihenfolge.

Tabelle 13.2: Die Sortierreihenfolge für den Satzausdruck

Die Zelle zeigt den im Argument *Beschriftung* angegebenen Text an, enthält aber die Gesamtmenge eines Elements. Hier wird in der Praxis meist *children* als Ausdruck für alle Elemente einer Dimension verwendet. Als Lieferant für die Gesamtmenge wird die Zelle in weitere Formeln eingebunden, zum Beispiel in CUBERANGELEMENT. Beispiel:

Zelle A5 erhält alle Produkte, aufsteigend sortiert nach Betrag:

```
A5: =CUBEMENGE("Vertriebscube";"[Produkt].[Alle Produkte].
Children";"Produkte";1;"Betrag")
```

In Zelle A6 wird das ranghöchste Element angezeigt:

```
A6: =CUBERANGELEMENT("Vertriebscube";$A$5;1)
```

13.5   Die Funktion CUBEELEMENT()

Gibt ein Element oder Tupel in einem Cube zurück. Damit wird geprüft, ob das Element oder Tupel im Cube vorhanden ist.

=CUBEELEMENT(Verbindung;Element_Ausdruck;Beschriftung)

Das Argument *Verbindung* ist der Name der Verbindung zum Cube in Textform. In *Element_ Ausdruck* wird ein Textstring konstruiert, der auf ein eindeutiges Element im Cube oder auf ein Tupel verweist. *Beschriftung* ist ein Text, der an Stelle der Beschriftung aus dem Cube in der Zelle angezeigt wird. Wenn ein Tupel zurückgegeben wird, entspricht die verwendete Beschriftung der Beschriftung für das letzte Element im Tupel.

Wird CUBEELEMENT als Argument für eine andere Cube-Funktion verwenden, wird der Ausdruck, mit dem das Element oder Tupel bezeichnet wird, von dieser Cube-Funktion verwendet, und nicht der angezeigte Wert in der Zelle der CUBEELEMENT-Funktion.

Beispiele:

Mit konstruiertem Textausdruck:

A1: =CUBEELEMENT("Vertriebscube";"[Zeit].[Geschäftsjahr].[2007]";"Verkäufe 2007")

Mit Zellbezügen:

A1: Zeit (ebenfalls konstruiert mit CUBEELEMENT)
A2: Geschäftsjahr (ebenfalls konstruiert mit CUBEELEMENT)
A3: 2007 (ebenfalls konstruiert mit CUBEELEMENT)
A4: =CUBEELEMENT("Vertriebscube";(A1;A2;A3);"Verkäufe 2007")

oder

=CUBEELEMENT("Vertriebscube";A1:A3;"Verkäufe 2007")

13.5.1 Fehlerwert #NV

Der Fehlerwert #NV tritt auf, wenn ...

- die Syntax des Ausdrucks im zweiten Argument fehlerhaft ist,
- das im Textausdruck angegebene Element nicht im Cube vorhanden ist oder der Cube nicht verfügbar ist,
- das Tupel ungültig ist, wenn keine Schnittmenge für die angegebenen Werte vorliegt, (dies kann bei mehreren Elementen aus derselben Hierarchie auftreten)
- der Satz mindestens ein Element mit einer anderen Größe als die anderen Elemente enthält,
- wenn auf ein Objekt verwiesen wird, das nicht aus dem Cube stammt (z.B. ein berechnetes Feld in der PivotTable).

13.6 Die Funktion CUBEKPIELEMENT()

Diese Funktion gibt Eigenschaft und Measure eines Key Performance Indicator (KPI) zurück und zeigt den KPI-Namen in der Zelle an. Ein KPI ist eine quantifizierbare Größe (z.B. der monatliche Bruttogewinn oder die quartalsweise Fluktuation), mit der die Leistung eines Unternehmens überwacht wird. Die Funktion ist nur mit Verbindungen zu Datenquellen aus den Analysis Services des Microsoft SQL-Servers 2005 erlaubt.

Die Cube-Funktionen

=CUBEKPIELEMENT(Verbindung;kpi_Name;kpi_Eigenschaft;Beschriftung)

Verbindung ist ein Text mit dem Namen der Verbindung zum Cube. *Kpi_Name* ist Text mit dem Namen des KPI im Cube. *Kpi_Eigenschaft* ist die zurückgegebene KPI-Komponente. Sie kann folgende Werte annehmen:

Zahl	Aufzählungskonstante	Beschreibung
1	KPIValue	Der tatsächliche Wert
2	KPIGoal	Ein Zielwert
3	KPIStatus	Der Zustand des KPI zu einem bestimmten Zeitpunkt
4	KPITrend	Ein Measure des Werts über einen Zeitraum
5	KPIWeight	Eine relative Bedeutung, die dem KPI zugewiesen wird
6	KPICurrentTimeMember	Ein zeitlicher Kontext für den KPI

Tabelle 13.3: Werte für das Argument Kpi_Eigenschaft

Wenn für *kpi_Eigenschaft KPIValue* angeben wird, erscheint nur *kpi_Name* in der Zelle. *Beschriftung* ist eine alternative Zeichenfolge, die statt *kpi_Name* und *kpi_Eigenschaft* in der Zelle angezeigt wird.

Die KPI-Berechnung wird als Argument *Element_Ausdruck* in die CUBEWERT-Funktion eingesetzt, wenn der KPI das Ergebnis einer Berechnung sein soll. Ein #NAME?-Fehler tritt auf, wenn die Verbindung ungültig oder nicht verfügbar ist, mit #NV meldet die Formel, dass der kpi-Name oder die *kpi_Eigenschaft* ungültig ist oder dass auf ein lokales Element verwiesen wird (z.B. ein berechnetes Feld in der PivotTable).

Beispiele:

```
A1: =CUBEKPIELEMENT("Vertriebscube";"VertriebsKPI";1)
A1: =CUBEKPIELEMENT("Vertriebscube";"VertriebsKPI"; KPIGoal;"Vertriebs KPI Ziel")
```

13.7 Die Funktion CUBEELEMENTEIGENSCHAFT()

Diese Funktion gibt den Wert einer Elementeigenschaft vom Cube zurück. Damit wird geprüft, ob ein Elementname im Cube vorhanden ist, und die angegebene Eigenschaft für dieses Element wird zurückgegeben.

=CUBEELEMENTEIGENSCHAFT(Verbindung;Element_Ausdruck;Eigenschaft)

Verbindung ist eine Textzeichenfolge mit dem Namen der Verbindung zum Cube. *Element_Ausdruck* ist ein multidimensionaler Ausdruck (MDX) für ein Element im Cube in Textform. Mit *Eigenschaft* wird die zurückgegebene Eigenschaft oder ein Bezug auf eine Zelle, die den Namen der Eigenschaft enthält, bezeichnet.

Ein #NAME?-Fehler tritt auf, wenn die Verbindung ungültig oder nicht verfügbar ist, mit #NV meldet die Formel, dass die Syntax des Ausdrucks falsch ist oder ein Element aus dem Ausdruck nicht verfügbar ist. Der Fehler weist auch darauf hin, dass auf ein lokales Element verwiesen wird (z.B. ein berechnetes Feld in der PivotTable).

Beispiele:

```
A1: =CUBEELEMENTEIGENSCHAFT("Vertriebscube";"[Zeit];[Geschäftsjahr].[2007]";
"Verkäufe 2007")
A1: =CUBEELEMENTEIGENSCHAFT("Vertriebscube";"[Region].[Süd]";"[Region].
[Regionname].[Region Anzahl]")
```

13.8   Die Funktion CUBERANGELEMENT()

Diese Funktion gibt das n-te (mit einem Rang versehene) Element in einem Satz zurück. Sie bezeichnet ein Element oder mehrere Elemente in einem Satz oder einem Tupel und wird meist mit einem variablen Parameter für den Rang abgebildet, damit sie auf weitere Zellen kopierbar ist.

=CUBERANGELEMENT(Verbindung;Menge_Ausdruck;Rang;Beschriftung)

Das Argument *Verbindung* bezeichnet in Textform die Verbindung zum Cube. Mit *Menge_Ausdruck* wird der Satzausdruck angegeben. Dieses Argument kann auch auf eine Zelle verweisen, in der eine CUBEMENGE()-Funktion auf eine bestimmte Elementmenge verweist oder die CUBEMENGE()-Funktion selbst enthalten ist. *Rang* ist eine ganze Zahl, die den höchsten zurückzugebenden Wert bestimmt. Mit Rang 1 wird der höchste Wert zurückgegeben, Rang 2 liefert den zweithöchsten Wert usw. *Beschriftung* ist eine Zeichenfolge, die an Stelle der Beschriftung aus dem Cube angezeigt wird.

Ein #NAME?-Fehler tritt auf, wenn die Verbindung ungültig oder nicht verfügbar ist, mit #NV meldet die Formel, dass die Syntax des Ausdrucks falsch ist oder dass der Satz mindestens ein Element mit einer von den anderen Elementen abweichenden Größe enthält.

Beispiele:

```
A5: =CUBEMENGE("Vertriebscube";"[Kunden].[Region].[Alle Kunden].children";"Region")
A6: =CUBERANGELEMENT("Vertriebscube";$A$5;1;"Beste Region")
```

oder

```
=CUBERANGELEMENT("Vertriebscube"; CUBEMENGE("Vertriebscube";
"[Kunden].[Region].[Alle Kunden].children";"Region");3;"Beste Region")
```

Tipps zum Rang des Elements

Wenn Sie die untersten n Werte zurückgeben möchten, verwenden Sie in der CUBEMENGE()-Funktion die Argumente *Sortier_reihenfolge* und *Sortieren_nach*, um die Reihenfolge des Satzes umzukehren und die untersten Werte des sortierten Satzes zuerst anzuzeigen. Beispiel:

Die Cube-Funktionen

```
=CUBERANGELEMENT ("Verkaufscube"; $A$5;1)
```

gibt das letzte Element zurück

`=CUBERANGELEMENT ("Verkaufscube"; $A$5; 2)` gibt das Element neben dem letzten Element zurück usw.

Verwenden Sie die Funktionen =ZEILE() oder =SPALTE(), wenn Sie einen laufenden »Zähler« brauchen. Sie können in der Klammer einen Startwert angeben oder einen Wert subtrahieren:

```
A5: =ZEILE() Ergebnis: 5
A5: =ZEILE(A1)              Ergebnis: 1
A5: =ZEILE()-4             Ergebnis: 1
```

13.9   Die Funktion CUBEMENGE()

Diese Funktion definiert einen berechneten Satz von Elementen oder Tupeln, indem ein Satzausdruck an den Cube auf dem Server gesendet wird, der den Satz erstellt und diesen Satz anschließend an Excel zurückgibt.

=CUBEMENGE(Verbindung;Satzausdruck;Beschriftung;Sortierreihenfolge;sortieren_nach)

Das Argument *Verbindung* ist der Name der Online-Verbindung in Anführungszeichen. Eine Liste mit allen Verbindungen finden Sie unter DATEN/VERBINDUNGEN. Mit *Satzausdruck* wird der Textstring oder der Inhalt eines Zellbezugs bezeichnet, der an den Cube gesendet wird und der als Ergebnis einen Satz von Elementen oder Tupeln zurückbekommt. Unter *Beschriftungen* geben Sie (optional) einen Text ein, der an Stelle der Cube-Beschriftung in der Zelle angezeigt wird. Die Sortierreihenfolge bestimmt, wie die Daten sortiert werden. Geben Sie eine Zahl oder eine Konstante ein (Standardwert ist 0). Das Argument *sortieren_nach* ist in einigen Fällen in Kombination erforderlich:

Das Argument *sortieren_nach* ist das Sortierkriterium in Textform. Das kann zum Beispiel ein Element aus den Measures sein (»Countries«).

Zahl	Konstante	Beschreibung
0	SortNone	Satz wird in der vorhandenen Reihenfolge übernommen.
1	SortAscending	Sortiert den Satz in aufsteigender Reihenfolge nach sortieren_nach (erforderlich).
2	SortDescending	Sortiert den Satz in absteigender Reihenfolge nach sortieren_nach (erforderlich).
3	SortAlphaAscending	Sortiert den Satz alphabetisch aufsteigend.
4	Sort_Alpha_Descending	Sortiert den Satz alphabetisch absteigend.
5	Sort_Natural_Ascending	Sortiert den Satz in natürlich aufsteigender Reihenfolge.
6	Sort_Natural_Descending	Sortiert den Satz in natürlich absteigender Reihenfolge.

Tabelle 13.4: Die Sortierreihenfolge für den Satzausdruck

Ein #NAME?-Fehler tritt auf, wenn die Verbindung ungültig oder nicht verfügbar ist, mit #NV meldet die Formel, dass die Syntax des Ausdrucks falsch ist oder dass der Satz mindestens ein Element mit einer von den anderen Elementen abweichenden Größe enthält. CUBEMENGE kann auch den Fehlerwert #NV zurückgeben, wenn Sie auf ein sitzungsbasiertes Objekt verweisen, beispielsweise auf ein berechnetes Element oder eine benannte Menge in einer PivotTable, wenn diese gelöscht oder in Formeln konvertiert wurde.

Beispiele:

```
A1: =CUBEMENGE("Vertriebscube";"Germany";"Verkauf 2007")
A1: =CUBEMENGE("Vertriebscube";"[Produkt].[Alle Produkte].
Children";"Produkte";1;"Betrag")
```

Die schnellste Methode, eine CUBEMENGE-Funktion kennenzulernen, ist diese:

Erstellen Sie nach Aufbau einer Verbindung zum OLAP-Cube eine PivotTable und wandeln Sie diese mit PIVOT-TOOLS/OPTIONEN/TOOLS/OLAP-TOOLS in Formeln um.

B7	▼	fx	=CUBEWERT("Adventure Works";$A7;B$6)			
◢	A	B	C	D	E	
4						
5		Werte				
6	Zeilenbeschriftungen	Sales Amount	Total Product Cost			
7	Australia	109809274,2	97257907,95			
8	CY 2001	11331808,96	9691276,017			
9	CY 2002	30674773,18	27704521,24			
10	CY 2003	41993729,72	38089554,33			

Abbildung 13.12: Die Funktion CUBEMENGE() in der umgewandelten PivotTable

13.10 Die Funktion CUBEMENGENANZAHL()

Diese Funktion gibt die Anzahl der Elemente in einem Satz zurück.

=CUBEMENGENANZAHL(Menge)

Menge ist eine Zeichenfolge eines Excel-Ausdrucks, der einen durch die CUBEMENGE-Funktion definierten Satz ergibt. Ein Satz kann auch aus der CUBEMENGE-Funktion selbst oder aus einem Bezug zu einer Zelle gebildet werden, die die CUBEMENGE-Funktion enthält. Beispiele

```
A1: CUBEMENGE("Vertrieb";"[Produkt].[Alle Produkte].Children";"Produkte";1;
"[Maßnahmen].[Betrag der Verkäufe]")
A2: =CUBEMENGENANZAHL(A2)
```

oder

```
=CUBEMENGENANZAHL(CUBEMENGE("Vertrieb";"[Produkt].[Alle Produkte].
Children";"Produkte";1;"[Maßnahmen].[Betrag der Verkäufe]"))
```

543

13.11   Praxisbeispiel: Jahresbilanz aus Cube-Funktionen

In diesem Beispiel lernen Sie die praktische Anwendung von Cube-Funktionen in Verbindung mit OLAP-Cubes kennen. Voraussetzung für diese Übung ist:

■ Ein funktionsfähiger SQL-Server Version 2005 mit Analysis Services

■ Die Installation der Beispielanwendung *AdventureWorksAW*

■ Zugriffsrechte auf den Server und auf die OLAP-Cubes der Analysis Services

13.11.1   Aufbau der Verbindung

Legen Sie eine neue Arbeitsmappe an, nennen Sie das erste Tabellenblatt »Jahresbilanz«.

1. Wählen Sie DATEN/ EXTERNE DATEN ABRUFEN/ AUS ANDEREN QUELLEN und markieren Sie VON ANALYSIS SERVICES.	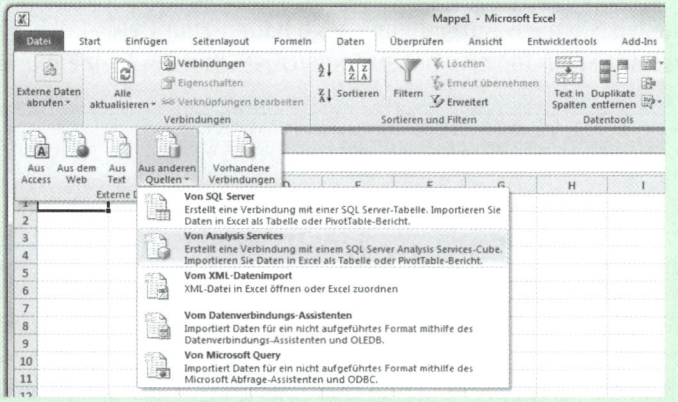
2. Der Datenverbindungs-Assistent startet. Geben Sie den Servernamen ein und bestimmen Sie die Zugriffsrechte (Windows oder Benutzername und Kennwort). »sa« ist der System Administrator, der in der Regel alle Zugriffsrechte hat.	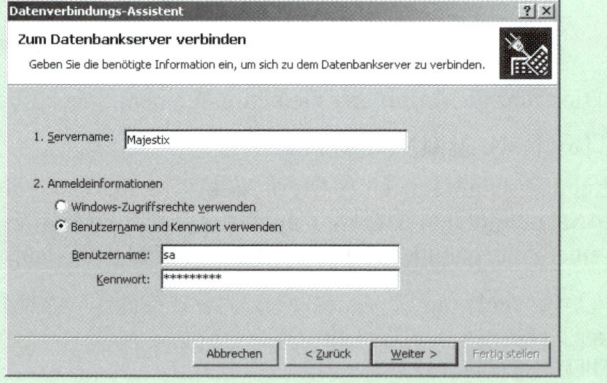

3. Im nächsten Schritt wählen Sie einen Cube aus, der in der Beispielanwendung *Adventure-WorksAW* angeboten wird. Klicken Sie auf den ersten Eintrag.

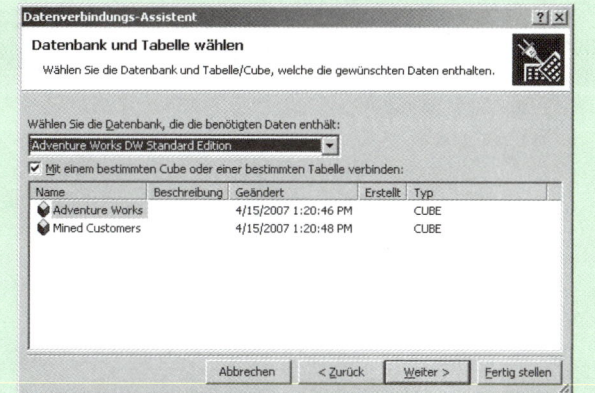

4. Tragen Sie den Dateinamen *AW-Cube.odc* ein und wählen Sie als Anzeigename ebenfalls »AW-Cube«. Geben Sie als Beschreibung ein:

Verbindung zum OLAP-Cube aus dem Data Warehouse AdventureWorks

Klicken Sie auf FERTIG STELLEN.

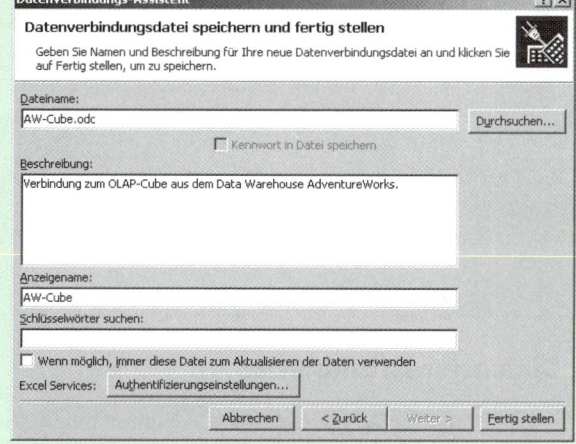

5. Wählen Sie NUR VERBINDUNG HERSTELLEN und beenden Sie mit Klick auf OK.

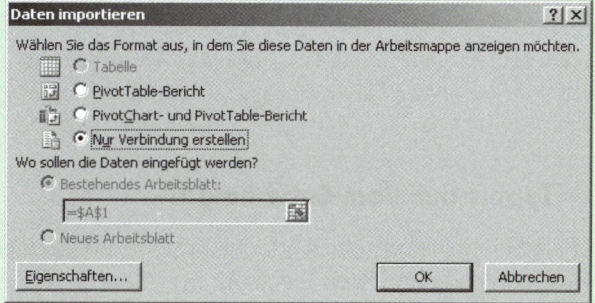

6. Sehen Sie unter DATEN/ VERBINDUNGEN nach, ob die Verbindung eingetragen ist.

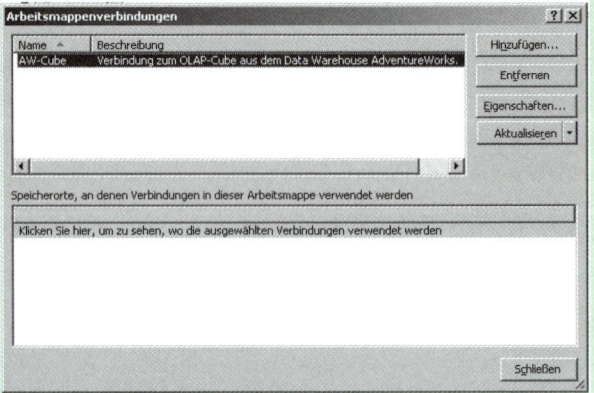

7. Speichern Sie die Datei unter der Bezeichnung *Jahresbilanz.xlsx*.

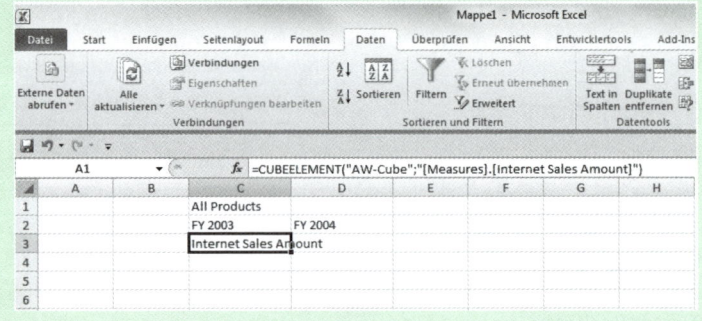

13.11.2 Dimensionen einbinden

Im nächsten Schritt holen Sie aus dem Cube die Dimensionen, die Sie berechnen wollen. Geben Sie diese Formeln ein, nutzen Sie für die Konstruktion die AutoVervollständigen-Funktion:

```
C1: =CUBEELEMENT("AW-Cube";"[Product].[Category].[All Products]")
C2: =CUBEELEMENT("AW-Cube";"[Date].[Fiscal].[All Periods].[FY 2003]")
C3:=CUBEELEMENT("AW-Cube";"[Measures].[Internet Sales Amount]")
D2:=CUBEELEMENT("AW-Cube";"[Date].[Fiscal].[All Periods].[FY 2004]")
```

13.11.3 Tupels aus dem Cube holen

Ein Tupel ist die Schnittmenge eines oder mehrerer Cube-Elemente. Geben Sie zwei Tupels ein, die sich auf die bereits integrierten Elemente beziehen:

```
C5: =CUBEELEMENT("AW-Cube";C1:C3,"Verkäufe 2003")
D5: =CUBEELEMENT("AW-Cube";(C1;D2;C3),"Verkäufe 2004")
```

	D5		▼		f_x	=CUBEELEMENT("AW-Cube";(C1;D2;C3);"Verkäufe 2004")		
	A	B	C	D	E	F	G
1			All Products				
2			FY 2003	FY 2004			
3			Internet Sales Amount				
4							
5			Verkäufe 2003	Verkäufe 2004			
6							
7							
8							
9							

Abbildung 13.13: Die Elemente für die Verkäufe der einzelnen Jahre sind integriert.

13.11.4 Datensätze importieren

Ein Satz besteht aus verschiedenen Elementen eines Cube. Geben Sie die Formel ein, die alle Verkaufsgebiete (Länder) in die Zelle A5 holt:

A5: =CUBEMENGE("AW-Cube","[Customer].[Customer Geography].[All Customers]. children";"Länder")

Jetzt können Sie das erste Element des Satzes in der nächsten Zelle abbilden. Benutzen Sie die Funktion CUBERANGELEMENT() in Kombination mit ZEILE(), um das erste Land abzuholen:

A6: =CUBERANKEDMEMBER("AW-Cube",$A$5,ZEILE(A1))

	A6		▼		f_x	=CUBERANGELEMENT("AW-Cube";$A$5;ZEILE(A6)-5)	
	A	B	C	D	E	F
1			All Products			
2			FY 2003	FY 2004		
3			Internet Sales Amount			
4						
5	Länder		Verkäufe 2003	Verkäufe 2004		
6	Australia					
7						
8						

Abbildung 13.14: Die Funktion holt die Elemente nach Rangordnung ab.

Mit der Funktion CUBEWERT() holen Sie die Inhalte der »Measures« am Schnittpunkt der einzelnen Elemente ab.

C6: =CUBEWERT("AW-Cube",$A6,C$5)

1. Ziehen Sie das Füllkästchen in der Zelle A6 nach unten bis zur Zelle A11.
2. Ziehen Sie das Füllkästchen in der Zelle A6 bis zur Zelle C11.
3. Kopieren Sie C6 nach D6 und klicken Sie doppelt auf das Füllkästchen in D6, um auch diese Reihe zu füllen.

Die Cube-Funktionen

547

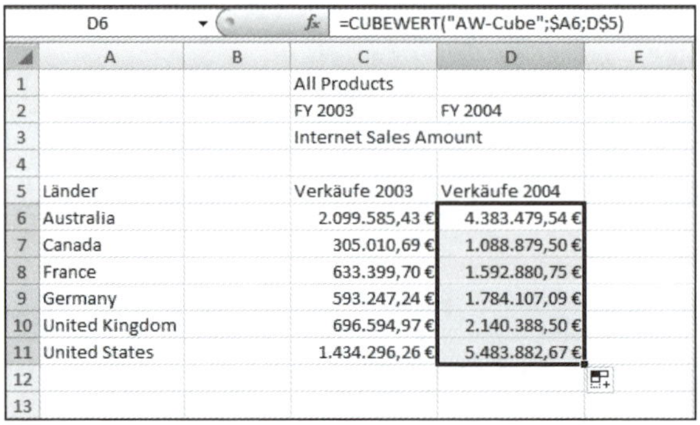

Abbildung 13.15: Die Daten für die einzelnen Länder werden mit dem Füllkästchen kopiert.

Sortieren Sie die Verkaufszahlen der einzelnen Jahre noch absteigend, so dass die umsatzstärkste Region des letzten Jahres an erster Stelle steht. Dazu ändern Sie die Sortierreihenfolge in der CUBEMENGE()-Funktion, die alle Länder abholt:

```
A5: =CUBEMENGE("AW-Cube","[Customer].[Customer Geography].[All Customers].
children","Länder",2,D5)
```

Damit ist die Jahresbilanz fertig, Sie können die Arbeitsmappe speichern. Wenn Sie sicherstellen wollen, dass die Daten stets aktuell sind, aktivieren Sie unter DATEN/VERBINDUNGEN die Eigenschaften der Verbindung und setzen Sie ein Zeitintervall für die Aktualisierung. Ansonsten genügt ein Klick auf ALLE AKTUALISIEREN und die neuesten Daten aus dem Data Warehouse werden wieder eingespielt.

Weisen Sie den Zahlenspalten noch eine bedingte Formatierung zu, die per Datenbalken die Verhältnisse zwischen den einzelnen Verkaufswerten kennzeichnet.

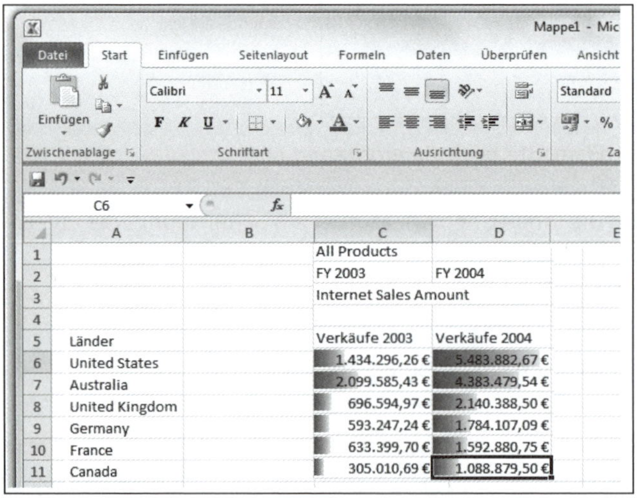

Abbildung 13.16: Bedingte Formatierung in der Jahresbilanz

KAPITEL 14

Benutzerdefinierte Funktionen

In der Funktionskategorie *Benutzerdefiniert* listet Excel alle Funktionen, die nicht direkt zum Funktionsumfang gehören. Installieren Sie beispielsweise ein Add-In und enthält dieses eine Funktion, dann wird diese Funktion in dieser Kategorie auftauchen.

Add-Ins werden über DATEI/OPTIONEN/ADD-INS eingerichtet. Schalten Sie unter *Verwalten/Excel-Addins* auf *Gehezu*, sehen Sie die Add-Ins, die bereits aktiv sind.

> **Hinweis**
>
> Wie Sie eigene Add-Ins schreiben, lesen Sie in Kapitel 14.13.

Funktion	Beschreibung
AUFRUFEN()	Startet eine Prozedur in einer DLL (Dynamic Link Library) oder Coderessource.
EUROCONVERT()	Wird mit dem Add-In Euroconverter installiert. Das Add-In ist nicht mehr besonders aktuell, es rechnet Währungen um, die es längst nicht mehr gibt.
GetUserDefaultLCID	Eine API-Funktion für die Benutzerkennung von Windows
REGISTER.KENNUMMER()	Gibt die Registrierkennung der angegebenen DLL bzw. der vorher registrierten Code-Ressource zurück.
SQL.REQUEST()	Stellt eine Verbindung zu einer externen Datenquelle her.

Tabelle 14.1: Benutzerdefinierte Funktionen

Neben diesen Funktionen enthält die Kategorie *Benutzerdefiniert* noch einige Funktionen aus dem Add-In *Solver.*

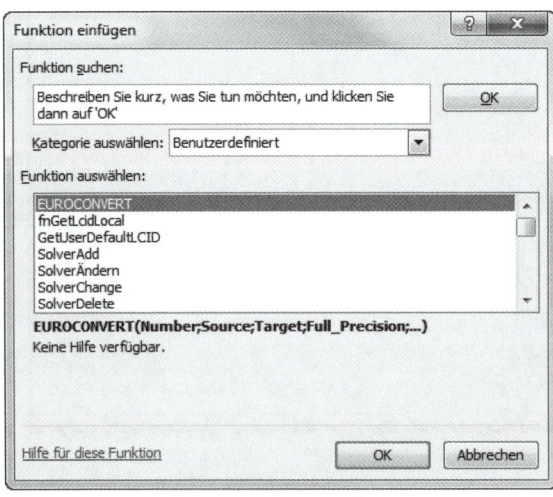

Abbildung 14.1: Funktionsassistent, Kategorie Benutzerdefiniert

14.1 Eigene Funktionen schreiben

Mit ca. 400 Funktionen in der Funktionsbibliothek sollte der Excel-Anwender eigentlich für alle Aufgaben, die in der Tabellenkalkulation anfallen, ausreichend gerüstet sein. Trotzdem werden Sie in der Praxis feststellen, dass sich bestimmte Rechenschritte wiederholen oder Formeln so komplex werden, dass sie besser in eine Funktion passen würden. Eine eigene, individuelle Funktion wäre in diesem Fall die Lösung und eine solche zu erstellen, ist gar nicht so schwierig. Sie müssen nur Grundkenntnisse in der Makroprogrammierung haben, um selbst Funktionen schreiben zu können.

14.2 Wo sind die Funktionen?

Funktionen gehören zum Programmkern von Excel, es gibt keine Liste, die sich einfach erweitern oder verändern lässt. Die Analyse-Funktionen, die bis zur Vorgängerversion 2003 noch in einem Add-in steckten, waren eine Ausnahme, sie konnten wahlweise ein- oder ausgeschaltet werden. Der Funktionsumfang lässt sich nur erweitern, indem eine Arbeitsmappe geladen wird, die zusätzliche Funktionen bereithält. Diese werden in der Makro-Programmiersprache VBA (Visual Basic for Applications) programmiert und die beste Speicherform für diese Mappe ist das Add-in. Für die ersten Tests reicht aber auch eine einfache Arbeitsmappe.

14.2.1 Entwicklertools bereitstellen

Funktionen oder Funktionsmakros werden im Visual Basic Editor erstellt und bearbeitet. Der VBA-Editor ist eine zweite Oberfläche, er wird in einem separaten Fenster (task) geöffnet. Für die VBA-Programmierung sollten Sie die Entwicklertools in das Menüband integrieren:

1. Wählen Sie im DATEI-Menü OPTIONEN/MENÜBAND ANPASSEN.
2. Kreuzen Sie in der Liste der Register (rechts) das Register ENTWICKLERTOOLS an.
3. Schließen Sie die Optionen und schalten Sie auf die neue Registerkarte ENTWICKLERTOOLS um.

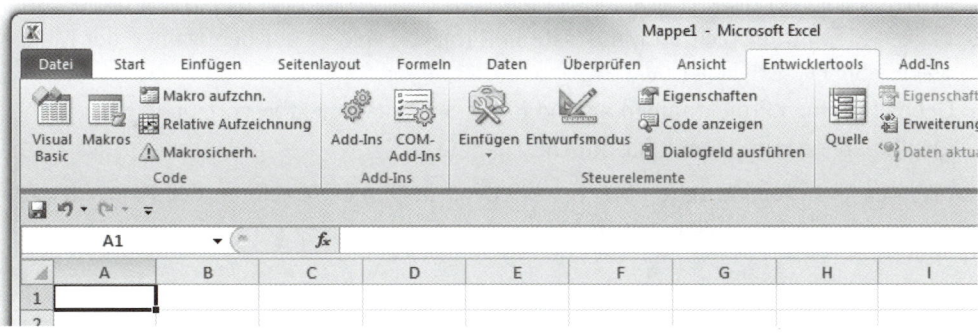

Abbildung 14.2: Die Entwicklertools stehen bereit.

Benutzerdefinierte Funktionen

551

14.3   Ein Projekt für Funktionen

Bevor Sie eine Funktion erstellen, müssen Sie entscheiden, in welchem Projekt Sie diese unterbringen. Ein Projekt kann sein:

- eine Makro-Arbeitsmappe, mit der Endung *.xlsm* als solche gekennzeichnet und abgespeichert,
- ein Add-in, mit der Endung *.xlam* abgespeichert,
- die persönliche Arbeitsmappe, ebenfalls eine XLSM-Datei, aber mit Sonderstatus.

Im Projekt-Explorer sehen Sie alle aktiven, d.h. geladenen Projekte, und alle Funktionen, die sich in diesen Projekten befinden, stehen für alle anderen Tabellen zur Verfügung. Schließen Sie ein Projekt, dessen Funktionen in einem noch aktiven Tabellenblatt benutzt werden, erhalten Sie Fehler bei den Funktionsergebnissen.

14.3.1   Projekte laden

Das Laden eines Projekts hängt vom Projekttyp ab: Arbeitsmappen können Sie einfach öffnen oder automatisch starten lassen. Wenn Sie eine Arbeitsmappe in den Ordner *XLSTART* im *Office*-Programmverzeichnis kopieren, wird diese zusammen mit Excel geladen.

Add-ins können ebenfalls nach dem Aktivieren des Excel-Programmfensters geladen werden. Wählen Sie dazu DATEI/ ÖFFNEN und suchen Sie die Datei mit der Endung *.xlam*. Das Add-in wird nicht in der Gruppe FENSTER in der Liste der offenen Mappen sichtbar, die Funktionen aus dem Add-in stehen damit aber zur Verfügung. Die bessere Alternative, Add-ins zu laden, bietet der Add-In-Manager (siehe Abschnitt 15.12: »Add-ins erstellen«).

14.3.2   Ein neues Projekt

Legen Sie für Ihre eigenen Funktionen ein neues Projekt an:

1. Wählen Sie DATEI/NEU oder drücken Sie Strg + N für eine neue Arbeitsmappe.
2. Schalten Sie über die ENTWICKLERTOOLS oder mit Alt + F11 in den Visual Basic-Editor um.
3. Klicken Sie mit der rechten Maustaste im Projekt-Explorer auf den Namen der Mappe und wählen Sie PROJEKT-EIGENSCHAFTEN.
4. Geben Sie einen Projektnamen an und fügen Sie eine Projektbeschreibung ein.
5. Bestätigen Sie mit einem Klick auf OK.

Den Namen des Projekts sehen Sie anschließend im Projekt-Explorer, der Name der Arbeitsmappe wird in Klammern danebenstehen.

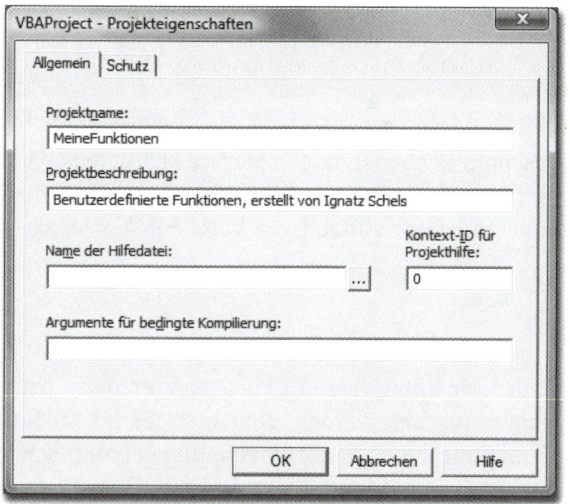

Abbildung 14.3: Das neue Projekt wird benannt.

14.3.3   Projekt als Makroarbeitsmappe speichern

Das Projekt wird in der Mappe gespeichert, die Mappe muss als Makroarbeitsmappe ausgewiesen werden, damit Excel die Möglichkeit hat, die Makros auszuführen. Schalten Sie mit einem Klick auf das Diskettensymbol auf Excel um und wählen Sie DATEI/SPEICHERN UNTER. Wählen Sie den Dateityp EXCEL-ARBEITSMAPPE MIT MAKROS und geben Sie der Mappe einen Dateinamen. Die Endung *.xlsm* kennzeichnet die Mappe als Makroarbeitsmappe.

14.4   Modulblätter

Eine benutzerdefinierte Funktion ist ein Makro und Grundlage für alle Makros ist das Modulblatt. Das ist Ihre Programmierumgebung, Ihr Codierplatz für Makros. Sie können so viele Modulblätter anlegen, wie Sie wollen. Ob Sie viele Makros auf wenige Blätter verteilen oder zahlreiche Blätter mit wenigen Makros anlegen, spielt keine Rolle, das ist nur eine Frage der Organisation.

14.4.1   Ein neues Modulblatt

Legen Sie in Ihrem neuen Projekt ein Modulblatt an:

1. Wählen Sie EXTRAS/OPTIONEN.
2. Schalten Sie auf der Registerkarte EDITOR die Option VARIABLENDEKLARATION ERFORDERLICH ein.
3. Klicken Sie auf OK und wählen Sie EINFÜGEN/MODUL.
4. Das neue Modulblatt wird angelegt, in der ersten Zeile lesen Sie die Anweisung:

```
Option Explicit
```

Benutzerdefinierte Funktionen

553

Als Variablendeklaration wird eine Anweisung bezeichnet, die eine Variable einführt, bevor sie im Makro benutzt wird:

```
DIM variable
```

Mit der Option, die Sie im OPTIONEN-Menü eingeschaltet haben, zwingen Sie sich selbst, jede Variable zu deklarieren, die Sie benutzen. Das ist zwar nicht unbedingt notwendig, aber dringend zu empfehlen, damit Sie nicht falsche oder falsch geschriebene Variablen in Ihren Funktionsmakros benutzen.

14.4.2 Modulblatt umbenennen

Für benutzereigene Funktionen ist der Name des Modulblatts von Bedeutung, er muss beim Aufruf einer Funktion aus externen Mappen mit angegeben werden. Benennen Sie Ihr Modulblatt deshalb aussagekräftig. So könnten alle Funktionen, die Sie zur Berechnung geometrischer Elemente benötigen, auf einem Blatt »GEO« stehen, während alle Makros, die für Ihre finanzmathematischen Berechnungen benötigt werden, in einem Blatt »FZ« untergebracht sind. In jedem Fall sollten Sie die Namen der Blätter aber besonders kurz halten, damit die Funktionsaufrufe in den Zellen überschaubar bleiben.

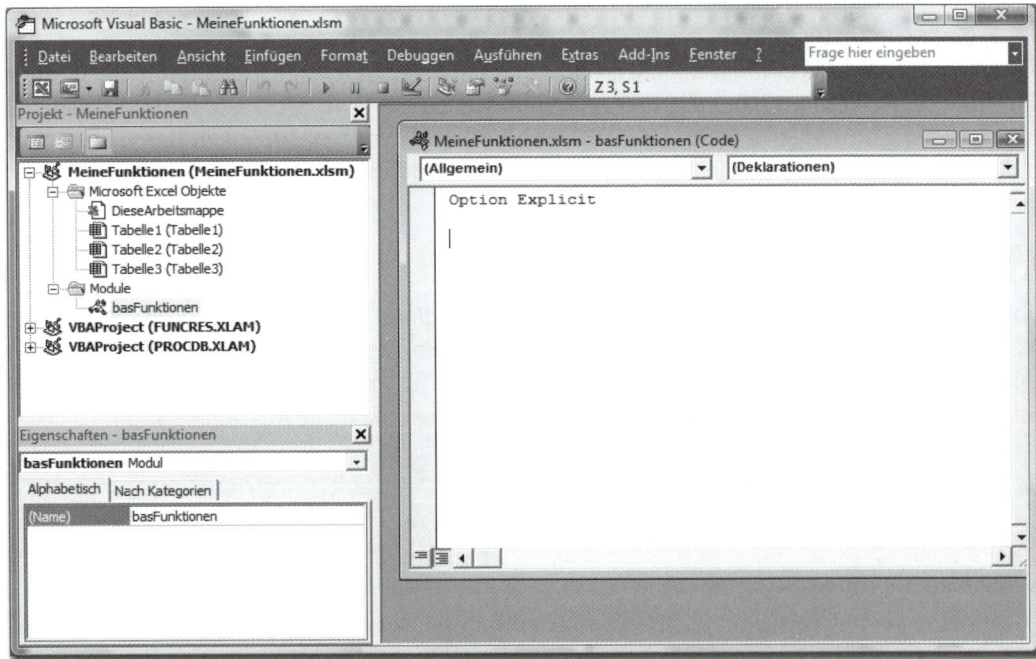

Abbildung 14.4: Das neue Modulblatt ist angelegt und benannt.

Tragen Sie den Namen des Moduls im Eigenschaftenfenster neben der Eigenschaft NAME ein (alter Name: *Modul1*).

Wenn Sie ein Modulblatt löschen wollen, klicken Sie es im Projekt-Explorer mit der rechten Maustaste an und wählen ENTFERNEN VON MODULBLATT. Bestätigen Sie die nächste Frage, ob Sie das Modul noch exportieren wollen, mit einem Klick auf NEIN.

14.5 Prozeduren und Funktionen

In das Modulblatt schreiben Sie jetzt die Makros, die Sie für die aktive Arbeitsmappe vorgesehen haben. Zwei Grundtypen von Makros gibt es: Prozeduren und Funktionen. Beide Makroarten können auf einem Modulblatt in beliebiger Anzahl und Reihenfolge geschrieben werden.

- Prozeduren sind ablauffähige Programme mit Anweisungen, die von oben nach unten abgearbeitet werden. Wird eine Prozedur aktiviert, führt Excel alle Anweisungen bis zum Ende der Prozedur aus.
- Funktionen können dagegen nur zur Berechnung verwendet werden. Eine Funktion kann innerhalb einer Prozedur aufgerufen oder von einem Funktionsaufruf in einer Zelle aktiviert werden.

> **Hinweis**
>
> Funktionsmakros bezeichnen wir ab sofort als Funktionen, da sie – einmal erstellt – den internen Excel-Funktionen gleichgestellt sind.

Darin besteht auch der grundsätzliche Unterschied zwischen Prozeduren und Funktionen: Eine Prozedur führt aus (z.B. Kopieren von Bereichen), öffnet und schließt (z.B. Dateien), löscht und erstellt (Diagramme, Tabellen, Pivot-Berichte). Eine Funktion erhält Argumente, berechnet diese und gibt das Ergebnis zurück. Beide Makroarten benutzen dazu Anweisungen der Makrosprache VBA (Visual Basic für Applikationen):

Benutzerdefinierte Funktionen

VBA-Elemente	Beispiele
Variablendeklaration	Dim, Const …
Kontrollstrukturen	If ... Then … Else, Select Case ... With … End With
Schleifen	For ... Next, Do … While, Do … Loop, For … Each
Objekte, Methoden und Eigenschaften	Sheets, Range, ActiveSheet.Name, Workbooks.Delete …

Tabelle 14.2: VBA-Sprachelemente und Beispiele

14.5.1 Praxisbeispiel: Die erste Funktion

Den Unterschied zwischen einer Prozedur und einer Funktion lernen Sie gleich im ersten Beispiel kennen. Schreiben Sie eine einfache Funktion, die aus einem beliebigen Euro-Betrag die Mehrwertsteuer errechnet. Den Mehrwertsteuersatz (19 %) setzen wir als konstant voraus (in der Praxis würde diese Konstante über die Anweisung CONST im Modulbereich eingeführt).

1. Schreiben Sie die erste Zeile der Funktion. Sie beginnt mit der Anweisung Function und dem Namen der Funktion. In der Funktionsklammer wird ein Argument für den Betrag vorgesehen:

```
function MwSt(betrag)
```

2. Drücken Sie die ⏎-Taste. Jetzt schließt der Makroeditor die Funktion schon ab, indem er die Ende-Anweisung selbst einfügt:

```
Function MwSt(betrag)

End Function
```

3. Fügen Sie die Berechnung ein, die von dieser Funktion übernommen wird. Der Betrag wird dazu durch den Steuerfaktor dividiert:

```
Function MwSt(betrag)
betrag / 100 * 19
End Function
```

4. In dieser Form würde das Ergebnis zwar berechnet, es wäre aber nicht transparent. Die von der Funktion berechnete Zahl könnte nicht ausgegeben werden. Weisen Sie deshalb diese Rechenoperation einfach wieder der Funktion zu. Mit dem Gleichheitszeichen wird dem Funktionsnamen das Rechenergebnis übermittelt:

```
Function MwSt(betrag)
  MwSt = Betrag / 100 * 19
End Function
```

5. Damit ist die erste Funktion komplett, es wird Zeit, die Arbeit zu speichern. Da Makros immer Bestandteil der Mappe sind, können Sie die bereits benannte Arbeitsmappe per Klick auf das Diskettensymbol speichern.

> **Achtung**
>
> Achten Sie darauf, dass Makronamen eindeutig sein müssen. Eine Funktion darf nicht denselben Namen tragen wie eine Prozedur oder wie das Modulblatt. In Makronamen sind zudem keine Leerzeichen und nicht alle Sonderzeichen erlaubt. Auf Groß-/Kleinschreibung müssen Sie nur bei eigenem Text achten, der VBA-Editor setzt seine Schlüsselwörter automatisch richtig auf Groß-/Kleinbuchstaben um.

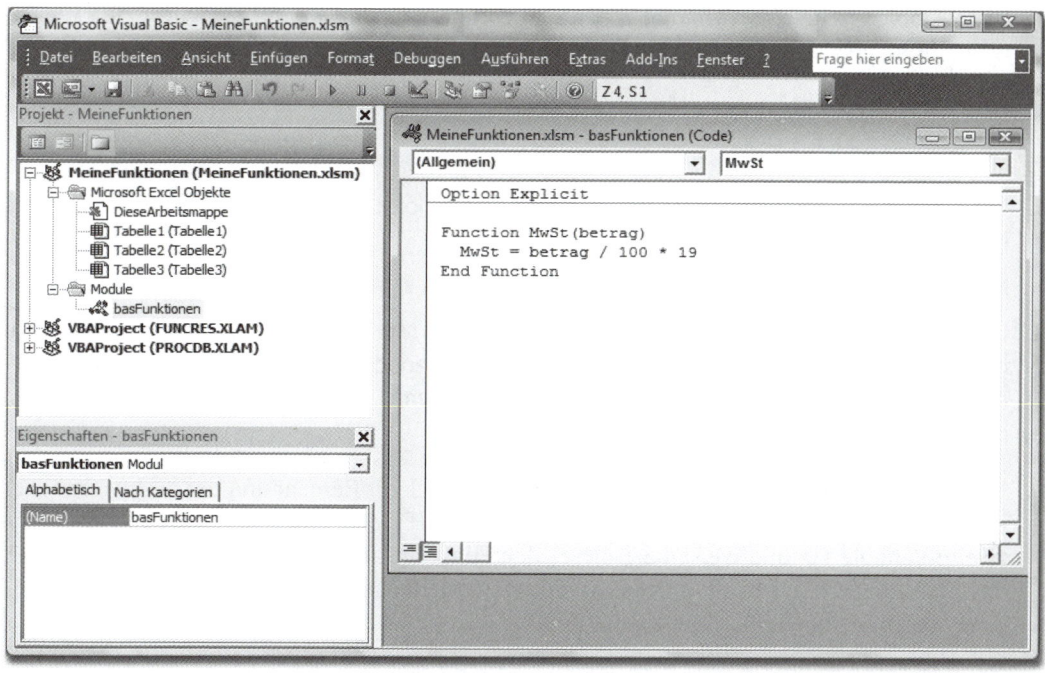

Abbildung 14.5: Die erste Funktion ist erstellt.

14.6 Funktion über Prozedur aufrufen

Wie wird diese Funktion nun benutzt? Im Gegensatz zur Prozedur ist sie nicht ablauffähig, sie muss von einer berechnenden Position aus aufgerufen werden. Und das kann entweder eine Zelle in einem Tabellenblatt oder eine Prozedur sein. Sehen wir uns zunächst den Aufruf aus einer Prozedur an. Schreiben Sie ein kleines Makro, das den Benutzer auffordert, einen Betrag einzugeben. Die Mehrwertsteuer aus diesem Betrag wird von unserer neuen Funktion berechnet und das Ergebnis sollte in einem Meldungsdialog auf dem Bildschirm ausgegeben werden.

1. Beginnen Sie mit dem Aufruf der Prozedur. Die Anweisung Sub (subprocedure = Unterprogramm) wird für alle Prozedurmakros verwendet, auch wenn diese nicht als Unterprogramm fungieren.

```
Sub MwStBerechnen()
```

2. Der Makroeditor wird das Makro wieder automatisch schließen, indem er die Ende-Anweisung einfügt. Sie können an der Cursorposition weiterschreiben.

```
Sub MwStBerechnen()

End Sub
```

3. Dimensionieren Sie eine Variable, in der Sie den Input des Anwenders speichern. Rücken Sie die erste Anweisung und alle weiteren mit der ⇥-Taste oder mit zwei Leerzeichen ein:

```
Sub MwStBerechnen()
Dim betrag
End Sub
```

4. Mit der Anweisung InputBox werden Sie eine Dialogbox erzeugen, in die der Anwender des Makros eine Zahl eintippen kann.

```
betrag = inputbox("Bitte geben Sie einen Betrag ein:")
```

5. In der nächsten Anweisung rufen Sie die Funktion zur Mehrwertsteuerberechnung auf. Dazu geben Sie nur den Namen der Funktion ein. Den Betrag, den Sie zuvor aus der InputBox erhalten hatten, schicken Sie in der Funktionsklammer mit:

```
MwSt(betrag)
```

6. So würde die Prozedur tatsächlich die Funktion MwSt() zur Berechnung der Mehrwertsteuer benutzen, aber wieder keine Möglichkeit haben, das Ergebnis auszuliefern. Fügen Sie eine zweite Variable ein und weisen Sie dieser den Funktionsaufruf zu. Damit stellen Sie sicher, dass der berechnete Betrag in der Prozedur weiterverwendet werden kann. Die Dim-Anweisung setzen Sie oben unter die zweite Zeile:

```
Sub MwStBerechnen()
Dim betrag
dim steuer
betrag = inputbox("Bitte geben Sie einen Betrag ein:")

teuer = MwSt(betrag)
End Sub
```

7. Jetzt können Sie das Ergebnis ausgeben. Benutzen Sie die Anweisung MsgBox, die – ähnlich wie InputBox – eine Dialogbox auf den Bildschirm zaubert. Als Argument für MsgBox verwenden Sie die eben berechnete Variable:

```
msgbox steuer
```

Damit ist die Prozedur fertig, vergessen Sie nicht, Ihre Arbeit wieder zu speichern. Vergleichen Sie Ihre Programmzeilen mit der Abbildung und verbessern Sie ggf. Ihre Makros.

Hinweis

Fehler im Programmcode werden sofort angemahnt, falls die Syntaxregeln verletzt werden; Die Zeile wird rot markiert. Wenn Sie eine Anweisung falsch schreiben (z.B. MesgBox statt Msg-Box), wird der Editor diese nicht mit einem großen Anfangsbuchstaben versehen. Schreiben Sie deshalb alles klein und prüfen Sie, ob die Schlüsselwörter Function, Sub, End, InputBox und MsgBox richtig erkannt wurden. Wählen Sie DEBUGGEN/KOMPILIEREN VON <PROJEKTNAME>, um alle Makros auf solche Fehler zu testen.

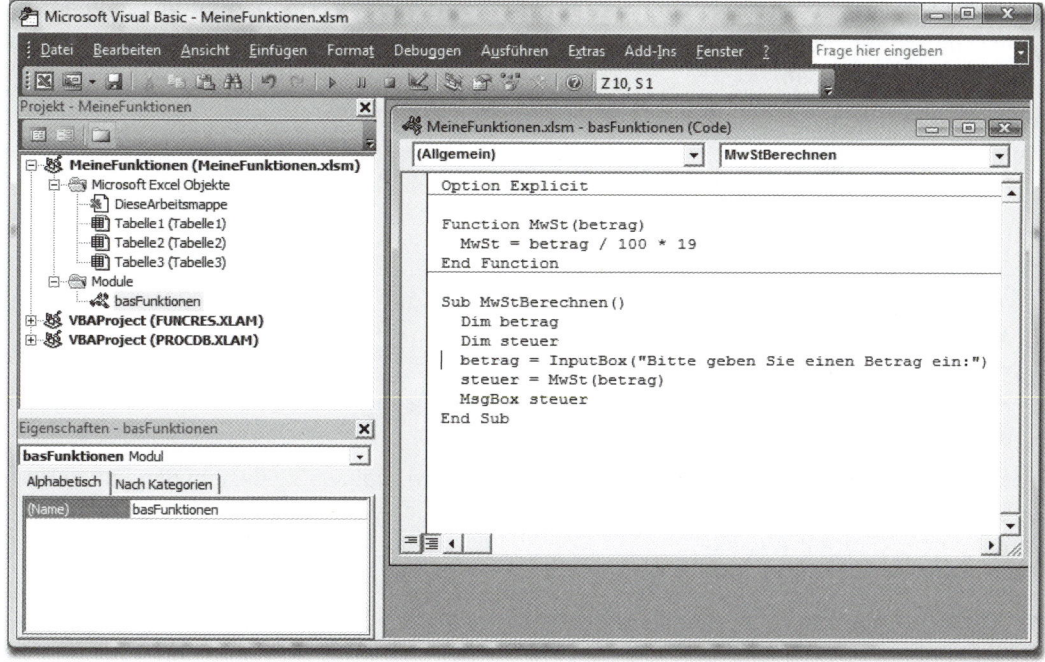

Abbildung 14.6: Erste Funktion und erste Prozedur in einem Modulblatt

14.6.1 Prozedur starten

Um die Prozedur zu starten, setzen Sie die Schreibmarke (Cursor) in eine der Programmzeilen zwischen Sub und End Sub (nicht in die Funktion!). Die Funktion lässt sich wie schon erwähnt nicht starten.

1. Starten Sie die Prozedur entweder mit einem Klick auf das Symbol mit der Pfeilspitze in der Symbolleiste VISUAL BASIC oder mit der Funktionstaste [F5]. Die Prozedur präsentiert die InputBox, geben Sie einen Betrag ein und klicken Sie auf OK.

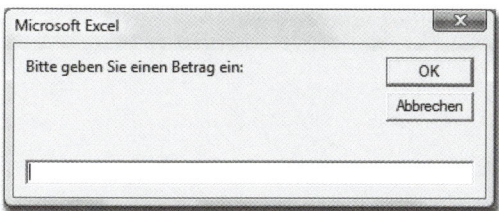

Abbildung 14.7: Die InputBox der Prozedur

559

2. Geben Sie den Betrag 100 ein und bestätigen Sie mit Klick auf OK. Der Betrag wird berechnet, der Editor greift auf die interne Funktion MwSt() zurück und die MsgBox-Anweisung zeigt das Ergebnis an.

Abbildung 14.8: Die Meldung der Anweisung MsgBox

3. Bestätigen Sie mit Klick auf OK und das Makro wird beendet. Der Editor übernimmt wieder die Kontrolle.

Sie können das Makro auch aus dem Excel-Fenster starten, wählen Sie dazu in den Entwicklertools CODE/MAKROS. Markieren Sie die Prozedur (die Funktion wird nicht angeboten) und starten Sie mit einem Klick auf AUSFÜHREN.

In diesem Beispiel haben Sie die einfachste Form der Prozedur- und Funktionsprogrammierung mit VBA kennengelernt. In der Praxis werden Sie natürlich weit aufwändigere und umfangreichere Programme schreiben, vorausgesetzt, Sie machen sich mit der Programmiersprache VBA vertraut und lernen die in der Programmierung gebräuchlichen Algorithmen wie Bedingungen, Schleifen und Variablendeklarationen. Auch die Objektbibliothek und der Umgang mit Eigenschaften und Methoden wollen erlernt sein. Investieren Sie in ein gutes VBA-Seminar und besorgen Sie sich Lektüre und Beispielmakros, es lohnt sich!

Hier die Prozedur zum Aufruf der Funktion in der erweiterten Fassung, die Falschbedienungen in der Eingabebox abfängt und die Ausgabe in der Meldungsbox optisch besser gestaltet.

> **Hinweis**
>
> Kommentarzeilen, die mit einem Apostroph eingeleitet werden, können Sie an jeder beliebigen Stelle einfügen. Wollen Sie mit einer Anweisung in der nächsten Zeile weiterschreiben, geben Sie ein Leerzeichen, gefolgt von einem Unterstrich, ein.

```
Function MwSt(betrag)
    ' IsMissing prüft ab, ob das Argument besetzt ist
    If IsMissing(betrag) Then
        MwSt = ""
    Else
        MwSt = betrag / 100 * 19
    End If
End Function
```

Listing 14.1: MwSt-Funktion erweitert

```
Sub MwStBerechnen()
' Sprungadresse, auf die mit Goto verzweigt werden kann
eingabe:
  ' Die Inputbox mit Titel
  betrag = InputBox("Bitte Betrag eingeben", "Betragsanforderung")
  ' Bei Leereingabe oder wenn Abbrechen gedrückt wurde,
  ' wird das Makro beendet
  If betrag = "" Then Exit Sub
  ' Wenn keine Zahl eingegeben wurde, Sprung zu eingabe:
  If Not IsNumeric(betrag) Then
      MsgBox "Bitte nur Zahlen eingeben!", vbOKOnly, "Fehler!"
      GoTo eingabe
  End If
  ' Aufruf der Funktion
  steuer = MwSt(betrag)
  ' Mit CHR(9) einen Tabsprung, mit CHR(13) einen Zeilenumbruch einfügen
  ' Die Formatanweisung formatiert die Variablen für die Ausgabe
  MsgBox "Betrag: " & Chr(9) & Chr(9) & Format(betrag, "#,##0.00") _
        & Chr(13) _
        & "19% MwSt:" & Chr(9) & Format(steuer, "#,##0.00")
End Sub
```

Listing 14.2: Die Prozedur zum Aufruf der MwSt-Funktion erweitert

14.7 Benutzerdefinierte Funktionen im Tabellenblatt

Ihre neue Funktion steht nicht nur den VBA-Prozeduren zur Verfügung, sondern vor allem den Zellen der Tabellenblätter, die ihre Ergebnisse dynamisch berechnen. Holen Sie die Funktion wie jede andere Excel-Funktion in die Zelle und übergeben Sie ihr als Argumente in den Klammern Zahlen, Zelldressen oder Zellbereiche:

1. Schalten Sie zum Excel-Programmfenster um und wechseln Sie zum nächsten freien Tabellenblatt Ihrer Mappe.

2. Tragen Sie diese Daten ein:

   ```
   A1: Betrag
   B1: 19% MwSt
   A2: 120
   A3: 200
   A4: 567,89
   ```

3. Setzen Sie den Zellzeiger in die Zelle B2 und wählen Sie FORMELN/FUNKTIONSBIBLIOTHEK/FUNKTION EINFÜGEN.

4. Die Funktionsliste wird angeboten, das Listenelement in der Mitte bietet die Kategorien an. Blättern Sie den Rollbalken nach unten und markieren Sie die Kategorie BENUTZERDEFINIERT.

5. Jetzt sehen Sie alle selbst programmierten Funktionen, die von Modulblättern und Add-ins zur Verfügung gestellt werden. Markieren Sie die Funktion MwSt und schalten Sie mit OK zum nächsten Schritt.

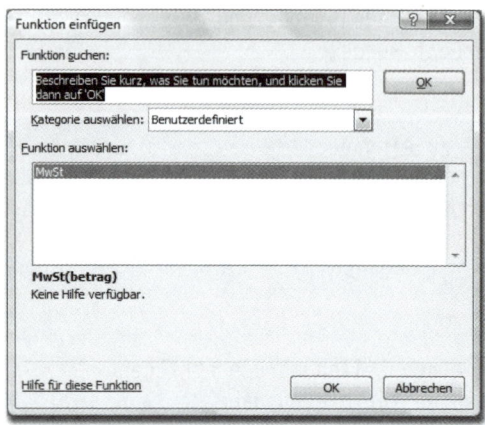

Abbildung 14.9: Die eigene Funktion steht in der Kategorie Benutzerdefiniert zur Auswahl.

6. Im zweiten Schritt wird das Argument angefordert. Ziehen Sie die Dialogbox mit gedrückter Maustaste etwas zur Seite und markieren Sie im Hintergrund die Zelle, die das Argument *Betrag* für die Funktion enthält (Zelle A2).

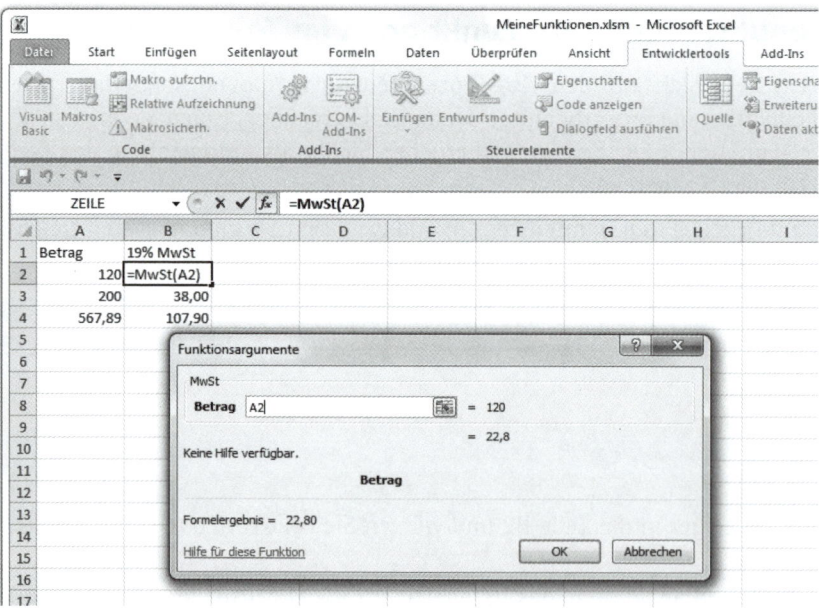

Abbildung 14.10: Das Argument wird aus der Tabelle geholt.

7. Die Funktionspalette zeigt bereits das Ergebnis, Sie können mit Klick auf ENDE abschließen und die Funktion wird in die Zelle eingetragen. Ziehen Sie das Füllkästchen am Zellzeiger nach unten, um die Formel auch für die übrigen Werte der Spalte A zur Verfügung zu stellen, und formatieren Sie das Ergebnis (Währungs- oder Euro-Format und Nachkommastellen).

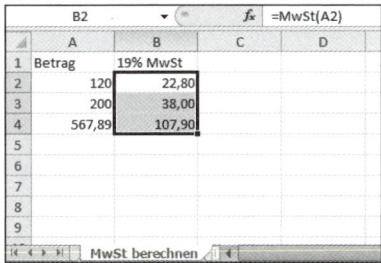

Abbildung 14.11: Die benutzerdefinierte Funktion wird in der Tabelle verwendet.

Wollen Sie die Funktion nachbearbeiten, markieren Sie die Zelle und wählen FORMELN/FUNKTIONS-BIBLIOTHEK/FUNKTION EINFÜGEN. Der Assistent wird wieder aktiv und präsentiert erneut die Argumentpalette für die markierte Funktion.

14.8 Die Syntax der benutzerdefinierten Funktion

Für Funktionen stellt die Programmiersprache VBA eine umfangreiche Anweisungsliste bereit. Die meisten VBA-Elemente können sowohl in Prozeduren als auch in Funktionen zum Einsatz kommen. Sie können Bedingungen (If ... Then ... Else) und Schleifen (For ... Next) benutzen. Vorsicht ist nur bei Dialogen geboten. Bedenken Sie, dass alle Funktionen stets neu berechnet werden, wenn Eingaben in Tabellen gemacht, wenn Tabellen oder Zellbereiche gespeichert und gedruckt werden. Die Verwendung von InputBox oder MsgBox in Funktionsmakros ist daher nicht zu empfehlen.

14.8.1 Praxisbeispiel: Nur Euro und nur Cent berechnen

Schreiben Sie zwei Funktionen, die aus einem Euro-Betrag nur den Euro-Betrag oder den Cent-Betrag berechnen. Dazu verwenden Sie eine IF-Anweisung und IsNumeric, eine VBA-Funktion, die abprüft, ob ein Argument überhaupt eine Zahl ist.

```
Function NurEuro(EURBetrag)
  If Not IsNumeric(EURBetrag) Then
    NurEuro = ""
  Else
    NurEuro = Int(EURBetrag)
  End If
End Function
```

Listing 14.3: Benutzerdefinierte Funktion: nur Euro-Betrag berechnen

```
Function NurCent(EURBetrag)
  If Not IsNumeric(EURBetrag) Then
    NurCent = ""
  Else
    NurCent = (EURBetrag - Int(EURBetrag)) * 100
  End If
End Function
```

Listing 14.4: Benutzerdefinierte Funktion: nur Cent eines Betrags berechnen

14.8.2   Der Funktionsaufruf

In den meisten Fällen wird eine Funktion nicht direkt aufgerufen, sondern einer Variablen zuge-wiesen. Der Aufruf einer Funktion würde lauten:

```
Call funktionsname(argument1,argument2 ... argumentn)
```

Oder einfacher:

```
funktionsname(argument1,argument2 ... argumentn)
```

In diesem Fall hätte die Funktion aber keine Möglichkeit, einen Wert zurückzuliefern. Deshalb wird die Funktion meist so aufgerufen:

```
Rückgabewert = funktionsname(argument1,argument2 ... argumentn)
```

14.8.3   Der Funktionsname

Neben der Kernanweisung Function gibt es einige Deklarationsvarianten für die Funktion. Hier eine Übersicht:

Anweisung	Erklärung
Public Function	Die Funktion kann von allen Prozeduren in allen Modulblättern benutzt werden. Ohne diese Anweisung gilt die Funktion nur innerhalb des Modulblatts.
Private Function	Die Funktion kann nur von Prozeduren aufgerufen werden, die sich im gleichen Modulblatt befinden.
Static Function	Die in der Funktion verwendeten Variablen behalten ihre Inhalte zwischen den Prozeduraufrufen. Das gilt nicht für Variablen, die außerhalb der Funktion deklariert wurden.

Tabelle 14.3: Varianten für Funktionsaufrufe

Der Name der Funktion muss angegeben werden, er darf keine Leertasten enthalten. Vermeiden Sie auch Sonderzeichen aller Art und halten Sie Funktionsnamen so kurz wie möglich. Nicht erlaubt sind Bezeichnungen, die mit einem Anweisungsnamen oder einer bereits in Excel verfügbaren Funktion verwechselbar sind. Beispiele: TEILEN, GROSS, RUNDEN, SUMME usw.

Stellen Sie auch sicher, dass Blattnamen, Mappenbezeichnungen, Variablen und alles andere nicht so heißt wie die Funktion. Andernfalls erhalten Sie immer eine Fehlermeldung.

Tipp

Programmierprofis verwenden Namenskonventionen, um Verwechslungen zu vermeiden. Dabei wird jedem Element ein dreistelliger Suffix vorangestellt, z.B. bas für Module, str für Variablen vom Typ String usw. Eine Dokumentation finden Sie in der Datei *Namenkonventionen für Visual Basic.doc* (Word-Format) auf der CD zum Buch.

14.8.4 Funktion beginnen und beenden

Die Funktion beginnt mit Function funktionsname() und endet mit End function. Um eine Funktion vorzeitig abzubrechen, benutzen Sie die Anweisung:

```
Exit Function
```

Hier ein Beispiel: Die Funktion prüft ab, ob das zweite Argument den Wert 0 hat. Das Funktionsergebnis wird in diesem Fall nicht berechnet, da eine Division durch 0 automatisch zum Fehler führen würde. So verhindern Sie, dass die Funktion eine Fehlermeldung als Ergebnis liefert. Sie können einen eigenen Text ausgeben und die Funktion vorzeitig beenden:

```
Function Fteilen(Divident, Divisor)

If Divisor = 0 Then
Fteilen = "kann nicht durch 0 teilen!"
Exit Function
Else
Fteilen = Divident / Divisor
End If
End Function
```

Listing 14.5: Die Funktion wird beim Divisor 0 beendet.

14.8.5 Funktionen absichern mit WENNFEHLER()

Der Aufruf der Funktion sollte mit einer passenden Absicherung passieren. Benutzen Sie If … End If, wenn Sie die Funktion in einer Prozedur verwenden, oder die Tabellenfunktion WENN-FEHLER(), die im Fehlerfall eine Meldung ausgibt oder einfach die Zelle leer lässt:

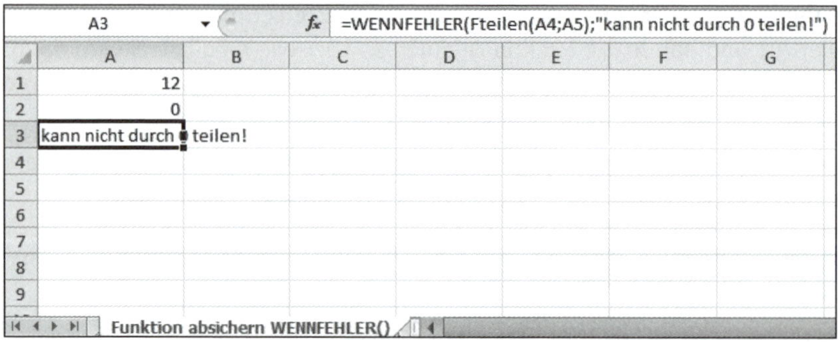

Abbildung 14.12: Funktionsergebnis mit WENNFEHLER() absichern

14.8.6   Die Funktionsargumente

Innerhalb der beiden Funktionsklammern können ein oder mehrere Argumente vorgesehen werden. Die Argumente werden mit Kommas getrennt. Die Bezeichnung eines Arguments muss nicht mit der des Aufrufs übereinstimmen; die in der Aufrufprozedur verwendete Variable kann ganz anders heißen als diejenige in der Klammer. Entscheidend ist die Position des Arguments (beim Aufruf der Funktion aus einer Zelle werden meist Zellbezüge verwendet):

```
A1: 100
A2: 3
Function Potenz(zahl,potenz)
Potenz=zahl^potenz
End Function
```

Die Argumente können wahlweise auch mit einem Typ versehen werden, der deren Größe oder Beschaffenheit festhält. Geben Sie das Argument Potenz beispielsweise mit dem Typ Integer an, werden dafür 2 Byte reserviert und die Variable liegt im Wertebereich von –32.768 bis 32.767.

```
Function Potenz(zahl as Double , potenz as Integer)
```

Der Typ muss jedem Argument separat zugewiesen werden. Diese Typen sind für Argumente zulässig:

Argumenttyp	Erklärung
Byte	Positive Ganzzahlen von 0 bis 255
Boolean	Zwei mögliche Werte, True (–1) oder False (0)
Integer	Ganzzahl zwischen –32.768 und 32.767
Long	Ganzzahl zwischen –2.147.483.648 und 2.147.483.647

Tabelle 14.4: Argumenttypen in Funktionen

Argumenttyp	Erklärung
Currency	Für besonders genaue Berechnungen, Zahlen im Wertebereich zwischen –922.337.203.685.477,5808 und 922.337.203.685.477,5807
Single	Fließkommazahl zwischen –3,402823€38 und –1,401298€-45 für negative Werte und 1,401298€–45 bis 3,402823€38 für positive Werte
Double	Fließkommazahlen mit doppelter Genauigkeit im Wertebereich von –1,79769313486232€308 bis –4,94065645841247€-324 für negative Werte und 4,94065645841247€–324 bis 1,79769313486232€308 für positive Werte
Date	Datums- und Zeitangaben. Links vom Komma steht das Datum, rechts vom Komma die Uhrzeit.
String	Zeichenfolgen, kann aus Buchstaben, Zahlen, Leerzeichen und Sonderzeichen bestehen und bis zu 2 Mrd. Zeichen lang sein
Variant	Für numerische Daten, Zeichenfolgen und Datumsdaten. Alle Variablen, die nicht ausdrücklich mit einem anderen Typ angegeben sind, werden automatisch Variant.

Tabelle 14.4: Argumenttypen in Funktionen (Forts.)

In der Praxis reicht es aus, wenn Sie die Argumente ohne Typ (und damit Variant) angeben. Der Datentyp grenzt den Wertebereich ein, reserviert den benötigten Speicherplatz exakt und legt die Rechengenauigkeit fest, was die Geschwindigkeit der Makros erhöht, aber das ist nur für große Makrolösungen von Bedeutung.

14.9 Funktionen berechnen

Funktionen werden sofort nach der Eingabe in eine Zelle und dann bei jeder Editierung einer Zelle berechnet, die an der Funktion beteiligt ist. Wird das Tabellenblatt neu berechnet, ändert sich das Ergebnis der Funktion aber nicht. Diese Neuberechnung, die Sie auch manuell mit der Funktionstaste F9 vornehmen können, berücksichtigt die benutzerspezifischen Funktionen nicht, damit aufwändige Berechnungen nicht zu unangebrachten Verzögerungen führen.

Mit einer VBA-Anweisung können Sie dafür sorgen, dass Ihre Funktionen immer gemeinsam mit den internen Excel-Funktionen berechnet werden. Schreiben Sie die Anweisung unmittelbar nach der Function-Anweisung für den Funktionsstart:

```
Application.Volatile
```

Funktionen mit dieser Anweisung werden automatisch neu berechnet, wenn die Tabelle neu berechnet wird, und das passiert bei jeder Neueingabe in eine Zelle, bei jeder Änderung und natürlich auch beim Speichern und Drucken der Tabelle.

Benutzerdefinierte Funktionen

14.9.1   Praxisbeispiel: Meldung, wenn Mappe nicht gesichert

Schreiben Sie eine Funktion, die automatisch eine Meldung ausgibt, die daran erinnert, die Arbeitsmappe nach der Eingabe in eine Zelle oder nach der Bearbeitung einer Zelle zu sichern. Dazu wird die Eigenschaft .Saved der aktiven Mappe abgeprüft, die False ist, sobald eine Änderung in einer Zelle erfolgt. Die Anweisung Volatile ist hier zwingend, damit die Funktion automatisch mit jeder Neuberechnung startet:

```
Function HinweisMappeSichern()
  Application.Volatile
  If ActiveWorkbook.Saved = False Then
    MsgBox "Bitte Arbeitsmappe sichern"
  End If
End Function
```

Listing 14.6: Benutzerdefinierte Funktion: automatische Meldung, um Mappe zu sichern

Um die Funktion zu aktivieren, schreiben Sie den Aufruf in eine beliebige Zelle der Tabelle:

=HinweisMappeSichern()

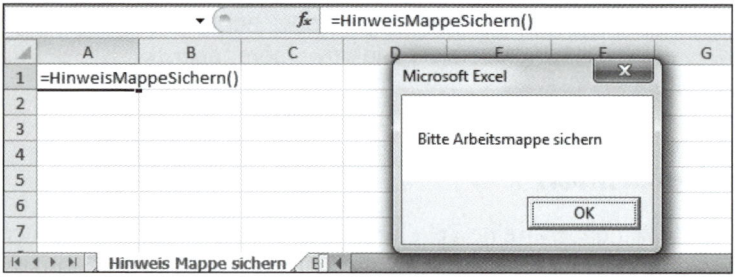

Abbildung 14.13: Der Hinweis kommt nach jeder Änderung oder Neueingabe.

Die Meldung erscheint jetzt natürlich mit jeder Neuberechnung, was ziemlich lästig sein kann. Funktionen dieser Art, die auf Ereignisse reagieren, steuern Sie am besten über Ereignismakros (siehe Kapitel 15.9).

Aktivieren Sie den Visual Basic Editor, suchen Sie im Projekt-Explorer das Projekt der Arbeitsmappe und klicken Sie doppelt auf den Tabellennamen der Tabelle, für die Sie das Ereignis steuern wollen.

Wählen Sie im linken Kombinationsfeld am oberen Rand des Modulblatts statt *Allgemein Worksheet.* Das erste Ereignismakro wird erstellt, *SElection_Change* ist das Ereignis, das eintritt, wenn der Zellzeiger platziert oder ein Bereich markiert wird. Schalten Sie in der rechten Liste um auf *Worksheet-Change().*

Schreiben Sie eine Anweisung, die unsere Funktion aufruft, wenn eine bestimmte Zelle geändert wird (im Beispiel D1):

```
Private Sub Worksheet_Change(ByVal Target As Range)
  If Target.Address = "$D$1" Then Call HinweisMappeSichern

End Sub
```

Kopieren Sie die Funktion in das Modulblatt:

```
Function HinweisMappeSichern()
  If ActiveWorkbook.Saved = False Then
    MsgBox "Bitte Arbeitsmappe sichern"
  End If
End Function
```

14.9.2 Praxisbeispiel: Sound abspielen, wenn Benutzername fehlt

Schreiben Sie eine benutzerdefinierte Funktion, die einen Warnton abgibt oder einen Sound abspielt, wenn eine Information in der Tabelle oder Mappe nicht zu finden ist. Sie können beispielsweise akustisch darauf hinweisen, dass der Benutzername in einer Tabelle fehlt. Für den Sound benutzen Sie eine Sounddatei aus dem Windows-Repertoire, Sie dürfen aber auch eigene Sounds einsetzen, die Sie im WAV-Format abspeichern (Excel kann nur das WAV-Format abspielen):

1. Legen Sie ein neues Modulblatt an, nennen Sie dieses *basSoundFunktionen*.
2. Schreiben Sie eine Declare-Anweisung am Kopf des neuen Moduls, die eine Funktion aus der Windows-Multimedia-Bibliothek *WINMM.DLL* benutzt:

```
Declare Function sndPlaySound32 Lib "winmm.dll" _
  Alias "sndPlaySoundA" (ByVal lpszSoundName _
  As String, ByVal uFlags As Long) As Long
```

3. Fügen Sie den Aufruf dieser Funktion in eine benutzerdefinierte Funktion ein:

```
Function BenutzerCheck()
  Application.Volatile
  Call sndPlaySound32("C:\Windows\Media\Chord.wav", 1)
End Function
```

Den Funktionsaufruf in der Tabelle sollten Sie natürlich mit einer WENN()-Funktion absichern, sonst wird der Sound mit jeder Zelleingabe oder Änderung abgespielt, was ziemlich lästig werden kann:

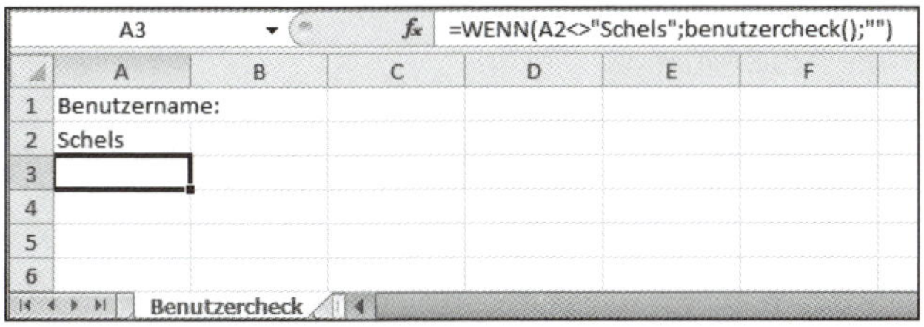

Abbildung 14.14: Benutzerdefinierte Funktion mit Soundausgabe

14.10 Ereignismakros für den Funktionsaufruf nutzen

Sie können einen Funktionsaufruf auch auf ein Ereignis legen und damit sicherstellen, dass die Funktion jedes Mal aktiv wird, wenn der Benutzer des Projekts ein bestimmtes Ereignis auslöst. Es gibt zahlreiche Ereignisse, vom Öffnen der Mappe bis zum Ändern eines Zellinhalts finden Sie alles im Projekt:

1. Markieren Sie im Projekt-Explorer im Ordner des Projekts den Eintrag *Microsoft Arbeitsmappe* per Doppelklick.
2. Im Modulblatt, das daraufhin aktiv wird, öffnen Sie die Liste DEKLARATIONEN links oben und schalten um auf WORKBOOK.
3. Das erste Ereignismakro wird schon erstellt, es ist für das OPEN-Ereignis (Öffnen der Arbeitsmappe) zuständig. Klicken Sie auf die rechte Liste, um alle Ereignisse aufzulisten.
4. Wählen Sie ein Ereignis, um für dieses ein Makro anzulegen, und tragen Sie die Makrocodes ein.

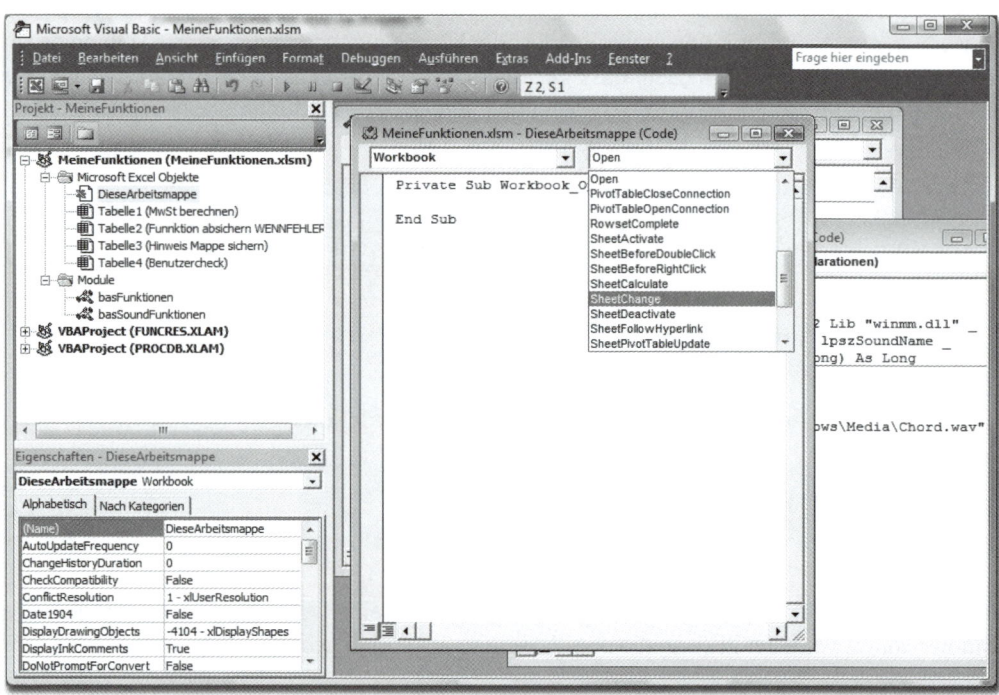

Abbildung 14.15: Ereignismakros für die Arbeitsmappe

Diese Prozeduren können Sie benutzen, um Funktionen aufzurufen, die Sie ebenfalls in das Modulblatt der Mappe schreiben oder in anderen Modulen bereitstellen.

14.10.1 Praxisbeispiel: Funktion beim Öffnen der Mappe ausführen

Hier das Makro, das mit dem Aufruf der Mappe die Funktion *BenutzerNameInZelle* aktiviert, die den Benutzernamen in die aktive Zelle einträgt. Diesen Namen tragen Sie unter DATEI/OPTIONEN unter ALLGEMEIN/MICROSOFT OFFICE-KOPIE PERSONALISIEREN ein:

```
Private Sub Workbook_Open()
  Call BenutzerNameInZelle
End Sub
```

Listing 14.7: Ereignismakro beim Öffnen der Mappe

```
Function BenutzerNameInZelle()
  Dim bname As String
  If Application.UserName <> "" Then
    ActiveCell.Value = Application.UserName
  End If
End Function
```

Listing 14.8: Die Funktion trägt den Benutzernamen in die aktive Zelle ein.

Achtung

Funktionen, die in Modulblättern von Mappen oder Tabellen stehen, werden nicht unter FUNKTION EINFÜGEN angeboten.

14.10.2 Praxisbeispiel: Funktionsstart bei Änderungen in der Tabelle

Ereignisse finden natürlich auch in Tabellen statt. Öffnen Sie im Projekt-Explorer eine Tabelle des aktiven Projekts und schalten Sie die linke Liste oben im Modulblatt von Allgemein auf WORKSHEET. Die Ereignisse finden Sie wieder rechts in der Liste. Hier ein Makro, das bei jeder Änderung in der Tabelle die Versionsnummer von Excel abfragt und eine entsprechende Meldung ausgibt (anstelle des CHANGE-Ereignisses könnten Sie auch WORKSHEET_ACTIVATE verwenden):

```
Private Sub Worksheet_Change(ByVal Target As Range)
  Dim version
  version = Application.version
  If version = "12.0" Then
    MsgBox "Diese Tabelle kann mit Version " _
      & version & vbCr _
      & " nicht bearbeitet werden." _
      , vbCritical, "Fehler: Falsche Version"
  End If
End Sub
```

Listing 14.9: Die Funktion wird bei jeder Änderung der Tabelle aktiv.

Benutzerdefinierte Funktionen

14.11 Lokale und globale Funktionen

Die benutzerdefinierten Funktionen, die im Visual Basic-Editor erstellt werden, sind Bestandteil einer Mappe (die Funktion ist lokal). Als solche stehen sie den Tabellen der aktuellen Mappe, aber auch allen anderen aktiven Mappen zur Verfügung. Ein kleiner Unterschied besteht beim Aufruf externer, also nicht zur Mappe gehörender Funktionen: Die Funktion muss zusammen mit dem Namen der Mappe angegeben werden. Hier als Beispiel die Funktion =MwSt() in der Mappe *Rechnung.xlsx*:

Aufruf aus der aktiven Mappe:=MwSt(A1)

Aufruf aus einer anderen Mappe: =Rechnung.xlsx!MwSt(A1)

Funktionen liefern nur dann Ergebnisse, wenn die Mappen aktiv sind, in denen sich diese befinden. Wird die Mappe mit der Funktion geschlossen, zeigen alle Funktionszellen die Fehlermeldung #WERT! an. Gleichzeitig übernimmt die Zelle den kompletten Speicherpfad der Mappe, aus der die Funktion übernommen wurde. Erst wenn die Quelle erneut geöffnet wird, zeigen alle Zellen wieder normale Ergebnisse an und die Pfadangabe pro Funktion verschwindet wieder.

14.11.1 Die persönliche Arbeitsmappe

Um Funktionen grundsätzlich verfügbar zu halten, speichern Sie diese am besten in einer Mappe, die immer offen, aber nicht unbedingt zugänglich ist. Diese Mappe trägt die Bezeichnung *PERSONAL.XLSB*, sie wird *Persönliche Makroarbeitsmappe* genannt. Wenn Sie bisher noch keine Makros erstellt hatten, ist diese Mappe nicht verfügbar. Sie wird erzeugt, wenn bei der Aufzeichnung eines (Prozedur-)Makros die *Persönliche Makroarbeitsmappe* als Zielort festgelegt wird. Und das ist auch der sicherste Weg, um diese globale Makromappe zu erzeugen:

1. Wählen Sie in den Entwicklertools CODE/MAKRO AUFZEICHNEN.
2. Schalten Sie unter MAKRO SPEICHERN IN auf PERSÖNLICHE MAKROARBEITSMAPPE.

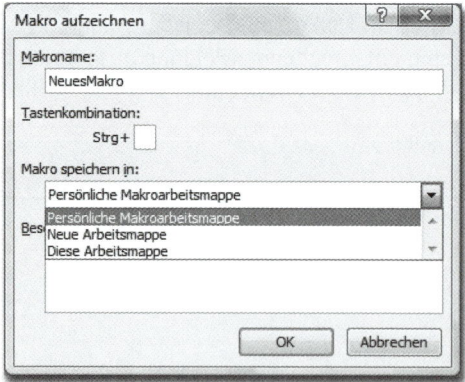

Abbildung 14.16: Makro in die persönliche Mappe aufzeichnen

3. Starten Sie die Aufzeichnung eines Makros. Beenden Sie den Recorder mit CODE/AUFZEICHNUNG BEENDEN oder per Klick auf das Symbol links unten in der Statusleiste.

Diese Mappe mit der Bezeichnung *PERSONAL.XLSB* unterscheidet sich nur wenig von normalen Arbeitsmappen:

- *PERSONAL.XLSB* wird nach dem erstmaligen Anlegen ausgeblendet.
- Änderungen in *PERSONL.XLSB* werden beim Verlassen von Excel separat angemahnt (sollen Änderungen in der persönlichen Makroarbeitsmappe gespeichert werden?).
- *PERSONAL.XLSB* wird im Excel-Startordner gespeichert und damit automatisch zusammen mit Excel geöffnet. Sie finden diesen Ordner hier:
  - In Windows XP unter PROGRAMME/MICROSOFT OFFICE/OFFICE bzw. OFFICE<VERSIONSNR>.
  - In Windows Vista/Windows 7 unter C:\USERS\<BENUTZERNAME>\APPDATA\ROAMING\MICRO-SOFT\EXCEL\XLSTART

Um die Mappe sichtbar zu machen und zu bearbeiten, wählen Sie ANSICHT/FENSTER/EINBLENDEN, markieren die Datei und klicken auf OK. Jetzt können Sie das Modulblatt bearbeiten, neue Modulblätter anlegen und Funktionen schreiben. Im Unterschied zu den ersten Funktionen in der aktiven Mappe müssen diese Funktionen anschließend natürlich mit dem Mappennamen aufgerufen werden:

```
=Personal.xlsb!MwSt(A1)
```

> **Hinweis**
>
> Vergessen Sie nicht, die Mappe wieder auszublenden, damit sie beim nächsten Programmstart unsichtbar zur Verfügung steht.

14.12 Eigene Funktionen schützen

Wenn Sie schon Funktionen für spezielle Berechnungen oder – wie eben gezeigt – für individuelle Benutzerführungen schreiben, wollen Sie diese natürlich nicht jedem zugänglich machen, denn unbeabsichtigte Änderungen können schnell mittlere Katastrophen auslösen. Schützen Sie Ihre eigenen Funktionen:

1. Wechseln Sie in das Fenster des Visual Basic-Editors und markieren Sie im Projekt-Explorer das Projekt, das Ihre Funktionen enthält.
2. Wählen Sie im Kontextmenü der rechten Maustaste EIGENSCHAFTEN.
3. Schalten Sie um auf die Registerkarte SCHUTZ und kreuzen Sie die Option PROJEKT FÜR DIE ANZEIGE SPERREN an.
4. Geben Sie ein Kennwort mit Bestätigung ein.
5. Schließen Sie dieses Dialogfenster, speichern und schließen Sie die Makromappe. Beim nächsten Versuch, das Projekt im Visual Basic-Editor zu öffnen, müssen Sie das Kennwort eingeben, andernfalls bleiben die Modulblätter unsichtbar.

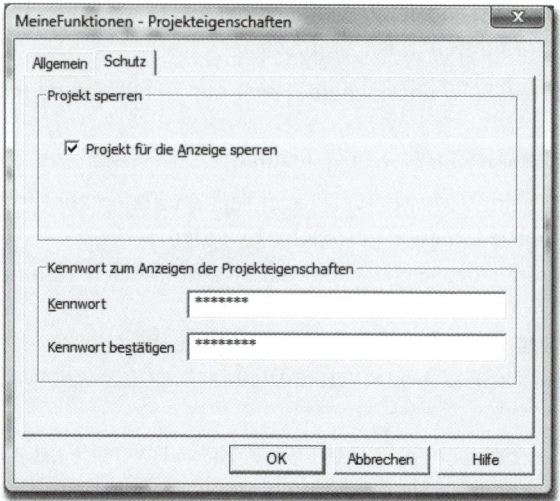

Abbildung 14.17: Das Projekt wird im VBA-Editor geschützt.

14.13 Add-ins erstellen

Wesentlich wirksamer und effektiver als Projekt- oder Arbeitsmappenschutz ist das Add-in. Aus der Makroarbeitsmappe wird ein Zusatzprogramm, das in die Excel-Oberfläche integriert wird. Die selbst programmierten Funktionen stehen damit wie andere Funktionen auch in der Funktions-palette zur Verfügung, dem Anwender werden keine (versteckten) Mappen oder Projekte mehr angeboten. Ein Add-in ist mit einem kompilierten Programm vergleichbar, dessen Quellcode nicht mehr einsehbar und editierbar ist.

14.13.1 Arbeitsmappe als Add-in speichern

Add-ins sind nur mit Makros sinnvoll. Tabellen, Zellbereiche, Diagramme und andere Objekte spielen keine Rolle. Sie können alle Blätter bis auf ein einziges (leeres) aus der Mappe löschen, die Sie als Add-in speichern wollen.

1. Schützen Sie zunächst Ihre Mappe mit den Modulblättern, auf denen sich die Funktionen befinden.
2. Speichern Sie die Mappe an einem sicheren Ort, damit die Makros in der Originalfassung weiterhin zur Verfügung stehen.
3. Wählen Sie DATEI/SPEICHERN UNTER.
4. Geben Sie den Namen des Add-ins an, der zweckentsprechend mit dem der Originaldatei iden-tisch ist.
5. Schalten Sie unter DATEITYP auf MICROSOFT OFFICE EXCEL-ADD-IN (*.XLAM).
6. Add-ins erhalten die Dateiendung *.xlam*. Speichern Sie die Datei mit einem Klick auf OK.

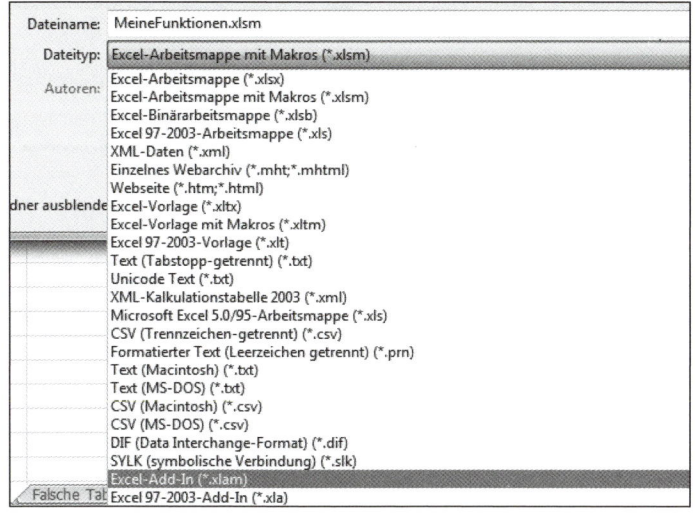

Abbildung 14.18: Das Add-in wird gespeichert.

Achtung

Das Add-in lässt sich nur noch im VBA-Editor bearbeiten, in die Arbeitsmappe mit den einzelnen Tabellen können Sie nicht mehr eingreifen. Sichern Sie deshalb immer die Originaldatei im XLSM-Format.

14.13.2 Add-in in Excel einbinden

Das Add-in wird mithilfe des Add-In-Managers mit Excel verbunden. Stellen Sie sicher, dass es sich an einem Speicherort befindet, auf den Excel nach dem Start Zugriff hat (zum Beispiel die Festplatte oder ein öffentlicher Netzwerkordner).

1. Wählen Sie DATEI/OPTIONEN.
2. Schalten Sie unter ADD-INS/VERWALTEN auf EXCEL-ADD-INS und klicken Sie auf GEHE ZU.
3. Die bereits verfügbaren Add-ins werden angezeigt, klicken Sie auf DURCHSUCHEN, um ein neues hinzuzufügen.
4. Markieren Sie die Datei mit der Endung *.xlam* in der Dateiliste und klicken Sie auf OK, um das Add-in einzubinden.
5. Schließen Sie den Add-In-Manager mit einem Klick auf OK.

Ist das Add-in einmal in die Liste des Add-In-Managers integriert, lässt es sich bequem aktivieren und deaktivieren. Klicken Sie einfach auf das Optionskästchen links neben dem Namen des Add-ins. Um ein Add-in zu löschen, entfernen Sie die XLAM-Datei von ihrem Speicherort und versuchen anschließend, den Eintrag im Add-In-Manager zu aktivieren. Excel wird daraufhin anbieten, das nicht mehr existente Add-in zu löschen.

> **Hinweis**
>
> Erfahrene Anwender können Add-in-Verknüpfungen auch in der Windows-Registrierdatenbank REGISTRY einsehen, editieren und löschen.

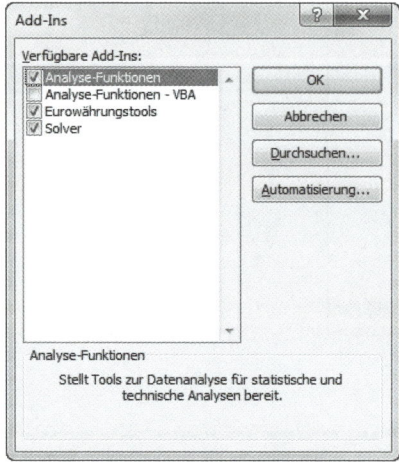

Abbildung 14.19: Der Add-In-Manager listet und verwaltet die Add-ins.

Alle Funktionen, die sich auf Modulblättern des Add-ins befinden, können Sie anschließend über FORMELN/FUNKTIONSBIBLIOTHEK/FUNKTION EINFÜGEN in der Kategorie BENUTZERDEFINIERT abrufen. Add-in-Funktionen benötigen in Formeln keine Datei- oder Tabellennamen vor dem Funktionsnamen, sie werden wie alle internen Funktionen benutzt.

14.14   Praxisbeispiele: Benutzerdefinierte Funktionen

Zum Schluss einige Beispiele für benutzerspezifische Funktionen, die Sie direkt in Ihren Tabellenmodellen verwenden können.

> **CD-ROM**
>
> Die Dateien finden Sie auf der CD zum Buch unter *Funktionsbeispiele.xlsm*.

14.14.1   Kindergeldfunktion

Diese Funktion benötigt als einziges Argument die Anzahl der Kinder, für die der Staat Geld gibt. Die unterschiedlichen Sätze werden der geltenden Regelung entsprechend mit Const-Anweisungen Variablen zugewiesen, die bei Änderungen der Gesetze schnell anzupassen sind. Mit der Select Case-Anweisung prüfen Sie die einzelnen Fälle ab und weisen der Funktion den passenden Wert zu.

```
Function Kindergeld(kinderzahl)
  Application.Volatile
  Const kind1 = 250
  Const kind2 = 250
  Const kind3 = 300
  Const kind4 = 350
  Select Case kinderzahl
      Case 1
          Kindergeld = kind1
      Case 2
          Kindergeld = kind1 + kind2
      Case 3
          Kindergeld = kind1 + kind2 + kind3
      Case Is > 3
          Kindergeld = kind1 + kind2 + kind3 + (kinderzahl - 3) * kind4
   End Select
End Function
```

Listing 14.10: Benutzerdefinierte Funktion: Kindergeldberechnung

14.14.2   Die n-te Wurzel

Für die Wurzel aus einer Zahl gibt es die Funktion =WURZEL(zahl). Wie ziehen Sie die dritte, vierte, n-te Wurzel? Eine ideale Aufgabe für eine benutzerspezifische Funktion. Übergeben Sie die Zahl als erstes Argument und die Potenz als zweites. Den Rest erledigt die Funktion, die bei Minuswerten eine Fehlermeldung ausgibt:

```
Function WurzelN(zahl, potenz)
  Application.Volatile
  If zahl < 0 Or potenz < 0 Then
    WurzelN = ""
  Else
    WurzelN = zahl ^ (1 / potenz)
  End If
End Function
```

Listing 14.11: Benutzerdefinierte Funktion: die n-te Wurzel

14.14.3   Break-even berechnen

Wer sich keine betriebswirtschaftlichen Formeln merken kann oder will, packt diese am besten in eine Funktion. Hier eine Tabelle, in der die Kosten für ein Produkt und der angepeilte Preis aufgelistet sind. Die Argumente lassen sich bereits in der Tabelle mit sprechenden Namen versehen, so dass die Berechnung von Kenngrößen wie dem Break-even (Gewinnschwelle) kein Problem sein dürfte.

⊿	A	B
1	Fixkosten:	2.400,00 €
2	Variable Kosten:	10,00 €
3	Verkaufspreis:	46,00 €

Abbildung 14.20: Basisdaten für Break-even-Berechnung

1. Markieren Sie den Bereich A1:B3.

2. Weisen Sie den Zahlen in Spalte B mit FORMELN/DEFINIERTE NAMEN/AUS AUSWAHL ERSTELLEN die Texte aus Spalte A als Bereichsnamen zu.

3. Schreiben Sie diese Funktion in ein Modulblatt:

```
Function BreakEven(FixKosten, VarKosten, VKPreis)
    BreakEven = Int(FixKosten / (VKPreis - VarKosten))
End Function
```

4. Berechnen Sie den Break-even:

```
B4: =BreakEven(Fixkosten;Variable_Kosten;Verkaufspreis)
```

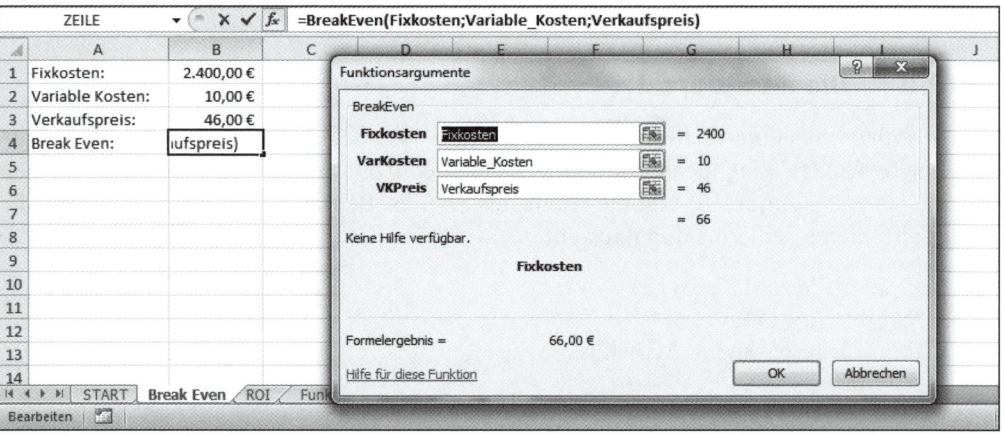

Abbildung 14.21: Break-even-Berechnung mit Bereichsnamen in der Funktion

14.14.4 Sprachversion feststellen

Mit dieser Funktion ermitteln Sie die Sprachversion, mit der Sie arbeiten. Das ist besonders wichtig beim Einsatz der Analyse-Funktionen, die in jeder Sprachversion anders lauten:

```
Function myLanguageID() As String
    myLanguageID = Application.LanguageSettings.LanguageID(msoLanguageIDInstall)
End Function

Sub myLanguageInfo()
Select Case myLanguageID
```

```
        Case 1031
            MsgBox "Deutsch installiert"
        Case 1052 '?
            MsgBox "Englisch installiert"
    End Select
    End Sub
```

Listing 14.12: Benutzerdefinierte Funktion: Sprachversion feststellen

14.14.5   Funktionen im Controlling: Return on Investment

Der Kapitalertrag oder Return on Investment (abgekürzt ROI) ist für das Finanzcontrolling eine wichtige Kennzahl, sie stellt das (geplante) Betriebsergebnis dem Betriebsvermögen gegenüber und bildet so eine Berechnungsgrundlage für Renditen.

Der ROI-Baum bildet diese Kennzahl aus mehreren Einflussgrößen und Zwischenberechnungen. Um dieses Modell auf eigene Tabellen anwenden zu können, ist eine benutzerdefinierte Funktion das beste Mittel. In der Funktion können nämlich nach Eingabe aller Kenngrößen sämtliche Zwischenberechnungen vorgenommen werden und das Ergebnis wird in der Funktionszelle abgebildet, die, wie auch die Zellen für die Kenngrößen, beliebig zu wählen ist.

1. Erstellen Sie in einer neuen Tabelle die Titel für die Argumente, die für die ROI-Funktion benötigt werden.
2. Tragen Sie die Basiswerte in die nächste Spalte ein.

	A	B	C	D
1	Brutto-Erlöse:	2.000		
2	Erlösschmälerungen:	2%		
3	Prop. Kosten:	1350		
4	Fixkosten:	560		
5	Anlagevermögen:	30		
6	Vorräte:	400		
7	Forderungen:	20		
8	Flüssige Mittel:	50		
9	ROI:			
10				
11				
12				
13				
14				
15				

START / Break Even / **ROI** / Funktion in Kategorie

Abbildung 14.22: Basisdaten für den ROI

3. Weisen Sie den Zahlen in Spalte B mit FORMELN/DEFINIERTE NAMEN/AUS AUSWAHL ERSTELLEN die Texte aus Spalte A als Bereichsnamen zu.

4. Wechseln Sie mit ⎡Alt⎤+⎡F11⎤ in den Visual Basic-Editor und schreiben Sie die Funktion in ein neues Modulblatt. Der Funktionsaufruf erhält alle benötigten Argumente:

```
Function ROI(BruttoErlöse, Es, PropKosten, Fixkosten, Anlagevermögen, Vorräte, Forderungen, FlüMi)
```

5. Zuerst müssen Sie alle Variablen dimensionieren, die in der Funktion zum Einsatz kommen:

```
Dim NettoUmsatz, Deckungsbeitrag, Gewinn_v_Steuern
Dim Umsatzrendite, Umlaufvermögen, InvKapital, Kapitalumschlag
```

6. Berechnen Sie den Nettoumsatz aus den Bruttoerlösen abzüglich der Erlösschmälerungen:

```
NettoUmsatz = (1 - Es) * BruttoErlöse
```

7. Der Deckungsbeitrag, Stufe 1, berechnet sich aus dem Umsatz abzüglich der proportionalen Kosten:

```
Deckungsbeitrag = NettoUmsatz - PropKosten
```

8. Um den Gewinn vor Steuern zu ermitteln, ziehen Sie die Fixkosten vom Deckungsbeitrag ab:

```
Gewinn_v_Steuern = Deckungsbeitrag - Fixkosten
```

9. Die Umsatzrendite errechnet sich aus dem Verhältnis des Umsatzes zum Gewinn:

```
Umsatzrendite = Gewinn_v_Steuern / NettoUmsatz
```

10. Das Umlaufvermögen ist die Summe aller Betriebsvermögen und Forderungen:

```
Umlaufvermögen = Vorräte + Forderungen + FlüMi
```

11. Das investierte Kapital ist die Summe aus Anlagevermögen und Umlaufvermögen:

```
InvKapital = Anlagevermögen + Umlaufvermögen
```

12. Berechnen Sie den Kapitalumschlag aus Nettoumsatz und investiertem Kapital:

```
Kapitalumschlag = NettoUmsatz / InvKapital
```

13. Damit sind alle Zwischenberechnungen erledigt, Sie können den ROI und damit das Ergebnis der Funktion berechnen:

```
ROI = Umsatzrendite * Kapitalumschlag
End Function
```

14. Die letzte Anweisung ist bereits erstellt, sie wird mit der ersten Zeile geschrieben.

15. Jetzt können Sie die Funktion in Ihrer Tabelle verwenden, schalten Sie zurück zum Excel-Fenster und geben Sie ein:

```
A10: ROI:
```

16. Setzen Sie den Zellzeiger in Zelle B10 und wählen Sie EINFÜGEN/FUNKTION. Schalten Sie in die Kategorie BENUTZERDEFINIERT um und klicken Sie doppelt auf die ROI-Funktion.

17. Tragen Sie für die angebotenen Argumente die Bezüge zu den Zellen Ihrer Tabelle ein. Achten Sie darauf, dass nicht alle Argumente sichtbar sind, blättern Sie mit einem Klick auf den Rollbalkenpfeil nach unten.

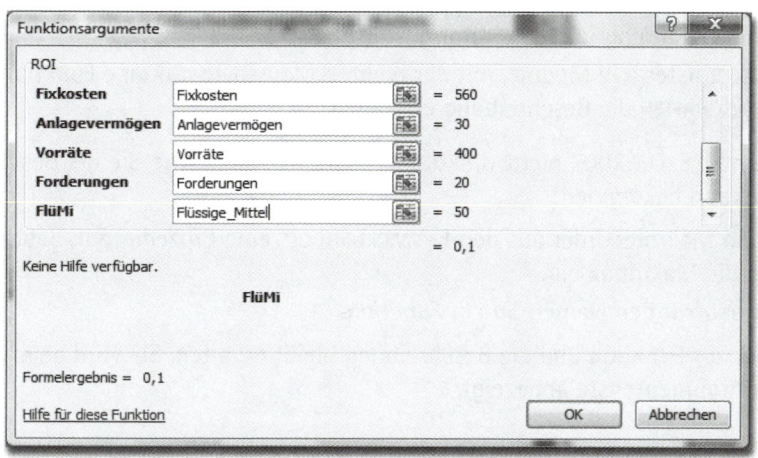

Abbildung 14.23: Die Argumente der ROI-Funktion

18. Bestätigen Sie mit OK, um den ROI zu berechnen, und formatieren Sie die Ergebniszelle mit dem Prozentformat (0%).

	B9	▾	f_x	=ROI(Brutto_Erlöse;Erlösschmälerungen;Prop._Kosten;Fixkosten; Anlagevermögen;Vorräte;Forderungen;Flüssige_Mittel)			

	A	B	C	D	E	F	G
1	Brutto-Erlöse:	2.000					
2	Erlösschmälerungen:	2%					
3	Prop. Kosten:	1350					
4	Fixkosten:	560					
5	Anlagevermögen:	30					
6	Vorräte:	400					
7	Forderungen:	20					
8	Flüssige Mittel:	50					
9	ROI:	10,0%					
10							
11							

START / Break Even / ROI / Funktion in

Abbildung 14.24: Der ROI wird per Funktion berechnet.

Benutzerdefinierte Funktionen

581

14.15 Spezialtipps für benutzerdefinierte Funktionen

14.15.1 Die Beschreibung

Beschreibungen für eigene Funktionen, die im Dialogfenster von FUNKTION EINFÜGEN angezeigt werden, konnten bisher so eingerichtet werden:

1. Mit F2 wird der Objektkatalog im VBA-Editor gestartet.
2. Die Gruppe VBAPROJECT listet alle Module, mit der rechten Maustaste auf eine Funktion klicken und unter EIGENSCHAFTEN die Beschreibung eintragen.

Diese Methode hatte unter Excel 2007 nicht funktioniert. Hier ein Trick, wie Sie die Beschreibung schnell in die Funktion bekommen:

1. Zeichnen Sie mit dem Makrorecorder aus den ENTWICKLERTOOLS eine Prozedur auf, geben Sie die Beschreibung in die Makrobox ein.
2. Ändern Sie im Makroaufruf den Namen *Sub* in *Function*.

Damit wird die Prozedur zur Funktion und die Beschreibung bleibt erhalten. Sie wird beim Aufruf der Funktion in der Argumenteliste angezeigt.

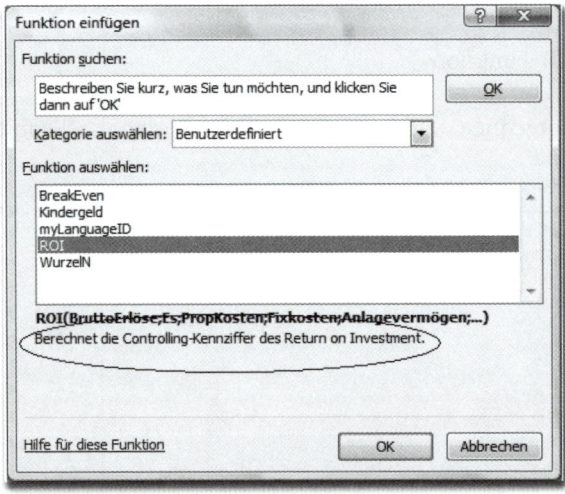

Abbildung 14.25: Die Beschreibung der Funktion wird angezeigt.

14.15.2 Funktion in Kategorie einordnen

Benutzerdefinierte Funktionen sind normalerweise der gleichnamigen Kategorie BENUTZERDEFINIERT zugeordnet. Mit einem einzigen Makrobefehl können Sie die Funktion aber in jede beliebige Kategorie einordnen. Schreiben Sie eine Prozedur, die diesen Befehl beinhaltet:

```
Application.MacroOptions Macro:=<Funktionsname>, Category:=<Kategorienummert>
```

Hier ein Makro, das den Funktionsnamen und die Kategoriennummer in einer InputBox anfordert. Die Liste der Nummern wird in der zweiten InputBox angeboten, bei dieser Gelegenheit werden Sie feststellen, dass es noch einige unsichtbare Kategorien gibt.

> **CD-ROM**
>
> Das Makro finden Sie auch auf der CD in der Datei *Funktionsbeispiele.xlsm*. Schalten Sie auf das Tabellenblatt *Funktion in Kategorie*.

```
Sub FunktionInKategorie()
Dim fname As String, kat As String, katText As String
katText = "Bitte Kategorienummer eingeben:" & vbCr _
& "0 Keine Kategorie, Funktion erscheint in <Alle> " & vbCr _
& "1 Finanzmathematische Funktionen" & vbCr _
& "2 Datum und Uhrzeit" & vbCr _
& "3 Math. und Trigonom. Funktionen" & vbCr _
& "4 Statistik" & vbCr _
& "5 Matrix" & vbCr _
& "6 Datenbank" & vbCr _
& "7 Text" & vbCr _
& "8 Logik" & vbCr _
& "9 Information" & vbCr _
& "10 Menübefehle (normal ausgeblendet)" & vbCr _
& "11 Benutzerorientiert (normal ausgeblendet)" & vbCr _
& "12 Makrosteuerung (normal ausgeblendet)" & vbCr _
& "13 DDE/External (normal ausgeblendet)" & vbCr _
& "14 Benutzerdefiniert" & vbCr _
& "15 Konstruktion" & vbCr _
& "16 Cube" & vbCr _
& "17 Technisch" & vbCr _
& "18 Commands" & vbCr _
& " 19 Eigene Kat."
fname = InputBox("Bitte Funktion eingeben", "Funktionsname", "A_Funktion")
If fname = "" Then Exit Sub
kat = InputBox(katText, "Kategorienummer")
If kat = "" Then Exit Sub
Application.MacroOptions _
Macro:=fname, Category:=kat
End Sub
```

Listing 14.13: Das Makro ordnet Funktionen in Kategorien ein.

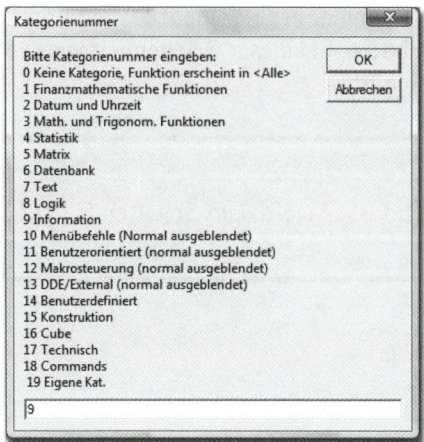

Abbildung 14.26: Die Funktion wird in eine Kategorie eingewiesen.

14.15.3 Neue Kategorie erstellen

Für diesen Trick müssen Sie auf ein ganz altes Element der Arbeitsmappe zurückgreifen: Die Excel 4.0-Makrovorlage war bis zur Version 4.0 die Plattform für die Programmierung, hier wurden Makrobefehle eingetragen. Excel 5.0 löste diese Technik mit der Einführung von VBA ab, die Makroblätter gibt es aber immer noch. Nutzen Sie eines, um eine neue Kategorie für benutzerdefinierte Funktionen zu erstellen:

1. Klicken Sie mit der rechten Maustaste auf ein beliebiges Tabellenregister und wählen Sie EINFÜGEN.
2. Wählen Sie als Blatttyp INTERNATIONALE MAKROVORLAGE und bestätigen Sie mit OK.
3. Holen Sie mit ⌈Strg⌉+⌈F3⌉ den Namens-Manager und klicken Sie auf NEU.
4. Geben Sie einen beliebigen (gültigen) Namen ein und schalten Sie unter MAKRO auf FUNKTION.
5. Tragen Sie in die Liste KATEGORIE einen neuen Namen ein (zum Beispiel: *Kennziffern*).
6. Schließen Sie mit Klick auf OK ab und speichern Sie Ihre Mappe.

Das Makroarbeitsblatt können Sie gleich wieder löschen, auch der Bereichsname kann entfernt werden. Die neue Kategorie bleibt erhalten. Benutzen Sie das Makro zur Kategoriezuweisung, die eigene Kategorie hat die Ziffer 19.

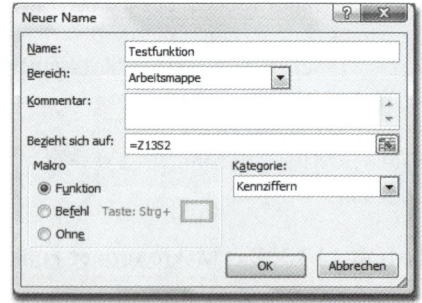

Abbildung 14.27: Hier können Sie eine neue Kategorie eintragen.

Übersicht der Tabellenfunktionen

In diesem Kapitel finden Sie eine vollständige Übersicht über alle Excel-Tabellenfunktionen und die Zuordnung zu den jeweiligen Funktionskategorien.

A.1   Zwingende und optionale Argumente

Jede Funktion erfordert eine unterschiedliche Anzahl von Argumenten, die in den Funktionsklammern anzugeben sind. Je nach Anweisung muss nicht jedes Argument angegeben werden; oft reicht ein einziges, während die anderen Argumente wahlfrei sind oder weggelassen werden können. Sehen Sie sich den Aufbau einer Funktionsbeschreibung am Beispiel der Funktion ADRESSE an:

ADRESSE(Zeile;Spalte;Abs;A1;Tabellenname)

Der Funktions-Assistent zeichnet die zwingend vorgeschriebenen Argumente fett gedruckt aus, die optionalen Argumente sind kursiv. Diese Funktion hat fünf Argumente, Argument 1 und 2 müssen besetzt werden, Argument 3, 4 und 5 sind wahlfrei.

Die Funktion könnte also in einer Formel so benutzt werden:

```
ADRESSE(5;3)
```

Oder:

```
ADRESSE(5;3;2;FALSCH;GEWINN.XLSX)
```

A.2   Funktionsübersicht nach Alphabet

> **CD-ROM**
>
> Die Liste mit allen Funktionen und Kategorien finden Sie auf der CD zum Buch unter *Funktionsübersicht.xlsx*.

ABRUNDEN(Zahl;Anzahl_Stellen)

Rundet eine Zahl auf die angegebene Anzahl Stellen ab. Im Unterschied zu RUNDEN wird die Zahl immer abgerundet (RUNDEN rundet ab 5 nach oben).

ABS(Zahl)

Gibt den absoluten Wert einer Zahl ohne Vorzeichen aus.

ACHSENABSCHNITT(y_Werte;x_Werte)

Diese Funktion berechnet die Anfangsordinate der Regressionsgeraden, die zu den in *x_Werte* und *y_Werte* gespeicherten Datenpunkten gehört.

ADRESSE(Zeile;Spalte;*Abs;A1;Tabellenname*)

Liefert die Zelladresse als Text. Mit dem Argument *Zeile* wird die Zeilennummer bestimmt und mit *Spalte* die Spaltennummer.

AGGREGAT(Funktionsnr;Option;Bezug1;Bezug2; ...)

Liefert das Aggregat einer Liste oder eines benannten Bereichs mit der Möglichkeit, Fehler und ausgeblendete Zeilen auszuschließen.

AMORDEGRK(Kosten;Datum;Erste_Periode;Restwert;Periode;Rate;Basis)

Liefert den für eine Abrechnungsperiode anzusetzenden Abschreibungsbetrag. Diese Funktion wird für das französische Buchführungssystem bereitgestellt.

AMORLINEARK(AnschWert;Kaufdatum;ErsterZinstermin;...)

Liefert den für eine Abrechnungsperiode anzusetzenden Abschreibungsbetrag (siehe AMORDEGRK).

ANZAHL(Wert1;*Wert2; ... Wertn*)

Liefert die Anzahl der Zahlen in der Argumenteliste. Im Unterschied zu ANZAHL2() werden nur die Zahlenwerte gezählt.

ANZAHL2(Wert1;*Wert2; ... Wertn*)

Liefert die Anzahl der nicht leeren Felder der Argumenteliste.

ANZAHLLEERZELLEN(Bereich)

Zählt, wie viele Zellen des angegebenen Bereichs leer sind. Formelzellen werden mitgezählt, Nullwerte nicht.

ARBEITSTAG(Ausgangsdatum;Tage;Freie_Tage)

Liefert die fortlaufende Zahl des Tagesdatums, das um die jeweils angegebene Anzahl von Arbeitstagen vor oder hinter dem *Ausgangsdatum* liegt.

ARBEITSTAG.INTL(Ausgangsdatum;Tage;Wochenende;Freie_Tage)

Liefert die fortlaufende Zahl des Tagesdatums, das um die jeweils angegebene Anzahl von Arbeitstagen vor oder hinter dem *Ausgangsdatum* liegt (mit Wahl der Wochenendtage).

ARCCOS(Zahl)

Liefert den Arkuskosinus des Arguments *Zahl* im Bogenmaß, der Winkel, dessen Kosinus *Zahl* ist. Der Wert des Arguments muss dabei zwischen −1 und 1 liegen. Das Ergebnis ist ein Wert zwischen 0 und Pi.

Tabellen-funktionen

ARCCOSHYP(Zahl)

Liefert den Kehrwert des hyperbolischen Kosinus des Arguments *Zahl*, der Wert, dessen hyperbolischer Kosinus *Zahl* ist. Der Wert des Arguments muss größer oder gleich 1 sein.

ARCSIN(Zahl)

Liefert den Arkussinus des Arguments *Zahl* im Bogenmaß, der Winkel, dessen Sinus *Zahl* ist. Der Wert des Arguments muss dabei zwischen –1 und 1 liegen. Das Ergebnis ist ein Wert zwischen –Pi/2 und Pi/2.

ARCSINHYP(Zahl)

Liefert den Kehrwert des hyperbolischen Sinus des Arguments *Zahl*, der Wert, dessen hyperbolischer Sinus *Zahl* ist.

ARCTAN(Zahl)

Liefert den Arkustangens des Arguments *Zahl* im Bogenmaß, der Winkel, dessen Tangens *Zahl* ist. Der Wert des Arguments muss zwischen –1 und 1 liegen. Das Ergebnis ist ein Wert zwischen –Pi/2 und Pi/2.

ARCTAN2(x_Koordinate;y_Koordinate)

Liefert den Arkustangens aus den beiden Koordinaten x und y im Bogenmaß, der Winkel zwischen der x-Achse und dem Punkt x,y. Das Ergebnis ist ein Wert zwischen –Pi und Pi, wobei Pi ausgeschlossen ist. Sind beide Argumente gleich 0, so erhalten Sie als Ergebnis den Fehlerwert DIV/0.

ARCTANHYP(Zahl)

Liefert den Kehrwert des hyperbolischen Tangens des Arguments *Zahl*, der Wert, dessen hyperbolischer Tangens *Zahl* ist. Das Argument *Zahl* muss größer als –1 und kleiner als 1 sein.

AUFGELZINS(Emmission;ErsterZinstermin;Abrechnung;Satz ...)

Liefert die aufgelaufenen Zinsen (Stückzinsen) eines Wertpapiers, das regelmäßig Zinsen abwirft.

AUFGELZINSF(Emmision;Abrechnung;Nominalzins;Nennwert;Basis)

Liefert die aufgelaufenen Zinsen (Stückzinsen) eines Wertpapiers, die bei Fälligkeit ausgezahlt werden.

AUFRUNDEN(Zahl;Anzahl_Stellen)

Rundet die Zahl auf *Anzahl_Stellen* auf. *Zahl* ist die reelle Zahl, die aufgerundet werden soll.

AUSZAHLUNG(Abrechnung;Fälligkeit;Anlage;Disagio;Basis)

Gibt den Auszahlungsbetrag eines voll investierten Wertpapiers am Fälligkeitstermin zurück.

BAHTTEXT(Zahl)

Wandelt eine Zahl in Thai-Text um und fügt diesem das Suffix »Baht« hinzu.

BEREICH.VERSCHIEBEN(Bezug;Zeilen;Spalten;Höhe;Breite)

Diese Funktion liefert einen relativ zur aktiven Zelle verschobenen Bezug. BEREICH.VERSCHIEBEN() kommt zur Anwendung, wenn ein um eine bestimmte Zeilen- und/oder Spaltenzahl verschobener Bereich in der Formel verarbeitet werden muss.

BEREICHE(Zahl)

Liefert die Anzahl der im Bezug enthaltenen Bereiche. Der Bezug kann sich auf ein einzelnes Feld oder einen Mehrfachbereich beziehen.

BESSELI(x;n)

Liefert die modifizierte Bessel-Funktion In(x).

BESSELJ(x;n)

Liefert die Bessel-Funktion Jn(x).

BESSELK(x;n)

Liefert die modifizierte Bessel-Funktion In(x).

BESSELY(x;n)

Liefert die Bessel-Funktion Yn(x).

BESTIMMTHEITSMASS(y_Werte;x_Werte)

Gibt das Quadrat des Pearsonschen Korrelationskoeffizienten zurück.

BETA.INV(Wahrsch;Alpha;Beta;A;B)

Liefert die Quantile der Betaverteilung. Das heißt, gilt Wahrsch = BETAVERT(x; ...), dann gilt BETAINV(Wahrsch; ...) = x.

Kompatible Funktion bis Excel 2007: BETAINV()

BETA.VERT(X;Alpha;Beta;A;B)

Liefert Werte der Verteilungsfunktion einer betaverteilten Zufallsvariablen.

Kompatible Funktion bis Excel 2007: BETAVERT()

BININDEZ(Zahl)

Wandelt eine binäre Zahl (Dualzahl) in eine dezimale Zahl um.

BININHEX(Zahl;Stellen)

Wandelt eine binäre Zahl (Dualzahl) in eine hexadezimale Zahl um.

BININOKT(Zahl;Stellen)

Wandelt eine binäre Zahl (Dualzahl) in eine Oktalzahl um.

BINOM.INV(Versuche;Erfolgswahrsch;Alpha)

Gibt die kumulierte Wahrscheinlichkeit der Binomialverteilung zurück.

Kompatible Funktion bis Excel 2007: BINOMINV()

BINOM.VERT(Zahl_Erfolge;Versuche;Erfolgswahrsch;Kumuliert)

Liefert Wahrscheinlichkeiten einer binomialverteilten Zufallsvariablen.

Kompatible Funktion bis Excel 2007: BINOMVERT()

BOGENMASS(Winkel)

Wandelt Grad in Bogenmaß (Radiant) um.

BRTEILJAHRE(Ausgangsdatum;Enddatum;*Basis*)

Wandelt die Anzahl der ganzen Tage zwischen *Ausgangsdatum* und *Enddatum* in Bruchteile von Jahren um. Unter Verwendung der Arbeitsblattfunktion BRTEILJAHRE können z.B. Laufzeiten von Forderungen oder Verbindlichkeiten besser miteinander verglichen werden.

BW(Zins;Zzr;Rmz;*Zw;F*)

Liefert den Barwert einer Investition auf Grundlage von Zinssatz (*Zins*), Anzahl der Zahlungen (*Zzr*), Zahlungsbetrag (*Rmz*), zukünftigem Wert (*Zw*) und Fälligkeit (*F*). Der Zinssatz muss als Dezimalzahl angegeben werden (0,06 = 6 %).

CHIQU.INV(Wahrsch;Freiheitsgrade)

Liefert die Perzentile der linksseitigen Chi-Quadrat-Verteilung.

Kompatible Funktion bis Excel 2007: CHIQUINV()

CHIQU.INV.RE(Wahrsch;Freiheitsgrade)

Liefert die Perzentile der rechtsseitigen Chi-Quadrat-Verteilung.

Kompatible Funktion bis Excel 2007: CHIQUINV()

CHIQU.TEST(Beob_Messwerte;Erwart_Werte)

Liefert die Teststatistik eines Chi-Quadrat-Unabhängigkeitstests.

Kompatible Funktion bis Excel 2007: CHITEST()

CHIQU.VERT(x;Freiheitsgrade;kumuliert)

Gibt Werte der linksseitigen Verteilungsfunktion (1-Alpha) einer Chi-Quadrat-verteilten Zufallsgröße zurück.

Kompatible Funktion bis Excel 2007: CHIVERT()

CHIQU.VERT.RE(x;Freiheitsgrade)

Gibt Werte der rechtsseitigen Verteilungsfunktion (1-Alpha) einer Chi-Quadrat-verteilten
Zufallsgröße zurück.

Kompatible Funktion bis Excel 2007: CHIVERT()

CODE(Zahl)

Liefert den ASCII-Code des ersten Zeichens des angegebenen Textes bzw. den Code des Macintosh-
Zeichensatzes, wenn Sie mit diesem System arbeiten – z.B. CODE(ABC) = 65 (ASCII-Code von A).

COS(Zahl)

Liefert den Kosinus des Arguments *Zahl* im Bogenmaß.

COSHYP(Zahl)

Liefert den hyperbolischen Kosinus des Arguments *Zahl*.

CUBEELEMENT(Verbindung;Element_Ausdruck;Beschriftung)

Gibt ein Element oder ein Tupel aus dem Cube zurück. Wird verwendet, um zu überprüfen, ob
das Element oder Tupel im Cube vorhanden ist.

CUBEELEMENTEIGENSCHAFT(Verbindung;Element_Ausdruck;Eigenschaft)

Gibt den Wert einer Elementeigenschaft aus dem Cube zurück. Damit wird geprüft, ob ein Elementname im Cube vorhanden ist, und die angegebene Eigenschaft für dieses Element wird zurückgegeben.

CUBEKPIELEMENT(Verbindung;kpi_Name;kpi_Eigenschaft;Beschriftung)

Gibt die Eigenschaft eines Key Performance Indicators (KPI) zurück und zeigt den KPI-Namen in
der Zelle an.

Tabellen-funktionen

CUBEMENGE(Verbindung;Menge_Ausdruck;Beschriftung;Sortierreihen-folge;sortieren_nach)

Definiert einen berechneten Satz von Elementen oder Tupeln, indem ein Satzausdruck an den Cube auf dem Server gesendet wird.

CUBEMENGENANZAHL(Menge)

Gibt die Anzahl der Elemente in einem Satz zurück.

CUBERANGELEMENT(Verbindung;Menge_Ausdruck;Rang;Beschriftung)

Gibt das n-te oder n-rangige Element in einer Menge zurück. Wird verwendet, um mindestens ein Element in einer Menge zurückzugeben.

CUBEWERT(Verbindung;Element_Ausdruck1;Element_Ausdruck2...)

Gibt einen aggregierten Wert aus dem Cube zurück.

DATUM(Jahr;Monat;Tag)

Liefert die dem angegebenen Datum entsprechende serielle Zahl, eine ganze Zahl aus dem Bereich zwischen 0 und 2958465.

DATWERT(Zahl)

Liefert eine serielle Datumszahl, der eine Zeichenfolge zugrunde liegt, die in jedem beliebigen Excel-Datumsformat formatiert sein kann.

DBANZAHL(Datenbank;Datenbankfeld;Suchkriterien)

Liefert die Anzahl der Zahlen im angegebenen Feld derjenigen Datensätze der Datenbank, die die Suchkriterien erfüllen.

DBANZAHL2(Datenbank;Datenbankfeld;Suchkriterien)

Liefert die Anzahl der nicht leeren Felder im angegebenen Feld derjenigen Datensätze der Datenbank, die die Suchkriterien erfüllen.

DBAUSZUG(Datenbank;Datenbankfeld;Suchkriterien)

Liefert einen einzigen Feldeintrag aus der Datenbank. Durch die Argumente der Funktion geben Sie an, in welcher Datenbank gesucht werden soll, welche Suchkriterien ausgewertet werden sollen und welcher Feldinhalt von der Funktion ausgegeben werden soll.

DBMAX(Datenbank;Datenbankfeld;Suchkriterien)

Liefert die größte Zahl im angegebenen Feld derjenigen Datensätze der Datenbank, die die Suchkriterien erfüllen.

DBMIN(Datenbank;Datenbankfeld;Suchkriterien)

Liefert die kleinste Zahl im angegebenen Feld derjenigen Datensätze der Datenbank, die die Suchkriterien erfüllen.

DBMITTELWERT(Datenbank;Datenbankfeld;Suchkriterien)

Liefert den Mittelwert der Zahlen im angegebenen Feld derjenigen Datensätze der Datenbank, die die Suchkriterien erfüllen.

DBPRODUKT(Datenbank;Datenbankfeld;Suchkriterien)

Liefert das Produkt der Zahlen im angegebenen Feld derjenigen Datensätze der Datenbank, die die Suchkriterien erfüllen.

DBSTDABW(Datenbank;Datenbankfeld;Suchkriterien)

Liefert die Standardabweichung durch Schätzung aus einer Stichprobe unter Verwendung der Zahlen im angegebenen Feld derjenigen Datensätze der Datenbank, die die Suchkriterien erfüllen.

DBSTDABWN(Datenbank;Datenbankfeld;Suchkriterien)

Liefert die Standardabweichung einer Grundgesamtheit unter Verwendung der Zahlen im angegebenen Feld derjenigen Datensätze der Datenbank, die die Suchkriterien erfüllen.

DBSUMME(Datenbank;Datenbankfeld;Suchkriterien)

Liefert die Summe der Zahlen im angegebenen Feld derjenigen Datensätze der Datenbank, die die Suchkriterien erfüllen.

DBVARIANZ(Datenbank;Datenbankfeld;Suchkriterien)

Liefert die Varianz durch Schätzung aus einer Stichprobe unter Verwendung der Zahlen im angegebenen Feld derjenigen Datensätze der Datenbank, die die Suchkriterien erfüllen.

DBVARIANZEN(Datenbank;Datenbankfeld;Suchkriterien)

Liefert die Varianz einer Grundgesamtheit unter Verwendung der Zahlen im angegebenen Feld derjenigen Datensätze der Datenbank, die die Suchkriterien erfüllen.

DELTA(Zahl1;Zahl2)

Überprüft, ob zwei Werte gleich sind.

DEZINBIN(Zahl)

Wandelt eine dezimale Zahl (Dualzahl) in eine binäre Zahl um.

Tabellen-funktionen

DEZINHEX(Zahl;Stellen)

Wandelt eine dezimale Zahl (Dualzahl) in eine hexadezimale Zahl um.

DEZINOKT(Zahl;Stellen)

Wandelt eine Dezimalzahl in eine Oktalzahl um.

DIA(Kosten;Rest;Dauer;Zr)

Liefert den Wert der digitalen Abschreibung eines Anlageobjekts über einen bestimmten Zeitraum auf Grundlage von Anschaffungspreis für das Objekt (*Kosten*), Restwert am Ende der Abschreibung (*Rest*), Nutzungsdauer des Objekts (*Dauer*) und Zeitraum (*Zr*). Diese Funktion arbeitet nach der US-Abschreibungsformel.

DISAGIO(Abrechnung;Fälligkeit;Kurs;Rückzahlung;Basis)

Gibt den in Prozent ausgedrückten Abzinsungssatz eines Wertpapiers zurück.

DM(Zahl;Dezimalstellen)

Liefert einen Text mit Währungsformat, wobei der Wert *Zahl* als Basis zugrunde liegt.

DURATION(Abrechnung;Fälligkeit;Nominalzins;Rendite;*Häufigkeit;Basis*)

Gibt für einen angenommenen Nennwert von 50 € die Macauley-Dauer zurück. Diese Dauer ist als gewichteter Mittelwert des Barwerts der Cashflows definiert und dient als Maß, wie der Kurs eines Wertpapiers auf Änderungen der Rendite reagiert.

EDATUM(Ausgangsdatum;Monate)

Gibt die fortlaufende Zahl des Datums zurück, das eine bestimmte Anzahl von Monaten vor bzw. nach dem angegebenen Datum (*Ausgangsdatum*) liegt.

EFFEKTIV(Nominalzins;Perioden)

Gibt die jährliche Effektivverzinsung zurück, ausgehend von einer Nominalverzinsung sowie der jeweiligen Anzahl der Zinszahlungen pro Jahr.

ERSETZEN(Alter_Text;Beginn;Anzahl_Zeichen;Neuer_Text)

Liefert einen Text, der auf einem alten Text basiert, wobei die angegebene Anzahl von Zeichen ab der genannten Position durch einen neuen Text ersetzt wurde.

EUROCONVERT(Betrag;Quelle;Ziel;Genauigkeit)

Berechnet Eurobeträge früherer Währungsformate

EXP(Zahl)

Berechnet die Basis des natürlichen Logarithmus hoch x. Die Basis bildet die Konstante e (2,7182818...).

EXPON.VERT(x;Lambda;Kumuliert)

Liefert Wahrscheinlichkeiten einer exponentialverteilten Zufallsvariablen.

Kompatible Funktion bis Excel 2007: EXPONVERT()

FINV(Wahrsch;Freiheitsgrade1;Freiheitsgrade2)

Liefert die Perzentile der linksseitigen F-Verteilung.

Kompatible Funktion bis Excel 2007: FINV()

FINV.RE(Wahrsch;Freiheitsgrade1;Freiheitsgrade2)

Liefert die Perzentile der rechtseitigen F-Verteilung.

Kompatible Funktion bis Excel 2007: FINV()

F.TEST(Matrix1;Matrix2)

Liefert die Teststatistik eines F-Tests.

Kompatible Funktion bis Excel 2007: FTEST()

F.VERT(x;Freiheitsgrade1;Freiheitsgrade2)

Liefert Werte der Verteilungsfunktion (1-Alpha) einer F-verteilten Zufallsvariablen.

Kompatible Funktion bis Excel 2007: FVERT()

F.VERT.RE(x;Freiheitsgrade1;Freiheitsgrade2)

Liefert Werte der Verteilungsfunktion (1-Alpha) einer rechtsseitigen F-verteilten Zufallsvariablen.

Kompatible Funktion bis Excel 2007: FVERT()

FAKULTÄT(Zahl)

Liefert die Fakultät von x. Steht im Argument eine Dezimalzahl, werden die Stellen hinter dem Komma ignoriert und die Ganzzahl berechnet.

FALSCH()

Liefert den logischen Wert FALSCH. Diese Funktion wird in Verbindung mit verschachtelten Funktionen genutzt.

FEHLER.TYP(Fehlerwert)

Liefert den bei der Berechnung aufgetretenen Fehlertyp als Zahl.

Tabellen-
funktionen

FEST(Zahl;Dezimalstellen)

Liefert die auf die angegebenen Dezimalstellen gerundete Zahl als Text. Der Wert für die Dezimalstellen muss kleiner als 127 sein, wobei negative Werte eine Rundung links vom Komma ergeben. Das Ergebnis dieser Funktion ist keine Zahl, d.h. kein numerischer Wert, mehr und damit kann nicht mehr gerechnet werden.

FINDEN(Suchtext;Text;*Beginn*)

Liefert die Position des Zeichens, bei dem der Suchtext zum ersten Mal auftritt. Das erste Zeichen in *Text* hat die Nummer 1. Mit dem Argument *Beginn* können Sie festlegen, an welcher Position in *Text* mit der Suche begonnen werden soll. Lassen Sie das Argument *Beginn* aus, so wird bei Position 1 begonnen. Ist der angegebene Suchtext in *Text* nicht zu finden, wird WERT! ausgegeben.

FISHER(x)

Liefert die Fisher-Transformation für x.

FISHERINV(y)

Liefert die Umkehrung der Fisher-Transformation.

G.TEST(Matrix;x;Sigma)

Liefert die zweiseitige Prüfstatistik für einen Gauß-Test (Normalverteilung).

Kompatible Funktion bis Excel 2007: GTEST()

GAMMA.INV(Wahrsch;Alpha;Beta)

Liefert den Kehrwert der kumulierten Gammaverteilung.

Kompatible Funktion bis Excel 2007: GAMMAINV()

GAMMA.VERT(x;Alpha;Beta;kumuliert)

Liefert die Wahrscheinlichkeiten einer Gammaverteilung.

Kompatible Funktion bis Excel 2007: GAMMAVERT()

GAMMALN(x)

Liefert den natürlichen Logarithmus der Gammafunktion.

GAMMALN.GENAU(x)

Liefert den natürlichen Logarithmus der Gammafunktion.

GAMMAVERT(x;Alpha;Beta;Kumuliert)

Liefert Wahrscheinlichkeiten einer gammaverteilten Zufallsvariablen.

GANZZAHL(Zahl)

Diese Funktion liefert die nächstkleinere, ganze Zahl des Arguments *Zahl*.

GAUSSFEHLER(Untere_Grenze;Obere_Grenze)

Gibt die Gauß'sche Fehlerfunktion zurück.

GAUSSFEHLER.GENAU(x)

Gibt die Gauß'sche Fehlerfunktion mit Untergrenze zurück.

GAUSSFKOMPL(x)

Gibt das Komplement zur Gauß'schen Fehlerfunktion zurück.

GAUSSFKOMPL.GENAU(x)

Gibt das Komplement zur Gauß'schen Fehlerfunktion zurück.

GDA(Kosten;Rest;Dauer;Zeitraum;Faktor)

Liefert den Abschreibungswert eines Anlageobjekts über einen bestimmten Zeitraum unter Verwendung der geometrisch degressiven Abschreibungsmethode.

GDA2(Anschaffwert;Restwert;Nutzungsdauer;Periode;Monate)

Liefert nach der Methode der geometrisch-degressiven Abschreibung für eine bestimmte Periode den tatsächlichen Abschreibungsbetrag eines Aktivpostens.

GEOMITTEL(Zahl1;Zahl2)

Liefert das geometrische Mittel einer Menge positiver Zahlen.

GERADE(Zahl)

Diese Funktion rundet eine Zahl auf die nächste gerade ganze Zahl auf. Sie können diese Funktion für die Verarbeitung von Elementen einsetzen, die paarweise auftreten.

GESTUTZTMITTEL(Matrix;Prozent)

Liefert den Mittelwert einer Datengruppe, ohne seine Werte an den Rändern.

GGANZZAHL(Zahl:Schritt)

Überprüft, ob eine Zahl größer als ein Schwellenwert ist.

GGT(Zahl1;Zahl2; ... Zahln)

Liefert den größten gemeinsamen Teiler.

GLÄTTEN(Text)

Liefert einen Text, wobei unnötige Leerstellen im Argument *Text* entfernt wurden. Unnötige Leerstellen sind solche vor dem Beginn des ersten Worts oder mehrere Leerstellen zwischen zwei Wörtern.

GRAD(Winkel)

Diese Funktion wandelt ein Bogenmaß (Radiant) in Grad um.

GROSS(Text)

Liefert eine Zeichenfolge, die nur aus Großbuchstaben besteht. Das Argument *Text* kann dabei aus Groß- bzw. Kleinbuchstaben oder einer Kombination aus beiden bestehen. Enthält das Argument numerische Werte, so erfolgt die Ausgabe des Fehlerwerts WERT!.

GROSS2(Text)

Liefert einen Text, wobei der erste Buchstabe und alle Buchstaben hinter einem Leerzeichen in Großbuchstaben umgewandelt wurden.

HARMITTEL(Zahl1;Zahl2; ... Zahln)

Liefert das harmonische Mittel einer Datenmenge, d.h. den Kehrwert eines aus Kehrwerten berechneten arithmetischen Mittels.

HÄUFIGKEIT(Daten;Gruppe)

Liefert eine statistische Häufigkeitsverteilung als Array. Die Funktion ignoriert leere Zellen und Text.

HEUTE()

Liefert das aktuelle Datum, wenn die Tabelle neu berechnet wurde.

HEXINBIN(Zahl)

Wandelt eine hexadezimale Zahl in eine binäre Zahl um.

HEXINDEZ(Zahl;Stellen)

Wandelt eine hexadezimale Zahl in eine dezimale Zahl um.

HEXINOKT(Zahl;Stellen)

Wandelt eine hexadezimale Zahl in eine Oktalzahl um.

HYPERLINK(Hyperlinkadresse;*Freundlicher_Name*)

Erstellt eine Verknüpfung, die auf Klick mit einer Hyperlinkadresse verbindet.

HYPGEOM.VERT(Erfolge_S;Umfang_S;Erfolge_G;Umfang_G)

Liefert Wahrscheinlichkeiten einer hypergeometrisch-verteilten Zufallsvariablen.

Kompatible Funktion bis Excel 2007: HYPGEOMVERT()

IDENTISCH(Text1;Text2)

Diese Funktion vollzieht eine Prüfung, ob die angegebenen Texte untereinander identisch sind.

IKV(Werte;Schätzwert)

Liefert den internen Kapitalverzinsungssatz einer Liste von Cashflows, wobei der Schätzwert als Vorgabe gleich 0,1, also 10 %, ist.

IMABS(Komplexe_Zahl)

Liefert den Absolutbetrag einer komplexen Zahl.

IMAGINÄRTEIL(Komplexe_Zahl)

Liefert den Imaginärteil einer komplexen Zahl.

IMAPOTENZ(Komplexe_Zahl;Potenz)

Potenziert eine komplexe Zahl mit einer ganzen Zahl.

IMARGUMENT()

Liefert den Winkel zum Bogenmaß zur Darstellung der komplexen Zahl in trigonometrischer Schreibweise.

IMCOS(Komplexe_Zahl)

Liefert den Kosinus einer komplexen Zahl.

IMDIV(Komplexe_Zahl1;Komplexe_Zahl2)

Liefert den Quotient zweier komplexer Zahlen.

IMEXP(Komplexe_Zahl)

Gibt die algebraische Form einer in exponentieller Form vorliegenden komplexen Zahl zurück.

IMKONJUGIERTE(Komplexe_Zahl)

Liefert die konjugierte Zahl zu einer komplexen Zahl.

Tabellen-funktionen

599

IMLN(Komplexe_Zahl)

Liefert den natürlichen Logarithmus einer komplexen Zahl.

IMLOG10(Komplexe_Zahl)

Liefert den Logarithmus einer komplexen Zahl zur Basis 10.

IMLOG2(Komplexe_Zahl)

Liefert den Logarithmus einer komplexen Zahl zur Basis 2.

IMPRODUKT(Komplexe_Zahl1;Komplexe_Zahl2; ... Komplexe_Zahln)

Liefert das Produkt von 2 bis 29 komplexen Zahlen.

IMREALTEIL(Komplexe_Zahl)

Liefert den Realteil einer komplexen Zahl.

IMSIN(Komplexe_Zahl)

Liefert den Sinus einer komplexen Zahl.

IMSUB(Komplexe_Zahl1;Komplexe_Zahl2)

Liefert die Differenz zweier komplexer Zahlen.

IMSUMME(Komplexe_Zahl1;Komplexe_Zahl2; ... Komplexe_Zahln)

Liefert die Summe komplexer Zahlen.

IMWURZEL(Komplexe_Zahl)

Liefert die Quadratwurzel einer komplexen Zahl.

INDEX(Matrix;Zeile;Spalte)

Verwendet einen Index, um aus einem Bezug oder einer Matrix einen Wert auszuwählen.

INDEX(Bezug;Zeile;Spalte;Bereich)

Liefert den Bezug der Zelle, in der sich eine bestimmte Zeile und Spalte schneiden.

INDIREKT(Bezug;A1)

Gibt den Bezug eines Textwerts in der angegebenen Schreibweise zurück.

INFO(Typ)

Gibt Informationen zur aktuellen Betriebssystemumgebung zurück.

ISPMT(Rate;Per;Nper;Pv)

Gibt den Zinssatz für gleichgroße Rückzahlungsraten zurück.

ISTBEZUG(Wert)

Liefert den logischen Wert WAHR, wenn der Wert ein Bezug ist; andernfalls liefert die Funktion den logischen Wert FALSCH.

ISTFEHL(Wert)

Liefert den logischen Wert WAHR, wenn der Inhalt des Felds aus einer Fehlermeldung (außer #NV) besteht; andernfalls liefert die Funktion den logischen Wert FALSCH.

ISTFEHLER(Wert)

Liefert den logischen Wert WAHR, wenn der Inhalt des Felds aus einer Fehlermeldung (z.B. DIV/0!) besteht. Lautet die Fehlermeldung NV!, so ist das Ergebnis der logische Wert FALSCH.

ISTGERADE(Zahl)

Liefert WAHR, wenn die Zahl gerade ist.

ISTKTEXT(Wert)

Liefert den logischen Wert WAHR, wenn der Inhalt des Felds keinen Text enthält. Ist dies nicht der Fall, wird der logische Wert FALSCH ausgegeben.

ISTLEER(Wert)

Liefert den logischen Wert WAHR, wenn der Inhalt des Felds bzw. des Bereichs leer ist. Ist dies nicht der Fall, wird der logische Wert FALSCH ausgegeben.

ISTLOG(Wert)

Liefert den logischen Wert WAHR, wenn der Inhalt des Felds aus einem logischen Wert besteht. Ist dies nicht der Fall, wird der logische Wert FALSCH ausgegeben.

ISTNV(Wert)

Liefert den logischen Wert WAHR, wenn der Inhalt des Felds aus dem Fehlerwert #NV besteht. Ist dies nicht der Fall, wird der logische Wert FALSCH ausgegeben.

ISTTEXT(Wert)

Liefert den logischen Wert WAHR, wenn ein Feld einen Text enthält. Ist dies nicht der Fall, wird der logische Wert FALSCH ausgegeben.

Tabellen-funktionen

ISTUNGERADE(Zahl)

Liefert WAHR, wenn die Zahl ungerade ist.

ISTZAHL(Wert)

Liefert den logischen Wert WAHR, wenn ein Feld einen numerischen Wert enthält. Ist dies nicht der Fall, wird der logische Wert FALSCH ausgegeben.

JAHR(Datum)

Liefert eine Jahresangabe aus der angegebenen seriellen Zahl. Die Jahresangabe ist eine ganze Zahl aus dem Bereich zwischen 1.900 und 2.078.

JETZT()

Liefert das aktuelle Datum und die aktuelle Zeit, wenn die Tabelle neu berechnet wurde. Ausgegeben wird eine serielle Zahl, die für das Datum im Bereich zwischen 0 (1.1.1900) und 65.380 (31.12.2078) und für die Zeit im Bereich zwischen 0 (0:00:00) und 0,999 (23:59:59) liegt.

KALENDERWOCHE(Datum;Rückgabe)

Liefert eine Zahl, die angibt, in welche Kalenderwoche des Jahres das Datum fällt.

KAPZ(Zins;Zr;Zzr;Bw;*Zw;F*)

Liefert die Kapitalzahlung in einem gegebenen Zeitraum (*Zr*) für eine Investition auf der Basis von regelmäßigen, konstanten Zahlungen. Errechnet wird der Tilgungs- oder Kapitalanteil an einer Monatsrate in einem bestimmten Zeitraum der Abschreibung.

KGRÖSSTE(Matrix;k)

Liefert den k-größten Wert einer Datengruppe. Mit dieser Funktion können Sie eine Zahl auf Basis ihrer relativen Größe ermitteln. Beispielsweise können Sie mit KGRÖSSTE den Punktestand des Erst-, Zweit- oder Drittplatzierten ermitteln.

KGV(Zahl1;*Zahl2; ... Zahln*)

Liefert das kleinste gemeinsame Vielfache.

KKLEINSTE(Matrix;k)

Liefert den k-kleinsten Wert einer Datengruppe. Mit dieser Funktion können Sie Werte ermitteln, die innerhalb einer Datenmenge eine bestimmte relative Größe haben.

KLEIN(Text)

Wandelt einen Text in Kleinbuchstaben um.

KOMBINATIONEN(n;k)

Liefert die Anzahl der Kombinationen ohne Wiederholung von *k* Elementen aus einer Menge von *n* Elementen. Verwenden Sie KOMBINATIONEN, wenn Sie berechnen möchten, wie viele Gruppen aus einer bestimmten Anzahl von Elementen gebildet werden können.

KOMPLEXE(Realteil;Imaginärteil;Suffix)

Wandelt den Realteil und Imaginärteil in eine komplexe Zahl um.

KONFIDENZ.NORM(Alpha;Standabwn;Umfang_S)

Ermöglicht die Berechnung des 1-Alpha-Konfidenzintervalls für den Erwartungswert einer Zufallsvariablen.

Kompatible Funktion bis Excel 2007: KONFIDENZ()

KONFIDENZ.T(Alpha;Standabwn;Umfang_S)

Ermöglicht die Berechnung des 1-Alpha-Konfidenzintervalls für den Erwartungswert einer t-verteilten Zufallsvariablen.

Kompatible Funktion bis Excel 2007: KONFIDENZ()

KORREL(Matrix1;Matrix2)

Liefert den Korrelationskoeffizienten einer zweidimensionalen Zufallsgröße, deren Werte in den Zellbereichen *Matrix1* und *Matrix2* stehen.

KOVARIANZ.P(Matrix1;Matrix2)

Liefert die Kovarianz, also den Mittelwert der für alle Datenpunktpaare gebildeten Produkte der Abweichungen einer Grundgesamtheit.

Kompatible Funktion bis Excel 2007: KOVAR()

KOVARIANZ.S(Matrix1;Matrix2)

Liefert die Kovarianz, also den Mittelwert der für alle Datenpunktpaare gebildeten Produkte der Abweichungen einer Stichprobe.

Kompatible Funktion bis Excel 2007: KOVAR()

KRITBINOM(Versuche;Erfolgswahrsch;Alpha)

Liefert den kleinsten Wert, für den die kumulierten Wahrscheinlichkeiten der Binomialverteilung größer oder gleich einer Grenzwahrscheinlichkeit sind.

KÜRZEN(Zahl;Stellenzahl)

Schneidet die Kommastellen einer Zahl ab.

Tabellen-
funktionen

KUMKAPITAL(Zins;Zr;Bw;Zeitraum_Anfang;Zeitraum_Ende;F)

Berechnet die Tilgung eines Darlehens zwischen zwei Perioden.

KUMZINSZ(Zins;Zr;Bw;Zeitraum_Anfang;Zeitraum_Ende;F)

Berechnet die kumulierten Zinsen eines Darlehens zwischen zwei Perioden.

KURS(Abrechnung;Fälligkeit;Zins;Rendite;Rückzahlung;Häufigkeit;Basis)

Liefert den Kurs eines Wertpapiers.

KURSDISAGIO(Abrechnung;Fälligkeit;Disagio;Rückzahlung;Basis)

Liefert den Kurs eines unverzinslichen Wertpapiers.

KURSFÄLLIG(Abrechnung;Fälligkeit;Emission;Zins;Rendite;Basis)

Liefert den Kurs eines Wertpapiers, das Zinsen am Fälligkeitsdatum auszahlt.

KURT(Zahl1;Zahl2)

Liefert die Kurtosis (Exzess) einer Datengruppe. Die Kurtosis ist ein Maß für die Wölbung (d.h. wie spitz oder flach) einer Verteilung im Vergleich zu der Normalverteilung.

KÜRZEN(Zahl1;AnzahlStellen)

Schneidet die Kommastellen einer Zahl ab.

LÄNGE(Text)

Liefert die Anzahl der Zeichen im angegebenen Text.

LIA(Kosten;Rest;Dauer)

Liefert den Wert der linearen Abschreibung eines Anlageobjekts für einen einzigen Zeitraum. Grundlage sind der Anschaffungspreis für das Objekt (*Kosten*), der Restwert am Ende der Abschreibung (*Rest*) und die Nutzungsdauer des Objekts (*Dauer*).

LINKS(Text;Anzahl_Zeichen)

Liefert die angegebene Anzahl von Zeichen ab dem Beginn des Textes. *Anzahl_Zeichen* muss größer als 0 sein. Ist *Anzahl_Zeichen* größer als die Anzahl der Zeichen im gesamten Text, wird der Text vollständig ausgegeben.

LN(Zahl)

Liefert den natürlichen Logarithmus des Arguments *Zahl*.

LOG(Zahl;Basis)

Diese Funktion liefert den Logarithmus des Arguments *Zahl* zur Basis. Achten Sie darauf, dass das Argument positiv ist. Wird die *Basis* nicht angegeben, erhält sie automatisch den Wert 10.

LOG10(Zahl)

Liefert den Zehnerlogarithmus des Arguments *Zahl*. Das Argument muss positiv sein.

LOGNORM.INV(Wahrsch;Mittelwert;Standabwn)

Liefert die Umkehrfunktion der logarithmischen Normalverteilung von x.

Kompatible Funktion bis Excel 2007: LOGINV()

LOGNORM.VERT(x;Mittelwert;Standabwn)

Liefert Werte der Verteilungsfunktion einer lognormalverteilten Zufallsvariablen, wobei ln(x) mit den Parametern *Mittelwert* und *Standabwn* normalverteilt ist.

Kompatible Funktion bis Excel 2007: LOGNORMVERT()

MAX(Zahl1;*Zahl2; ... Zahln*)

Liefert den größten Wert aus den angegebenen Zahlen.

MAXA(Zahl1;*Zahl2; ... Zahln*)

Liefert den größten Wert aus den angegebenen Argumenten.

MDET(Zahl)

Diese Funktion liefert die Matrixdeterminante einer Matrix.

MDURATION(Abrechnung;Fälligkeit;Nominalzins;Rendite;Häufigkeit;Basis)

Liefert die modifizierte Macauley-Duration eines Wertpapiers.

MEDIAN(Zahl1;*Zahl2; ... Zahln*)

Liefert den Median aus den genannten Zahlen.

MIN(Zahl1;*Zahl2;... Zahln*)

Liefert den kleinsten Wert aus den angegebenen Zahlen.

MINA(Zahl1;*Zahl2;... Zahln*)

Liefert den kleinsten Wert aus den angegebenen Argumenten.

Tabellen-
funktionen

MINUTE(serielle Zahl)

Liefert eine Minutenangabe aus der angegebenen laufenden Zahl. Die Minutenangabe ist eine ganze Zahl aus dem Bereich zwischen 0 und 59.

MINV(Matrix)

Liefert die inverse Matrix zu einem Array. Voraussetzung ist, dass die Matrix quadratisch ist und Zahlen enthält. Das Produkt aus einer Matrix und ihrer Inversen ist die Einheitsmatrix, d.h. eine quadratische Matrix, in der alle Werte in der Diagonalen gleich 1 und alle anderen Werte gleich 0 sind.

MITTELABW(Zahl1;*Zahl2; ... Zahln*)

Liefert die durchschnittliche absolute Abweichung einer Reihe von Merkmalsausprägungen und ihrem Mittelwert. MITTELABW ist ein Maß für die Streuung innerhalb einer Datengruppe.

MITTELWERT(Zahl1;*Zahl2; ... Zahln*)

Liefert den Mittelwert, der sich aus der Gesamtsumme des Bereichs dividiert durch die Anzahl der Werte ermittelt.

MITTELWERTA(Zahl1;*Zahl2; ... Zahln*)

Liefert den Mittelwert, der sich aus der Gesamtsumme des Bereichs dividiert durch die Anzahl der Werte ermittelt. Text und Wahrheitswerte werden berücksichtigt.

MITTELWERTWENN(Bereich;Kriterien;Mittelwertbereich)

Liefert den Mittelwert für die durch eine bestimmte Bedingung festgelegten Zellen.

MITTELWERTWENNS(Bereich;Kriterien;Mittelwertbereich)

Liefert den Mittelwert für Zellen unter Berücksichtigung einer oder mehrerer Kriterien.

MMULT(Matrix;Matrix2)

Liefert das Produkt der beiden Matrizen. Voraussetzung ist, dass die Matrizen quadratisch sind und Zahlen enthalten.

MODUS.EINF(Zahl1;Zahl2;...)

Gibt den am häufigsten vorkommenden Wert in einer Datengruppe oder einem Array zurück.

Kompatible Funktion bis Excel 2007: MODALWERT()

MODUS.VIELF(Zahl1;Zahl2; ...)

Gibt ein vertikales Array der am häufigsten vorkommenden Werte in einer Datengruppe oder einem Array zurück.

Kompatible Funktion bis Excel 2007: MODALWERT()

MONAT(Zahl)

Liefert eine Monatsangabe aus der angegebenen laufenden Zahl. Die Monatsangabe ist eine ganze Zahl aus dem Bereich zwischen 1 und 12.

MONATSENDE(Ausgangsdatum;Monate)

Liefert die fortlaufende Zahl des Monats, der eine bestimmte Anzahl Monate vor oder nach dem Ausgangsdatum liegt.

MTRANS(Matrix)

Liefert den transponierten Inhalt der Matrix. Zur Bildung der transponierten Matrix wird die erste Zeile der Matrix als erste Spalte der neuen Matrix verwendet, die zweite Zeile der Matrix als zweite Spalte usw.

N(Wert)

Liefert den numerischen Wert des Felds, wobei eine Zahl gleich bleibt, der logische Wert WAHR in eine 1 umgewandelt und alles andere als eine Null ausgegeben wird.

NBW(Zins;Wert1;Wert2)

Liefert den Nettobarwert einer Investition der angegebenen Werte unter Berücksichtigung des Zinssatzes. Der Zinssatz steht für einen Ertrag aus einer alternativen Investition bzw. für die Inflationsrate.

NEGBINOM.VERT(Zahl_Misserfolge;Zahl_Erfolge;Erfolgswahrsch)

Liefert Wahrscheinlichkeiten einer negativbinomialverteilten Zufallsvariablen. NEGBINOMVERT berechnet, wie wahrscheinlich es ist, dass es genau *Zahl_Misserfolge* gibt, bevor der letzte positive Ausgang (*Zahl_Erfolge*) gezogen wird, wenn *Erfolgswahrsch* die gleichbleibende Wahrscheinlichkeit eines Erfolgs angibt.

Kompatible Funktion bis Excel 2007: NEGBINOMVERT()

NETTOARBEITSTAGE(Ausgangsdatum;Enddatum;*Freie_Tage*)

Liefert die Anzahl Arbeitstage zwischen *Ausgangsdatum* und *Enddatum* unter Einbeziehung der Datumswerte im Argument *Freie_Tage*.

NETTOARBEITSTAGE.INTL(Ausgangsdatum;Enddatum;Wochenende;*Freie_Tage*)

Liefert die Anzahl Arbeitstage zwischen *Ausgangsdatum* und *Enddatum* unter Einbeziehung der Datumswerte im Argument *Freie_Tage* und der Auswahl der Wochenendtage.

Tabellen-funktionen

NICHT(Wahrheitswert)

Logische Umkehrung des Arguments. Liefert den umgekehrten Wahrheitswert des Felds *Wahrheitswert*. Mit WAHR liefert NICHT den Wert FALSCH und umgekehrt.

NOMINAL(Effektiver_Zins;Perioden)

Liefert die jährliche Nominalverzinsung.

NORM.S.INV(Wahrsch;Mittelwert;Standardabwn)

Liefert für den angegebenen Mittelwert und die angegebene Standardabweichung die Perzentile der Standardnormalverteilung.

Kompatible Funktion bis Excel 2007: STANDNORMINV()

NORM.INV(Wahrsch;Mittelwert;Standardabwn)

Liefert für den angegebenen Mittelwert und die angegebene Standardabweichung die Perzentile der Normalverteilung.

Kompatible Funktion bis Excel 2007: NORMINV()

NORM.S.VERT(z;Kumuliert)

Liefert Wahrscheinlichkeiten einer standardmäßigen normalverteilten Zufallsvariablen für den angegebenen Mittelwert und die angegebene Standardabweichung.

Kompatible Funktion bis Excel 2007: STANDNORMVERT()

NORM.VERT(x;Mittelwert;Standabwn;Kumuliert)

Liefert Wahrscheinlichkeiten einer normalverteilten Zufallsvariablen für den angegebenen Mittelwert und die angegebene Standardabweichung.

Kompatible Funktion bis Excel 2007: NORMVERT()

NOTIERUNGBRU(Zahl;Teiler)

Konvertiert eine Notierung in dezimaler Schreibweise in einen gemischten Dezimalbruch.

NOTIERUNGDEZ(Zahl;Teiler)

Konvertiert einen Dezimalbruch in eine Dezimalzahl.

NV()

Liefert den Fehlerwert #NV (Wert ist nicht verfügbar). Bezieht sich eine Funktion auf einen Bereich, der ein Feld mit dem Inhalt #NV enthält, so wird als Ergebnis der Wert #NV geliefert.

OBERGRENZE(Zahl;Schritt)

Diese Funktion rundet eine Zahl auf das nächste Vielfache von *Schritt* auf.

OBERGRENZE.GENAU(Zahl;Schritt)

Diese Funktion rundet eine Zahl betragsmäßig auf das nächste Vielfache von *Schritt* auf.

ODER(Wahrheitswert 1;Wahrheitswert 2)

Liefert den logischen Wert WAHR, wenn mindestens einer der Werte in der Liste WAHR ist. Ist dies nicht der Fall, wird der logische Wert FALSCH ausgegeben.

OKTINBIN(Zahl)

Wandelt eine oktale Zahl in eine binäre Zahl um.

OKTINDEZ(Zahl;Stellen)

Wandelt eine oktale Zahl in eine dezimale Zahl um.

OKTINHEX(Zahl;Stellen)

Wandelt eine oktale Zahl in eine hexadezimale Zahl um.

PEARSON(Matrix1;Matrix2)

Liefert den Pearsonschen Korrelationskoeffizienten *r*. Dieser Koeffizient ist ein dimensionsloser Index mit dem Wertebereich −1,0 kleiner oder gleich r kleiner oder gleich 1,0 und ein Maß dafür, inwieweit zwischen zwei Datensätzen eine lineare Abhängigkeit besteht.

PI()

Liefert den Näherungswert für Pi, wobei dieser den Wert 3,1415926535898 annimmt.

PIVOTDATENZUORDNEN(Datenfeld;PivotTable;E1;F1; ...)

Gibt Werte aus einer Pivot-Tabelle zurück.

POISSON.VERT(x;Mittelwert;Kumuliert)

Liefert Wahrscheinlichkeiten einer poissonverteilten Zufallsvariablen.

Kompatible Funktion bis Excel 2007: POISSON()

POLYNOMIAL(Zahl1;Zahl2; ...)

Liefert den Polynomialkoeffizienten einer Gruppe von Zahlen.

Tabellen-
funktionen

POTENZ(Zahl1;Potenz)

Liefert als Ergebnis eine potenzierte Zahl.

POTENZREIHE(x;n;m;Koeffizienten)

Liefert die Summe von Potenzen.

PRODUKT(Zahl1;*Zahl2; ... Zahln*)

Liefert das Produkt aus den angegebenen Zahlen. Bei Angabe eines Bereichs werden nicht leere Felder nur berechnet, wenn sie weder Text noch eine Fehlermeldung enthalten.

QIKV(Werte;Investitionssatz;Reinvestitionssatz)

Liefert den qualifizierten internen Kapitalverzinsungssatz einer Liste von Cashflows bei vorgegebenem Zinssatz für die Investitionen, der die Finanzierungskosten der negativen Cashflows beschreibt, und der Reinvestitionserträge, die die Reinvestition der positiven Cashflows einbringt.

QUADRATESUMME(Zahl1;*Zahl2; ... Zahln*)

Summiert die quadrierten Argumente.

QUANTIL.EXKL(Matrix;Alpha)

Liefert das Alpha-Quantil einer Gruppe von Daten für den Bereich 0 bis 1 ausschließlich 1.
Kompatible Funktion bis Excel 2007: QUANTIL()

QUANTIL.INKL(Matrix;Alpha)

Liefert das Alpha-Quantil einer Gruppe von Daten für den Bereich 0 bis 1 einschließlich 1.
Kompatible Funktion bis Excel 2007: QUANTIL()

QUANTILSRANG.EXKL(Matrix;x;Genauigkeit)

Liefert den prozentualen Rang (Alpha) eines Werts für den Bereich 0 bis 1 ausschließlich 1.
Kompatible Funktion bis Excel 2007: QUANTILSRANG()

QUANTILSRANG.INKL(Matrix;x;Genauigkeit)

Liefert den prozentualen Rang (Alpha) eines Werts für den Bereich 0 bis 1 einschließlich 1.
Kompatible Funktion bis Excel 2007: QUANTILSRANG()

QUARTILE.EXKL(Matrix;Quartil)

Liefert die Quartile der Datengruppe für den Bereich 0 bis 1 ausschließlich 1.
Kompatible Funktion bis Excel 2007: QUARTILE()

QUARTILE.INKL(Matrix;Quartil)

Liefert die Quartile der Datengruppe für den Bereich 0 bis 1 einschließlich 1.

Kompatible Funktion bis Excel 2007: QUARTILE()

QUOTIENT(Zähler;Nenner)

Liefert den ganzzahligen Anteil einer Division.

RANG.GLEICH(Zahl;Bezug;Reihenfolge)

Liefert den Rang, den eine Zahl innerhalb einer Liste von Zahlen einnimmt (Rang = Größe der Zahl). Gleiche Zahlen erhalten eine Rangnummer.

Kompatible Funktion bis Excel 2007: RANG()

RANG.MITTELW(Zahl;Bezug;Reihenfolge)

Liefert den Rang, den eine Zahl innerhalb einer Liste von Zahlen einnimmt (Rang = Größe der Zahl). Gleiche Zahlen werden gemittelt.

Kompatible Funktion bis Excel 2007: RANG()

RECHTS(Text;Anzahl_Zeichen)

Liefert die mit *Anzahl_ Zeichen* definierte Anzahl von Zeichen ab dem Ende der im Argument *Text* angegebenen Zeichenfolge.

RENDITE(Abrechnung;Fälligkeit;Zins;Kurs;Rückzahlung;Häufigkeit;Basis)

Liefert die Rendite eines Wertpapiers, das periodisch Zinsen auszahlt.

RENDITEDIS(Abrechnung;Fälligkeit;Kurs;Rückzahlung;Basis)

Liefert die jährliche Rendite eines unverzinslichen Wertpapiers.

RENDITEFÄLL(Abrechnung;Fälligkeit;Emission;Zins;Kurs;Basis)

Liefert die jährliche Rendite eines Wertpapiers, das Zinsen am Fälligkeitsdatum auszahlt.

REST(Zahl:Divisor)

Liefert den Restwert der Division von *Zahl* und *Divisor*. Das Ergebnis erhält das Vorzeichen des Divisors.

RGP(Bekannte y_Werte;*Bekannte x_Werte;Konstante;Stats*)

Diese Funktion liefert in einem Array die Parameter der Exponentialkurve nach der Gleichung $y = mx + b$, wobei m die Steigung der Geraden und b der Schnittpunkt mit der y-Achse ist.

RKP(Bekannte y_Werte; *Bekannte x_Werte;Konstante;Stats*)

Diese Funktion berechnet eine Exponentialkurve, die die größtmögliche Übereinstimmung mit Ihren Daten darstellt, und liefert ein diese Kurve beschreibendes Array.

RMZ(Zins;Zzr;Bw; *Zw;F*)

Liefert die regelmäßigen Zahlungen für eine Investition, wobei sich diese aus den Argumenten für den Zinsfuß je Zeitraum (*Zins*), die Anzahl der Zahlungen (*Zzr*), den Barwert (*Bw*), den zukünftigen Wert (*Zw*) und die Fälligkeit (*F*) zusammensetzt.

RÖMISCH(Zahl; *Typ*)

Wandelt eine arabische Zahl in eine römische Zahl als Text um.

RTD(ID;Server;Topic1;Topic2; ...)

Empfängt Echtzeitdaten von einem Programm, das COM-Automatisierung unterstützt.

RUNDEN(Zahl;Anzahl_Stellen)

Diese Funktion liefert den auf die angegebenen Stellen gerundeten Wert des Arguments *Zahl*.

SÄUBERN(Text)

Löscht alle Steuerzeichen aus dem angegebenen Text.

SCHÄTZER(x;y_Werte;x_Werte)

Liefert ausgehend von einer linearen Regression einer Stichprobe einen Vorhersagewert. Die x- und y-Werte der jeweiligen Stichprobe können als Matrizen oder Datenbereiche angegeben werden.

SCHIEFE(Zahl1;Zahl2)

Liefert die Schiefe einer Verteilung. Die Schiefe ist ein Maß dafür, wie asymmetrisch eine eingipflige Häufigkeitsverteilung um ihren Mittelwert ist.

SEKUNDE(Zahl)

Liefert eine Sekundenangabe aus der angegebenen, laufenden Zahl. Die Sekundenangabe ist eine ganze Zahl aus dem Bereich zwischen 0 und 59.

SIN(Zahl)

Liefert den Sinus des Arguments *Zahl* im Bogenmaß.

SINHYP(Zahl)

Liefert den hyperbolischen Sinus des Arguments *Zahl*.

SPALTE(Bezug)

Liefert die Spaltennummer, die zu dem angegebenen Bezug gehört. *Bezug* ist die Zelle oder der Zellbereich, deren bzw. dessen Spaltennummer Sie ermitteln möchten.

SPALTEN(Bezug)

Gibt die Anzahl der Spalten eines Bezuges wieder.

STABW.N(Zahl1;*Zahl2; .... Zahln*)

Liefert die Standardabweichung ausgehend von der Grundgesamtheit, wobei das Ergebnis das Maß für die Streuung der Werte ist.

Kompatible Funktion bis Excel 2007: STABWN()

STABW.S(Zahl1;*Zahl2; .... Zahln*)

Liefert die Standardabweichung ausgehend von einer Stichprobe, wobei das Ergebnis das Maß für die Streuung der Werte ist.

Kompatible Funktion bis Excel 2007: STABW()

STABWA(Zahl1;*Zahl2; .... Zahln*)

Liefert die Standardabweichung aus den angegebenen Werten (Stichprobe), berücksichtigt auch Text und Wahrheitswerte.

STABWNA(Zahl1;*Zahl2; .... Zahln*)

Liefert die Standardabweichung ausgehend von der Grundgesamtheit, berücksichtigt dabei auch Text und Wahrheitswerte.

STANDARDISIERUNG(x;Mittelwert;Standabwn)

Liefert den standardisierten Wert einer Verteilung, die durch *Mittelwert* und *Standabwn* charakterisiert ist.

STEIGUNG(y_Werte;x_Werte)

Liefert die Steigung der Regressionsgeraden, die an die in *y_Werte* und *x_Werte* abgelegten Datenpunkte angepasst ist. Die Steigung entspricht dem Quotienten aus dem jeweiligen vertikalen und dem horizontalen Abstand zweier beliebiger Punkte der Geraden und ist ein Maß für die Änderung entlang der Regressionsgeraden.

STFEHLERYX(y_Werte;x_Werte)

Liefert den Standardfehler der geschätzten *y_Werte* für alle *x_Werte* der Regression. Der Standardfehler ist ein Maß dafür, wie groß der Fehler bei der Prognose (Vorhersage) des zu einem *x_Wert* gehörenden *y_Werts* ist.

STUNDE(Zahl)

Liefert eine Stundenangabe aus der angegebenen laufenden Zahl. Die Stundenangabe ist eine ganze Zahl aus dem Bereich zwischen 0 und 23.

SUCHEN(Suchtext;Text;Beginn)

Liefert die Position des Zeichens, bei dem der *Suchtext* ab der mit *Beginn* definierten Position zum ersten Mal in *Text* auftritt.

SUMME(Zahl1;*Zahl2; .... Zahln*)

Liefert die Summe aller angegebenen Zahlen.

SUMMENPRODUKT(Matrix1;*Matrix2; ... Matrixn*)

Liefert die Summe der Produkte aller sich entsprechenden Tabellenelemente. Für die Argumente *Array1* und *Array2* werden Bezüge angegeben, die die gleiche Anzahl Zeilen und Spalten haben.

SUMMEWENN(Bereich;Suchkriterien;Summebereich)

Addiert die Zahlen im *SummeBereich*, die in der Zeile mit den *Suchkriterien* in *Bereich* übereinstimmen.

SUMMEWENNS(Summebereich;Suchkriterienbereich;Kriterien ...)

Addiert die Zahlen im *SummeBereich*, wenn die Kriterien im *Suchkriterienbereich* übereinstimmen (bis zu 127 Bereiche).

SUMMEX2MY2(Matrix_x;Matrix_y)

Summiert für zusammengehörige Komponenten zweier Matrizen die Differenzen der Quadrate.

SUMMEX2PY2(Matrix_x;Matrix_y)

Summiert für zusammengehörige Komponenten zweier Matrizen die Summen der Quadrate.

SUMMEXMY2(Matrix_x;Matrix_y)

Summiert für zusammengehörige Komponenten zweier Matrizen die quadrierten Differenzen.

SUMQUADABW(Zahl1;*Zahl2; .... Zahln*)

Liefert die Summe der quadrierten Abweichungen von Datenpunkten von deren Stichproben-mittelwert.

SVERWEIS(Suchkriterium;Bereich;Spaltenindex)

Liefert einen dem *Suchkriterium* entsprechenden Wert einer Matrix, der sich in der mit *Spalten-index* angegebenen Spalte der Matrix befindet.

T(Wert)

Liefert den Textwert des angegebenen Werts.

T.INV(Wahrsch;Freiheitsgrade)

Liefert die linksseitigen Quantile der t-Verteilung für die angegebene Anzahl von Freiheitsgraden.

Kompatible Funktion bis Excel 2007: TINV()

T.INV.2S(Wahrsch;Freiheitsgrade)

Liefert die zweiseitigen Quantile der t-Verteilung für die angegebene Anzahl von Freiheitsgraden.

Kompatible Funktion bis Excel 2007: TINV()

T.TEST(Matrix1;Matrix2;Seiten;Typ)

Liefert die Teststatistik eines studentischen t-Tests. Mithilfe von TTEST können Sie feststellen, ob es wahrscheinlich ist, dass zwei Stichproben aus zwei Grundgesamtheiten stammen, die denselben Mittelwert haben.

Kompatible Funktion bis Excel 2007: TTEST()

T.VERT(x;Freiheitsgrade;kumuliert)

Liefert die (Student) t-Verteilung (1-Alpha) der linken Endfläche. Eine t-Verteilung wird verwendet, um Hypothesen bei Vorliegen kleiner Stichproben zu überprüfen.

T.VERT.2S(x;Freiheitsgrade)

Liefert die (Student) t-Verteilung (1-Alpha) für zwei Endflächen.

Kompatible Funktion bis Excel 2007: TVERT()

T.VERT.RE(x;Freiheitsgrade)

Liefert die (Student) t-Verteilung (1-Alpha) der rechten Endfläche. Eine t-Verteilung wird verwendet, um Hypothesen bei Vorliegen kleiner Stichproben zu überprüfen.

Kompatible Funktion bis Excel 2007: TVERT()

TAG(Zahl)

Liefert eine Tagesangabe aus der angegebenen laufenden Zahl. Die Tagesangabe ist eine ganze Zahl aus dem Bereich zwischen 1 und 31.

TAGE360(Anfangsdatum;Enddatum)

Liefert die Anzahl der Tage zwischen *Anfangsdatum* und *Enddatum*. Basis für die Berechnung ist ein Jahr, in dem jeder Monat 30 Tage hat.

Tabellen-
funktionen

TAN(Winkel)

Liefert den Tangens des Arguments *Winkel* im Bogenmaß.

TANHYP(Zahl)

Liefert den hyperbolischen Tangens des Arguments *Zahl*.

TBILLÄQUIV(Abrechnung;Fälligkeit;Disagio)

Rechnet die Verzinsung eines Schatzwechsels (Treasury Bill) in die jährliche Verzinsung um.

TBILLKURS(Abrechnung;Fälligkeit;Disagio)

Liefert den Kurs eines Schatzwechsels.

TBILLRENDITE(Abrechnung;Fälligkeit;Disagio)

Liefert die Rendite eines Schatzwechsels.

TEIL(Text;Beginn;Anzahl_Zeichen)

Liefert einen Teil des angegebenen Textes, wobei der Teil durch die Anfangsposition *Beginn* und *Anzahl_Zeichen* definiert ist.

TEILERGEBNIS(Funktion;Bezug)

Liefert innerhalb einer Liste oder Datenbank ein Teilergebnis.

TEXT(Wert;Zahlenformat)

Wandelt den Wert in Text um und verwendet dafür das angegebene Textformat. Das Textformat muss ein mit dem Befehl *Zahlenformat...* formatierter Text sein.

TREND(Bekannte y_Werte;Bekannte x_Werte;Neue x_Werte;Konstante)

Liefert die Werte der Linearkurve nach der Gleichung $y = m * x + b$, wobei m die Steigung der Geraden und b der Schnittpunkt mit der y-Achse ist. Anhand der als Argument *Neue x_Werte* an die Funktion übergebenen Werte werden dann die entsprechenden y-Werte errechnet und in Array-Form ausgegeben.

TYP(Wert)

Liefert den Datentyp des angegebenen Werts, wobei der Wert *Zahl* dem Typ 1, der Wert *Text* dem Typ 2, der Wert *Wahrheitswert* dem Typ 4, der Wert *Fehlerwert* dem Wert 16 und der Wert *Matrix* dem Typ 64 entspricht.

UMWANDELN(Zahl;Von_Maßeinheit;In_Maßeinheit)

Wandelt eine Zahl von einem Maßsystem in ein anderes Maßsystem um.

UND(Wahrheitswert 1;Wahrheitswert 2)

Liefert den logischen Wert WAHR, wenn alle Werte in der Liste WAHR sind. Ist dies nicht der Fall, wird der logische Wert FALSCH ausgegeben.

UNGERADE(Zahl)

Diese Funktion rundet *Zahl* auf die nächste ungerade ganze Zahl auf. *Zahl* ist der Wert, den Sie runden möchten.

UNREGER.KURS(Abrechnung;Fälligkeit;Emission;Erster_Zinstermin;Zins; Rendite;Rückzahlung;Häufigkeit;Basis)

Liefert den Kurs eines Wertpapiers mit einem unregelmäßigen ersten Zinstermin.

UNREGER.REND(Abrechnung;Fälligkeit;Emission;Erster_Zinstermin;Zins; Kurs;Rückzahlung;Häufigkeit;Basis)

Liefert die Rendite eines Wertpapiers mit einem unregelmäßigen ersten Zinstermin.

UNREGLE.KURS(Abrechnung;Fälligkeit;Letzter Zinstermin;Zins; Rendite; Rückzahlung;Häufigkeit;Basis)

Liefert den Kurs eines Wertpapiers mit einem unregelmäßigen letzten Zinstermin.

UNREGLE.REND(Abrechnung;Fälligkeit;Letzter Zinstermin;Zins;Kurs; Rendite;Rückzahlung;Häufigkeit;Basis)

Liefert die Rendite eines Wertpapiers mit einem unregelmäßigen letzten Zinstermin.

UNTERGRENZE(Zahl;Schritt)

Diese Funktion rundet eine Zahl betragsmäßig auf das größte Vielfache von *Schritt* ab.

UNTERGRENZE.GENAU(Zahl;Schritt)

Diese Funktion rundet eine Zahl betragsmäßig auf die nächste Ganzzahl oder das nächste Vielfache von Schritt ab.

VAR.P(Zahl1;*Zahl2; ... Zahln*)

Liefert die Schätzung der Varianz einer Grundgesamtheit, die in den Argumenten angegeben ist. Logische Werte und Texte werden ignoriert.

Kompatible Funktion bis Excel 2007: VARIANZEN()

VAR.S(Zahl1;*Zahl2; ... Zahln*)

Liefert die Schätzung der Varianz einer Stichprobe, die in den Argumenten angegeben ist. Logische Werte und Texte werden ignoriert.

Kompatible Funktion bis Excel 2007: VARIANZ()

VARIANZA(Zahl1;*Zahl2; ... Zahln*)

Liefert die Schätzung der Varianz einer Grundgesamtheit anhand einer Stichprobe, berücksichtigt dabei auch Text und Wahrheitswerte.

VARIANZENA(Zahl1;*Zahl2; ... Zahln*)

Liefert die Varianz einer Grundgesamtheit, berücksichtigt dabei auch Text und Wahrheitswerte.

VARIATION(Bekannte y_Werte;Bekannte x_Werte;Neue x_Werte;Konstante)

Liefert die Werte der Exponentialkurve nach der Gleichung $y = b * mx$, wobei m die Steigung der Geraden und b der Schnittpunkt mit der y-Achse ist. Anhand der als Argument *Neue x_Werte* an die Funktion übergebenen Werte werden dann die entsprechenden y-Werte errechnet und in Form eines Arrays ausgegeben.

VARIATIONEN(n;k)

Liefert die Anzahl der Möglichkeiten, um k Elemente aus einer Menge von n Elementen ohne Zurücklegen zu ziehen.

VDB(Kosten;Rest;Dauer;Zeitraum_Anfang;Zeitraum_Ende;*Faktor;Nicht wechseln*)

Funktioniert ähnlich wie die Funktion GDA(). Auch mit VDB() ermitteln Sie den Abschreibungswert eines Objekts in einem Zeitraum der Nutzungsdauer. Im Unterschied zur Funktion GDA() können Sie sich auch auf Teilzeiträume innerhalb der Nutzungsdauer beziehen.

VERGLEICH(Suchkriterium;Sucharray;Vergleichstyp)

Liefert die relative Position eines Werts entsprechend dem Suchkriterium, wobei der Vergleichstyp 1 den größten Wert (Suchkriterium<=) in aufsteigender Reihenfolge liefert, der Typ –1 den kleinsten Wert (Suchkriterium>=) in absteigender Reihenfolge und 0 den ersten Wert.

VERKETTEN(Text1;Text2;*... Textn*)

Verknüpft einzelne Textelemente zu einer Zeichenkette.

VERWEIS(Suchkriterium;Suchvektor;Ergebnisvektor) Vektorform

Im Vektorformat sucht VERWEIS() im *Suchvektor* nach dem angegebenen *Suchkriterium* und liefert dann als Ergebnis den Wert, der an der entsprechenden Position im *Ergebnisvektor* steht.

VERWEIS(Suchkriterium;Array) Matrixform

Im Matrixformat liefert die Funktion als Ergebnis den letzten Wert der Zeile/Spalte einer Tabelle bzw. eines Bereichs, in dem der als Suchkriterium angegebene Wert als erster Wert steht.

VORZEICHEN(Zahl)

Liefert den Wert des Vorzeichens des Arguments *Zahl*. Der Wert des Vorzeichens ist 1, wenn das Argument eine positive Zahl ist, und –1 bei einem negativen Argument. Mit *Zahl = 0* ist das Ergebnis ebenfalls 0.

VRUNDEN(Zahl;Vielfaches)

Rundet eine Zahl auf ein Vielfaches.

WAHL(Index;Wert1;*Wert2; ... Wertn*)

Liefert einen Wert aus der Liste, der durch den Index bestimmt wird. Ist der Index gleich 1, wird der erste Wert der Liste ausgegeben.

WAHR()

Liefert den logischen Wert WAHR. Die Funktion wird im Zusammenhang mit verschachtelten Funktionen benutzt.

WAHRSCHBEREICH(Beob_Werte;Beob_Wahrsch;Untergrenze;Obergrenze)

Liefert die Wahrscheinlichkeit für ein von zwei Werten eingeschlossenes Intervall. Ist das Argument *Obergrenze* nicht angegeben, berechnet diese Funktion die Wahrscheinlichkeit, dass zu *Beob_Werte* gehörende Werte gleich dem Wert von *Untergrenze* sind.

WECHSELN(Text;Alter Text;Neuer Text;Häufigkeit)

Liefert den mit dem Argument *Text* angegebenen Text, in dem alle Zeichen, die *Alter Text* entsprechen, durch die Zeichen ersetzt sind, die als *Neuer Text* angegeben wurden.

WEIBULL.VERT(x;Alpha;Beta;Kumuliert)

Liefert Wahrscheinlichkeiten einer Weibull-verteilten Zufallsvariablen. Diese Verteilung können Sie bei Zuverlässigkeitsanalysen verwenden.

Kompatible Funktion bis Excel 2007: WEIBULL()

WENN(Wahrheitsprüfung;Dann-Wert;Sonst-Wert)

Liefert den *Dann-Wert*, wenn die Wahrheitsprüfung den logischen Wert WAHR ergibt. Ist die Wahrheitsprüfung FALSCH, wird der *Sonst-Wert* ausgegeben.

WENNFEHLER(Wert;Wert_falls_Fehler)

Gibt einen *Wert_falls_Fehler* aus, wenn der Ausdruck im ersten Argument einen Fehler produziert.

Tabellen-
funktionen

619

WERT(Text)

Liefert eine Zahl, die im Text dargestellt wird. *Text* muss die Zahl in der gleichen Darstellung enthalten, wie sie durch Anwendung eines der Formatcodes aufbereitet wird.

WIEDERHOLEN(Text;Multiplikator)

Liefert eine Zeichenfolge des Textes mit der im *Multiplikator* definierten Länge.

WOCHENTAG(Serielle Zahl)

Liefert eine Wochentagsangabe aus der angegebenen laufenden Zahl. Die Wochentagsangabe ist eine ganze Zahl aus dem Bereich zwischen 1 und 7, wobei der Wert 1 den Sonntag darstellt.

WURZEL(Zahl)

Liefert die Quadratwurzel des Arguments *Zahl*.

WURZELPI(Zahl)

Liefert die Wurzel aus der mit Pi multiplizierten Zahl.

WVERWEIS(Suchkriterium;Mehrfachoperationsarray;Zeilenindex)

Liefert einen dem Suchkriterium entsprechenden Wert einer Mehrfachoperation. Es wird eine Spalte gesucht, in deren erster Zeile das Suchkriterium enthalten ist. Anschließend ermittelt die Funktion den Wert des Felds, das sich in der dem Zeilenindex entsprechenden Spalte befindet.

XINTZINSFUSS(Werte;Zeitpunkte;Schätzwerte)

Liefert den internen Zinsfuß einer Reihe von Zahlungen.

XKAPITALWERT(Zins;Werte;Zeitpunkte)

Liefert den Kapitalwert einer Reihe von Zahlungen.

ZÄHLENWENN(Bereich;Suchkriterien)

Zählt die nicht leeren Zellen eines Bereichs, deren Inhalte mit den Suchkriterien übereinstimmen.

ZÄHLENWENNS(Kriterienbereich;Kriterien ...)

Zählt die nicht leeren Zellen eines Bereichs, die durch eine Menge von Bedingungen oder Kriterien festgelegt ist.

ZEICHEN(Zahl)

Liefert das Zeichen, dessen ASCII-Code mit *Zahl* definiert ist.

ZEILE(Bezug)

Liefert die im *Bezug* enthaltenen Zeilennummern. Wird ein Bereich angegeben, so erfolgt die Ausgabe der Zeilen als ein vertikales Array.

ZEILEN(Matrix)

Liefert die Anzahl der Zeilen in der Matrix.

ZEIT(Stunde;Minute;Sekunde)

Liefert eine laufende Zahl, bestehend aus Stunde, Minute und Sekunde.

ZEITWERT(Zeit)

Liefert eine serielle Datumszahl aus einem Text. Dieser Text kann in einem beliebigen Excel-Zeitformat formatiert sein.

ZELLE(Infotyp; *Bezug*)

Liefert Informationen über Formatierung, Position oder Inhalt des oberen linken Felds im *Bezug*.

ZINS(Zzr;Rmz;Bw; *Zw; F; Schätzwert*)

Liefert den Zinssatz für eine Investition, der sich aus den Argumenten für die Anzahl der Zahlungen (*Zzr*), den Zahlungsbetrag (*Rmz*), den Barwert (*Bw*), den zukünftigen Wert (*Zw*), die Fälligkeit (*F*) und einen *Schätzwert* zusammensetzt.

ZINSSATZ(Abrechnung;Fälligkeit;Anlage;Rückzahlung;Basis)

Liefert den Zinssatz eines voll investierten Wertpapiers.

ZINSTERMNZ(Abrechnung;Fälligkeit;Häufigkeit;Basis)

Liefert das Datum des ersten Zinstermins nach dem Abrechnungstermin.

ZINSTERMTAGE(Abrechnung;Fälligkeit;Häufigkeit;Basis)

Liefert die Anzahl Tage der Zinsperiode inklusive Abrechnungstermin.

ZINSTERMTAGNZ(Abrechnung;Fälligkeit;Häufigkeit;Basis)

Liefert die Anzahl Tage vom Abrechnungstermin bis zum nächsten Zinstermin.

ZINSTERMTAGVA(Abrechnung;Fälligkeit;Häufigkeit;Basis)

Liefert die Anzahl Tage vom Anfang des Zinstermins bis zum Abrechnungstermin.

ZINSTERMVZ(Abrechnung;Fälligkeit;Häufigkeit;Basis)

Liefert das Datum des letzten Zinstermins vor dem Abrechnungstermin.

Tabellen-
funktionen

ZINSTERMZAHL(Abrechnung;Fälligkeit;Häufigkeit;Basis)

Liefert die Anzahl der Zinstermine zwischen Abrechnungs- und Fälligkeitsdatum.

ZINSZ(Zins;Zr;Zzr;Bw;*Zw*,*F*)

Liefert die Zinszahlung in einem bestimmten Zeitraum für eine Investition auf der Basis regelmäßiger, konstanter Zahlungen bei einem konstanten Zinssatz.

ZUFALLSBEREICH(Untere_Zahl;Obere_Zahl)

Liefert eine ganzzahlige Zufallszahl aus dem angegebenen Bereich.

ZUFALLSZAHL()

Liefert eine Zufallszahl, die nach jeder Neuberechnung der Tabelle aus dem Bereich 0 bis 0,999 neu errechnet wird.

ZW(Zins;Zzr;Rmz;Bw;*F*)

Liefert den zukünftigen Wert einer Investition, der sich aus den Argumenten für den Zinssatz (*Zins*), die Zahl der Zeiträume (*Zzr*), die regelmäßigen Zahlungen (*Rmz*), den Barwert (*Bw*) und die Fälligkeit (*F*) zusammensetzt. Verwendet wird diese Formel im Zusammenhang mit Cashflow-Rechnungen.

ZW2(Kapital:Zinsen)

Liefert den aufgezinsten Wert des Anfangskapitals für unterschiedliche Zinssätze.

ZWEIFAKULTÄT(Zahl)

Liefert die Fakultät zu *Zahl* mit Schrittlänge 2.

ZZR(Zins;Rmz;Bw;*Zw*,*F*)

Liefert die Anzahl der Zahlungen für eine Investition, die sich aus den Argumenten für den Zinssatz (*Zins*), die regelmäßigen Zahlungen (*Rmz*), den Barwert (*Bw*), den zukünftigen Wert (*Zw*) und die Fälligkeit (*F*) zusammensetzt.

A.3   Kompatible Funktionen

Diese Funktionen wurden neu gestaltet oder umbenannt. Die alten Funktionen stehen aus Kompatibilitätsgründen weiter zur Verfügung, sollten aber nicht mehr verwendet werden, da die Funktion teilweise neu gestaltet, mit anderen Argumenten und mit neuen Berechnungsalgorithmen versehen wurden.

Funktion alt	Funktion neu
BETAINV()	BETA.INV()
BETAVERT()	BETA.VERT()
KRITBINOM()	BINOM.INV()
BINOMVERT()	BINOM.VERT()
CHINV()	CHIQU.INV(), CHIQU.INV.RE()
CHITEST()	CHIQU.TEST()
CHIVERT()	CHIQU.VERT()
EXPONVERT()	EXPON.VERT()
FTEST()	F.TEST()
FVERT()	F.VERT(), F.VERT.RE()
FINV()	F:INV(), F.INV.RE()
GTEST()	G.TEST()
GAMMAINV()	GAMMA.INV()
GAMMAVERT()	GAMMA.VERT()
HYPGEOMVERT()	HYPGEOM.VERT()
KONFIDENT()	KONFIDENZ.NORM(), KONFIDENZ.T()
KOVAR()	KOVARIANZ.P(), KOVARIANZ.S()
LOGINV()	LOGNORM.INV()
LOGNORMVERT()	LOGNORM.VERT()
MODALWERT()	MODUS.VIELF(), MODUS.EINF()
NEGBINOMVERT()	NEGBINOM.VERT()
NORMINV()	NORM.INV()
STANDNORMINV()	NORM.S.INV()
STANDNORMVERT()	NORM.S.VERT()
NORMWERT()	NORM.VERT()
POISSON()	POISSON.VERT()
QUANTIL()	QUANTIL.EXKL(), QUANTIL.INKL()
QUANTILSRANG()	QUANTILSRANG.EXKL(), QUANTILSRANG.INKL()
QUARTILE()	QUARTILE.EXKL(), QUARTILE.INKL()
RANG()	RANG.GLEICH(), RANG.MITTELW()
STABWN()	STABW.N()
STABW()	STABW.S()
TINV()	T.INV.2S(), T.INV()

Tabelle A.1: Liste der Funktionen in der Kategorie Kompatibilität

Tabellen-funktionen

623

Funktion alt	Funktion neu
TTEST()	T.TEST()
TVERT()	T.VERT.2S(), T.VERT.RE()
VARIANZEN()	VAR.P()
VARIANZ()	VAR.S()
WEIBULL()	WEIBULL.VERT()

Tabelle A.1: Liste der Funktionen in der Kategorie Kompatibilität (Forts.)

Tabellenfunktionen Deutsch-Englisch

B.1 Deutsch – Englisch

Funktion	Englisch
ABRUNDEN()	ROUNDDOWN()
ABS()	ABS()
ACHSENABSCHNITT()	INTERCEPT()
ADRESSE()	ADDRESS()
AGGREGAT()	AGGREGATE()
AMORDEGRK()	AMORDEGRC()
AMORLINEARK()	AMORLINC()
ANZAHL()	COUNT()
ANZAHL2()	COUNTA()
ANZAHLLEEREZELLEN()	COUNTBLANK()
ARBEITSTAG()	WORKDAY()
ARBEITSTAG.INTL()	WORKDAY.INT()
ARCCOS()	ACOS()
ARCCOSHYP()	ACOSH()
ARCSIN()	ASIN()
ARCSINHYP()	ASINH()
ARCTAN()	ATAN()
ARCTAN2()	ATAN2()
ARCTANHYP()	ATANH()
AUFGELZINS()	ACCRINT()
AUFGELZINSF()	ACCRINTM()
AUFRUNDEN()	ROUNDUP()
AUSZAHLUNG()	RECEIVED()
BAHTTEXT()	BAHTEXT()
BEREICH.VERSCHIEBEN()	OFFSET()
BEREICHE()	AREAS()
BESSELI()	BESSELI()
BESSELJ()	BESSELJ()
BESSELK()	BESSELK()
BESSELY()	BESSELY()
BESTIMMTHEITSMASS()	RSQ()
BETA.INV()	BETA.INV()
BETA.VERT()	BETA.DIST()
BININDEZ()	BIN2DEC()
BININHEX()	BIN2HEX()
BININOKT()	BIN2OCT()
BINOM.INV()	BINOM.INV()
BINOM.VERT()	BINOM.DIST()
BOGENMASS()	RADIANS()

Funktion	Englisch
BRTEILJAHRE()	YEARFRAC()
BW()	PV()
CHIQU.INV()	CHISQ.INV()
CHIQU.INV.RE()	CHISQ.INV.RT()
CHIQU.TEST()	CHISQ.TEST()
CHIQU.VERT()	CHISQ.DIST()
CHIQU.VERT.RE()	CHISQ.DIST.RT()
CODE()	CODE()
COS()	COS()
COSHYP()	COSH()
CUBEELEMENT()	CUBEMEMBER()
CUBEELEMENTEIGENSCHAFT()	CUBEMEMBERPROPERTIES()
CUBEKPIELEMENT()	CUBEKPIMEMBER()
CUBEMENGE()	CUBESET()
CUBEMENGENANZAHL()	CUBESETCOUNT()
CUBERANGELEMENT()	CUBERANKEDMEBER()
CUBEWERT()	CUBEVALUE()
DATUM()	DATE()
DATWERT()	DATEVALUE()
DBANZAHL()	DCOUNT()
DBANZAHL2()	DCOUNTA()
DBAUSZUG()	DGET()
DBMAX()	DMAX()
DBMIN()	DMIN()
DBMITTELWERT()	DAVERAGE()
DBPRODUKT()	DPRODUCT()
DBSTDABW()	DSTDEV()
DBSTDABWN()	DSTDEVP()
DBSUMME()	DSUM()
DBVARIANZ()	DVAR()
DBVARIANZEN()	DVARP()
DELTA()	DELTA()
DEZINBIN()	DEC2BIN()
DEZINHEX()	DEC2HEX()
DEZINOKT()	DEC2OCT()
DIA()	SYD()
DISAGIO()	DISC()
DM()	DOLLAR()
DURATION()	DURATION()
EDATUM()	EDATE()
EFFEKTIV()	EFFECT()

Funktion	Englisch
ERSETZEN()	REPLACE()
EUROCONVERT()	EUROCONVERT()
EXP()	EXP()
EXPON.VERT()	EXPON.DIST()
F.TEST()	F.TEST()
F.VERT()	F.DIST()
F.VERT.RE()	F.DIST.RT()
FAKULTÄT()	FACT()
FALSCH()	FALSE()
FEHLER.TYP()	ERROR.TYPE()
FEST()	FIXED()
FINDEN()	FIND()
FINV()	F.INV()
FINV.RE()	F.INV.RT()
FISHER()	FISHER()
FISHERINV()	FISHERINV()
G.TEST()	Z.TEST()
GAMMA.INV()	GAMMA.INV()
GAMMA.VERT()	GAMMA.DIST()
GAMMALN()	GAMMALN()
GAMMALN.GENAU()	GAMMALN.PRECISE()
GANZZAHL()	INT()
GAUSSF.GENAU()	ERF.PRECISE()
GAUSSFEHLER()	ERF()
GAUSSFKOMPL()	ERFC()
GAUSSFKOMPL.GENAU()	ERFC.PRECISE()
GDA()	DDB()
GDA2()	DB()
GEOMITTEL()	GEOMEAN()
GERADE()	EVEN()
GESTUTZTMITTEL()	TRIMMEAN()
GGANZZAHL()	GESTEP()
GGT()	GCD()
GLÄTTEN()	TRIM()
GRAD()	DEGREES()
GROSS()	UPPER()
GROSS2()	PROPER()
HARMITTEL()	HARMEAN()
HÄUFIGKEIT()	FREQUENCY()
HEUTE()	TODAY()
HEXINBIN()	HEX2BIN()

Funktion	Englisch
HEXINDEZ()	HEX2DEC()
HEXINOKT()	HEX2OCT()
HYPERLINK()	HYPERLINK()
HYPGEOM.VERT()	HYPGEOM.DIST()
IDENTISCH()	EXACT()
IKV()	IRR()
IMABS()	IMABS()
IMAGINÄRTEIL()	IMAGINARY()
IMAPOTENZ()	IMPOWER()
IMARGUMENT()	IMARGUMENT()
IMCOS()	IMCOS()
IMDIV()	IMDIV()
IMEXP()	IMEXP()
IMKONJUGIERTE()	IMCONJUGATE()
IMLN()	IMLN()
IMLOG10()	IMLOG10()
IMLOG2()	IMLOG2()
IMPRODUKT()	IMPRODUCT()
IMREALTEIL()	IMREAL()
IMSIN()	IMSIN()
IMSUB()	IMSUB()
IMSUMME()	IMSUM()
IMWURZEL()	IMSQRT()
INDEX()	INDEX()
INDIREKT()	INDIRECT()
INFO()	INFO()
ISPMT()	ISPMT()
ISTBEZUG()	ISREF()
ISTFEHL()	ISERR()
ISTFEHLER()	ISERROR()
ISTGERADE()	ISEVEN()
ISTKTEXT()	ISNONTEXT()
ISTLEER()	ISBLANK()
ISTLOG()	ISLOGICAL()
ISTNV()	ISNA()
ISTTEXT()	ISTEXT()
ISTUNGERADE()	ISODD()
ISTZAHL()	ISNUMBER()
JAHR()	YEAR()
JETZT()	NOW()
KALENDERWOCHE()	WEEKNUM()

Funktion	Englisch
KAPZ()	PPMT()
KGRÖSSTE()	LARGE()
KGV()	LCM()
KKLEINSTE()	SMALL()
KLEIN()	LOWER()
KOMBINATIONEN()	COMBIN()
KOMPLEXE()	COMPLEX()
KONFIDENZ.NORM()	CONFIDENCE.NORM()
KONFIDENZ.T()	CONFIDENCE.T()
KORREL()	CORREL()
KOVARIANZ.P()	COVARIANCE.P()
KOVARIANZ.S()	COVARIANCE.S()
KRITBINOM()	CRITBINOM()
KUMKAPITAL()	CUMPRINC()
KUMZINSZ()	CUMIPMT()
KURS()	PRICE()
KURSDISAGIO()	PRICEDISC()
KURSFÄLLIG()	PRICEMAT()
KURT()	KURT()
KÜRZEN()	TRUNC()
LÄNGE()	LEN()
LIA()	SLN()
LINKS()	LEFT()
LN()	LN()
LOG()	LOG()
LOG10()	LOG10()
LOGNORM.INV()	LOGNORM.INV()
LOGNORM.VERT()	LOGNORM.DIST()
MAX()	MAX()
MAXA()	MAXA()
MDET()	MDETERM()
MDURATION()	MDURATION()
MEDIAN()	MEDIAN()
MIN()	MIN()
MINA()	MINA()
MINUTE()	MINUTE()
MINV()	MINVERSE()
MITTELABW()	AVEDEV()
MITTELWERT()	AVERAGE()
MITTELWERTA()	AVERAGEA()
MITTELWERTWENN()	AVERAGEIF()

Funktion	Englisch
MITTELWERTWENNS()	AVERAGEIFS()
MMULT()	MMULT()
MODALWERT()	MODE()
MODUS.EINF()	MODE.SNGL()
MODUS.VIELF()	MODE.MULT()
MONAT()	MONTH()
MONATSENDE()	EOMONTH()
MTRANS()	TRANSPOSE()
N()	N()
NBW()	NPV()
NEGBINOM.VERT()	NEGBINOM.DIST()
NETTOARBEITSTAGE()	NETWORKDAYS()
NETTOARBEITSTAGE.INTL()	NETWORKDAYS.INTL()
NICHT()	NOT()
NOMINAL()	NOMINAL()
NORM.INV()	NORM.INV()
NORM.S.INV()	NORM.S.INV()
NORM.S.VERT()	NORM.S.DIST()
NORM.VERT()	NORM.DIST()
NOTIERUNGBRU()	DOLLARFR()
NOTIERUNGDEZ()	DOLLARDE()
NV()	NA()
OBERGRENZE()	CEILING()
OBERGRENZE.GENAU()	CEILING.PRECISE()
ODER()	OR()
OKTINBIN()	OCT2BIN()
OKTINDEZ()	OCT2DEC()
OKTINHEX()	OCT2HEX()
PEARSON()	PEARSON()
PI()	PI()
PIVOTDATENZUORDNEN()	GETPIVOTDATA()
POISSON.VERT()	POISSON.DIST()
POLYNOMIAL()	MULTINOMIAL()
POTENZ()	POWER()
POTENZREIHE()	SERIESSUM()
PRODUKT()	PRODUCT()
QIKV()	MIRR()
QUADRATESUMME()	SUMSQ()
QUANTIL.EXKL()	PERCENTILE.EXC()
QUANTIL.INKL()	PERCENTILE.INC()
QUANTILSRANG.EXKL()	PERCENTRANK.EXC()

Funktion	Englisch
QUANTILSRANG.INKL()	PERCENTRANK.INC()
QUARTILE.EXKL()	QUARTILE.EXC()
QUARTILE.INKL()	QUARTILE.INC()
QUOTIENT()	QUOTIENT()
RANG.GLEICH()	RANK.EQ()
RANG.MITTELW()	RANK.AVG()
RECHTS()	RIGHT()
RENDITE()	YIELD()
RENDITEDIS()	YIELDDISC()
RENDITEFÄLL()	YIELDMAT()
REST()	MOD()
RGP()	LINEST()
RKP()	LOGEST()
RÖMISCH()	ROMAN()
RMZ()	PMT()
RTD()	RTD()
RUNDEN()	ROUND()
SÄUBERN()	CLEAN()
SCHÄTZER()	FORECAST()
SCHIEFE()	SKEW()
SEKUNDE()	SECOND()
SIN()	SIN()
SINHYP()	SINH()
SPALTE()	COLUMN()
SPALTEN()	COLUMNS()
STABW.N()	STDEV.P()
STABW.S()	STDEV.S()
STABWA()	STDEVA()
STABWNA()	STDEVPA()
STANDARDISIERUNG()	STANDARDIZE()
STEIGUNG()	SLOPE()
STFEHLERYX()	STEYX()
STUNDE()	HOUR()
SUCHEN()	SEARCH()
SUMME()	SUM()
SUMMENPRODUKT()	SUMPRODUCT()
SUMMEWENN()	SUMIF()
SUMMEWENNS()	SUMIFS()
SUMMEX2MY2()	SUMX2MY2()
SUMMEX2PY2()	SUMX2PY2()
SUMMEXMY2()	SUMXMY2()

Funktion	Englisch
SUMQUADABW()	DEVSQ()
SVERWEIS()	VLOOKUP()
T()	T()
T.INV()	T.INV()
T.INV.2S()	T.INV.2T()
T.TEST()	T.TEST()
T.VERT()	T.DIST()
T.VERT.2S()	T.DIST.2T()
T.VERT.RE()	T.DIST.RT()
TAG()	DAY()
TAGE360()	DAYS360()
TAN()	TAN()
TANHYP()	TANH()
TBILLÄQUIV()	TBILLEQ()
TBILLKURS()	TBILLPRICE()
TBILLRENDITE()	TBILLYIELD()
TEIL()	MID()
TEILERGEBNIS()	SUBTOTAL()
TEXT()	TEXT()
TREND()	TREND()
TYP()	TYPE()
UMWANDELN()	CONVERT()
UND()	AND()
UNGERADE()	ODD()
UNREGER.KURS()	ODDFPRICE()
UNREGER.REND()	ODDFYIELD()
UNREGLE.KURS()	ODDLPRICE()
UNREGLE.REND()	ODDLYIELD()
UNTERGRENZE()	FLOOR()
UNTERGRENZE.GENAU()	FLOOR.PRECISE()
VAR.P()	VAR.P()
VAR.S()	VAR.S()
VARIANZA()	VARA()
VARIANZENA()	VARPA()
VARIATION()	GROWTH()
VARIATIONEN()	PERMUT()
VDB()	VDB()
VERGLEICH()	MATCH()
VERKETTEN()	CONCATENATE()
VERWEIS()	LOOKUP()
VORZEICHEN()	SIGN()

Tabellenfunktionen
Deutsch-Englisch

Funktion	Englisch
VRUNDEN()	MROUND()
WAHL()	CHOOSE()
WAHR()	TRUE()
WAHRSCHBEREICH()	PROB()
WECHSELN()	SUBSTITUTE()
WEIBULL.VERT()	WEIBULL.DIST()
WENN()	IF()
WENNFEHLER()	IFERROR()
WERT()	VALUE()
WIEDERHOLEN()	REPT()
WOCHENTAG()	WEEKDAY()
WURZEL()	SQRT()
WURZELPI()	SQRTPI()
WVERWEIS()	HLOOKUP()
XINTZINSFUSS()	XIRR()
XKAPITALWERT()	XNPV()
ZÄHLENWENN()	COUNTIF()
ZÄHLENWENNS()	COUNTIFS()
ZEICHEN()	CHAR()
ZEILE()	ROW()
ZEILEN()	ROWS()
ZEIT()	TIME()
ZEITWERT()	TIMEVALUE()
ZELLE()	CELL()
ZINS()	RATE()
ZINSSATZ()	INTRATE()
ZINSTERMNZ()	COUPNCD()
ZINSTERMTAGE()	COUPDAYS()
ZINSTERMTAGNZ()	COUPDAYSNC()
ZINSTERMTAGVA()	COUPDAYBS()
ZINSTERMVZ()	COUPPCD()
ZINSTERMZAHL()	COUPNUM()
ZINSZ()	IPMT()
ZUFALLSBEREICH()	RANDBETWEEN()
ZUFALLSZAHL()	RAND()
ZW()	FV()
ZW2()	FVSCHEDULE()
ZWEIFAKULTÄT()	FACTDOUBLE()
ZZR()	NPER()

Tabellenfunktionen
Englisch-Deutsch

C.1 Englisch-Deutsch

ABS()	ABS()
ACCRINT()	AUFGELZINS()
ACCRINTM()	AUFGELZINSF()
ACOS()	ARCCOS()
ACOSH()	ARCCOSHYP()
ADDRESS()	ADRESSE()
AGGREGATE()	AGGREGAT()
AMORDEGRC()	AMORDEGRK()
AMORLINC()	AMORLINEARK()
AND()	UND()
AREAS()	BEREICHE()
ASIN()	ARCSIN()
ASINH()	ARCSINHYP()
ATAN()	ARCTAN()
ATAN2()	ARCTAN2()
ATANH()	ARCTANHYP()
AVEDEV()	MITTELABW()
AVERAGE()	MITTELWERT()
AVERAGEA()	MITTELWERTA()
AVERAGEIF()	MITTELWERTWENN()
AVERAGEIFS()	MITTELWERTWENNS()
BAHTTEXT()	BAHTTEXT()
BESSELI()	BESSELI()
BESSELJ()	BESSELJ()
BESSELK()	BESSELK()
BESSELY()	BESSELY()
BETA.DIST()	BETA.VERT()
BETA.INV()	BETA.INV()
BIN2DEC()	BININDEZ()
BIN2HEX()	BININHEX()
BIN2OCT()	BININOKT()
BINOM.DIST()	BINOM.VERT()
BINOM.INV()	BINOM.INV()
CEILING()	OBERGRENZE()
CEILING.PRECISE()	OBERGRENZE.GENAU()
CELL()	ZELLE()
CHAR()	ZEICHEN()
CHISQ.DIST()	CHIQU.VERT()
CHISQ.DIST.RT()	CHIQU.VERT.RE()
CHISQ.INV()	CHIQU.INV()
CHISQ.INV.RT()	CHIQU.INV.RE()

CHISQ.TEST()	CHIQU.TEST()
CHOOSE()	WAHL()
CLEAN()	SÄUBERN()
CODE()	CODE()
COLUMN()	SPALTE()
COLUMNS()	SPALTEN()
COMBIN()	KOMBINATIONEN()
COMPLEX()	KOMPLEXE()
CONCATENATE()	VERKETTEN()
CONFIDENCE.NORM()	KONFIDENZ.NORM()
CONFIDENCE.T()	KONFIDENZ.T()
CONVERT()	UMWANDELN()
CORREL()	KORREL()
COS()	COS()
COSH()	COSHYP()
COUNT()	ANZAHL()
COUNTA()	ANZAHL2()
COUNTBLANK()	ANZAHLLEEREZELLEN()
COUNTIF()	ZÄHLENWENN()
COUNTIFS()	ZÄHLENWENNS()
COUPDAYBS()	ZINSTERMTAGVA()
COUPDAYS()	ZINSTERMTAGE()
COUPDAYSNC()	ZINSTERMTAGNZ()
COUPNCD()	ZINSTERMNZ()
COUPNUM()	ZINSTERMZAHL()
COUPPCD()	ZINSTERMVZ()
COVARIANCE.P()	KOVARIANZ.P()
COVARIANCE.S()	KOVARIANZ.S()
CRITBINOM()	KRITBINOM()
CUBEKPIMEMBER()	CUBEKPIELEMENT()
CUBEMEMBER()	CUBEELEMENT()
CUBEMEMBERPROPERTIES()	CUBEELEMENTEIGENSCHAFT()
CUBERANKEDMEBER()	CUBERANGELEMENT()
CUBESET()	CUBEMENGE()
CUBESETCOUNT()	CUBEMENGENANZAHL()
CUBEVALUE()	CUBEWERT()
CUMIPMT()	KUMZINSZ()
CUMPRINC()	KUMKAPITAL()
DATE()	DATUM()
DATEVALUE()	DATWERT()
DAVERAGE()	DBMITTELWERT()
DAY()	TAG()
DAYS360()	TAGE360()

DB()	GDA2()
DCOUNT()	DBANZAHL()
DCOUNTA()	DBANZAHL2()
DDB()	GDA()
DEC2BIN()	DEZINBIN()
DEC2HEX()	DEZINHEX()
DEC2OCT()	DEZINOKT()
DEGREES()	GRAD()
DELTA()	DELTA()
DEVSQ()	SUMQUADABW()
DGET()	DBAUSZUG()
DISC()	DISAGIO()
DMAX()	DBMAX()
DMIN()	DBMIN()
DOLLAR()	DM()
DOLLARDE()	NOTIERUNGDEZ()
DOLLARFR()	NOTIERUNGBRU()
DPRODUCT()	DBPRODUKT()
DSTDEV()	DBSTDABW()
DSTDEVP()	DBSTDABWN()
DSUM()	DBSUMME()
DURATION()	DURATION()
DVAR()	DBVARIANZ()
DVARP()	DBVARIANZEN()
EDATE()	EDATUM()
EFFECT()	EFFEKTIV()
EOMONTH()	MONATSENDE()
ERF()	GAUSSFEHLER()
ERF.PRECISE()	GAUSSF.GENAU()
ERFC()	GAUSSFKOMPL()
ERFC.PRECISE()	GAUSSFKOMPL.GENAU()
ERROR.TYPE()	FEHLER.TYP()
EVEN()	GERADE()
EXACT()	IDENTISCH()
EXP()	EXP()
EXPON.DIST()	EXPON.VERT()
F.DIST()	F.VERT()
F.DIST.RT()	F.VERT.RE()
F.INV()	FINV()
F.INV.RT()	FINV.RE()
F.TEST()	F.TEST()
FACT()	FAKULTÄT()
FACTDOUBLE()	ZWEIFAKULTÄT()

FALSE()	FALSCH()
FIND()	FINDEN()
FISHER()	FISHER()
FISHERINV()	FISHERINV()
FIXED()	FEST()
FLOOR()	UNTERGRENZE()
FLOOR.PRECISE()	UNTERGRENZE.GENAU()
FORECAST()	SCHÄTZER()
FREQUENCY()	HÄUFIGKEIT()
FV()	ZW()
FVSCHEDULE()	ZW2()
GAMMA.DIST()	GAMMA.VERT()
GAMMA.INV()	GAMMA.INV()
GAMMALN()	GAMMALN()
GAMMALN.PRECISE()	GAMMALN.GENAU()
GCD()	GGT()
GEOMEAN()	GEOMITTEL()
GESTEP()	GGANZZAHL()
GETPIVOTDATA()	PIVOTDATENZUORDNEN()
GROWTH()	VARIATION()
HARMEAN()	HARMITTEL()
HEX2BIN()	HEXINBIN()
HEX2DEC()	HEXINDEZ()
HEX2OCT()	HEXINOKT()
HLOOKUP()	WVERWEIS()
HOUR()	STUNDE()
HYPERLINK()	HYPERLINK()
HYPGEOM.DIST()	HYPGEOM.VERT()
IF()	WENN()
IFERROR()	WENNFEHLER()
IMABS()	IMABS()
IMAGINARY()	IMAGINÄRTEIL()
IMARGUMENT()	IMARGUMENT()
IMCONJUGATE()	IMKONJUGIERTE()
IMCOS()	IMCOS()
IMDIV()	IMDIV()
IMEXP()	IMEXP()
IMLN()	IMLN()
IMLOG10()	IMLOG10()
IMLOG2()	IMLOG2()
IMPOWER()	IMAPOTENZ()
IMPRODUCT()	IMPRODUKT()
IMREAL()	IMREALTEIL()

IMSIN()	IMSIN()
IMSQRT()	IMWURZEL()
IMSUB()	IMSUB()
IMSUM()	IMSUMME()
INDEX()	INDEX()
INDIRECT()	INDIREKT()
INFO()	INFO()
INT()	GANZZAHL()
INTERCEPT()	ACHSENABSCHNITT()
INTRATE()	ZINSSATZ()
IPMT()	ZINSZ()
IRR()	IKV()
ISBLANK()	ISTLEER()
ISERR()	ISTFEHL()
ISERROR()	ISTFEHLER()
ISEVEN()	ISTGERADE()
ISLOGICAL()	ISTLOG()
ISNA()	ISTNV()
ISNONTEXT()	ISTKTEXT()
ISNUMBER()	ISTZAHL()
ISODD()	ISTUNGERADE()
ISPMT()	ISPMT()
ISREF()	ISTBEZUG()
ISTEXT()	ISTTEXT()
KURT()	KURT()
LARGE()	KGRÖSSTE()
LCM()	KGV()
LEFT()	LINKS()
LEN()	LÄNGE()
LINEST()	RGP()
LN()	LN()
LOG()	LOG()
LOG10()	LOG10()
LOGEST()	RKP()
LOGNORM.DIST()	LOGNORM.VERT()
LOGNORM.INV()	LOGNORM.INV()
LOOKUP()	VERWEIS()
LOWER()	KLEIN()
MATCH()	VERGLEICH()
MAX()	MAX()
MAXA()	MAXA()
MDETERM()	MDET()
MDURATION()	MDURATION()

MEDIAN()	MEDIAN()
MID()	TEIL()
MIN()	MIN()
MINA()	MINA()
MINUTE()	MINUTE()
MINVERSE()	MINV()
MIRR()	QIKV()
MMULT()	MMULT()
MOD()	REST()
MODE()	MODALWERT()
MODE.MULT()	MODUS.VIELF()
MODE.SNGL()	MODUS.EINF()
MONTH()	MONAT()
MROUND()	VRUNDEN()
MULTINOMIAL()	POLYNOMIAL()
N()	N()
NA()	NV()
NEGBINOM.DIST()	NEGBINOM.VERT()
NETWORKDAYS()	NETTOARBEITSTAGE()
NETWORKDAYS.INTL()	NETTOARBEITSTAGE.INTL()
NOMINAL()	NOMINAL()
NORM.DIST()	NORM.VERT()
NORM.INV()	NORM.INV()
NORM.S.DIST()	NORM.S.VERT()
NORM.S.INV()	NORM.S.INV()
NOT()	NICHT()
NOW()	JETZT()
NPER()	ZZR()
NPV()	NBW()
OCT2BIN()	OKTINBIN()
OCT2DEC()	OKTINDEZ()
OCT2HEX()	OKTINHEX()
ODD()	UNGERADE()
ODDFPRICE()	UNREGER.KURS()
ODDFYIELD()	UNREGER.REND()
ODDLPRICE()	UNREGLE.KURS()
ODDLYIELD()	UNREGLE.REND()
OFFSET()	BEREICH.VERSCHIEBEN()
OR()	ODER()
PEARSON()	PEARSON()
PERCENTILE.EXC()	QUANTIL.EXKL()
PERCENTILE.INC()	QUANTIL.INKL()
PERCENTRANK.EXC()	QUANTILSRANG.EXKL()

PERCENTRANK.INC()	QUANTILSRANG.INKL()
PERMUT()	VARIATIONEN()
PI()	PI()
PMT()	RMZ()
POISSON.DIST()	POISSON.VERT()
POWER()	POTENZ()
PPMT()	KAPZ()
PRICE()	KURS()
PRICEDISC()	KURSDISAGIO()
PRICEMAT()	KURSFÄLLIG()
PROB()	WAHRSCHBEREICH()
PRODUCT()	PRODUKT()
PROPER()	GROSS2()
PV()	BW()
QUARTILE.EXC()	QUARTILE.EXKL()
QUARTILE.INC()	QUARTILE.INKL()
QUOTIENT()	QUOTIENT()
RADIANS()	BOGENMASS()
RAND()	ZUFALLSZAHL()
RANDBETWEEN()	ZUFALLSBEREICH()
RANK.AVG()	RANG.MITTELW()
RANK.EQ()	RANG.GLEICH()
RATE()	ZINS()
RECEIVED()	AUSZAHLUNG()
REPLACE()	ERSETZEN()
REPT()	WIEDERHOLEN()
RIGHT()	RECHTS()
ROMAN()	RÖMISCH()
ROUND()	RUNDEN()
ROUNDDOWN()	ABRUNDEN()
ROUNDUP()	AUFRUNDEN()
ROW()	ZEILE()
ROWS()	ZEILEN()
RSQ()	BESTIMMTHEITSMASS()
RTD()	RTD()
SEARCH()	SUCHEN()
SECOND()	SEKUNDE()
SERIESSUM()	POTENZREIHE()
SIGN()	VORZEICHEN()
SIN()	SIN()
SINH()	SINHYP()
SKEW()	SCHIEFE()
SLN()	LIA()

SLOPE()	STEIGUNG()
SMALL()	KKLEINSTE()
SQRT()	WURZEL()
SQRTPI()	WURZELPI()
STANDARDIZE()	STANDARDISIERUNG()
STDEV.P()	STABW.N()
STDEV.S()	STABW.S()
STDEVA()	STABWA()
STDEVPA()	STABWNA()
STEYX()	STFEHLERYX()
SUBSTITUTE()	WECHSELN()
SUBTOTAL()	TEILERGEBNIS()
SUM()	SUMME()
SUMIF()	SUMMEWENN()
SUMIFS()	SUMMEWENNS()
SUMPRODUCT()	SUMMENPRODUKT()
SUMSQ()	QUADRATESUMME()
SUMX2MY2()	SUMMEX2MY2()
SUMX2PY2()	SUMMEX2PY2()
SUMXMY2()	SUMMEXMY2()
SYD()	DIA()
T()	T()
T.DIST()	T.VERT()
T.DIST.2T()	T.VERT.2S()
T.DIST.RT()	T.VERT.RE()
T.INV()	T.INV()
T.INV.2T()	T.INV.2S()
T.TEST()	T.TEST()
TAN()	TAN()
TANH()	TANHYP()
TBILLEQ()	TBILLÄQUIV()
TBILLPRICE()	TBILLKURS()
TBILLYIELD()	TBILLRENDITE()
TEXT()	TEXT()
TIME()	ZEIT()
TIMEVALUE()	ZEITWERT()
TODAY()	HEUTE()
TRANSPOSE()	MTRANS()
TREND()	TREND()
TRIM()	GLÄTTEN()
TRIMMEAN()	GESTUTZTMITTEL()
TRUE()	WAHR()
TRUNC()	KÜRZEN()

TYPE()	TYP()
UPPER()	GROSS()
VALUE()	WERT()
VAR.P()	VAR.P()
VAR.S()	VAR.S()
VARA()	VARIANZA()
VARPA()	VARIANZENA()
VDB()	VDB()
VLOOKUP()	SVERWEIS()
WEEKDAY()	WOCHENTAG()
WEEKNUM()	KALENDERWOCHE()
WEIBULL.DIST()	WEIBULL.VERT()
WORKDAY()	ARBEITSTAG()
WORKDAY.INT()	ARBEITSTAG.INTL()
XIRR()	XINTZINSFUSS()
XNPV()	XKAPITALWERT()
YEAR()	JAHR()
YEARFRAC()	BRTEILJAHRE()
YIELD()	RENDITE()
YIELDDISC()	RENDITEDIS()
YIELDMAT()	RENDITEFÄLL()
Z.TEST()	G.TEST()

Stichwortverzeichnis

Symbole

Numerisch

A

ß

Praxisbeispiele

Der Markt+Technik-Preistipp!

Mit diesem Kompendium zu **Word 2010** kriegen Sie jeden Text in den Griff! Nutzen Sie die volle Funktionalität
dieser umfangreichen Textverarbeitung. Vom einfachen Brief bis hin zu komplexen Dokumenten oder Serien-
briefen zeigt **Michael Kolberg**, wie Sie die gestellten Aufgaben optimal bewältigen. Die komplette Software
wird ausführlich erläutert. Mit zahlreichen Schritt-für-Schritt-Anleitungen zeigt Ihnen der Autor praxisnah wo
es lang geht.

Michael Kolberg
ISBN 978-3-8272-4821-3
25.00 EUR [D], 25.70 EUR [A], 33.70 sFr*
784 Seiten
http://www.mut.de/24821

Mehr Bücher & Video-Trainings auf **www.mut.de**

*unverbindliche Preisempfehlung

ALWAYS LEARNING

PEARSON